FREEDOM IS NOT FREE

査建英　加藤嘉一

新十日談

自由不是免費的

Freedom is not Free

陳卓 記錄

OXFORD
UNIVERSITY PRESS

OXFORD
UNIVERSITY PRESS

Oxford University Press is a department of the University of Oxford.
It furthers the University's objective of excellence in research, scholarship,
and education by publishing worldwide. Oxford is a registered trade mark of
Oxford University Press in the UK and in certain other countries

Published in Hong Kong by
Oxford University Press (China) Limited
39th Floor, One Kowloon, 1 Wang Yuen Street, Kowloon Bay, Hong Kong

© Oxford University Press (China) Limited

The moral rights of the author have been asserted

First Edition published in 2020

自由不是免費的

查建英　加藤嘉一　著

ISBN: 978-988-871892-4

2 4 6 8 10 11 9 7 5 3

目　錄

查建英

加藤嘉一

查建英 vs 加藤嘉一

尾　聲

（代序）

查建英[查]：我們聊了整整十天，現在突然覺得美國的話題是談不
　完的，而中國的話題已經不想談了，感覺是幻滅。大陸目前是黨
　國一統天下，公民社會凋零，媒體充斥強國宣傳和弱民娛樂，幾乎
　沒有爭鳴講理的空間；青年一代普遍認同「中國模式」，對西方自
　由民主嗤之以鼻，網絡上大量湧現黨衛軍式的小粉紅，體制內滿是
　跟風逢迎的官吏，高校中不乏拍馬求榮的學人。當局無情鎮壓抗爭
　異見，在香港強推「國安法」，在新疆大建「集中營」，極少數敢
　言的內地勇士被拘捕、污名、鉗口、判刑，曾被寄予改革厚望的廣
　大中產階層卻全都成了消費鴕鳥，人們真正在意的似乎只是賺錢花
　錢吃喝玩樂，自由派也只敢縮在小圈子裏，小心翼翼地發發牢騷，
　一些人將變局賭在特朗普、蓬佩奧身上，令人感嘆天朝書生春夢
　多，夜越長，夢越多。

加藤嘉一[加]：對於您如今黨國一統天下的中國之描述和總結，我
　也感同身受。這兩年在香港親歷了中共強推「國安法」的過程，
　香港人對此感到的恐懼和進行的抗爭，以及香港陷入美中戰略競
　爭的戰場的始末。我感覺到，中共這次是動了真格，香港不再是
　原來的香港，只好逐步從「高度自治」到「低度自治」，從「一
　國兩制」到「一國一制」，恐怕等不到2047年(如很多日本人推
　測)，除非北京發生變天。中共正式制定「國安法」前夕，中共
　駐港某官員在西環對我說了一句話：「在國家主權和安全面前，
　香港甚麼也不是。」我相信他說的是真話，也是中共對香港的真

實認識和定位。經常就香港問題、中國政治、美中關係等發聲的我恐怕也算是「國安法」要管轄的對象吧。該法成立後，有個「神秘人物」警告我「不要以為國安法跟你無關」。據這個人的説法，只要他們判斷和認定我作為外國人有干涉中國內政的「意圖」，就會抓我，不一定要有證據。就我與香港之間的緣份而言，這也算是命運吧，有無奈，暫時不得不離開觀望一段時間，有遺憾。我愛香港，愛那裏的市民、秩序、空氣，還有自由⋯⋯

查：我也在香港住過兩年，我們都愛香港，在第七日裏咱們已經聊了各自的香港緣份和觀察。套用某偉人名言，我想説：香港是中國的，也是世界的，但歸根結底是香港青年人的。香港青年人朝氣蓬勃，正在興旺時期，好像早晨八九點鐘的太陽。希望寄託在他/她們身上。

我是一個中國人，現在成了美國公民。以前我經常借用小時候聽到的一個口號，和朋友開玩笑說我最願意做的就是為中美兩國人民偉大友誼萬古長青貢獻一點力所能及的力量。

我平生最愛的兩個國家的關係變成現在這樣，完全和我的願望背道而馳。而且，我看不到兩國關係會有根本性好轉的可能。中國人總說白駒過隙，像我這個年齡的同代人，很多價值觀相同的中國朋友如今都很失望、憤怒、無奈，覺得我們在有生之年是看不到轉變了。我當然期待能看到那一天，但可能真的看不到了，中國人若不想或不敢自救，十個特朗普、一百個蓬佩奧也白搭。楊小凱曾說中國有「後發劣勢」，其實中國恐怕還有「被救劣勢」。我有時會想，這樣逆來順受的民族，對得起自己經受過的苦難嗎？配得上林昭、劉曉波這樣的英雄嗎？作為一個北京生

北京長的地道北京人，我還會想，我們這些驕傲的、健忘的北京人，對得起香港人1989年對我們的聲援和救援嗎？對得起持續了三十年的維園燭光嗎？

我現在更關心美國的未來 —— 這裏不僅是我的家，也是我的國。無論美國目前的問題多麼嚴重，它的基本制度和核心價值觀沒有變。美國人捍衛自由的勇氣依然強悍，追求平等的激情依然飽滿，其間的張力也會繼續使整個社會充滿活力。我相信有生之年可以看到一個拐點，看到美國再次走出危機。我相信不自由、毋寧死。自由不是免費的，但我相信自由必勝。

加：嗯，自由不是免費的，但我也相信自由必勝，因為這才是人的本性。我相信，無論如何，包括對真善美，人與人之間的共性終究大於個性。我不相信人不再是人。

查：至於中國，它目前的政治制度和社會發展方向，我既無法認同，也無意順從。最要命的是，這種局面的形成，不僅僅是某一個領袖或某一屆政府的問題，而是帶有兩千年歷史文化的內在邏輯和慣性。我未來的思考和寫作，可能更多從這個角度切入。眼下，當環境在不斷惡化的時候，我最擔憂最關心的是香港的命運和大陸那些以行動抗爭的勇士們 —— 還有那些既不認同也無力改變卻又不能離開中國的朋友們。

說來不免感慨，我的人生旅程走了六十年，才走到當下這個國家主義、民族主義、本土主義、部落主義、身份主義、保守主義等各種「主義」大行其道的時代，我們這十天也聊了不少與此相關的話題。如果非要從一大籮筐「主義」裏挑一個帽子戴在頭上才許出門的話，我大概還是會選「自由主義」。我發現自己最珍惜的還是那個從年輕時

就一直追求和擁抱的簡單信念：立足於人道、人權、人文和個人尊嚴的自由主義。

近年來，每當我以國家、民族為單元來思考和觀察這個世界，感受到的常會是矛盾、憤怒、憂慮、失望乃至絕望。但是，只要我把目光投向個人，投向身邊那些生動活潑、珍惜自由和尊嚴的個人，體驗到的便常常是親切、有趣、驚嘆、敬佩、希望和愛。

兩年前在北京和一位北大校友見面，我說：如今回來好像只剩兩件事，一個是見老朋友，一個是吃中國菜。當時我們正在日壇附近一家小館子裏圍着熱氣騰騰的火鍋涮羊肉，那是嚴冬雪後，窗外暮色四合，一片蕭索。朋友聽了我這話，先是一怔，沉默片刻後，他放下筷子端起酒杯對我說：明白！來，咱們乾了這杯！

即使在十年前，我也沒想到自己對中國的心情會變成這樣。坦率講，變成這樣，也悲哀，也釋然，正所謂悲欣交集。自從我1992年改變國籍成為美國公民之後，從無一日能夠完全擺脫心底某種難言的負疚感，好像背叛了一堆老家人，欠了一屁股故鄉債。一晃快要三十年過去了，也不知是否繞了一個大圓圈，又走回去面對六四之後那個喪魂失魄的自己。但是，現在我終於能夠對三十年前的那個自己說：你選了你要走的路，做了你該做的事，說了你能說的話，寫了你能寫的文，雖才力不逮，所成微薄，但你沒有出賣良心，可以了。再見吧，中國，你已不再是我的國。

加：我很理解，也很感慨。我的立場跟您不同，我是一個日本人，將來也不會移民，不會成為其他國家的公民。我會繼續關注中國、研究中國，因為它很重要，它的走向和興

衰會間接影響日本的未來以及世界的命運。我也希望自己堅持做自己相信的真正為中國好的事情，我只能這麼做。這也是我此刻最真實的心態。

我畢竟是長跑運動員出身，對我而言重要的是保持一定的速度和節奏，還有忍耐。

我希望不管中國的環境如何，我自己仍然可以用日文、中文、英文寫作。我希望自己做好可以做的事，也希望對中國的事情能夠保持繼續參與的姿態。此外，我還會堅持長跑。我的態度是沒有希望，也沒有絕望。我銘刻心中的一個告誡是：不該忘記的是絕望，不能放棄的是希望。因為放棄了就等於結束，只要還活着，就不能放棄。我認為狀態比結果重要。我特別認同薩義德（Edward Said）說的，保持一種業餘的狀態。就我個人來說，我能做的都努力做了，做不到的也就算了。為此，我付出了自己的精力、體力和憤怒。憤怒很重要，我經常憤怒，尤其這兩年在香港，我從未如此憤怒過。當然，更多的是對自己憤怒。我沒有做到的，只能怪自己。我願意度過憤怒的一生，對我來說，它是我活着的動力。

查：我欣賞你的態度，「加藤嘉一式日本視角」這十天來讓我獲益良多。我也會繼續關注、研究中國，但或許會更多轉向英文寫作，我不想被閹割或自我閹割。在我們的十日談接近尾聲的時候，我要特別感謝你和陳卓（本書策劃和文字記錄者），邀請我參加了2018年盛夏那場意外的圖書沙龍，那也是咱們這次十日談的直接機緣。

此前，我從未想過要出這樣一本書。那天，在北京七〇六青年空間，面對一屋子的年輕人，我們談話的氣氛坦誠而熱烈。我們的對話和在鏘鏘上有所不同，因為那是一個半

私人的場合，所以談得更暢快，主題也是我以前沒有專門
談過的 —— 2016年美國大選後我對美國的痛與愛、惑和
憂。這是以前從未有過的體驗，它促使我重新思考美國，
思考這個第二故鄉對我究竟意味着甚麼，並且生出了在當
下這樣一種時刻，將我從二十一歲去美國直到現在的心路
歷程講述出來的衝動。那天的活動使我第一次想到也許可
以用對話的方式向更多的讀者講講我的美國故事。

加：也感謝您能參與那場沙龍對話，那是一場我在北京經歷
　　過的最熱血與激情的對話。那場對話就發生在離我們的母
　　校不遠的地方，很有紀念意義。

查：是的，我們是上《鏘鏘三人行》認識的，但我們更是北
　　大校友，雖然入學時間前後相隔了二十五年。你是一個非
　　常合適的對話者，我也很快對陳卓有了一種能夠一起做事
　　的信任感。我是一個憑直覺行事的人，這次也一樣。

　　非常感謝你和陳卓的鼓勵與包容，讓我借這次十日談，對
　　自己往返於中美之間將近四十年的心路歷程，做了一次
　　回顧和反思。我用英文給美國人講過一些中國故事，現在
　　利用這個機會用母語對中文讀者講一講美國故事，對我而
　　言，這也算是一種宣洩吧。

加：謝謝您的宣洩！這些天，我一直很享受您的故事和觀
　　點。關於這場對話，我的想法很簡單，就是陪您聊天。十
　　天不長不短，話題無窮無盡，只好先聊到這兒。未來會怎
　　樣，真的很難預料。但天總會亮的，我們走着瞧。

新十日談

第一日

查建英[查]：最近#MeToo在中國網上鬧得兇，我們的談話就從#MeToo開始吧。請加藤先講講#MeToo在日本的情況。

加藤嘉一[加]：嗯，不過，談#MeToo之前，恐怕先要弄清不同國度對異性身體語言表達的理解，因為不同文化之間的習慣和容忍度有所不同。

日本人鞠躬，中國人握手，西方人（包括美國人在內）是擁抱。即使在美國，我也不會和一個剛剛認識的女生擁抱；如果在日本，不管兩個人多熟，擁抱都是不合適的。我們一般都是鞠躬，頂多握下手。比如我和您很熟悉，有多年的交情，彼此信任，很久不見後在美國見面時會彼此擁抱，但這不代表我會跟陌生女性見面時擁抱。

查：對，即使在美國，兩個人剛認識也肯定不會互相擁抱，熟人見面時擁抱是很自然的。有的中國男人在法國待了三個月回國後見到女性就要擁抱，這種現象背後是文化錯亂。孔子說「從心所欲不逾矩」，所謂的「矩」就包括了對文化禮儀的熟悉和實踐。到了今天，你們日本人是比中國人更好的「禮」的實踐者。

中國的文化傳統自鴉片戰爭開始在西方文明的衝擊下進退失據，被徹底打亂。時而全盤西化，時而閉關鎖國，1949年之後又以同志相敬，男女之間奉行西方清教徒式的禁慾。我上中學的時候根本不知道甚麼是性騷擾，因為沒人敢。男女生從小學到中學彼此都不怎麼說話。這是另一種極端。改革開放後，中國重新開始向西方學習，可學習之後又亂套了。九十年代中，我有一次回北京參加一個飯局，座中都是大陸著名作家。有人認為我在美國待了這麼多年，肯定會採用美國的交往方式。我有一個老同學，只跟代表團短暫出過國，他可能覺得自己要表現得前衛一

點，就非得當着所有人的面擁抱我。他認為這是一種國際範兒，但這在中國的環境中是很不得體的。

加：我也想起一件令人震撼的事，我跟我的家人——爸爸媽媽弟弟妹妹基本上沒有過身體接觸。從小到大都沒有，連握手都沒有，更不用說擁抱了。比如母親每次送我到車站，為了表示感謝我都會鞠躬，然後離開，我怎麼敢碰她的手呢？

日本人就是鞠躬告別，頂多揮揮手。家人之間如此，朋友之間也如此。我剛來中國的時候，發現許多女性朋友間會手拉手，我很驚訝，原來還有這樣的文化。

查：八十年代，中國很多男性朋友之間會在大街上勾肩搭臂。在日本，母女之間也不牽手嗎？

加：應該也有個別情況，但一般來說在日本同性之間不會牽手，比如我的母親和妹妹之間就從來不拉手。女生之間一般不會，男生就更不太可能了。在日本，同性戀通常不會 coming out，他們覺得自己很有可能被排斥，至少被邊緣化，所以一般不公開。當然，這也意味着日本社會對少數或另類群體的不包容。在日本，好朋友或熟人相遇時可能會選擇握手，但一般情況下，我們只是鞠躬和交換名片。交換名片就代表彼此認識了，我們不像西方人那樣要互相蹭一下肩膀。我在日本會尊重日本的禮儀，到海外也不排斥其他禮儀。但我相信，不管是男性還是女性，大多數日本人不適應身體接觸，包括握手和擁抱。

美國的方式很自然，也很隨意，是真的把對方當朋友。父子、母女之間可以成為很好的朋友。經常會聽西方人說：這是我爸爸，也是我最好的朋友。在日本，父母和子女之間不可能這麼親近，永遠有距離感。熟悉了，不意味着不

要禮節。有時候，正因為太熟悉，才更需要講究禮節，需要距離感。日本有一句俗話叫「熟人之間更要講禮節」。這裏説的熟人尤其指親人之間。意思就是，親人之間不講究禮節，家庭關係就會失去應有的秩序和氛圍。

查：日本才是真正的「克己復禮」。第一次頻繁聽到這句話是在「文革」批判《論語》的時候。我們經過「文革」洗禮的一代人感覺這一套已經被拋棄了，反而在日本感受到了「克己」——人人都在克制自己，講究一套文化的禮儀。我這樣説，是基於我是一個在美國住了很久的中國人的角度。我算是中國革命的後代，在革新中國傳統的教育體系中長大，然後經歷了反思革命傳統、擁抱西方文明的階段。

我二十一歲剛到美國的時候，很容易就接受了西方的身體語言。也許很多中國人會有感覺不舒服的階段，但是坦率地説我沒有，那時候我對西方可以説是熱戀。

擁抱讓我感覺很親切，很自然，因為我從小到大，家裏的氛圍都相對平等，不是中國傳統的等級式。但後來發現我的感情表達還是會受制於習俗和環境，畢竟我不是在美國的傳統裏長大的。很多年後我從美國回來，我可以和美國的朋友擁抱，但和我媽媽反而不行。雖然家裏很平等，但我和弟弟從小跟媽媽都沒有多少身體接觸。她休了五十六天產假後就去上班了，不是媽媽把我帶大的，而是保姆給我餵奶，一直照顧我。後來我雖然已經很西化了，但如果讓我擁抱媽媽，我還是感覺為難。在西方，大家把「謝謝」掛在嘴上，但和媽媽説「謝謝」我會感覺很別扭，多餘。

剛才説到「克己復禮」，在禮儀方面，中國現在是個四不像。我經常發現一些國人舉止失禮，但他們完全意識不到自

己在別人眼裏有多麼無禮。很多中國人不願意也不懂得該在
哪些方面克制自己。

加：「克己」是我小時候的座右銘，還在小學的書法課裏寫
　　過。對我而言最重要的就是自律。在日本，人們還是經常
　　會說謝謝的。比如，我每次給母親寫信，最後一句一定是
　　「謝謝您一如既往地關心我、照顧我」。可能是習慣了，
　　就是再熟也要講禮節。工作關係或公共場合不用說，就是
　　在好朋友和家裏人之間，大多數日本人嘴上還是常常掛着
　　「謝謝」二字，只有如此，日本人才能保持一種舒服的距
　　離感，甚至是安全感。

查：對我個人的小家庭來說，夫妻、父女、母女之間都是按
　　照美國的方式交往。我先生雖然是華裔，但他生在美國、
　　長在美國，各方面都是美國人的習慣。我女兒也是在美國
　　出生的，所以並沒有錯亂、尷尬、不對勁的感覺。

　　我不會批評日本的「克己」文明，但是對「克己」的尺度
　　我是有疑問的。雖然我對當下中國有很多批評，但要不要
　　因此就回歸儒教傳統特別是道學家那一套僵化的社會秩序
　　呢？如果讓我選擇，我是絕對不願意的。

　　傳統有其黑暗及壓抑，也有其自然和美感，需要細分篩
　　選。作為一個外人看日本的身體距離，我感覺有些過了；
　　而中國則有一些亂，時而太親密，時而太客氣，因此人與
　　人之間會有很多誤解。對我個人而言，美國的方式是剛好
　　的。它並非沒有一定的規矩和克制——不可能兩個陌生人
　　一見面就緊緊擁抱；也不可能初見一個長者，就立刻直呼
　　其名——這是熟悉到一定程度才會做的事。美國的交往方
　　式是約定俗成的，在開放的傳統中遵循一定的度。

加：作為一個日本人，交往中最讓我感到舒服的也是美國
　　人。因為不用想那麼多，可以表現得盡可能自然和從容。

但我相信大多數日本人不會這麼覺得。您剛剛提到「克己」，我也認為日本過了，但是我回到日本不會感到不舒服，因為那種方式適合日本人和日本社會。我坐火車，挨着一個六十多歲的老太太，她稍微碰到我一下就立刻道歉。年輕人也一樣。前幾天，我在東京的電車裏遇到一個染頭髮的日本不良少年，上車後他睡着了，稍微碰到了我，立刻說「對不起，對不起」。日本人在火車裏是不說話的。在北京坐地鐵，如果車廂比較擠，大家會問別人「下嗎」，但在日本是不用這樣問的。到站後，最靠近門的人先下車，裏面的人後下車，然後外面的人上車，彼此早有默契，根本不用說話。我完全同意您用「亂」字來形容中國。在禮儀方面，中國有點亂，日本有點過。

查：我要強調這是我作為一個非日本人的感受，覺得日本的規矩有點兒過了，但這是你從小到大所接受的文化，已經內化了。對你而言，這是最自然的方式，像呼吸一樣正常。我第一次去日本快餐店吃飯，發現食物都放在一個盒子裏，店面不大，每個人的空間都是固定的，我的胳膊肘不能超過一定的活動範圍。裝食物的盤子滿滿的，你不能把它拿出來放在桌子上吃。住在日本的中國朋友經常提醒我小心胳膊肘過界，看報紙的時候要疊得很小，不能全部展開，否則就超過了合理空間。

我感覺自己真不適合做日本人，但這完全是我作為外人的一種角度。我原本以為日本社會非常壓抑，後來發現他們自己完全不這樣認為。

加：我們只有這樣才舒服。作為日本人，我知道甚麼場合該有甚麼樣的行為，否則社會就亂了。我認為日本社會可以說實現了真正意義上的「維穩」，是自下而上，而不是自上而下的。我們知道該維持甚麼樣的穩定大家都能從中獲

益，所謂最大多數的最大幸福，不是政府說了算的。日本
既不是大政府、小市場，也不是小政府、大市場，而永遠
是大社會。換句話說，社會至上、社會優先。日本老百姓
至今始終無聲地認同這一社會運作方式和理念。

查：我有一些美國、英國及中國的朋友，長期居住在日本，
　　但他們感覺自己的行為舉止始終不被完全接受。雖然在日
　　本待了很長時間，可還是無法融入日本社會，最後除了個
　　別人，大都選擇了離開。

　　我在日本待過的時間很短，卻有一個困惑。我在街上看到
　　的東西都很講究，審美主義的特質在很多地方都有表現，
　　但打開電視就會看到很多台都在播放很鬧騰的節目，比如
　　北野武在電視上講話，給我的感覺是他不是電影裏的那個
　　北野武。我向一個住在日本的朋友請教為何如此，他告訴
　　我這可能是一種宣洩，因為大家在日常生活中追求美追求
　　得太累了，需要放鬆。他說的比我還極端，他說電視上就
　　是要「特醜」。出門在外人人都保持安靜和美好，回到家
　　就要看一些醜的、鬧的、出洋相的節目，通過發洩，達到
　　平衡。

加：您朋友說的我同意，確實是一種宣洩。因為我們從小就
　　被教育要做好「社會人」。走出家門，就得完美地表現
　　出社會人該有的樣子。但我們也是人，也會累，只能通過
　　看綜藝節目、看小黃片，或去居酒屋宣洩。所以，很多外
　　國人說日本人愛走極端，有些「變態」。我也認同日本人
　　有一些「過」，不過日本人已有共識，已經適應。比如您
　　說的身體接觸，日本人的共識是胳膊絕不放在座位旁邊的
　　扶手上。日本人一向害羞、內向、自虐、服從，我們可以
　　做到所有人都不去做某些事，雖然沒有任何規定，但大家

形成了這樣的風氣，這也是一種潛規則。在這樣的規則之下，日本社會是可以穩定下來的，雖然它有壓力，但基本保證了最大多數人的最大幸福，社會不會垮。傅高義教授曾跟我講過一個很有意思的對比：中國人總是說國家多好，卻想移民海外；日本人總是批評國家不好，卻都留在日本。我特別同意傅高義教授的觀察，大多數日本人還是內心覺得日本最好，雖然不會這麼表達。

查：社會文化一定程度上是由地理文化決定的。美國經過多少代移民才算填滿了國土，總的來說依然是地廣人稀，現在才開始覺得移民不能再多了，但是跟亞洲，比如跟印度、日本、中國比根本不算甚麼。

我第一次去美國留學，差不多六年沒回來。剛一回國感覺不適應：看見一輛公交車正要進站，大家就跟打仗一樣衝了上去；飛機剛開始降落，廣播說還在滑行中，就已經有人站起來噼里啪啦開始拿箱子，這樣就可以搶在前面下飛機；機場門口，來接機的人像苞米一樣堆在出口。我一方面覺得不適應，另一方面又有一些感動，感覺回到了那個特別熱情的國度，好也是他，壞也是他。印象中，性格比較壓抑的人卻在公共場合毫無顧忌地流露出濃厚的親情，接機的人都快撲上去了。

這些年，中國人變成了經濟動物，每個人都行色匆忙，走路時都用手機移動辦公。其實也不一定有甚麼急事，但像身體裏有了慣性。

加：日本社會是一個在公共場合蹭了一下別人都要道歉的社會。根據我的經歷，在日本，有兩種人對身體接觸是不敏感的。一種是從海外回來的人，大家在東京重聚，經常會擁抱，男女之間也會，比如當年在哈佛認識的幾個日本女

性，我們現在見面還會擁抱。另一種是搞體育的人，每次進球了，大家會互相拍一下。我和曾經搞過體育的女性之間也會有感召，不會覺得是性騷擾。但如果我和一個文藝女青年見面，忽然拍一下對方的胳膊就是不合適的，對方會認為這是性騷擾，感覺被冒犯了，是需要道歉的。

查：對，「見甚麼人說甚麼話」是一種文明的表現，很多時候其實是一種敏感和體貼。你剛才說到海歸的問題，我可以再多說幾句。海龜因為形成了一個小的文化群體，所以會像識別記號一樣，說話時加一些英文，這不是炫耀，因為有一些詞沒有很好地翻譯成中文，在大家都懂英文的情況下，就不必再費勁地找對應的中文，可以直接用英文流暢表達，我認為這並非作秀。一些海歸在家裏辦小派對，比如，我和劉索拉或洪晃在一起時會擁抱或說話時冒出一些英文。我們做給誰看呢？那只是很自然的一種流露。

我1986年剛回國的時候，海歸還沒現在這麼多，那時一些北京朋友會在我面前表達對一些海歸的不滿——明明是中國人，卻要在一群沒出過國的人面前說英文、擁抱、貼臉，炫耀自己出過國，弄得跟國際精英似的。這種我認為就是作秀了，對此我也很反感。

我在和沒出過國的朋友見面時，腦子裏會繃着一根弦，提醒自己不要隨便說英文，有時候說到某個詞也會條件反射地蹦出英文，但我會考慮朋友的感受，不做讓朋友感覺不舒服的事情。這種場合下，我可能就變成了一個「克己」的日本人，覺得千萬不要露出英文。要是不小心說漏了嘴，就趕緊補上一句中文，否則真成假洋鬼子了。

加：這很有意思。我想了一下，在稱得上海歸的日本人之間好像也很少蹦出英語。我覺得很重要的一個原因是性格。

日本人相對保守，被其他人視為另類、很突出或有海外背景，在日本並非意味着優勢。做正統的日本人，才是最受歡迎的。

剛才您說的「克己」，其實每個人都應該有這個意識，自己帶回來的習慣在一些人面前是不適宜的，只會添「亂」，甚至會導致更多的抵制。在我看來，海歸的這些行為是一種「共享優越感」，但這樣一來，他們和其他人的分裂就更明顯了。

我有一個很難忘的經歷。上大學時，我帶北大的學生去日本總領事館辦簽證，填表格的時候有學生竟然在姓名一欄寫「Tom」，我說要寫真名，他立即反應過來說習慣了。他沒有惡意，但很多中國人似乎都這樣。我認識的從海外留學回來的日本人，大概二十個人中只有一個人有英文名，而且是和日文名發音很像的那種英文名。日本人很少用外國名字，否則會讓人覺得太西化了，自己也不適應。就我個人而言，我的名字叫Yoshikazu，但這樣太長，所以我讓外國朋友叫我Yoshi。其實，我都很多日本朋友，不管男女，都叫我Yoshi，我父親也叫我Yoshi，母親偶爾也這樣叫，但一般加個「君」(kun)字。

日本和中國不一樣，海歸是不太受「沉默的大多數」歡迎的，甚至會被排斥。在日本，大家都是社會人，要服從社會規則，不服從就離開，沒甚麼個性可講，就算拿着史丹福商學院的學歷回國也沒有更大的優勢，還不如早稻田大學的本科學歷。這就是為甚麼日本人不太愛出國的原因——沒有足夠的動機和回國後被接受的地盤。

查：中國的外企員工普遍用英文名，一方面可能是崇洋媚外，大老闆是外國人，叫不出員工的中文名，為了方便他

一個人，大家乾脆都用英文名。現在有一些中國區的大老
闆也是中國人，那就沒有用英文名的理由了。另一方面，
如果與外企打交道的客戶不會說中文，為了方便客戶大家
都用英文名，這樣的理由可以理解。但如果純粹為了方便
一個人，就完全沒有必要了。

剛到美國的時候，我去了一個沒甚麼中國人的地方 —— 南
卡羅來納，我的老師和同學都叫不出我的名字，「建英」
的發音對他們來說太難了。我也覺得很麻煩，每天都要糾
正別人。他們經常問我叫得對嗎，我說不太對。於是就想
取個英文名字。我交的第一個美國朋友，是個地道的南方
人，他幫我取名叫“April”。當時我們正在讀艾略特的
《荒原》，第一行就是「四月是殘忍的(April is the cruellest
month)」。我以為名字是從這裏來的，他說其實來自他
特別喜歡的一首美國歌曲。我說那可不行，我長得又不像
April，叫我April查，太好笑啦，我想要一個跟中文名發音
接近的英文名。他很失望，因為這是他最喜歡的名字，後
來他生了一個女兒，就把這個名字給女兒用了。這個朋友
叫萊瑞，到現在我們都是很好的朋友。

結果萊瑞又給我取了個名字叫“Jane”，一些中國朋友說
我應該取一個更洋氣點的，但我接受了這個名字，因為和
我的中文名發音很接近。後來，我在美國待的時間長了，
反而把名字改了回去，因為中國人越來越多，紐約的移民
也更適應外國人奇怪的名字，很多人可以發出「建英」這
個音了。近年來不少中國新移民也不再取英文名字了，在
大學圈裏這種變化尤其明顯。

加：從您如何接受英文名字這一經歷也不難看出您的克己。
　　我再三再四地跟外國人打交道，始終想弄清自己是誰，自

己的底線在哪裏。我會學着入鄉隨俗，但不會輕易放棄一些屬於自己的東西。

我高中的時候希望以後可以去聯合國工作，我查了聯合國的規章發現有兩個基本要求，一個是碩士學位，另一個是精通兩門聯合國的通用語。英文是通用語，但日文不是，所以我得再學一門語言。我當時考慮到中國日益提升的影響力，就選擇學中文。

上學期間，我在主辦日中交流活動時，很多日方參會者說，中國人經常抵制日貨，嘴上喊着愛國，卻又如此崇洋媚外，都有英文名字，在他們看來這很矛盾。

查：在很多中國人那裏並不矛盾。1998年，有一個北大女生在克林頓演講後提問，她表態說自己反對美國，但沒過多久就被人發現她去美國旅遊，後來還嫁給了一個美國人。在反美遊行中，有人前一天還在麥當勞門口抗議，第二天就去美國領事館門口排隊簽證了。中國總是有大量投機分子高喊着愛國，而愛國言論只是他們事業發展中的一張牌。

從政府高層到社會底層，中國有太多的人格分裂症患者，既自卑，又自大。前些天和朋友聊到，克爾凱郭爾討論心理學上有一種人格：ressentiment（記恨）——中文可能沒有特準確的翻譯，現在的流行語叫「羨慕嫉妒恨」，這種複雜的情感很適用於描述某類中國人的心理。中國這個龐大的、自我中心的文明被更強大的、擴張性的西方文明徹底打趴下後，發現對方的物質、制度、文化都很強，中國人從原來的自大變為自卑和羨慕，因為自身不行了，被迫去模仿對方。一些根本性的問題在緩和期的時候是潛伏在下面的，大家都在賺錢，美國也沒有壓制中國，這時候恨的

方面不是很強。但是無論從文化心理還是政治制度上，中國從來都沒有真正解決根本性的問題。所以經濟一上去、領導一換人、貿易戰一開打，就又不服氣了，恨意又上來了。這裏，官方長期的反美宣傳和操縱民族主義情緒當然是重要因素，但它確實也有民眾基礎。日本的民眾、民風，好像比中國更樸實。

加：前段時間我和在哈佛期間一起共事的十個日本中央政府的年輕官員討論中國問題。他們都算是日本的精英，有的研究中國問題，有的研究美國問題，有的研究外交政策，有的研究經濟政策。我們的興趣和領域五花八門，但圍繞中國問題，卻達成了一個共識，那就是，歸根結底，今天的中國人要解決的是百年恥辱的問題，換句話說，就是如何重新認識自己的問題。假如中國不解決這個問題，外界會感到麻煩，包括日美以及東南亞等國家也難以與它打交道。

愛國的問題我們之後可以再討論，在此我想回應兩點。第一，八十年代日本和美國打貿易戰的時候，我們選擇了「服」，因為我們愛國，要保障自身的利益。從幼兒園開始，父母和老師就告訴我們，利益和面子不能同時要。八十年代，日本和美國是盟國，我們把美國對日出口的汽車關稅降到零，美國還賣不出去，那就是他們的問題了，至今美國對日本出口美國的汽車仍要關稅。這看似不平等，但當時我們選擇了服從，因為我們要的是整個國家的利益，而不是不值錢的面子。

第二，在日本人看來甚麼是愛國呢？有一次我回老家的時候和妹妹聊天，她問我中國用漢字嗎，我說中國的漢字簡化了，妹妹的第一反應是「怎麼這麼不愛國！」她應該是隨意說的，沒有經過很嚴肅的思考，但也包含着日本人的

普遍意識。日本人所謂的愛國首先是保存好自己的文化傳統，包括看得見的和看不見的。在日本人看來，很多中國人對自己的文化和歷史，既不珍惜，也不正視。大概2011年的時候，我在商務印書館參加過一個討論漢字簡化的會議，當時與會者的主張是為了普及和便利，才改變了繁體字的傳統。對此，我妹妹的第一反應是那樣，很多日本人也是這麼看的，我相信有些中國人也是這麼看的。

當年，日本外交官在美國面前服服貼貼，肯定很痛苦，但那就是愛國的表現，是為了保證老百姓的利益，不能讓國家崩潰。今天發生的中美貿易戰，我很少看到有人真正分析中國長遠和根本的國家利益如何，面臨的國際大趨勢如何；如果妥協，從長遠看會失去甚麼，能得到甚麼。包括華為事件，有不少人主張在此形勢下用蘋果手機就是不愛國，有企業也在針對員工的規章制度上規定用華為的產品就加分，用蘋果的產品就處罰。他們認為這樣就是愛國，就能維護國家利益。我相信大多數日本人會覺得這樣的思維和行為純屬笑話。

查：先說漢字。漢字改革從民國到八十年代一直有很多爭議。日本人的反應代表了一種態度：應該原汁原味地保留自身的文化傳統。中國則一度是革命性的態度，比如錢玄同提出廢除漢字、魯迅提倡少讀或不讀中國書、一批學者主張漢字拉丁化，這些主張當然過激了，但放到五四新文化運動渴望與世界接軌的大背景下去看，是可以理解的。當然，最後沒有按照最激進的方式改，妥協的結果是推廣白話文、普通話和一部分簡化字，也就是改良。土耳其的凱末爾改革將文字全都改掉了，漢字沒有走到那一步。

中國的這種改革在某種意義上也是中國的一種傳統。「苟

日新，日日新，又日新」，這是《禮記》裏的話。與時俱
進並不是現在才提出來的，而是中國的老傳統。我個人非
常認同「實事求是，與時俱進」這八個字，我認為無論保
守還是進步，都應該面對實際情況，最好有一個各方協商
博弈、互相妥協、爭取共識、調試糾錯的過程。

在這個意義上，如果大多數人達成了共識，那麼漢語是可
以從複雜到部分簡化的。這裏有個度的問題。「文革」後
期，又簡化了一批漢字，我的一些長輩親戚現在寫「餐」
還是只寫一邊，那批字我感覺是「殘體字」，缺胳膊少
腿，很醜陋。正因為大多數人不接受，後來這批「二簡
字」八十年代又被廢除了，同時還恢復了一些繁體字。這
就是實事求是。如果簡化得好，我是可以接受的，比如一
些特別複雜的古字。

你剛剛説到日本的態度 —— 不能同時要利益和面子，我認
為這一點説得很好。但是我要進一步追問，你所説的利益
和面子是甚麼意思？比如，廣場協議其實就是美國等西方
國家逼着日本改革。八十年代初，日本經濟勢頭兇猛，日
企來美國到處收購，我發現當時很多美國人的反日情緒和
今天的中國有很多相似之處。特朗普《交易的藝術》一書
中説日本的話跟今天説中國的話很相似，他抱怨日本人佔
美國人的便宜，貿易不公平，他的出發點是美國利益。

日本以退讓爭取自身利益，背後有日本的文化心理。首先
日本既是戰敗國又是民主社會，對戰勝國、民主陣營的
帶頭大哥比較客氣。戰後日本保留了天皇制，其實這是從
美國利益出發的一個選擇。保留天皇就無法徹底清算日本
戰爭罪惡的源頭，但同時也尊重了日本人的情感和文化傳
統，因為天皇是國民的偶像。進一步看，日本走向現代政
治文明受惠於美國，經濟起飛也受惠於美國。日本依靠韓

戰大量的軍火訂單等發展起來，是美國給了它市場和機會，所以日本有一種感謝之心，它的「服」和中國不同。

大家好像公認日本停滯了十年甚至二十年——其實只是GDP增幅降下來了，於是美國人鬆了一口氣，覺得日本對美國沒有威脅了。從具體經貿的角度來說，日本的利益受損了，但這只是片面的，另外也有清除壞賬、撇乾泡沫等作用，長期來說對日本是好的，符合長遠利益。我認為日本做的這個決定是一個正確的決定，日本的讓步，簡單說就是要利益，不要面子。

加：我請教過一九八〇年代負責對美談判的外務省長輩我們的利益是甚麼。和今天的中國一樣，我們有不得不確保的重要利益，也有可以讓步的局部利益。利益是有層次的，我們是依靠美國從一個戰敗國發展起來的，所以首先要保證的是不被美國拋棄，這是我們的根本利益。為此，日本可以就貿易順差有所妥協，這是我們對國家利益的定位所決定的。

美軍駐紮在日本國土上，我們當然覺得面子受損，一個正常的主權國家內部駐紮有外國軍隊，何況日本還是世界第三經濟大國呢，國民肯定會感到沒有尊嚴。但是我們只得接受，並且笑眯眯地跟美方談判，表示願意幫美國承擔更多的費用，用我們納稅人的錢。日本大多數納稅人也願意這樣做，為了保證國家的安全和國民的安心。作為一個日本人，我很認同為了國家的長治久安和國民的安居樂業這些利益，是可以放下接受美國駐軍祖國領土這種面子或尊嚴的。

查：說到美軍的費用，其實連美國大兵吃的巧克力，都是日本人提供的。以前總是說美軍有多好，在當地分文不取，完全不是佔領軍的樣子。後來看到一些材料才發現，美軍

也是趾高氣昂的，日本人帶着這種屈辱和壓抑給美軍提供費用。

加：對，因為我們知道自身的利益是甚麼。日本跟俄國、中國不同，不需要用面子工程跟美國對着幹。試想一下，俄羅斯和中國之間有甚麼根深蒂固的關係嗎？他們互相欣賞、信任、尊重嗎？我認為他們之間最大的戰略聯繫和感情紐帶就是反美 —— 都看不慣美國做老大，他們因看不慣而走到一起，戰略性反美，試圖創造一個不被美國獨佔的世界。但假如實現了這樣一個世界，中俄之間開始共享甚麼樣的戰略和利益，我就不清楚了。中俄的共同點就是大國。在我看來，這樣的大國有時候哪怕非理性、不符合國家的長遠利益，也要從保護面子的角度，比如拿出「平等」、「尊嚴」、「主權」之類的詞彙跟對方對着幹。在這一點上，俄國、中國有共同的民族基因。而日本沒有，日本不是嚴格意義上的大國，我們寧願做小國，我們不會為這種不值錢的、從根本上也不會維護國家利益的面子而出賣老百姓和祖國的未來。在日本人看來，那是賣國的表現。他們自以為是愛國，實際上在害國。為害國而害國的人永遠是少數，並不可怕，真正可怕的是為愛國而害國的人，更可怕的是這些人無處不在，無時不有。我寫過一本書叫《愛國賊》，它的副書名很多中國朋友還不知道，叫「不知不覺地出賣祖國的人」。

查：說得好！除了面子，中俄結盟也與意識形態緊密相關：上世紀中蘇結盟基於共產主義，現在中俄結盟基於威權民族主義，這兩種意識形態都是敵視西方自由民主價值觀的。當意識形態崩塌或淡化的時候，兩國不僅出現過加入美國主導的國際秩序的可能性和領導人，並且各自經歷了與美國的蜜月期：俄羅斯是在解凍和解體前後的戈爾巴喬

夫和葉利欽時代；中美蜜月期更長，從尼克松訪華直到習
近平上台，整整四十年。不幸的是，折騰了一百年，反自
由民主的意識形態最終又都在兩個大國裏佔據了主導地
位。我認為這是中俄二次結盟的重要原因。

可是現在的中俄反美又有所不同。美國和北約在冷戰勝利
後太傲慢了，對當時正在經歷轉型震盪的俄羅斯人的艱
難痛苦不夠理解，對俄政策有失誤，俄國民眾對西方的怨
氣和普京的反美可以理解為惱羞成怒的反彈。可美國對中
國做錯了甚麼呢？如果沒有作為西方盟主的美國政府一路
開綠燈提攜幫助，中國僅憑自己能取得這樣飛速而巨大的
經濟成就嗎？美國企業和資本家為了高利潤，與罔顧人權
的中共好得穿一條褲子，在貿易戰開打之後還在為中國當
說客，中共難道不是中美友好和美國主導的全球化的最大
得利者嗎？對此，注重實利的鄧小平看得明白，江澤民也
拎得清。誰想中國現在冒出來一位領導人，竟然又開始聯
俄反美，真是令人跌破眼鏡！昔日中共為自己的利益「出
賣」了蘇聯與美國修好，明天如果特朗普向普京伸出橄
欖枝，焉知普京這個「大俄羅斯主義者」不會「反手打乒
乓」？別談中國人民的長遠利益了，單說對習和中共政
權，這樣的外交選擇到底更有利還是更有害，這都算不清
嗎？習是共產主義和威權民族主義這兩種糟糕的意識形態
的信奉者。可歎在中國的這種體制下，最高領導人在意識
形態上的迷思偏執可以深刻地影響整個國家在一段時期內
的總體方向。

話說回來，我們也不能把賬都算在一個人身上。為甚麼中
國會冒出來這麼多「愛國賊」？我覺得與某種一以貫之
的、深層的國民性格有關係。不服是中國人骨子裏的東

西，是我所說的自大性格，它確實和你說的大國的面子有
關，實際上就是虛榮心。中國和日本在國民態度上的區別
就是一個「服」，一個「不服」。日本人認為你打敗了
我，我就服你，從制度上拜你為師。李鴻章在日本受人尊
重，回國受千夫所指，名聲至今沒有恢復。不過應該說明
一下，這裏講的「中國人」是指某種類型化的氣質，具體
的形形色色的中國人則另當別論。

加：是的，中國是具有多樣性的複雜社會，不能一概而論。
大多數日本人做生意喜歡在上海，而不願意在北京，更不
願意在東北。有個日本企業家跟我說的話至今印象深刻，
他說：「我寧願被上海人騙錢，因為上海守規矩、講利
益，不吹牛不扯淡，沒有北京人動不動就我認識誰誰誰、
自己多牛逼那一套」。事實上，相對而言，上海人不那麼
講背景、講人脈，更多的是靠合同和談判，實實在在的，
更貼近國際標準。日本人一直說，如果你想賺錢，先要讓
別人賺到錢。

查：上海是中國第一個真正的國際大都市，從漁村演變為一
個商業化大城市，洋化程度高，務實，在人際關係上講究
一定的距離感。如果說上海是市，那麼北京就是城，而且
是皇城。一面是官文化，講背景、拼爹；另一面是深受官
文化影響的平民文化，土氣、俠氣、油滑氣兼而有之。北
京不是沒有規矩，而是規矩後面還有規矩，最大的規矩是
不明說的。官如此，民也如此。哥們之間是不分你我的，
甚麼事都要說清楚、算明白，那多沒勁！但這種界限不清
有時會把事情弄得一塌糊塗。北方人可能會覺得南方人斤
斤計較，太小家子氣，但那種「釘是釘卯是卯」的認真精
細更接近現代文明的契約精神。

加：我是個八〇後，沒有經歷過日美貿易戰，但這次特朗普的做法讓日本也不滿意。不僅是發展中國家比如金磚五國，而且很多西方國家，包括美國的盟友都覺得特朗普太過份了。

一方面，中國關於公正的貿易體系、多邊主義的說法更接近於我們想要的社會秩序。另一方面，日本外交界擔心美國的影響力、公信力會下降，從而導致獨裁者統治世界。

我們更深層次的擔心是特朗普會導致現有國際秩序的破壞。從戰略思維角度看，特朗普上台後的中國，正在依靠自己的方式和邏輯影響國際規則和制度的重新洗牌，甚至試圖創造符合自己利益的新秩序。最近，日本的精英圈流行一個詞——中國標準，並對此深感懷疑和警惕。接下來的國際關係，標準問題很重要，拿甚麼作為大家認同並遵循的標準？中國正在試圖成為其中的「警察官」。我已經看到了具有一定普遍性的中國現象，即當外國政府、企業、個人到中國做事，中國政府要求他們務必遵守中國標準。這沒有問題。然而，當中國政府、企業、個人走出去在海外做事的時候，是否也帶着中國標準，而不尊重國際標準呢？我認為，最近中外之間的一些摩擦，包括一帶一路實施過程中的挫折等，正是由這種在標準問題上的錯位造成的。

查：以前說北京共識，現在是中國標準。

加：前段時間，外務省的工作人員問我怎麼看待「中國標準」，我說，胡溫時期，中國不敢承認自己跟美國平起平坐，但是今天，一方面中國要求凡是到中國做生意、訪問的外國政府和企業都要遵守中國標準，但另一方面，當中國走出國門，本應盡可能地適應國際標準，卻把自己的標

準強加給當事國。從現狀和可預期的未來看，中國標準大
概是不可能變成國際標準的，更不會被國際社會普遍接
受。查老師剛才說中國人不服，是的，但主要是對外國不
服，包括歷史事件和當代國際政治秩序。所以，說中國人
骨子裏就不服，那要看不服的對象。

查：謝謝你的追問，我前面講得太粗略了。一點不錯，中國
　　人的服與不服都是看對象的。有個説法形容清朝是「百姓
　　怕官，官怕洋人，洋人怕百姓」。這種狀況今天並沒有根
　　本改變。清朝的官換成了共產黨的官，但百姓還是怕官，
　　統治者還是把人民管制得服服貼貼。官也還是怕洋人 ——
　　別看中共官員嘴硬，他們一直擔心西方會顛覆天朝政權，
　　對所謂「境外敵對勢力」怕得要死。可是為甚麼「洋人怕
　　百姓」呢？這就和我前面説的「中國人骨子裏的不服」有
　　關了 ——「不服」就是針對洋人和西方文明的。中國一直
　　都有一類人，他們可能在物質方面羨慕、嫉妒西方，但骨
　　子裏並不服，除了錢和權，他們對西方文化、自由民主法
　　治這些「虛」的東西毫無興趣，自然也不相信西方制度有
　　甚麼優越。據我長期以來的觀察，這類中國人不是個小群
　　體。在小商販、小股民、出租司機、教授、大學生當中，
　　在北京和內地三線小城鎮，我到處遇見這類人。在網上和
　　微信群裏，那些動不動就要捉漢奸、罵美分的人，那些動
　　不動就要蜂擁而起抵制洋人洋貨的人，他們並不都是政府
　　指使的。這樣的百姓，洋人怕不怕？

　　中國的經濟起飛，讓這些人在西方人面前更「自信」、更
　　「不服」了。這些除了錢和權甚麼都不服、不信、不怕的
　　中國人，現在得意洋洋地走向全世界了。有個提法比「中
　　國標準」説得更狠，叫「中國病毒」。我第一次聽到這個
　　詞，腦子嗡的一下，如果這個詞是外國人發明的，就會被

認為有種族主義色彩。但這個概念是在紐約做中文媒體的何頻先生提出來的，也有不少中國朋友很認同這個提法。中國人自己說中國病毒，意思是中國的這一套關起門來在自己家裏互相傳染就夠可以的了，再走出國門，傳染給全世界，大家都得了中國病，那世界就完了。

何頻當然絕沒有想到庚子年新冠病毒在武漢爆發並且真的傳染給了全世界，而特朗普真的在白宮播報中使用了「中國病毒」這個提法。不過，是外交部發言人趙立堅首先甩鍋，公然說病毒起源於美軍，特朗普才一氣之下故意用這個詞作為回擊。幾天之後特朗普不再使用這個詞了，但是美國的一些媒體仍然堅持使用CCP Virus（中共病毒）這個詞。

加：這次貿易戰，我最擔心的就是這個問題。中國目前的國際影響力、制定規則的能力、公信力，都不足以跟美國相比。中國政府可能覺得自己在非洲、拉丁美洲、東南亞、中東以及東歐等區域的影響力和滲透力正在快速提高，覺得那些國家認同和接受中國標準，但據我這些年的現場觀察和經歷，發現他們認同的只是你有錢，而不是你的價值觀。一個在麥肯錫工作的尼日尼亞人在香港對我說：「非洲國家認同的就是中國的錢。因為來錢快，他們也不附加很多條件。他們很快就想看到成果，如基礎設施建設在速度和規模上，中國和非洲各國的需求是一致的。但從當地社會的可持續發展等角度看，與中國合作是充滿風險的。非洲國家很清楚這一點，但沒辦法，他們需要錢，而與中國合作就是來錢快。」這位非洲朋友的表達或許包含着您剛才提及的「中國病毒」吧。我知道中國人有「家醜不可外揚」的意識，所以，他們寧願在國內自己人之間傳來傳去，也不願意傳染到國門之外，不管是惡習還是真正的病毒。

我認為，中國在西方世界的公信力，以及支撐它的軟實力是不夠的，經驗和認同度也是不足的。在此情況下，由中國替代美國幹原來美國幹的那一套，向全世界提供公共產品，中國做得到嗎？是不是太着急了？

查：中國的問題往前推，2008年是一個轉折點。那一年，中國主辦了奧運會，有點像舉辦了一次成年禮，別人的期待是成年之後你應該更有自信和大家在同一個平台上開放合作、平等競爭，沒想到你得志便猖狂，覺得有本錢把自己這一套推行出去了。這個趨勢習近平上台之後更加明確了，中國要走另外一條道路，挑戰美國模式。

對你剛剛說的我有同感。日本有清醒的定位，身為戰敗國是依靠甚麼重新發展起來的，受惠於甚麼，弱點是甚麼，近期利益、長遠利益是甚麼⋯⋯日本對此很清楚。而中國近些年有太多誤判，尤其是自我定位的誤判。

以現代文明的標尺衡量，中國其實至今都沒有甚麼拿得出手的軟實力，所以就特別看重硬指標。當然不光是中國，美國也看重硬實力。或許這也體現了某種傳統男性化的思維特質，其中含有古老的雄性競爭意識。注重GDP增速、經濟體量、軍備力量，都屬於這類思維。軍界最雄性。美國有一位女學者提出過 "missile envy"（導彈嫉妒）這個概念。陽具長短最明顯的投射就是要建造射程最遠的導彈。五角大樓一直盯着中國的軍費開支，中國反導彈裝置越來越大、越來越長，你想想美國軍方感受如何呢？特朗普可以減別的政府開支但不會減軍費。他做地產商蓋樓的時候就總喜歡蓋高樓，還要誇大樓層數和高度，用各種指標將它說成紐約最高、世界最高。說到底這背後也有一種標示陽具的心理。

我再舉個小例子。2016年習近平在白宮對奧巴馬當面承諾中國在南海不會搞軍事化，可是兩年後美國人發現中國在南海島礁上部署了導彈防禦設施和彈藥庫，修建了三公里長的跑道。特朗普接到報告之後是甚麼反應呢？他在總統專機「空軍一號」上接見記者，說中國海軍擺出了挑戰美國的對抗性姿態，並嘲諷奧巴馬在南海問題上 "impotent" —— 這個詞直譯就是「陽具不舉」，是英文裏說男人性無能的常用詞。

還有網上流行的一個小視頻也挺有意思，顯示近幾十年來各國GDP此消彼長的情況，用一條條顏色不同、不斷挺進的長柱來表現，還配了進行曲節奏的音樂，那幾乎就是在以性的角度來說GDP。本來美國最長，日本第二，德國第三，結果中國從幾乎是三寸丁，越長越大，快速逼近美國。你可以想像一下各國觀眾的心理。

九十年代我回國，見了一位很有名的中國男作家，在他看來，我在美國生活了很長時間，也交往過美國男朋友。我們是關係很好的朋友，絕沒有性騷擾的意味。他就說：「我斗胆問你一個問題，美國男的那東西是不是比中國男人更大，時間更長」。我當時覺得很有意思，這不是赤裸裸的男性之間的競爭意識嗎？

在西方的文學敘事中，中國一直是陰性的形象。從文藝復興、啟蒙運動時期的法國文人開始，對中國就有很多讚美，說它是一個非常優美、偉大的文明。但是有誰誇讚過中國是能攻善戰的民族嗎？這個文明最後被西方大男人的堅船利炮打趴下了。現在，中國的GDP逐漸趕上，而且中國又出了一個「男子漢」。以前，胡的形象溫和、拘謹，說話中規中矩，聲調也不高，身體語言和表述都不是很強

硬。江是揚州人，務實，講利益，凡事拎得清，還愛講幾句英文。現在的領導人是紅二代，在陝北農村裏呆了七年，是從山溝裏一路上來的，原汁原味的北方本土男兒，他所有的表述都是基於這樣的前提。他要和大國平起平坐，他要當大男人。他說普京是他「最好的知心朋友」。他們之間，既是利益關係，也有一種感念。俄羅斯覺得在美國的擠壓之下受到了屈辱，解體了。面對帝國的縮小，普京也是不服的。在這一點上，他們很有共鳴。不管是從男權、男性心理還是國家角度看 —— 國家是由男子領導的，他們在心理上更接近、更一致。

但是，這樣的定位明智嗎？習第一次去海湖莊園時說了一句話：「我們有一千個理由把中美關係搞好，沒有一條理由把中美關係搞壞。」這只是中國式的策略，這種能屈能伸和日本不同。日本當年不服的時候就真的開打，偷襲珍珠港，打贏了就是東亞共榮圈，就站在中國之上當亞洲領袖。戰敗了就真是服氣，規規矩矩向美國老師學習。但中國甚麼都想要。

官方說無論發展到甚麼程度我們都是發展中國家，這句話對國內而言，意思就是我們永遠都有發展中國家的特殊國情，各種控制不能放鬆，不能亂，所以我們不實行西方發達國家那一套制度。對國際而言，我們永遠不稱霸，但同時我們也不必負大國責任，你們還得按照發展中國家的標準對待我們。

強調自己是發展中國家真是一箭雙鵰！世上這麼多明白人，你以為人家不明白你的算計嗎？

加：在我看來，甚麼都要等於甚麼都不要。就像甚麼都知道跟甚麼都不知道沒有區別。日本明治維新為甚麼相對成

功？歸根結底是因為日本人覺得，如果你真的不想被外國嘲笑，要為祖國的長治久安做點有意義的事情，**關鍵時刻應該團結一致，自上而下一起奮鬥，而不是內鬥或內耗。**日本人雖然也記仇，但在大局面前能忍，知道這種時候最重要的是認清真正的敵人和真正的問題。二戰雖然結束七十多年了，但基本可以斷定，我們仍然活在戰後時代，戰後體系還沒有結束。

當年，我們失敗得很徹底，反思得也很徹底，我們知道怎樣做國家會崩潰。當年，我們的國家被佔領了，憲法都是別人寫的，至今還在用。很多人討論軍國主義，認為軍國主義蒙騙了天皇和國民，是美國幫我們趕走了軍國主義，所以要感謝美國。可能在中國人看來這是一種賣國或恥辱，但在日本人眼中這就是愛國和聚焦長遠與根本的思維。

總之，統治者也好，被統治者也罷，經過戰後的教育，都獲得了較高的認知水平和歷史教訓。我問過日本好幾個政治家：是希望老百姓聰明、優秀，還是希望老百姓無知、愚蠢。沒有一個人回答說希望老百姓無知和愚蠢的。因為，倘若老百姓掌握知識、信息，就可以更好地溝通，尤其是在選舉的時候，競選者當然希望自己說的話被選民理解和接受，這就是透明度和公信力。所以，一個正常國家的統治者是希望被統治者有獨立思考能力和批判意識的。誰願意在競選的時候說些言不由衷、似是而非的話呢？他們當然想用清晰的政策理念跟選民溝通，然後光明正大地競選。教育實現了有權之人與無權之人對等的知識結構，如果老百姓無知，那是沒辦法對話的，除非你想搞愚民政策。凡是搞愚民政策的國家，均是違背人性的國家。

回到剛才的#MeToo話題。說實話，我跟特別熟的女性朋友

見面時也會擁抱，跟朋友也會在飯桌上講黃段子作為下酒菜。所以，這取決於具體的語境。日本可能比中國好一點兒，如果出現性騷擾就選擇打官司。我認為要解決中國的#MeToo問題，制度是不能忽略的維度和因素。一個弱者最終能依靠甚麼？靠制度還是靠輿論？

查：我覺得法律程序和輿論訴説各有功用，但如果基本制度沒有解決好，社會文化有問題，很多事都會走樣變形。作家慕容雪村説過一句話，大意是在一個沒有駱駝的沙漠裏説你需要騎駱駝穿過沙漠，這是一個悖論。我想他是在説，中國的法治這麼不健全，你卻強調打官司解決性侵案，這不很荒誕嗎？何況私密場合的兩性關係，很多事很難取證。但另一方也可以問：中國的人權狀況這麼差，你們現在大鬧#MeToo，是不是也很荒誕呢？我的看法是：即使法治不健全，也要強調尊重法律的觀念；要爭取人權，也要爭取女權。後者本來就是前者的一部分。行動起來肯定不完美、有偏差，但如果不行動、不爭取，那就永遠不會有進步。

我注意到#MeToo運動中出現了認知上的代溝。老一代有一種文革恐懼症，一想到輿論就是大字報。我也有這種擔心，擔心其中會有人公報私仇，誇大其詞地製造輿論，把仇敵往死裏整。這是「文革」經歷者的本能反應。但其實#MeToo只是局部的網絡運動，完全是民間的。而「文革」是自上而下操控的。所以，年輕一代會認為：一群九斤老太、九斤老爺動不動就説「文革」，你們還沒有搞清楚理論和實際情況，就用「文革」的老一套經驗來給我們扣帽子。他們這麼看是有道理的。

加：對。日本現在大多數的#MeToo一開始也是通過媒體報道

或輿論表現的，不同的是日本媒體都會進行詳細報道，盡可能挖掘真相，追究到底。2015年4月，曾寫過安倍傳(《總理》)的TBS電視臺北美總局前局長山口敬之「強姦」了一個曾經在該局實習的女生伊藤詩織。起初，她希望他道歉，但是他不承認。因為他在電視上做評論員，有些電視台不敢報道，但後來還是有很多電視台和報刊實名報道了，雖然其力度沒有海外主流媒體像《紐約時報》、BBC那麼大。和網絡不同的是，日本電視台、報紙的記者會尋找證據，有了一定的輿論基礎後，就要走法律途徑。伊藤後來告了山口，走的刑事訴訟，但法院最後決定不起訴(2017年9月)。始終不認罪的山口也不理睬伊藤，反而認為自己是受害者，要以破壞名譽的罪名告伊藤。伊藤在日本出版了「暴露真相」的一本書，但遭遇了許多輿論批評，最終無法在日本待下去，移居英國。此事後來不了了之，至今真相似乎還在黑箱中。當然，山口從此再也不上電視節目或出版書籍了，他沒有被法律起訴，但遭受了社會和輿論的制裁。隨後，不服從「刑事不起訴」這一判決結果的伊藤轉換策略，用「民事訴訟」的形式再告一次山口。2019年12月，法院接受了伊藤的訴求，要求山口向伊藤支付三百三十萬日元(約22萬人民幣)。山口當時以「名譽損失」為由告伊藤，被法院否決。

查：中國大陸最著名的#MeToo案件是弦子告央視主持人朱軍，至今無結果。美國女權運動興起幾十年後，性騷擾的主題才出來，#MeToo運動才發生。你才發現原來有這麼多人長期性侵別人，從好萊塢到各屆政要，問題非常嚴重。然後就是大批的人在網上爆料，傳統媒體跟進，法庭調查，政府不干預。民間討論既引起了社會反省，也有一些相關政策規章出台，但主要不是政府主導，而是企業、大

學等機構自己制定。另外，美國有很多男性，不論是好萊塢明星還是知識分子，都會公開宣稱自己是女性主義者。中國在這一點上和美國的差距是很明顯的。

我印象非常深刻的是你有一次參加《鏘鏘三人行》，公開說你是一個女權主義者。我從沒聽到過任何一個中國大陸的男性學者或知識分子朋友在公開場合宣稱自己是一個女權主義者。五四時期，很多知識人如周作人、胡適等都說自己是女權主義者，並為此呼籲。那時候，男性是和女權主義者站在一起的。我們這一代反而比五四倒退了，連在知識人群體中女權主義者都往往成了負面稱謂，好像只有找不到男人或者仇恨男人的變態醜女才是女權主義者。就這一點來看，年輕一代對女性主義者身份的坦率和正面認同遠遠超過了我們。

全國婦聯的態度更保守，前幾年討論所謂「剩女」現象時，婦聯出來勸女性趕快結婚，「剩下」的話對你們不好，對社會也不好。婦聯是幫助國家維穩的，強調的是大局觀。在婦聯看來，這些新一代女權主義者是自我中心的搗亂分子，是被慣壞、太受西方影響的一代：#MeToo嘛，Me在前面。

這其中有意識形態，也有代溝。新一代女權主義者是從自我、局部做起的，和追求人權與法治的公知選擇的角度也許有所不同，但大家都是在做有價值的事，本應是同道。

加：關於這個問題，我也在不斷反思，事情並非那麼簡單，我也不能只說自己是女權主義者，更不能因此站在道義的制高點。大概六年前，我在家鄉伊豆參加了一個相對高端的、大多數參會者為六十歲以上精英和特權階層的會議，我作為一個年輕人，圍繞「日本向何處去」做了演講。在

分論壇上，我提到要振興日本，我們應該多發揮三股力量，一個是年輕人，一個是外國人，一個是女性。我也提到了男女平等、女性應該爭取更多的權利，制度應該為此提供更多保障和透明度，輿論也應該支撐這樣一個趨勢。然後，我被現場一位已經是日本數一數二的女企業家嚴厲批評，她說：「加藤君，我發自內心地建議你，今後最好不要這樣講話，否則你是得不到朋友的。我作為一個女性，已經做到極致了，輪不到你來擔心，你這樣說反而讓我覺得是對我們的侮辱。以前的女性沒有努力嗎？沒有爭取權利嗎？輪不到你一個男性提出日本該發揮女性的作用，我們已經在發揮作用了。」

查：她可能認為：我都已經做到這份上了，你還在說日本女性應該如何如何努力，你把我放在哪兒了？

加：我當時在其他參會者面前被這樣罵了，現場也沒有為我辯護的，我徹底孤立了，也沒有反駁或進一步主張甚麼，只好沉默。那個場面讓我印象格外深刻，圍繞女權主義和女性的社會地位問題，我在痛苦中認識到事情的複雜性。我不完全認同她的話，也不後悔自己說過的話。但是她的話讓我反思，一個日本人，真正想做的事情是不能說出來的，至少不要輕易說出來，很多時候，一說出來就不真了。男人早已佔盡了便宜，有甚麼資格提男女平等呢？女性提出倒是可以理解，但男性是既得利益者，主動提自己是女權主義者，提女性的重要性，是不是太傲慢了？

查：我覺得你的檢討有點過了。如果是我，我不會有那位日本女企業家那樣的反應。當然，我不是日本人，也不是女企業家，所以我也只能說我的反應。

聽你說自己是一個女性主義者，我既意外，又欣賞，而且

我覺得大多數女性聽到這個話都會是正面的反應，不會
是「你是一個男性你憑甚麼這樣說」。你只不過公開表示
贊同女權主義者的目標，贊同女權運動，願意成為他們的
支持者，就像當年很多白人參加馬丁·路德·金組織的遊
行一樣，表明我願意同你們站在一起。你看民權歷史紀錄
片中白人警察毆打的遊行者中也有白人，難道黑人會說：
「你是壓迫我們的，憑甚麼參加我們的運動」？我認為這
樣就太狹隘了，而且這種「只見森林不見樹木」的思維方
式會導致惡性循環——你被男性壓迫，然後就將壓迫對象
劃定為所有男性。我認為在討論制度和整體的同時，要區
別對待個體，就像我前面舉的例子，那個男性朋友問我關
於「性」的問題時，我之所以不覺得被冒犯，是因為這是
我很熟悉的男性朋友，他真的很好奇，於是帶有歉意的問
我，並先表明讓我不要誤會。但這不代表所有男性問我這
個問題，我都不會覺得被冒犯。

為自己或他人爭取權利，不同的人有不同的做法。比如，
一個作家可以在公共空間發表言論，為打工者呼籲公正待
遇。但如果你質問他為甚麼不去現場維權，為甚麼不組織
工會，就是強人所難了。每個人都有自己擅長或習慣的行
動方式。比如寫作，比如演講，比如在私人關係中尊重女
性，各盡所能，這就夠了。

加：其實，伊豆的那種場面，我也是第一次遇到。以前《新
　　週刊》做「男人沒了」的封面文章時，我寫過一篇文章，
　　遭到了男性的批評，而女性基本上是不睬的。

我認為最重要的是身為既得利益者，我已經佔了便宜。當
年在日本，老師告訴我們要撿垃圾，自然界給了我們這麼
多東西，我們憑甚麼扔垃圾？在我看來，男女平等也是同

樣的道理。男性已經有了這麼多的既得利益，怎麼能不自覺、不自律？我自稱女權主義者的出發點始終是對男性自以為是的反感，男性憑甚麼傲慢與偏見？性別又不是你爭取來的，你一出生就這樣了。

查：男性是既得利益者，佔了很多便宜，但從另一個角度看，男人也很難。在傳統社會結構裏強者要在公共領域中承擔更多責任，而女性不用。這會導致反彈，西方女性主義興起後也出現了男性主義運動，男性説：都説我們佔便宜，可你們知道我們有多難嗎？

每個問題都有多面性。一個不能掩蓋的基本事實是人類社會在離開母系社會後，男性是第一性，女性是第二性。所以從根本上講，女權運動是有正義性的。

新十日談

第二日

加：關於性與婚姻，我可以先分享一段自己的經歷。高二分文理科後，我讀了文科。文科班裏女生多，我們班三十八個人只有十二個男生。其中誰有性經驗，彼此都知道。因為初一就上過保健課，知道了性的基本原理，所以，日本小孩對性是不陌生的。高中畢業時，十二個男生中有八個都有性經驗了，四個還沒有，我是其中之一。

那時候我爸爸破產了，我們全家被黑社會追債。高中時期，我在「特別進學班」，就是那種非常重視升學率的班，一般來說學習成績優秀的人才能進去。平時學業壓力很重，我又是校隊隊員，每天得進行長跑訓練，還要做兼職。高中三年我都沒連續睡過三個小時以上，每天三點半起床送報紙。我不僅沒錢，而且根本沒時間找女朋友，更別提性經驗了。跟我關係好的一些「壞男生」會逗我說：「你這麼大了還沒有過……可恥啊！」

總之，對於我而言，沒有性，除了當運動員，還有家庭和個人魅力不夠等原因。

查：是不是這八個男生裏有一些是跟你們班上的女生好了？

加：具體情況大家都知道，比如哪個男生和哪個師妹好了。記得高三時，跟我關係好的同學裏有三個人跟高一的女生好了，談戀愛，當然也發生性關係，其中一個還在放學後的教室裏幹過一次呢。這個後來成了英雄故事，他顯得很自豪。在很多情況下，我們多半都知道，但都裝作不知道或不感興趣，這或許也是日本的某種國民性吧。因為我沒有這方面的經歷，所以經常被大家開玩笑，尤其是被那些「壞」學生調侃說：「加藤你還是老樣子哦，還是沒有……」包括有些女生也跟我說這樣的話。

查：女生也這麼說？這和我想像的日本人很羞澀、男女生之
　　間要保持距離很不一樣。

加：我們是初中、高中六年的同學，很熟，可以開玩笑、講
　　黃段子，我也知道他們只是在逗我，並非嘲笑我。一方
　　面我比較保守，另一方面家庭比較困難，毫無疑問當時我
　　在全班是最困難的。作為長子，我得面對和處理那些追債
　　的人。哪有孩子從初二開始就跟黑社會打交道呢！為了逃
　　債，我們一家五口人不斷搬家，沒錢委託搬家公司，就自
　　己搬。我從十四歲開始就過這樣的生活，哪還有精力想性
　　的事。

查：日本的討債者動手打人嗎？

加：只對我有暴力行為。因為我是長子，我負責處理跟他們
　　的關係。父親每天努力打工養活家人，母親也在工作，
　　還有家務。父親不擅長跟人打交道，至少不如我。我當時
　　個子已經很高了，初二就有一米七五，於是，我就對父母
　　說，「你們不用管，我來處理」，我當然也不能讓弟弟妹
　　妹挨欺負。

查：你讓他們打嗎？

加：我從來不還手。因為我們是債務人，本來就是我們不
　　對，憑甚麼還手？

查：被打傷過嗎？

加：有。在日本，比如你在街上瞪了別人一眼，然後就被打
　　了，這樣的事情太多了。

查：最終這個問題解決了嗎？

加：沒有，後來我爸爸死了。可以說一直到死都沒有還清債
　　務。繼承遺產的時候，我們只有負資產。

查：從破產、欠債到你父親去世，總共多少年？

加：從我十四歲到父親去世的2010年，總共十二年的時間。
　　所以，回答您一開始的問題就是我既沒空，又沒錢，怎麼
　　談女朋友？我經常被嘲笑，當時的外號是「童貞」。

查：正式的名詞女的叫「處女」，男的叫「童男」。你這個
　　日文詞彙的綽號是貶義的。

加：是的，他們總是開玩笑叫我「童貞」。班裏經常因我而
　　耽誤一些工作，因為家裏負債，三十八個同學中我是惟一
　　沒辦法按時繳納學費的。爸爸死後，追債的事情才徹底結
　　束，因為在法律上已經沒有債了，黑社會就不找你了。

　　我當時覺得，除我之外的另外三個人好像沒甚麼存在感，
　　也沒人被逗。至於有沒有人喜歡男生就不清楚了，因為日
　　本的同性戀是不敢站出來說話的。我認為日本在這方面比
　　中國還保守，還壓抑。

查：這有點兒像香港、臺灣的情況，演藝界尤其謹慎。圈內
　　明明知道誰是，但是他/她自己不公開。我很好奇，除了說
　　你是「童貞」，他們會認為你是同性戀嗎？

加：我相信他們沒有這樣想過。畢竟，我們還是高中生，這
　　個年齡就算沒有性經歷也沒甚麼不正常的。在日本，也有
　　十四五歲就懷孕、生孩子的情況，但這種情況是極個別的。

　　總之，就我個人而言，我的第一次是來北京留學以後的事
　　情。當時我住在北大的外國留學生宿舍，叫勺園。勺園的
　　一樓是辦公區，二三層住的是男生，四五層住的是女生，
　　樓梯是通的。所以，在勺園，「共通生活」的男女生之間
　　發生過許多故事。我聽說八十年代外國人可以到中國學生
　　的宿舍去住。反正我留學的2003年至2010年規定是不可以
　　的。可以登記後訪問，但不可以過夜。

查：去住是不行的。我當時就是到留學生樓裏陪留學生住的
　　中國學生。因為北大不允許留學生到中國學生的宿舍，所
　　以我們才去陪住，為了幫他們練習漢語。陪住的大部分都是
　　北京學生，因為北京學生的口音更接近於普通話。

加：我當時的長輩，跟您年齡差不多，他們告訴我，當初就
　　是跟中國學生一起住。

查：那時候是1978年、1979年，叫陪住。現在說陪住就是
　　「陪睡」了，但當時的確就是陪住。一個宿舍裏有兩張單
　　人床。我很好奇，你當時只是純粹為了把帽子摘掉？還是
　　也有愛的因素？

加：我的第一次，甚麼也不懂，有些害怕。具體我就不說
　　了，不好意思，反正我不是太主動，可能跟性格有關係。

查：你一直在說日本人如何內向和羞澀，日本人也有不羞
　　澀、不內向的吧？

加：日本人通常在公共場合都是彬彬有禮的，但很多日本人
　　在私密的空間裏是很火爆很開放的，甚至會給人很變態
　　的感覺。至於我第一次的動機，如您說，或多或少是想擺
　　脫這頂「童貞」的帽子吧。還有就是所謂從眾心理吧。你
　　是童貞，跟周圍人不一樣，只有你與眾不同，就會有一種
　　在這個社會活不下去的幻覺。日本社會確實有這樣的空氣
　　在蔓延。1921年出生，活躍在戰爭年代的日本著名評論家
　　山本七平有一本很有名的著作叫《空氣研究》（1977年出
　　版）。我認為，理解日本社會和日本國民，「空氣」作為一
　　種僅屬於日本的獨特社會氛圍，很值得研究。今天，仍然
　　有很多日本人認為，籠罩日本社會的空氣從二戰到今天沒
　　有發生過根本變化。「空氣」毫無疑問迫使日本人進一步
　　從眾，害怕被排斥或邊緣化。

查：其實，從眾心理應該是生命本能吧，所謂的 "herd instinct"，就是安全第一。古代不跟群混的人都被更大的動物幹掉了。正面看待自我、尊重個性、強調獨立，這些歐美人提倡的現代觀念，作為社會文化也不過是這兩百多年才發展起來的。我記得好像是在《快樂的科學》中，尼采就對此有過精闢的論述。有意思的是，日本是亞洲最早、最成功的現代化國家，對與眾不同的排斥卻至今具有這樣的碾壓性，到了「空氣」的程度……這算不算一個悖論呢？總之，看來你當時並沒有更多生理上的衝動？

加：剛到北京時，我只是想學好中文，這是最大的衝動，但沒有甚麼性衝動。

查：一般比較刻板的印象會認為青春期最大的衝動、最感興趣的就是性。不過在革命年代，政治激情可能比性更強烈。如果革命和性結合到一起就更不得了，這兩件事都特別能調動荷爾蒙。一些革命者年輕的時候可以為一個崇高信仰禁慾，在他看來，那比性還要刺激。我這麼說是因為自己家裏就有兩個現成例子：父親和哥哥。我父親年青時對革命的興趣高到甚麼程度呢？高到對男女之事心不在焉，經常為了地下黨工作忘掉跟自己女友的約會。他們倆是同鄉又是清華同學，那位女友也很有個性，因為受不了我父親的冷淡和頻頻爽約，高調宣佈和他分手，甩下一句話：「我不是只為希臘鼻子而愛上一座雕像。」——因為我爸的鼻子比較大。最近這位金鳳阿姨去世，資中筠先生——她清華外文系的同學和好友——寫了篇回憶，描述了這件往事，我才知道金鳳阿姨這話是當時同學中流傳的一句名言。我哥哥也是從小就有職業革命者傾向，中學趕上文革也是全身心投入，他曾經跟我說，那時他的性對象只可能是志同道合的同志。果然他的第一個女友就是同一

個紅衛兵組織的戰友，叫「鐵虎」，你聽聽這名字！

也許對你而言，學中文也是一樣，當你有了一個特別大的抱負時，其他一切都顯得不重要了，除非你正好遇上一個志同道合的對象。那麼，除了要摘掉帽子的初衷外，第一次性經驗是美好的嗎？還是給你留下了不值得為此浪費時間的體驗？

加：說實話，我第一次的感覺就是害怕，在害怕中「面對」。因為第一次的感覺就是不懂、緊張，所以要「面對」這個場合，一點沒有享受的感覺，也根本沒來得及享受。一直以來，由於我自己的原因，我在性方面的經歷不多。到現在為止，我雖然在性方面不排斥，也沒有壓力，但總感覺有一點兒彆扭或者不對勁。這可以回溯到被稱為「童貞」的時期。我覺得那時候很多人更多是為了顯示優越感，表示「我不再是處男」「不再是處女」，是為了擺脫帽子才去體驗。當然，每個人的情況不一樣。有的人的確是談了很長時間的戀愛，自然而然地發生了關係。也有人就是所謂亂搞，沒有談戀愛。我後來更多地是戀愛，談了戀愛之後自然就有了性的體驗。

有不少人的確是為了摘帽子而去體驗，因為在日本被人看作「童貞」有點兒被羞辱的感覺。日本女孩也有摘帽子的想法。這跟中國不一樣，大多數日本男人都不願意碰處女，因為處女在這方面不熟悉，男方還得配合，還得負責，沒意思。

雖然我們從小看AV。7–11也有成人雜誌，未成年人禁止購買的書櫃我們會去偷看，不能撕開，就從書縫裏面偷着看一看，店員在旁邊也不管。我小時候在家裏偷看父親藏在櫃子裏的雜誌，看完再放回原處。我當時不知道父親有沒

有發現我在偷看，也不知道比我小一歲的弟弟有沒有也偷看，反正我們三個人之間從來沒談過性。

查：我發現日本不光是7–11，而是很多超市都有這種小書櫃，一看封面就知道是性書。一般都是封起來的，小孩兒完全可以進去，拿起來掰着看。

加：對。那時候我上小學四年級。我六年級開始看AV，這是比較普遍的行為，到了初中，男女同學有時還會一起看。

查：難怪。我第一次去日本，是去開一個「高大上」的學術會議，所有的參會人員都是從美國、加拿大過去的。住宿的地方是日方安排的，一進去就發現旅館的馬桶蓋是肉粉色的，晚上回到旅館一打開電視，有很多色情電影。如果是在美國的話，這算是性愛旅館了。但我們是去開嚴肅的學術會議呀，難道主辦方是想讓大家一邊自慰一邊入睡？第二天早上開會的時候，大家說起旅館，都稍微有一些尷尬。我想所有人肯定晚上都經歷了同樣的事，但我們沒辦法向日方說，因為酒店的位置等硬件方面都非常好。

那是我第一次去東京，覺得日本文化真的很獨特。

加：剛才說到性騷擾，雖然我作為一個男性，這樣說不太好，但就我最近在中國看到的現象，說極端一些，我認為有些男人是因為沒有魅力，才導致對方覺得是性騷擾。如果他魅力足夠，對方可能也願意。畢竟，有沒有騷擾，也沒有客觀標準或成文規定，更多取決於兩個人之間的主觀感受。

查：哈哈，說得好。那我也說幾句可能讓中國男人不愛聽的話。男女相處，彼此有沒有「電」，絕大多時候很容易判斷。總是誤判，說明很多中國男性「情商」不高，要麼過高估計了自己的魅力，要麼拘謹笨拙。就我在中國的感受和觀察，讓人「驚艷」的真不太多。

加：我在美國被摸過，去巴西旅行的時候被男性摸過屁股，
去古巴旅行的時候被女性摸過頭髮。

查：你有沒有被冒犯的感覺？

加：一點沒有，在我看來，人家是在欣賞我，才那樣碰我，
我有一種被認可的感覺。

查：對，被你厭惡的人摸，就不會覺得是認可和享受了。在
北京旁觀#MeToo運動的過程中，我想起我也曾經摸過別人
的臉。對方是一個年紀比我小的男生 —— 不是小孩，可以
說是一個小弟弟。如果真的要從體力上講，這個男生能一
拳把我打一跟頭。這和女性在被摸時感覺到威脅，肯定是
不一樣的。我清楚地記得那個男生當時臉紅了，害羞了。

這種行為是不是騷擾真的取決於具體的人和事。如果對方
不是陌生人，而是打過一陣交道的人，可能在談話中感覺
到曖昧的吸引或欣賞，或是某種愛意。愛情又不是數學，
「1+1=2」；愛情是化學，「1+1」在瞬間可以無窮大。

現在回想，我當時冒犯了他嗎？或者我想勾引他？連我自
己都不清楚。這是瞬間的衝動。

加：您當時肯定有自己的判斷，摸他不是侵犯。只是互相欣
賞並且建立更深層次的信任關係。

查：對，之後我們的關係一直很好，更親近了，從結果來看
他沒有感覺被冒犯。人與人之間的生理反應，時常是朦朧
的狀態，哦不對，也許男性不那麼朦朧吧，但無論如何，
如果既不敏感又無慣例可循，就難免誤判了。或許#MeToo
至少在性方面可以讓大家有所學習和改進。我感覺目前在
中國，性文化還是有點糙、有點亂，有時候出了問題是因
為當事人這方面不開竅。

回想大學時代，我也是這麼走過來的。起初，我和愛爾蘭

女生同住北大宿舍的時候，她說：「你們的教育怎麼能這麼愚昧，都讀到大學了還沒有人教過你們性這件事嗎？」於是她給我畫圖，講解男女是怎麼回事。

其實，我在中學也上過生理衛生課。我記得那是一個同學們都喜歡的很高大的男老師，一進教室就說：「我今天要講的內容，誰如果笑了誰就是流氓。」接着他就在黑板上掛了一張人體圖，一本正經地開始講男女是怎麼回事，真的像在上數學課。大家聽得半懂不懂，但沒人敢提問。

加：當時給我們上課的是個漂亮的女老師。上課時，我們會逗老師說，「講理論沒用，還是實踐吧」。每次都是這樣輕鬆愉快的課堂氛圍，男女學生一起上課。日本每所學校都有保健室，我們中學保健室的秋山老師特別漂亮，每天都穿着白色的衣服，很像日劇裏的人物。我們經常裝病去找她，讓她教我們。她是老師，不可能做出格的事情，但有時也會摸一下男生的腿，看我們有沒有反應？有，她就開玩笑說：「你是個男子漢了。」

我非常同意您說的，我認為中國還沒有形成男女普遍認同的交往規矩。比如在日本，一個女生邀請或允許一個男生到她的房間，如果不發生性關係，就是對這個女生的失禮。#MeToo運動中，有的女生說雖然讓你進屋了，但那不代表甚麼，得看情況。但日本已經形成了這樣的共識，如果女方不願意，是不會讓男方進屋的；如果她讓男方進屋了，就表示她也希望發生關係，這算是一種默契，甚至是「君子約定」吧。有一次我被罵了，就是因為有個女生邀請我去她家，但最終甚麼也沒發生，對方很生氣。我當時不懂，反省了好一陣子。

查：你這麼有反省精神，讓我有點慚愧了。好吧，坦白講，我以前也做過這種讓別人失望的傻事，而且不止一次。我

曾經有過兩次被男人強吻的經歷，一次在美國，一次在中國。另外一次更不可思議，已經被他壓到身下了，而且是深更半夜在只有我們兩人的私宅密室裏……幸虧對方都是君子，不管是失望、尷尬還是生氣，好事兒沒成也沒出甚麼壞事兒。不過你提醒了我，我也真應該反省一下自己。一定程度上是我給人家的信號含混不清，引起了誤解。

在這些方面，美國類似於日本，有很多規矩是不言自明的。尤其是在工作場合、男女同事的關係。比如出差，大家雖然都住在一個酒店，但談事不會到房間裏談，只會到大堂或會議室等公共空間談，如果進了房間就說明私人之間有了一種性的默契。我前些年因為參加國際會議經常出差，有時候要談事情，兩個人就會一起去會議室或者單獨吃飯。吃飯時的打扮，不會產生錯誤的信號。但是去房間就不一樣了，如果要到別人房間取東西或溝通事情，房門一定會開着，說完就走。

加：#MeToo運動中，有一個女生與我分享了她跟某位公知出差的經歷。對方是一個我們都認識的大V。他告訴這個女生他到宿舍了，房間號是多少。這個女生回答，「好的。晚安」，等於是拒絕了對方的邀請。如果是我，除非有百分之百的把握知道對方願意，才會傳遞這樣的信息。反之，如果女方說自己到了，房間號多少，在這樣的情況下你不去就是失禮。

查：如果這個女生判斷失誤呢？她以為你喜歡她，但實際上你並不喜歡她，在這種情況下你不去也是失禮嗎？

加：我們從小在這種氛圍中長大，一般而言，女方至少會有百分之九十的把握，否則不會隨便發這樣的信息。總體而言，日本的女生更主動。我算是比較害羞的。

查：不太害羞的男生，也等着女生主動嗎？

加：我在中國經常聽到一種言論——男生應該主動，但在日本並非如此。當然，女生主動也並非是霸道。在性愛方面，日本男女算是平等，雙方彼此觀察，沒有把握不會輕易傳遞那樣的信息，否則就變成性騷擾了。我認為這次 #MeToo 事件中有些知識分子是很可笑的，你都沒有把握就發那樣的信息。你作為一個知識分子，會不會被對方接受，得有一個準確的判斷。你連自己都不瞭解，還評論世事，又怎能讓人信服呢？當然，我這麼說會得罪很多人。

查：其實，在定義性騷擾時的一個關鍵概念是「權力」。美國最有名的「騷擾大師」，那位好萊塢製片人韋恩斯坦（Harvey Weinstein），又矮又胖，奇醜無比，卻騷擾了無數人。他不知道自己在騷擾別人嗎？肯定知道。漂亮的明星經過他手，他就要睡人家。他知道自己擁有權力，這些女人不敢拒絕他。如果拒絕，就拿不到片約，這就是權力關係。

公司老闆對員工、大學老師對學生的騷擾就是利用權力。有些人利用權力騷擾年輕人，誤以為是你情我願，看不出來別人就是因為Ta的權力才配合Ta或者利用Ta。

還有一些特別貧困的地區，老光棍真的會強姦女孩子。有些男人見了穿裙子的就產生衝動。離文明越遠，越不會去克制動物性衝動。他們完全沒有性騷擾的概念，就是一種雄性動物對雌性動物的衝動，沒有道理可講。這種情況下，力量（force）就是權力（power）。

中國的公知圈子中存在一些錯亂，對兩性關係的符號解讀，由於特殊成長背景可能存在一定偏差。我的同齡人或歲數更大一些的，曾經被禁慾時代的枷鎖鉗制着，不敢做出格的事，如果出了所謂的作風問題，會被單位開除，重

的還要判刑，一輩子就完了。但現在開放多了，不大會有這些代價。當年長期飢渴，有些中老年男性要惡補錯過的機會，甚至有矯枉過正的現象，比如以換老婆或帶着情人在社交圈裏招搖炫酷為時尚。

加：嗯，確實如此。男性在現實政治和經濟社會中普遍比女性更有「力」，無論東方還是西方，近期恐怕都無法改變這樣的格局和趨勢。

我前面説到的古巴之行是2014年的事情。當時奧巴馬還沒有宣佈跟古巴建交，古巴還是封閉的社會主義國家，實行計劃經濟、國家供給，很多人不管從事甚麼職業，工資都是一樣的，只有旅遊業向市場開放。知識分子、醫生、律師都會從事副業，我住的民宿基本上是律師、醫生開的。有一次，來到古巴南部的一座城市，民宿旅店是一對夫妻開的。我一進去，一個有着很漂亮的金色頭髮的白人女子看到我，就開始摸我頭髮，我們認識還不到五秒鐘。她大概三十五歲，她説她第一次看到黑頭髮，摸起來很舒服。我沒覺得有甚麼不妥，反而挺開心的。因為古巴的社會氛圍就是那樣。如果是在中國或日本發生這樣的事，我會感覺不舒服。

查：這的確和開放程度、文化習俗有關係。我想起了薩道義寫的《明治維新親歷記》。他是明治維新時期特別親日的英國外交官，長年住在日本，後來駐京時還參加了《辛丑條約》的簽約儀式，作為英國代表簽字。從《明治維新親歷記》中描寫的很多場景可以看出，雖然當時日本文明的發展程度已經很高，有一套很講究的禮儀，但他們看到外國人時的反應，就是本能的。我原來以為中國人在這方面特別明顯，見到一個外國人就會品頭論足，在街上會跟着

外國人走，見到一個金髮小孩會去摸他 —— 中國人還不敢
摸大人，只敢摸小孩 —— 完全把他當作一隻小貓或洋娃
娃。但我在薩道義的書裏看到，那時候，日本有很多大名
武士很抵制外國人，經常會發生雙刀武士殺外國人的事。
當他們路過一個村莊或城市，沿途的男女老少就不做生意
了，都在門口看他們，還會跟着他們。當時日本人見到外
國人的反映就是所有處於長期封閉環境中的人類見到異樣
動物時的本能反應。薩道義認為這種觀看是沒有敵意的。

加：我們只會看着，不會像古巴人去摸。

查：嗯，古巴人是非常感性的。我交往過一個古巴男朋友，
有體會。那是我到美國的第二年，我們在派對上第一次
見面，沒聊幾句他就約我去酒吧聽爵士樂，第二次在酒吧
見面，沒過一會兒他就把胳膊伸過來摟住我了。那之前我
交往過的兩個中國男友，都比他含蓄多了，怎麼可能這麼
快？其實那時候大家都是二十二、三歲的大學生、研究
生，他比我還小一歲，卻一點沒有亞洲男性常見的那種忸
怩羞澀，毫不掩飾他的好感和意圖，表達方式直截了當，
同時還不讓你覺得粗魯。當然，他肯定感覺到了我也喜歡
他，如果沒有這個前提，一切就都變味啦。

反正，在拉美以及意大利這些地方對性感的表達是非常直
觀的，他們會用身體語言表達對你的欣賞，會很親熱，但
通常不會讓人感覺到有甚麼不妥。

有一張非常有名的藝術照片，照片上有一個身材窈窕的穿裙
子的金髮女郎，大概是個美國遊客，走過一條意大利的街
道，沿途站了很多年輕帥哥，對她吹口哨。就跟你們和漂
亮的保健室老師的互動一樣，他們就是欣賞漂亮的女生。

這張照片顯示了歐美社會在兩性文化方面的差異。美國人

從清教徒的傳統發展下來，在風流世故的歐洲人看來更為刻板和保守，在性文明方面不夠sophisticated，有點像個大孩子。這個美國姑娘走在歐洲的小街道上，她的身體語言和表情都有一點兒僵硬、防禦。當她感覺到男性目光的撫摸時，她可能有種不知所措的感覺，她不確定這些男性是不是有別的意圖，是不是把她當成了一個獵物。

對照片的解讀也有差異。若從女權理論的角度來看，可能存在將女性物化的含義，會解讀出兩性關係中的權力關係，讀出男權對女性或壓迫或消費的含義。這是不是過度解讀和不解風情呢？我想這的確要看個人的感受。那位姑娘走在那條街上，可能感覺到被冒犯，也可能感覺到被欣賞。

加：我在北大上學期間，參與創辦了名叫「京論壇」的日中學生交流活動，由北京大學和東京大學的學生代表組成，每年互訪，進行深度交流和實地考察，那是我至今參與組織的論壇裏最有前瞻性的活動。2006年的第一屆，一個來自東京大學的女生來北大一起交流。她來自廣島，性格開放，英文很好，專攻國際關係。她在活動期間經常在公眾場合，包括在北大校園內摸我屁股，會說「加藤的屁股好翹」，無聊的時候就摸一下。大家都能看到，開玩笑說她又摸了加藤的屁股，給整個活動帶來了幽默的氛圍和新的看點。她就是那樣的性格，一開始中國學生不太適應，後來也變得適應了。這樣的行為，我願意，她願意，觀眾也願意，大家都是贏家，都讀懂了這個場面的含義，給整個活動加了分。

查：你情我願，好事好事！中國這幾十年變化大，不少人已經比較能夠以平常心看待兩性關係了，尤其是年輕人。前天晚上在世貿天階，那裏人很多，我看到一個女孩對着一個男孩的臉，扭着屁股跳迪斯可，兩個人非常融洽。放在

從前，大家會覺得這種行為很粗俗，太張揚，但那天周圍沒人圍觀、沒人指手畫腳。這是兩相情願的私人遊戲，雖然在大庭廣眾之下，你看到後也不會覺得不舒服——恰好那兩個青年人眉清目秀，衣着也挺酷，看着他們在燈光天幕下的廣場上轉着圈兒跳舞，很是賞心悅目。

順便說一句，世貿天階的天幕大概是全北京最大最長的，每晚放各種視頻，多數意思不大，可是有一個節目是滾動播放一條條短信，據說一塊錢一條，都是老百姓用手機發上去的。有時路過，我會站在那裏仰着頭看半天，看到很多男男女女在上面指名道姓彼此表白心跡：浪漫的、幽默的、傻了吧唧的、酸不溜秋的，甚麼都有。這時候我總會有些感動和感歎：中國人到底比以前放鬆太多啦，敢於在大庭廣眾之下表達愛情了。

回到前面所說的，你始終對性感覺有些彆扭，跟你高中時期被取笑留下的陰影有關嗎？

加：我有慾望，一點兒也不排斥性。但是由於高中的經歷，以及更多是出於想摘掉帽子開始的性經歷，有時候我可能過於主動，有時候我可能沒有回應對方的需求，一直以來我在這方面都感覺有一點兒彆扭。我更多的感受是對不起對方。

查：這種心情聽上去和你第一次的時候一樣——你感到害怕，擔心自己的表現不能讓對方滿意。

加：也有這個因素。我沒有恐懼症，但總是覺得有點兒彆扭，用我的話來說，我跟性之間缺乏緣份，此生恐怕就這樣下去了。雖然我只交往了兩個女朋友，但是性對象怎麼可能只有兩個？在日本，大家的性伴侶比較多，沒有女朋友的時候也會有很多性體驗。我還是認為，性和愛是可以

分開的。我在東京銀座聽一個中年女性説過：「愛是短暫而局限的，色是純粹而永恆的。」我當時覺得很有道理。如果我發自內心的愛一個人，那這種愛和性的衝動是不一樣的。

查：是不是當你特別愛一個人的時候，反而不會有特別強烈的性慾望？

加：就是這個意思。我現在有點兒不好意思了。

查：性是更動物性的行為，所有的動物都有性行為，但性是相對低級的生理行為，而愛是更高級的情感行為，是人類特有的。愛與性結合在一起，才是最好的狀態。嗯，我現在有點兒像高中德育課輔導員了。

加：毫無疑問，這是最好的狀態，我也希望自己可以做到，但恐怕很難。

查：確實難。不過，我注意到你那位東京銀座女性使用了「色」這個更有風情的詞，我不懂日文，不知道日語裏的「色」與「性」有甚麼區別，但日本的「情色」文化比中國和美國都更發達。她說的「色」應該不等於單純的sex，也許更接近於英文裏的erotica吧。

加：是的，就是這個意思，她說的「色」不同於「性」。

查：請容我信口開河歪評幾句。如果用顏色打比方，性是紅，愛是藍，色就是紫。紅和藍都是原色，是單純、明確的正色；而紫是紅和藍摻合而成的復色，是曖昧、風騷的顏色。我覺得日本人內向、敏感、精緻的性格，很適合這一路，大和民族在「好色」方面達到了很高的境界。在我看來，性太容易，愛太難，色介於愛與性之間，二者兼而有之，也許可以算「中道」吧。如果愛與性難以結合，那就追求「色」吧。

好啦，「歪評」打住，接着正經聊「性」。銀座女性說「愛是短暫而局限的」，我覺得這話同樣適用於「性」——這裏講的是純粹的、一直面對同一個人的性。就算學了十八般武藝，像印度《愛經》裏講的那麼多種姿勢，技術很好了，如果沒有感情，只會變得像雜技一樣吧，很多高難度的動作，新鮮感能持久嗎？

我有一個朋友，結婚幾十年了。據她描述，她和她先生不僅感情好，而且性關係歷久彌新，恨不得兩個人每天一見面就乾柴烈火。這聽上去很完美，但又似乎不大真實，像是她自己編織的一個神話：她為了追求婚姻完美，付出了很多代價，要向自己證明所有代價都值得，於是將夫妻關係上升到神話故事的層面。我覺得她不是故意撒謊，相反她是一個很誠實的人。後來她丈夫突然跑了，不辭而別，一去不返。到底為甚麼，不清楚，但我總的感覺是，人長期生活在一種神話般的關係中，會很累的。燈泡天天亮，還都要燒到一百二十度，不跳閘才怪。再好的兩性關係也會有妥協和犧牲，甚至是背叛。精神追求和性追求能很好的並行且長久，是非常少見的。

加：您如何看待婚外性？日本有一個著名的演員叫石田純一，他曾經主張「不倫即文化」，被社會和輿論制裁了很久，過了很多年，才逐步被原諒，重新走回舞台。有時候覺得很奇怪，據我所知，「不倫」在日本社會和國民中是相當普遍的。然而，一旦所謂公眾人物——不管是政治家還是藝人出軌，被那些八卦雜誌曝光，當事者就會受到來自社會和輿論的制裁。反諷的是，那些參與集體制裁的人往往是正在或曾經搞婚外情的人。反正普通民眾就是看不慣或嫉妒名人，想方設法希望把它拉下來，達到心裏上的平衡。「不倫」對此往往意味着絕佳的素材和載體。

查：在中國，出軌和不倫不是一回事。一般來說，不倫是指有血緣關係的人發生性關係。

加：「不倫」在日本就是指出軌。

查：你說的是婚外戀或婚外性？

加：主要是婚外性，有沒有「戀」不知道，何況「情」，反正只要發生了性關係，就是出軌，這是日本人普遍的理解。假如那些八卦雜誌拍到兩個人同時進出酒店的照片，大家會由此判定這兩個人就是不倫。假如男生辯解說「我們沒有身體上的關係，只是借用酒店的房間談事情」，絕對沒人信。

石田純一就說「出軌是一種文化」。幾年前日本有一部電視劇叫《晝顏》，很多中國人應該知道和看過。劇中說，下午三點家庭主婦們的時間最充足，這時，家務已經做完，孩子還沒放學，老公也沒下班，整天被「關」在家裏的主婦們，就會選擇在這個時間出去和其他男人發生性關係，往往是選擇那些年輕帥氣，身材好，沒錢沒地位，但雄心勃勃的男人，不用付錢，雙方願意就行。搞完就回家準備迎接孩子，然後做飯，迎接丈夫，就像甚麼也沒發生似的。這成了一些日本女人的活法。每天圍着家庭轉，如果不放鬆一下，就真的崩潰了。

查：她們的丈夫知道嗎？

加：有的知道，有的不知道。據我觀察，在日本有一種共識，如果一方出軌，另一方也不追問、不吵架，自己會去找平衡。

查：酷。丈夫可以找藝伎或者女職員。家庭主婦沒有工作，她們在甚麼場所找呢？

加：有各種各樣的渠道。比如，在地鐵的月台上，兩個人遇到了，很有感覺，就一起走了。或是在澀谷、新宿等繁華的街道偶然碰到，比如男女各兩個人，不管是之前認識的還是在甚麼場合偶然遇到的，四個人一起去居酒屋喝酒，喝完酒，分兩組，各走各的，走到附近的情侶旅館搞一下，之後是否還保持聯繫，那就看彼此的感覺了。這種一夜情的浪漫在日本很普遍。很多主婦有孩子，不可能脫離家庭，但如果她不去找點樂子，就會崩潰，甚至想到自殺，這樣客觀上不利於家庭的長期穩定。有些主婦風韻猶存，有很強烈的性慾望，那就找一個和丈夫完全不一樣的人，沒工作、沒地位，但是長得夠帥，肌肉夠多，對方也願意和她發生關係。

查：沒有金錢交易？

加：據我所知一般沒有，就是純粹的性交易。

查：嗯，這種性倒真是「純粹而永恆」。「不倫即文化」這種言論是甚麼時候才有的？

加：石田純一說出這話是在1996年。我那年小學六年級，記得很清楚。當時就引起了特別多的公眾討論，輿論拼命攻擊石田純一，讓他失去了工作，被社會制裁十年之久。所有人都知道他說的是真理，但這件事只能做，不能說。就像您剛才說的，幾乎沒有家庭可以始終維持性和愛的完美結合。石田純一說出了大家默默在做的事情，但是日本社會認為這種「公開的秘密」是不能曝光的，他就像打開了潘多拉的盒子，很多人會受到這樣那樣的牽連，給整個社會添了麻煩。這跟所謂「政治不正確」有些類似，電視台很長時間不敢請他上節目。

查：美國也有許多事能做不能說，說也只會是在一些小眾空

間裏討論。但這類現象好像沒有日本那麼普遍。首先，美
國女性在婚後不工作的比率沒那麼高。二戰後的美國那一
代被稱為「最偉大的一代」，他們吃苦耐勞，維護家庭。
男人努力工作，女人相夫教子，夫妻都過上了中產生活。
這一代大多數女性不上班。但六十年代女權運動、女性解
放之後，女性普遍開始工作了。她們不像日本女性一樣在
家裏閒着沒事，性苦悶，然後普遍出軌。

我的看法是，婚姻的本質決定了男女雙方不可能長期在各
個層面都很滿意。中國語境下的討論，好像只有男性才需
要不斷新鮮的性，甚至連愛也是如此；而女性則在性方面
沒有太高的要求，這當然是胡扯，讀過《金瓶梅》、《肉
蒲團》的人都明白。但中國男權文化至今仍然把性慾強的
女人醜化為類似於娼妓的蕩婦，在這種壓力之下，女性比
男性更需要掩飾自己的性慾和風流，所以在中國你聽到的
大都是男性出軌的故事。日本在這方面似乎比中國更「男
女平等」一些，至少日本男人可以正視女人也有性苦悶這
個社會問題。

在美國，好朋友私下裏也會談論別人，甚至承認自己出軌
的事情，但大家好像有一種默契，一般都不去觸碰，因為
一來這屬於隱私，二來大家明白即使出軌在很多時候情有
可原，可那並不是甚麼太光彩的事，畢竟有違婚姻契約並
且涉及他人痛苦。不輕易談論，我覺得並不是虛偽，而是
一個成熟文明的社會裏人們一種普遍的審慎態度，它同時
表達了對婚姻和對個人權利的尊重。

人類社會不管多開放，不管在亞洲還是西方，都有某些禁
區不能挑明。大家形成了某種默契，在默契中彼此理解。

加：說實話，日本大眾已經審美疲勞了。日本的八卦雜誌經

常爆料某個政治家或明星出軌，然後整個社會就會「制裁」他們，大眾也跟着幸災樂禍。

我重申一下，在日本，出軌是普遍存在的現象，也是公開的秘密，社會整體是接受這種現實的。我周圍，不少人認為不倫是為了保證家庭的長期安寧和幸福，不管男方還是女方，都需要通過不倫來發洩情緒和壓力，調整狀態，讓自己保持相對平靜，這樣才能長期為家庭服務。

當名人被爆料出軌後，即使你自己也出過軌，你還是會嘲笑他。「被社會制裁」是特別日式的說法。甚麼是「制裁」？就是社會集體嘲笑你、不理你。這種無聲的制裁是最痛苦的。

美國人雖然也有出軌，但他們離婚很痛快，沒感情了就離婚，沒性愛了就離婚。這才是誠懇的。反觀日本，離婚的人比以前多得多，現在大概達到三分之一左右，但跟美國比仍然低不少吧。大多數日本人會感歎：「我們也想離婚，但哪兒有那麼容易！」說白了，還是在乎世俗社會對你的評價，反而對自己的內心和人生不誠懇。當然，日本也有痛快離婚的人，而且例外人士似乎越來越多，這對日本社會來說意味着進步。

大多數日本人會認為「婚姻是兩個家庭的事情」，尤其有了孩子之後。很多美國夫妻雖然有孩子，但離婚也很痛快，他們認為已經不愛對方了還在一起是對孩子的背叛。而日本夫妻，雖然早就沒有感情，也沒有性衝動了，但一方面因為有孩子，另一方面社會不接受離婚的人，所以他們也不離婚。日本將有離婚經驗稱為「罰」，離過一次婚稱為「罰一」，離過兩次婚稱為「罰二」。這說明，社會不那麼接受離過婚的人。

查：那我就是「罰一」。我第一次結婚、離婚都是在美國，因為雙方互不責難又沒有孩子，離婚時法律上叫做 "no fault divorce"，也就是無錯離婚。我內心對那次離婚是有歉疚之意的，但我從沒有感到任何外在的社會壓力。後來再結婚，用中國話叫「二進宮」。這個詞經常用來形容進局子。

加：我們一般不會當面稱呼別人「罰一」，這個詞很多時候是自嘲時說的。在日本，人們經常用「罰一」這個詞，這說明離婚會被看作人生污點，大家能不離就不離，但婚內出軌在日本是很普遍的現象。

查：我說「二進宮」恰好相反，等於自嘲，又進了婚姻的牢籠。

加：我覺得日本有百分之八十的夫妻，既沒有感情，也沒有性愛。我一個哥兒們，現在四十歲左右的，他有一個兒子，剛剛上小學。他之前跟我說，他和太太早就沒有感情和性愛了，每天活在極端的痛苦當中，不管是上班還是週末，他們一般都不說話，除了孩子的上學問題需要商量外，迫不得已的時候才說上一兩句。他每天晚上也不想回家。可是都這樣了，他還是不離婚，覺得會影響職業生涯和個人聲譽。

查：有沒有等孩子成人後離婚的？

加：有。我有一個出版社的長輩，就是快到六十歲，孩子大學畢業已經找到工作並成家後離的婚，現在過得很開心。日本有不少這種等退休以後或孩子大學畢業後離婚的情況。他們的心裏狀態是：我的任務已經結束了，我想要自由。怎樣才能自由？只有把婚離了，才能自由。感情和性愛早就沒有了，離了也沒甚麼可失去的。

我在某種意義上很羨慕美國人可以痛快地離婚。因為婚姻和契約一樣，本來就是有漏洞的，既然自己的處境和心態發生了變化，那就離吧，不離才是對婚姻的背叛。騙自己繼續和一個沒感覺的人將就着生活在一起是對自己最大的侮辱。

查：你的思維方式已經不像典型的日本人了。

加：但是作為一個日本人，我只有這樣的觀念，卻沒有這樣的行動。因為我做不到這樣，只有羨慕的份兒。

查：實際上呢，美國的離婚率正在降低，美國人對婚姻的態度並不完全是你想像的那樣。我當然不能代表美國人發言，但我可以根據我在美國的生活經驗說幾句。

剛才你提到「契約」。美國最著名的契約當然是憲法，其核心理念是保護美國《獨立宣言》裏宣示的每個人都有生命、自由和追求幸福的權利。既然婚姻也是一個契約，如果發展到一定時候，個人的幸福得不到滿足，自然就應該解除契約、更換對象，這似乎和選民更換政客的道理相通。

但這麼說不免將問題簡化了，聽起來好像美國人就是契約動物，純粹追求自我中心的快樂。其實不然，因為美國既是強調個人主義、尊重個性的國家，又是有着非常深厚的基督教和保守主義傳統的國家，而在後面這兩個往往彼此交織的傳統裏，婚姻、家庭、社群都是極為重要的價值。多數美國人都有着很強的家庭觀念，認為婚姻非常神聖，結婚時會在教堂宣誓，在上帝面前承諾無論生老病死都風雨同舟。作為經濟共同體和社區穩定的支柱，婚姻也得到各種政策優惠和社會尊重。否則，如果結婚不重要，為甚麼「同志們」還要爭取同性婚姻權呢？

可是不論怎麼鄭重宣誓，婚姻這個契約裏確實有很多矛盾的東西。當夫妻關係出現無法調和的矛盾，突破了共同生

活的底線，我認為離婚就是一種更人性的選擇。但美國社
會對此也有一個從普遍排斥到越來越接受的過程，接受度
大幅提高是上世紀六十年代以來的事。我想這與六十年代
性解放運動、自由主義思潮流行有關。

戰後出生的嬰兒潮一代是離婚率最高的人群。美國的離婚
率最高達到百分之五十，是在八十年代。可還有另一個
原因大家不太注意，那就是嬰兒潮一代和所有傳統社會的
人一樣，結婚很早。後來美國人結婚年齡普遍推遲了，越
來越多的青年人選擇先立業後成家、先同居再結婚，這樣
比較容易找對人，婚姻更容易長久。結果，離婚率一路下
降，現在已經降到了百分之三十幾。這不也反證了人們對
婚姻的鄭重態度嗎？總之，即使離婚的社會壓力小了，人
們仍然會謹慎避免它的發生。

有意思的是，美國的結婚率也在逐漸下降，它背後的原因
與離婚率下降很不一樣。比如，選擇不結婚的單身主義
者，很多都是受過高等教育、不差錢的，他們對生活品質
的要求很高，不能因為要和另外一個人共同生活就對個人
的生活方式、生活品質做出妥協 —— 所謂磨合就是互相妥
協 —— 我才不要妥協，我就一個人生活挺好。性不但不因
為獨身而受損，反而為自己開闊了更豐富的途徑和樣式，
那獨身不就有了更多的優勢嗎？

舉個例子，我在紐約的牙醫是個四十上下的中年女性，一
直單身，前些年想當媽媽了，就從精子庫選了精子和自
己的卵子交配、自己體內懷孕生了個兒子，現在兒子都上
小學了。當年我問她為甚麼要以這種方式生育，以後兒子
會不會打聽父親是誰？她回答：「我不想和一個我不滿意
的男友結婚一起生活，但我想要個孩子。我根據精子庫提

供的信息挑了最強健的精子，自己生，自己養。我不會保留那個陌生男人的信息，孩子將來也不會和他有任何關係。」怎麼樣，這位牙醫的行為聽起來很前衛吧？有趣的是，她是亞裔二代移民，開朗能幹，相貌身材都不錯，聊起其他話題，她的價值觀和品味都相當主流。

也許像她這樣的屬於所謂單身貴族吧。但美國還有一種不婚者是低收入者，想結婚結不起，因為養家養孩子的花費實在太高了！有調查報道說，這種經濟拮据結不起婚的情況更多發生在黑人和拉美裔群體中，而在白人和亞裔群體中相對較少。所以在今天的美國社會裏，經濟不平等與婚姻不平等在同步擴大，以至在新一代人當中，結婚竟然又變成了某種成功的身份標誌。

另一個現象是，在性開放、未婚同居的人數增多的同時，也出現了一批新時代的性保守主義者。十多年前，年輕的一代──不是現在二十多歲的人，這種傾向就已經存在。他們自發地拒絕婚前性行為，願意新婚之夜才有性。這其實是對性解放、性文化泛濫的一種反彈。

可以再分享一件小事，和孩子有關。我在紐約見過很多再婚家庭的孩子，比如我女兒上的小學、中學裏就有很多這樣的小孩兒，他們有時會拉着一個小行李箱到學校。因為父母已經離婚了，各自又都組建了新的家庭，小孩就一個星期住爸爸家，一個星期住媽媽家。早晨爸爸送他上學，晚上媽媽接他放學。我女兒上小學時，有幾年是我帶着她住在北京，我先生在紐約工作，暑假我們回到紐約，送孩子上城裏的夏令營，每天下午就是媽媽爸爸輪流接。記得一次我去接女兒，老師特地把我叫到外面，問我和孩子她爸是不是在一起？我說當然呀！她馬上抱歉說這樣問有些

冒昧，但因為這樣的家庭很多，孩子年紀還小，如果在說話時涉及這方面，老師瞭解基本情況後就可以更合適地應對。這件小事給我印象很深，由此可見在美國離婚、分居的家庭有多麼普遍，同時又看得出老師對待小孩子有多麼敏感細心。

加：在日本，也有不結婚生孩子的途徑，但這樣的行為不太體面和正規，大多數人還是先有婚姻再生孩子。還有一種很普遍的情況是兩個戀人（甚至陌生人）之間懷上了，就被迫結婚。另外，日本人普遍認為未婚人士缺乏信用，沒結婚是不太能被社會認同的。換句話說，日本人結婚生子與提高社會信用度有一定的關係。在日本，社會是最神聖的，比國家、個人、家庭都要神聖。我們強調「社會人」，要求孩子成人後好好地成為社會人。所以我一直在想，婚姻歸根結底是為了甚麼？

我有另一個朋友，1980年出生，在一家著名商社上班，年薪十五萬美金，結婚十年，孩子八歲。但他跟太太只在涉及孩子的事情時才有交流，否則互相不說話。他跟我說，加藤君，我最近出軌得厲害，每天和不同的人搞在一起。我問他還回家嗎，他說還回家。日本的習慣是，如果回家太早老婆會覺得你沒出息，男人要在酒吧裏耗到很晚才會讓人覺得你跟公司的關係搞得很好。很多人挺早就能下班，但為了不讓老婆看不起，就泡酒吧，甚至在家附近蹓躂到深夜才回家。

查：真可怕！日本社會在表面的文明之下有着巨大的壓抑和變態，一端是唯美和隱忍，一端是自戕和暴烈，就像《菊與刀》裏講的那樣。這就看出「克己復禮」的另一面了。不論多好的事情，太「好」了就不真了，就成了英文裏講的 "It's too good to be true"。禮和政治正確，都可以走向

它的反面。就好比#MeToo，如果搞到男人都不敢調情、不敢講黃段子、不敢主動追女人的程度，那還有甚麼意思呢？禮，孔子講「過猶不及」，他本人就沒有特別拘謹，可是儒教正統化之後，太強調社會秩序的和諧了，壓抑人性的那一面越來越厲害。傳統文明崩塌之後有一種野蠻生長的活力，你不要光看它特別不像樣，它也打掉了一些特別壓抑人性的東西。

前些年一些中國朋友老講民國多麼美好，多麼文明。可是有一次，我去看張愛玲小說改編的一部話劇，看得我無比壓抑。張愛玲筆下的民國時代，舊秩序已經成熟到腐爛，但仍然沒有崩塌，仍然有那麼多的衛道士，那種舊式大家庭裏密不透風、無處可逃的氛圍讓人窒息。

革命初期可以給人帶來衝決羅網的自由感、解放感，但革命一旦勝利又成了新的正統。中國1949年之後，父母、家族可能干涉不了婚姻和愛情了，可領導、單位會來干涉，因為新的政治籠罩一切，戀愛婚姻不再僅僅是私事。我父親就是一個例子。他和前妻的感情早就不好了，他提出離婚，但組織不批。因為有組織的干預，加上有兩個孩子——我有兩個同父異母的哥哥，所以沒離成。那個年代，組織的話比法庭的話重要得多。

但父親最終還是離了。他前妻那時被劃成了右派，所以看上去好像他們就是因為反右而離婚，他前妻後來寫回憶錄，也把整個事情描繪成這樣。我瞭解很多內情，知道真實過程比她寫出來的要複雜多了，涉及很多難於啟齒的人性掙扎，包括性愛的問題。不過，不論最後的離婚還是之前的沒離婚，都與政治糾纏不清。我出生的時候，我父親的前妻和我父母，這三個人都分別下放勞改，三個人都是政治運動的犧牲品。這事讓我很感歎。在一個個人生活高

度政治化的年代，性愛和婚姻關係裏那些幽暗曲折的感情問題，都變成了次要的、缺少正當性的問題，能拿出來講的只有政治。直到今天不少中國人對那個時代的敘述和理解，仍然陷在這種意識形態化的簡陋模式裏。要瞭解原汁原味的歷史真相幾乎不可能。

回頭再看中國的五四運動，好像是非常激烈地破壞了傳統的秩序，但無論是「舊社會」的家族權威還是「新社會」的組織權威，最終被壓抑和犧牲掉的都是個人自由。從這個意義上講，集體高於個人的老傳統從來沒有真正被打掉，只不過此前的中國社會和日本社會有更多相近之處，在倫理道德方面特別尊重家庭和社會輿論。雖然皇權至上，但實際上在社會層面是靠宗族、倫理關係來治理的。那時候離婚的代價非常高，尤其對於妻子而言，被休是一種羞辱，就像你說的「罰一」，代價更多由女性承擔。

加：恐怕大多數日本人難以理解您提到的組織權威四個字吧，但家庭權威和社會權威是可以理解的，至今還深層次地影響一個人在婚姻面前的判斷。

離婚這件事，男性早離晚離都無所謂，但對於女性來說差別就大了。我那哥們喝多了和我哭訴，說他們的婚姻早該結束了，他和妻子之間早就沒有愛了，他知道妻子也知道。他問我是他在外面找女人不對，還是婚姻制度不對？他是東大畢業的高材生。

查：他太太也出軌嗎？

加：他說他不關心這個，妻子出不出軌無所謂。因為他知道他們之間沒有愛，更沒有性。我就問他，那你們還在一起幹甚麼呢。他說他們不離婚惟一的理由是為了孩子，如果沒有孩子早就離婚了，他不希望孩子的爸媽是「罰一」。

另一個無法讓他下決心離婚的原因就是孩子的養育權問題。一般來說，夫妻離婚後，養育權都歸女方，畢竟孩子由母親帶大為妥，這是社會的普遍共識。但不少男的往往不服，想爭取這一法律權利，卻沒辦法。

我認為離婚在日本是一輩子會留下痕跡的。日本沒有像中國的個人檔案制度，但永遠留在你的戶口本上，是一輩子的標籤。我有個朋友，他父母是「罰四」，他都沒感覺了，還經常自嘲，給我們帶來一個有趣的話題。

查：勇士啊！那個時代就敢離四次婚。他們對自己多真誠！我很佩服！

美國的保守派和自由派對婚姻家庭的態度一直存在爭論。從法律上來說，離多少次婚都沒有問題，我們現在說的是社會的態度。如果你是一個公眾人物，比如一個政客或一個參加競選的人，如果你一直在一段婚姻中，只有一任太太，並且生了好幾個孩子，那麼這更符合保守派的價值觀，人們會更信任你。對於政客來說，光結婚還不夠，有孩子會更好。默克爾結婚了但沒有孩子，馬克龍也沒有孩子，但他的太太年紀比他大很多，這倒是可以被接受的。

加：安倍晉三也沒有孩子。在某種意義上，馬克龍打的是「我不世俗」牌，「我可以這麼不世俗，只對自己和愛人忠誠，你們做得到嗎？」法國民眾接受了這一點，日本民眾可能不接受。

查：對，從民眾對政客的婚姻態度也可以看出，美國總體而言比歐洲更保守。克林頓的拉鍊門，美國自由派、民主黨陣營的人也都覺得非常難堪。

加：我記得希拉莉和特朗普辯論的時候，特朗普說希拉莉不容易，不斷東山再起，說她很強。

查：特朗普自己就是不斷破產，不斷東山再起。他天性好
　　鬥，永不認錯服輸，也真心欣賞具有這種強悍品質的任何
　　人，不論是普京、金正恩、習近平還是希拉莉——在這方
　　面他倒真是不分男女也不分敵友，既沒有道德偏見也沒有
　　性別偏見。我記得希拉莉當時並沒有直接表揚特朗普，而
　　是說他的孩子很好。就這一點來講，我認為特朗普的表現
　　更真實、更大氣。

加：對，那天的辯論，特朗普表現得確實比希拉莉更大氣，
　　更包容，更真誠。特朗普的婚姻比較亂，大家都知道他出
　　軌和亂搞的事情。但他臉皮夠厚，無所謂別人怎麼議論自
　　己。您覺得他的婚姻狀態對他的政治生涯有甚麼影響？

查：特朗普結過三次婚，但這並不重要，問題在於他有過很
　　多公開的不良記錄，不只是簡單的出軌。很多人認為他
　　不尊重甚至鄙視女性，其實他罵起人來不分男女，一樣惡
　　毒。前後有二十多個女人公開出來控告他對自己進行過性
　　騷擾或者強暴，她們都是編造嗎？所以大家認為他是在道
　　德上表現非常差的一個人。很多支持他的保守選民比如福
　　音派的教徒被問到這個問題時都很尷尬，在自由派的人看
　　來這是徹底的虛偽，認為他們既然這麼重視婚姻家庭，最
　　後卻選了這麼一個流氓。於是，保守選民就得想辦法把這
　　個事說圓了。他們基本上都會說這是特朗普道德上的弱
　　點，雖然不好，但誰又是完美的呢，在上帝眼裏，我們都
　　是罪人，都有缺點，我們應該寬恕罪人。

　　有一次，特朗普從車上下來，去錄音棚上節目，他不知道
　　麥已經開了，以為麥要到錄音棚才開，他跟一個人邊走邊
　　說，說他見到漂亮女人就情不自禁地想去親吻，而且還要
　　抓她們的下身。他說他是一個名人，有權力有名望，她們

不敢怎麼樣，所以沒事。他這個很醜陋很真實的言行被反
復披露，這也被保守教徒們接受了，因為他們認為特朗普
除個人品行外，他的價值觀和政策都符合他們的追求。我有
個老朋友是基督徒、企業家，他投了特朗普一票，私下裏跟
我說：He is the wrong person at the right time. 意思是說這個
人是錯的，但上台的時間是對的。這種看法頗有代表性。

總之，福音派教徒成了特朗普的一個基本盤，是數目不小
的票倉。特朗普深知籠絡他們的重要，演講詞裏老提上
帝，在反墮胎、校內祈禱、宗教撥款、推舉保守派大法官
等方面處處迎合他們，有時他也表現得像一個虔誠的教
徒。特朗普既是個任性的大嘴巴，又是精明的商人和媒體
達人，要論忽悠、做秀、煽情，他絕不會輸給誰。

不過，魔鬼在細節中，有時候一些小細節，比如身體語
言，特別能看出一個人，因為很難裝。我看過一個福音派
助選大會的視頻，特朗普在台上被幾個宗教領袖簇擁着祈
禱，兩條胳膊被人架着，勉強閉上眼睛，牧師口中唸唸有
詞，他明顯渾身不自在，動來動去，和周圍的氣氛格格不
入。那個場面太好笑了，你幾乎能聽見他心裏在嘟囔：別
裝神弄鬼的，投我票就行了！

另外還有個小視頻更經典，特朗普訪華，和習近平並肩站
着，背後是北京的紅牆，特朗普睥睨雄視，一副江湖大佬
模樣，他側目瞟了一眼習近平，習馬上把插在大衣兜裏的雙
手掏出來伸直了，像個乖小弟。兩人的神態舉動都是下意識
的身體語言。那是真正的特朗普，本色出演，哈哈哈。

話說回來，很多美國選民會認為個人品行是相對次要的。
從宗教角度上看，即使他有罪，也可以是一個好總統，至
少是一個有作為的總統，可以制定很好的政策，甚至可能

會浪子回頭。不是有這樣的例子嗎？小布殊四十歲以前都很浪蕩，還酗酒，最後改邪歸正。這裏說的是道德人品，作為總統的小布殊犯了太多錯誤，那是另一回事。

特朗普「麥克風事件」披露出來之後，他說那是十年前發生的事，只是男人在換衣間裏開的玩笑。就這樣把事情輕描淡寫地處理了。

他那本自傳性質的《交易的藝術》裏寫到他用了很多女性高管，他很欣賞聰明能幹的女性，他的第一任妻子就被他任命管理大西洋城酒店，非常能幹。這些應該都是真的，至少有案可查。

美國社會可以包容很矛盾的人。其實不光特朗普，克林頓當年出軌被披露出來後，要在總統任內面對大法官向公眾解釋如此私密的事情，解釋到底是否和萊溫斯基性交了，已經到了彈劾下台的邊緣，但公眾還是接受了。人們認為個人品行上的污點只是對他評價中的一面，他在任那些年的政績是相當高的。(當然，克林頓遺留的很多問題現在的人們也開始反省，這些都是特朗普上台的基礎。那些有隱患的政策當年之所以能通過，是因為很多政策是基於兩黨的共識制定出來的。而許多問題是在發展後期才看得出來的。比如，對金融監管的放鬆，使得金融資本過於猖狂，最後帶來次貸危機等等。)美國民眾有足夠的成熟度，能夠把總統的個人倫理和他的執政綱領、政績分開，他們並不要求一個總統擔負起出色的政治領袖和道德楷模的雙重角色，換句話說，民眾對總統同時擔負兩個角色的期望值不是很高。

加：在日本，如果安倍身上發生了類似克林頓的事情，他一定會下台，也不可能東山再起，說明日本社會和國民沒有

像美國那樣的包容度。日本的社會輿論就是這樣，非要制裁出了問題的人不可。這件事從人性的角度來講似乎是很可笑的，因為假如首相私下在居酒屋喝酒或出軌，我們會覺得他更親切——原來他跟我也一樣啊！也許這就是人性的弱點和複雜吧，每個人都在實踐着屬於他自己的雙重標準。政績不錯，能為國家做事情的領導人，因個人生活和品行出了點問題(還不違法)，就要把他拉下來，其實這樣做很不值得，也很不愛國。我覺得根本原因還是民眾的嫉妒心，他們看不慣比自己有權或有名的人。

查：對於領袖的倫理問題，我可以舉一個現場看到的例子。克林頓辯解自己和萊溫斯基是口交還是性交是多麼的尷尬，全世界都在觀看。當時，我正好在羅馬教皇夏宮裏參加一個小會議，教皇保羅二世那天還接見了我們。因為是在羅馬，參加會議的有美國人也有歐洲人，克林頓的拉鍊門成了大家會後喝啤酒觀看的娛樂節目。歐洲人覺得美國人有點可笑，真是較真，讓國家總統在電視上辯解如此尷尬又荒唐的事情。酒後，我遇到了與會的一個歐洲小國的前首相，他居然跟我說其實希拉莉也沒閒着。因為他是前首相，也是老花花公子，他話裏話外恨不得舉一個自己的例子，說他在擔任首相的時候，就知道希拉莉也有別的男朋友。

法國人不一樣，像你剛剛說的馬克龍，大家覺得他真是浪漫。老總統密特朗，執政時間很長，他有一個私生女。雖然大家都知道，但法國媒體的態度跟美國不一樣，沒人追蹤報道，大家甚至不太願意談論這件事。歐洲是「老世界」，對性的態度更圓熟，對於男女之情更體諒和寬容。美國受到以前清教徒傳統的影響，更有戒律意識，比較拘謹。明明人性如此，他們還是要較真。有趣的是，較完真

之後，大家又終歸能夠做出和接受一種有彈性的、最有利
於整個群體利益的理智判斷。托克維爾稱讚過美國人身上
有一種政治上的賢明。我不知道這種稟賦算不算一種美國
特色的成熟？

不過在當時，克林頓的事件幾乎成了全民娛樂。也許，越
是強調道德約束和有禁慾傾向的社會，人們的窺視欲越強
烈。我感覺日本的窺視欲也挺強的，太壓抑的地方肯定會
有偷窺。

加：日本這樣的事非常多。在車站的樓梯上拿手機偷拍穿裙
　　子的高中生，有企業高管因為幹這種事而「辭職」，而且
　　越是高管越喜歡做這樣的事。我認識一個特別有名的男企
　　業家，後來不見了，因為有一次因在車站偷拍女生裙底，
　　被抓了個現行，上了新聞。我不太明白，類似的畫面明明
　　可以上網看到，為甚麼還要那樣做呢？也許人有時就是會
　　喪失理性吧。

查：生理衝動沒甚麼理性可講。就像暴露狂，要在一定危險
　　的場景才會感到生理刺激。還有被虐狂，要在被打疼的時
　　候才會感覺到高潮。隨時可能被抓讓他感覺很刺激。

加：我知道有個奧運會馬拉松女選手到便利店偷東西，卻只
　　偷了二十塊人民幣的東西。她沒錢嗎？不是，她就是為了
　　享受那個過程。她說當年我是奧運選手，能感覺到持續不
　　斷的刺激，可退役後不再有任何刺激，就去偷東西，重新
　　尋找刺激，然後又被關注了。

查：美國有一個很有名的好萊塢女星，年輕漂亮有錢，她被
　　抓到在大商場裏偷很便宜的東西。英國影星曉·格蘭特，
　　在好萊塢日落大道上和一個黑人妓女一起，在車裏吹簫被
　　發現。是人性變態，還是社會壓抑？這些都屬於廣義的

「出軌」，可也許問題不在「出」而在「軌」。天下哪有一條「軌」適合所有人呢？

加：社會希望有規矩，人性卻更喜歡順其自然。日本有很多專門提供性服務的場所，日文叫「風俗」（huzoku），它屬於灰色地帶，是合法的。其實，封殺性服務，對社會穩定、經濟繁榮均不利。從這個角度來看，東莞掃黃是不明智的。處理一些影響城市治安和形象的場所可以理解，也應該這麼做，但東莞有一段時間確實太誇張了，那是另外一種極端，既不符合人性，也影響當地經濟，尤其是那些性工作者的生活。我採訪過一些原來在東莞幹活，掃黃後被迫離開的年輕女性，有的去省內其他城市了，比如惠州和四川，有的乾脆不幹了，找個男人結婚生子。在日本專門有提供性服務的場所，如果想了，就光明正大的花錢去解決。

查：東京的秋葉原（Akihabara），是著名的動漫專賣店聚集地，整條街上一家店挨着一家店，不少是六七層高的大樓。坦白講，我進去逛了一陣感覺氣氛怪怪的，有些壓抑。每個書架都擺滿了顏色鮮艷的關於各種性愛、偷情、畸戀的漫畫圖書，封面和海報上都是誇張的大胸少女、制服少女。店裏過道很窄，可以看到很多高中生，也有單獨去淘書的成年人，大多是面容蒼白的宅男。不知為甚麼，也許是偏見，我發現在那裏看到的少男少女都不是很好看，衣着也不太時尚。

加：日本有一個說法是「醜美」。「醜」即是「美」，很多長得很帥、很有錢、很有地位的人，他們甚麼都經歷過，反而不大願意跟長得漂亮的身材好的人發生關係，他們願意跟「醜美」的幹，有時會故意挑平胸的女性。在日本，這似乎是比較普遍的情況，或許跟高管喜歡偷拍是一個道理。

查：也許缺甚麼補甚麼吧。昨天我們談到怎麼掌握身體語言
　　的尺度，以及其中的文化差異。這讓我想起很多年前的
　　一件事。紐約的一個朋友在家裏開派對，參加的人不是很
　　多，有幾對夫妻，有的認識很久，有的認識不久。後來，
　　話題聊到了性，説到興頭上，其中有個美國猶太朋友，
　　三十出頭，是個詩人，他説六十年代美國嬉皮士這一代的
　　性解放是多麼開放，完全把身體變為沒有任何傳統包袱的
　　事情。當這些嬉皮士結婚有了小孩之後，也把這種精神和
　　態度傳到下一代。他説他認識很多這樣的人，在家裏，父
　　母和小孩全是赤身裸體的，一直到小孩已經有了性意識還
　　是如此，大家都很陽光，沒有任何變態的想法。小孩在這
　　樣舒展的環境裏長大，對性的態度也非常放鬆，沒甚麼羞
　　辱感或扭曲的觀念。當場有人不認可，認為這怎麼能行得
　　通，性總要有個邊界，不能隨便脱衣服，問他你現在可以
　　脱衣服嗎，他説可以。話剛説完，他就開始脱，先把上衣
　　脱了，然後把內褲也脱了。所有人都傻眼了，説不出話
　　來。在場有一位很保守的香港男士，是我多年的老朋友，
　　雖然他是一個知識分子，熟悉各種理論，但他是那種在海
　　灘上散步恨不得都要穿襪子的人。他當場臉色就變了，但
　　是沒有辦法，又不是他脱衣服，況且對方的太太都沒説甚
　　麼。那個詩人脱得赤條條的，在我們當中安然地坐在他太
　　太的大腿上，繼續説話。這種尷尬的氛圍持續了相當長一
　　段時間，直到他重新穿上衣服。

我們都是不同文化中的動物，也是時代的動物。前一代美
國人可能很難做出這樣的舉動，而這個詩人是在為六十
年代的一代人做註腳，他表明在六十年代的文化中成人的
這一代人，可以多麼放鬆地看待性和婚姻。其他一些西方
人，可能認為這樣的行為不得體，甚至有表演成份。後

來，我們幾個朋友交流過這件事，我們沒有人覺得他變態，覺得他怎麼可以在太太面前這樣，大家都覺得他就是個大男孩，放任自由，不能用老一套的觀點去評價或約束他們。實際上他們已經衝破了很多關於身體和性的文化邊界。

雖然現在的美國有保守主義的反彈，但在大的潮流上，美國在很多方面還是處於現代文明的前沿。我能理解這種坦然的性觀念和家庭觀念，儘管我並不贊成，更不會身體力行。

加：在中國和日本，沒有人會這麼做，也沒有人敢這麼做，尤其是男性，其他人一定會制止。您那個場合沒人阻止，甚至沒人在意，這很說明問題。

查：紐約人的確普遍有這種見多識廣、見怪不怪的態度。有一次，我在曼哈頓街頭散步，迎面走來一個一絲不掛的男子，不知道他是精神有毛病還是在做行為藝術，或者只是一個流浪者。他在春光明媚的街頭遠遠地走過來，我觀察周圍的人有甚麼反應，發現沒人多看他一眼。

紐約街頭看到很多好萊塢大明星，但從來沒人激動的找他們簽名合影，連多看一眼都不會。我家附近有個小飯館，一位好萊塢明星就住在街對面的樓裏，每天在那兒吃早餐，周圍的人也老去吃，大家都把他們當成普通人。在美國，人們對一個特別有個性的人，不會高看，也不會低看，總是不卑不亢，處之淡然。既然每個人都有表現自己個性的權利，也就不必對某些事情大驚小怪。

加：這也算大家在公共場合的一種契約。我去華盛頓的第一年，也就是2014年到2015年的時候，住在杜邦環島的北邊，當年奧巴馬也住在那兒，伊萬卡也住在那兒。那個地方有很多使館，我經常在那兒看到大政客，但很多人都會忽略他們，包括很多地位比較低的人也都視而不見。這在

日本是做不到的。自由與平等，這是我認為美國這個國家不會衰落的基因。不只是制度設計，每個公民的血脈裏都有這種潛意識。

查：如果從更深層看，美國當然也存在很多不平等和不自由，對黑人的種族歧視問題甚至可以說是結構性的。但我們這裏談論的主要是社會風氣和一般習俗。六十年代的美國性解放，甚至一度談論到開放式婚姻。六十年代之後有女權一代、二代、三代，現在有LGBTQ，最近聽說又加了兩種性向，成了LGBTQIA，有人開玩笑說這樣下去二十六個英文字母會不夠用的。總之是一邊反彈，一邊這一股自由主義文化思潮還在繼續演進。

不過美國社會已經有了一套成型的倫理觀，在基本方面不大變，只是在豐富性上往前走而不是停滯。美國社會比歐洲更有活力，在發達國家中人口比較年青，這跟移民傳統有關係，移民人數多，生孩子就多。

加：我前兩天在大阪跟竹中平藏先生 —— 小泉純一郎首相時代的經濟大臣聊天，他說美國過去三十年來的人口竟然增長了百分之三十。這個增長主要是靠移民的增加，他的意思就是，這是美國活力的一個根源。

查：出生在外國的美國人現在已經佔到了美國總人口的百分之十五。很多統計預測2050年左右，白人將第一次變為少數。新移民中最多的來自拉美和墨西哥。當新移民構成半數以上的人口，自然會帶去他們原有文化中的一些東西。這是出現文明衝突論和保守主義反彈的一個重要原因。

但美國的另外一個傳統是，絕大多數移民進來之後，經過一個過程，原有的移民文化色彩會淡化，到了二代之後就不僅認同美國的價值觀而且融入本地的生活方式了。歐洲

人對移民可能彬彬有禮，但在日常生活中卻保持距離。我覺得美國社會對移民的普遍態度是更放鬆、更寬容的。在這樣的環境裏，移民更容易感到這是自己的國家。

人們對美國的一個傳統印象是大熔爐，不管甚麼背景的人進來，都融化在這個熔爐裏，變為一個新品種——美國人。這是對美國的一種傳統描述。但其實融化肯定是有代價的，新移民要不要承擔母語文化「被融化」的代價？對不肯融化的移民強推融化合理嗎？九十年代出現了一個爭論：美國到底是大熔爐還是沙拉盤？沙拉盤的意思是西紅柿還是西紅柿、黃瓜還是黃瓜，雖然弄到一個盤子裏，但彼此並沒有融合，大家都堅持自己的，這就成了問題。當時墨西哥移民進來後，大街上有很多人說西班牙語，不僅在家裏和社區中說，還要開西班牙語學校，天主教建自己的教堂。這就等於一整套語言和生活方式都被帶進來了。我前面提到的古巴男朋友，他家所在的邁阿密就是如此。古巴移民社區裏的人全部說西班牙語，唱拉丁歌，然後不同社群之間又出現了就業競爭和暴力糾紛。所以，那時候大家開始思考要不要立法讓所有的學校只說英語。這是當年的一次危機。

特朗普上台以來，選民在這類問題上截然兩分。但是，美國的活力和魅力就在於，經過一個長期的公眾辯論的過程後，沒有發生太多暴力，卻仍然保存了非強制性的多元文化。如果美國這一套核心價值觀能保持足夠的開放性和吸引力，它的危機都是可以渡過的。

這種不同文化之間的交往碰撞，有點像咱們前面說的男女關係，關鍵要看你有沒有足夠的魅力，魅力不夠，強人所難，就會出問題。那些前赴後繼去美國的人，也許就像我們當年去美國一樣，遙望一座你嚮往的自由燈塔，奔向一

個你暗戀的意中人，可 是到達之後，你才開始和真實的美
國社會打交道，才會逐漸知道你是不是真喜歡或真適合在
這裏生活，才會明白自由不是免費的，你需要為此付出應
有的代價。

加：讓我們再回到性和婚姻這個話題。我記得您曾說過，如
　　果兩個人的婚姻關係足夠好，也不妨礙各自出軌。

查：對，我認為夫妻感情是有階段的，相愛初期因佔有欲引
　　起的嫉妒會很強烈，但過了這個階段後，兩個人對婚姻
　　和性愛的理解可能會更深刻、更仁慈。我所說的既不是那
　　種日本式的沒感情了還要為了家庭住在一起，然後各自出
　　軌，也不是彼此全面佔有式的婚姻。還有另外一種婚姻，
　　彼此感情很好、很深，但雙方都明白愛大於性，性不見得
　　要永遠和同一個人發生。

　　薩特和波伏娃是開放式婚姻，可以互相講述各自的情史，
　　波伏娃還會給薩特找情人。這樣高調行事，說是理念實
　　踐，但多少有表演成份。我覺得兩個人有默契就可以了，
　　沒必要去宣揚。正因為愛對方，你才應該盡量少給對方帶
　　來痛苦和尷尬。這也是一種愛的定義。

加：只是在性方面出軌，這種「性愛分開」的觀念有多少人
　　能接受呢？

查：我也不知道。這不是價值判斷的問題，是個人選擇。每
　　一對伴侶的關係都是獨特的，一切都因人而異。不管怎麼
　　說，我本人是喜歡婚姻的，我喜歡我在婚姻中的狀態。

加：我也喜歡婚姻的狀態。

查：我覺得婚姻是很美好的一件事，所以我不願意輕易放棄
　　這種美好的形式。我願意跟另外一個人生活，願意跟另外
　　一個人一起老去。當然，前提是要有愛。我是離過婚的，

兩個人的關係如果在某個基準線以下了，分開會更好。在基準線之上是有愛的，而且這份愛發展到一定程度就不僅僅是愛，還有「恩」。中國人說「恩愛」，恩愛不只是激情和性愛，它包含這些，又超越了這些。婚姻肯定有性愛的一面，但隨着時間的延長，也會有「恩」，會變成親人。我們談到出軌，我認為那是不能和婚姻相提並論的，它肯定是一種狹隘的、有局限性的體驗和關係，當然，它也可以有很美好的時刻。

我們今天談到這個話題，我願意非常坦誠地講我的看法，但我並不是要去推廣或宣揚這種模式，我也不認為這種婚姻模式更先進、更高級，我沒有這樣的意思。我理解這種方式，其他的方式我也完全理解，我覺得每個人應該尋找自己覺得最適合的方式，只要兩個人感覺都好。

加：我很欣賞您的婚姻態度以及在表達觀點時的克制。今天的時間差不多了，讓我們最後來談一個輕鬆一點的話題。我記得您曾經研究過身高和性的關係。

查：談不上甚麼研究，只是從個人經驗出發覺得這個角度很有意思。我身高一米七四，去美國之前，明確意識到自己是一個個子很高的女孩兒，因為從小到大經常被人問是不是打籃球或打排球的。我上中學時是乒乓球校隊的，大家就覺得我浪費了自己的身高，我自己一度也感覺有些滑稽。初中時我也想過個子是不是該不長了，那時候我是班裏最高的，排在女生中的最後一個。跟男生說話的時候，我會下意識地不想特別挺拔。到了青春期，潛意識裏總有一種自我暗示，感覺將來可能嫁不出去了。

不過，從小到大我父親都特別欣賞我的身高，他總是用讚美的話來說我。我和父親的關係非常親近，既是父女又是

朋友。他結了兩次婚，有三個兒子，我是他惟一的女兒。
他本人相當高大，但前後兩任太太都個子小小的。我媽媽
年輕時參了軍，在部隊裏倒是喜歡打籃球，我們都笑話她
說你個子這麼小還打籃球，我和弟弟在家裏時常叫她「小
媽媽」。總之，家裏傳遞給我的信息完全是正面的，我媽
媽也沒說過我長得太高了以後會如何如何。

到了美國後，在身高的意識上我完全變成一個正常人了。
我的身高在美國女性中屬於中等偏高。亞洲人普遍比西方
人矮小，傳統的審美意識自然偏好嬌小玲瓏的女性，小鳥
依人嘛。

在西方人面前，身高問題，可能會導致亞洲男性的某種自
卑感。有一張特別有名的照片很能說明問題。日本戰敗
後，裕仁天皇第一次見麥克阿瑟，兩人合影，一個是威武
的總司令，一個是神一樣的天皇。但是天皇特別瘦小，麥
克阿瑟恰恰在美國男性中也是一個身材高大的人，很霸氣
地站在那兒。照片上天皇很恭敬地站在一個人高馬大的白
人將軍身邊。這張照片一登出來，日本國民幾乎崩潰了。
神一樣的天皇在美國人身邊顯得這麼弱小，感覺很丟面
子，甚至有人責備媒體為甚麼要把這種照片發出來。

西方人經常覺得東方的魅力是女性式的，這樣的評價，和
一個種族從身材體力到心理氣質上的相對弱小有點關係。
這當然只是一種過於簡化的說法。中國民間有很多霸氣的
小個子男人，四川的袍哥經常就是小個子，穩穩當當的定
力十足，反倒顯出大個子是花架子，腳下無根。西方也有
類似的情況，拿破侖就是小個子，一樣被歐洲人崇拜 ——
雖然後來我發現拿破侖其實和那個時代法國男人的平均身
高差不多。

一般來說，美國人覺得男性的高大是一件比較牛的事情，你只要看看歷屆美國總統的身高就知道了。美國有一首流行歌曲，名字就叫「矮個子應當去死」，這是徹底的政治不正確。這種或明或暗的對小個子的歧視，對大尺寸的得意，不知是否與美國發達的體育文化和牛仔傳統有關。

加：我和您不一樣，我從小對高個子是自卑的，尤其是從幼兒園到小學期間。我在十八歲高中畢業前沒有一個人讚美過我個子高。日本人性格上最大的特點是排除與眾不同的人，太矮、太高、太胖、太瘦，都不受歡迎，包括性格、閱歷、背景，甚至能力，都不能太突出，否則會被空氣排斥。我上小學期間轉過一次學，畢業是在山梨縣裏的一所鄉下小學，一個年級只有一個班，三十人左右，同學們普遍比較矮，男生平均一米五，我卻已經長到了一米七，讓我覺得很不好意思。後來到了高中，有同學的身高跟我相近了，有個男生甚至比我還高，我就有了安全感，覺得自己終於屬於集體裏的一員了，再也不會因個兒高而被排斥了。到中國之後，沒有人說我個子高不好，個子高反而成了優點。後來發現，和日本相比，中國女性普遍把身高看得很重，傾向於欣賞個子高的男人（日本有不少女生是喜歡矮個子男人的）。

我可以分享一個故事。有一次在北京的一個國際場合，有很多外國人，也有很多中國人，我們都穿着西裝，我跟一群西方男人聊天。那是2010年的某一天，我正在思考接下來該做點甚麼。一個很害羞的姑娘對我說，剛才看你們聊天，很少有亞洲人像你這樣，個子、氣場和西方都很對等，然後她建議我可以到歐美去嘗試新的生活。於是，我下定決心去美國訪學。

至於您提到的麥克阿瑟和日本天皇之間身體上的差距的問題，我的看法是，日本人完全沒有必要為此感到恥辱。西方人和東方人、白種人和黃種人在體格上的差距是天然的，並不是誰的錯。而且，光個子高或身體強壯也沒甚麼意義，矮個子有矮個子的活法，我們需要坦然地接受現實。

查：對對，完全同意。不過，聽了那位害羞的姑娘跟你說的話，我腦子裏忽然閃出一件往事。記得八十年代我第一次從美國回來，去國際郵局發信，碰到一個特別高大的北歐小伙，跟我年齡差不多，二十多歲，他也是去寄信，不會說中文，我就幫他，當時眼睛一對，就有放電的感覺。於是寄完信也不走了，兩個人站在那裏說些鬼話……這種情緒其實很動物性，因為沒有任何其他的瞭解，只是一種直覺、氣味上的放電。回想我遇到的那些比我矮很多的男性，我猜他們會有一種壓迫感，雙方都會有點感覺不對勁。

加：您在擇偶的時候是不是也覺得不能找一個比自己矮的？

查：不會明確的作為標準，但實際上我從來沒找過比自己矮的。出國前交往過的兩個中國男朋友也都比我高。

並不是說我非要找個多高的，但潛意識裏確實有這種傾向，覺得小個子不行，對方也會有壓迫感，駕馭不了我。後來我覺得這很傻。前段時間我跟一個和我同齡的好朋友聊天，他問我女兒多高，我說正好跟我一樣高。他當時就說，太高了，有壓迫感。這位老朋友是個東北大漢，一米八三，身材魁梧。他並不是因為自己矮而覺得我女兒高，就是我們那一代人的某種思維定式。我說你這麼高還有這種心理障礙啊。他說是，還說我也讓他有壓迫感。

以前碰到小個子中國男人說：「你個子太高了！」我總會笑答：「角度問題吧。」可我這位好哥們呢，也許他覺得

一米八三對一米七四，這個俯視角度還是不太夠吧。我當時就問他知不知道有一張照片，是基辛格訪問中國、第一次帶着他的夫人見毛澤東的場景。基辛格是一個很矮小的人，他的夫人比他恨不得高出兩頭。我前幾年正好在紐約的一個午餐會上見到他，他從我身邊走過的時候，明顯比我矮很多，從那張照片可以看出他的夫人絕對比我還高。

照片中，毛指着基辛格的夫人說「夫人這麼高」，基辛格笑眯眯地、非常自豪地說「對啊，這就是我的夫人」。基辛格太自信了！你會發現，身高是一個很可笑的心理障礙，雖然大多數人都越不過。基辛格對此卻毫不介意，他們夫妻經常一起出席活動。

我到美國後經常被問是不是日本人，那時候我很不解，後來才明白，他們認為日本人營養好才會長這麼高。甚至我的導師夏志清，在哥大第一次見我時，也對我的身高很驚訝。夏志清老師是一個瘦小的江浙人，思維很跳躍，說話口無遮攔，他說：「你這麼高，大陸營養這麼不好，你一定吃了很多維生素吧？」因為夏老師自己就迷信維生素，每天吃一大把。

我後來在不斷回中國的過程中，感覺到新一代的身高有變化，的確是營養好了之後人會變高。以前像我這麼高的女性很少，現在開始多了起來。

其實，不光女性喜歡個子高的男性，不少男性也喜歡個子高的女性。我就從一位北京男性朋友口中聽到過這樣霸氣的表述 ——「你才不懂我們男人的心理呢，男人如果征服一個高個子女人，那才牛逼呢！」

加：我還真沒這樣想過，以後也不會，何況男人哪有資格用「征服」的角度看待和追求女性呢！日本男人總的來說

還是喜歡個子矮的、溫柔的女性，喜歡「卡哇伊」的那種。我無所謂，我認為高矮都可以，甚至比我高也沒甚麼不好。

查：我丈夫比我高十一公分，我一米七四，他一米八五。我問過他對高個子和矮個子的看法，他的回答和你的說法一樣，他說高矮都可以。

昆德拉是寫兩性關係的高手，毫無忌憚，對情慾理解很深。他書中的一個男主角，有點兒像他的化身，探索各種性愛的樂趣。其中有一個情節，是他找了一個比他高很多的女人做愛。他的描寫很藝術，把它寫成一種很美妙的體驗。

其實，我也遇到過很自信的小個子中國男人。舉例說吧，有一個特別棒的國畫家，叫劉丹，在中國當代藝術展上都會展出他的作品。他在紐約住過很多年，在美國有長年固定的私人客戶，畫賣的很貴。他是一個小個子的江浙人，標準的江南才子，衣着講究，梳個馬尾。我印象特別深的是第一次跟他和其他幾位朋友在北京一起吃飯的場景。當時是冬天，他把我的大衣掛起來，先給我拉椅子，然後再走到對面坐下。飯局結束的時候，他又去拿下大衣走過來給我穿上，拉開門讓我先出去，非常紳士的一套。難得的是他做這一切的時候非常自然，風度翩翩又坦然，一點沒有表演感。遇到這樣的人，你會感到很舒服很美好。

加：我弟弟一米六六，跟妹妹差不多。弟弟從小之所以在學校缺少存在感就是因為身高。我們從小一起訓練，拿中長跑來說，他從小學到高中一直比我更有天賦和能力，我比他高，腿更長，跑得卻不如他。至今記得很清楚，每當我被弟弟拉開距離時，作為教練的父親就衝着我說：「你這個高個子，長腿白長了！還不如矮個子和短腿！」有一次

爸爸對弟弟說：「你要記住，矮個子有矮個子的跑法。」因為怕弟弟自卑，爸爸便有意選擇我在旁邊的時候這麼說，讓他明白個矮有個矮的優勢，換句話來說，個矮有個矮的活法。

查：你爸爸懂心理學，是個善解人意的好爸爸。其實高矮各有各的趣味，各有各的美。可能多數亞洲人還是想要高一點吧。八十年代中國一度流行過男性高跟鞋，鞋跟兩寸左右，有點寬。那時候我剛留學回來，覺得真是一道奇異的風景。我走在大街上時常看到兩個年輕的男人勾肩搭背地走着，都穿着高跟的皮鞋，基本上不是同性戀，可能是髮小或哥們兒。

加：有個問題我很好奇，您女兒對自己的身高在意嗎？

查：我女兒是美國生、美國長的新一代，跟我態度完全不一樣，她的審美觀就是高個子更帥、更酷。她生怕自己長得不高，早就私下說希望比我高兩公分。這大概也是母女競爭吧，她覺得我要超過你，哪怕超一公分。這讓我想起來有一次和王朔聊天，他問我多高，我說一米七四，然後我問他多高，他說「那我就一米七五吧」。每次問我女兒最理想的身高是多少，她就說一米七六。明顯就是為了超過我嘛。

但沒想到她追上我之後就不長了，現在跟我一樣高。在選擇男朋友的態度上，她認為如果男方介意身高，那他就絕不是自己喜歡的類型。她高中時的男朋友和她一樣高，兩人有時會拿這個開玩笑，但其實彼此都不在乎。

北大中文系的夏曉虹是我大學同班加室友，也有一米七三，以前綽號叫瘦瘦，又高又瘦，遲遲沒有男朋友。陳平原出現後，他倆成了特別美好的一對，兩個人從學術到

情感都特別好，直到現在還總是形影不離。平原比曉虹矮
不少，可是大家都看得出來，平原君很自信。

新十日談

第三日

加：今天中午，我在朝陽區馬甸橋附近常去的一家日本餐廳吃飯。我有會員卡，可以打折。點完餐後，旁邊一個「了不起的中年婦女」問我：「能不能用一下你的會員卡？」我說：「很抱歉，這樣做是違規的，我不能給您用。」餐廳的會員卡有效期是三年，她說自己的剛剛過期。我說：「既然您已經來了三年，再續一下就好了。如果您在街上錢包被偷或是中暑了，我願意幫您。但如果我把卡借給您，就是讓餐廳損失營業額。對於一家我很喜愛的餐廳，我不能做這樣的事。」她聽了我的回答，瞪了我一眼，跟老公說：「這是甚麼人呀，神經病吧？」我為甚麼會被罵？會員卡的折扣也不過是百分之十五，她為甚麼要佔這個小便宜呢？如果在日本，人們會認為她這種行為是很羞恥的。

查：我認同你的看法。你的反應讓我想起一些中國人經常說日本人做事特別認真，愛較真，甚至拘泥死板。而中國人呢，特別圓滑，愛抹稀泥，甚至可以毫無顧忌地破壞規則。兩國在國民性上很不同。你在中國待了十年，這是第一次遇到這種情況嗎？

加：之前也有類似的經歷，比如有人在高鐵上想跟我換座位，那我是願意的，因為這不算違規。但把會員卡借給陌生人是明顯違規的，我向她解釋，她卻認為我這樣的邏輯是神經病。

查：我在北京也遇到過類似的事情。話說回來，以前的日本也有這樣的情況。《明治維新親歷記》的作者薩道義在書中講過一些生動的例子。雖然他可以感受到當時的日本社會民風淳樸，大部分日本人品質優良，但書中也寫到有客棧算計他的錢，商家賣假貨給他。

各個民族都既有無賴，又有紳士，既有老實人，又有奸猾之人。美國也有佔便宜的人，比如佔福利的便宜——不只是非法移民，合法移民、本地人也會佔便宜。我們現在確實看到太多愛鑽空子、愛佔便宜的中國人，但我不相信這就是中國人從古至今的天性。你舉的例子和制度缺失有關，一種好的制度建立之後會約束人的行為，鼓勵人講信用。

加：是的，我也認同就約束人們的行為或建立良好的秩序而言，制度比民族性更加重要和長遠。毫無疑問，任何國家哪怕再過一百年也會有佔便宜的人，讓我憤怒的是對方要求我違規。比如，合理避稅毫無疑問也是在佔便宜，但那是合法的。我想說的不是那些灰色地帶的東西，而是絕對的違規行為。我辦了餐廳的會員卡，持卡人只能自己或家人用，這是規定，你不認同規定，那就不要來了。如果我帶朋友一起去，然後用自己的會員卡買單，這樣的灰色地帶我認為是可行的，不算違規。但一個陌生人要和我共謀，假裝我們是朋友，這就違背了餐廳的規矩。我相信，由這種毫不猶豫就敢違規的人組成的社會不會發展得太好。

查：完全同意。你做得對，因為餐廳會員制是互惠、合理、兩廂情願的規矩，應該遵守。然而在中國這種威權社會，有太多規矩是自上而下單方制定的，對那些不合理乃至不人道的規矩，如果你沒有談判權、抗議權，無法改變它，人們自然就會敷衍、挖牆腳、鑽空子。有時候規則不合理，大家通過變通反而可以解決問題。久而久之，大家對規矩本身就失去了尊重，只剩下懼怕或輕蔑，違規不僅司空見慣，甚至成了本能。舉一個現成的例子，有朋友告訴我，目前北大要求本科生每年要完成一定時長的跑步鍛鍊，學生不能只學習，還要健身。但大多數學生的課程排得很滿、壓力很大，既沒有時間也沒有興趣跑步。可是學校要

求學生戴着表跑步，用來計時。於是，有一些窮學生就會替別人計時，未名湖邊每天都有一些學生戴着很多手錶在跑步。這種跑步掙錢算不算違規呢？有沒有合理性呢？

我理解中國學生，一是沒有健身的習慣，二是確實沒時間，不像在美國，體育活動一直是一種校園文化。下硬性指標是非常中國式的做法，遇到問題上司不自省、不對話，堅持做全能家長。如果要讓我去譴責，我是譴責規矩制定者還是譴責違規的人呢？這又是一個灰色地帶。

加：嗯，中國仍處於灰色地帶無處不在的社會，不要說政府，不少老百姓也不願意把規則搞得黑白分明，寧願活在灰色地帶，這樣好變通。今天上午的這個小插曲是我這十多年在中國經歷的無數小插曲之一。

讓我們暫時拋開一些具體話題的討論，進入今天的主題吧。我很想知道關於您的一些故事。我們的共同點是經歷過留學，嚮往去一個陌生的國土求學工作。您去了美國，我來了中國。先說說您當初為甚麼決定去美國吧。

查：我可以先講講去美國之前我對美國的一些想像。

我是1959年底出生的，六七十年代的中國非常封閉，外界信息特別少。我從小對美國既沒甚麼概念，也沒甚麼興趣。小時候，我以為中國是世界上最偉大的國家，卻被很多敵對國家包圍，只有阿爾巴尼亞和朝鮮等少數幾個朋友。那時看不到外國電影，主要看國產抗日電影，比如《地道戰》《地雷戰》《南征北戰》，還有朝鮮電影《賣花姑娘》。當時我上中學，正在學工，看完《賣花姑娘》哭得稀里嘩啦恍恍惚惚的，上夜班的時候差點被車床上的鋼絲把一個手指頭絞斷。

那時候的很多電影我都看了不止一遍。《英雄兒女》是看

的次數最多的一部，大概看了十五遍。電影裏的英雄王成，在跟美帝戰鬥的時候壯烈犧牲了。少女時代的我，就這樣朦朦朧朧地接受了悲壯的英雄主義教育。

小時候看過的不管是連環畫還是電影，都有共產主義的英雄。其中也有外國人，比如羅莎·盧森堡，她是我小時候的偶像，是少見的洋美女，年紀輕輕就犧牲了。記得看了一冊關於她的傳記故事後，我躺在床上發呆做白日夢，想像自己像羅莎·盧森堡一樣犧牲了，墓前堆滿了鮮花和巧克力——當時根本吃不到巧克力，我的想像帶着小孩式的饞嘴和榮耀。我很少想像自己是劉胡蘭，也不會想像自己是趙一曼和江姐，因為她們都遭受了酷刑。

從小學到初中，我一直看這樣的作品。《英雄兒女》中既有英雄也有美女。戰爭片裏展現的都是很剛烈的情感，沒有男女之情，但這部電影恰恰有一個女性王芳。她後來才知道她的上級——田方扮演的一個很帥的老男人——是她爸爸。可是這段父女之情被表現得相當曲折、微妙，甚至曖昧——有點像浪漫的男女之情，這種模糊不清的魅力讓我特別着迷。此外，《英雄兒女》裏的敵人既不是日本人，也不是歐洲人，而是美國人。我有沒有因為看了這部電影就特別仇恨美國呢？沒有。因為電影裏的美國大兵一晃而過，並且都是中國人演的，只不過弄了高鼻子、畫了深眼圈，是完全臉譜化的美國人。

這是我最早接觸到的美國人的銀幕形象，雖然這些過於抽象、滑稽的形象並沒有讓我對美國人產生真正的仇恨，但這部電影傳達的信息是非常明確的——我應該恨美國。我們從小到大唱「雄赳赳，氣昂昂，跨過鴨綠江」，但我完全不知道這場戰爭的真相，以為美國人就是要以朝鮮為跳

板來侵略我們。這樣的宣傳之所以有可信度是因為在這套仇恨宣傳中，有日本這個敵人在先。

我很小就接受了仇日教育。我的外公是從法國留學回來的工程師，抗日期間當過漢陽兵工廠的廠長。小時候，媽媽跟我說她在少女時代特別害怕日本人，因為當時有很多日本轟炸機，當地的學校都被炸了，他們只能躲起來，然後走很遠的山路到外面上學。她也講過日本兵如何野蠻殘酷，會強姦女性等等。

我父親出生於江南的地主家庭，十四五歲時受到左翼中學老師的影響，離家出走，參加了蘇北地區的新四軍游擊隊。之後兩次被捕，一次就是被日本人抓了，家裏聞訊花了不少錢才把他贖出來。

聽了這些親人講的故事，我小時候感覺日本人確實可恨，美國人對我而言則完全是抽象的——這個敵人始終是一個稻草人，一個假想敵。我是上大學之後才知道過去很多反美宣傳都是假的，當時的幻滅感極為強烈。

加：是北大校園內的氛圍改變了您的認識嗎？

查：這是整個社會、整個時代的氛圍。那時的北大在很多方面還沒來得及扭轉，有些老教師很多年沒講過課了，上課時戰戰兢兢，講義都是臨時印的。雖然只是有限度的開放，用謊言糊起來的歷史也才剛剛撕開一條縫，但我發現，一切和我想像的都不一樣。

在成長過程中，我根本接觸不到關於1949年以前的任何外部客觀信息，家裏人也很少提。我在上大學前對美國的全部印象都來自宣傳標語和抗美援朝歌曲。惟一的具象，就是《英雄兒女》裏的假美國人。我不斷地聽着「美國是西方反華勢力的頭子」「美國是我們最大的敵人」「蘇聯是

老大哥」之類的宣傳。我知道日本是美國的跟班，是當年
最壞的國家，但沒人告訴過我美國在中日戰爭時曾經幫過
中國，也沒人告訴過我美國是第一個歸還「庚子賠款」並
用它在中國辦了清華學校和協和醫院的國家。

我是「文革」結束後的第一屆大學生。當時，留學風潮還
沒開始，很少有同學想要出國。

加：您當時為甚麼決定去美國呢？

查：去美國有兩個巧合。一是因為我的第一個男朋友是理工科
的研究生，我讀大三的時候我們開始約會，不久，我得知他
要去美國。二是因為孫立哲和他太太吳北玲當時正在申請留
美，孫立哲看我是班上最小的學生，就說一起申請去美國
吧。他曾經是全國聞名的「赤腳醫生」，差不多是我見過的
最神的一個人，那時候就可以流利地講英文。吳北玲和我是
同班同學，也是好朋友。這就是我要去美國的直接機緣。

小時候學地理，知道美國在地球的另一端，離中國很遠。
我一直認為美國是敵對勢力的總頭子，但當我對這套宣傳
幻滅的時候，思維就發生了扭轉，認為美國可能是世界上
最偉大、最自由的國家。一切我痛恨的關於中國的東西，在
美國可能是完全相反的樣子。我開始有了這樣的朦朧意識。

從小到大，我習慣的都是黑白分明、二元對立的思維方
式，英雄和懦夫、朋友和敵人，毫不含糊。所謂的幻滅也
是按照這種方式展開的，中國瞬間變為最讓我憤怒的對
象。我最熱愛的祖國，居然像一個巨大的謊言。

加：在您對美國仍然不甚瞭解甚至無知的狀態下，為甚麼可
以做到把美國置於中國的對立面呢？當時是改革開放初
期，信息還不算開放，您能夠獲得的關於美國以及中國本
身的信息也不那麼豐富吧？

查：是的，信息和知識非常有限，主要是認知的反轉，激發
　　出一種逆反心理。原來的宣傳告訴你美國代表醜惡、反
　　動，是資本主義的頭子；中國代表先進、偉大，是社會主
　　義的老大。我們都是在這種簡陋的宏大思維下長大的，缺乏
　　對歷史和現實在細節上的認知。比如，沒有想過為甚麼不是
　　丹麥、不是法國，而是美國呢？現在，曾經堅信的一切瞬間
　　坍塌，二元世界顛倒了，取而代之的是另一種黑白分明。

　　改革開放之後，我才對外面的世界有了嚮往，覺得世界和
　　老師教的不一樣，中國不是最偉大的國家，美國也並非很
　　罪惡、很悲慘。於是，我就很自然地想要去美國。當初的
　　想法很簡單很空泛，和後來的留學潮相比，我完全沒有要
　　去美國賺錢的想法，讀學位也是次要的，只是出於好奇，
　　想要去冒險，就像是遵循着血液裏的召喚。

加：我最近寫了一篇文章，討論的就是如今出國留學的年輕
　　人，包括在哈佛留學的高材生，缺乏純粹的好奇心和探險
　　精神，目的性太強。

　　您剛剛說當初認為美國或許是最自由的。其實，能夠有自
　　由的想法並不是一件容易的事，大多數人根本不會這樣去
　　想問題。我也不認為如今嚮往美國的中國留學生最想體驗
　　的是自由、開放和民主，很多人(我不敢說所有人，因為
　　我也認識一些發自內心希望學習美國的中國年輕人。他們
　　謙虛好學，而不自以為是)想要的頂多是美國人學提供的
　　文憑。您在申請留學美國的時候，是否瞭解民主、自由、
　　法治、人權這些體現美國價值觀的概念呢？此外，在「文
　　革」期間，您有沒有覺得「我是不自由的」呢？

查：問得好。應該承認，出國之前我對法治、人權這些概念
　　基本上是陌生的，民主觀念稍微有一點，但自由的概念我
　　肯定是有的。這與幾件事有關。

首先，文革後期開始流傳於民間的那些地下詩歌，不僅使用了新鮮的語言和意象，而且共同的主題都是精神自由、人格自由。比如食指、北島、芒克的詩，都是這樣。這些呼喚自由的詩歌，在我心中激發了強烈的共鳴。

同時，從1978年，西單民主牆的出現以及貼在那裏的一大批文章，意味着中國社會出現了自由表達的公共空間。1979年民主牆遭到整肅，魏京生被抓，判了二十年，又讓人感到震撼和幻滅。然後是1980年，我讀大三的時候，北大有一場海淀區人民代表的選舉，弄得像模像樣。在北大校園裏舉行的選舉活動，跟競選總統一樣鄭重，有十八人參選，發表競選演說，進行政綱辯論。我記得惟一一個女競選人是我們中文系的張曼菱。這是1949年後第一次小型民選演練。最後當選的胡平，寫了一篇很精彩的長文《論言論自由》，當時作為他的競選文件張貼在校園裏，我仔細讀過那篇文章，胡平擅長理性論述，我卻讀得熱血沸騰。總之，當時我心中萌發的關於自由的意識，與所有這些經歷和讀物有直接關聯。

但如果深究一下，自由的概念當時為甚麼立刻會對我有那樣強的吸引力呢？我想是因為在實際生活中，我很早就有了對於恐懼的體驗。這種恐懼就是你覺得你是一個異類，而那個時代的中國是沒有異類的存身之地的。

我父母在「文革」第一年就開始被批鬥，那時我才上幼兒園大班。我父親是社科院的研究員，我們家就住在日壇南邊的社科院宿舍樓裏，旁邊有一大片工人宿舍，隸屬於某個國營大廠。「文革」開始後，我就近上了小學，同學絕大部分是工人子弟。在學校裏，像我這種知識分子家庭的孩子屬於少數，而且是缺乏安全感、抬不起頭的少數。

文革開始後，我們這幾棟宿舍樓經常有批鬥會和抄家，每

次旁邊工人宿舍區的街坊鄰居都會湧過來看熱鬧，我就這麼看着自己的父母被羞辱。我家樓下的牆上刷着兩條「打倒某某某」的大標語，這某某某就是我父母的名字，黑墨大字直接刷在牆體上，名字上還畫了特別大的「×」。我每天上下學都會看到這兩行大標語，它一直在那兒，和我對視了十年。

其實，我和父母的關係非常融洽。雖然他們被批鬥，單位的人告誡説「要跟你爸媽劃清界限」，但我對他們恨不起來。我經常幻想，要是我爺爺不是地主而是貧農，要是我父母不是知識分子而是工人就好了。在別人眼裏，我們家是黑五類，我是黑孩子。

我從小喜歡游泳，父親在我很小的時候常帶我去龍潭湖游泳。夏天，我也會自己去附近的游泳池游。有一次我正趴在泳池邊兒曬太陽，一個同學帶着一幫孩子過來説「他們家挨批鬥了，他們家是反革命」，然後那幫小孩就從我腿上踩了過去。踩過去的主要是小女孩。工人宿舍的一些男孩子會在我放學路過他們那一帶時朝我背後扔石頭。他們扔我，我就轉過身站在路中間不動，瞪着他們，一些膽小的男孩就會躲到樓裏去。我轉身繼續走，他們又繼續扔。這個場景我印象特別深刻。那條路很長，整個一排都是工人宿舍，如果不走那條路，我就要繞很遠的路才能回家。

我們家住在頂層，就有人爬到樓頂把屎倒在我家陽台上，還不時有人從樓下朝我家扔石子，砸得玻璃窗砰砰響。冬天的時候，我們把大床單曬在陽台上，因為天特別冷，床單會凍得梆硬，變成一道屏障，如果有人朝我家陽台扔石頭，玻璃就不會被砸碎了。

類似的事情非常多，可是我跟父母的關係很好，我那麼

小，根本不能接受他們是壞人。我知道他們是階級敵人，
是反革命，但我就是沒有辦法恨他們。

加：他們跟您講過他們為甚麼挨鬥嗎？

查：講過，還說過他們並沒有反黨。我記得1967年第一次抄
家的時候是夜裏，我弟弟嚇壞了，他完全不明白為甚麼一
群陌生人會半夜闖進我家。他們一進屋就把家裏的東西
翻了個底朝天，把能抄走的都抄走了，然後在樓下批鬥
我父母。

加：您哭了嗎？

查：我沒哭。父母被抓到樓下批鬥，鄰居們都跑出來看。印
象中有一種火光熊熊的感覺，其實可能並沒有火把，只是
一大堆鄰居黑壓壓地圍着，有人拿着喇叭喊口號。我記得
很清楚，帶頭批鬥的人姓侯，是我媽媽的部下，我以前見
過他。他在樓道裏告訴我：「你父母是反革命，你要跟他
們劃清界限。」

那年我七歲，弟弟比我小三歲，用力揪着我的衣服生怕和
我分開。家裏被弄得一塌糊塗。半夜，父母回來了，待
在客廳裏。我把臥室的門推開一道縫朝外看，但是不敢出
去，弟弟嚇得躲在我後面。當時的確有一種失真的感覺，
不太確定父母是不是有一些我們不知道的事情，不確定他
們是不是真的是壞人。因為我們太小了。

那段時間我經常在半夜聽到對面的樓裏傳來慘叫聲，有一
次我偷偷爬起來掀開窗簾往外看，對面樓裏的一個老學者
正在挨批鬥。他們在陽台上打他，打到天亮，把老頭活活
打死，早上用一隻大籮筐把他抬走了。還有一次，我在上
學路上看到一個跳樓自殺的人，屍體上蓋着一扇草席，還
沒來得及抬走。我們女生都不敢動，一個男生拿着小樹杈

去碰了碰，把草席挑開一角，是我們樓後的鄰居，一個女人，胳膊已經摔斷了。

我是在恐懼中長大的，那時的我無時無刻不在幻想假如我不是現在這個人，不是在現在這個家庭裏長大，也許會更有安全感。

父母挨批鬥、抄家對我而言是藏在心底的恥辱，我希望學校裏的人都不知道這件事。批鬥是在家進行的，到學校後我就假裝沒有發生這件事。我的班主任是個男的，很年輕，二十七八歲，他比較喜歡我，覺得我作文寫得好。有一天放學之後，他突然把我叫到辦公室，關上門，很嚴肅地對我說：「我知道你家裏出事了。」我當時腦子嗡的一下，感覺很羞辱，有種秘密被人揭穿的感覺。可他卻說：「雖然你家裏出事了，但你是一個聰明孩子，你不用那麼在意。」這句話我記了很久。

現在想想，我的小學老師是一個有人性的人，他肯定也害怕，但在課後仍然對我說了那樣的話，給了我極大的安慰。戲劇化的是，我上中學時偶然看到一份關於判刑的宣傳海報，海報上有這個老師的名字。因為他是我惟一喜歡的小學老師，所以記得特別清楚。他叫王常來，後來叫王勁松——那時候很多人改名字。他被判了雞姦罪，而且是無期徒刑。我當時完全不懂甚麼叫「雞姦」，在我眼裏，他是那麼好的一個人！他離開那所小學後我就失去了他的消息。後來，聽說他被調到一所中學後和很多男生有曖昧關係。據說，收集證詞的時候，沒有一個男生出來作證，都不想告他。多年之後，我從美國回到北京，專門去朝陽區司法局查這個老師的消息，想知道他是否還在服刑，並當面感謝他對我曾經的關照，但是沒有查到。

加：這位老師說您作文很好，在當時那樣的恐懼中，您有沒有產生過當作家的念頭？

查：有。那是我人生的一道亮光。也説不清楚從哪天開始，我就有了作家夢。我認為自己可以寫，而且我也的確喜歡寫。我從小就喜歡看小説和詩歌，家裏被抄後，剩下的書只要是和文學有關的我都看了，遇到不懂的地方就跳着看。我上小學時除了《紅樓夢》、《三國演義》、《水滸傳》、《西遊記》、《東周列國志》，還迷《聊齋志異》，讀後模仿着寫了一些文言文的小故事，滿篇之乎者也，都是鬼怪神靈、世外桃源之類的虛構。這大概也是一種私下裏的逃逸吧，反正都是躲家裏寫的，絕不會拿出去給別人看。母親一直留着這些文章。

加：在我這個日本人聽來，「文革」完全是一種你死我活的戰爭狀態。您在「文革」的時候可能不會想到「我們是不自由的」吧？為了拉開時空距離，我也説説自己的經歷吧。我1984年出生在日本伊豆，雖然我上小學的時候日本經濟泡沫崩潰，但總的來説，平穩、和平的環境伴隨着我童年到少年時期。我十八歲就來到北京，之前只是上學，所以坦率説基本沒有思考過我們的社會是否自由的問題，也沒有認真思索過民主到底是甚麼，它有多可貴等。是來到北京，在北大上一些政治課，在中國公共輿論界開始發表文章，做一些時事評論後，我才逐步且具體地發現，原來，中國是用政治權力推廣有利於自己的意識形態，同時管制甚至打壓不利於自己的言論和意見。大約2008年左右，我開始在日本比較密集地發表文章，上電視，那時，我已經有了很清晰的想法，即日本是言論自由被憲法保障的國家，中國雖然在憲法文本裏保障它，卻在實踐過程中

用各種辦法限制言論自由。總之，我是來到了不自由的中國後才發現日本的自由。

查：嗯，你我的經歷反差極大，對比起來卻很有趣。你説得完全對，當時我有非常具體的不自由的感受，但並不知道這就叫「失去自由」。覺醒的過程大致是這樣的：從出生到十七歲，像那個時代的所有中國人一樣，我接受了一整套關於階級鬥爭、反帝反殖反西方的洗腦教育。這套高分貝的激進意識形態鋪天蓋地，佔據了道德高地，壟斷了正義感，你被它灌輸、裹挾、捆綁、威嚇，過着一種扭曲的生活：時而亢奮，時而恐懼。為了消除自己和家庭的異類身份標籤，我會自覺不自覺地壓下內心的屈辱感以及一個懵懂少女頭腦中的所有困惑，誠惶誠恐地試圖用那套反人性的標準看待周圍的世界和要求自己，希望這樣就可以被社會接受，成為其中的一員，獲得安全感。在有些時刻，我還會真誠地心潮澎湃，胸中湧動着那種只能被叫作「豪邁」和「昂揚」的情緒——為了新中國！為了光榮的革命使命！回頭看，這種心理和行為很有些「斯德哥爾摩綜合症」的病態。

上大學之後，有了西單民主牆，有了地下詩歌，出現了「自由」「民主」等詞彙。當時對我而言，「民主」還是很抽象的概念，「自由」卻有一種衝擊力，它帶來一種石破天驚的啟示，讓我忽然醒悟到：你其實一直生活在不自由的恐懼之中，那套灌輸給你的仇恨教育是反人性的，你一直過着一種病態的生活，而在一個完全封閉的環境裏你是沒有其他選擇的。於是就像一個生活在黑屋子裏的人，那個長期罩在你頭頂的魔咒忽然失去效力，燈亮了，窗開了，房間裏各種事物的原形顯現出來，你對那個巨大的謊言感到憤怒，同時渴望出走，去看看外面的世界。

很多年後，一位美國大學校長跟我說：你經歷過「文革」，家裏被批鬥，你的性格還這麼陽光，真是難得。這位校長很年輕時就參加了美國海軍陸戰隊，在越戰期間斷了一條腿，得過勳章，後來經商，擔任過兩屆美國參議員，還當過一個農業大州的州長。他的相貌也符合我想像中的美國英雄的形象。這樣一個經歷過戰火和各種滄桑磨難的人，居然誇獎我說：你挺棒的，沒有變成一個心理陰暗的人。當時聽到他的話，我在得意的同時突然意識到：對啊，我好像理應成為一個心理陰暗的人！

其實，那個時代和我有相似經歷的中國人太多了，能講這種苦哈哈故事的人也太多了。傷痕文學一度就是講述這些內容的。我家的遭遇並沒有多麼特殊，家人彼此始終有愛，小環境有支撐，外部這些事也確實沒能使我的人生觀發生根本性的扭曲——幸虧！

加：您認為您的這種性格和後來決定去美國有關係嗎？

查：也許有吧。佛家有一種觀念，所有毒不死你的藥都會變成你的營養。我相信毒藥可以變為營養，強身健體。

加：同意。就我而言，在某種意義上也要感謝中國的言論環境，當我親歷了中國的政治社會，我才深深體會到自由原來多麼可貴，它不是天生就有的，不是所有國家和市民可以享有的，是需要人們不斷的努力爭取的。中國始終讓我有機會很立體、具體、生動地思考自由的意義。

您申請留學美國的過程順利嗎？後來跟男朋友怎麼樣了？

查：當時中文系的學生有點看不起學外語的。覺得北大中文系特別牛，最難考，畢業就有最好的工作等着你。我的同學大多不理解我為甚麼想出國，認為我去美國就失去了自身優勢。而且作為中文系的學生，我那時的英語的確很差。

我上中學時，加拿大首相特魯多來北京訪問，這位皮埃爾·特魯多是現在的賈斯汀·特魯多的爸爸，也是當時最早訪華的西方總理，受到了隆重的接待。訪華的所有接待都是嚴密安排的。他去遊園的時候，公園裏的所有群眾都是預先安排好的，其中就有中學生，萬一特魯多走過來和你說話，你得能和他說一句英語。我就是假群眾之一，為甚麼挑到了我？因為我當時跟着收音機學了一點英語。

我們假裝遊園，結果，真有一個老外朝我們走來，並且跟我說了話。然後我就說了一句英語。其實，當時學的英語別提有多差了，只會那幾句，比如「歡迎您來到中國」。活動結束後，我在學校做了報告，因為這是在為國爭光。

我在北大讀書的時候外語很差，我的留學申請信都是孫立哲幫我寫的。我在北京圖書館查美國大學資料的時候完全不懂，只知道哈佛有名，於是就把哈佛的地址抄下來。但為了保險，我又抄了十幾所，有些是我完全不知道在哪兒的學校，其中就有我最終去的那所學校。

我一口氣發出去二十來封申請信，沒過多久，哈佛回信說：「對不起，申請獎學金的時間已經過了，請你下一年再試試吧。」當時的信息太閉塞了，我根本不知道應該在甚麼時候申請獎學金。正以為快沒戲的時候，收到了南卡羅來納發來的電報，只有三句話：一、我們收到了你的申請；二、我們可以給你獎學金；三、請把你的成績單寄過來。我感覺一陣狂喜。

我得說我當時的考試成績都是真實的，英文成績也不是假的。學校的公共外語課很差，我的成績是A，英文老師也給我寫了推薦信。南卡羅來納大學要求秋季入學，可是這樣我就不能按時畢業了，因為我們那一屆畢業是第二年的

春天。於是，北大為我大開方便之門，讓我先提交了畢業論文，第二年補發了畢業證。結果，我收到了南卡來羅那的錄取通知，它真的給了我獎學金。

辦理簽證的時候，要求必須說幾句英文，為此我背了一堆英文句子。簽證官是一個面色嚴峻的年輕白人小伙。我用我的爛英文哆哆嗦嗦說了一堆，他坐在那兒看我的材料，然後說：「你要去念英文系，讀英美文學，他們還給了你獎學金，我覺得他們犯了一個大錯誤！」他開始不動聲色地盯着我，我感覺他下一句話肯定要說「你還是算了吧」。我當時大腦一片空白，感覺事情就要黃了，結果他話鋒一轉：「但是，好吧，你去吧，祝你好運！」我想，他應該是覺得這姑娘真夠有膽的，就這樣的爛英文居然也敢去美國，而且學校竟然還收了，那我就給她一次機會吧。當時，大陸學生很少有去美國留學的。我永遠都不會忘記這位放了我一馬的簽證官。

加：太有意思了，人生充滿着各種戲劇性和偶然性。我想起自己來中國留學和後來去美國求學，如果當時我在高中沒有偶遇從北大過來交流的老師，或沒有日本前外交官給我介紹傅高義（或介紹了其他人），我的留華和赴美都是不成立的。

查：是啊，他們都是我們生命中的貴人。關鍵時刻在你面前出現了一個「對」的人，這大概就是所謂的「幸運」。

我當時心裏覺得去美國是很浪漫、很刺激的。我是班裏年齡最小的學生，大家都來道別、餞行，好像覺得這個小妹妹她要去就去吧。教我們唐詩宋詞的唐貽炘老師謄寫了一幅他做的舊體詩題贈給我，這幅字至今還掛在我家。同學們在給我臨別留言的小本子上寫了很多話，有些留言很酸很感人，諸如「你就要飛到很遠很遠的地方去了，無論

你走到哪裏，無論發生甚麼事情，永遠別忘了這兒是你的家，你還可以回來」。當時我男朋友說：「你就是爬着回來，也是我的英雄。」這個留言本我一直珍藏至今。

現在這麼說，聽上去好像有點矛盾，其實我當時真是很愛國，堅信自己留上幾年學就一定回來報效祖國和江東父老。這大概是那個時代的特色：你對某種「信仰」幻滅了，但你對「信仰」這件事本身仍然鄭重其事；你對這個國家剛剛經歷的歷史很憤怒很悲哀，但你還是特別在乎它關心它，對它的未來滿懷希望。那時候真是天真淳樸，經歷了那麼多磨難，大家還都對中國的前途充滿希望。1981年底，我剛出國兩個月，女排世界杯奪冠，北大當晚沸騰了，一堆男生扔臉盆、燒掃把，有的人把衣服也燒了，所有人都在狂歡。那個著名的口號「團結起來，振興中華」據說就是我們班同學最先喊出來的(張曼菱寫文章說是她先喊出來的)。

加：我有一位來自湖南的本科同學，他後來在北大國際關係學院讀了碩士和博士，現在在四川的一個地方當鎮長。我最近讀了他的回憶錄。他在書裏寫到第一次去北京，坐公交車到了中關村海龍大廈，下車後不知道學校在哪兒，拉着行李一邊走一邊問，勉強走到了北大南門，進了學校也不知道去哪兒報到。他就這樣在恐懼與不安中開始了北大生活。我更是如此，剛來的時候一句中文都不會，一個中國朋友都不認識，只有恐懼和不安，而無任何期待和嚮往。當然，後來我就比較適應了北大校園內的學習和生活，而且可以說充分享受到了它給予我的包容。北大給了我向社會表達觀點的自由。我願意說，在我認識的中國當中，北大是最自由的空間。當然，眾所周知，後來北大也變了。我於2018年5月在紐約時報中文網寫了一篇文章《母

校北大，你還是那個北大嗎？》，對母校的未來提出了擔憂。後來，一個在中國經歷了文革、移居美國多年的革命後代的女士讀了這篇文章給我發信息說：「連你記憶中的北大都不存在了，更不要說八十年代或三十年代的北大了。真是一代不如下一代！」

我特別想知道，您當年的北大校園生活是怎麼開始的？

查：我先講講我是怎麼考上北大的。我們那一屆高中畢業的時候「文革」已經結束了，所以下鄉就不用再去很遠的地方。我當時幹活的地方是在通縣和朝陽區的邊上，一個叫下辛堡的村裏，當時叫中阿友好人民公社。我在隊裏幹活幹得特別狠，算是女生中掙工分相當高的。夏季農忙的時候半夜就要起床，趁着夜裏兩點不太熱的時候收麥子，經常是下地幹了幾個小時天還沒亮。有一回累昏頭了，我的鐮刀尖兒割破了軍綠球鞋的鞋頭，仍然一步不停繼續往前割，腳趾鮮血淋漓都不知道。我們這些知青跟農民比着割麥子，但再拼命也會被甩下來。有一次我被拉下來正在氣急敗壞，身後突然傳來嚓嚓嚓利索的聲音，只見我負責的隔壁地壟刷刷刷刀起麥落，原來是帶我們的邢副隊長——一個臉膛黝黑、長了一雙狡黠的笑眼、平時總是叼着煙斗的農民大叔——過來幫我了！有他助陣，我才抖擻精神趕了上去。春天，光着腳弓着腰泡在水稻田裏插秧，又是另一種累……總之，四季農活幹下來，我第一次真正體會到了甚麼叫「面朝黃土背朝天」，北方農民為甚麼自稱「受苦人」。因為累，我那一年的例假都不來了。

這時傳來了恢復高考的消息，我立刻決定參加。我做夢也沒想到這麼快就有了上大學的機會。前幾屆高中生都是做好了長期下鄉的準備，如果政策有變化，能回城當工人，就算比較好了。我的哥哥查建國，初中畢業就從北京去了

內蒙，在那兒待了二十一年，結婚生子，招工也沒回來。

村裏面頗有一些想要參加高考的，當然，也有很多同學不準備參加。我小學和中學都和工人子弟讀同一所學校。一方面，他們覺得自己考不上；另一方面，他們可以去工廠接父母的班。我怕沒時間看書，就請假回家複習。當時雖說不是農忙期，但能批的假很少，我好歹請到了兩個星期。

當年只能填三個志願。我的性格是要讀就讀最好的。所以我的三個志願是兩個北大、一個北師大。我的一些同學明明喜歡文科，但順從家長的要求報理工科，認為理工科好找工作又遠離政治，尤其是知識分子家庭出身的更會有這些顧慮。我們家比較開放，父母根本不管我。我從小就喜歡文學，所以第一志願是北大中文系，第二志願是北大新聞系，第三志願是北師大中文系。

考試結果出來那天我還在地裏幹活。當時正好歇工，遠遠地見來了一個騎自行車的人，大家都拿着鐵鍬看他，說：「這個人騎車來幹甚麼？」他通知說村裏整個生產大隊就考上了兩個，一個是我，還有一個男生考上了大連海運學院。

加：那兩周您是怎麼複習的？時間夠嗎？

查：我讀小學時跳了兩級，所以我在我們班裏是比較小的。恢復高考的時候我才下鄉十個月，離開學校的時間不長，而有些老三屆已經下鄉很多年了，我複習起來就比他們輕鬆許多。我的考試分數挺高的，不然北大也不會收我。我當時感覺狂喜，像做夢一樣離開了農村，隊裏還開了歡送會，很惋惜地送走了一個壯勞力。

加：在那樣的時代被北大錄取對您的影響肯定巨大。那麼，到目前為止，最讓您感到快樂的事情是甚麼呢？比如，考上北大、被南卡羅來納大學或哥倫比亞大學錄取，還是第

一次在《紐約客》上發表文章，哪個更快樂？

查：考上北大肯定比其他的事要快樂得多。

加：和去美國相比呢？

查：兩者不一樣。去美國是有計劃的個人冒險行為，很刺激，無競爭。高考是意外驚喜，是很多人一起參加的激烈競爭，當時的錄取比例很低，而且我又很固執地報了最好的學校。有的人怕落選，會報一個保險一點的學校，就跟我後來申請南卡羅來納大學一樣。但高考的時候我完全沒有考慮這些，我想，要讀就讀最好的。其實報北師大我都不大情願，我當時想過第三志願填清華，但清華不是文科學校。

加：您的性格一直如此嗎？

查：去北大是改變命運的事，去美國也是同樣的邏輯 —— 要去就去最想去的地方。說不上是我受到了誰的影響，可能天性如此，我的血液裏就是有要去很遠的陌生地方的衝動。但有時候又會想，是不是也有我外公的基因影響呢？

我的外公出生於湖北大冶鄉下的士紳家庭，年輕時去法國勤工儉學，學的是冶金，留學回來當了高級工程師。家裏生活很好，僱了幾個僕人，外婆也不用工作。他們的六個孩子都是在不同的地方出生的，我媽媽是在武漢出生的，所以叫漢生，還有杭州出生的，就叫杭生。外公出國之前，家裏就給他訂了婚，但他一走就是十年，沒有按時回來娶親，不僅畢業之後留在魯昂工作了，而且居然和法國房東的女兒結了婚，還生了一個女兒。這段往事以前是家族裏的秘密，長輩很少提及。但我看過家庭相冊裏外公在法國拍攝的照片，從頭到腳都是法國紳士的打扮，和我小時候見到的外公完全不一樣，簡直無法想像他曾經有過這樣一段生活。

外公年輕時是一個特別有生活情趣的人。他愛好郊遊、社交、攝影，還自己洗照片、自己烘制麵包。在舞會上，他是一個翩翩起舞的人。因為我外婆裹過小腳，他沒法和太太跳舞，有時候就會在家裏抱着一隻椅子，圍繞着太太跳舞，逗她笑。他有很多洋範兒的生活習慣，這些往事都是我母親和大姨告訴我的。我認識的外公，沉默得像一塊石頭。

外公是被騙回國的。因為家裏給他定過親，而且雙方門當戶對都是有身份的家庭。家裏人質問他為甚麼還不回國，當初說好了，留學結束後就回來結婚。外公本想終止這門親事，因為兩個人差異太大。我外婆不僅裹小腳，還沒上過學。外公在法國寫信回來說不要再裹小腳了，外婆接到信後就把裹的小腳放開了，成了「解放腳」。但後來外公又不想回來了，家裏人覺得特別丟臉，當初承諾過，現在把人家姑娘給耽誤了。外公本想帶着法國太太和女兒一起回來，但家裏人根本不能接受，拍電報騙他說父親病重去世了，趕緊回來奔喪。他回來之後才知道上當了，但家裏一切都已準備就緒，他只好和我外婆結了婚。

很久以後，外公跟我媽媽說，他心裏對法國太太非常愧疚。他離開法國後再也沒回去過，一度也曾打算回去把事情說清楚，但陰差陽錯始終沒有回去。他說到法國太太抱着年幼的女兒到車站送他，手裏拿着白手絹，朝着開走的火車一直揮動。我彷彿可以看到這個場景。

我從小到大接受的革命教育都講要反封建禮教，要爭取婚姻自由，包辦婚姻是罪惡的、痛苦的，看過巴金的《家》《春》《秋》就知道包辦婚姻有多沉重。外公跟外婆雖然是包辦婚姻，但他們的感情非常好，這件事讓我打破了對包辦婚姻的刻板認識。

五十年代初，外婆的小兒子瞞着她參軍當了文藝兵。那是一個小帥哥，又能唱歌作曲又會拉琴。在部隊，他和文工團裏的一個女孩好上了。反右的時候很慘。他是外婆最寵愛的孩子，離家之後很難再見到外婆。這件事深深刺激了外婆，她可能因此得了抑鬱症。

五十年代，為了建廠，外公被調去東北一家國營大廠當總工程師，全家因此一起搬到了黑龍江。但外婆是一個南方人，她不習慣東北的生活。以前，外公總愛回家吃外婆做的熱乾麵，還有各種新鮮的蔬菜。自從去了齊齊哈爾，天寒地凍，只能吃土豆熬白菜。

外婆是一個沒有念過書的家庭主婦，在南方的時候，雖然閒在家裏，但也過得很好，街坊四鄰，她都熟悉，每天和大伙東家長西家短的。突然間去了陌生的地方，沒了朋友，加之她最喜歡的小兒子早早地跑去參了軍。所以，我想外婆最後選擇臥軌自殺肯定是有很長時間的鋪墊，並不是一時想不開才去自殺的。消息傳來，外公整個人都崩潰了。愛妻臥軌自殺，這是完全無法想像的。不久，有人給外公說親，說他還年輕，應該再找一個。外公聽了極度憤怒，說：「我怎麼可能再結婚，我一輩子都不會再結婚的！」

我外婆的臥軌自殺，似乎是又一個恥辱的家族秘密。我小時候一直不理解她為甚麼自殺，以為她有精神疾病。我從來沒見過外婆，因為她在我出生前就自殺了。長大過程中，我逐漸知道了母親家族中更多的悲慘故事。外公雖然表面上頗受重用，當了國營大廠的總工程師和政協委員，但早在反右時就因為不當的「建言」遭到批判，到了文革時更被批鬥、毆打。有一次造反派到他家裏毆打他，他的小女兒當場嚇瘋，從此落下了精神疾病，最終雖然痊癒

了，卻又在生孩子時意外大出血死亡。外婆最愛的小兒子被打成右派之後，下放到江西林場幹苦力，後來精神也崩潰了。總之，我母親的整個家族自從五十年代以來悲劇連連，一直生活在陰影之中。

我小時候，感覺外公沉默寡言、十分威嚴。有一年暑假，我和弟弟被送到東北，那是我們第一次離開北京、第一次坐火車、第一次下嫩江游泳。當時，我十一歲，讀小學五年級，外公已經退休，總是獨自待在屋裏，枯坐窗前，若有所思的陷在自己的世界裏。我們小孩兒不敢跟他說話，也不知道他在想甚麼。有一次，我過了幾個小時又路過他門口，看到他還是用同樣的姿勢石頭一樣地坐着。只有很少的時候，比如給我們蒸了又大又宣、好吃的糖饅頭，看到我們吃得很開心，外公才會露出難得的笑容——那時我只覺得從來沒吃過這麼好吃的饅頭，卻不知道這是外公用製作麵包的方法來蒸的發麵饅頭。

文革後期外公到我們家住的時候，我多次看到他在讀外文版的《毛主席語錄》，後來才知道他讀的是法文版。我至今留存着這個破舊泛黃的版本，作為那個愚昧、瘋狂時代的見證。

前面提到我爺爺，他是江蘇的地主，鄉下有幾千畝田，還在宜興和上海經商、炒股，不僅在地方商會很活躍，而且當過區長，參加過地方議員的競選。爺爺四十歲的時候突發腦溢血去世，從此家道中落。我奶奶是一個不善經營的大小姐。爺爺本來留了一大筆錢，要送我父親和叔叔去美國留學，但管家暗自挪用錢財，他家的房子越蓋越大，東家卻越來越衰敗。

爺爺是一個權威式的大家長，如果他在世，堅持讓兒子去

留學，那我父親作為長子，大概就從命去美國了，那樣
的話一切都會改寫。結果，爺爺去世沒幾年，我父親、姑
姑，還有一個叔叔，都跑去參加革命了。巧的是，半個世
紀後我姑姑遇到了當年管家的兒子，他反倒是留過學了，
不知道和當初我爺爺留下的那筆錢有沒有關係。我奶奶雖
然在土改中活下來了，但被剝奪了所有財產，趕到一間破
屋裏住，後來又被強制性勞動改造，在一個酷熱的夏天裏
中暑拉肚子死了。那時候，她的六個子女已經全都離開故
鄉，全都革命去了。

對了，你剛才問我家裏挨批鬥那天我有沒有哭，我又想了
想，我真的沒哭。在游泳池被一堆小孩踩過去，我也沒
哭。可是有一件事，我卻抑制不住地哭了。那時候，大家
都積攢毛主席像章，跟集郵似的，我也有一堆。有一天，
我戴着毛主席像章走在街上，一個二流子騎着車一把把我
的像章搶走了。眼看他趾高氣揚地飛車而去，我當時就哭
了，一路流着眼淚回到家。

現在想想挺有意思的，按理說抄家明明是更大的事，更應
該哭才對。也許因為抄家時我弟弟才四歲，徹底嚇懵了，
所以我得當一個大人保護弟弟，不能哭；也許因為我心裏
知道父母都不是壞人，家裏人從未翻過臉，我們還是親
人。同樣，「六四」的時候，我在廣場上至少看到十幾個
死人，當時在現場也沒哭，甚至都說不上有多恐懼。因為
在那個場景中，人會有一種非真實的感覺，根本來不及
哭，況且身邊有成百上千的北京市民與你一道在經歷這個
過程。可為甚麼被搶了個破像章我就止不住地哭呢？可能
和我前面說的扭曲心理有關。也就是說，在積攢像章這件
事上，你和別人貌似是一樣的，從眾行為給你提供了「我
也是社會潮流中一員」的虛假幻覺，但其實你連一個像章

都保不住，真是太沒用了。這樣一想不僅覺得很委屈，很丟人，而且突然看清了自己的真實處境：對所有的欺凌屈辱，你既無力自衛，也沒人來幫你，你只能忍氣吞聲，無論怎麼努力，你就是一個黑五類家庭子女，甚麼也改變不了你的政治賤民身份。當然，這些都是我現在對當年的自己做的心理分析，但我清楚記得當時心裏那種孤絕於世的感覺。

我媽媽是湖北女子，性情剛烈，脾氣也急；我爸爸是江蘇人，平時比較溫和，但如果爸爸拉下臉來，全家人就都不敢出聲了。我媽媽被批鬥的時候挨過打，她是一個小個子，可她敢跟人家對峙。一般情況下，一個男的打你，你再跟他對峙，他就可能把你往死裏打。我媽媽可不這麼想，直到晚年，她在街上看到不公的現象，還要路見不平給人家「上課」。

當時，父母都被押到小區裏幹活。我媽媽在我們家後院掃街、搬磚、拔草，我爸爸上夜班，戴着一條毛巾在鍋爐房裏燒鍋爐，添煤鏟煤，白天回來的時候鼻孔周圍都是黑的。每天，爸爸回家後，本應去睡覺，可他總是站在陽台上看着媽媽在下面拔草。他擔心媽媽這種寧折不彎的性格會出事，甚至會自殺。爸爸是一個絕對的樂天派，屬於無論如何都要活下去、笑到最後的那種人。可媽媽經常會做出激烈的抵抗行為，有時還會情緒失控。兩個家族的性格很不一樣，我天性中也有衝動急躁的一面，年輕的時候特別害怕，擔心因為外婆家這邊的基因哪一天自己忽然就成了精神病。

哎，從外公的基因説起，繞了一圈兒，其實我也不知道自己的性格是怎麼來的，有多少與家族遺傳有關。

加：您說您爺爺留了一筆錢，特想讓後代出國用，他自己出
　　過國嗎？

查：沒有，我爺爺就是一個土財主。有錢人將孩子送出國是
　　那時的風氣。我爺爺雖然沒有很好的學歷，但他是一個很
　　機警的商人。他祖上在太平天國戰亂的時候從安徽逃難到
　　了江蘇，白手起家，發展很快。一個窮小子成了有錢人，
　　於是娶了體面人家的大小姐，就是我奶奶。我奶奶的父親
　　是地方上有名望的私塾先生，算是書香門第出身，奶奶雖
　　然不擅長管理家務，但是會唱戲曲，還能講點英文，看家
　　裏傳下來的老照片，她的衣着裝束也頗為時尚，是那種中
　　西合璧的風格。後來爺爺英年早逝，我父親兩次被捕入
　　獄，都是奶奶派家裏人用錢打點贖出來的，然後奶奶堅持
　　要我父親繼續上學，而他後來考取的兩個學校都很「洋
　　氣」：上海的聖約翰中學和北京的清華外文系。我從來沒
　　問過父親，現在才忽然意識到：這些選擇裏會不會有奶奶
　　的意思呢？是不是奶奶也希望自己的長子將來能出國留學
　　呢？否則一心革命的父親為甚麼要選擇去學英文呢？

加：我剛剛聽您講您外公在法國留學和後來被騙回國娶您外
　　婆的故事，我突然想起了我翻譯過的芹澤光治良先生的作
　　品《人間的命運：致巴金》裏的雅克。雅克作為出生於著
　　名無政府主義家庭的法國人，一戰後，把自己的「妻子」
　　一個人留在法國，隻身來到中國，在北大教書，參與中國
　　的革命事業和解放事業，在此過程中娶了中國太太，生了
　　女兒。雅克後來有一次帶着中國太太和混血女兒回法國，
　　告訴法國「妻子」真相，道了歉，並取得了諒解。

　　革命年代，改變個人命運的事情恐怕特別多。雅克也好，
　　您外公也罷，那樣的處境肯定不是例外。

　　您考上北大後的生活感覺怎樣？

查：我們七七級這一屆年齡相差很大，我是班裏最小的，有
　　的同學比我大十幾歲，我根本沒有講故事的資格，因為
　　他們的故事都比我多。比如黃子平在海南島橡膠農場當過
　　十年知青，陳建功在京西煤礦挖過八年煤。有很多同學當
　　時已經工作很多年了，是拿着工資來上學的，有的同學孩
　　子都有了。他們有很多社會經驗和人生故事，用阿城的話
　　説，「大學裏來了一堆社會油子」。我因為跳了兩級才趕
　　上了插隊，而且是在北京郊區，所以，和他們相比，我是
　　一個沒有故事的小孩。但我並不感覺壓抑，反而覺得挺受
　　寵的。因為是老小，大家都讓着你、護着你，彼此之間很
　　友愛。

　　作為女性，公正地説我一直是被很好地對待的。我不記得
　　有男性對我不好，很多人像大哥哥一樣照顧我，比如我寫
　　過的梁左，就經常給我買零食，他不過比我大兩歲。同學
　　們的年齡並沒讓我感覺不適，作為最小的一個，我覺得挺
　　佔便宜的。

加：您對大學生活的感受和之前的想像一樣嗎？

查：當時像做夢一樣得到了一個上大學的機會，之前根本沒
　　有任何想像！

　　剛進大學，真的是百廢待興。老師拿着自印的講義，學生
　　對知識如飢似渴，所有人都利用一切時間來讀書，圖書館
　　永遠是滿的。當時圖書館的書不能外借，大家都坐在那兒
　　看。我特別羨慕我們宿舍的一個同學，她看書特別快。我覺
　　得自己的閱讀速度太慢了，那麼多的好書，根本看不過來。

加：您當時都讀甚麼書？

查：我是中文系的，首先得讀各種文學經典，從古典到現
　　代，其次是選讀中國歷史和哲學方面的一些經典。課外閱

讀則是飢渴凌亂、不求甚解，逮到甚麼看甚麼，沒有系統、囫圇吞棗，理解肯定也是膚淺的。當時文學走在思想解放的前列，像我這樣的文青，會昏天黑地看外國小説、聽外國音樂，醉心於其中。袁可嘉1979年編的《外國現代派作品選》，總共四冊，我現在還保留着第一冊。西方社科書籍的譯本並不多，1981年出版了柳鳴九編的《薩特研究》，尼采、海德格爾的出現則要等到幾年後的「文化熱」。當時沒有毛概這樣的課程，但一方面公共討論普遍帶有解凍初期的種種禁忌和僵化，另一方面政治課又是最受冷落的。傳達政治報告的時候，大家都在底下看自己的書。

加：哈哈，政治課最受冷落，同學們根本不聽課，這一點跟我在北大上學期間一模一樣。有些事情真是能超越時光不斷重演。當時同學之間在校園生活方式上有差異嗎？

查：沒有特別大的差異，大家都是從早到晚地在讀書中度過。平時，我們都是拿着一個搪瓷缸子到飯廳打飯。搪瓷缸子是用一個布袋裝着，袋子上還縫了一根鬆緊帶。學校附近有幾個小飯館可以偶爾去打打牙祭。我們班有些年齡大的同學發表過作品，如果有人拿了稿費就會請客。我第一次發表作品拿到十一塊錢，請好幾個同學去海淀街上的館子大吃了一頓。

那時候的北大三角地貼的全是學生自己手刻或油印的刊物、地下詩歌以及舞會通知。我第一次參加舞會是在大飯廳，很興奮，很羞澀，也很笨拙。我們班有個同學會剪裁，我們就自己縫了喇叭褲，四個女生穿着四條自製的喇叭褲去跳舞，感覺很時髦。

我第一次見到美國人也是在北大。那時，學校有留學生，挑選了我們幾個北京學生去陪住。我的同屋是個愛爾蘭女

生，班裏也有男生和外國男生同住。印象最深的是一個特別高大的有點兒像運動員的美國男生。我第一次聽到南美音樂，就是他帶來的幾盒磁帶，有鮑勃‧馬利的reggae，有迪斯可，也有古典樂。

剛上大學，一切都是新鮮的。一聽說出了新書，所有人都會去買，早上四點書店門前就開始排隊；出了新磁帶，大家也會去搶，然後用磚頭大的錄放機聽。我記得有一套西方古典音樂的磁帶，綠色的封面，好幾十盒，有貝多芬、柴可夫斯基甚麼的，這套磁帶我聽了無數遍，至今還留着捨不得扔。

我在班裏算不上很用功的。我們班有一個同學叫宋紅，後來是人民出版社的古典文學編輯。晚上十一點熄燈後，所有人都睡覺了，她還會坐在樓道裏很暗的燈光下看書。

我決定去美國留學後就開始狂補英文，跑到西語系旁聽。李賦寧教授的英國文學史，全部是用英文授課，我聽了幾個月，感覺跟坐飛機似的。

加：我當時經常跟對政治感興趣的同學一起到北大西門外的西門雞翅，一邊喝啤酒、吃雞翅，一邊談論政治。那是一段跟利害關係和個人前途無關的純粹的時光，也是我在北大期間最享受的時光。

天一亮，就有很多人跑到未名湖畔讀英文，睡覺的時候還會聽英語廣播，我睡覺時則聽中文廣播。平時，大家認真上課、寫作業，尤其是那些很在乎成績的女生們。考試期間，大家都是宿舍、食堂、教室三點一線。有的人也會忙忙社會活動，參加國際交流，有的男生愛打籃球，但幾乎沒有人打工。這一點跟日本的大學生截然不同。在日本，很難找到不打工的大學生，住房、生活甚至學業的費用等

要自己賺。在這個意義上，中國學生更幸福，除了一部分學生外，基本上由父母來解決上學期間的費用。

查：我也是很飢渴地讀書，但有時會翹課跑到城裏參加活動，比如地下刊物舉辦的討論會、紫竹院詩歌朗誦會等。我和班裏一個女生一起參加過《今天》的編輯部會議，他們發現來了兩個北大學生，就讓我們也發言，我因此認識了北島。當時是冬天，我們戴着口罩和圍巾，眉毛上都是霜。從北大到城裏，我們騎了很久的車，然後鑽進胡同深處一所破舊的平房裏，坐在一屋子衣着樸素、神情莊嚴的陌生青年人當中，圍着火爐探討文學，好像這世界上最重要、最美好的事情就是文學。那個場景我印象特深。

我們班也自編刊物，辦了一份《早晨》，是同學們一個字一個字刻出來的。我的第一篇小說就是先在班刊上發表的。我還參與過北大文學刊物《未名湖》的編輯。除此之外，我對其他的社團活動很不積極。

加：我上學的時候已經有國際交流活動了。那些希望通過國際交流練習英文、認識老外、為未來的留學鋪墊的學生參與了一個很有名的社團叫「北京大學學生國際交流協會」（Students' International Communication Association，簡稱SICA），成立於1997年，在國際合作部的「領導」下組織參與國際交流。由於我當時參與各種國際交流，自己本來也是留學生，還擔任過北大日本人留學生會的會長，所以經常跟他們來往。我對他們的基本印象是，英文水平很高，國際視野很廣，刻苦學習，積極向上，同時他們也是蠻講政治的，知道如何保護自己，不觸碰政治底線。

您那個時候在校園裏有國際交流嗎？

查：只有「陪住」留學生這種「國際交流」。我的愛爾蘭室

友名叫珍妮，跟我抱怨説：「你們中國人對外國人太不開放，我在這兒留學這麼長時間了，我們也很熟了，可居然沒有一個中國同學請我到他們家去過。」我聽了之後感覺的確很冷酷，就決定邀請她去我家吃飯。

這下麻煩可大了，我得從外辦開始申請，走程序，既要徵得外辦的同意，又要跟街道居委會打招呼。對於八十年代初的中國來説，家裏來一個外國人是不得了的事，鄰居説不定就把你給舉報了。

為了迎接珍妮，我打算準備一些好吃的招待她，但我媽的廚藝一般。孫立哲知道這是個難得的機會，就説「讓我來」。於是，他親自下廚。我們特想弄出一種山珍海味的感覺，就買了一條活甲魚，做甲魚湯。

孫立哲是一個在陝北給很多農民做過手術的赤腳醫生，他正在廚房裏一手拿着刀一手拿着筷子準備殺甲魚，珍妮好不容易到中國人家裏作客，當然要到處參觀一下，一進廚房，正好看到這一幕，嚇得大叫，她肯定覺得這是野蠻人的行為。當然，她也只能入鄉隨俗了。這是很特別的一頓飯。

當時珍妮跟我説，她很想邀請男朋友一起來，但知道我們還要另走程序，特麻煩，只好作罷。她的男朋友叫薩米，是一個很高很帥的非洲小伙，也是北大留學生。我們家離學校很遠，薩米就騎着摩托車把珍妮從學校送了過來。

中國人當時的封閉、官僚讓我感覺很愧疚。薩米大老遠的把珍妮送到我家門口，可我卻不能邀請他上來一起吃飯。我記得那天天氣不好，還下了雨，我們在陽台上合了影，這張照片一直都在。照片裏還有薩米，那天他把摩托車停在樓下上來了，但是沒敢久待，合完影就走了。

當時，社會上還殘留着「文革」的一些風氣，後來，直到

「文革」結束很多年，鄰居們都老了，我也從美國回來了，我們樓下的一個阿姨還保留着監視人的習慣。我經常在上樓的時候看到她站在門口，透過珠簾往外看，那種神經質的警惕的眼神至今讓我不寒而慄。

有一次，一個男同學來我宿舍聊天，因為聊得太興奮，他忘了要在門禁之前出去。於是我就讓他在我宿舍裏過了一夜。剛好有個同性戀的男生喜歡他，老跟蹤他，看到他進了留學生宿舍一直沒出去，就去舉報了。事情敗露後，學校還調查了一番，我父母覺得特別羞辱，但他們表示絕對相信我。我們也確實沒事。其實，就算有事又怎麼樣呢？荒誕的是，你得證明自己沒事。

讀大四那年，父親到外地講學，認識了正在當地做短期學術訪問的美國人馬克。父親喜歡交友，他們很快成了好朋友。馬克要來北京旅遊，他還是一個窮學生，就住到了我們家。

當時我正在為去美國做準備，平時住在北大宿舍，週末回家。馬克是一個瘦高個，二十七八歲，淺褐色的頭髮，灰色的眼睛。我爸一米八，他比我爸還高一個頭。這是我在生活中第一個直接打交道的美國人。我很快就感覺到馬克很樸實，很隨和，可以信任。

他每次吃飯總會留一點兒。我媽媽覺得奇怪，又不好意思問。那時候雖然沒有以前那麼窮了，但大家都習慣把飯吃乾淨。馬克注意到了我們的表情，說「這是留給鳥吃的」。我翻譯給我媽聽，她就笑了。我們家沒有養鳥，他說是放在陽台上給外面的鳥兒吃的。

拍照的時候他會主動站到一個電線桿旁邊說：「來，給我拍吧，兩根電線桿。」雖然馬克在我們家只住了十幾天，

我們之間説的也是很簡單的英文，但很快就可以聊朋友之間才會聊的話題，交流沒有障礙，也不感到生份。我覺得我跟一個陌生的中國人從來不會這麼快就變得親密無間。後來，我才知道馬克來自俄亥俄州一個小城裏的牧師家庭。

加：看來，這位美國朋友對您後來認識美國起到了潛移默化的作用。

查：是呀，請一個美國人在家裏住了一個多星期，這在那個年代是很少見的。街坊鄰居會説：「快看，他們家住了一個外國人。」

新十日談

第四日

加：您決定去美國的時候，想過要回來嗎？

查：不用想，一定要回來。對我而言，去美國純粹是個人行為，回中國也純粹是個人決定。在我去美國的前一兩年就已經有公費留學生了，他們完成學業後必須回來。那時候，自費留學生很少，我是最早一批申請美國獎學金的。但回國是我當時非常明確、不容置疑的心理狀態。打個比方，就像是一個早已訂了親的青年人，一邊嚮往着一個模糊的遠方情人（美國當時被我徹底偶像化了），奔向一場冒險的浪漫，一邊清楚地知道自己最後是要回來結婚定居的。

我是在充滿英雄主義和集體主義的環境下長大的。「文革」結束後，我發現我對這個世界的認識是多麼無知、多麼愚昧。當時那一套宏大思維在我們這一代人身上留下了很深的烙印，直到今天，我都覺得那個烙印還在。這種英雄主義和愛國主義是瀰漫性的，跟日本人對國家的看法相像，有一種你經常談到的情感在裏面。其實我覺得日本也是一個集體主義感非常強的國家，當然你們不一定用這樣的詞彙。

加：日語裏確實有這個詞彙。我們上小學時「集體登校」，就是大家一起上學的意思。我們也講究「團隊精神」，就是英文裏的Team Work。在日本人的教育和血液裏深深烙印的一種生活方式就是「大家為了一個人，一個人為了大家」。算是一種儒家精神吧。

查：我們那時的說法叫「每個人都是革命大家庭中的一員，要做機器上的一顆螺絲釘」。其實，我覺得日本這種教育更明顯，認為個人是整個社會機器上的一個零件，必須服從命令，有很強的專業精神，對報效國家有很明確的計劃和計算，對個人在團隊中處於甚麼位置有清醒的定位。

　　我就是在這種氣氛裏長大的。只不過我的個人考慮是當一個作家，出國留學只是一個跳板。我必須有點冒險的經歷，有些對陌生世界的瞭解，才有東西可寫，我才有可能以一個寫作人的身份報效祖國。如果說這也是一種個人算計，那還有比這更雲山霧罩的算計嗎？現在回想，這種作家觀很幼稚。作家其實是各種各樣的，一輩子不出國，甚至不出縣城，也可以寫出好東西，也能成為優秀的作家。可我當初真是這麼想的。

加：您第一次赴美留學是本科畢業後，我第一次赴華留學是高中畢業後。我當時根本沒想過後來要成為一個寫作者，也沒想過畢業後是留在中國，還是前往第三國繼續深造，我當時集中想的就是學好中文，同時提高英文水平，順利畢業，為將來去聯合國工作作鋪墊。相比之下，您當初赴美時已經有了當作家的念頭，也知道為此該觀察世界、蒐集寫作素材。您的目標感顯然比我更明確。

查：我這個念頭很明確，否則我為甚麼會申請英文系、後來又唸比較文學，而不是申請國際關係專業呢？如果要進行很專業的文學研究，我會有更明確的打算，比如研究古典文學或文學史；如果我想賺錢，我就會讀計算機系或經濟系。我到了南卡羅來納州之後，發現那兒的臺灣留學生都是學電機的，他們有很明確的職業目標。

加：就我而言，喜歡國際關係是從中學時期就醞釀過的念頭，所以，在專業選擇上，我和您有些相似，我沒有想過學國際關係以外的專業。這一點，我還是蠻幸運的，從小嚮往，上學期間實際學習，至今還在工作生活中與它打交道，今後應該也會幹下去，直到死亡。觀察、思考、寫作，早已成為我的人生範式，今後也不會變，即使我將來從事其他方面的工作。

冒昧地問一下，如果當時申請沒成功，您會怎麼辦？

查：還真沒想過 —— 想也沒用，因為當年大學畢業都是國家統一分配，分到哪裏你就得去哪裏。當時申請留學的只有我和幫我寫申請的孫立哲、吳北玲夫婦。孫立哲是北京第二醫學院的研究生，只有他的英文足夠好。吳北玲和我是好朋友，因為她，我才認識了孫立哲。他倆同歲，比我大八歲。他們帶我認識了一幫北京知青，基本上都是清華附中畢業的清華子弟，其中很多人和他倆一樣從北京去陝西插隊多年，比如史鐵生。他們經常週末聚會，我就從北大跑到城裏參加。他們一起喝酒，聊陝北的生活，就我一個小不點兒，吳北玲當時跟姐姐似的帶我玩。那時我才十八歲，很願意跟着他們。

大三那年，我當時的男朋友要去美國自費留學 —— 前面說得不夠準確，他比我們早走一年，應該是最早一撥自費生，人數極少。他是學化學的，不是北大的學生。那年夏天，因為男朋友馬上就要走了，暑假的時候我們倆，還有吳北玲、孫立哲，四個人就一起去北戴河玩了兩三周。

那時候除了宿舍就是父母家，難得有獨處的機會。在北戴河，住的是我男友在文化部某親戚的老屋，長期沒人住，白住不要錢。對面兩間房，中間一個房間有灶。據說主人被打倒去了外地，久無人住，門軸開關時吱吱響，誰出門入門，大家都聽得見。沒廁所，就在屋後野地草叢中方便。但是當年有房子住簡直就是奇跡，因為我們不可能住旅館，也沒有甚麼我們住得起的旅館或招待所。所以我們一起打掃了灰塵，假模假樣過了一段自由自在的浪漫日子。沒有燃料，立哲找到了當年主人留下的煤末，混水做了煤球，大家四處找樹棍木柴。每天一大早，立哲第一個起來給土灶生火，常常黑煙亂竄，他負責做飯，無非是稀

粥和麵條，都是當年插隊學下的本事。有一次遠行，走路
出遊，在海邊見到回港的漁船，買了很多海螃蟹，一堆張
牙舞爪的活物，大小都有，也不貴，讓我們大快朵頤了一
頓。此後，立哲幾乎每天大清早去海邊向漁民買魚，大家
白天下海游泳，晚上回來紅燒魚、糖醋魚，着實過了幾天
神仙日子。

孫立哲、吳北玲覺得我這個小妹妹現在談戀愛了，就很默契
地讓我們倆住在一個房間裏。那是我第一次有了性的體驗。

加：北戴河真是一個辦大事的地方。

查：是呀，把人生中的一件大事給辦了。當初的感覺是他先
　　走，我肯定也要出去，晚一步而已。這也是我決定去美國
　　的最具體的原因。

加：後來你們在美國見着了？

查：見着了。他在佐治亞州，我在南卡羅來納州，是兩個相
　　鄰的南方州，週末的時候我們就開車去看對方。但第二年
　　我們分手了。

加：您1981年至1984年就讀於南卡羅納州大學，出國時的情
　　景是甚麼樣的？父母朋友為您送行了嗎？

查：送了，我在走之前，騎着自行車四處跟親人、同學告
　　別，參加各種為我踐行的聚餐。出發那天，天氣特別不
　　好，我還發燒了。在機場告別家人、獨自登機的情形永生
　　難忘。那是我第一次坐飛機，暈得厲害，吐了一路。

當時，中國人普遍沒甚麼錢，我坐飛機用掉了父母畢生積
蓄的一半，還只能買一張單程機票，因為他們沒錢再給我
買返程機票了。獎學金是到美國之後發的。國家規定留學
生出國只能兌換三十美金，所以，我就帶着這三十美金一
路嘔吐、發燒到了美國。

發燒、暈機也毫不影響我豪邁興奮的心情。第一站先到了佐治亞州的首府亞特蘭大，機場很豪華，感覺這就是我想像中的美國。當時的北京機場特別寒酸，到處都是消毒水的味道。

加：哈哈，消毒水的味道！這也是我2003年第一次到北大勺園聞到的味道，有點像我在日本聞到的醫院走廊的味道。我第一次走進勺園時，周圍很陰暗，像進了一家沒人上班的日本鄉村小醫院，既害怕，又孤獨。記得，那天晚上，我在勺園二號樓大門左側的小賣部買了一張長途電話卡，花了不少錢(應該是五十元左右)，用紅色的電話打到日本，跟我高中時期惟一認真對待和支持我赴華留學的年輕女老師(比我大四歲)聊了一會。我在電話裏哭了，她很淡定地鼓勵我要在新環境裏好好活下去。

查：哎，十八歲出門遠行，真是難為你了。當時的北京機場裏就是有一股醫院兼廁所的混合氣味，到處都很髒很陳舊。

我呢，在亞特蘭大轉機等了兩個多小時，兜裏只有三十塊錢，連一杯咖啡也不敢買。我擔心下了飛機，沒人接我，就得打車去學校。可我至今記得機場散發出的那種陌生的豪華氣息，很多大株的植物，安靜的、亮晶晶的商店，候車廳的設備很好，還有大沙發。我喝了點水，四處蹓躂，感覺這就是美國。

然後，我又轉機到了終點站——南卡羅來納州的首府哥倫比亞市，也是大學所在地。一出機場，我徹底傻眼了！這是美國？怎麼這麼像鄉下！高樓大廈哪去了？當時，信息太閉塞，我對自己申請的地方一無所知，只知道南來羅來納是美國南方的一個州。我在潛意識裏覺得美國的所有城市都應該像曼哈頓一樣。

加：我2003年來北京前，以為北京的街道都像長安街那樣，
　　大家都穿着中山裝，騎着自行車。反正，從城市的樣貌到
　　人們的思想，都是統一的。

查：到了哥倫比亞市，我覺得美國怎麼這麼土？怎麼就這麼
　　幾座樓？

其實，在美國歷史上，這座南方小城是一個著名地標。
1860年，在此地一座教堂裏，南卡州代表開會全票通過脫
離聯邦，成為第一個獨立州。也就是說，美國南北戰爭序
幕就是從這裏拉開的。內戰的第一槍，也是從離此不遠的
一個軍營射出的。

另一個著名事跡也與此相關。內戰結束前，那位以「堅壁
清野」著稱的兇狠的舍曼將軍，在火燒亞特蘭大之後率領
北軍攻入哥倫比亞城，揚基佬們對這座內戰發源地自然恨
得咬牙切齒，務必要燒掉城裏那座起事的教堂，結果被牧
師故意指錯路，燒了另一座教堂。最後，北軍乾脆借着一
場大風放火，把哥倫比亞全城燒成了一片廢墟。

總之，哥倫比亞市是一座有着慘烈歷史的城市，後來才逐
漸重建起來。可我起初不瞭解，只覺得這是個毫不起眼的
挺荒涼的小地方。

我是學校英文系歷史上第一個來自中國大陸的留學生。學
校有一個小規模的華人學生會，都是臺灣人，校方對他們
說，英文系來了一個大陸學生，請找一個臺灣學生和她一
起住，讓她適應一段。於是，他們安排了一位學電機的臺
灣女生和我一起住。後來我才發現，不管男女，大學裏為
數不多的幾個臺灣留學生，幾乎都是學電機的。

我和這個女生住在一起後，第一次知道了許多我在國內完
全不知道的信息。談到中日戰爭的時候，她非常憤怒，指

責我怎麼會認為共產黨是打日本的主力，國軍才是。當時我的確不清楚這段歷史，為自己的蒙昧感到羞愧。其實，她對大陸也一樣無知。那時，大陸和臺灣都妖魔化對方，同時美化自己。雙方都在修改歷史，只是修改的方向不同。

我在南卡羅來納大學讀英文系的研究生，系主任羅伊博士（Dr. Ross Roy）很興奮，這裏以前從沒有過大陸留學生。下課後他領我逛校園時，像是在炫耀一個外星人。每逢見到一個同事就馬上停下來介紹：「這是密斯查，她來自中國大陸，不是臺灣。」我們談論中國的時候，他經常說一個詞，起初我聽不大懂，後來才知道他說的是「毛」。他沒有接觸過中國人，按照英文發音把"Mao"念作「沒有」。

英文系的同學萊瑞（Larry Bagwell）是我交的第一個美國朋友，一個純粹的南方土着。我們一起聊天的時候，他會說：「很抱歉，我真的不瞭解中國到底是甚麼樣的。」他問我中國是不是大部分地區還沒有電，還開玩笑地問我是不是中國人宴會的時候會吃炸螞蚱蘸巧克力醬。當然，他知道這不是真的，但他可能覺得中國是不可思議的蠻荒之地，中國人甚麼都吃。

加：您剛到美國是如何克服語言障礙的？

查：到美國後我發現我的英文實在太爛了。簡單的日常用語我可以聽懂，但是有更多的話根本聽不懂。還沒開始上課的時候，當初給我拍電報也是批准給我獎學金的英文系主任羅伊教授和我聊了一會後，發現我的英文實在太差，於是開始跟我討論對策。他說我可以修最少的課程——兩門，但除此之外，第一學期必須補英文，去上給留學生開的英文集訓課。

我剛開始學習研究生課程的時候，感覺天昏地暗，徹底暈

菜。班裏只有我的英文這麼差，教授不可能為我一個人放慢語速。原先我以為我聽英文課是可以的，畢竟我申請來美之前突擊過一陣。我在北大西語系聽了一學期李賦寧先生用標準的英文講授的歐洲文學史，他的語速慢很多，我可以聽懂一些，可我在南卡羅來納大學完全跟不上趟。加之南方人的口音重，我能聽懂的就更少了。多年後，我在印度中國研究所工作，和很多印度學者一起開會，他們的印度英文口音比南方人聽起來更費勁。

好在大多數教授的英文都比較標準，很多教授也不是南方人，來自各個國家的都有。羅伊教授是加拿大人，第二次世界大戰時參加過空軍，是加拿大皇家飛機領航員，在英國、印度、非洲都服過役，戰後上的大學。他太太是一位巴黎美人兒，他們說的都是比較標準的英文。

即使我徹底「暈菜」，但當我跟羅伊教授說太難了能不能減少一門課的時候，他像一個家長似的，把臉拉下來跟我說，這不是一所讓你來玩的學校，最少要上兩門課，補習的英文課也必須上，否則你就回北京吧。於是我開始發奮學習，沒日沒夜地看英文。

羅伊教授最終還是心軟了，他看我學得實在太艱難，就將我的一門必修課改為他開的課。另外，因為我的獎學金不夠用，所以課餘時間還得打工。羅伊教授為了照顧我，把我安排為他的助理，讓我做的都是去圖書館查資料、做卡片等比較簡單的事情。第二學年的時候，我在英文系的閱覽室做圖書管理員，沒人借書的時候我就可以自己看書。

加：能遇到那樣的老師，您真是幸運！在陌生的外國生存，離不開當地認識的好心人，這一點我頗有感受。比如一位一直免費教我中文的胡同大媽。當時我們就在北大西門外

的小胡同兒裏聊天，她是賣冰棍兒的。過了好多年，我去找她，店鋪不在了，那一帶也被改造了。

您當時住在學校宿舍嗎？

查：房子是自己找的。第一學期我和那位臺灣女生同住。當然，房租得從我那三千塊獎學金中出，剩下的錢用來吃飯。為了彌補生活費，我從第一個暑假開始打工。當時的生活費很低，南方也比紐約等大城市物價低。後來，我和別人分擔房租的時候，一個月大概一百塊。

加：實在是太便宜了！我當時在北大讀本科期間，因為我拿了政府獎學金，學費和宿舍費是全免的，另外生活費每個月八百塊。基本能在校園內解決全部的衣食住行。

查：我還是得打工、節約花錢。因為是合租，大家一起分擔，和別人共用廚房、洗手間，這樣就比較便宜。後來和那個臺灣女孩分開來住，我就自己去找房子了。

第一次自己租房子是和萊瑞等三個美國朋友合租。他們都是南卡土生土長的美國白人同學，兩男一女，我們四個一起租了一個大房子。那個房子是一個大學教授的。美國大學的終身教授可以每隔五六年休一年研究假，不用教課。當時，這位教授要去歐洲待一年，於是把房子租給我們幾個學生，我們相當於替他看家。

南方城市是很有味道的，城市雖然不大，但有很多殖民時代英式或荷蘭式的房子。房子外面有很大的迴廊，屋裏還有旋轉樓梯——類似《飄》裏的大房子。我們可以坐在迴廊上喝酒，也可以躺在搖椅上休息。房間有兩層，我和一個男生住在樓下，每個人都有自己的臥室。因為房子很大，所以比一般的公寓要貴，但我們都覺得很值。那位教

授每年都會去歐洲，他是一個挺有品位的人，傢具之類的都很好。我們還在裏面開過小派對。

加：挺浪漫的，那個空間肯定對您瞭解真實的美國，尤其是南方風味的美國大有幫助。不過，我很好奇出國前您兌換的那三十美金用在甚麼地方了？

查：學校的人接到我之後就立即帶我去領獎學金了，因為知道我沒錢。所以，那三十塊錢到了也沒花出去。

我當時特別土，拎一個手提箱，裏面裝着一套西服。那是我來美國前專門找北京的裁縫做的，但一次也沒穿過。其實，我當時真是甚麼都不懂，一個女學生穿哪門子西服呢？

加：我當時來北京時也甚麼都不懂，徹底從零開始。碩士三年，跟其他同學相比，您的語言水平進展如何？

查：進步飛速，我自己都沒想到。一年之後，我已經可以流利地説英文了。除了跟我日夜説英文有關──那時真是夢裏都在練英文，也因為我迅速交了幾個很哥兒們的美國同學。每天下課後，除了做作業和看書，其餘時間我們都混在一起，喝啤酒、神侃。他們經常拿我開涮，因為我的英文不夠好，他們説的很多美國土話我完全不知道甚麼意思。

我那時特別愛用一些新學的土語，但實際上很難掌握恰當的分寸。有一次，大家一起喝啤酒，我想去洗手間，結果，我説的一句英文，讓兩個男生哈哈大笑。一般情況下，我們會説「去洗手間」，這樣比較文雅，也可以直接説「我要去廁所」。但我當時對於能説幾句土語特別得意，於是就來了一句最土的："Sorry, I gotta go take a dump."（對不起，我要去拉泡屎。）

當時就處於這種非常興奮的語言學習狀態。每天跟他們混

在一起，對於英文進步大有幫助。當時我才二十二歲，學得很快，尤其是日常用語。但是像莎士比亞，不是現代英文，直到今天我讀着還有點兒費勁，比我女兒看得慢。

在南卡，我修了南方文學課，讀了很多小説。我記得讀福克納比較吃力，尤其是他的長篇意識流作品，但是他的短篇小説，比如《獻給艾米麗的玫瑰》，就很容易讀。一個學期下來，我感覺自己跟剛來的時候非常不一樣了，一年之後我也可以開玩笑了，雖然有時候玩笑開得還是很滑稽。

第二年，來了一個大陸的訪問學者楊德友，他是我們英文系惟一一個中國訪問學者。第三年來了幾個大陸公費生，但沒一個學文科的。

楊德友是山西大學外語系的老師，後來翻譯了很多世界名著。我記得有一次系裏開酒會，他跟我説：「建英，你應該把那個勺拿出來。」他指的是攪拌咖啡的小勺。往咖啡裏加了奶攪拌之後，應該把勺子從杯子裏拿出來放到旁邊。我不知道這個禮儀，攪拌完咖啡就和別人聊天去了。這説明我當時完全是一個土妞，但是我膽子大、好奇心強，和南方人交了朋友，打得火熱，開車等很多事情都是他們教我的。

哥倫比亞雖然是首府，但只有十多萬人，並且很分散。城市裏的建築主要是大學、州政府、醫院、郵局，去哪兒都得開車。我不是要出來看世界嘛？夏天打工掙錢也是為了去旅遊，所以，我必須學會開車。

萊瑞的女朋友琳達有一輛橄欖綠的敞篷汽車，特別拉風。萊瑞後來跟我女兒説：「我就沒見過像你媽這麼大膽的人，從來沒開過車就敢上路，沒開幾天就要上高速，嚇得我在旁邊踩剎車，要不然準出事。」

　　第一次暑假獨自一人出去遊歷是在1983年，我還沒有自己的車，就坐「灰狗」（美國長途巴士）去芝加哥找孫立哲和吳北玲玩。到芝加哥後，我還想去別的地方旅遊，可是沒車太不方便，也不能老坐灰狗，於是就在芝加哥買了一輛二手豐田，因為我只買得起二手小車。當時，我已經有駕照了，但還沒來得及買保險。我就從芝加哥一直往東開，開到加拿大邊境看了尼亞加拉大瀑布，然後再往南，經過麻省、紐約、賓州、佛吉尼亞、北卡羅來納，一路開回南卡羅來納，就這麼繞了一大圈。芝加哥大學有個美國教授見了我之後，說大陸人真是天不怕、地不怕，沒上保險還敢長途開車，要是撞了人或被人撞了怎麼辦！其實，我只是因為打工掙了點錢，想開車去旅遊，就穿着人字拖上路了。

加：我在北京那些年就沒開車的機會，至今也沒有駕照。您是打甚麼工呢？

查：我平常在學校裏打工，週末和暑假在高速公路邊上的餐館打工。前面提到南卡羅來納的居民特別分散，城市建築不多，只有大學、政府機關和一些酒吧。我在城裏不容易找工作，而高速公路兩邊有很多連鎖店，我週末就去那裏打工。

　　因為窮，當時覺得所有的「垃圾」快餐都好吃死了，第一次吃到了麥當勞、肯德基、必勝客。因為肚子裏沒油水，所以吃「垃圾」食品更會覺得過癮。當時，冰淇淋我都是一罐一罐的吃，臺灣同學都驚呆了。週末去吃飯，就點比較便宜的咖啡，吃美式早餐。雖然我現在嘴比以前刁多了，但還是留下了吃美式早餐的習慣。我特別喜歡大份的美式早餐，有雞蛋、熏肉、香腸、煎土豆片，再來一大杯橙汁、一大杯咖啡，而且是可以不斷續杯的美式咖啡，這樣我就可以和我的美國哥們耗在那兒了。我和古巴男朋友

約會之後，每個星期天早上先睡懶覺，然後去International House of Pancakes（一家做薄煎餅的連鎖店）吃一份美式早餐，我倆一摞一摞地吃煎餅，一壺一壺地喝咖啡。

我在高速公路邊上一對臺灣夫妻開的快餐店裏打工，開始是洗盤子，沒有客人的時候就洗菜、擇菜、備菜，有客人的時候負責上菜。南卡羅來納的暑期又熱又潮，臺灣老闆為了省錢，空調開得不足，一到中午，年長的臺灣大廚就會打盹。他認為我可以在客人不多的時候試着上手炒菜。於是我就開始跟他學做菜，最後基本上可以掌勺菜單上所有的菜。因為是快餐店，所有菜的調料都是配好的，是改良過的適應美國人口味的中餐，只要火候差不多，別炒糊了，美國人就覺得挺好吃的。

加：您當時打工一小時多少錢？

查：肯定略高於最低工資，是按小時付的，具體多少我忘了，但是夠用，因為我的生活很簡單。對我來說，打工也是體驗生活。我甚麼都想體驗，甚麼都覺得很新鮮。比如，當大廚的體驗就很神奇。我站在大灶台前，揮舞着一把大炒勺，在那種安在大灶坑裏的大鐵鍋裏，火光熊熊地炒菜，動作流暢利索，三下五除二就炒出一盤光溜溜的菜。哎，每次我都覺得當大廚真是太爽了！有時候我自己把菜端出去，會得到顧客那種美國式的誇張讚歎：「喔，偉大！漂亮！」我就偷着樂：他們哪知炒菜的和上菜的是同一個人呢！

加：今天在美國的中國留學生很少會去打工了，都是父母給錢，將來也不還。但是在日本的不少中國學生是打工的，因為日本學生大多數也要打工。在日本，大學生打工是一種文化，父母一般只給學費，住宿費和生活費需要自己賺。大學生已經是成年人，不打工會被看不起的。我經常

說，留日的一個好處是允許打工。我在北大上學期間，北大國際關係學院和早稻田大學國際教養學部開始合作雙學位項目。我的十幾個中國同學在大三期間前往東京上學，有些同學除了學習就使勁打工，賺了不少錢帶回中國。我當時覺得這樣做很好，除了可以攢點錢，還能體驗日本人的生活方式，瞭解日本社會。

查：對，所以我打過各種各樣的工，後來到了紐約哥倫比亞上學也在打工。雖然現在的很多留學生比較有錢，但其實打工不光是為了掙錢，還可以培育自立意識，也幫你瞭解美國的社會生活。我的很多南方同學都會在課餘時間打工。

加：隨着語言的進步，您的學業和生活有甚麼變化嗎？

查：第一年就是瘋狂讀書，睡覺很少。業餘時間打工，和新交的朋友混在一起，週末和男朋友約會，也相當於在練習英文。那時候年輕，睡覺少不成問題，有無窮的精力，無窮的興奮點。

我不是一個計劃型的人。來美國到底要讀幾年書，甚麼時候開始寫作，將來用甚麼來謀生……這些問題我完全沒有想過，只是跟着感覺走。二十世紀九十年代給香港雜誌寫專欄時，我寫了一篇題為「車到山前必有路，有路必有豐田車」的文章，這是屬於我自己的廣告語。生活總有意外，有意外才有驚喜。

加：跟着感覺走，這一點在我看來也是您的一種人生理念吧？今天還是跟着感覺走嗎？我沒別的意思，只是想知道您走過這些年之後對這句話的體會。

查：你那時年青可能不知道，這句話是八十年代後期的流行語，來自一首臺灣愛情歌曲，是蘇芮把它唱紅了：「跟着感覺走，緊抓住夢的手……」

如今這個時代好像更講究設計，頂層設計，底層也設計，設計完自己設計別人，夢也早變了內容。現在的人不論年輕年老，聽「跟着感覺走」這種詞兒大概都會覺得傻乎乎的，圖樣圖森破！可我就是這麼一個破人，一直跟着感覺走，也算是走出了自己的一條路，酸甜苦辣都是我自己的活法，我也只能這樣活。所以沒甚麼好說的，此生我肯定會繼續跟着感覺走。

需要澄清一下，我絕不是說理智、計劃不重要。恰恰相反，我經常強調理性、冷靜、平衡——也許恰恰因為這些並非我天生的強項。但在最重要的事情上、在最關鍵的時刻，我一向最重視的還是直覺和感性。坦白講，每當我沒有聽從直覺——我確實幹過這種事——結果一定是懊惱；而所有我「跟着感覺走」做出的選擇都是對的——對於我自己來說是對的，即使走到坑裏摔得鼻青臉腫再爬出來我也會認為很值得。

加：您這個本着經驗主義磨煉出來的總結很有說服力。反正最重要的還是能說服自己。惡補一年之後，您第二年還用再上英語課嗎？

查：第一年過了語言關，第二年感覺輕鬆多了。我從一開始就得到羅伊教授的特別關照，某種程度上我也成了他的一個得意門生。如果我趕趕進度，兩年也能畢業，但是羅伊教授說我需要多沉澱，他希望我好好寫論文，再留校一年。我認為這樣很好，沒甚麼好急的，我也喜歡南方，願意在這裏多泡一泡。

現在想來，幸虧沒有直接去紐約這種有很多華人的大城市，而是先去了南方，讓我知道了美國不只是紐約、洛杉磯，不只是那些沿海大城市，還有南方。南方文化跟北方

文化相當不同。我在南方這段時間感受到的人情味比在哥倫比亞大學唸書時更濃厚。紐約有一種繁華喧鬧中的冷淡，雖然哥大的校園沒有圍牆，很開放。或許這裏多少有些象徵意味吧。

南卡羅來納大學所在的哥倫比亞城是南方一個很保守的地方，有一半居民在那兒土生土長，幾代人都沒有離開過。大學城裏的老師來自世界各地，學生也是。一群充分國際化的人聚集在一個相對封閉的小地方，可能正是這個因素使得老師和學生、老師和老師之間的關係比較緊密。逢年過節，不管是小假期還是復活節之類的大節日，老師總會邀請學生去家裏吃飯。

教莎士比亞課程的老師是一位非常優雅的女士，有一點兒南方口音，金色頭髮，穿着高領衫，衣服帶有刺繡的蕾絲邊。每次她邀請我和其他客人去她家吃飯，我永遠是惟一的中國人。記得有一回聊起了尼克松，我對這位總統表現出來的好感讓所有人都十分驚訝。回頭看，那幾年在南方生活的場景裏，我有點像一個闖入異族腹地的陌生來客，在我和當地人互相打量的目光中，彼此的身上都散發着一股濃郁的異國情調。

每年聖誕節我必會到羅伊教授家裏吃飯，我對他的太太露西印象特別深刻。露西是一個漂亮的法國女人，身材很好，長着一張精緻的小臉，優雅地做着家庭主婦。羅伊教授的法語很好，他們是在法國認識的，有一個女兒。他們在這個南方城市待了大半輩子，一直到2013年他去世。羅伊教授每年會有一段時間待在蘇格蘭，他們家祖上有蘇格蘭血統。

我那三個關係特鐵的室友都是南方人，完全不像大城市的人精明又世故。我從他們身上看到了某種南方式的矛盾性

格：既有一種老式鄉下人特有的憨厚與淳樸，又有南方人的高傲、浪漫和怪誕。每個人都有不同的幽默感。

南方有很多農業社會留下的風俗習慣。我去過每年一度的州集市（state fair），就像一個大廟會。大家都去趕集，坐過山車，騎馬，騎牛，觀賞各種魔術表演，還有學豬叫的項目。大家一起比賽、評分、吃燒烤——在巨大的架子上烤巨大的香腸。小孩兒們舉着巨大的棉花糖到處亂躥。我的這些同學就是在這樣的地方長大的。萊瑞的媽媽在銀行工作，爸爸是個專業魔術師，常年去各種鄉鎮巡迴演出。琳達的家裏有農場，我還去她家騎過馬。

這幾個同學各有各的故事，每個人都像從美國南方小說裏走出來的角色。萊瑞和琳達談戀愛，住在樓上；和我同住樓下的男生叫派特，是個所謂的「問題青年」。後來我發現他酗酒，喝醉後發酒瘋，半夜大喊大叫，語無倫次地發表演講，有時把酒瓶摔碎了，弄得滿手是血。有一次他不停地大喊 "Jane" —— 萊瑞給我起的英文名字，我覺得特害怕。每次派特發酒瘋我都會想起一部經典話劇——《慾望號街車》，馬龍·白蘭度在裏面演一個肱二頭肌特別粗壯的工人，喝醉了酒就不斷大喊他的太太絲黛拉的名字。

派特其實是一個大好人，有一顆金子般的心，可是他的生活裏好像總有各種各樣的悲傷。他很情緒化，愛講冷笑話來嘲諷別人或掩飾自己的羞澀，狀態好的時候非常好，對我也特別好，一喝醉了就把所有的悲傷發洩出來。我經常能聽到他屋裏玻璃碎了的聲音，另外兩個朋友在樓上睡着了，也不知道樓下的情況。這種事情發生過好幾次。很多年後，萊瑞跟我說：「有一次我聽見他在那兒發酒瘋，我在想建英該怎麼辦。我要衝下去，琳達死死地拉住我說，你現在下去會更糟，一會兒他的酒勁就過去了。」

確實，我那時很害怕，因為我房間的門沒有插銷，他隨時可以跑進來。我有時候覺得他已經走到我門口了。有一次，我用一把梳子卡住門，晚上還在屋子裏放了一把黃油刀，以免他真的進來。可派特本質上是個善良君子，只會自傷而不會去傷害別人。每次到最後，他總會自己安靜下來，躺在地板上睡着了，周圍都是碎玻璃。第二天，等他醒來，我們就幫他整理房間。後來，他的問題越來越嚴重，不得不退學了。

他的離開給我們帶來了新的問題，我們都是窮學生，不可能讓這間屋子空着，得找一個新舍友。於是，我們貼了招租廣告，沒多久來了一個叫托尼的黑人，這是我平生打過交道的第一個美國黑人。

加：我想起了自己在勺園遇到過的一些事情，記憶最深的是受邀去一些朋友的房間，比如巴基斯坦博士的，結果他們是同性戀，要把我怎麼着。幾次遇到過這樣的場景，當時我也覺得很害怕。

我在來到北京後，在勺園裏跟來自非洲的同學們建立了很好的關係。我當時甚至混在宿舍裏的「非洲街」。他們大多數講法語，有的中文也不錯，還有非洲的方言混在一起，覺得很好玩兒。他們都是拿公費出來的，算是精英吧，是否拼命學習要看個人。當時給我留下深刻印象的是他們的團結心，不分男女。在整個宿舍和校園裏，非洲同學是內部最團結的。當然，可貴的是他們也對外開放，一點不排斥其他種族和國家的同學。由於在北大期間非洲同學給了我很多照顧和快樂，再加上我以前做長跑運動員，非洲是出人才的地方，我一向對黑人有好感，而且，很多黑人身上有一種骨氣，還很禮貌，很謙虛，很紳士。

我想知道托尼是一個怎樣的黑人？

查：托尼個子高高的，長得挺帥，人很友好，二十多歲，已經工作了，完全和大學沒有關係。派特走得很突然，下個月的房租馬上要交，所以我們說，好吧，就是他了。

托尼是推銷員，住進來之後我才知道他是推銷墓地的——可以死前預先為自己買墓地，也可以為家族成員買。他不是接受別人的電話預約，而是走街串巷敲門推銷。

我雖然知道點南方的種族歷史，但在托尼跟我們合租之前，我並未認真思考過種族問題，也沒想過為甚麼我認識的人中黑人這麼少。

白天，我們在讀書，托尼在工作。因為我和他都住一樓，一來二去就混熟了。做推銷工作的都挺會說話的，他也是自來熟。我問他怎麼推銷，他就開玩笑地跟我說，你也可以考慮買一塊墓地，還在我面前演練了一番上門推銷的套路。當時，我有一種奇怪的感覺——我才二十三歲，居然有人在向我推銷如何規劃死後的事，真是好玩又荒誕。

後來，托尼還在週末邀請我去他家做客，這是第一次有黑人邀請我去他們的社區。他住在離校區很遠的一個郊區，我們開車去了他家。下車一看，社區裏全都是黑人，沒一個白人，我第一次非常生動地感覺到甚麼叫種族隔離。這是1983年的美國，白人和黑人在生活中竟然分割得那麼清楚。我之前所到之處幾乎全是白人，雖然學校的清潔工中有黑人，同學中也有黑人，但因為我交的朋友都是白人，對黑人不是很瞭解。

黑人社區特別熱鬧，親戚朋友彼此都住得不遠，托尼就帶我串門。我在他們家吃了香噴噴的炸雞，又到另一家去大家一起唱歌，氣氛和白人社區完全不一樣。同樣明顯的是經濟地位的差別，黑人的收入普遍低於白人，房子也沒有

白人的那麼高大上。我的舍友——這樣一個能說會道的年輕小伙子居然沒能上大學。雖然我知道南北戰爭，也讀過不少美國南方作家的小說，但我所瞭解的都是二手信息，這是我第一次在生活中感受到南方的種族隔離仍然相當嚴重。

後來我才意識到南卡羅來納是再經典不過的南方的象徵。這是美國第一個要求脫離聯邦的州，最後，有六七個州和它一起宣佈獨立了。南北戰爭的第一槍就是在南卡羅來納打響的——南方軍隊向鄰軍開了槍。南卡羅來納不是普通的南方，而是深南(Deep South)。最經典的南方就是南卡羅來納、阿拉巴馬和佐治亞等州。

南卡羅來納作為美國最保守的州之一，非常具有代表性。曾經，美國的深南全是大莊園，有大量的黑奴。我所在的哥倫比亞市是內地，後來成了南卡的首府。此前，南卡最大的城市是查爾斯頓。我後來和一幫歐洲學生成了朋友，大家覺得哥倫比亞太悶了，於是就相約週末一起去查爾斯頓、薩瓦納玩。這些城市還留有戰前殖民時代的特色，是很漂亮的南方城市，也是港市。

查爾斯頓真是一座迷人的城市：古老的建築，巨大的藤蘿和高高的橡樹。可它曾經是美國最大的黑奴販賣市場，有一半甚至一半以上從非洲運來的黑奴會在查爾斯頓上港。

薩瓦納是又一座古老迷人的南方城市，鵝卵石鋪成的小路，嫵媚神秘的小街深巷，城市裏盡是南方貴族的味道。二十世紀九十年代有一本長盛不衰的暢銷小說叫*Midnight in the Garden of Good and Evil*(《午夜善惡花園》)，寫的就是薩瓦納獨特的風情和生活方式。作者描寫了幾個大家族裏各種奇怪變態的故事。主角是一個上了年紀的古董商人，還有一個男妓和變性人。書中的很多人物，比如那些淑女、貴族，都是很有魅力的老式上流社會的後裔。

加：薩瓦納，我短暫訪問過，是2014年在遊走美國南方城市
　　的時候從亞特蘭大飛過去的。風景和街道確實古老而迷
　　人，具有殖民地色彩，跟我當時居住的波士頓那種高高在
　　上的風格完全不同。

查：當時，我只是一個剛到美國兩年的留學生，對美國深層
　　次的歷史缺乏瞭解。我們的娛樂大都是學生式的週末狂
　　歡，比如和來自歐洲的留學生朋友一起派對。我前不久還
　　在日本見到其中一位愛爾蘭同學，他早已定居東京，說一
　　口流利的日語，教書、寫詩、搞藝術，他翻譯的日本文學
　　經典還獲了獎。他當年曾是我那些歐洲同學中非常活躍的
　　一員，還是學生刊物的主編。週末的時候我們一起去野
　　餐，到河裏游泳、划橡皮艇，開車去參加薩瓦納城裏為愛
　　爾蘭聖者舉辦的節日慶典。我記得那天大家都穿着綠顏色
　　的衣服，半條河裏都倒進了綠啤酒，河水也被染綠了，人
　　們穿着各種古老的歐式服裝上街遊行、奏樂、飲酒。那真
　　是全城狂歡。

　　南卡羅來納還有一座著名的海濱城市叫Myrtle Beach，每年
　　春假期間會被全美各地湧來的大學生佔滿，有各種派對，
　　大家整夜酗酒。我們也去那裏玩過。

　　我周圍的同學以歐洲白人居多，關係最密切的幾個南方朋
　　友從沒表現出種族歧視，因此當年我對南方的種族歷史瞭
　　解得非常膚淺，惟一印象深刻的就是托尼。哦，對了，交
　　往的朋友中還有一個來自印度的研究生，他比我們稍長幾
　　歲，一口標準的牛津腔，永遠衣冠齊整、彬彬有禮，卻又
　　似乎鬱鬱寡歡，與周圍的人和整個環境有一種明顯的貌合
　　神離。那是另一個與種族和殖民地有關的故事，我後來把
　　他寫進了我的中篇小說《叢林下的冰河》，此處不多講。

總之，只有托尼和這位印度同學，讓我意識到了南方歷史的另一面。

這些南方州有兩個綽號：棉花帶，聖經帶。這裏的基督教傳統特別深，每到週末，一大早就有人敲門傳教。開始我很好奇，客氣地請他們進來，他們一坐下來就開始傳福音。我也出於好奇和他們去過教堂。教堂裏舉辦查經班，大家一一站起來檢討自己這一週犯了甚麼錯，與兄弟姐妹們分享，然後請主寬恕和祝福。這讓我想起「文革」時學習毛主席語錄研討會，每個人都要發言做批評與自我批評，鬥私批修，從靈魂深處爆發革命。我之所以聽完宣教後不為所動，原因之一是它很難不使我聯想到昔日場景。我是在另一種宗教意識濃郁的環境裏長大的，二者甚至連儀式都相似。當然我明白二者之間有深刻的區別，但信仰是一件很嚴肅的事情，我不想拿它當保險買。有一位叫Christopher Hitchens的英國作家，一生不遺餘力批判所有宗教，他專愛與牧師、神父當面激辯，講過很多犀利、刻毒的俏皮話，但我記得最清楚的是這句話：如果真有一個像你們讚美的那樣聖明的上帝，他一定不會罰我下地獄，他會欣賞我的拒絕盲從。此言深得我心。我一直對人說我太理性了，信不了任何宗教。實際上，我對於任何帶有強制性的組織行為，都會本能地警惕和反感。

加：您赴美留學是一九八〇年代初，那時美國剛剛跟中國大陸建交。大陸跟臺灣雖然不像美國南北戰爭的狀態，但也是處於對峙的關係中，您好像很自然地就跟臺灣學生愉快相處了。這一點，讓我覺得有些意外。難道臺灣學生見到您這位從大陸來的學生沒有表現出一種抵觸嗎？我在北大期間，朝鮮的同學是不允許跟我這個日本人說話的。

查：誰不允許朝鮮同學跟你說話？是北大校方的規定嗎？

加：校方沒有規定，是朝鮮學生內部有一套嚴格的規定或言行標準。當時我們住在勺園的留學生都得聽宿舍阿姨的分配，她給我們安排誰跟誰住，我們不能選擇和誰或哪個國家的人一塊住，只有朝鮮學生是例外。朝鮮學生只和自己國家的學生一起住，並且在宿舍門上貼國旗。雖然後來我和他們成了朋友，但由於朝鮮和日本、美國沒有建交，國家間沒有正常關係，所以朝鮮學生原則上是不可以和日本人、美國人說話的。他們也互相監督，不敢跟他國的人隨便說話。就像今天部分中國在海外的留學生似的，害怕被監視和告密，怕在政治上出問題。

我當時很想瞭解朝鮮這個國家，就想方設法跟他們拉關係，比如在走廊、衛生間裏主動打招呼，但都沒甚麼用，根本沒人理我。後來終於找到了一個突破口。我發現他們每天早上五點半起床集體跑步，於是我也去跑步，故意挑釁他們能否跟上我。我當過中長跑運動員，肯定比他們跑得快。他們經常問我「你怎麼跑得這麼快」。一來二去，我們成了「跑友」。後來也慢慢談論一些其他事情，比如中朝關係以及他們對金正恩的印象。一個人說金正恩作為我們的同齡人，去歐洲留過學，喜歡西方文化，喜歡看好萊塢電影和NBA球賽，心態和視野都很國際化，但他終究是金家的人，會堅定地忠誠於朝鮮的國家利益。

我還遵從他們有關瞭解中朝關係真相的建議，去中朝邊境實地探尋、調查，後來也寫了一些邊境上的故事，在FT中文網發表了《探尋中朝邊境》。在日本，我出版了一本書，叫《北朝鮮精英對一個日本人的忠告》（2011年，講談社）。這裏說的「北朝鮮精英」就是我那些北大的跑友，我在序言裏寫了我跟他們之間的故事。後來，我和這些朝鮮同學之間失去了聯繫，不知道他們後來怎麼樣了。

　　話説回來，美國1979年1月1日和中國建交，您1981年9月
　　去的美國。身在美國，您有一些臺灣同學，從當年國際形
　　勢的角度看似乎有點尷尬，換個角度看也很有意思，如果
　　是我，我會想方設法通過他們瞭解臺灣怎麼看大陸，尤其
　　是怎麼看「被美國拋棄」這件事。當然，每個人都是獨立
　　的個體，個人之間也可以成為朋友，就像我和朝鮮同學那
　　樣。我好奇的是你們的關係有沒有受到國際形勢的影響？

查：我的回答可能會讓你失望。我當時對政治問題沒有太大
　　興趣。我是一個文學青年，關心的是文學藝術，我的政治
　　觀念都是一些很大的概念，比如愛國、報國、追求自由、
　　體驗不同的文化和生活方式等。從某種意義上說，我也是從
　　大國出去的，但莫名其妙的是我的眼裏只有其他的大國。

加：是麼，這很有意思！您當時真的覺得中國是一個大國
　　嗎？

查：我當然覺得中國是一個大國。我所説的大國，並非今天
　　所説的大國崛起的那種含義，而是指有眾多的人口、廣
　　袤的土地和悠久的歷史。多年後，我在哥倫比亞大學讀書
　　的時候，認識了一個臺灣人。他在哥大唸博士，學國際政
　　治。有一次，我和他還有一個美國人一起喝酒聊天，不記
　　得話題怎麼轉到大國小國上面去了，我順口就説：「無論
　　如何，我很慶幸生在一個很大的地方，又來到一個很大的
　　國家。如果我生在一個很小的地方，比如說一個小島上，
　　那心態會完全不一樣。」你説我是有多麼不敏感、多麼政
　　治不正確！我忘了我對面正坐着一個從小島上來的 —— 而
　　且是與大國敵對的小島上的同胞。這不僅是反應遲鈍，這
　　説明我潛意識裏的大國心態的確是太糟糕了！不用説他，
　　那個美國人聽了可能也感覺彆扭，會覺得你這個人簡直太
　　魯莽太不會聊天了。其實我是無意的。當時，那位臺灣同

學的臉色馬上就變了。我本來完全沒有意識到我說的話有問題，看到他的臉色我才醒悟過來。後來每次回想起這件事，我都覺得特別羞愧。

總之，我那時對政治沒有太多的興趣，只是第一學期恰好和一個臺灣女生住在一起。除了前面提到過的關於國共兩黨誰是抗日戰爭主力軍那個談話，讓我印象深刻，其他時候我和她的共同話題並不多，她也不是那種對政治很感興趣的人，我們也就聊聊日常生活。我們都說中文，那是我第一次聽到臺灣國語。九十年代我第一次去臺北參加學術會議，我發言之後是臺灣人發言，我能明顯感覺到背後存在的不適或敵意。他們聽口音就知道我是北京人，就差沒說「一聽你的口音就立刻讓我想到了共匪」。

加：明白，這跟我在中國大陸動不動就被描述成「鬼子」、「軍國主義者」有些相似。當時蘇聯還沒有解體，東西之間意識形態上的對立還存在，中國顯然是社會主義陣營，臺灣則是資本主義陣營。您去美國之後，這些方面有沒有對您的價值觀產生影響？

查：其實這些都是特別宏觀的國際政治問題，我到哥大後，這方面的意識才更強烈一些。在南方那幾年，完全是一種自由散漫的狀態，每天除了學習就是吃喝玩樂，根本沒有興趣討論中美關係，而且那時候我也沒有關心國際問題的能力。

當年我是籠統反叛中國過去的一切和擁抱正在美國經歷的一切。南卡和北大的上課方式很不同。北大是灌輸式的上大課，南卡是討論式的，尤其是研究生課，與其說是「教育」，不如說是「共學」，書單開出來你自己讀，課上老師不提供標準答案和正確結論，而是鼓勵學生參與，最好是辯論，觀點越尖銳越好，打起來才好呢，最後輸贏無定

　　沒關係，重在過程，重在過癮。這種平等開放的課堂互動
　　方式，對我影響很深。課堂討論是很有壓力的，每個人都
　　要發表意見，並不是記記筆記就可以的。

加：對，北大灌輸式的大課風格到我去的時候依然如此，包
　　括全校通選課和專業必修課。學生們基本沒機會也沒興趣
　　發表意見，就是老師講老師的，學生忙學生的。

查：是的，差異很大。美國的學校，尤其是人文學科，其實
　　相當於一種民主培訓營地。課外生活也是如此，一切都
　　由自己決定。打工也好，吸毒也罷，不會有人干涉。你要
　　是沒房子住也不會有人幫你安排，一切都得自己搞定。這
　　也是一種自由。不久，我發現吸毒竟然是一種校園文化。
　　「吸毒」在中文裏是貶義詞，用「嗑藥」也許更中性一
　　些，英文裏則有各式各樣的表達法。大家到一個同學家開
　　派對，在地板上圍坐一圈，一邊喝酒一邊聽音樂，有人會
　　掏出大麻或別的甚麼藥來，像捲紙煙一樣，一人抽一口，
　　然後傳給下一個人。

第一次吸大麻的時候，我特別失望。身邊朋友不斷問我有
感覺了嗎，可別人都嗨了我就是不嗨，只感覺像喝了一
些酒。第二次的時候就有點兒感覺了。等真的嗨了之後，
忽然眼前的三維世界全變了，我看到各種各樣的顏色隨着
音樂在跳動，那是一種非常奇妙的感覺。周圍都是朋友，
大家一起嗨，有情緒上的共鳴，感覺很放鬆。吸大麻其實
是一個挺美好的經驗，並沒有嘔吐等不良反應，也沒覺得
會上癮。有時候，我們還會烤大麻蛋糕。我的古巴男朋友
是一個音樂家，吉他彈得非常好，我們一起開車去大煙山
旅行，在野外宿營，一起嗨，在空無一人的山林泉水間散
步，感覺所有景象都有了另一個維度。

加：我沒吸過大麻，但聽起來挺浪漫的。青春嘛，自由自在
　　就好，只要不違法、不給別人添麻煩就行。您的講述讓
　　我想起了去古巴旅行時的場景。當時一個古巴人告訴我，
　　只要有音樂、舞蹈、啤酒，古巴人就會很開心。我當時覺
　　得，雖然古巴是一個物質上很匱乏的社會主義國家(古巴當
　　地知識分子和政府官員都告訴我中國已經不是社會主義國
　　家了，甚至警惕古巴不能學中國那樣的修正主義)，但他
　　們在心理上沒有太多壓抑感，活得很放鬆，幸福指數也不
　　低。我經常坐在哈瓦那的海邊思索社會主義與個人自由的
　　關係。或許，在真正的社會主義體制下，個人也可以享有
　　自由，而不像奧威爾《一九八四》裏到處被監控。

　　您在留學期間吸大麻，並不算違規吧？聽上去有點像現在
　　的搖頭丸。

查：哈哈，警惕性真高！確實，你可千萬別學壞，絕對不
　　能吸，萬一你將來回日本競選參政呢。美國總統競選人
　　都會被問到這個問題。克林頓的回答最妙，他說我沒有
　　"inhale"——多麼經典的「克式回答」啊！意思是說我
　　把大麻卷兒放到嘴邊了，但我沒有真吸進去。這樣一來，
　　別說萬一當年的同學跳出來作證，就是找出當時的現場視
　　頻，也證明不了我真吸進去了！奧巴馬呢，不等人問就招
　　了，直接承認自己年輕時吸過大麻。在第一本自傳體回憶
　　錄裏說到大麻和可卡因的時候，奧巴馬承認自己「吹過一
　　點煙兒」(maybe a little blow)，白紙黑字誰都明白是甚麼
　　意思。大家反而欣賞這種坦誠和光明磊落。有一回演講，
　　奧巴馬提到自己上大學期間和幾個朋友一起開車去迪士尼
　　樂園旅遊，在路邊下車「吸了幾口煙兒」，結果被警察叔
　　叔發現把他們趕出來了。就算這樣，聽眾也是哈哈一笑了

之，儘管大家都明白他們吸的不會是香煙。不過，我想這種事日本選民是不會原諒的。

搖頭丸、冰毒甚麼的，在九十年代之後才流行，我覺得和大麻的感受不太一樣，當時在南卡主要是吸大麻，也有一些可卡因、海洛英，但不多。容易上癮和有危險的其實是不久後開始流行的霹靂可卡因（crack），價格便宜、嗨點來得快，一下子就在很多城市的底層社區和黑人群體裏蔓延開了，變成了社會問題。那時候我已經去哥大上學了，可是我的美國同學裏沒人碰crack。

這讓我想起了貓王，他是從密西西比州底層白人家庭走出來的南方音樂人，作品混雜了黑人音樂和鄉村民謠等元素。在我和三位南方同學一起合住大房子的時候，正好是他去世五週年，電視上一直播放紀念他的專輯。週末，我們一邊喝酒一邊看。電視節目回顧了貓王的傳奇一生。他的人生很悲劇，一個音樂天才成為巨星之後，在商業壓力下暴飲暴食、嗑藥成癮，從一個又帥又酷的性感舞蹈家變成了一個大胖子，在四十二歲的盛年就去世了。

貓王是他們的文化偶像，那時我才感覺到他們的音樂是甚麼樣的。在北大，我們聽西方古典音樂，聽所有能讓我們興奮的、新鮮的外來歌曲，但我的體驗和他們對貓王的感情投入是不一樣的。我更多的是帶着新奇感去聽貓王，而他們是聽着貓王長大的。

每個人都是根植於某一段時期的某一種文化。我和這些南方同學廝混得那麼熟，平常互相調侃、互相幫助，但對他們內心最深的情感，對貓王的音樂和人生到底在他們心底喚起了怎樣的共鳴，我也只能隔着一層去猜測。如同我在北京的少年時代，他們也只能聽我講講故事，很難和我有

那種不言而喻的共振。我感覺他們有南方人特有的一些心理特質和情感基因，他們沒完沒了地看關於貓王的節目。前一天看了一整天，第二天又不厭其煩的繼續看。我至今清晰地記得電視間裏的情景：派特一動不動地橫臥在電視機前的地毯上，萊瑞和琳達陷在我旁邊的沙發裏，室內忽明忽暗，一股啤酒和大麻的味道，屏幕上貓王的形象閃來閃去，歌聲時高時低。音樂是一個時代的回憶，聽一首老歌彷彿可以聞到當年的味道。貓王是他們生命中的一個共同記憶。

加：您在美國交往的第一個男朋友是做甚麼的？

查：和古巴男友侯賽在一起是第二年的事情了，是在和佐治亞男友分手之後。侯賽也是南卡羅來納大學的學生，他是音樂系的。我們是在一次派對上認識的，不久就好上了。我開始不知道他是古巴人，因為他身材高大，似乎很成熟，我也沒想到他比我還小一歲。

侯賽的專業是作曲和古典吉他，對音樂史熟極了，簡直是如數家珍。他一頭褐色鬈髮，熱情奔放，彈一手好吉他，身體語言比一般美國人更加熱烈，典型的南美人氣質。我們在一起之後我還認識了其他音樂系的學生，我就和他們幾個搞音樂的朋友一起去了南方著名的大煙山脈（The Great Smoky Mountains）旅行。我們在山裏搭帳篷野營，白天爬山，晚上燒火做飯，彈吉他，吸大麻，侃大山。

你提到的政治維度方面的事，後來的確出現過。我和侯賽好了一段時間後，才知道他的背景。他在佛羅里達州長大，父母、哥哥、姐姐都住在邁阿密。他父親當年在古巴是外企高管，卡斯特羅革命後，將很多外國企業國有化，他父親覺得沒辦法繼續生活下去，就變賣了所有家產，一

路賄賂，在最後一道關卡將僅剩的一塊金錶賄賂出去，逃了出來。到美國後，他陸續將家裏人接了出來。侯賽兩歲時就到了邁阿密。

邁阿密有很多這樣的人，在當地形成了很大的古巴社區。有一次，侯賽邀請我去他家過聖誕節，那時恰好我父親結束在哈佛做訪問學者的行程，來南卡看我。於是，我開車帶着父親去了邁阿密。

當年，我父親是共產黨的地下黨員，他背叛自己的地主和商人家庭參加了革命。可以說，我父親和侯賽的父親活在兩個完全敵對的陣營。其中一個是成功逃離古巴共產革命的買辦，成為移民家庭，而他兒子的女朋友則來自一個投奔中國共產革命的家庭。大家聚在一起，真是有趣的一幕。

他們倆沒有特別說甚麼，大家一起吃飯，也聊政治，但都小心翼翼、心照不宣。我父親始終沒有說過「我這條路走錯了，我的信仰錯了」這種話。他的觀念從未改變，他還是認為共產主義、馬克思主義理論是很了不起的，只不過共產黨裏出了壞人，革命變了質，走了彎路。我們非常默契地迴避了這個話題。

我和父親在侯賽家住了幾天，兩家人一起過了聖誕節。他們一家能歌善舞，吹拉彈唱，樣樣都會，顯出我們從大陸革命家庭出來的漢人之笨拙。侯賽的哥哥是一個在全美都特別有名的古巴拉美樂團Miami Sound Machine的成員。八十年代初，這個樂團擁有的還主要是南美的移民粉絲群體，後來完成了從移民樂團到全國性樂團的跨越，成為第一個在全國巡演的拉美樂團，單曲登上了全美流行音樂排行榜。他哥哥在樂隊裏吹口琴，很像一門特技。我去看了樂隊在聖誕節前後的演出，這是我第一次在現場感受拉美

音樂的全場狂歡，所有人都跟着主唱一起唱、一起跳，超大分貝的音響讓你感覺房頂都快震塌了。

當時，還發生了一次持槍事件。美國的移民傳統造成了文化的多樣性，這是美國社會長期富有活力和魅力的一個重要原因，但在某些時期和某些地區，如果經濟不好或法規有問題，就會導致不同族群間的關係緊張甚至衝突。有一次，侯賽的哥哥帶我參加音樂會，在去的高速路上就遇到了一起暴力衝突，發生在古巴人和黑人族群之間，警察大量出動，封鎖了道路。侯賽的哥哥説：「不用擔心，我甚麼都可以應付，你跟着我。」然後，他下車打開後備箱掏出一把槍，表示有槍就沒有問題，也有點顯示男子漢氣概的意思。當然，我們沒有遇到任何事情。美國社會認同這種傳統——任何一個公民都可以持槍自衛。

邁阿密拉美風情濃郁，雖然它和南卡都是南方城市，但文化氛圍不同。在邁阿密的很多公共場合，大家都是雙語溝通，既講英語，也講西班牙語。老一代講的是有口音的英語，新一代則完全是雙語溝通，他們的西班牙語和英語一樣好。

侯賽家所在的古巴社區既保留了很多自身的文化特色，比如音樂、教堂、西班牙語，又能融入主流社會，和其他族群的關係也比較和諧。雖然時不時會出現小問題，但不會有大衝突。在那裏，你能感受到美國真是一個移民社會，它有那麼多的外來人口，並且不斷有新人來到。

加：2014年我在古巴住的是一天三十美金的民宿。當地只有旅遊業向市場開放，大學教授、律師、醫生等行業的人將旅遊業當作副業，開餐廳、開旅館、當司機等，因為這樣能比他們的主業賺更多的錢。在那裏，東西是分配的，環

衛工人和老師的工資一樣多，據幾個當地人的説法，當時
應該是一個月二十五美金左右。所以那些實際上的高端人
士也會從事與旅遊相關的副業——大學教授開車，著名醫
生開旅館。

有一次，我到哈瓦那附近的一座大城市，去兩位大學教授
家裏做客。他們在邁阿密有很多親戚。因為很多東西在古
巴的超市裏是沒有的，於是他們就從邁阿密的親戚那裏弄
了很多用品，比如空調、DVD機之類。由於某些原因，他
們留在了古巴，而他們的同胞偷渡到了邁阿密，成了「美
國人」。但是，這些「美國人」的心裏仍認為自己是古巴
人。如果不是在國內受到壓迫，他們應該是不會出去的。
他們説邁阿密就是一個小古巴，那裏有叫小哈瓦那(Little
Havana)的區域。聽説邁阿密有一百萬古巴人，但查不到準
確的數據，因為很多人都是逃過來的。

查：對，有一些非法移民，算是難民，不是移民。

加：在美國看來，這批古巴人受到了壓迫，所以從人道主義
　　的角度，直接給了他們美國國籍。我不知道隨着美國社會
　　結構的變化，尤其是白人比率的下降和西班牙裔、亞裔人
　　口的增加，美國的開放程度以及人道主義政策是否也會發
　　生變化。

查：佛州的盧比奧參議員是卡斯特羅革命後逃出來的古巴人
　　的後裔，他在移民和意識形態問題上，態度都很堅定。
　　他主張保護流亡者和受害者，堅決支持保護人權、反對專
　　制。這樣的政治態度也和邁阿密的移民歷史有關。

加：嗯，這是美國的魅力，每一個公民有不同的背景和經
　　歷，以及説不清也説不完的故事。有了移民，才有活力。
　　作為一個從非移民社會來的人，我始終對美國社會的來龍

去脈有興趣，有時候也羨慕。日本社會有意或無意地排斥社會和人種的多樣性，比如在一家公司裏全是日本人，這樣才能提高效率，做好工作。我看美國，包括古巴和巴西等是正好相反。人種的雜糅和社會的多樣性可以成為經濟發展的催化劑，而非相反。據我觀察，日本也正在一步步往尊重多樣性和吸收移民的方向發展。畢竟，日本的人口老齡化程度在全世界是最高的，六十五歲以上的國民比率在總人口中佔百分之二十八。

您在美國南方的經歷對您後來認識美國以及和美國人打交道有甚麼影響？

查：你前面問我到美國之後從國際政治的角度回望中國，有甚麼思考。雖然我在這方面和南方朋友交流不多，但我在南卡遇到了一批歐洲學生，其中就有我在古巴男朋友之後交往的法國男朋友。這群學生中有德國人、法國人、愛爾蘭人、英國人。他們覺得美國南方太不好玩了，於是紛紛搬到同一條街上，大家住得近了就可以經常串門、開派對。這條街的名字叫哈德遜，於是這幫人就把自己的小群體戲稱為「哈德遜共和國」。

他們和一些美國同學聊天的時候，我第一次聽到有人長篇大論地談論政治問題。我是惟一一個亞洲人，又來自紅色中國，他們想當然地認為我是左派。實際上，他們才是左翼，他們認為美國的文化比較鄉土主義，很狹隘，不夠開放和國際化。他們在聊天時經常對美國品頭論足，對此我是很不「感冒」的。因為我有很多南方朋友，我很喜歡他們。這幫歐洲人既然這麼看不上美國，幹嘛非要來南卡唸書呢！

他們會很浪漫地談論中國，認為毛很有想法，對上山下鄉

運動表示理解，認為教育方式應該多種多樣。我聽了之後
氣不打一處來，便和他們有了在政治問題上的辯論。他們
根本不知道上山下鄉是怎麼回事，更不知道一個極權國家
的文化不像他們想像的那麼浪漫。他們大都出自歐洲中產
家庭，從小生活優裕，有些還是巴黎貴族家庭的後代，他
們在南卡基本都不打工。

加：我知道丹麥首都哥本哈根有一個國家無法干預的「共和
　　國」。那裏是「獨立」的，不受法律的限制，在那個空間
　　裏謀生的人均是無政府主義者。他們認為，自己的生活不
　　需要政府，也不需要來自政府制定的法律，主張完全由自
　　己「治國」，是「完全自治」的。在那個空間裏，吸毒販
　　毒也是「合法」的。我走進去，氛圍很特殊，到處都是毒
　　品的味道和吸毒的「市民」，很多人在街上廝混、喝酒，
　　還有在小樹林的某個角落裸體性交的，我悄悄路過，被
　　發現了，他們也不在意，繼續忙。我試圖拍他們的「國
　　旗」，被一個市民發現，對方說不要拍，把照片刪掉。不
　　過，我沒有感覺到太多的恐懼和不安全。那個共和國裏有
　　獨特的治安與和平，不少年輕人嚮往它，並成為那裏的居
　　民。雖然那個共和國有「邊境」，但進出是自由的。

查：美國有一些嬉皮士公社，是人們自願組織的，上世紀六十
　　年代的遺韻。在公社裏，大家自由戀愛，自己生產，是一種
　　很波希米亞風格的生活方式，但在法律上沒有獨立。

加：對，就是嬉皮士公社的一種，哥本哈根的據說是歐洲最
　　大的。我發現您身上現在還有一些南方的烙印。

查：九十年代後期，有一次我在北京碰到美國領事館的一個
　　參贊。聊天時我說：「你身上有南方人的氣質，讓我覺得
　　很熟悉。」他馬上眼睛一亮，說：「這都被你看出來了，

我就是南方人！」我們聊得很融洽。他說南方人可能和中國有更多相似之處。南方是美國工業化起步較晚的區域，經濟上不及北方發達，雖然一些南方大城市如今也發展得很好，但總體上保留了很多傳統社會的風俗習慣。

中國的城市化起步更晚，八十年代的北京就是一個不土不洋的大村莊。我喜歡美國南方淳樸老派的交往方式，感覺很親切。我的很多同學都很熱情，萊瑞至今仍然會給我寫很長的信，而且文筆永遠優美。他後來和琳達離婚了，在南卡和佐治亞州當了二十多年的高中老師，教文學和歷史，然後去了中東，這幾年他在科威特的美國學校教書，女友是智利人。你看，他跑到中東找的還是南美姑娘，說明全世界的南方人「臭味相投」啊！

南方男人有騎士精神，認為「我們要保護我們的土地和女人」。可這些驕傲的大男人卻是戰敗者，南北戰爭把他們原有的生活方式完全摧毀了。或許我誇大了這個因素，畢竟那是一百五十年前的事情了。但是從不少南方人的氣質和性格中，我確實能感受到某種揮之不去的東西，某種敏感而悲傷的暗流。

奴隸制毋庸置疑是一種非常罪惡的和野蠻的制度，但是很多南方作家所描繪的種植園時代的生活方式並沒有那麼簡單。在福克納、奧康納或更早的南方作家筆下，史詩般的歷史畫卷裏總會有很多灰色地帶和曖昧情感，那種晦暗和斑斕既令人迷惘，也讓人心情矛盾。舉個最著名的例子，小說《飄》（電影《亂世佳人》）雖然描寫了嚴重的種族問題，充滿了血腥和暴力，可其中那些蓄奴的白人難道不是讓你愛恨交織嗎？那個胖胖的黑奴，她既是奴隸，又是非常忠誠的老僕人，主僕關係超越了簡單的黑白對立。

我讀霍桑等人的小說，會想到南方確曾有私刑吊打黑人的行為。南北戰爭之後也發生過3K黨打死黑人的事件。大約二十多年前，德州一個小鎮上還爆出過一起駭人聽聞的慘案，幾個白人至上主義者將一個黑人拴在卡車後面在鄉村碎石路上狂奔，活活把人拖死，胳膊都斷了。這樣的土壤孕育了太多的惡行和太深的種族偏見。我發現南方人有着很矛盾的感受，既有對自己的土地和生活方式的古典式驕傲，又清楚地知道自己有過罪惡的歷史。正視和反省那段罪惡歷史之後他們應該從這種矛盾情緒中走出去，可一些南方人顯然至今走不出來。

前幾年，查爾斯頓發生了一起轟動性的槍擊事件——一個白人至上主義者跑到黑人教堂開槍射擊。起初，他坐在那兒和別人一起禱告，後來忽然開槍打死了九個人——全部都是黑人。於是，州政府將南北戰爭的南軍旗幟撤走了，這是第一個這麼做的城市。後來又發生了一系列的衝突，最後，羅比特‧李將軍的雕塑也被撤走了。這都和南方沒有徹底清算過去的歷史有關。這段南北彌合‧種族彌合的歷史，沒有我們想像的那麼簡單。

我在南方的生活經歷，給我留下了色調複雜的記憶圖景。如果你不瞭解南方，你對美國的認識一定是片面的——片面地以為美國就是由紐約、洛杉磯這些國際大都市構成的，可能會以為美國人的性格就是特別理智，總能就事論事，人際關係的距離感很明確。如果你在南方住過，就會知道美國文化光譜的多元和複雜——它是這樣一個大國，雖然年輕，但歷史中有很多陰影，並不是一個種族大團結的國家。

加：嗯，美國的種族問題至今遠遠沒有結束，今後也一定會有新的種族問題。您有沒有後悔選擇去南卡羅來納留學？

查：不僅沒有後悔，而且我認為是一種幸運，一種 "blessing in disguise"（變相的祝福）。

加：明白，這是一種像禮物一樣的驚喜。您當時出國，是想蒐集素材當作家，這樣的目的達到了嗎？

查：達到了。我後來寫了一部中篇小說《叢林下的冰河》，其中美國部分的背景就設在美國南部小城，一些主要人物的原型就是我在南方遇到的人。我的小說集《到美國去！到美國去！》收錄了這篇，另外寫了一組短篇小說也都取材於南方生活。

加：我好奇的是，您這麼喜歡南方，為何後來去了紐約？

查：1984年我拿到了碩士學位，那幫「哈德遜共和國」的朋友大多也都在那時候離開南卡回歐洲了。那年夏天我和法國男朋友一起去了趟巴黎，又一起在法國南部轉了一圈。然後我們就告別分手了。

那之前，我申請了四五所學校，都獲得了獎學金。英文過了關，申請學校已經比較容易。實際上，當時中國大陸的文科留學生還是很少，史丹福、芝加哥大學都給了我獎學金。我之所以選擇哥倫比亞，最主要的原因就是它在紐約。我覺得到美國一定要去紐約住一段時間，然後再回中國。而且中國人從晚清以來就一直和哥倫比亞大學有比較深的緣份。夏志清老師在哥大，薩義德是比較文學專業的系主任，我很願意去那兒跟他們唸書。

加：原來如此。我在波士頓住過兩年，在華盛頓住過一年，也短暫地訪問過紐約、舊金山、洛杉磯、芝加哥等大城市。不過，如您所說，紐約似乎才是美國的一個縮影。現在到美國留學的很多中國學生似乎沒有像您這種單純而清晰的動機了。您在哥大讀的是碩士嗎？

查：因為我已經拿到了南卡英文系的碩士學位，哥大就給了我比較文學博士生的獎學金，但實際上是碩博連讀。於是，我就在哥大讀了三年，先花兩年修完所有課程，又拿了一個比較文學碩士，第三年準備博士資格考，等通過了口試，拿到了做博士論文的獎學金，我才回到中國。在紐約的三年，我感受到了美國的另一種面相。

哥倫比亞大學，中國人都知道它是胡適的母校。我在哥大，對校園文化的感受和在南方是完全不一樣的。哥大的氛圍很鬆散，大家都是上課來下課走，老師也不怎麼管學生。夏志清保有中國老師的習慣，請我們中國學生吃過飯。我在英文系修課，英文系的老師和學生的關係就比較淡，學生需要指導的時候老師才會講解一番，其他時候對學生都是「放養」。

我算是用功的學生，但我的心思並不在做學術研究。從小讀書凌亂無序、不求甚解的「餓習」，經過北大時代的「惡補」，早已成為「惡習」，我好像對系統學術教育有一種潛意識的抵觸，仍然不愛讀理論而偏愛雜書野史，讀博也是跟着感覺走，邊讀邊看。這種對學院規範的拒不就範和我當時的心態有關。我想要各種各樣的經歷，回國後想要當作家，而紐約是一座時尚大都市，足夠我體驗生活，一到週末我就和朋友們去下城玩。曼哈頓有各種酒吧、爵士樂吧、迪斯可舞廳，窮學生低消費，買一杯啤酒就可以混一晚上。我現在在美國的家，就離我當年經常去的一家酒吧很近，走路就可以到一家特別有名的爵士樂吧——Blue Note，很多大牌爵士樂手都在那兒演出。那間店很小，有很多人在那一邊吃東西，一邊聽音樂。

我的志向始終不在學術，對此，我有些慚愧，因為我一直拿着獎學金。當然，美國高校沒有強制性的要求，學生

並沒有繼續深造的義務。所以，我也不算違規。我當時抱着「走着瞧」的心態，如果我愛上了學術也許會繼續念下去，但我始終沒有愛上。

這是對夏老師很抱愧的事情。夏老師是我博士論文的指導老師之一，他特別希望我能繼續做研究。他幾次說：「你就把這個博士論文寫了吧。」他的意思是，我知道你不是特別想做，對此也不是特別用功，但拜託你還是把它修成正果吧，這樣你將成為我培養的第一個中國大陸來的廈門女博士。他恨不得哄着我寫，還說只要寫了肯定能通過，沒想到最後我還是跑掉了。

博士生資格考試我考得挺好的，所以拿到了論文獎學金。在走之前，系主任薩義德最後一次見我，是一對一的談話，在他的辦公室裏。他先祝賀我拿到獎學金，然後問我關於「文革」題材的中國小説和越戰題材的美國文學比較研究的課題情況。這是我當時報的博士論文選題，因為這個題目有一半要回中國做研究，所以我還帶了一堆越戰小説準備回國再讀一遍。但是，我感覺薩義德看出來我有可能不再回美國了，因為走之前他忽然直盯着我的眼睛問：「你還會回到我們這裏來的，對嗎？」我就說我會回來，但我記得當時心頭一震。最終我還是沒有回來。

加：哇！薩義德，我太羨慕您在哥大能跟他直接交流。他是我喜歡和尊重的知識分子，我很認同他關於知識分子的看法，而且他始終在反抗，在全力保持知識分子的獨立性和自由度。我很羨慕您在哥大能與他認識並交流。在您看來他是一個甚麼樣的知識分子？

查：確實如你所説，他是非常具有反抗性和獨立精神的知識人。從學術脈絡上講，他無疑受到了葛蘭西、福柯，特別

是弗朗茨‧法農這些前輩左翼批判理論家的影響，但無論是他關於東方主義的顛覆性研究、對後殖民理論的開創性影響，還是他在巴以衝突和中東問題上的立場和發言，都顯示了極大的膽識和力量。同時我要說，他的存在也證明了美國體制的寬容。他從讀大學開始，畢生都是在美國最精英的學院裏度過，畢生都在尖銳地批判西方，但美國的言論自由、學術自由不僅滋養了他、保護了他，還給了他極大的榮譽。他獲獎無數，在哥大是最頂級的教授，每當出現甚麼爭議，校方馬上就站出來為他辯護。

他是我們的系主任，我修過他的課，是「擠破頭」才選上的。我寫的課程論文是分析簡‧奧斯汀的小說 *Mansfield Park*（《曼斯菲爾德莊園》）。簡‧奧斯汀身處英國殖民時期，一般讀者注重的是她作品中那些英國男男女女戲劇性的愛情、階層和財富的故事，然而通過借鑒薩義德考察東方主義的視角展開分析，卻可以開掘出一些新的闡釋。比如，某位在海外殖民地掙錢回國後的紳士和淑女在交談時，言辭之中常暗含隱語，有一層文本之外的意思，由之可以看到時代的另一個側面。那些對話，如果只用傳統西方主流眼光來閱讀，往往會被忽略掉，而薩義德的「照妖鏡」卻讓你看到這些冠冕堂皇的大英帝國人物內心的罪惡感與愧疚。他們參與了海外不堪的殖民生活，用很血腥的方式掙了錢，回國後展現的卻是上流社會的生活。

薩義德雖然是系主任，但基本上是一個掛名的系主任。像他這樣的大牌學者，大部分時間是在做自己的研究。他是在貴族式的教育下成長起來的，長期寫古典音樂評論，鋼琴彈得很好，有很多教學之外的社會活動。他的課之所以難選，還因為他並非每年都教課。那個學期，他開了一門課，只收了三十個學生，大家來自不同的國家。因為只有

我一個中國人，第一天上課他就點到了我。可惜我認為自己後來的課堂表現並不出色，發言時經常自恨嘴笨，詞不達意。

薩義德儀表堂堂、目光犀利，是一個很有魅力的老師。他的課是seminar，每個學生都要輪流在課上做報告，讀包括他的著作在內的指定書目，一起討論相關問題。課堂氣氛熱烈又有些緊張，幾乎每次都像一場「頭腦風暴」。有幾個特別自信而雄辯的學生發言頻率最高，在老師面前唇槍舌劍展示一己之見。此類「尖子生」一般都會得到老師的青睞，薩義德也不例外。當然，如同我遇到的幾乎所有美國老師一樣，他也會鼓勵和認真傾聽每一個學生的發言，然後點評、質詢、發揮，把探討引向縱深或者開出一個新視角。不過，在課外，他和我們幾乎沒有交流，一下課就走。系裏的事，更多的是由一位年輕的執行系主任處理。薩義德待在學校的時間並不多，他住在上城，過着典型的明星教授的生活。學校會給這樣的教授很多時間去做他們擅長的事 —— 搞研究，寫論著，到處演講。當然，美國大學也有一些教授，不見得是一流的學者，卻是非常棒的教師，在學生中口碑很高。哈佛大學桑德爾的「正義」課你去聽過嗎？

加：聽過，那是2012年的9月，在甘迺迪學院的大廳裏，就是講「公正」，我還帶着一個粉絲的狀態跟他合了影。他講課的方式確實很有吸引力。

查：我和桑德爾在BBC一起做過一次節目，他的口才真好，而且一上來就給我出了一道難題。他問我：「如果北京下大雪，賣雪鏟的店主立刻把雪鏟漲價出售，你猜清華大學會有多少學生贊成漲價？有多少會反對，認為這樣做不道德？」原來，桑德爾在清華講課時做過測驗，結果發現百

分之九十的學生贊成漲價。事實證明我大大低估了新時代清華寶貝兒們的功利主義世界觀，一跟頭栽到雪坑裏了！哈哈，我活該。桑德爾當時還安慰我呢：「你的態度比較理想主義，我也問過德國、瑞士、加拿大的大學生，他們的反應倒是更接近你的推測。」這是前幾年的事，我當即意識到自己太不瞭解現在的中國大學生了。

桑德爾那本 *What Money Can't Buy*（《甚麼是錢不能買的》）寫得很好，把市場與倫理之間的深刻悖論寫得深入淺出、引人省思。他的論著也算是一家之言，但他更是一個優秀的老師，他開的都是那種爆滿的大課，但他在講堂上總是堅持美國大學裏那種經典的互動式討論和共學。他經常接受採訪、上節目，和薩義德一樣也是公知。薩義德是巴勒斯坦在美國最大的媒體代言人，經常接受美國最權威的電視台採訪，和阿拉法特等人很熟。

加：我在北大第一個同屋就是阿拉法特的親戚，他來北大讀國際關係博士，後來發現他經常帶女朋友回來，我就沒法繼續住下去了。於是，我不得不用特別爛的中文和宿管阿姨交涉，阿姨後來給我安排了一個蒙古舍友。他是蒙古駐華大使的兒子，中文比阿拉法特的親戚好，這對我來說已經很知足了。

查：北大一直有來自亞非拉或中東小國上流家庭的學生。

加：沒錯！有一段時間，我的隔壁是老撾外交部長的兒子。

查：就是所謂的太子黨、公子哥。我愛爾蘭同屋的蘇丹男朋友，也是來自他們國家的貴族。

加：您繼續講在哥大的故事吧。夏志清老師是怎樣一個人？我對文學一點不熟悉，說實話也不太感興趣，但夏志清這個名字，我經常聽人講起。

查：夏志清老師是哥大的一個怪人，眾所周知的口無遮攔，講話不僅政治不正確，而且文化不正確、性別不正確，各種不正確……關於他的段子太多了。我們第一次見面，他就從我的身高說到維生素，又說到大陸的教育。他第一次見我先生時——他當時穿了一條黑色皮褲——就問：「皮褲？」我先生說這是他很多年前在巴黎的二手商店買的。夏老師馬上大腦特別跳躍地說：「皮褲、巴黎、二手商店、同性戀、艾滋病，你不害怕嗎？你怎麼敢穿？」

夏老師也是二婚，他和師母的婚宴是在一個酒樓辦的，作為新郎，開玩笑也應該稍微悠着點兒吧，可他一張嘴就是：「這個酒店太好了，東西好吃，環境也好，我下次結婚還來這兒。」當時我不在現場，不知道師母的臉色怎麼樣。

然而，他寫起書來遣詞造句都是很漂亮的英文，不是乾巴巴的學術英文。夏老師並不保守，他也用很多新批評的理論展開文學研究，但他身上有人文傳統。他的兩本經典著作《中國古典小說》和《中國現代小說史》，都是基於這種人文主義的觀點來分析文本和作者的。

但是，就是這樣一個寫着地道的英文論文，撰寫了中國文學研究開山之作的人，在生活中完全是一個大男孩，經常口無遮攔得罪人。他見到一個女學生會說：「你怎麼這麼胖，這可不行啊！」他跟一個和我同屆的男學生說：「你太笨了，這個博士你不應該念！」那個男生聽了之後直接崩潰。一般的老師都會比較客氣地表達同樣的意思，甚至不說，但他就是這樣直白。

當時，課堂上還不禁煙，夏老師會在上課時吞雲吐霧，弄得教室裏煙霧繚繞。他講課的風格也是天馬行空很意識流的，本來要講一部民國小說，結果大半堂課都在講好萊塢的老電影，又講到上海的文人軼事。

當年，在北大聽一些老先生講課，能見到本尊就知足了。比如，聽吳組緗先生講課，跟沒有認真備課似的，也沒有講義，我們是「大鍋裏撈麵條，有幾根麵條真勁道」，因為那幾句話是老先生的個人洞見，我們吸收了這幾句話就夠了，其他時間都是自己看書，然後將來可以跟人吹牛：「我聽過吳組緗的課。」夏老師也是這樣的風格，只是更鬆散，我在哥大沒見過其他老師這樣講課的。

夏老師對於新派理論似乎有着天然的抵制和蔑視情緒。我在哥大那幾年，比較文學系裏正是理論熱的時期。因為好奇，我修了一個法國老師的符號學課程，夏老師知道後把我叫到辦公室，用特別中國老師的方式跟我說：「你能不能把你寫的作業給我看看？你覺得這個老師是不是有真本事？他講的好不好？」夏老師對新理論是有偏見的，看了我的論文後說：「有點意思，但這種東西不會長久，就是一時的風氣。」果然，時過境遷，符號學早已由熱轉涼，那位老師講的甚麼我也幾乎忘得乾乾淨淨，只記得他繫着淡黃色的蝴蝶領結，神氣活現地在黑板前踱步，操着濃重的法國口音。

有些時候，夏老師很極端，包括對大陸的態度。他是一個著名的反共分子，說到政治問題，言語間沒有任何回旋的餘地。2013年底，夏老師在紐約去世，在葬禮上我作為學生代表發言。我說到他第一次見我時的對話，以及他對新理論可能有一些偏見，但他有很多真知灼見，他的研究超越了某一個流派。經典的人文主義精神永遠不過時。

如果將學校看作一個權力機構，那麼在這個機構中，不光有做學問的人，還有人事、政治、等級等種種問題。夏老師雖然是東亞系的一個大牌教授，但他從未擔任過任何行政職務，一直教書到退休。所以，一方面，從學術政治上

説，他在哥大處於邊緣地位；但另一方面，他又是一個如此真實鮮活、惹人注目的人。在他的追悼會上，可以從其他同事的發言中感受到大家都很欣賞他，他是東亞系乃至哥大的一個驕傲。

夏老師在自己的領域是一個開山之人，他還帶出了像王德威這樣的著名弟子。王德威很能幹，把夏老師的追悼會籌辦得非常體面妥帖，馬英九也特別來信悼念。夏老師的存在，又一次證明美國校園可以容納各種人，可以容納像薩義德這樣經常在校外高調發言、喜歡干政並向主流叫板的「刺兒頭」，也可以容納夏老師這樣真性情的「怪人」。

加：哥大真是一個能包容異類的地方。也許大學本來就該這樣，可以有權力鬥爭和學術政治，但一定要保持開放和多元、自由和獨立。

查：哥大在六十年代的學生運動中是很出名的，美國六十年代最有名的學生激進組織SDS的創辦人之一就是哥大的。在校期間我經歷過一次佔領校園、支持南非反種族隔離鬥爭的學運，當時曼德拉還關在監獄裏，學生對此表示抗議。哥大很有錢，應該是紐約區的第二大地主，還有一些做生意的公司。其中一些企業投資了南非，抗議的學生就佔領了校內的漢密爾頓大樓。學生們認為對南非的投資就是在支援南非的種族隔離，他們要求重新審查投資，然後撤資。我當時對這類校園內的左翼抗議活動比較疏離，不是一個積極的參與者。

這件事鬧得很大，紐約的大報小報都在報道。雖然美國法律允許和平抗議，但校方認為學運影響了教學活動，並將學生告上了紐約的區法院，理由是佔領學院、影響校容。法院最後的判決是學生作為公民，有抗議的權利，但是雙方應該談判解決，於是學生會決定停止抗議，和校方進行

後續談判。這樣一次和平抗議就發生在我眼前，可以説這是六十年代學生運動的餘絮。

這種左派傳統在哥大的老師和學生身上都有體現。哥大的老師，左、中、右都有，薩義德是左派，夏志清是右派。

加：嗯，這才是大學！假如大學成了一個意識形態的宣傳基地，甚至是一堆愛國賊的培養基地，那就完蛋了。哥大還有其他讓您印象深刻的老師嗎？

查：並不太多。有一位姓于的老師，是系裏的副主任，負責教務工作。她完全出於好意地約我到她辦公室，直接給了我一番教誨：「我看得出來你好像不太愛學理論，你以後到底想不想搞學術、當教授？如果你想搞學術，就必須得修理論課，並且要多修理論課，現在的就業市場很看重這些理論，否則是找不着工作的。」于老師的這番話讓我第一次直面自己的內心，第一次明確意識到我真的不想當教授。

我雖然勉強修了符號學，但覺得這些不是我想做的，我也不是特別喜歡當老師。美國的大學制度有很多層級，做了老師要一級級地爬，這樣就被徹底拴在體制裏了。我有作家夢，喜歡自由散漫的生活，而且要回國。我雖然沒有明確想好回國之後做甚麼，但只要可以掙一點錢，能過簡單的生活，有自由的時間就好了。

與此同時，我開始聽到很多關於八十年代北京的事，説國內特別熱鬧、特別有生機，黃子平來信説現在特別有希望，有很多事情可以做。他那時正在和錢理群、陳平原一起弄《二十世紀中國文學三人談》。當時，中國出現了各種新小説，電影界、美術界也都在發展，我感覺自己的心越來越開始往回走。於是，我決定盡快回國，拿不拿博士學位以後再説。

回國後，我的確把帶回去的越戰書籍都讀了，但是沒有再做研究，而是開始寫中文小說。我在哥大期間已經在寫短篇，回國之後開始寫中長篇。

加：您選擇哥大的理由是它在紐約，那您在紐約的生活也和初到美國一樣，覺得一切都是新鮮的嗎？

查：沒有剛到南卡時感覺那麼新鮮了。到哥大後最大的感觸就是鬆散的大學文化。在紐約那幾年，我也一直在打工。我在曼哈頓中城的成人夜校教美國人讀中文報紙，每個星期上兩次課。我雖然在哥大拿了獎學金，但還是不夠用，需要掙點外快。其實，芝加哥大學和史丹福大學給的獎學金更多，但我因為嚮往紐約而選擇了哥大。我在哥大的圖書館、城裏的旅行社也都打過工。

在旅行社沒幹多久就被解僱了。有一天我正在臨窗的複印機上複印一張客戶支票，忽然一陣風吹進來把支票席捲而去，我眼睜睜看着它像蝴蝶一般飛出半開的窗戶，在曼哈頓熙熙攘攘的街道上空飄忽而去，待到我衝下高樓，那張支票早已不見了蹤影。那家旅行社佔了一層樓面，業務規模相當大，那張支票數額也不小。當晚下班時，經理把我叫到她辦公室，遞給我一張數額小得多的支票，說你明天不用來上班了。這是我生平頭一次被解僱，一點都不冤枉！

後來，我在皇后區一家出租畢業服和畢業帽的公司又找了一份工作，幹了兩個季度，那倒是挺順利挺快活，我和同事們相處得也很好。總之，那幾年課餘時間基本就是掙錢和玩兒。期間，我有過很多好玩的經歷，比如第一次想嘗試一下同性戀。我在哥大圖書館打工的時候認識了一個女孩，不過最後沒成。

加：哦，您太勇敢了。雖然我們都有與同性戀有關的經歷，

但我從來是被迫，您卻主動嘗試過。看來，我這個日本人確實比較保守，缺乏冒險精神。

查：哈哈，別誇我啦，實際上我在和那個女生約會時的最後一刻怯場了，尷尬得很。

在哥大期間，我住的地方治安有點亂。八十年代的紐約城不是一個很安全的地方。哥大的下一站是哈雷姆區，那兒是黑人區，當年經常發生搶劫事件。我在哥大附近跟一個意大利人和一個猶太人合租，意大利人在設計公司上班，猶太人是藝術家。我們樓下是一家二十四小時營業的酒店，經常會有流浪漢和酒鬼在那裏販毒、喝酒。我們的房子被偷過兩次，我的大磚頭立體音響、所有首飾被洗劫一空。所幸的是兩次被偷都是家裏沒人的時候，否則可能小命不保。

當時，紐約就是這樣亂哄哄的，上城尤其如此，下城相對好些。在紐約，大多數人是不開車的，大家都搭地鐵。為了方便，我一直住在哥大附近。

幾年前我參加過一次活動，邀請的是在《紐約客》寫中國故事的幾位非虛構作家。《紐約客》主編問我上學的時候看不看這份刊物，我說我那時根本沒有看《紐約客》的意識，連《紐約時報》都不怎麼看，他很吃驚。我當時的確沒有太多的政治意識和公共意識，腦子裏都是些非常個人化的想法，體驗的都是些吊兒郎當、波希米亞的生活方式。

我在南方那幾年，因為地方偏僻，人也很窮，只是偶爾給爸媽打長途電話，其他時候都是寫信，對國內的瞭解很滯後。到紐約之後，華人多了，由此聽到了更多國內的信息，我越來越迫不及待地想要回去。我在哥大那段時間並

非全心全意地求學，我有些游離，課餘開始寫一些短篇小說在國內發表。

八十年代的美國是列根當政。這是美國歷史上一個很大的轉折期。列根搞軍備競賽、減稅，拖垮了蘇聯，成了共和黨的偶像；但一些遺留問題，比如社會不平等加深、赤字財政、以緝毒戰爭（War on Drugs）之名大量拘捕、重判黑人，一直延續到今天。我作為一個留學生，對這些美國的大問題缺乏認真的思考，只在一些小事上有感受。

當時，我沒想過會在美國長期住下去，那為甚麼要關心這些美國的大問題呢？我最關心的還是中國的變化，那是我將來要生活的地方。所以，最後連博士學位也不要了。有個詞叫作ABD（All But Dissertation），指一切都做完了就差一篇博士論文。我一回北京，很快就知道我不會再回哥大了。

在一定程度上，我後來的婚姻破裂也和這個決定有關。前夫是我的哥大同學，比我大幾歲，已經拿了博士學位，他找的第一份工作剛好要派駐中國 —— 在南京的霍普金斯中心任主任。如果沒結婚，我們回國是不能住在一起的，於是，回國前我們就在美國結婚了。但是回國後，我們逐漸發現存在方方面面的問題，矛盾之一就是我要在中國生活下去，而他最終要回到美國。

新十日談

第五日

加：查老師，您從哥大畢業時參加畢業典禮了嗎？

查：沒有，實際上我這輩子從來沒有參加過任何一個自己的畢業典禮：北大的、南卡的、哥大的，我都提前離開了。我取得哥大碩士學位後，參加了博士資格考試，拿到了博士論文獎學金，但我幾乎是第二天就飛回中國了，再沒有回頭。

加：好浪漫，這也是您所説的「跟着感覺走」吧。現在去美國留學的中國學生裏基本沒有像您這樣的。我沒有比較誰對誰錯誰好誰差的意思，只是從人到底能在多大程度上真實的面對自己的角度來説。作為一個局外人，我由衷的希望當前赴美(以及前往所有外國)的中國留學生能夠盡可能拋開與自己的內心無關的因素，享受青春，打開眼界，面對未知的自己。

查：謝謝你的欣賞！我相信今天一定也有不少聽從內心召喚的青年人。至於畢業典禮，前面提到，我在哥大上學期間曾給專門出租畢業帽畢業服的公司打工，經手過整箱整箱的caps and gowns，我對這個儀式本身沒有任何意見，只是不太在意它，所以有更重要的事我就一走了之了。

回國後，我很快被國內熱鬧的文化氣氛吸引，開始參與各種討論。那是1987年，正值「文化熱」的高潮。我先在南京住了一段，立即動筆寫小説。去南京是因為我當時的先生在南京霍普金斯中心工作，那時我倆剛結婚，我住在南京，有時間就去北京。當時，各地都有自己的文學圈子，我很快結識了南京的韓東、李潮、朱文、徐乃建、景凱旋等人。我在做《八十年代訪談錄》的時候，陳平原説八十年代是人文領先的時代，確實如此。當年湧現了很多詩人和文學作品，引起全社會的熱議，西方哲學被大量翻譯引進，電影、美術等人文範疇都呈現出爆炸式的繁榮。經濟

的發展反而要到九十年代。人文圈子處於領先地位，人們進行的不是專業化的學術討論，而是具有某種思想解放性質的討論。

南京原先有一份刊物叫《東方紀事》，人民出版社的編輯朱偉承接了這份雜誌，並將它轉移到北京，我參與了它的籌辦。那幾年，我一邊辦刊一邊寫小說，同時參加各種文化沙龍，過上了一種發燒式的生活，也沒認真想過這是不是一條長久的路。我曾經以為這可能就是我想要過的生活。比如，找一家出版社做編輯，同時繼續寫作。因為我不想在大學教書，當時也沒有靠寫作謀生的概念。那時只有作協養了一批專業作家，其他人都是業餘作家。

當時還是以國營體制為主，私營經濟剛剛起步，「萬元戶」就算富人了。大家的生活都很簡單，社會中務虛的人挺多，尤其在大城市。其實，不光北京、上海、廣州這樣的一線城市有文學熱，中小城市也有很多文藝青年，大家都在看一樣的期刊。那時的文學期刊發行量特別大，動輒上百萬冊。還有像《小說選刊》這樣的刊物，專門從各地文學雜誌發表的作品中挑選它認為優秀的小說再次轉載和評論，仍有大量讀者。我發表的小說也有幾篇被《小說選刊》轉載了，很快就有人評論。當時，還沒有互聯網，但紙媒多到現在無法想像，一篇小說可以有幾百萬的讀者，並引起廣泛討論，使作者瞬間變成一個全國範圍內家喻戶曉的人。

當時的小說以中短篇為主，因為中短篇更適合在文學期刊上發表。那些作品都走在思想解放的前沿，討論的話題諸如個人自由、愛情自由、思想自由等。具有全國性影響的非文學類人文刊物裏，《讀書》在當時是個前沿陣地，知識界的很多老先生又開始在上面發表文章了。

加：我在北大讀書時的那些老師就是北大八十年代末的大學
　　生。幾個國際關係學院的老師非常懷念他們上學的時候，
　　經常提及八十年代的北大氛圍，各方面都在追求思想解放
　　和自由討論，並指出現在的學生跟八十年代相比缺乏自由
　　討論的勇氣。2018年5月（即北大校慶一百二十週年），我在
　　《紐約時報》中文網寫過一篇文章《母校北大，你還是那
　　個北大嗎？》，記得您跟我說看過這篇小文。我特別想知
　　道，您後來回北大看到的學生的狀態，和您當年上學的時
　　候有甚麼不同？

查：我沒有太多直接的瞭解。我上學的時候是1978年到1982
　　年。後來回北大，主要是去看老師和同學，和學生接觸不
　　多。我的活動範圍基本在高校之外，一些後來的北大畢業
　　生，比如許志永、郭玉閃、許知遠他們，還有一些更年輕
　　的小學弟小學妹，我都是在校外結識的。順便提一句，這
　　三位恰好都是堅持八十年代式北大自由討論精神的，現在
　　許志永又被抓進去了（第三次入獄）；郭玉閃進去了又出來
　　了，現在生活在嚴密監視下；還有一個許知遠，作品也一
　　度被禁，現在他做自媒體去了，算是進了商業媒體圈吧。

　　北京那時有很多所謂的文化圈，當年的一個特點是各種圈
　　子互相「串」，拍電影、做雕塑、寫小說、搞學術的人會
　　在同一個場合出現，大家讀同一類型的書、看同一類型的
　　電影，有些人的小說會被改編成電影，某個地方辦一個美
　　術展，各界人文圈的人都會在那裏出現。我着急回國也是
　　想趕緊結束學生生涯，覺得在學校已經泡得太長了。

加：我每次回北京都會回學校看一看，即使不跟人交談，也
　　可以有許多新發現。比如，學校為了限制遊客開始實行門
　　禁，這在日本是不可想像的。我認為大學是社會的窗口，
　　應該向全社會開放，包括北大。當然，遊客太多，而且一

些以盈利為目的的旅遊公司從中賺錢，對師生的正常學習
和生活帶來一些消極的影響。那麼多的遊客從全國各地湧
到北大來參觀旅遊，也算是中國特色吧。

查：這是教育商業化的一個副產品吧——北大校辦企業的規
模也是全國第一，資產近千億。我前些時去北大也遇到了
遊客參觀團，在校門口排着長隊。我不記得我當年上學時
有這樣的景象。你第一次來北大就有門禁嗎？

加：2003年時還沒有，是從2008年北京奧運會舉辦前夕開始
實行的，我們在校生進出也要帶學生證。我們這群外國學
生曾集體表達過疑問，有的學生甚至表示抗議。校方説這
是為了維護學生們正常的學習環境和秩序，但其實是因為
北大是奧運會的乒乓球會場和馬拉松途經地，限制遊客是
為了維穩。我理解這樣的決定，北大在做很多決定的時候
也很無奈。不理解的是校方為甚麼不和學生商量，就單方
面做出決定，不經過協商討論的程序，就直接宣佈結果。
我記得，當時幾個非洲同學跟我説，中國不民主。民主就
是講究決策透明和程序正義，這也是一個國家長期保證穩定
的重要因素。我還是堅定地認為，民主才是最大的維穩。

您當時對北大作為思想解放陣地和社會運動現場的感受
如何？

查：前天咱們聊了我上學時北大的氛圍，等我從美國回到北
京，感受到的是瀰漫在全社會各個領域的精英群體裏推
動思想解放和社會改革的熱情，具體到人文領域就是文化
熱，北大在其中並不是特別突出，尤其是學生。學生們主
要還是上課。不過，我當年的一些同學已經成為青年教師
或學者了，他們處在文化熱的前沿或中心。

八十年代大家滿懷希望，感覺今天比昨天好，明天也會比

今天好。社會風氣時緊時鬆，但每次「緊」的時間都不是很長，沒有引起普遍的恐慌或絕望。現在想想，當時真是一種天真的樂觀狀態，很多中老年人都像青年人一樣意氣風發。

八十年代的思想解放儘管有社會基礎，但總體來看它不是自下而上的草根運動，而是從上邊開始鬆動的。1976年初周恩來去世後，天安門廣場出現了悼念和抗議活動，後來被稱作「四五」事件，但它的規模遠遠比不上八九年，清場時沒有死人，也沒有導致高層公開分裂。轉折點不是「四五事件」，而是毛澤東死後抓捕「四人幫」的宮廷政變。結束「文革」，提出改革，都是中央決定的。關於「文革」的歷史決議，也是中央定的，知識分子和普通人繼而跟進，所以八十年代的樂觀並非是完全盲目的。在一個壟斷了幾乎所有資源的威權體制下，高層的態度往往起決定性作用。因此，在當時，整個國家似乎有了上下一心的感覺。當然，鄧小平1979年就提出的「四項基本原則」是不能挑戰的底線，誰要敢公開質疑，魏京生就是下場。有一些保守派總想往回拉一拉，收緊一些。整個八十年代在意識形態領域也一直是進兩步、退一步。每次上頭容許大家鳴放宣洩一陣後，就會搞一下「反資產階級自由化」，敲打敲打那些嗓門兒最大的人。比如1987年，有三個攔現在會被稱為「公知」的人——劉賓雁、方勵之、王若望，被開除了黨籍，但並沒有掀起廣泛批判他們的運動。因為這種運動會引起人們普遍的反感，也會使被批判的人在文化圈裏聲望更高。結果是大家不僅沒被嚇倒，自由派的隊伍反而更加壯大。

當時，北京和其他城市都出現了一些可以被稱作民間社會的新空間。比如帶有沙龍色彩的私營書店、酒吧，除了商

業性的運營，還會給知識分子、作家和藝術家提供舉辦研討會、演出和傳播觀點的場地。形形色色的同仁出版物和刊物都冒了出來，有的是利用體制內資源，有的是私營民辦。前面提到朱偉主編的《東方紀事》就是其中一例，因為我參與其中，可以多說幾句。

加：您參與的這份《東方紀事》後來怎樣了？

查：這本雜誌原來是南京的一個刊物，辦得不太景氣，1987年後為了搞活，找到當時是《人民文學》小說編輯的朱偉商量——他後來當了《三聯生活週刊》主編。朱偉是上海人，戴一副厚眼鏡，窄臉，精瘦，一副縣衙門刀筆吏的長相。他是很有個性和追求的編輯，對他欣賞的作家他會全力以赴「伺候」人家，對看不上眼的稿子他能直接給摔到地上，有時還操着滬上京腔罵人。但他是真愛文學、真愛辦刊，為了高質量的作品和刊物，他甚麼都幹得出來，這樣的態度很純粹，很可愛。這樣的編輯我還遇到過一位，也是落戶北京的上海人，三聯書店曾經的掌門人沈昌文。沈公當然更為圓潤，以八面玲瓏的服務風格著名。朱偉呢，也能以他的風格服務到家——比如當年為了拿到阿城的小說，他週末一大早騎車去阿城住的小屋堵被窩。夠到家吧？

加：服務太到位了！我覺得當編輯的應該要有這種猛烈的淳樸和純粹的極端。日本有一家著名出版社叫「幻冬」，創始人叫見城徹。這家出版社起步時，為了搞到名人作家的稿件，他做過各種猛烈和極端的事情。比如，為了要到五木寬之的書稿，他在五木面前朗誦了他背過的五木之前的書。五木服了，就把下一本書稿給見城了。在日本，有不少圖書編輯都會幹類似極端的事，為了拿到書稿「不擇手段」。我很欣賞這些人的「純粹的極端」。

查：哈，看來不極端的編輯是相同的，而極端的編輯則各有
各的極端。還有一個小故事可以看出朱偉的性格：我給
《紐約客》寫《國家的僕人》之前，在採集素材期間約了
朱偉吃飯。王蒙八十年代擔任過《人民文學》主編，一度
曾是朱偉的領導，吃到一半我問他當年對王印象如何？不
料朱偉聽了勃然變色，筷子一撂說：咱倆這麼久沒見面
了，我還以為你小查就是想請我吃頓飯聊聊天，原來是為
了寫稿採訪我！把我說得無地自容。因為想約他聊天敘舊
是真的，想問問他對王老師的印象也是真的，確實動機不
純。於是我趕緊跟他保證：「那好，咱們就此打住，一句
王蒙都不說了；萬一你自己想說，無論是你的原話還是你
的看法，我也一個字都不會用。」他聽了這話，臉色才慢
慢緩和了一些。他就是這麼一個純粹而直截的人：工作是工
作，友誼是友誼，你要想採訪我，必須提前跟我講清楚。

朱偉也很有組織策劃能力，當時他正在尋找自己獨立辦刊
的機會，這時一看機會來了，就立刻騎着自行車滿北京找
人，把他想叫的都湊到一起，組成編委會。那時候大家都
心懷理想，激情一點就着，經過一番商議，決定把《東方
紀事》徹底改版，辦成一本完全在北京獨立策劃、組稿、
編輯的同仁刊物，內容則是從文化、人文的角度評議歷史
和當下熱點話題。南京方面很快就同意了這個方案。

改版後的執行主編是朱偉，參與組稿和撰稿的有很多當年
的知名學者、作家，比如像戴晴這樣的大記者，寫《河
殤》的蘇曉康、寫《唐山大地震》的錢鋼，搞文學評論和
文學史研究的劉再復、李陀、黃子平、陳平原，以及小說
家汪曾祺、史鐵生、劉心武、林斤瀾、蘇煒，陣容相當強
大。每個人負責一個欄目，雜誌就編出來了。我記得改刊
之後第一期有戴晴寫的關於儲安平的長文，封面人物是陳

凱歌，封底是徐冰作品「析世鑒」上的字。編委會在北京
召開了發佈會，場面隆重，很多媒體和當時的活躍人物都
參加了。

新版《東方紀事》是很厚的大開本，有人物專欄、小說專
欄、社科專欄。因為實行欄目負責制，內容和選題不僅多
樣化而且很有個人色彩。知名漢學家林培瑞(Perry Link)
也參與了雜誌編輯工作，他跟我合編一個專欄，叫「東西
風」，我們一起商議選題，倆人都是又寫又編又翻譯。林
培瑞的中文好得驚人。在我認識的所有西方漢學家裏，有
兩個人中文水平最高，一個是澳大利亞的白傑明(Geremie
Barmé)，另一個就是林培瑞。一位美國人以個人身份而非
外國專家身份參與辦一本大陸的中文同仁雜誌，這在以前
是難以想像的，現在就更想都別想了。

加：真沒想到，在當時的「文化熱」中，居然還有西方漢學
　　家參與中文雜誌！顯然，八十年代的中外互動比二十一世
　　紀更加豐富和緊密。我在北京期間(2003年至2012年)參與
　　了不少中文媒體的專欄寫作，客觀地說，我沒有找到其他
　　外國人，不管是西方人還是東方人，像我那樣頻繁、定期
　　地用中文發表文章。當時新華社下面的《瞭望東方週刊》
　　最後一頁有個叫「東遊記」的專欄，那是我在大陸第一次
　　開專欄，名字叫「一個日本八〇後眼裏的中國」，顯得有
　　些空洞。「東遊記」是邀請在華外國人撰寫中國，有人直
　　接用中文寫，有人用英文寫，由編輯來翻譯。但當時像
　　「東遊記」那樣的專欄據我所知也很少，今天就更加不可
　　想像，外國人在大陸媒體幾乎沒有發表空間了。我當時的
　　感覺是既自豪又孤單。現在回過頭來看，那是一段美好的
　　青春，對我瞭解中國公共知識界有很大的幫助。當然，那
　　樣的時光已經一去不復返了。

查：是的，那幾年外國人用中文在大陸期刊上寫專欄，好像
就你一個，獨行俠，很厲害。白傑明在香港的《七十年
代》月刊上也寫過專欄，但比他更早的是否還有別人我就
不知道了。

接着講在《東方紀事》辦的那個「東西風」欄目，從中可
以看出當時我們在思索和關注哪些問題。比如林培瑞為
「東西風」寫了一篇《警官奇遇》，講述他本人兩次和警
察打交道的經歷，一次在美國，一次在中國，非常生動鮮
明地勾劃出了中美兩國在執法方面的文化差別。欄目還發
表過探討中國人為甚麼「有發達的集體主義意識卻缺乏個
人權利意識」、為甚麼「奴性的忍耐意味着向無限的羞辱
投降」這類主題的文章。再比如，1989年初裕仁天皇去世
後，我們做了一個小專輯：其中一篇是《明鏡》週刊對
長崎市長的採訪，題目是「日本：民主方面的發展中國
家」，這位市長本島等(Hitoshi Motoshima)先生因為公開
說裕仁對侵略戰爭負有責任而在日本引起巨大爭議，第二
年差點兒被極右分子刺殺；另一篇題為「日本天皇裕仁與
麥克阿瑟將軍」，是我約在哥大唸書時的好朋友、後來留
在美國教書的歷史學者于仁秋寫的，評議了美國出於實用
主義謀算，決定保留日本天皇制的後遺症。

總之，現在回頭去看，這些文章仍然稱得上敏銳、有趣。
可惜，我編的最後一期專欄是1989年第4期。這份雜誌六四
之後停刊，因為一大半作者、編者都出了事，有的被抓，
有的流亡。

再說說其他的民辦空間。後來著名的三味書屋，當時也開
張了，是一對姓劉和姓李的夫妻在西長安街上開的私人書
店，兩個人都是右派。很多年後我再見到他們時，他們的
年紀已經很大了，但仍在堅持做這件事。

還有一間捷捷酒吧（J. J. Bar），老闆叫陳軍。酒吧有自己的
樂隊，演奏搖滾樂和爵士樂，還經常舉辦文化沙龍，是北
京那時的一道文化風景。當時大家都挺窮，去這種地方是
醉翁之意不在酒，和如今小資、白領們去沙龍、酒吧的目的
很不一樣。那時候的人既沒有消費能力，也沒有消費意識。

我印象更深的是1989年初在都樂書屋的一次活動。都樂書
屋在象來街上，環境幽靜，外表不起眼，但非常活躍。書
店有兩層，地上一層專賣當年的新潮學術書，地下一層開
設吧台和茶座，還有一個區域舉辦文化學術活動。在當時
北京為數不多的私營書店裏，都樂顯得很酷很時尚。1988
年王元化先生主編了一個刊物叫《新啟蒙》，從文化角度
探討現實問題，形式是以書代刊。創刊號出版後，想聽取
北京同仁的建議，都樂書屋為此舉辦了一場叫做「新啟蒙
沙龍」的活動，王先生特地從上海趕來參加。那是一月底
一個寒冷的夜晚，我至今記得那天地下一層的氣氛──人
頭攢動、熱氣騰騰，大學生、學者、各國駐京記者，人人
一臉興奮。那天來了很多當年大名鼎鼎的「公知」──
金觀濤、劉青峰、嚴家祺都在場，蘇紹智介紹了他最近去
東歐考察的情形，胡績偉發言時說他主編的一套《民主叢
書》即將出版。會開到半截，方勵之到場，披着一件大衣
非常氣派地走進來，引起一陣騷動和掌聲。方勵之在發言
中說他剛給鄧小平寫了一封公開信，要求釋放魏京生。

回想那個夜晚，在那種人聲嘈雜的場合，其實不可能有多
麼深入的探討和對話，但哈貝馬斯說的公共空間、民間社
會，不就是誕生在這類小書店、咖啡館、酒吧和茶社嗎？
關鍵在於它是自發、自由的民間交流，而不是官辦或官方
控制的，它天然會有一種質詢和批判的精神。一個健康的
正常的現代社會，應該容許這種空間的存在。

那天晚上，方勵之和嚴家祺互相握手的時候，我恰好站在他們旁邊，被「唐老鴨」唐師曾拍了下來。很多年後，他把照片發給我，說我被抓了個現行。

當時北京的文化氛圍濃厚，知識界活動不斷。因為公共空間有限，大家又沒有下館子的習慣，所以經常會去某個人家裏侃文學、聊藝術、談哲學。這類聚會可以是非常嚴肅的研討，也可以是非常鬆散的閒聊。比如前面提到的我以美國南方小城為背景創作的中篇小說《叢林下的冰河》，就在一個朋友家裏被鄭重其事地討論過。那個朋友是最早的海歸之一，叫蘇煒，剛從美國回來不久，落戶到了社科院文學所，當時的所長是劉再復。蘇煒也參與了《東方紀事》，他寫散文和小說，不僅和文學圈的很多作家、評論家、編輯都熟，和社科圈的人也熟——比如甘陽組織的「文化：中國與世界」編委會的很多成員，所以他就像串糖葫蘆似地把各個圈子的朋友串到一起。蘇煒是廣東人，在北京雙榆樹租的公寓有個寬敞的大客廳，當時他單身，人又非常好客，經常在他家舉辦各種討論會、派對。有時候大家還一起唱歌、喝酒、讀詩。有一個男高音叫范競馬，非常出色，他剛從歐洲進修回來，也是蘇煒圈子裏的好朋友。有時候，范競馬會給大家唱一曲詠歎調，還有人彈琴伴奏。如果我沒記錯的話，梁和平也在那裏演奏過鋼琴——就是後來和崔健、劉索拉都分別合作過的爵士鋼琴家梁和平。

加：相當有趣，也相當羨慕！今天的話真是不可思議，我有時會想：活在八十年代的中國人是人，活在當下的中國人也是人，但這些人的興趣愛好和思想屬性怎麼會發生如此大的變化呢？我看今天的年輕人，包括知識分子，普遍對這種純粹的交流徹底地失去了興趣，這一點不能只從政治

和技術的角度解釋清楚。或許，今天的中國人跟八十年代的中國人相比更要忙工作忙生活，多了現實，少了理想，就顧不上精神世界的追求了。

我在上學期間基本沒參加過您介紹的這些思想沙龍。我就參加過位於五道口的七〇六青年空間，是我北大國際關係的師弟羅勉作為創辦者之一做的。後來我們也一起去那裏聊過美國，那天聊得真開心。

查：是啊，那次活動與我們做這本書有直接關係。其實自從你幾年前帶羅勉來紐約見我之後，我也多了一個九〇後小朋友和北大校友，通過他我還在北京見到了其他一些比較浪漫另類的理想主義青年。去年我去史丹福做講座，他介紹了一些在那裏唸書的中國留學生和我喝酒聊天，那些孩子也蠻有趣的。不過，總體而言，如今的中國留學生群體給我的印象是「實」。不論愛國還是不愛國，也不論是要返回中國還是留在美國，他們絕大多數的人生目標是進入主流、過上主流生活。

要說那個七〇六青年空間，倒還真有一股與八十年代北京思想沙龍類似的氣息，樸素簡單，空間不大，擠滿了嚴肅熱情的年輕人，我看他們那裏舉辦的講座也愛邀請一些「務虛」的學者、講一些「務虛」的題目……可惜現在北京這種地方太少了，生存不易，很多講座都辦到購物中心去了，各種製作、包裝、宣傳，隨時直播上線，啥都要變現，不能變現就算白幹。這是個吃碗麵條、畫個妝、摳摳腳趾頭都想着要直播打賞的時代，人們活得越來越實在。真實已被拆解，可以不「真」，但一定要「實」。

加：如今的思想沙龍很少，學生也變得更加「務實」，把大部分時間花在「有用」的實習、社交上，對不給自己直接

帶來工作機會的事情，似乎也不感興趣。這種現狀令人悲哀，學生不像學生，大學不像大學了。

我想把話題再拉回到八十年代，您回國後如何看待胡耀邦的下台？您所享受到的這些文化自由好像跟他有密切關係。

查：是的，當然有密切關係。不過，不管是在美國的生活還是回來後的生活，我當時的思維和生活方式都是比較文學青年、比較個人化的。那一年，林培瑞對一批不同領域的中國知識人做過問答式調研，其中一個問題是：你覺得你的個人命運和國家前途有沒有直接關係，個人命運和國家命運是不是綁在一起的？他說除了我的回答之外，其他人幾乎都認為是綁在一起的，只有我強調個人自由——也許此處就埋下了我後來個人走向的伏筆。

當年，我之所以把個人主義者幾乎當成了自己的一個標籤，一方面帶有一點青年人的任性和標新立異，另一方面也是有意識地要對自己從小到大被灌輸的集體主義思維和那種國家高於個人的觀念說「不」。如果我剛從美國回來就放棄個人主義，那豈不是白去了？所以我對這一點比較堅持。我不想一天到晚盯着國家的風向標，不想找一個單位和鐵飯碗，不想過一種循規蹈矩的生活。我要做自己想做的事，我要寫自己想寫的小說。

加：嗯，我覺得您那時候的堅持特別好。我想，一個普通公民的正常生活能夠不被國家大事和國家利益左右和動搖，每一個人能夠按照自己的意志過自己想要的生活，那才是文明的進步。在這個意義上，不管是八十年代還是今天，像您當年那樣思考的公民越多，越意味着社會在朝着文明的方向發展。

查：謝謝！那時候我年輕，想當然地認為做一個自由自在的
文化個體戶，過一種波希米亞式的生活最灑脫。但實際上
連我這麼一個比較游離、比較強調個人自由的人，當時也
很關心國家大事，也很明確地感覺到整個國家是朝着更開
放、更有希望的方向發展的。

當時的人們對國家的認同度相當高，感覺彼此是一個共同
體。雖然我個人始終有與意識形態和群體組織保持距離的
自覺，但實際上不可能完全分割。無論是我寫的小說還是
關心的話題，都是跟這個國家的現實相關聯的。我和周圍
的朋友不僅一起切磋文藝和寫作，也會一起探討時局、議
論領導人。胡耀邦受到打壓是非常大的事情，知識分子普
遍認為這是一個很不好的信號。因為他平反了很多冤假錯
案，是開明的象徵。他受批判或者靠邊站，是改革派受挫
的一個標誌性事件。在大家看來，最開明的領導人如今被
邊緣化了。趙紫陽也是代表改革開放的一種形象，比較親
西方，喜歡穿西服、吃西餐。他們是年輕一代的領袖，大
家懷疑老傢伙們在向後退。

我覺得八九年的局勢，是很多領導人也沒有想到的。他們
雖然説要反思過去，要改革開放，要解放思想向前看，
但沒想到大家跟脫繮的野馬一樣，向前的速度、發表的言
論，比他們預想的快太多了。他們感到意外，很不舒服。
當時有一種聲音是説反自由化的窗戶沒有關緊，進來幾只
蒼蠅，很快就會出現群魔亂舞的局面。這讓保守的高層領
導越看越不對勁，越看越覺得一些人在蹬鼻子上臉，越來
越不像話。黨的感覺可能是：我讓你們走一步，你們竟然
走了三步！

所以，將社會文化的開放完全歸因於是上面讓民間去討
論，是上面給民間營造了這樣的氣氛，大家只是奉旨行

事，也是不準確的。因為上面根本不知道大家會談論甚
麼。上面可能只有一個籠統的方向，比如「文革」是十年
浩劫，個人崇拜不能要了，「兩個凡是」不能要了。上面
定的大基調就是思想解放。雖然鄧小平1979年就提出了四
項基本原則，但那只是基本制度框架，在思想文化領域，
上面並沒有說把思想解放到何種程度，沒有說甚麼思想可
以進來、甚麼思想不能進來，也沒有畫出明確的邊界。
所以，在實踐當中沒說不能幹的我們就默認為都能幹。當
然，出於長年的恐懼和束縛，各級官員都有人在做意識形
態把關，保守派也會站出來阻撓。總之，當時各種力量都
在博弈中，一會兒向前，一會兒退後，鬆一年，緊一年，
然後越走越遠，最後走到廣場去了。

加：您在1987年到1989年那段時間，對中國未來的發展方向
　　有沒有大致的判斷？您認為是會更加西化、更加民主，還
　　是會出現反彈？

查：我回來後，在方方面面感受到了巨大的差距，最明顯的
　　就是制度上的不同。不過，可以明確的是社會在改進，
　　只是這種改進甚麼時候會越過邊界，在當時是不清楚的。
　　我不知道到底可以走多遠，但我真的沒有預見到幾年內會
　　發生六四事件。我不知道有多少人看出來六四事件的可能
　　性，至少我沒看出來，我完全沒想到初露端倪的民主化進
　　程這麼快就結束了。

加：您的話讓我想起了我在波士頓期間交往過的一個日本外
　　交官，他今年五十五歲，是一個負責俄國問題的官員。在
　　蘇聯解體時他正好在莫斯科，他告訴我過，他真沒預測到
　　蘇聯會解體，直到崩潰的那一刻，都沒有想到。當然，國
　　家的崩潰，可能就是一瞬間的事情。在我看來，您的這段
　　回顧對思考中國未來的方向很有啟發意義。

查：是啊，後來有很多人批評八十年代過於激進，欲速不
達，那都是馬後炮。當時總體的社會氛圍是人心思變，已
經浪費了那麼多年，現在必須快馬加鞭地追趕，向西方學
習，不止是經濟，還有思想、文化，甚至是制度。那時，
就連最敏感、阻力最大的政治體制改革，也有不少新的
動議和舉措。當然，「四項基本原則」是不能挑戰的底
限，多黨制、普選、軍隊國家化是絕對的禁區，但鄧小平
從八十年代初就開始提黨政職能要適當分開、不能「以
黨治國」；1987年趙紫陽主持起草了《政治體制改革總體
設想》，把黨政分開的內容寫入了十三大報告，修改了
黨章。之後在趙的主持下，確實向這個方向推進了，比如
開始撤銷國務院和各級政府部門的黨組，開始精簡各級黨
委機構，開始推行廠長、經理、校長、所長負責制，到了
1988年，連中央政法委都撤銷了。這些改革在今天看來幾
乎不可思議，可見那時黨中央的開放尺度確實很大，趙紫
陽領導下的體改委、鮑彤牽頭的政改辦確實動了一些人的
奶酪。

如果說政改是自上而下、有設計有限度的，那麼思想文化
領域則是自下而上的，民間自發在折騰，好多人恨不得
翻筋鬥雲！中西文化差異巨大，當時各種嘗試基本是模仿
的、速成的。無論是電影、美術，還是小說，都在迅速模
仿剛進來的、剛知道的、剛學到的西方現代主義。比如電
影，不是純粹地講故事，而是強調鏡頭的運用、視覺表現
等各種風格實驗。小說有「尋根文學」這種從本土傳統裏
尋找營養的(帶着極強的批判意識)，但更多的是向西方學
習的新潮作品。翻譯引進了現代主義小說後，中國小說家
紛紛模仿，很快就冒出來一堆意識流、魔幻現實主義、元
小說甚麼的。有時甚至是一個作家率先模仿某個西方流

派,然後別的作家又紛紛模仿這個作家,比如馬原和他寫的那些「元小說」就是這樣。所以黃子平那句打趣的話才不脛而走:「創新之狗追得作家們連停下來撒尿的時間都沒有。」但這個「創」時常並非原創,這個「新」也只是在當時的中國語境裏新。

模仿和實驗的過程是不可避免乃至必需的,很多作品雖不成熟,卻別開生面、令人興奮。我第一次看《黃土地》,別的不說,光是那些大色塊構圖和粗礪的西北民俗場景帶來的視覺衝擊力已經很震撼,我至今記得坐在漆黑破舊的電影院裏心中的激動。按說那時候我已經在美國看過不少經典影片了,但當我第一次看到中國人,而且是我的同代人也可以拍這種電影,還是不免感慨萬千。

總之,一個封閉很久的國家,剛一開放就出現了井噴式的各種新鮮實驗。從1978年到1988年,恢復大學教育也就十年的時間,才培養出五六屆畢業生。一批從小在鹽鹼地裏生長的綠豆芽,讓它們長成參天大樹是不可能的。但那是很可貴的一段時期,作品可能粗糙,可能缺乏專業性,但它攜帶着轟鳴的激情、天真的希望,也有很多raw talent(未經打磨的原始才華)。專業精神是需要長期培育的,可這一代人沒有時間,所有人都是半路出家,就算念了大學,中小學也都被文革荒廢了,底兒潮。在這種背景下去講究專業精神,很難。

我父親也是半路出家的一個例子。如果他沒有參加新四軍、地下黨,而是從小到大都在很好的學校接受教育,那麼憑他的智商和勤奮,成為一個合格的專業學者並不難。他因為參加革命,後來又被批判,不可能從政,所以才去了社科院開始做哲學研究。那時,父親已人到中年,何況還是在那麼僵硬的意識形態框架之內,他做的哲學研究怎

麼可能專業呢？他後來翻譯了波普爾、庫恩的科學哲學著作，可是他本人快五十歲了才從頭自學微積分，而我女兒在美國念高中就學了微積分。這些都應該是在成為專業學者之前打好的基礎，更別說那些從小培養的思維方式和問題意識了。這些空缺一定會影響之後的學術研究水平。

陳平原總結說，九十年代思想淡出、學術凸現。大膽尖銳的思想的確有它的意義，但社會文化處於一種粗糙的狀態，沒有學術系統，思想也就沒有學術根基，很容易成為飄風驟雨。然而，在缺乏學術規範的情況下，需要一批人先呼籲自由思想，這個階段是不能跨越的。八十年代恰恰就是這樣一個階段。雖然基礎簡陋，但有些作品真的很不錯，到現在還沒有被超越，有的今天竟又成了禁品——這也是挺可悲的一件事。

所謂八十年代文化熱，就是文化人懷有一種使命感，然後各種嘗試，各種補課，各種追趕。所有的事情都要結合當時的語境去看待和評價。時代不同，語境不同，你再用專業化的標準去苛責那些作品就會有失公允。那些作品自有一種不滅的生命力。

另外，我發現一些美國學院的知識分子，其專業化之路又走到了另一個極端，研究的東西像頭髮絲兒一樣越來越細，卻沒有超越性的關懷。前人的研究已經堆積如山，大多數人不可能有範式性的突破，只能越做越窄。由於求職和學術規範的雙重影響，有些西方學者雖然專業性很強，卻做了很多無聊的甚至味同嚼蠟的研究。有的研究只有很小的材料上的突破，而那些學者一生都在這種局促的空間裏自我陶醉。

加：這個話題我在哈佛大學遊學期間跟傅高義老師反復聊過。他說，現在包括哈佛在內的美國大學的一個很大的問

題，就是太注重統計和過於細化。他認為學者做學問要有情懷，要深入考察社會，要多交當地朋友，把這些營養用在自己的研究上去。從自己的專業出發要談論一些綜合性的問題，寫出綜合性的著作，學界需要綜合性的人才。當然，傅高義老師也非常同情現在的博士生，他們只有做到很細，注重統計和量化，才能通過博士論文，才能成為教授。我很認同哈佛學者寫的《國家為甚麼失敗？》一書的問題意識，歸根結底就是制度問題。我還是堅定地認為，制度的趨同能夠給人類帶來更多的和平與繁榮，以及更少的戰爭與衝突。

查：非常同意。近年來，統計和量化確實成了社科論文的硬指標，有點像當年玩熟瞭解構主義和後殖民理論才能找到人文教職一樣。羅勉跟我說過，他在北大主要學到了情懷，到了史丹福讀博則必須學量化統計。他說情懷非常重要，但現在他上統計課居然也上出美感來了，真讓我驚訝。我是個看見圖表數據就崩潰的人，我能想像純數學和純物理的美感，但是，統計？

不過，美國大學對本科生實行通識教育，所有人都必須修一些打基礎的核心課程，建立自己的人文價值觀。假如你是經濟專業的學生，你不僅要讀《國富論》，讀哈耶克，還應該讀一點莎士比亞和荷馬史詩，讀一點洛克和盧梭。近幾十年對歐洲白人男性中心主義有所反省之後，必讀書目裏還增加了亞非拉、女性寫作的經典，比如像《摩訶婆羅多》，像Toni Morrison（獲得諾獎的美國黑人女作家）的作品等。不管學甚麼專業，都應該對整個人類的精神遺產有所認知，才稱得上是一個受過良好教育的人。這種教育方式與孔子「君子不器」的觀點是相通的。孔子深通六藝，推廣博雅教育，認為「道」比藝和器更重要。

當然，在如今這個信息爆炸、競爭激烈的時代，大學強調通識教育、強調思考大問題，是很有難度的。現在的學生，甚至是美國精英大學裏的學生，都有很大的就業壓力。尤其那些家境不富裕的，在本科階段就要很快明確發展方向，選課的時候就要考慮將來去哪個領域、哪個公司發展，他們的求學生涯好像在為自己配備工具箱，隨時考慮需要哪組工具、哪些技巧，以應對職場的需求。

可是，面對這樣一個社會高度分工化的世界，如果每個人都只待在其中一個小格子裏，也是有問題的。美國人喜歡用 "think outside the box" 這個短語來形容創造性思維，之所以叫「盒子之外的思維」，指的是如果你變為一個狹窄領域的專家，雖然你知道盒子裏所有的事情，但你的思維方式卻跳不出這個盒子。如果只是平庸也還罷了，但不講人文關懷的教育有可能培養出一種缺乏道德維度的、純功利型的專業人才。那更可怕！這種類型，在今天的中國比美國更普遍。

過度專業化的教育讓人變得細而小，可能是當下這個時代的弊病。八十年代是談大問題的時代，它的弊病是空泛。此前，人們一直被一套荒唐的規則管束着。最近我女兒研究了大躍進和文革時期的宣傳畫，感覺那是一個不可思議的年代，連種水稻都由毛主席語錄指導。外行領導內行，哪有甚麼經濟學？所以對八十年代而言，打破禁忌最重要。

加：我很認同您「八十年代是個愛談大問題的空泛時代」這個說法。《八十年代訪談錄》出版已經了十四年，您現在回顧那本書的寫作和八十年代本身，有甚麼反思嗎？

查：那本書為那個特色鮮明的年代留下了一些珍貴記錄，當

然有價值，但它是一本殘缺的書，有些人批評它，尤其是海外的華人，指責寫八十年代卻不談八九年的事。它殘缺的原因不言自明。幸好還有香港牛津，出了一個未刪節版。不過，因為最初籌劃時就和三聯講好了先出內地版，所以訪談人都自動迴避了六四這個敏感題目。這本書的遺憾很多，我想做事卻又做不了太多的事。

加：完全理解。無奈和絕望。我估計，在知識界和文化界，中國民間的力量連百分之十都沒有發揮，剩下的全被吸去或軟埋，成為後代的負擔和民族的傷痛。我有時候很不解，有關部門的人怎麼這麼不愛國呢。自己人限制自己人，自己人打壓自己人，不知他們做這些事情的時候是甚麼心情，當然大多數人只是為了工作、家庭、飯碗，但即使考慮到這一因素，我還是不理解也不接受，畢竟，大家都是人。而對那些做法受不了的中國人就自然而然地逃離祖國，移民他國了。我可以理解，在任何國家，有權力的人首先會去保護自己的權力和地位，美國如此，日本也如此。但領導人和政府官員還是會從人性和社會長期健康發展的角度做一些「愛國」的事情，主動避免做「賣國」的事情。作為《愛國賊》一書的作者，我始終從愛國的角度思考中國問題和中國人的行動邏輯。

我好奇的是，您1987年回國後的第一眼，有沒有感覺到中國的變化？

查：從視覺上和社會環境上來說，那次的變化比我2003年第二次搬回中國居住時要小得多。當時，我參與的是文化圈內的事，所以感覺到熱氣騰騰，但出了文化熱的圈子，中國和我走之前相比，變化不大，人還是很土，街道上沒有太多新建築，機場也和走的時候差不多，一股子消毒水的

味道。我見到的景象，讓我感覺有一股鄉土氣息。不管是經濟發展還是社會環境，方方面面的變化都不大。

人是經濟型動物，吃飽了飯才能務虛，才能談精神層面的東西，談出來的內容也才能更持久。為甚麼說八十年代的文化熱有一些虛熱呢？前面講了學術根基不深，另一個重要原因就是當時的中國經濟結構。之所以有一群人開始高談闊論，是因為舊的體制解決了他們的溫飽問題，同時打開了一些言論通道。這些人的精力只有這個出口，當時還沒有掙大錢的誘惑和自由。六四之後關閉了言論閘門，1992年鄧小平南巡之後打開了經濟出口，人們的熱情就一下子湧到發財致富上去了。

八十年代是一個頭重腳輕的年代。腦袋在發燒，嘴上在佈道，但根基不牢，不可能持久。當時，雜誌、作家、學者都是體制內的，要靠國家養着。「文化熱」讓人們有了自由的幻覺，其實幾乎每個人都在一個單位裏，我身邊的這些朋友有誰沒有單位呢？戴晴是《光明日報》的，李陀是《北京文學》的，朱偉是《人民文學》的，人人都是有單位的。王朔沒有單位，所以他先是做生意謀生，生意沒做起來才寫小說。我當時也沒有單位，這也是我為甚麼後來去了《紐約時報》打工，因為需要掙點錢，但又不想找一家中國單位被徹底拴牢。

加：您提到「單位」兩個字，這好像是瞭解中國社會的一個關鍵詞。不要說您那個時代，如今在中國工作和生活，尤其是跟大學、智庫、媒體等機構打交道，我幾乎毫無例外地都被問到「你是哪個單位的？」往往還需要填表格。就像您當時在《紐約時報》，我這些年也有一些臨時的單位，但沒有固定的單位，過着一種「無單位的人生」。

公平地説，日本也有類似的概念和社會結構，日本一般説
「職場社會」，意思跟中國的「單位社會」相似。在日
本，不管是辦信用卡還是租房子，往往會被要求填寫單
位，如果你沒有固定的單位，就被判定為不可信任。日本
是一個典型的信用社會，沒有信用，甚麼也做不了。總
之，我覺得日本和中國在圍繞單位這樣的概念上都有難以
接受「另類」或「異端」的土壤。

查：是的，美國也有職場文化，但「另類」、「異端」的生
存空間肯定比中、日要更大。

我回中國一年後搬回了父母家。當時我和先生分居了，還
不確定是否離婚，但是關係已經不行了。所以，回國後的
第二年我基本住在北京。不久後，一個朋友出國，把房子
借給我住，我就從父母家搬出去自己住。

再後來，一個美國朋友介紹我面試，他熟悉的一家紐約公
司的老闆來大陸出差，想找一個中英文都好的人幫忙開拓
中國市場，做進出口貿易。於是，我們約在北京的一家酒
店見面，對方見了我一次就拍板説：「行，就是你了。」
我覺得這份工作很好。它要求先到美國總部接受培訓，工
作一段時間後再派往中國開發客戶。我當時腦子想的是先
到紐約受訓上班，等他們把我派回中國就不用坐班了。我
特別害怕從早到晚坐在公司裏。我想找一個不用打卡坐班
的工作謀生，然後繼續寫小説。

1989年初，就在我去美國的貿易公司培訓之前，我還在
《紐約時報》打過一陣工。《紐約時報》有一個駐京辦公
室，每天早上我先瀏覽一遍各大中文報紙，挑好選題後再
用英文寫一份綜述。我還幫駐京記者安排採訪，有時候也
跟他們一起去採訪、協助翻譯。辦公室還有個主任，負責
人事和財務。

當時，除了寫小說賺稿費，我還寫過一個劇本。你知道張暖忻嗎，她是第四代女導演，特別有才華，《沙鷗》、《青春祭》和後來的《北京，你早》都很有名。我尤其喜歡《青春祭》，描寫漢族知青在雲南傣族鄉村的生活，拍得優美細膩，與第五代導演相比，味道不同，卻毫不遜色。她的丈夫李陀，人稱陀爺，在當時的小說界和電影界是重要的評論家、鼓動家，呼風喚雨，開風氣之先。暖忻通過李陀看到我的中篇小說《叢林下的冰河》，特別喜歡，想拍成電影。於是，她讓我把小說改成劇本。那是我第一次「觸電」。那年，電影界教父級導演謝晉在上影廠辦了一個工作室，可以拍板一些項目，張暖忻的電影就是第一批項目之一。於是，電影有了經費。我和張暖忻、李陀夫婦一起住進上海的奧林匹克大酒店弄劇本。張暖忻先給我上電影劇本速成課：怎麼把文字轉為視覺畫面，怎麼分鏡頭等，然後我每天關在房間裏寫劇本，寫完一章他們倆看一章，聽完他們的點評，我馬上修改。酒店新開張，空蕩蕩的，非常安靜，晚上我們三個人一起在酒店餐廳吃飯，幾乎沒甚麼別的客人。這樣足不出戶大約十來天，就把劇本突擊出來了。那真是一段好玩兒又難忘的經歷。記得陀爺對我放着書桌不用，每天靠着一堆枕頭坐在大床上寫劇本很驚訝，着實調侃了我一番。那裏餐廳大師傅做的黃橋燒餅真是一絕，酥、脆、香，是我們每天必點的飯後點心，此後我再沒吃到過那麼好的黃橋燒餅！暖忻對劇本挺滿意，若有所思地對陀爺說：其實小查能搞電影。陀爺問：你是說當編劇還是當導演？暖忻立馬撇嘴一笑：當然是當導演，電影嘛！

因為一部分場景需要在美國拍攝，我又自己翻譯劇本，弄了個英文版，並和暖忻一起同兩位找上門來的美國製片人

商談，他們承諾回美國去籌資。劇本後來發表了，我拿到了稿費，比小說的稿費高多了，讓我突然有了點兒自由撰稿人的感覺。但因為六四，這部電影最終沒有拍成。

回到中國後，我每年都會和當時的先生一起到美國過暑假，飛機票都是提前買的往返票。巧的是，1989年我回美國的機票正好是六四發生後的六月十五日，這是一年前就買好了的。我就要去貿易公司上班了，先去美國接受培訓，培訓完再回國，這也都是計劃好了的。我的飛機是先從北京飛南京，再從南京飛紐約。

加：那個時候，您接觸的中國人怎麼看待美國？知識分子也好，普通老百姓也罷，甚至政府官員，您覺得他們對美國的瞭解客觀嗎？

查：政府官員我沒接觸，不清楚。我接觸的多是普通老百姓和八十年代文化熱中的活躍人物，他們最關注的還是國內的變化。那時的國內正是最熱鬧、最好玩的時候。出國熱雖然已經開始，但要說對中國以外的世界有客觀深入的瞭解則根本談不上，也來不及！當時無論打算出國的還是想留在國內的，整個社會都在擁抱西方。我們現在熟知的那些新左，包括李陀、甘陽在內，都在玩命介紹西方，他們都是八十年代文化熱中的弄潮兒。那時還沒汪暉甚麼事，他還在讀博呢。

其時，他們八十年代一點都不左，完全擁抱甚至崇拜西方現代主義思潮和自由主義理論，把現代性引進中國，在啟蒙思潮中引領人們借鑒西方的思想資源推動中國的變革。這些人都是當時知識界的主流人物，只是不同的人有不同的側重點。甘陽後來回顧說，他們編委會當年已經在討論海德格爾批判現代性的理論，可那並沒有影響他們學西

方、親西方的態度和立場，也沒聽到他們提倡民族主義精神或者討論中國道路的特殊性。甘陽翻譯卡西爾的《人論》，出版第一年(1985年)就印了二十多萬冊。陳嘉映、王慶節合譯的《存在與時間》，1987年出版時首印就是五萬。類似的例子還有很多。那些晦澀的德國哲學譯著都成了暢銷書，今天看來簡直不可思議。其實有多少中國人讀懂了海德格爾？它顯示的只是八十年代中國人對西方思想的飢渴。那時不管你是挖掘傳統還是探索前衛，不管是老先生如汪曾祺，還是阿城或其他尋根文學作家，大家對西方的普遍態度都是正面的。

此外，當時海歸很少，信息也不發達，如果有誰在國外生活過，回國後很快就會有親戚朋友來打聽。雖然我一直在談文化熱，但我感覺那時要出去的人和我出國時比，已經有了更實際的考慮。比如會考慮要不要移民，怎麼能掙更多錢，國外的生活費高不高等等。這時你會發現，大多數人並沒有關注那麼多高大上的問題，都是很具體的形而下問題。比如，經常有人來找我打聽怎麼出國，怎麼拿獎學金，出國要帶甚麼東西等。

加：哦，這跟今天到美國留學或旅遊的多數中國人很像。

查：有一個詞叫「八大件」，指八種家用電器。當時，出國是有指標的，回國後可以用這個指標購買電器。我回國後就有人向我諮詢，希望用我的指標買冰箱彩電。所以，日常生活中大家感興趣的都是很具體的問題，沒有人問我美國的民主自由怎麼樣，法治人權怎麼樣。

知識分子在討論時偶爾也會提及美國的生活，但並不佔主導。這些知識分子真正的興奮點都是中國正在發生的事情。他們介紹美國，也是以思想為主，討論的都是各種思想論著，好像美國就是一本本打開的書。文學家們略有不

同。當時會有一些作家代表團短期出國訪問，有些人一回來馬上寫美國見聞，去的時間越短寫的文章越長。如果在美國待過好幾年，反倒不敢隨便寫了。你想想，一個代表團裏大家都不懂英文，翻譯陪遊，一次去三個國家回來就能寫一本書，一個國家好幾章，但這種走馬觀花的書讀者居然很多，畢竟絕大多數人一次都沒出去過。

加：接下來的問題，是我最想跟您聊的話題——六四。首先我想問的是，六四的發生對您的生活和工作有影響嗎？

查：六四對我來說是改變整個人生軌跡的一件事，一切計劃全被打亂，而且是突然性的被打亂。如果沒有六四，我走的肯定不是今天這條路。

八十年代初，大家都說報效祖國，我也有這種想法。其實報效祖國有許多條路，但當年對我而言就是回國寫作。我是這麼想的，也是這麼做的。如果沒有六四，我從來沒想過下半輩子要在兩個國家之間來回走動，更沒想過要改變國籍。

回國後的生活一如我所期待，熱烈而充實，有時簡直就像一場集體發燒。那時候同仁辦刊真是挺順的。比如像《東方紀事》，雜誌一期期在出，編輯部內部可能有一些小矛盾，但都是正常的業務討論或者個性衝突，沒有哪一期雜誌有來自官方的審查或干擾。

但是，1989年的夏天，這個團體迅速消失了，沒有人宣佈雜誌停刊，一切都非常粗暴地終止了。這個團體裏，有的人出國了，有的人進去了，有的人退出了。戴晴進了秦城。李陀去了美國。朱偉留在北京，去研究美食了，研究歷史上的某道菜怎麼做，等於退居養生了。

九十年代初的國學熱，跟1989年的事件關係密切。八十年代有三大叢書，除了「文化：中國與世界」和「走向未來

叢書」，還有湯一介先生主編的「中國文化書院文庫」，
是介紹國學和傳統文化的。但是國學熱要到1990年才出
現，忽然有更大一批學者回到書齋面壁，去鑽故紙堆了。
這跟魯迅那篇《在酒樓上》裏描寫的辛亥革命後的低潮有
幾分相似。熱血青年一旦希望幻滅，很容易變成意志消沉
的文人。

加：您說國學熱和六四關係很大，六四讓很多人受到打擊，
　　就有意跟社會保持距離，遠離政治，回到書齋，對此我可
　　以理解，但為甚麼非要研究國學呢？

查：當時，社會氛圍嚴酷，大學、報刊、出版社都在挨個接
　　受審查，大家忽然對參與當下的討論有了恐懼，有一批學
　　人就把研究國學作為迴避當下政治環境的一種方式 —— 國
　　學就是舊學，而且與西方沒關係，最安全嘛。至於新左派
　　強調中國道路的特殊性，不能做西方道路的模仿者，這一
　　傾向要到九十年代中後期才正式浮出水面，但我們不要忘
　　記它的起因與六四鎮壓直接相關。所謂「中國道路的特殊
　　性」，不正是在六四之後才開始凸顯出來的嗎？

　　1989年4月，我正在給《紐約時報》打工。到了五月，學
　　潮在北京已經演變為全社會的運動。老百姓給學生送水送
　　飯，出租車司機讓學生搭便車，北京街頭每天都有成千上
　　萬的人遊行，到處都有聚眾演講。雖然我六月份就要去美
　　國的貿易公司上班了，但受到當時氣氛的感染，我特想親
　　身參與一下這場歷史性的街頭運動。因為我還在《紐約時
　　報》打工，只能下班後去。很多遊行都是單位組織的，可
　　《紐約時報》是西方媒體，給它工作意味着我只能報道和
　　觀看，不能參加遊行。於是，我提前幾個星期辭職了。之
　　後我就天天去廣場，有時候和哥哥、弟弟或朋友一起去，
　　有時候自己去。我和朱偉一起去過，還和後來消失了的呂

梁一起去過。呂梁是上海資本家的後代，也是朱偉的鐵哥們兒，在《東方紀事》負責美工，後來炒股成了業界聞名的神秘人物。九十年代有一個股市大案，其中一位代號「K先生」的就是他。股市雪崩後，他消失了很多年。

辭職後，我由一個純粹的觀察者，變為置身其中的參與者。除了遊行，我還在各種聯署上簽名，幾乎是有求必應。五月中旬，我被朋友拉去參加了一場大規模的知識界支援絕食學生的遊行。那天，每個人身上都掛了橫幅。現在的人或許認為那是想出名，才把名字寫出來，但當時大家想的是要實名參加，不怕留下自己的痕跡。每一個人都寫了名字掛在身上，跟綬帶似的。有的人還在白布條上寫上「愛國無罪」，日本人好像也戴這種。

加：因自信，才實名。一個陽光而自信的社會，應該是公民主動行動，主動實名，主動納稅，而非被迫逃避，被迫沉默，被迫移民。在參加運動會或觀看世界杯的時候，日本人往往戴着寫着「必勝」的頭帶。我當運動員的時候也戴過，至今還保留着一條藍底白字寫着「天下無敵」的頭帶。目的是不斷刺激自己，鼓勵自己，不輕易放過自己，也可以說是不忘初心吧。

查：把名字掛在胸前，也是在給自己施壓：你不敢寫名字就別參加遊行。記得那天一直遊行到天安門廣場，學生們鼓掌歡迎，要我們每個人講幾句，別人都是慷慨激昂、出口成章，我卻笨嘴拙舌，接過手提話筒一共只講了三句話，最後一句我至今記得清楚：「歷史上任何鎮壓學生運動的政權都沒有好下場！」

2008年，劉曉波為我哥哥九年刑滿出獄接風洗塵，吃飯的時候他突然跟我說：「我這裏有一張你八九年的老照片，

我敢保證你一定沒有，我回去就傳給你，留個紀念。」
第二天他果然email給我了，正是那次知識界大遊行。照
片上，我站在遊行隊伍第一排的邊上，戴着草帽，穿着裙
子，身上掛着寫有「查建英」三個字的白色橫幅。

那段時間，事情發生得很密集。絕食、學聯的行動、《告
黨中央及全國人民書》等等，社科院有人上門來找我爸
簽名，全社會都在關注和參與。規模最大的是臭名昭着的
「四二六社論」之後的遊行，一百萬人參加，浩浩蕩蕩，
主幹道上都是人。

加：哦，這讓我想起我2019年在香港看到的上百萬人的大遊
　　行。在街上，陌生人之間互相鼓勵，朝着一個共同的方向
　　緩步前行。那才是真正的團結，甚至和諧，完全自發自
　　覺，忠誠於自己。那樣壯觀的場景，我還是第一次看到。
　　感動不用說，我從中還看到了公民的力量和人性的吶喊。

查：同感。2014年雨傘運動前後，我曾跟林道群說過：一個
　　政治大時代即將在香港拉開序幕。但那時候並沒有想到僅
　　僅五年之後，香港就會出現這樣波瀾壯闊的大規模抵抗
　　運動！2019年6月我在紐約，3日晚上剛在亞洲協會為紀念
　　六四三十週年舉辦的歷史記憶研討會上發了言，9日就看
　　到香港百萬市民遊行的畫面，我當然立刻聯想到三十年
　　前北京的百萬市民遊行，真是感慨系之！1989年香港人全
　　力以赴聲援我們北京人(比如那年5月28日，世界各地有兩
　　百五十萬人參加「全球華人大遊行」聲援天安門學運，其
　　中香港人就佔一百五十萬，創了歷史紀錄)，沒想到如今倒
　　過來，北京市民竟鴉雀無聲——除了那些網絡愛國賊。我
　　在朋友圈裏轉發了香港遊行的圖片報道，結果當天晚上我
　　的微信賬號就掛了，而且是永久性封號。這是我的微信首
　　次被封，為了聲援香港，我感到十分榮幸。那些天，因為

同樣原因，大批北京朋友的微信賬號也紛紛淪陷。這恰恰證明了無數北京人的心是與香港人連在一起的。

接着說八九年春夏之交的北京。那些日子，我常有一種感動。以前一直說中國人素質差，但這時候大家都站了出來，讓人感覺到人性美好的一面。所有的人都忽然變得非常文明，彬彬有禮，佔小便宜的人沒有了，小偷也不偷了，司機都很大方的免費拉學生，很多人自願給學生送水送飯，社會風氣一下子變得非常君子，人與人之間特別友好，甚至出現了一種公共精神。一方面，不再恐懼，大家都在現場，彼此激勵，同氣相求；另一方面，終於可以自由表達了，在自由表達中展現出人性的尊嚴和善意。

加：我在北大上學的時候和同學討論中國甚麼時候實現民主，以及中國需要甚麼樣的民主。很多人認為中國的確在朝着民主化的方向發展，但因為中國人素質低，會選出不好的議員和領導人，所以不太容易實現，也不應該過早實現。我當時覺得這是藉口。您的話讓我覺得只要給民眾一定程度的民主機會，人們的素質就會自然提高。實現民主等於讓公民成為這個社會真正的主人翁，自然要提高素質和責任心了。我很反感許多中國人，尤其體制內的人高舉「素質論」來主張民主不適合中國。

查：如今似乎把那段時期說成了非常時期，其實那是中國人真正比較正常的、有人性的一個時期。人們忽然有了表現的機會，這要擱現在會感覺很不真實。中國怎麼會有這樣一段歷史呢？居然有這麼大規模的全社會參與的和平抗議活動，並且井然有序，沒有打砸搶，沒有貪污和偷盜。

第一次官方派軍隊開往市中心的時候，很多大爺大媽躺在軍車前，說：「要開就從我身上軋過去。」這些士兵還很年輕，很多是鄉下子弟，不清楚情況就被從信息全封閉的

外地軍營運了過來。市民們給士兵送水送黃瓜，苦口婆心地向他們解釋這些都是愛國學生，中國人不打中國人。後來，軍車沒有開進城。

五月初，官方說這是一起騷亂事件——當時說的還是「騷亂」，不是「暴亂」。那是我第一次在和平年代看到這種景象——軍用飛機在市中心撒下傳單，讓大家趕快都散了。我記得在家裏陽台上仰頭望着這些鋼鐵怪物在空中盤旋轟鳴、向地下的人群撒傳單，心想：蝗蟲下崽呢！那是我第一次想到：這個政權是反人民的。

加：中國有一個很大的問題，是統治者不相信被統治者，政權不相信人民。在日本人看來，如果政治家不相信自己的選民，那怎麼搞政治呢？政治家是被人民選上的，他們也希望老百姓都有較高的素質、修養、知識，對政府有信心。政治家需要競選，與老百姓要相互信任。然而，我在與中國打交道的日子裏看到的是政府與人民之間的互不信任，一種非常深刻而徹底的互不信任。統治者與被統治者如此互不信任，還能生存和發展，我看這樣的國家世界上很少。在這個意義上我力挺「中國特殊論」。進一步說，迄今為止，在中國，不管是政府官僚還是普通百姓，都在利用中國特有的互不信任機制瘋狂佔便宜，將自己的利益無底線最大化，有些人害怕一旦信任機制建立起來，自己將失去特權和制度優勢。

查：你說的前提是領導人是由人民選舉產生的，在中國，沒有這個前提。民國初期的議會政治僅限於社會精英階層，而且是一場始亂終棄的實驗——混亂、短暫，沒走到普選就夭折了。此外，中國自秦以降，就只有綿延至今的專制統治。愚民政策、政府與人民互不信任，在這樣的體制下成了常態。統治者，包括共產黨在內，總愛講「民心」

如何如何，其實他們永遠最在意的是「君心」，法家講的「君為民之心」才是赤裸裸的大實話。在古代，君心即民心；在今天，黨心即民心，君心即黨心。我不是説黨與民、君與民之間沒有互動，當然有互動，但主動權一直掌握在君和黨的手裏，民眾實際上天天受騙、日日受辱，被權力當作可操控的小兒和要防備的刁民。中國的老百姓很可憐。

扯遠了，接着説八九年春夏的事。這期間給我留下很深印象的是在群情激昂的運動中還有極少數不同聲音的存在。五月下旬的一個傍晚，我參加了在社科院召開的一個小型緊急會議，類似秘密會議，我已經忘記是誰召集的，又是誰通知我這個沒有單位的個體戶去的。會議討論的主題是知識界、學界要進行新的聯署。會場裏很多人在抽煙，煙霧繚繞，跟地下黨開會似的，很多著名的知識分子和學者都在。我説的那個不和諧的聲音，來自莫言。當時，運動已經到了尾聲，情況已經相當嚴峻，大家正在討論，要怎麼開展進一步的行動，知識界與廣場上的學生如何協調等等。莫言發言時，突然説了一句讓我印象極其深刻的話：「中共中央是不會容忍你們現在這種狀態的。」

莫言身上有一種農民的直覺和狡黠，他腦子裏沒有其他知識分子那種發熱的希望或者説幻覺。當時，體制內有不少自由派的人，大家都在説紫陽如何如何，鮑彤如何如何，親切得跟當年的「小平你好」一樣。趙紫陽那段時間在《人民日報》等官媒上多次發言，語調溫和，明顯同情學運，更讓大家認為紫陽和我們一條心，是民眾可以信任的領袖。可是自從五月十九日北京戒嚴以後，各種流言滿天飛，包括趙紫陽已經被內部罷免的傳言，大家都覺得應該支持黨內的開明派，如果他們還能出來支持學運，民心所

向，最後會有好的結果。所以大家仍然處於亢奮的狀態，沒人重視莫言的聲音。

這樣一個農村長大的作家，他看問題的角度和那些書生氣的知識分子不同。那天他發言不長，說話不緊不慢，冷靜的聲音與房間裏的氣氛不大協調。那時候他已經寫了《紅高粱》、《透明的紅蘿蔔》，但我覺得他身上始終帶着農民那種從土地裏生出來的「本能的直覺」──權力沒有你們想像得那麼浪漫，黨中央要捍衛自己的利益，不會讓步，你們贏不了。

當時，很多知識分子和老百姓依然沉浸在這樣的氛圍中──我們是代表民心民意的巨大群體，群體內的信任、熱情、希望，激發着人性中美好、勇敢的一面。連《人民日報》都上街遊行了，還拉着橫幅「我們不再撒謊」。全世界都在關注、同情、支持。在這種氛圍下，沒人覺得坦克會真的開進城。有人會想是不是該撤了，但能想到最後會開槍的，肯定是少數。

作家當中，王蒙也是當年冷靜的少數人之一。我仔細讀過王蒙的回憶錄，他在八十年代後期當文化部長時就已經警覺到社會氛圍太亢奮，知識分子要求改革的調門太高，是不會有好結果的。他和莫言的成長背景不同，卻有着同樣的政治直覺。他經歷了反右、文革以及在新疆十六年「流放邊陲」的生活，對中國的體制和國情看得很透，知道這裏是領導說了算、黨中央說了算。他在回憶錄裏寫了一段話，大意是：你說你要做獨立知識分子，可是你吃的糧，你住的房，你的工資，甚至你拉的粑粑，都是公家給你發放、處理的。當一切都是國家的，你的獨立性何在？強調獨立人格，這不是矯情嗎？

八十年代，我們很多人都生活在一種美好、天真的幻覺

中。這和男女之間的事是相通的。男女之間的浪漫就是因為經常生活在一種幻覺中，荷爾蒙水平非常高，多巴胺不斷分泌，這在發生的時候並不是幻覺，一切感受對你來說都很真實，你一定希望這種狀況能夠永恆，但這個永恆只是幻覺。你在特別美好的浪漫時刻自然不願意考慮這種感覺甚麼時候結束，那太煞風景了。一切理性的權衡都是煞風景的。更別說八十年代公眾場合裏的意見領袖很多都是文人，文人的特點是感性、多情，容易憤世嫉俗、壯懷激烈，也容易痴心妄想、不自量力，他們不是理性的政治家，妥協讓步是很難的。我現在能記起來的當時惟一一個發出不和諧音的就是莫言。

加：我的第一反應是，怪不得莫言有今天的「成績」。他的直覺很「正確」。您的這段回顧特別具有史料價值，六四改變了很多中國人的人生，以及中國未來的方向。莫言作為中國大陸第一位諾貝爾文學獎獲得者，世界要記住這段歷史。

查：他的生存智慧幫了他。他知道權力的厲害，知道誰是真正掌握你命門的人。他的腦子始終不會錯亂。

此外，也有一些相對理性的聲音提醒大家不要走得太遠，提醒大家這是一個妥協拉鋸的過程，已經有進步了，已經引起全球的關注了，大城市裏已經有社會各界的參與和支持了，要適可而止，要留有談判的餘地，否則會逼死一些體制內的溫和派和改革派。戴晴等人的勸阻我是理解的，他們看得比較遠、考慮的是最終的勝利。但莫言和他們不同，他不像戴晴或者廣場最後階段的劉曉波他們那樣苦口婆心地勸學生，說我們的目標是一樣的，但路要一步一步走，要學會妥協。莫言的意思就是你們是異想天開，這個國家能讓你們說了算？

莫言是苦孩子出身，小時候在農村餓得吃過煤塊，他和劉曉波，特別是戴晴的出身、成長背景非常不同，選擇不同的生存態度毫不奇怪。但他早已被中國官方體制接納，而在獲得諾獎之後，他從來沒有為那些長期遭受政治迫害的中國作家同行公開出來講過一句話。世界也要記住這樣一個事實。

不說莫言了，接着說六四。五月下旬，社科院那次會議之後不久，運動到了瓶頸期。學生在廣場上待了那麼多天，已經有些無聊了，去的人也少了。於是，劉曉波他們「四君子」，一方面以身作則，自己也去絕食，以此獲得同學們的信任，一方面勸說學生撤離。這時候，他們還有話語權，還可以說「你們適可而止」。不幸，「四君子絕食」在廣場上引起的小小興奮，就像迴光返照一樣，一切都為時已晚。

此前，北京有各種傳言，也發生過官方宣傳讓大家回家但最後軍隊被攔住的事情。所以，大家始終覺得不會真開槍。那天，有朋友傳來小道消息，說高層這回真的要鎮壓了，聽完之後我心跳加速了一下，但覺得應該不會吧，仍抱着僥倖心理。

我家住在長安街東邊的建國門外。三號下午，我打算出去看看街上的情況，剛走到建國門橋，就在橋下看到了第一個死人。一輛軍車開到那兒被一群人圍住，軍車在停下來的過程中，軋死了一個人。那人穿着一件白襯衫，藍色或綠色的褲子，我不清楚他是平民、軍官還是士兵，但他的樣子我記得很清楚。

我擠進人群，看到那人趴在地上，腦漿子流了一地。我第一次看到人的腦漿子像豆腐腦一樣，白花花的一大片。

人群很憤慨，紛紛在議論這輛軍車怎麼橫衝直撞，看來今

晚可能真要出大事兒。我一抬頭，正好看見我在《紐約時報》打工時的頂頭上司紀思道（Nicholas Kristof），我前些天還在為他工作呢。他後來成了《紐約時報》的幾大專欄作家之一，當時他是駐京記者站站長，來中國還不到一年。他和太太被同時派駐，他太太是一個美籍華人，生在美國、長在美國。他們趕上六四，持續報道，夫婦倆一起獲得了當年的普利策獎。那天他顯然是在跑現場。大家圍成一個圈，中間是死人和軍車，我在圈這邊，他在圈那邊。他也看到了我，我們對視了一下。在那種緊張的狀況下，我們沒有說話，各走各的。

離開建國門橋，我先回了趟家，準備給幾個朋友去電話打聽一下消息，順便吃了點東西，再去廣場。那天電話不斷，大家都在互通音訊。我的一個朋友、還有我弟弟的女朋友都打來電話說傳聞今晚要清場。我弟弟也想出去看看，於是我們一起出門往廣場方向走。

走了一會，發現已經有軍車開到城裏了，但還沒有成排地佔領廣場。繼續往西走，沿途一直設有路障，有的市民把路障連成一排，有的就用自行車橫堆起來阻擋，和之前市民阻攔軍隊一樣。

到廣場的時候，天已經黑了，但人還是很多，我走到金水橋的斜對面，歷史博物館門前。那裏聚集了很多人，紀念碑附近的學生還沒有撤，他們在那兒待了很久，到最後大喇叭開始廣播了還一直待在那兒。

晚上，有軍車在金水橋前面燒着了。這是一個很刺激的場面，因為天黑之後，火顯得很亮。熊熊燃燒的是APC（人員裝甲運輸車），不是真正的坦克。金水橋邊燃燒着一輛裝甲車，赤金色的火焰不斷衝上黑色的夜空。

一開始，每個街角都有很多人。從西邊進城的軍隊一路從木樨地開過來，漸漸集結到廣場西側，市民們就越來越往東邊集中，我所在的位置有很多人。後來才聽說，軍隊進城後一路開槍，坦克已經在木樨地一帶碾死了人。但當時我們還不知道確切的消息。

半夜開始廣播了，次數越來越頻繁，不斷重複着同樣一句話：「今晚北京發生了反革命暴亂，請所有市民趕快回家，否則一切後果自負。」開始有人撤了，但大部分人還是不願離開。

開始有人傳言說有的地方開槍了，死人了，但更多的人認為不可能，即使開槍，打的也是橡皮子彈。人群議論紛紛。就在這時，我旁邊一小圈人裏的一個瘦高個一下就倒了，中了一顆飛彈，大家心想肯定是橡皮子彈。結果發現這個人死了，子彈是從他的脖子穿過去的。有板車趕緊拉着他往醫院跑，但其他人還沒有走，大家都在議論，說學生再不走今晚真的要出事了。

天越來越黑，已經凌晨了。最終開槍應該是一點到兩點之間。那時候我們站在廣場東側，可以看到西側黑壓壓的軍隊，不光有裝甲車，還有步兵。軍隊從西往東走，把街道都佔滿了——不光道路兩邊，整個長安街一直到金水橋之前全都是軍隊。這又是一個我連做夢都不曾想到自己會親眼看到的場面：一排排戴着鋼盔、荷槍實彈的中國人民解放軍士兵密集地站在平時車水馬龍的長安街上，與一大群本國的平民對峙。

然後，廣播停止了，廣場西側亮起了燈，非常安靜，感覺那一刻真的要來了。

當時，我彷彿處於一種非真實的場景中，畢竟還有幾千人

在那兒，大家聚在一起，赤手空拳與軍隊遙遙對峙，居然完全不知恐懼。如果單獨一人，肯定早就跑了。因為人多，大家還有最後殘存的一點幻覺，還壓着憤怒和恐懼，不相信會變為一場屠殺。很多人還在議論，咒罵。

最後，開槍了。

第一排槍沒有朝人群打，「啪啪啪」的一下掃過來，掃在人群的前面，可以看到子彈打在空曠的廣場地面上濺起的火星。大家一看真開槍了，就往後退了一下，但還是沒有走遠。接着，大家開始罵人了，特別大聲地罵，甚麼「操你大爺」「法西斯」全冒出來了。

然後第二次、第三次槍聲響起，我看見有人倒下去了。「嘩」的一下所有人開始往後跑，我跟着他們一起往東邊跑。因為對方發現子彈打在地上，人群都不走，就直接向人群開槍，倒了幾個人後，附近一群人就都跑了。接着，停止掃射，大家又站住不跑了，有不少人趁機回去抬倒下的人。這種情形反復了好幾次。每一次之後人群都退得更遠，每次都有死傷。現在大家都知道軍隊用的是真子彈，還有人說是開花彈。夏天很多人穿着白襯衫，我親眼目睹有人中槍後身上一大片血，像一個巨大的血窟窿，然後不斷有人用板車去抬人、運人。這時候有些人氣得發洩般地朝軍隊的方向扔瓶子，扔隨手從路邊撿起的碎磚頭。大家罵得更厲害了。先是不同的人亂罵「操你大爺！」「這幫畜牲！」忽然，夜空中幾千條嗓子匯聚成一個聲音，高聲大喊：「畜生！畜生！畜生！」然後是：「大罷工！大罷工！大罷工！」

那個至暗時刻，那些憤怒到極點的北京市民拼了性命一起喊出來的聲音，讓我永生難忘。我用了最大氣力和他們一

起喊。在我的記憶中，這些憤怒的聲音比夜空中的槍聲更加震天動地。

記得在開槍之前，還有人唱國際歌，一方面是宣洩極度緊張亢奮的情緒，一方面也是為自己壯膽。開槍之後就沒人唱歌了。我感覺前後抬走了有十幾個人。

我在離開廣場之前，看到一輛救護車插着一面白旗在救人。這面白旗是真的旗子還是一塊布，我已經記不清了。有人倒在地上救不出來，這輛救護車就從東緩緩往西開向空蕩蕩的廣場去救倒在那邊的人。掃過來的子彈在車輪前濺起很小的火花，車開得特別慢，但是非常堅定地一點點朝前走。

然後，人群越退越遠。當發現真的開槍、真的死人了，大家還是很恐懼的。人群越退越遠，逐漸遠離了廣場。等我們這批人都撤了之後，軍隊開始清場，從天安門一路往南清。

出事後，我和弟弟一路走回家，一路上一句話都沒説。空氣中飄散着一股焦糊味，馬路上到處都是自行車堆起來的路障和一簇一簇的人群，走到東單還聽到有人説：「不行了，開槍了，前面必須得擋住！」那時候才真正清晰地意識到這是一場屠殺。

在長安街上走着走着，不知道甚麼時候，我的眼淚掉了下來。一個如此不真實的場景，就發生在眼前。一個在和平年代長大的人，親眼目睹了軍隊槍殺手無寸鐵的本國平民。我一邊走，一邊流淚，感覺心底有些東西正在死去。

天真浪漫的八十年代，我自己的青年時代，在那一夜徹底結束了。

加：您和弟弟一夜都在廣場上，父母聽見外面開槍是不是急壞了？

查：爸媽一直沒睡，看到我們回家，才鬆了一口氣。大家都聽說開槍了，他們怕我們出事回不來了。

這時已經快天亮了，我睡了一小會兒，起來發現樓下全是人。社科院的李慎之先生跟我們住一個樓，也在樓下，大家都在議論，說開了槍，政府真是沒有底線了。天亮之後，坦克已經清完場，長安街上都是大兵。我們家離長安街很近，不過二百米的距離，有一陣子可以聽到成排坦克正在轟隆隆地開過，履帶碾壓堅硬的馬路發出的聲音特別刺耳。鄰居們全都靜默地站在樓下，聽着這震耳欲聾的轟鳴，誰也不敢往長安街的方向走。一位老人說，當年日本兵進北平就是這個聲音，他們已經多少年沒聽到過了。

三十年後，在坦克旅服過役的表弟告訴我，坦克不像普通機動車那樣裝有消音器，所以坦克行進時震耳欲聾。表弟在六四之前已經退役轉業，但他那個坦克旅裏有一些戰友奉命進京參加了「平亂」。多年以後，其中一位告訴我表弟，當時他們被運到北京城外待命，兩眼一抹黑甚麼都不知道，只是在指定時間、指定地點、按上頭的命令開着一長列坦克轟隆隆地碾過首都市中心的大馬路。坦克的任務就是「震懾」。這些坦克兵大都是普通工農子弟，後來全都復員回鄉了。表弟說，參加了這種事情的士兵，一般來說是不會被重用的。

命運的巧合在於當時我手上有一張已經買好的回美國的機票，大概是七號，先飛南京，在南京待一個星期，十五號再從南京飛往紐約。

我丈夫當時在南京，極度焦慮，聽說北京已經開槍，打電話問我有沒有出事。也有國外的朋友打電話來詢問我的安全。當時的情況是再留下來，可能就出不去了。機場已經

一片混亂，接下來不知道會不會封鎖機場，電視上播出了二十幾個要犯的黑名單，已經出了逮捕令。我因為沒有單位，只是以一個普通公民的身份參加了遊行，自然不在這個範圍內。

六四之後好幾天，全城都處於恐怖狀態，街上都是空的，學校也停課了。

我有一個海歸朋友，當時在CNN打工，在報道現場，一顆子彈從她屁股上擦了過去。要是稍微歪一點，她就死了。還有一個北京朋友，住的是臨街的高樓，他鄰居的孩子出於好奇，趴在樓道的窗口伸腦袋往外看，結果被一槍打死。所以，有那麼一陣子，大家都不敢上街，甚至不敢趴窗戶向外張望。

我去機場的時候，叫不到出租車。那天是一個髮小用他的自行車馱着我的一個箱子，向機場方向騎，半路上找了一輛黑車。一路上都有一股焦煳味，自行車給燒了，路障也燒了。我記得那天下着小雨，街上沒有行人，有一種怪異的安靜。經過好幾個路段，都碰到了全副武裝的軍隊在巡邏，或是清除路障。

機場一片混亂，很多人因為走不了就睡在那兒，還有一些外國人。各國政府的外交人員能撤的都已經撤了，他們擔心中國要陷入內戰或者有其他變故。幸運的是，我那趟飛往南京的航班沒有取消。

我最擔心的是我隨身帶了一大包關於六四的材料。

我有一個後來被捕的朋友，在現場一直和學生領袖有非常多的聯繫，他是媒體記者，所以有這樣的意識——這是一場歷史性的事件，必須保留一手資料，包括開會記錄、廣場聲明等關鍵性原始文件。他留了滿滿一書包的材料，

擔心自己出事被捕，就提前把書包給了我。他覺得我是一個有外國朋友的人，說要是我方便的話，可以先把書包存在外國朋友那兒，實在不行再帶出去。然後我們就沒有再聯繫。我去機場的時候，身上背着他托付給我的這個雙肩背，裏面鼓鼓囊囊地塞滿了文件。

我擔心海關會搜出來。但當時太亂了，根本顧不上那麼多。在北京機場，我居然混過去了。到了南京，要出國的時候，我丈夫特別擔心，萬一書包被扣，我就走不成了，這些文件也出不去了。但我還是決定帶着，我都已經帶到這兒了，不能把它留在南京。結果，登機時也沒有開包檢查。到美國後，我把它交給了BBC。

那時，人與人之間的信任感很強，有一種革命時期命運共同體的感覺，相信你會保住材料，不會告密。如果我是一個壞蛋，我大可以説出材料是誰給的，但是他根本不會有這種想法。這位朋友不是北京人，我們雖然認識，但並不是很熟。他是一個大牌記者，也是一位紀實報告文學作家，那時已經很有名氣。我現在不能説他的名字，我擔心説出來，還會翻出舊賬，給他惹麻煩。他後來確實被捕了，被關了很久。

他當時也不知道我要出國，但知道我是從國外回來的，有外國朋友，就覺得我可以信任，可以通過我把資料先存在外國朋友那兒。這是見證歷史的材料，可以用來寫東西。我當時確實是按照他説的方式，先給了我非常信任的一位住在北京的外國朋友。開槍之前我預感要出事，就跟朋友說把那個東西給我吧，別留在你那兒了。外國朋友就把背包原封不動地還給了我。現在來看，我的決定是對的，我不可能把材料留在這兒，留在這兒我也不知道下次甚麼時

候可以見到他。後來，BBC用過其中一些材料，就有學運的關鍵文件。

我當時在南京有一些文學界的朋友，他們說查建英來了，她在廣場上，是見證者，就趕緊召集了一個聚會讓我講一講北京到底出了甚麼事。當時，官媒封鎖了消息，謠言滿天飛。開槍之後幾天，外地還不清楚北京的情況，南大的學運還沒有結束，上海還在繼續遊行，全國範圍的鎮壓還沒有開始。大學的廣播站、學運的廣播站還沒有停播，我掌握的第一手信息還很珍貴。作為見證者，我講了我看到的情況，他們聽得目瞪口呆。據說有些人聽完就直接上廣場遊行去了，還有一些人覺得這回徹底沒戲了，就悄悄躲開政治，回家寫小說去了。

幾天後，我上了飛機，和先生一塊兒回到了紐約。

加：您的故事太震撼了，我沒有辦法用語言給予任何回應，只能沉浸在您作為見證者的場景中。我1984年出生，六四發生時才五歲，坦率說沒有任何記憶，也不瞭解當時日本媒體的報道。您剛才的講述，是我聽到的關於六四最生動的故事。謝謝您讓我瞭解並走進了那段不該被遺忘的歷史。您當時正好有這樣一張機票，或許也是命運的巧合吧，它影響了您後來的人生。據說當時很多人都是逃亡的心態，您也是這樣嗎？

查：當時我腦子裏根本沒有很清晰的思維，幾乎是半空白狀態。我也沒想過走了之後可能就回不來了，因為當時幾乎處於戰爭狀態，人的思維不是正常狀態下的思維。我見到的一切都是我從來沒有想到的 —— 軍隊在我面前開了槍，死了人，全城戒嚴，混亂的機場，感覺自己跟地下黨似的背着一包秘密材料出去送信，所有這一切都是非真實的狀態。

那一年，從我的私人生活到國家秩序，全部失控。我的個人小世界和外部大環境同步發生着變動，震撼性的出軌，崩塌式的混亂。我平生最痛苦的一次失戀也是在那個時候發生的。我和丈夫已經分居一年，家裏人也知道我的婚姻保不住了。

我是在逃離還是在憤怒的出走？我把材料帶出去之後怎麼辦？到美國之後是上班、離婚、等待時機再回來？還回得來嗎？我的腦子完全是亂的，根本沒有籌劃任何事情的心情。

加：接下來該怎麼辦？這種自我提問和掙扎都沒有嗎？

查：沒有。我只能活在當下這一分鐘，因為滿腦子都是剛剛發生過的事情。當鄰居一位老人由此想起日本人進城的時候，我爸蒙了，他之前一直堅信無論如何軍隊不會開槍，覺得共產黨裏還是好人多。那一天，他徹底崩潰，目瞪口呆，說不出一句話。那種崩潰感，我相信親歷六四的很多人都經歷過。至少在當時，它讓我沒辦法正常思考。

我沒想過以後要怎麼樣，除了以普通人身份參與之外，我也沒想過還要跟這場運動發生怎樣的關聯。我不像劉曉波，他當時正在哥大做訪問學者，提前回國參加學運。我從頭到尾都只是純粹個人的行為，我不想當革命者，不想參加甚麼組織，更不想當領袖。

到紐約後，我很快就去公司報到了。公司在曼哈頓中城，紐約最繁華的地段，我選擇在上城我最熟悉的、在哥大讀書時住過的街區租了房，每天早上坐巴士去上班。下班後，我會看國際媒體的新聞。我在天安門現場看到的只是我這一雙眼睛能夠看到的，國內媒體還是老一套：先全面封殺，再全面歪曲。但國外的媒體從各種視角全面報道了這一事件，不斷播放從胡耀邦去世到抗議運動的全過程，

報道了北京和其他城市的具體情況以及開槍前後的場景。
這是震撼全球的大事件，我看到了很多在中國沒有看到的
場景。

那些日子，我整個人處於抑鬱狀態，只要一想起這件事，
一想起六四那天的場面，眼淚「嘩」的就下來了。有一次
我乘巴士去上班，車上都是人，我站在那兒，手裏抓着吊
環，心裏恍恍惚惚，眼淚不由自主的往下掉，根本顧不上
他人的目光，車上的人肯定認為這是一個神經病。上班的
時候，我穿着套裝，看起來好好的，但腦子時不時就會走
神兒，公司的人肯定在想這個人究竟是怎麼回事！

回到美國，好像來到了另一個世界，一個正常的世界，但
我對這個世界非常拒斥，感覺這個世界一切正常的運轉
都是在否認我剛剛看到和經歷的一切。這裏好像甚麼都
沒有發生過，一切都在照常運行。但怎麼可能甚麼都沒
有發生！地球另一端，那麼多人的生活被粗暴地改變，
美好的夢想被坦克徹底碾碎，整個國家生活在一種新的恐
懼之中。然而，眼前的美國一切都是那麼正常，那麼太
平盛世。我每天正常上班，感覺很荒誕。公司開始給我做
進出口貿易流程的培訓，老闆說要培訓我做紐約的office
manager（辦公室主任）。當時公司業務多半是從歐洲進口機
器設備，少半是做紡織品貿易，派駐中國開發市場的事也
暫且不提了。我原有的計劃和生活被打亂，可能再也回不
去了。

加：日本人都知道8月15日是終戰紀念日，4月28日是日本回
　　歸社會的紀念日（1952年4月28日《舊金山對日和平條約》
　　正式生效）。日本人也基本知道6月4日是甚麼日子。每到6
　　月4日這一天，日本報紙都會報道六四事件。日本人對六四
　　印象深刻，它影響了此後我們對中國的基本判斷。我想，

除非中國發生根本性改變，否則日本媒體包括日本社會都會持續關心此事，連我妹妹這麼不關心時政的人都知道天安門事件發生在哪一天。

6月4日是日本集中討論中國，尤其是中國政治和未來走向的一天，也是評估中國現狀的一天 —— 評估中國在過去的一年裏發生了哪些變化。這樣做也是對當年那些試圖推動中國民主化進程的中國人表達敬意。

在北大上學期間，每年的6月4日我都不去上課，用一天的時間在三角地附近走一走，思考中國的未來。附近總有一些穿着便衣的警察在巡邏，尤其是2009年那一年很明顯，我看到也聞到了空氣的緊張，那時我正在讀碩士。後來發現只有我這麼幹，中國同學說我瘋了，他們選擇正常地面對和度過那一天，就像那一天跟他們沒甚麼關係。在我看來他們才瘋了，這麼重要的事情都不思考、不討論，還是人嗎？説實話，當時我對他們是感到憤怒的，對，就是憤怒，而不是失望。我當時覺得這些人怎麼可以這麼不關心自己國家的命運。

查：加藤，你們日本的國民，你一個日本八〇後青年人，都會這樣做、這樣想，讓我這個親歷六四的中國人感動、感歎。我也憤怒，也悲哀。我上一次去三角地，那裏已經完全是另一個世界，另一種荒誕的非真實，每個櫥窗都貼滿了黨團活動的海報，千篇一律，毫無個性。這個有過光榮歷史的公共空間完全被黨化教育佔領，自由表達徹底不見了蹤影。那天，恰好附近的世紀大講堂正在組織北大全體黨員觀看《厲害了，我的國》。也許這就是新時代吧。

加：我在上學的時候三角地還貼有租房信息和英語培訓等商業廣告，也有文化講座等沙龍海報。對我而言，三角地應該是用來看講座通知的。2008年，學校通知三角地要電

子化，以迎接奧運會。我感覺這相當於把三角地給「殺」
了。於是，我馬上跑去三角地看，以為那裏會有很多同學
抗議，但是沒有一個人去。學校也沒有增加警備防止學生
去抗議，學校根本沒把這當回事，覺得學生不會鬧事。我
當時的感覺是：歷史在斷層，而不是繼承。還是那句話，
有甚麼樣的人民就有甚麼樣的政府。或許有些人心裏很難
受，但就整個校園而言，大家徹底忽略了這件事，或者説
根本沒覺得這是個事。

查：絕大多數北大學生們已經被馴化了。老師們也沒有反
應？

加：沒有反應，至少是據我所知。您説到老師，我又想起一
件事。2003年到2008年期間，我在人大附中教日語。雖然
我是外教，但除了我自己教過的學生沒有人對我説老師
好，我特別不理解。在日本，學生見到老師都會説老師
好，並且鞠躬。在人大附中，明明很多學生認識我，而且
我個子高看起來明顯不是學生，可大家都不跟我打招呼。
我覺得這是不對的，人大附中是很好的學校，學生不應該
如此沒有禮貌。於是，我在《南方週末》發表了《中國學
生為甚麼沒有禮貌》，那篇文章流傳很廣。不久，一個老
師聯繫我説：「你不用來上課了」。原來，校長劉彭芝針
對那篇文章開了個會，我被「開除了」。

查：這就叫不解決問題，只解決提出問題的人。我也想到一
件跟師生關係有關的事情。2016年「文革」五十週年的時
候，季羨林先生的《牛棚雜記》首次出了英文版，出版方
請我寫序。於是，我對季羨林先生做了一些功課。一些人
認為他是國寶級的人物，但也有不少人對他有很多負面評
價，無論是政治上還是人品上。他在文革前歷次政治運動
中和晚年都有過一些為人詬病的言行。但在調研過程中，

我發現不止一篇文章記載了同一件事。當年參加北大競選的惟一一個女生張曼菱透露了季羨林先生在六四前後的一個故事，後來我在別的地方看到佐證，覺得這是可信的。

她在紀念文章中寫到，六四的時候，不僅北大學生踴躍參加，出了一些學生領袖，比如王丹，而且老師也都很支持，有各種各樣的參與行動。有的老師會提醒學生一些注意事項，有的老師會在學生絕食的時候去慰問他們，還有的老師為了支援學生，也參加遊行。其中，就包括季羨林。那時候，季羨林的年紀已經很大了，有學生在板車上放了一個小板凳，讓季羨林坐在上面參加從北大到天安門廣場的遊行。遊行的老師要實名，於是，有學生給季羨林做了一個標籤，上面寫着「一級教授季羨林」。等他到達天安門廣場的時候，絕食的學生一片歡呼。六四之後，北大開會要人人表態過關，季羨林說：「你們不要逼我發言，如果非要表態，我認為這些學生就是愛國行為。」老先生平時住在校園裏，有一天大家突然找不到他了，原來他自己跑去海淀區公安局自首了。公安局給校方打電話，說來了一個北大教授，叫季羨林。他說：「我已經快八十了，也活夠本了，既然這麼多學生都被抓起來了，你們也把我抓起來吧，我去過天安門，我也是幕後的。」北大校方於是趕緊派人把他接了出來。

我們可以看到這時候老師和學生是一種怎樣的關係，一個上了年紀的老教授可以為了支持學生走那麼遠的路去廣場慰問，出事之後還能有這樣的表現，從中可以看出季羨林的另外一面。人性的善惡是複雜的，在不同的時期、不同的環境下，同一個人可以有完全不同的表現。

我們曾在三角地賣自己印的學生刊物，只收幾分錢的刻印費，全國大學生聯合刊物《這一代》就在那兒賣過。當時

這些民間自辦的公開出版物很多，包括地下文學刊物《今天》，也曾經貼在三角地。那一代學生經常自發地貼很多自己創作的東西，為各種思想的碰撞與傳播提供了一個平台。

加：我們渴望聆聽有影響力的知識分子的聲音。路過三角地的時候我常常會停下來看看最近有甚麼講座，有甚麼文化名人來。「電子化」之後，這些功能慢慢淡化了。

查：我再說兩件印象很深的事。第一件是前些年上海有一位叫江緒林的青年教師自殺了，網上回憶文章裏提到他有抑鬱症，但我注意到一個細節，他當年在北大上學期間曾經呼籲同學們紀念六四，結果六四那天只有他一個人手持蠟燭去了三角地，還沒走到就被保安攔了回去，他又想在一間教室裏組織紀念活動，也沒弄成。這讓我聯想起尼采的《查拉圖斯特拉如是說》中那個大白天秉燭出遊的狂人。試想，倘若代表良知和正義審判的神已經死去，那麼人不是生活在黑夜裏嗎？當所有人都認為那個手持蠟燭的人是瘋子，認為你一個日本學生每年六四那天到三角地去轉悠和思考是瘋了，那就意味着所有人都習慣了黑夜。黑夜，在新常態下，已成白晝。

第二件是《紐約時報》曾經做過一個六四二十週年的採訪。記者在北大校園裏問好幾個大學生：「今天是甚麼日子？」學生們都沒有想起來。我在美國看到這個採訪感覺真的很悲哀。這才過了二十年，居然已經有北大學生不知道趙紫陽是誰，不知道六四是甚麼日子！你剛說到你的媽媽、妹妹都知道六四，日本媒體也會報道，但是在中國，不僅媒體完全禁聲，而且整個國家都處於準戒嚴狀態，天安門廣場、北大是被看管得最緊的地方。我哥哥在每年六四前後的一個星期裏，二十四小時被看管，實際上是一

種變相軟禁。遭受他這樣待遇的異見人士在北京至少有幾十人，可能更多。

記憶是危險的。危險的記憶必須被抹去，並且要悄悄地、持續不斷地抹。三角地的改頭換面是一種象徵。從精神上講，八十年代的北大早已消失，消失得無聲無息，既無哀悼，也無抗議。殘酷無情的統治可以使人憤而反抗，也可以使人因恐懼而淡漠。不幸的是，在中國，絕大多數時候，我們看到的是後者。

加：三十多年過去，中國政府仍然沒有去面對它。如今世界上很多國家、很多企業跟中國打交道，但大多數是出於現實的需要，而不是真正從心裏上認可中國，更何談尊重。但在我看來，包括我原來的北大同學在內，從這樣的角度審視自己與世界的關係的中國人極少，不僅如此，大多數中國人，只要我一提到這一點，人家馬上就會指責我，說這是搞垮中國的思維，是惡的象徵。那麼，這件事在您心裏過去了嗎？

查：沒有過去，也不會過去。我有兩個郵箱，其中一個是「扎西多1989@yahoo」，這是我的私人郵箱。《紐約客》的編輯曾經問我，為甚麼要用「1989」。我說這是自虐，我絕對不會忘記這件事。我們天蠍座是記仇的。那時候我已經重返美國十多年了，但這件事我覺得永遠不會過去。它改變了我一生的軌跡，幾乎是我決定加入美國國籍的最重要的原因。我以前從沒有想過我會在美國定居，更沒有想過會改變國籍。雖然我已經有了綠卡，那是因為我和我當時的先生要到中國生活，於是我們就結婚了，結婚就自然有了綠卡。但是改變國籍這件事是我慎重考慮過的。這個決定和六四有絕對的關係。

我那時對中國有一種絕望的感覺。在全世界的目光下，這個政權竟然幹出這樣傷天害理的事，完全超乎我的想像。我聯想到共產黨此前的累累罪惡，從土改、鎮反，到反右、「文革」的悲劇。然而，在八十年代充滿理想主義的熱情中，我感覺可以往前走，走出這些悲劇，這個國家是會一點一點變好的。六四之後，我突然明白它是不會變的，它還是原來那只野獸，還是原來那個殺人機器。只要它感覺到真正的威脅，就會跳出來，沒有底線，甚麼都幹得出來。這個國家所宣傳的那一套，憲法所説的那一套，全都是謊言。謊言和暴力，是這個政權統治的根基，這兩條它從未真正改變過。

六四使我重返美國，於是，我又被逼到一個十字路口：要不要繼續寫作？用甚麼語言寫作？那時還沒有網絡，海內外中文交流還有很多障礙。我可能要在美國長期居住下去，如果還要堅持寫作，就得嘗試用英文。我原先完全沒有這樣的打算。雖然我是從美國大學的英文系畢業了，也覺得自己在外語方面比較有天賦，但必須回到美國定居、用英文寫作，這是我不曾想過的。

加：您這樣的決定，既有主動的思索，也有被迫的成份吧。環境迫使您做出這樣的決定，嘗試英文寫作，為了活下去。我在這裏説的活下去，不僅是物質上的，更是精神上的。

查：是的，正是這樣。當時我每天處於抑鬱狀態，動不動就淚流滿面。我本來不是這樣的人，從小我媽就説：「我們家這女兒不愛哭。」可那段時間我會經常性的流淚，常常有失控的感覺。有一次，大概是七八月份，夏日炎炎，我正在給吾爾開希做翻譯，是在曼哈頓南端一個公共廣場上舉行的集會上，有很多六四目擊者演講以及為流亡民運籌

款，我竟然毫無徵兆地當眾暈倒，一頭從站立的石台階上栽了下去。

那時，我在精神上處於一種備受打擊的狀態，就像一個人在沒有任何防備的情況下被暴揍了一頓。所以，六四之於我的意義，就是此後我要重新思考一些大問題：語言問題、家園問題、國籍問題。

國籍問題有幾個層面可以說，從最實際的原因來說，我一向愛旅行，如果換成美國國籍，就可以到處旅行，而中國的護照到哪兒都要簽證。這是一個最具體的原因。

再往抽象裏說，如果我還想繼續寫作，我可能離不開寫中國，因為我畢竟是一個在中國出生長大的人，最熟悉的還是中國、最在意的(至少在當時和此後很多年裏)也還是中國的變化和前途，即使用英文寫作，我還是會寫中國故事和中國記憶。當時我已經開始了英文的非虛構寫作，需要定期回到中國做調研。我不想在恐懼中寫作，不想因為政治壓力「刪節」自己，我需要寫作的自由，改為美國國籍可以保持更自由的狀態，不再需要言論審查和自我閹割。如果要誠實寫作的話，更換國籍算是一種自我保護。

最抽象的同時卻與我的內心感受密切相關的一個原因是我不再認同中國這個國家的價值觀。我曾經認真思考過美國意味着甚麼？剛去美國的時候我並沒有打算變成美國人，它只是一個象徵，可當你要歸屬它，把它變為第二家園時，就會考慮你是否認同這個國家。美國的制度和價值觀是我非常認同的，我可以接受成為它的公民。

有一句格言：哪裏有自由，哪裏就是故鄉。從精神上講，我認同這句話，但是從地理和國籍上講，這種說法在我看來稍微有些矯情，如果沒有上述這些原因，我不會只因為

美國是一個標榜自由的國家就把它看作我的故鄉。改變國籍對我來説是很沉重的一件事。

加：我沒改過國籍，所以沒有辦法換位思考，但既然這對您來説是一件很沉重的事情，改完以後，有沒有產生過一些矛盾的甚至糾結的心情？

查：我從1992年加入美國國籍到今天為止，心裏還是會有矛盾。當我回到中國，見到一些朋友，他們當初可以選擇離開，卻留了下來。有些人留下來並不是因為沒能力離開，而是因為留下來才有更多機會從內部為改變這個國家繼續做事。因此，當我面對那些為了改變這個國家、為了改變和我一樣痛恨的一切而付出了很大犧牲的朋友，我永遠有一種慚愧甚至罪惡的感覺。其實這些人，包括我哥哥，從來沒對我説過「你怎麼改國籍了」這樣的話。我哥哥有一次對我説：「你畢竟是從這兒出去的，你總還是要為這個土地和這個國家做一些事。」這句話聽起來很沉重，但並非強加於我。我們都有選擇的自由，他自己選擇了政治反對派這條路，為此坐了九年牢，到現在還被時時監控，但他沒有「我多麼勇敢，你們其他人為甚麼這麼膽小、這麼懦弱，應該有更多的人走我這條路」的想法。這是我很佩服他的地方，不去強調自己的英雄行為和付出的代價，以此佔據道德制高點。面對這樣一批人，我感到很慚愧。他們是真正的英雄。

這些年，我看到那麼多人做出那麼大的犧牲，很多維權人士、異見分子被捕坐牢，或者長年被警察監控、騷擾。有些人直到現在我和他們的交往也很多，比如六四之後自己主動走進秦城監獄服刑的劉蘇里，比如後來的許志永、浦志強、郭玉閃，還有像南京的珍珠、廣州的隋牧青等。

我認為大多數人選擇留下來，是很正常的決定。你生在這兒長在這兒，所以待在這兒活得最舒服。我每次回到中國，從食物、語言到朋友、親人，有很多東西讓我感到舒服、熟悉、親切。我對這片土地、這個國家大概永遠都會是愛恨交織的吧。改變國籍有得有失，但今天若讓我再次選擇，我還會加入美國籍。

加：聽到您這句話，不知為甚麼，我內心產生了一種安心感。對得住自己比甚麼都重要。

查：謝謝你的理解！雖然我非常敬佩這些人，但我算不上大陸異見群體中的一員，我的天性讓我做不到像他們那樣，我並不想知道共產黨的監獄是甚麼樣的，進去呆一天我也不樂意。上一代人不管主動也好，被動也罷，常年受到這個體制的打壓，很多人已經完全不是原來的樣子了。這可能是一個受害者最後的悲劇吧。他遭受了太多的迫害，和這個政權對抗了太久，最後他跟他的對手構成了一種共生關係，他已經離不開這個機器，離不開這個環境了，他只有在這裏才能定義自己。在很多方面，他連思維方式和語言風格都很像他的對手。尼采早就警告過那些與怪獸長期纏鬥的人：你若長久向深淵凝視，深淵也會向你回眸一笑。我不想成為這樣的人。我可能在這些方面比較自私，至少在留學美國期間，我已經意識到自由生活的珍貴，意識到我是一個頑固的個人主義者。我首先要對得起自己。

當年，我離開北大的時候曾對天發誓一定會回來，所謂回來就是回來之後就不走了，在中國生活下去。但是，六四讓我在路徑選擇上發生了巨大變化。為了能夠對得起自己，我應該首先自救，然後再盡量利用我所獲得的自由做我想做的事。雖然我做不了革命者，但我可以書寫革命

者，比如寫我哥哥，寫其他為了讓中國變得更自由、更文明而奮鬥的那些人。如果不是走了這一條路，我不可能寫這樣的文章。在國內是寫不了的，即使寫了也沒地方發表，我必須用英文寫作。後來，時代變了，我的作品能夠在網上流傳，能夠在香港出版，這是我當年沒想到的。作為一個作家，我首先考慮的是如何讓寫作的路走得更遠。如果我還有一些才華的話，我要做的是如何讓我這點才華不被閹割和束縛地發揮出來。

我完全不認同中國的這一套價值觀，但又沒辦法改變這套東西。作為一個個體，我太弱小了，我知道自己不是一個能搞政治的人。在此之前，整個八十年代，我是一個心思幾乎完全放在文學上的人，只對跟文學相關的人和事感興趣。我在哥大期間也不怎麼關心國家大事，不會去看《紐約時報》如何分析列根。雖然出生在一個高度政治化的國家，但我天生不喜歡政治，從小到大我都不是一個很有政治頭腦的人，許多國家的政府首腦我經常搞不清楚，一傳達文件我就想打呵欠。我之所以一到美國就興高采烈地投入到有些波希米亞色彩的留學生活中去，也因為我對中國社會那種高度集體化、政治化的生活有一種反叛心理。回國之後，我考慮的是如何寫小說，如何保持個體自由，如何不讓個性打太多折扣。

但八九年的經歷讓我無比清醒而深刻地認識到政治的重要性，認識到政治對個人自由和個人尊嚴所能造成的極度碾壓，認識到政治制度與言論自由直接相關。一個從未嘗到過自由生活滋味的人，就像我在出國前那樣，不可能切身感受到失去自由的痛苦與可怕。六四之前，儘管八十年代的中國遠不如美國自由，但那個寬鬆度是我可以接受的，回到中國的生活對我來說是更有意義的。六四讓我明白了

甚麼叫得而復失。我說的是失去自由，包括失去不那麼關心政治的自由。

從此以後，我的寫作，無論是英文還是中文，對於政治的自覺、關注和敏感度明顯大大提高了。或許這就叫做你不找政治，政治會來找你吧。在這個意義上，我在八十年代那種有着明顯文學青年印記的寫作，也由於六四而劃上了句號。

當然，作為一個個人，從意願到能力，我都不太可能成為一個革命者。我非常敬佩劉曉波，他是專門從美國飛回來參加學運的，從此再沒有出去，幾次進出監獄，真的是把牢底坐穿，最後犧牲在他所選擇的這項事業上。我也敬佩我哥哥查建國，如果哥哥願意，他也是有機會出國的。面對這些人，我感到很慚愧。

加：這是我第一次聽查老師系統闡述六四和換國籍之間的關係，觸動很深。在寫《愛國賊》那本書的時候，我的第一立場就是愛國可以有多種方式。我知道很多人讀過您的文章，包括《紐約客》上的文章和《八十年代訪談錄》。您去美國，用英文寫作，後來的《中國波普》和《弄潮兒》也被翻譯成中文，在香港出版。這難道不是一種愛國的行為嗎？在我看來，您在用您自己的方式愛國。至於怎麼定義愛國，那是自己信服就可以的，不需要向別人解釋。您說您從小對政治不感興趣，但在我看來您的政治意識隨着時光的推移發生了微妙的變化，您畢竟是從北大走出來的北京姑娘，家庭背景也跟革命傳統息息相關，我不太相信您沒有政治基因。

在我看來，您用您的方式一直在做着愛國的事情，我相信很多您的讀者也是這麼看待您的。只有您出去了，不再恐懼地寫出自己的想法，才有可能影響更多身在中國的人。

我非常認同您的選擇。而且，我希望自己也能像您一樣始終堅持用自己的方式做愛國的事情。雖然我們的經歷不同，但我對您的愛國心始終抱有敬意和共鳴。

查：非常感謝！最開始討論這本書的時候，陳卓的一句話讓我感覺他是一個可以一起做事的人。我們聊要談論甚麼話題時，都覺得一定要談談愛國。我說連我自己都覺得我的反轉太大了，當年要報效祖國，最後卻變為「叛國」。陳卓說了一句話：「甚麼是愛國？您如實記錄了八十年代，這就是愛國！」這是他的直覺反應。那句話讓我很感動。

你是理解我的，用現在肉麻的黨宣的話說，叫不忘初心。我是另外一種類型的不忘初心。我時刻提醒自己，為甚麼要做美國公民，為甚麼要寫這些東西，是為了不再自我審查，能夠寫出純粹在中國或純粹在美國都寫不出來的一個角度、一種感覺。

加：太認同您這個寫作狀態了。我也希望用我全部的能力寫出不一樣的東西。

查：對，我們是同道，是fellow travelers，所以會有共鳴。我自認為我寫中國人，和《紐約客》其他美國記者寫中國人的方式不太一樣。我的第一本書出版後，我的美國編輯、評論家以及一些讀者，包括林培瑞，都說那本書是雙重視角。我既在裏面，又在外面。之所以有外面的角度，正與我已經成了美國公民、有了美國生活有關係。我花了很長時間修煉這種寫作角度和距離感。我寫了很多我熟悉的人，但一定要能抽離出來。我經常在中國做調研，但在中國的時候我一般不寫，只做採訪和筆記，等回到美國，有了距離，冷靜下來之後再寫。

此前，我寫的都是小說，沒寫過非虛構類作品，也沒系統

學習過。重新用新的語言、新的文體，最主要的是新的眼光進行寫作，對我而言是一種折磨。所謂雙重視角，有時候就像是人格分裂；所謂抽離出來的冷靜，時常要壓抑天性中的激情。我有時會問自己：「叛國」也就罷了，你有沒有背叛自己？這是一種自虐式的罪惡感，覺得背叛了自己，對不起當初的一幫朋友，雖然並沒有任何人對我有過責問。我的這些朋友要麼不知道，要麼知道也不問，但是這件事一直壓在我心裏，每次説到一些人跑了或者怎麼樣，我總有一些説不出來的滋味，覺得我也跑了，我也把這個國家拋棄了。

雖然我心裏總有一種慚愧或罪感，但我始終明白這屬於我應當背負的，即使一直背到死，也是理所當然。我不會抱怨，不會遺憾，也不會後悔改變國籍，因為我很清楚我「叛」的是哪個國。那個國不是我選擇的，這個國是我選擇的，我永遠認這個賬。我不會做出饒毅那樣的選擇。饒毅曾是我的朋友，加入美國籍後又很高調地放棄了，回北大當了生命科學院院長，幫助中國政府設計「千人計劃」，用高薪請回來很多美國培養出來的在美國做研究的科學家。據説美國現在不再給他簽證了，他認為這屬於政治迫害。他説美國打伊拉克之後，已經失去了道德領袖的地位，美國卻還自以為是，他不再認同美國了。我好奇的是：他認同現在中國的制度和價值觀嗎？中國政府長期以來拒簽了無數異議人士，使他們終生無法回到故鄉，有些人想為多少年不能相見的父母奔喪都被拒簽，這不是政治迫害嗎？如果認同這些，他當初為甚麼要加入美國籍呢？國籍改來改去很輕鬆嗎？我私下問他是不是中共黨員。據説大陸司局以上正職必須是黨員，而他已升任首都醫科大學校長。他拒不回答。他一直激烈地批評特朗普總統，這

一點問題都沒有，我在美國媒體上也公開批評過特朗普，我還參加過反特朗普和平遊行集會，可他饒毅能哪怕是溫和地批評中國的最高領導人嗎？如果饒毅站出來發聲，捍衛許章潤的批評權，我會立刻對他刮目相看。

這麼多年，在愛國的問題上，我也只對少數人有過羞愧的感覺。中國人特別喜歡用國籍來衡量愛不愛國，對此我是不以為然的。因為太狹隘了。就像你說的，愛不愛國不在於你人在哪兒，而在於你在做甚麼。如果你是中國公民，但你留在中國只是為了掙這兒的錢，得這兒的利，出這兒的名，用這兒的人脈和資源，當「愛國賊」，不為種種不公討說法，甚至為專制辯護，做幫兇和幫閒，你這是愛國嗎？那我覺得我比你更愛國，雖然我總是批評它。

加：愛而批，批而愛。

查：對。有句話叫「打是疼，罵是愛」。總有人問我，中國和美國你到底更愛哪個？行，你們準備好了嗎，特別酸的回答來了哈：「我熱愛美國，但我深愛中國。」我可以承認對中國的感情很深很複雜，即使改換國籍我也愛它。但我常聽到中國人說：「你沒有資格說中國，你根本不是這兒的人了，你已經換了國籍，你是美國人了。」

加：很多人也對我說過這樣的話：「加藤你一個日本人，有甚麼資格談論中國的事？」「加藤你為甚麼不入黨？你有沒有考慮過加入中國籍？」

查：意思是你只有入了黨，才有資格說話嗎？怎麼從來沒人問過我為甚麼不入黨？

加：說得如此極端的人倒不多，但經常有人說「你是中國人，才有資格談中國」或「你有甚麼資格，日本鬼子！」我在北大上學的時候，有很多人善意提醒：「加藤，你在

中國搞中國問題，加入中國籍會更有資格。」我説：「首先我忠誠於我的祖國；其次，我不認同貴國的體制和價值觀。擁有這樣價值觀的我加入中國籍是背叛日本，也是不尊重中國，更是欺騙自己。明明不認同卻加入，那是雙重背叛。」

查：説得好！剛才講了半天，其實「選擇」是一個關鍵詞。我生在中國，沒法選擇是不是加入中國籍，我只能選擇是不是放棄，而美國籍是我主動選擇的。如果沒發生六四，我不會這麼做。因為六四事件，當時美國通過了一個法案，允許一批在中國受到迫害的政治犯申請加入美國國籍。有一大批中國留學生，説自己參加了學運，回不去了。但我不屬於這批人，我不在黑名單上，我可以自由出入。

我在中國沒有單位，沒有加入作協，沒有入黨（也從來沒寫過入黨申請書）。那時候我已經開始朝着個體化方向發展，是一個絕對的個體戶。

我第一次結婚時已經拿到了綠卡，美國法律規定，拿到綠卡五年後可以選擇要不要加入國籍。1992年恰好是我拿到綠卡的第五年，我應該鄭重地考慮這件事，做出選擇了。這期間我的個人生活還發生了一個很重要的變化，碰到了我現在的先生，我們在1992年決定結婚。我的先生是一個只能在美國生活的人。他可以講中文，但中文對他來説是外語，他既不是漢學家也不是和中國做生意的商人，這一點也讓我意識到，我可能要在美國安家了。

1992年是我人生中很關鍵的一年：改變國籍，決定再婚，開始回國採訪蒐集資料，陸續在美國雜誌上發表英文文章。

加：您剛剛談到了個體的經歷和感受，那麼，三十多年過去了，您在整體上怎麼評價六四事件？

查：2019年是六四三十週年，我認為這場運動是中國當代道
路選擇上的一個重大轉折點，決定了中國到底往哪條路上
走。而以這樣的結局收場的六四使得中國錯失了一次機
會，錯失了一種讓整個社會走向更好方向的可能性。有學
者研究發現，中國總是在歷史的關鍵點上做出最壞的選
擇，六四又是一次力證。而日本在明治維新前同樣面臨堅
船利炮，卻走上了制度性變革的道路，儘管後來又不幸滑
向了軍國主義。日本不光學了器物層面，還改革了制度，
接受了西方君主立憲這一套東西。

加：中體西用，和魂洋才，才是我們認同的，也是日本所有
孩子在義務教育階段就學到的現代化精神。至於中國人
經常用來形容日本的「脫亞入歐」，不是我們骨子裏認同
的口號。它更多反應的是當年的政治需要，畢竟需要快速
學習和吸收西方的制度文化，具有一定的煽動性。不過，在
「脫亞入歐」的背後，日本人始終沒有失去本國的精神。

請您繼續談談您對六四事件的反思。

查：雖然八十年代的種種變革很天真很粗糙，但因為「文
革」悲劇達到了極點，這段黑暗的歷史使得整個中國從上
到下都有了變革的需求，認為我們不能再走以前的路，要
改革，還有那個時候自由派心裏想過但沒有明確說出來過
的未來要結束一黨專政。魏京生提出「第五個現代化」，
針對的就是政治改革。整個八十年代，除了經濟改革、思
想解放，也在探索政治體制改革，比如前面我提到的黨政
分開，趙紫陽及其智囊團搞的那些試點。知識分子和體制
內都有討論，從上到下有一定程度的良性互動。雖然大家
談論的層次、步調不同，但總體意願沒有被明確否定，政
治改革的可能性是存在的。文化是個籠統的概念，可寬可
窄，界限模糊，文化改革也包括了思想的、制度的改革。

總之，那時的中國正在探索一條良性的發展之路，既推動市場改革，也逐漸走向政治民主化。但這個可能性在1989年6月4日那天徹底終結了。

悲劇是如何造成的呢？經過一段時間的沉澱，大家逐漸從憤怒和恐懼中緩解過來，有各種各樣的討論。有人認為學生和知識分子也要負很大一部分責任，但我認為首先要負責的是決定開槍鎮壓的那一方。權力者完全沒有成熟的政治智慧——這是最輕、最寬容的指責了，因為這等於在說他們笨。實際上他們不光是笨，他們是又笨又壞。而且他們不是一般的壞，他們是罪犯。為甚麼這麼說呢？因為對待和平抗議運動，底線是不能暴力鎮壓。有些人認為學生太激進了，為了維持社會穩定不得不這麼做。我認為這種說法是本末倒置。學生再怎麼鬧，他們手裏沒有槍。整個國家機器，從軍隊、媒體、各級政府到財政經費，自始至終掌握在黨的手裏，雙方力量懸殊，這與戰爭中交火殺人，或遇到暴徒攻擊後防衛性殺人，性質完全不同。派遣全副武裝、不知真相的大兵開着裝甲車和坦克去驅趕槍殺和平請願的學生和市民，這是突破文明底線的行為，是反人類的行為，能幹出這種事的人就是壞，就是罪犯，沒甚麼好說的。

可是，如果一個或一群壞人更聰明些，能更準確地判斷形勢、估算成本得失，有時候他們可能就不會貿然犯罪，因為不值得。所以，我還是接着說笨吧。雖然從4月15日到6月4日一個多月的時間裏學生把天安門給佔了，這的確是不小的事件，全世界的媒體都在關注，但學生畢竟是弱勢的一方，不能說因為學生的這些動作，共產黨不開槍就要下台，這個可能性被誇大了。這只能說明權力者沒有政治智慧，沒有談判的意識，完全誤判了形勢。

加：這讓我想到2019年香港風波中政府一方的狀態。我始終
　　在現場觀察，政府一方明顯缺乏政治智慧，完全誤判形勢。
　　最終受損的是普通市民的未來，以及世界對中國的信任。

查：嗯，本質上沒變，具體應對上多少還是有點進步的，至
　　少沒有上演港版六四，謝天謝地！

八九年誤判的背後，是共產黨根深蒂固、一以貫之的剛性
思維方式，即那種黑白分明、你死我活的世界觀，超強
的敵我意識、鬥爭意識、危機意識，動輒上綱上線、動輒
講大是大非的意識形態化思維。在老一輩共產黨領導人頭
腦中，這種僵硬過時的世界觀和慣性思維不僅頑固不化，
而且在當時的壓力下變得更為強烈，因為共產黨執政幾十
年犯下的種種歷史錯誤和造成的巨大災難引發了民間對其
政權合法性和體制合理性的質疑。這也是在蘇聯、東歐同
步發生的現象，解凍、開放帶來了整個共產黨陣營內部的
不滿以及日益高漲的改革呼籲，出現了戈爾巴喬夫這樣的
新型領導人。這一切都刺激着當權者的神經，加深了他們
的不安全感，使他們更加不信任民眾和知識分子，不信任
胡、趙這樣的開明領導人，更加擔心西方勢力在背後煽風
點火、乘虛而入。在這樣的心態下，一切矛盾衝突都意味
着對立鬥爭，一切對立鬥爭都指向顛覆與被顛覆，認錯讓
步就要被逼下台，因此必須鐵腕鎮壓，不是流你的血，就
是流我的血，沒有雙贏，只有零和。

從學生一方面看，尤其是學運領袖，他們的一些表現也缺
乏政治智慧，不夠有禮貌有誠意，像逼宮一樣。吾爾開希
在李鵬面前的態度就是一例。學生們不會談判，也不懂民
主是怎麼回事，一會兒在人民大會堂台階上下跪請願，一
會兒又在國務院總理面前粗魯傲慢。集體絕食，以自戕方

式刺激人心，已經是和平抗爭的極端手段了，但像柴玲、李錄那樣否決學運中的理性聲音，在廣場上不斷煽動激烈情緒，恨不得把對方逼到開槍以流血喚醒人心，同時自己卻從未準備犧牲，這就很有問題了——具體過程可以參考卡瑪(Carma Hinton)拍的紀錄片《天安門》。爭取民主是一個博弈的過程，是妥協的結果，要有進有退。這一套學生們不太懂，他們頂多知道要維持秩序，不要發生意外暴力事件，但具體到該如何進行有理有據有節的談判，如何避免因過激行為毀掉既有成果，這樣的談判意識還很缺乏。

加：激進抗議者們的反抗方式是值得反思的。其實，在香港問題上，中共最怕的是「和理非」——市民用和平、理性、非暴力的方式說不。比如2019年11月區議會選舉上泛民派的壓倒性勝利，中共在結果面前只好接受。中共是最歡迎暴力的，當抗議者開始用暴力反擊對方，包括放火、打砸店鋪等方式，中共就可以在宣傳上用各種方式把事件妖魔化。

查：嗯，我對這次香港反送中運動的看法，與你說的這個觀點略有不同，但我們找機會另外再聊，接着說八九。其實，當時學生和知識分子之間有很多內部矛盾，存在激進派和溫和派的衝突。然而，在一場群眾運動中，永遠是激進派一步步佔據上風，而認為應該見好就收、及時撤離廣場轉向長期校園抗爭的溫和派漸漸處於劣勢。此前的群眾運動，比如「文革」，也很快出現了各種派系鬥爭，互相比賽誰更激進、誰更忠於毛主席，發展成一場無節制的高歌猛進的運動。1989年，這樣的經歷在廣場上又上演了一次，比賽誰更激進、誰更忠於民主女神。我並非說天安門事件是「文革」，而是指兩者在思維方式和運動方式上有某些類似之處。因為基因依舊，主體還是激情澎湃的群眾。

而鄧時代共產黨的當權派恰恰是當年文革大亂中挨整的那些老傢伙們，他們早已經被群眾運動搞怕了，他們的體內兼有早年的鐵血鎮壓基因和文革後的怕亂維穩基因。他們被學運激出來的條件反射式的反應就是堅決鎮壓，不鎮壓就會失控，他們就會受「二茬罪」。無論是文革式、西方式還是民國式的亂局，他們都恐懼，都不能接受。

從社會運動的角度分析，六四的確有太多不成熟的地方，由此表現出來的是這個民族整體缺乏政治智慧，缺乏理性耐心。不論是當權者、知識精英還是民眾，對民主的程序，對有節制的表達，對有同理心的傾聽，對壓力下的得體對應，都是非常陌生的。所以，這樣的悲劇結果恐怕也是必然的。而一旦坦克開進城，整個國家就又回到了政治高壓狀態。黨接管了一切，良性的、平衡的漸進改革之路被堵死，只剩下一條畸形的改革路徑。

直到現在，我們依舊生活在六四的延長線上，而且近年來鉗口政治的螺絲釘越擰越緊。1992到2008年有一些鬆動，但根本上是沒有變化的。只要共產黨感受到有政治方面的挑戰和威脅，無論大小，馬上鎮壓。這成了共產黨的本能反應。它吸取了六四的教訓，不能讓任何有組織的公民抗議活動有蔓延的可能，一定要把它扼殺在萌芽之中。後來民眾也有反攻，我哥哥（查建國）他們成立中國民主黨應該算是一次。他們的民主黨，跨越了十幾個省，雖然從發起人到骨幹成員，才幾百人的規模，卻絕對不被允許和平註冊。在克林頓訪華結束之後，他們馬上被重判，最重的判了十三年，我哥哥為此坐了九年牢。

江澤民在一個內部講話中引經據典，講治民之術有寬嚴之分，如以火威懾，看上去是嚴苛，但民眾有所畏懼，社會才會平安穩定，如果太鬆了老百姓反而蹬鼻子上臉，就治

不住了，所以，嚴而有序，才是治理中國人最好不過的辦法。這番話是典型的法家傳統思維，從商鞅到韓非，講的都是這一套弱民才能強國的君主馭民之術。

加：弱民才能強國，這個邏輯恐怕只能在中國適用了。作為一個活在戰後的日本人，我們都認為和平年代把日本推到世界第二大經濟體的是那些民營企業，以及背後無數國民的智慧和勤勞。民弱，則國無法強大。我更不理解的是，很多中國人為甚麼對於在自己作為一個民被國壓制的情況下強大起來的國感到如此驕傲，難道對這樣的國一點抵觸心態都沒有嗎？我明白權力者搞違背人性的政策動機何在，卻無法理解被統治者如此順從地接受自己的人性被徹底否定的心態。我只能說黨國的洗腦政策取得了成功，在此過程中，老百姓已經變得麻木，接受了低人權的生活方式。

查：關於弱民才能強國的邏輯，我寫了一篇英文長稿，題目叫 "China's Heart of Darkness: Prince Han Fei and Chairman Xi Jinping"（「中國黑暗之核心 —— 韓非與習近平」），討論韓非子對毛澤東、習近平的影響以及陽儒陰法、軟硬兼施的中國治理傳統和厚黑權術。（全文分成五章連載於2020年7月Geremie Barmé主編的 China Heritage）。你講的百姓順從，也與這種「恩威並用」的老傳統有關，洗腦、恐懼加小恩小惠，造成全世界最大的「斯德哥爾摩綜合症」人群。這個說來話長，改日再聊吧。咱們接着說八九。

六四槍響之後，中國的國際形象差到了極點，全球都在抗議。然而，這麼惡的事老子都幹了，還有甚麼不能幹呢？這麼危機的關口都過來了，還有甚麼過不來的呢？坦克都開到長安街上壓死平民百姓了，搞搞腐敗市場經濟、偷偷國有資產又算甚麼呢？蝨子多了不咬，債多了不愁，惡人做到底，甩開膀子幹，摸着石頭過河，說不定能摸出一片

新天地。所以，在這個意義上，六四之後特別是鄧小平
九二年南巡之後的改革是一條腿的改革 —— 加速經濟改
革但不放開政治改革。這是惡人的共識，但不笨，有着看
透之後的聰明和務實的算計。八十年代的政治環境是時緊
時鬆，說明高層內部還是有爭議的，而六四之後就沒有任
何爭議了。六四給他們的經驗是，只要政治上不收緊，共
產黨就會垮台。你看看江澤民總結的治民之術、習近平的
「男兒」「亮劍」，都是這個思路。但你不能政治和經濟
都緊，那就把人逼得沒活路了。所以經濟上得放開。不用
說江澤民的「悶聲發大財」是得了鄧的真傳，就是習近平
也沒有完全否定國家主導大幹快上的經濟發展是硬道理，
所謂「政左經右」，不就是中國模式嗎？當然這裏的左和
右都應該打上引號。而這一切都是六四開啟的。

加：確實如此，不爭論，不折騰。六四既然已經發生，就不
　　能去否認，只能去面對，有關方面要道歉。現在，中國
　　進一步向外擴張，中國經濟超過日本，成了世界老二。於
　　是，很多人開始討論中國要和平崛起了，這些都是正常
　　的，但如果中國不面對六四，那國際社會是不會真正認同
　　你的。共產黨可能並不這麼認為，他們覺得可以花錢拉
　　攏。但是，我相信大多數人，大多數國家，是不會真正信
　　任你的。我2018年9月到香港工作後有機會跟幾個在國際
　　組織、著名諮詢公司、央行工作的非洲人交流，問他們非
　　洲人怎麼看待中國，尤其是看待最近中國在非洲的大量
　　投資，他們一律說從來不信任中國，也不認同它的體制和
　　意識形態，還有一些企業的做法等；但中國畢竟有錢，而
　　且不加政治條件地借錢，所以願意打交道，利用中國發展
　　自己，僅此而已。我相信這種感受是普遍的，不論發達國
　　家還是發展中國家。如果中國想要「治本式」而非「投機

式」的改變自身形象，那就必須面對六四，這比花納稅人的錢搞大外宣有效得多。

查：2012年，我應邀去澳大利亞一座南方城市，參加在那裏舉辦的藝術節（Adelaide Festival）。第一場活動是我與另外兩個作家同台對話，其中一人是琳達（Linda Javin），她和她的前夫白傑明都是劉曉波的好友，那天在台上我倆一起為當時正在坐牢的曉波呼籲聲援，晚上在酒店裏琳達給我講了很多六四期間她在北京的驚險往事。如果說像琳達、白傑明這樣的澳大利亞作家和學者不會忘記六四很正常，那麼你再聽聽我參加第二場活動時的經歷。

那是《弄潮兒》英文版的演講活動。簽售的時候，上來一個老太太，對我說：「我是從附近的鄉下過來的。我想問你，當年擋坦克的那個年輕人去哪兒了，找到了沒有？」我說這個人後來消失了，我也不知道他現在如何。她說：「我們一直都很關心，天安門開槍那天我們全家都在看電視，我們看見了那個年輕人，我們每一年都在為他祈禱。」她說她這次來就是想問我這個年輕人後來怎麼樣了。我當時特別感慨，澳大利亞一個普通小村子，一個上了年紀的普通女性，可能都沒去過中國，卻一直惦記着那個穿着白襯衫的瘦弱書生，攔住一串坦克。

在國際社會上，六四這件事在很多人心裏是沒有過去的。在中國呢？我1991年之後開始經常性地回國，我發現，總會在某一些飯局上，或者某些朋友的小範圍談話中，忽然就說起了六四。很多人都會講述藏在心底的一些故事，尤其是北京人。還有許多人珍藏着大量那時拍攝的現場照片。我相信，總有一天，這些照片會重見天日，這段歷史會被記憶重新擦亮。

2008年是中國命運的轉折年，北京舉辦了奧運會，像舊式大家小姐的成年禮，請了很多客人參加。中國辦了一個大派對，全世界都來了。中國感覺自己成了現代化國家的一員，覺得過去那些血腥事已經過去了。但這只是一個假象，清算血腥歷史的那一天早晚會到來，只是可能要花很長時間。

我看過一本比較德國和日本二戰後對待本國歷史罪惡的書，叫 The Wages of Guilt。作者 Ian Buruma 是一個住在紐約的歐洲人，在日本住過，他比較了德國和日本對於戰爭罪惡的清算。

加：對，他的太太是日本人，叫堀田江理(Eri Hotta)，是一本有關日本歷史的英文暢銷書 Japan 1941: Countdown to Infamy 的作者。

查：Ian Buruma 發現從民間到知識分子都有人想要抹殺記憶，尤其在日本，不少人更願意強調日本也是受害者，是第一個被投了原子彈的國家。我認識一些六十年代成長起來的德國人，他們說自己的父母都不願面對那段歷史，想要迴避歷史真相。德國真正的清算經歷了一個過程，直到德國總理勃蘭特下跪的那一刻。那時，距離二戰結束已經二十五年了。

德國清算這段歷史用了很長時間，但最終全社會的清算很徹底，反省很深刻。中國的問題是它不像德國那樣後來被佔領過，中國的當政者一直在台上。假如希特勒沒有自殺，或他的政黨一直活躍在台上，這段歷史會被清算嗎？假如德國沒有戰敗，希特勒和毛一樣壽終正寢，納粹黨還在繼續執政，然後像中國一樣改革開放了，經濟起飛了，但是希特勒的畫像還掛在柏林市中心的廣場上，那麼這個

國家會自動清算它屠殺600萬猶太人的歷史嗎？它會把這段歷史寫入教科書，讓一代代德國孩子認請這個國家和納粹黨的罪惡並永遠不再走這條老路嗎？

加：您說得非常有道理。在日本，東條英機被判了死刑，軍國主義下台，日本變得民主化、非軍事化。我們的後代要怎麼認識這段歷史是另外一個問題，但只有徹底否定軍國主義才能走向和平。我認為，即使在共產黨執政下，它也可以主動面對歷史，用自己的方式清算六四，在清算過程中讓全民參與討論，官民互動，同時讓國際社會參與其中。我特別不同意把中國加入WTO作為入世的標誌，在我看來，中國至今都沒有真正入世，中國清算天安門事件的那一天才是真的入世。

查：你說得太好了！但你的希望只能是一個良好的希望，我已經不抱這個希望了。只要一黨專政的黨國體制不改變，就沒有真正清算的可能。1981年中共關於「文革」的歷史決議是一種清算，雖然遠非徹底，但事實證明就算黨做出了決議，它還可以往回走，還可以把改過來的事情再改回去，把打開的門再關上。曾幾何時，文革是「十年浩劫」的提法已經變成了「艱辛探索」，文革研究又成了禁區。

德國和日本是兩個極端的例子，它們被打敗、被佔領，體制被強制性地改變，國家元首和政黨發生更替，上層軍國主義分子(至少在德國)全部被清算。中國不可能像德國和日本一樣，因為六四事件並不屬於世界大戰的一部分。方勵之說過：六四是我所知的惟一的一個國家侵略本國的事件。這句話貌似冷幽默，卻是徹骨痛切。

我還聯想到另外兩個例子。一個是臺灣。「二·二八」事件也是在蔣經國開放了黨禁報禁之後才平反，然後又過

了好幾年李登輝總統才代表國民黨政府正式道歉，其間從1947年到1995年，經過了漫長的四十八年才得以清算。臺灣不是因為外來者的佔領發生變化的，而是歷經本土反對派前僕後繼的抗爭，經過幾輪政黨輪替，才從上到下有了改變。雖然都是中國人在做事，但是臺灣一直受美國的影響，也是在美國的幫助下保持了自身的獨立地位，發展了經濟，並在一定程度上受到美國民主制度的影響。臺灣有一個強人領袖蔣經國，他有足夠的權威可以改變體制，但中國不具備這個條件。鄧小平曾經有實力做出這樣的決斷，但他沒有做。現在中國又出強人領袖了，可這是一個甚麼樣的強人啊！

另一個例子是南非。南非的改變也不是因為佔領和外力，是它自己改變的。有些人認為劉曉波是中國的曼德拉，但曼德拉在國際社會的呼籲下最終出獄，成為新南非總統，背後還有一位關鍵人物——白人總統德克勒克，他同樣做出了偉大的改變，促使統治集團達成共識，釋放曼德拉，結束了種族隔離制度。

這些條件中國都不具備。劉曉波不僅死在監獄裏，而且共產黨還不讓民間知道有劉曉波這個人。直到今天，只有很少一部分中國人知道劉曉波是誰。六四都過去31年了，這個黨不僅在六四問題上沒有任何鬆動、平反的可能，而且在很多方面都在倒退。所以，除非出現意外事件，你的希望只是一個美好的心願，在可見的將來，不具備變為現實的可能性。

中國的發展以經濟為支柱，與世界市場接軌。中國人民的聰明、節儉和拼命工作，支撐着中國快速發展了將近三十年。不能不承認，在這三十多年裏，八億人脫貧，經濟高速增長，幾乎可以說是人類歷史上的奇跡。在經濟成功的

前提下，再加上長期的專制文化，公民社會的基礎很脆弱，反對派和草根運動被打壓，政治改革的轉機變得希望渺茫。權力的驕橫、頑固與韌性讓大家愈發感到悲觀，雖然國民的物質生活水平普遍改善，但中國人走向民主法治的願望，卻沒有大幅度提高。

加：看着最近進入新時代後的政治動態，我也不得不承認自己不斷變得悲觀，雖然我不會放棄。不管是作為一個日本人，還是作為一個中國觀察者，我總對自己説，不該放棄的是希望，不該忘記的是絕望。不知道您怎麼看待這句話。不過，據我觀察，包括北大學生在內，大多數人並沒有那麼渴望民主的到來，何況爭取。中國社會整體而言是缺乏民主意願的，也缺乏實現民主的土壤，一是沒有民主的基因，二是沒有民主的共識，更沒有參與民主的主人翁意識。大家總覺得政治是黨幹的，與自己無關，集體渴望皇帝給自己提供穩定的政治生態和經濟社會。不少老百姓仍然認為，飯碗應該由皇帝和政府來保證，很多學院派的學者也有同樣的潛意識，否則無法理解他們為甚麼不為維護學術獨立和自由而堅持奮鬥。民間的這種意識反過來也給共產黨提供了放縱的機會。在中國，很多人甚至越來越認為，所謂民主就是西方對東方的陰謀。所以，寧願繼續獨裁，也不願意迎合西方。很多人認為這就是愛國的表現。

查：我很同意你的觀察，也有同感。這是一個惡性循環。受到國內的輿論操縱，很多信息都脫離了其本來面貌，變為陰謀論。近年來，西方正處於民主危機中，從英國脫歐到特朗普上台，民主社會中的種種激烈爭辯被國內大量接收。但這種接收是受操控的、被選擇的，甚至是很陰險的，最後的結果就導向了中國的道路自信——西方國家的民主在走下坡路，國力在衰落，中國抓住機遇，趁勢坐

大，實力日益增強。「敵人一天天爛下去，我們一天天好起來」，毛主席那句話又回來了。我們怎麼可能期待在這樣一個社會裏大多數人會嚮往民主呢？我有時甚至覺得，中國的國家實力越強大，就離帝國越近，離民主越遠。

加：人們都說現在的中國不是挺好嗎？習大大不是挺好嗎？人們認為美國有陰謀，很霸權很暴力，而中國代表正義。持這種想法的人似乎越來越多，成了輿論的主流。中國老百姓也越來越接受《新聞聯播》的宣傳。我一直以來每天都會看《新聞聯播》，為的是研究和觀察中國，但最近幾年我實在是看不下去了，雖然至今也沒有放棄堅持。

查：長期的輿論引導、用選擇性的信息來強化一個既定的結論，幾十年下來真的很有效果。雖然自媒體時代大家有各種渠道接受各種信息，但利益導向使得他們更願意選擇性接受。現在有些渠道被重新屏蔽了，有些嘴巴被貼上了封條，防火牆越築越高，攝像頭越裝越多，大多數人卻完全無所謂。我家附近的日壇公園門口，每天晚上都有很多人在翩翩起舞、打牌下棋，一派太平盛世的景象。你說溫水煮青蛙，可青蛙們卻像在泡溫泉，舒服得很，這也許恰恰證明它們很適應現在這個水溫呢。

近年來，我常常會有一種無力感，發現能做事的空間很有限。曾經，媒體、出版界和大學都有一些平台，自由派人士也很努力，一度發出過很多聲音。於是，大家開始幻想，以為這個空間可以不斷擴大，會有更多的人抱有自由、民主、法治的理念，逐漸形成一些新的社會共識。後來我發現，這只是很少一部分人在自說自話。也許，如你所說，還是有很多讀者看過我們的書，不能說我們說的話全都白說了，但是，這個空間遠沒有我們想像的大。

不過，我還是很欣賞你說的：「不該放棄的是希望，不該忘記的是絕望。」有點存在主義的味道了。以前，讀者要求我為書題一句話時，我多次寫下：「前面有光，活在當下。」近年我常想到兩句話，第一句是英國外交大臣Sir Edward Grey在一戰前夜講的："The lamps are going out all over Europe, we shall not see them lit again in our life-time." 第二句據說是二戰反法西斯盟軍節節敗退、邱吉爾臨危受命時講的："If you're going through hell, keep going." 那都是人類的至暗時刻。好吧，假如當下黑暗再次降臨，那就讓我們在長長的隧道裏打開車燈，在燈光中前行。我的好友劉索拉出過一本散文集，書名我特別喜歡，叫做《你活着因為你有同類》。是的，我們永遠有同類，我們會看到彼此的燈光。

新十日談

第六日

加：查老師，我之前看過您的《芝加哥的北京夢》。在後八九的陰影下，您在芝加哥的生活是怎樣的？

查：哦，我是1990年春天搬去芝加哥的，在回答你這個問題之前，我先簡單講一下我為甚麼離開紐約吧。六四之後，我在曼哈頓中城的一家貿易公司上班。公司有兩個老闆，一個是猶太人，一個是美籍華人。幹了兩個月後，我感到那裏的工作和生活方式都不是我想要的，難以適應。我當時的心理狀態和每天的工作情景形成了強烈反差，而我的天性又不太適合朝九晚五的工作。公司為了培養我，讓我從最細節的內容做起，教我怎麼看訂單，怎麼歸檔，怎麼收發傳真，怎麼跟客戶打交道。公司有一半業務是做紡織品進出口，為了熟悉業務流程，每天要學一堆相關知識，從各種布料和紡織品的名稱、質地、型號，到備貨發貨的廠家、合同、庫存、申報、驗貨、營銷……有些信息光瞭解還不行，需要背下來，爛熟於心工作才能高效。老闆甚至還會修正我的著裝，要求必須穿職業套裝。

加：哈哈，我猜那樣的工作環境肯定不適合您，您也難以接受。不要說您這個資深個人主義者，連我這個日本人都不能接受朝九晚五的上班模式。在這一點上，我們算是同類，就是至今從未經歷過嚴格意義上的職場生活。無論您在紐約的研究所還是我在港大的研究所，説是Full Time（全職），實際上還是有相當程度的彈性和自由。我好奇的是，您帶去美國的那套西服用上了嗎？

查：沒用上，那套太土了，裁剪也不好。公司要求必須穿得體的白領套裝。工作上的種種訓練和約束，讓我很不適應。我捫心自問：這就是我想要的生活方式嗎？有時候，公司老闆說的話，我聽着很彆扭。比如，她會説：「你交

往的那些波希米亞式的朋友和你的社交圈子是不行的」，
連我的髮型她都說不對。

作為一個公司職員，要開展業務，以後要整天跟公司的客
戶談判、吃飯、周旋，我開始懷疑這樣的生活我是否受得
了。我發現自己的職場天賦不是很高，對做生意比較弱智
和缺乏興趣。我至今記得上班時的某些場景：我手裏拿着
一條剛收到的長長的貨單去存檔，上面是用那種蠅頭小字
打印得密密麻麻的各種尺碼、數量、價格，每款布料都有
縮寫或代號，看着像是密電碼，我邊幹邊學邊記，身後的
傳真機不斷噠噠噠響，新的貨單又進來了。我頭上暗暗冒
汗，感到自己幹這種活兒既不太靈也不太有耐心。

我沒法像我想像的那樣利用業餘時間去研究、閱讀，為寫
作積累素材。早起晚歸的上班把我的精力全部榨乾了。一
個星期的班上下來，感覺非常疲憊，內心壓抑，滿腦子都
是北京剛剛發生的那些事。我當時處於抑鬱狀態，加上疲
勞，每到週末，都在昏睡中度過，不想醒來，因為一醒過
來我又要面對這一切。現在回頭想，如果我的第一份全職
工作不是貿易公司，而是一家NGO、社會企業或文化公
司甚麼的，我會不會更適應一些？或者幹一份簡單的體力
勞動(我上學期間打過很多這類工)其實會更合我意，至少
下班之後腦子不會這麼累。可是命運偏偏開了這麼一個玩
笑，先讓我提前拿到一份工作、一張回美國的機票，然後
又讓我在六四發生之後沒幾天，每天從早到晚在一家美國
貿易公司的傳真機和檔案櫃之間疲於奔命，頭暈腦脹地破
譯一張張像密電碼一樣的紡織品訂單。

工作兩個月後，我決定辭職。這可把老闆氣壞了，而且我
又不能馬上走人，至少得把那個月的班上完，結果上班
更是度日如年，每天都要面對老闆那張冰冷的臉。與此同

時，我遇到了Marsha Wagner（魏瑪莎），我在哥大讀書時結識的一位年輕老師。她是東亞系研究中國的老師，對天安門事件有一些觀察和評論。她提議與我合寫一本關於中國的書。這是我第一次思考是不是可以用英文寫作。同時，我也在找其他工作，不過不再是和寫作、研究完全無關的工作，我不想再走做生意這條路。以前，我想以商養文，結果很快發現這完全是一個天真的幻想。

加：我一直很好奇您第一次想到用外語寫作時的場景。我當初在北京也遇到過類似的場景。對於一個寫作者來說，認識合適的人，很關鍵，而且時機最好也合適。我是在胡溫時期的北京遇上了一個在體制內做雜誌編輯的南京姑娘。畢竟，寫書出書也是通過人際交往一步步推動的。

查：對，所以我就開始跟魏瑪莎計劃寫書，雖然這本書後來夭折了。我回國後從南京到了北京，因為不用付房租，當時生活很簡單，哥大的論文獎學金足夠花兩年，而且還有一些稿費，所以我把謀生這件事推遲了。加上在當時的中國可做的事情很多，興奮點基本不在掙錢上，我就沒有認真想過將來如何謀生。包括後來去《紐約時報》打工，一半為了賺外快，一半也是興趣使然。

從貿易公司辭職後，我開始認真準備寫書，同時也在找其他的工作。期間，我遇到了我後來的先生。他在芝加哥工作，我們因為一個非常偶然的機會在紐約碰到，一拍即合。大概是1990年春天，我決定不再做、也不再找公司職員的工作了，同時我的男朋友很希望我搬到芝加哥去一起住。在辭職之後、搬去芝加哥之前，我繼續在紐約生活了半年時間。期間，洛克菲勒基金會要招聘一個中英文都流利的人，為它旗下的一項中國研究項目服務，項目主要在芝加哥開展，工作內容很雜，包括辦論壇、做調研等，算

是個part time job，我應聘之後得到了這份工作。基於以上兩個原因，我決定搬去芝加哥，在那兒住了五年，從1990年到1995年。

加：一邊準備，一邊尋找，這種狀態對我來說大概是永恆的。我的看法是，這是嚮往自由的代價。不管是中國人還是日本人，不少人對我表示羨慕，說我很自由，活得瀟灑。自由與瀟灑，我不否認，不過，要得到這些，背後要付出代價。比如說我要永遠處於邊幹邊找，邊想邊做的兼顧狀態，要永遠找到「下家」，不管是下一個平台還是下一個項目。否則，現在可以謀生，沒準過幾天就會破產。對於自己這樣的謀生狀態，我既不討厭也不痛苦，但始終處於糾結的狀態。不知您是怎麼看待這個「問題」的。

查：我的看法和經歷咱們可以下面慢慢講。但你這個問題讓我想到一個好朋友叫郭宇寬，比你大幾歲，是個永不安分的自由職業者。他最近設計了一款T恤，上面印着一行字："Freedom is Not Free"。我和我女兒都分別給這款T恤拍過代言，因為覺得郭宇寬這人挺有意思，這行字也挺有意思：可以翻譯成「自由不是免費的」，或「自由並不自由」。

我覺得自由是個悖論。你可以說它是一種被高估的價值，也可以說它是無價之寶，就看你是甚麼人了。拿宇寬來舉例，這傢伙思維極其活躍，跨界跨得比我們厲害：從理工科轉到文科，做過央視出鏡調查記者、當過研究員、辦過論壇、開過畫廊，這些年主要給民營企業做創意和市場策劃，搭着那種綠皮火車全國各地到處跑。我跟他一起出去做過幾次調研，每次都會遇到各種平常意想不到的故事。這種生活看上去自由瀟灑很好玩兒，但它同時也很顛簸奔波不穩定。宇寬原來有過體制內穩定的工作，但他頭上長

角，渾身野氣，愛看雜書，愛寫猛文，愛跟人辯論，你讓
他服從清規戒律，過那種一眼能看到頭的生活，還不如要
了他的命。自由顯然不適合所有人。但對宇寬這類人，就
生活方式而言，真可以說是「不自由，毋寧死」。我認為
真正的藝術家都是這種人。美國這種人太多了，中國其實
也有不少，很多都在體制外。

加：您在芝加哥一呆五年，也不算短呢。在這期間，您有過
　　哪些後來影響您人生軌跡的經歷？

查：我改變國籍和再次結婚都是1992年做的決定，都是在芝
　　加哥。當時，芝加哥有一個流亡學者、文人的小團體。
　　六四之後，美國有兩大知識分子比較集中的流亡群體，一
　　個在普林斯頓，由余英時、林培瑞兩位牽頭，主要成員有
　　劉賓雁夫婦、蘇曉康夫婦、鄭義夫婦、蘇煒等人；另一個
　　在芝加哥，由李歐梵和我當時的男朋友牽頭，主要成員大
　　家比較熟悉的有劉再復夫婦、黃子平夫婦、甘陽、李陀、
　　許子東等人，後來張暖忻也來過一段時間。

　　我男朋友的工作是主持一個美國智庫，本來和中國沒甚麼
　　關係，八九年他們剛剛和北京外語學院合辦了一個新的學
　　術交流項目，派去的美國學者就趕上了天安門學運。

　　我男朋友和當時在芝加哥大學教書的李歐梵是好朋友，他
　　們倆就在智庫和芝加哥大學合作籌辦了一系列論壇活動
　　和課題研究小組，有很多美國、俄羅斯和中國來的學者參
　　加。芝加哥和普林斯頓的流亡團體也互相有交流，有些會
　　議和論壇劉賓雁、蘇煒、林培瑞他們也過來參加，討論的
　　內容有些和中國直接相關，也有一些是當時知識界、學界
　　普遍關心的話題，比如公民社會、公共空間以及哈貝馬斯
　　的理論，同時也在討論這些內容跟中國的對應關係。我記

得當時在芝加哥群體裏大家一起讀的第一篇文章就是哈維爾的《無能的政治》（The Power of the Powerless）。

當時，大家都處於後八九的陰影之中。很多人因為六四事件，意外地變為流亡者。除了正跟李歐梵唸博士的許子東，芝加哥群體裏所有人都是如此。他們有些甚至是逃亡出來的，面臨着共同的困境——運動以悲劇告終，有哪些經驗、教訓可以總結？今後的路要怎麼走？這些討論也是一種集體療傷，在療傷的同時應對未來。

我到芝加哥後遇到了這個小群體，其中很多人是我原來在北京的朋友和同道。這是讓我從六四造成的巨大心理創傷及徬徨心態中逐漸走出來的一個小環境。

加：集體療傷，我本人似乎從未經歷過。自從習近平上台以後，知識分子，尤其是公共知識分子「集體」下崗了，有不少人是在無奈中做出的選擇，也有一些人認為在這樣一個新時代做知識分子不合算，沒有利益，只有風險，不如去賺錢，「下崗」乃是理性的選擇。我印象最深的是，原來頂着來自權力的壓力傳播信息和生產知識的人（媒體人為主）下崗後，跳槽到央企等公關部門，也有人乾脆到網信辦等黨政部門，發揮自己原來的經驗，打壓知識分子和知識產品。對如此赤裸裸的身份和角色轉換，我感到十分詫異。

在後八九時代的芝加哥，相遇原來的同道，令人五味雜陳。當時的流亡者是以甚麼樣的身份待在那兒的？

查：有些人像難民一樣逃了出來，有些人是從香港黃雀行動中被救出來的，有幾位著名學者都是坐小船出來的。

甘陽之前獲得過獎學金，當時芝加哥大學社會思想委員會正好錄取他做博士生，但其他人是沒有獎學金的。沒錢怎麼辦？魯斯基金會有一筆錢就給了一些人作為一兩年的生

活費。我參與協調的洛克菲勒基金會的項目中，論壇有時會有少量經費，參與者可以拿到一部分補貼。另外還有一些研究經費和基金，部分算是救援性質。

作為洛克菲勒項目的協調員，我要整理資料、翻譯、寫報告，也要參加會議。在這個過程中，我第一次接觸到美國學者既專業化又高強度的研討會。

有一些論壇非常國際化，形式也很開放，參與者不限於大學教授，也有形形色色的各界人物。比如我第一次遇到的《紐約客》的女作家，就是其中一個論壇的成員。我在那裏還遇到過俄羅斯外交官、印度電影導演和前衛劇作家等。作家、藝術家、官員、學者之間這種跨領域的討論方式對我來說是很新鮮的，雖然有些時候他們談的理論我不太懂，但對他們討論的一系列知識分子關心的問題，我很有興趣，也很開眼界。多數論壇我是以工作人員的身份參與的，也有一些是以討論者身份參與的。後來我正式加入了其中一個小組，也開始提交自己的文章給大家傳閱和討論。

我第一次想到可以用英語進行非學術、非虛構的寫作，跟我遇到《紐約客》的那位女作家有關。她長期派駐歐洲，只是來參加討論，沒有提交任何學術報告或學術論文。但她講得很好，引起了我的好奇，於是去看了她的作品，大都是寫歐洲的，是一種很有意思的長文，夾敘夾議、筆法講究。

加：我一直很好奇您英文寫作的起源，原來是這樣。我相信，無論是中國人還是外國人，有不少讀者都是通過《紐約客》的文章來認識您的。自從我上了《鏘鏘三人行》，跟您做搭檔後，有不少觀眾和讀者對我說在《紐約客》上讀過您的文章，很喜歡，比如FT中文網的編輯王昉。那位您在芝加哥認識的《紐約客》女作者都寫了甚麼？

查：她叫Jane Kramer，是一位非常資深的《紐約客》作家，
　　長期住在法國，後來去了意大利。她的丈夫是一位人類學
　　家，兩個人在各自的領域都大名鼎鼎。他們夫妻倆一起參
　　加論壇。Jane寫作的話題很雜，從國家領導人到普通人，
　　從人物傳記到政論再到美食評論。寫甚麼還在其次，關鍵
　　是怎麼寫。她和其他《紐約客》作家的寫作風格當時對我
　　來說很新鮮，和中國八十年代的報告文學完全不一樣，後
　　者一般是以宏大視角和人文氣息很濃的筆法來寫，比如蘇
　　曉康的《烏托邦祭》、錢剛的《唐山大地震》、劉賓雁的
　　《人妖之間》，都是這樣的路數。我在成長過程中接受的
　　英雄主義教育和浪漫主義教育，都是通過那種宏大視角之
　　下非常文學化的敘述方式完成的。《紐約客》這些作家有
　　另外一種眼光、另外一種態度。敘述者往往帶着一種觀察
　　者的冷靜和細心做足了調研，顯示出開放而複雜的多重
　　視角及同理心，下筆相當節制，盡量以呈現事實和側寫
　　人物為主，很少道德說教和宏觀論斷，很少抒情，更別
　　說煽情了。

我真正採用這種文體寫作的第一篇英文文章是關於電視
劇《渴望》的長文。有意思的是，2003年我搬回北京後，
發現《渴望》女主角劉慧芳的扮演者凱麗和我住在同一棟
樓，她的女兒跟我女兒當時都在芳草地小學讀書，是同一
年級，兩個小孩成了玩伴之後，兩個媽媽也就熟起來了，
但我始終沒提起過我寫《渴望》的文章。

之所以寫這篇文章是因為當時我為洛克菲勒基金會做調研，
第一次出差回國，正好趕上「渴望熱」，而我腦子裏又正好
有這樣一種文體想嘗試，於是馬上有了興趣。此外，在芝加
哥的美國學者和中國流亡學者的探討中，涉及一個很重要的
問題：我們是否在八十年代的文化熱以及八九運動中都懷有

一種浮淺的精英主義思維？我們對老百姓的想法，對市井
文化，對大眾思維是否很陌生甚至是脫節的？

加：這是新時代政治語境中的「脫離群眾」吧。那篇文章影
　　響大嗎？

查：那是我發表的第一篇英文文章。那段時間，我一直在反
　　思剛剛經歷過的一切。我們這些所謂的文化人那麼天真、
　　那麼亢奮，完全沒有想到在中國當時的環境下，這樣一場
　　運動可能是超前的。造成這種結果的原因當然是多重的，
　　但其中之一就是精英式思維，對普通人的視角不夠或不屑
　　瞭解。當時，文化研究剛剛在美國大學裏興起，一些學者
　　開始研究流行文化，所以我給他們講中國有這麼一個《渴
　　望》現象，他們也很感興趣。後八九時代雖然在政治上很
　　壓抑，商業文化卻開始興起。《渴望》裏有肥皂劇的要
　　素──把「文革」肥皂劇化，這是一個很有意思的現象。
　　我做了一堆採訪，還把《渴望》的全部錄像帶背回美國，
　　足足裝了半個手提箱。回到芝加哥後，中國小圈子裏的人
　　覺得我可笑極了。我給他們放，他們看不下去，說這是廉
　　價的肥皂劇。他們不理解我為甚麼會覺得很有意思。李
　　陀說這完全是垃圾；我說這是大眾文化，是值得研究的東
　　西。他很不屑地說：難道大眾喜歡垃圾，我們也要對垃圾
　　感興趣嗎？

　　我寫了第一篇非虛構的長文後，在智庫裏的一個論壇上做
　　了報告。這篇文章獲得了大家非常認真的評價和討論，美
　　國人覺得很有意思，《紐約客》的作家和李歐梵也覺得特
　　別有意思。李歐梵讀過我以前寫的中文小說，他說沒想到
　　我能寫出這樣的文章，而且是用英文。他說我已經不是原
　　來的我了，好像有兩個「我」在對話，現在這個是更成熟
　　的「我」。

加：我是用中日英三種語言寫作。用不同的語言寫作確實能感覺到有兩個我在對話。我始終認為，學習一門外語，就相當於在自己的內心創造另外一個世界，目的是豐富自己。這也是我相遇中文寫作的極大收穫。

查：你用三種語言寫作，更厲害。但我想我們有同樣的感受。我曾說英文寫作給了我一雙新的翅膀或者說第三隻眼，也就是這個意思。我當時不認識甚麼雜誌編輯，所以就盲目投稿，和當年申請美國大學一樣，亂抄了一堆地址，各處都試了試。結果，一個哈佛大學主辦的刊物最終刊登了這篇文章，但不是學術刊物，是文學刊物。這本刊物是由一位非洲作家、諾貝爾文學獎得主索因卡在哈佛大學創辦的，他曾在哈佛教過書。刊物的編輯完全不知道我是誰，只是看到文章後覺得有意思，就馬上給我回信。這本刊物以刊登非虛構的報道和隨筆為主，雖然是哈佛大學的一份校刊，但也在校外發行，只是發行量不大，跟《紐約客》沒法比。這是我轉向非虛構寫作的第一次嘗試。

我後來還在哈佛那本雜誌上發過別的文章。完全沒有想到的是，那位編輯多年之後調到了《紐約客》，成了我在《紐約客》的責任編輯。這是巧合，也是因緣。

加：確實是緣份。這些年以來，我逐步形成了一個觀感：寫作者就是跟着編輯跑。對於我們來說，能否遇上合得來、信得過的編輯是很關鍵的，這比選擇出版社更重要。我還是比較幸運的，無論是報紙、雜誌，還是圖書，在日本、中國，還是其他地區，我都遇到了幾個合得來、信得過的編輯，長年跟他們一起工作。不知您怎樣？據我瞭解，村上春樹也是跟着編輯跑，他似乎不在乎出版他作品的出版社有多大，即使是很少人知道的小出版社，只要是他認可的編輯去了，他也會在那裏出書。當然，他是大牌，不管

去哪裏，出版社都會重視並大力推廣他的作品。

美國那邊的出版機構總的來說很識貨，也不太看關係，如果寫得好，你就可以「跳」出來，出版社也願意推廣。美國這種可能性比中國、日本更高。

查：對。我剛開始給《紐約客》寫稿的時候，稿子經常被斃。我不太會寫命題作文，他們出一個題說你能不能寫這一類，寫了之後他們不滿意，我也不滿意，他們就讓我改，我也改不成他們想要的那樣，拖到最後不了了之。我寫得也不夠多、不夠快。所以沒甚麼好說的，我當不了專職作家。

加：我當年給《南方週末》評論版的「自由談」欄目寫稿，也是這樣，稿子不斷被斃，至今被斃最多的就是那個欄目，還不是政治原因。我有點跟那位編輯不和，不是說誰對誰錯，就是感覺不對勁，不好溝通。作者和編者之間還是需要相當程度的默契，否則難以合作下去。當時南週的責任編輯，名字我就不說了，我聽不懂他提的要求，不知道他到底想要甚麼，我寫的他總不滿意，但他也不說哪裏不滿意，總之就是不行。雖然我當時很想在南週發表文章，也會盡可能的妥協和配合，畢竟當時南週很「牛逼」嘛。但後來我想明白了，我們之間就是沒有緣份。我在南週也遇到過其他編輯，比如北大的師兄史哲老師、文化版的朱又可老師等，我很尊重他們。《南方週末》見證並參與了中國改革開放的歷史，也曾試圖推進中國的「憲政夢」。我至今仍然尊重南週，尤其是那些仍然堅守媒體人底線的從業者，偶爾也發表一些小文章，當然尺度跟當年沒法比。我非常希望將來有一天，那個既專業又勇敢的《南方週末》能夠再回來。那一刻，或許意味着中國改革的重啟。

　　話説回來，通過《渴望》您也算是關注中國發生了甚麼。

查：對，那是我在六四之後第一次回大陸，六四記憶猶新，身邊卻已有老朋友在寫肥皂劇了。後來是下海經商熱，各種華麗轉身，荒誕感越來越厲害。我自己也變了，從中文小説轉向非虛構英文寫作。對我而言，這是一個新的開始，但我絕少跟國內朋友交流這些。引發這個轉變的精神危機，伴隨它的疼痛、孤獨和焦慮，我都埋在了心底。一方面，我可能有些驕傲，對那種老愛展示自己傷疤以引起別人同情關注的舉動非常不屑；另一方面，這個轉變過程是在美國的環境裏發生的，與我那些北京朋友們的經歷太不一樣了。國內的朋友個個都在忙着自己的轉型，與其讓他們來關注我這種例外的個案，不如我去關注和研究他們那些更帶有普遍性的轉型故事。再説，在美國的圈子裏，我已經開始有了新的讀者和交流對象，他們不必關注我這個人，關注我寫的東西就行了。

加：這個圈子裏的人大多數是學者，沒有作家。您也沒有變為學者。通常來説，遠離文學圈，應該和學者在一起，很多人會覺得您應該寫一些學術文章。

查：確實有過這樣一個短暫階段。我曾經考慮要不要回哥大完成博士論文。當時，完成論文的期限還沒過，我在從拿到博士論文獎學金後的十年內都可以回去。有的人用了二十年才讀完博士，有的人工作之後再回去，考試資格也不會過期。有一段時間，我還真動過這個心思。我想，既然不能以商養文，那能不能以學養文，把教書當成一個飯碗呢。

加：以商養文，以學養文，這些説法對我來説很新鮮。冒昧地問一下，您有沒有想過以文養文？憑借您的才華和經歷，我看完全可以做到。

查：以文養文？可惜我不是Stephen King呀！他又暢銷又高
　　產，那些恐怖小說不僅以文養了他自己，還養了出版社，
　　也許還可以讓出版社再養一兩打嚴肅作家或小眾作家吧。
　　就像不是所有人都適合過自由生活，也不是所有作家都適
　　合當Stephen King。我一點沒有抱怨的意思，我很清楚也很
　　接受自己是小眾作家這個事實。很多事情都是有得有失，
　　你不能甚麼都要。我發現自己既非全職作家也非大眾作
　　家，當時就琢磨了一下「以學養文」。

　　在這個過程中我的先生是一個阻礙因素。他堅決反對我回
　　去，他說他太瞭解美國學院的這套體制了，他覺得我的才
　　能不在這方面。學術圈有很多理論性很強的討論，對此我
　　都是迴避的。我在哥大時也經常逃理論課，因為我不想當
　　學者，我吸收的很多很有意思的東西並不是理論。理論有
　　時候的確可以照亮前路，但我在這方面的興趣和才能都有
　　限。我先生開玩笑說商店裏有賣防水手錶的，你的腦袋裏
　　就有一個防理論裝置，理論根本進不去。他覺得我就不是
　　一個搞學術的人。

　　我的非虛構寫作，很多學者感興趣，尤其是人類學家。我
　　先生也是一個人類學家。人類學家進行田野調查，背後有
　　理論支持，但根據田野調查本身寫出來的文章，其實理論
　　性並不強，他們將這種寫作稱為"thick description"（深度
　　描述或深層描述）。這種描述要有人物，有事件，有文采，
　　有角度，有洞見，帶不帶理論框架無所謂。比如，一個美
　　國人在加勒比島或印度尼西亞住了一段時間，然後他可以
　　寫出一份不帶理論關照的深度描述，將當地的風土人情、
　　社會政治結構以及那些微妙的帶有文化特徵的事件、人物
　　和歷史描述出來。這種深度描述中的細節與洞見和我所說
　　的非虛構寫作有很多異曲同工之處。

加：您後來回去唸博士了嗎？

查：我沒回去唸博士，也沒有成為一個學者，主要原因是我
的熱情和興趣不在此，我的性格也不適合在書齋裏做學
問。對此，我的先生比我更堅決，他說你要回去就太浪費
才華了。也許很多人會選擇唸完博士，然後走學術道路。
但拿到博士學位是為了甚麼呢？難道不是為了拿教職嗎？
拿到教職後差不多七年才能拿到tenure的副教授職稱，飯
碗穩定下來，才可能有一些自己的時間。這是很具體的考
慮。我先生說你沒有必要走這條路，我們倆共同的看法是
我一定是一個平庸的學者，但有可能成為一個優秀的作
家，至少是一個獨特的作家。很少有人會走我這條路，這
條路有點兒孤獨。

加：很多的時候，順着大家認為正確或前人推薦的道路走可
以被高度評價，但那是否忠實於你的內心，往往是另外一
回事。走一條孤獨的路，很艱難，但有趣。

查：我和我先生兩個人在一起這麼多年，雖然我們的關係也
經歷過不少起伏和危機，但最終似乎有一種打不開、分
不散的感覺，也許原因之一就是他比我自己還要認可、欣
賞我。這當然讓我非常受用和感激：就憑我這麼一點小小
的、有限的才華，居然能撞上一個在很多方面都比我更有
才幹的人，這麼看重我、支持我，一直做我的後盾，我的
運氣真是好死了！而他也有一種慧眼識人的得意，說我一
看就知道你是這塊料。當然，在他的朋友裏，也不是只有
他一個人欣賞我，這讓我很意外。我寫的那幾篇英文文
章，有些大牌學者也覺得有意思，並給了我很多有用的反
饋。

加：不只是像李歐梵這樣的中國人，很多老外也喜歡吧？

查：是的。李歐梵是研究中國文學的，他看過我八十年代在
　　《北京文學》等雜誌上發表的中文小說，他覺得那些是屬
　　於青年人的小說，沒甚麼特別之處。但是，他一看我寫的
　　第一篇英文文章，就表示讚賞。總之，我剛開始嘗試用新
　　文體、新語言寫作就收到了好的反饋，這些都是激勵我的
　　因素，讓我覺得可以繼續走這條路，也徹底把回哥大的心
　　斷了。

加：您的先生是在高校工作嗎？

查：他現在是教授，但做過很多年行政，在大學裏當過主管
　　學術的副校長、院長甚麼的，當年他是全職領導那個智
　　庫。我和我先生的工作時有交叉，比如，我做的基金會項
　　目和他的智庫以及他後來教書的大學都有合作。在一起生
　　活，很多方面都需要彼此協調，我們共同的朋友也越來越
　　多。他和李歐梵是好朋友，我們結婚的時候，李歐梵是我
　　們的證婚人。

加：您在芝加哥住了五年，除了學界這些人，有沒有交到其
　　他好朋友？就像在南卡交到的那種一起玩得很嗨的朋友。

查：有。南卡是一所州立大學，我接觸的大多是當地人；在
　　芝加哥，接觸的人背景更雜一些。在比較「高端」和國際
　　化的學界精英群體之外，我交往的人裏也有一些在芝加哥
　　工作的大陸新移民，其中有律師、藝術家，也有像孫立哲
　　吳北玲夫婦這樣在當地創業開公司的人。這些人大都是在
　　美國拿到學位後留下來工作的，也有的後來又返回大陸成
　　了海歸，有些人直到今天仍然是我的密友。

　　另外，我在芝加哥遇到了兩位前輩美國女作家，她們都對
　　我的寫作產生過影響，也都和我成了忘年交。一位是前面
　　提到的《紐約客》的記者Jane Kramer，另一位是小說家、

翻譯家和兒童文學作家Lore Segal。這就要回頭說到我剛剛決定轉向英文寫作的時候，還不知道有「非虛構」這麼一種文類，因為之前一直寫小說嘛，很自然就馬上嘗試着用英文寫起小說來，而且迫切希望得到一些指點和反饋。有人告訴我芝加哥一所公立大學裏開設了"Fiction Workshop"（小說創作坊），老師是一個挺有名氣的小說家，授課形式就是每週討論一篇學生創作的小說，學生互相點評之後老師點評。我一聽正中下懷，就報名去參加了。因為這是州立大學在芝加哥的分校，班上十幾個學生都是伊利諾伊州或鄰州來的白人學生，有點兒像我在南卡上學時的感覺。他們交上來的作品都是寫自己在美國中西部中產家庭的成長故事，和我這個老外寫的北京故事像是風馬牛不相及的兩個世界。輪到討論我的小說那天，我一聽同學的點評就知道他們一沒感覺，二不感冒，沒想到老師卻大為欣賞，誇我寫得毒辣、幽默、出人意料，聽得我簡直受寵若驚——這就是Lore！那是我這輩子上的惟一一堂寫作課，最大的收穫就是結識了Lore。後來熟了，才知道她是奧地利猶太人，小時候從納粹陰影下的維也納逃亡出來，像一個「難民小包裹」那樣被輾轉寄養在英國和南美的好心人家裏，最後移民到了美國。她是那種獨立、優雅的知性女人，不僅經歷傳奇，小說風格也是古靈精怪。她譯的《舊約》特別有趣，從希伯來語譯成小孩子也愛讀的現代英文，再配上很另類的黑白插圖。我曾在一篇文章裏描寫過她，發表在《讀書》雜誌上。

總之，Lore和Jane，這兩位對我來說亦師亦友的作家前輩都是在芝加哥結識的，是那段生活給我的饋贈。恰好我們現在都住在紐約，仍然會時不時一起吃飯聊天。

土生土長的芝加哥本地人我接觸不多。芝加哥雖然不像紐

約那麼國際化，但流動性也相當高，沒有南方小城那種土得掉渣的感覺。到芝加哥後，我和男友一起搬到密西根大湖邊一個很高的公寓樓裏，走幾步路就可以到湖邊。奧巴馬經常去的健身房就在我們樓下。健身房的游泳池太小了，我們經常一起去湖裏游泳，和下海的感覺差不多。有一次我男友自己去游，照例游出去很遠，沒想到天氣突變風雨大作，不等他游回到岸邊，一架直升飛機已經在他頭頂上盤旋，原來是樓上有人看到波濤洶湧的大湖裏有個身影在上下起伏，馬上打了救急電話。

還有一個美好而戲劇化的記憶與高樓和大湖有關。我的男友是個音樂和音響發燒友。當年我們公寓裏沒幾件傢具，卻有一大堆唱片和一套上好的音響，都是他精心挑揀、配置的。牆上一幅大掛毯（也是音樂主題），地上戳着倆大號音箱，活像一對站崗的士兵。我們住十八層拐角一套房，客廳一面臨湖，大落地窗幾乎從天花板到地板，音響開到最大也不會吵到鄰居，所以我們每年夏季的一個保留節目就是在狂風暴雨之時，喝着自己調的雞尾酒，打開音響聽歌劇《尼伯龍根的指環》，尤其是第二部《女武神》。你可以想像一下：窗外電閃雷鳴、密西根大湖怒浪滔滔，室內是最大音量的瓦格納，簡直絕配啊！後來我終於在紐約大都會歌劇院裏看了《女武神》現場演出，當然很棒，可是密西根大湖上空的體驗更棒！

那時候我家客廳裏連一把椅子都沒有，客人來了就沿着牆坐在地毯上，靠着靠墊吃吃喝喝。傢具少自有少的好處，地方顯大。流亡圈裏的朋友們就經常來我家看電影。記得有次放片子，劉賓雁也在，他年紀大了，腰實在受不了，就去餐桌旁拿了一把椅子坐在牆角。有一回，甘陽和楊煉在我家一次聚會上磋談理論，別人都走了他倆還鏖戰不

休，最後喝得酩酊大醉在客廳地毯上睡了一夜。

沒有傢具的開敞空間也適合跳舞，印象深的是一位印度前衛劇作家來做客，他是一個有些矜持、害羞的人，不知道讓他徹底放鬆下來的是音樂還是酒精，反正這位皮膚黝黑、瘦瘦高高的印度男人最後竟然在我家客廳翩翩起舞，光着腳不斷旋轉。而像李歐梵這種樂迷，每次上門一定會要求聽唱片。歐梵最愛的是交響樂，不僅愛聽，還有當指揮的夢。有一回在我家聽馬勒聽到妙處，他隨手拿起一把我們從俄羅斯帶回來的木勺，半跪在地毯上，搖頭晃腦揮着勺子過了一把指揮馬勒的癮。歐梵退休以後和太太移居香港，前幾年給我們發來一個視頻，是他在香港指揮一個交響樂隊演出，終於圓了一回當指揮的夢！

那些年，我們也愛去爵士樂酒吧聽藍調。看過好萊塢大片《鐵面無私》（The Untouchables）的人，可能聽說過禁酒時代的芝加哥黑幫大佬Al Capone，他在美國歷史上太有名了，但其實更能代表芝加哥傳統的是大遷徙時代南方黑人來芝加哥後創造的"Chicago Blues"（芝加哥藍調），城裏每年一度、全球聞名的藍調音樂節至今長盛不衰。而我們當年可是在現場近距離看過藍調大師Buddy Guy和Junior Wells同台演出的，真是太嗨了！當時我也喜歡上了好多有藍調色彩的歌手，沒完沒了地聽，覺得那種散發着煙氣酒氣和失敗者悲傷的音樂特別對胃口。直到今天，一聽到Otis Redding或Tom Waits，我還是會馬上想起芝加哥的那段時光。

還有一件事值得一提。在芝加哥期間，我們有時候會在假期或者週末駕車出遊，曾經去過兩個鏽帶城市：一個是汽車製造大城底特律，一個是鋼鐵基地Gary。這兩個曾經繁榮發達的城市在九十年代已經陷入了衰敗，Gary給我的印象尤其深。當時開車穿過大片大片廢置的鋼鐵廠房、黑

洞洞的高爐、凋敝荒涼的街道，感到非常震驚和不解。一邊感歎這些地方的工人真是倒霉，一邊納悶既然產業轉移了，他們為甚麼不去別的地方找工作？美國人不是慣於像候鳥一樣搬家、換工作嗎？現在回想，那是在全球化潮流之前，工廠並不是遷到中國去了，可我當時並沒有興趣深入瞭解西部城市的「鏽帶」現象到底是怎麼回事。雖然人住在芝加哥，我那時候還是忙於自己的生活，我可以在中美之間往返，但心態上卻有點像個流亡者，時時關注着中國的故事。

加：您提及的這兩大群體很有意思，可以積累一些寫作素材。我訪問過芝加哥兩次，其中一次是奧巴馬擔任總統後不久去的，我特別想感受奧巴馬曾經生活和工作的地方。我乘坐輕軌前往芝加哥大學所在地，印象深刻的是，車廂裏基本只有黑人。我也到過奧巴馬當年教法律的教室，還有他當年經常吃飯的餐廳，品嘗了店長推薦的奧巴馬愛吃的牛排。至於您當年生活的密西根大湖邊，我也去過，很適合跑步。

我特別想知道您後來療傷成功了嗎？在芝加哥的這段生活，對於您反思個人生活起了甚麼樣的作用？

查：這是一個恢復、反省、思考、再出發的階段。傷痛是在心裏的，有些東西失去了，永遠不會再回來，就像刻骨銘心的愛情。傷口癒合了，結下一個疤，別人可能看不到，自己也漸漸習以為常，但遇到颳風下雨天它還是會隱隱作痛。這樣也好，疼的感覺提醒你，那塊傷還在那裏，永遠都在，它就是你的一部分。

芝加哥的五年裏，我感覺這條路我會繼續走下去，我有把握寫好這種作品。期間，我們決定要一個孩子，所以我

先生決定回到大學工作。當時，智庫一個最大的長期資助
者的資金出了點問題。我們考慮，如果要一個孩子，應該
找一個更穩定的工作。我除了做兼職，只是一個自由撰稿
人，這樣的寫作掙不了多少錢，家裏總得有個人有一個穩
定的全職工作。當時，正好Rice University要聘請他，這是
一所很好的大學，號稱「南方哈佛」，在德克薩斯州。雖
然我們覺得芝加哥很美好，但為了家庭，我們決定離開芝
加哥去休士頓，那是1995年。那一年，我用英文寫作的第
一本書*China Pop*出版了。

加：我讀過這本《中國波普》，包括英文版和中文繁體版。
　　這是您第一次出版英文書籍，肯定遇到過不少困難吧。您
　　是怎樣推動和完成這本英文著作的出版的？

查：在寫作過程中，我幾乎每寫一章都要回國一趟，因為當
　　時有一些課題需要回來調研、採訪，然後回芝加哥寫。當
　　時，中國開始有了新的變化，中產階級和新型城市化的雛
　　形開始浮現。

加：原來如此。那一定是一個很費勁的過程。您這樣的寫作
　　節奏是不是在那個時候養成的？您提到中國新的中產階級
　　和城市化，這是不是跟1992年鄧小平南巡講話之後的形勢
　　變化有關？

查：是的，我每次回來都能感覺到中國走上了另外一條軌
　　道，烙餅又翻了一回。一個熟到爛的封閉王朝，先是被迫
　　門戶大開，經歷了將近一百年的戰亂，1949年又把門關上
　　大鬧了一場自我革命，搞砸了，只好重新打開門探出頭來
　　看看世界，1989年又給嚇回去了，民主運動那半扇門砰地
　　關上之後，國人的精力需要一個新的出口，於是把市場化
　　這半扇門打得更開，走向一個商業中國。但是它對現代性
　　的追求遠遠不到位，仍然是一種畸形的跛足的發展。北京

是見證這個歷史過程的一個縮影：一座完美體現東方王朝文化的皇城，民國時代剛開始搞了點現代化，共和國之初就大刀闊斧把它改造為一個蘇聯式社會主義的首都。改開之後商業化來了，它又經歷了新一輪的大拆大建，現在終於變成了一個不三不四、各種地標並存、始終官氣十足的城市。我書中有一章「沒有牆的城市」就是寫北京這種充滿荒誕感和悲涼感的滄桑劇變。其他章節則以九十年代中國變遷過程中值得記錄的個案為主，希望能折射更多社會層面的問題。

我在寫《中國波普》的同時，還用「扎西多」的筆名給香港《九十年代》開專欄，並為像《讀書》《萬象》這樣的大陸刊物撰稿，所以有些主題彼此呼應。比如，我先在《九十年代》和《讀書》雜誌上發表了關於《廢都》現象的文章，討論中國人性觀念和性文學的變化。寫英文版那一章的時候我專門去了趟西安，採訪賈平凹，他那時因《廢都》一方面火得不得了，一方面被罵得狗血淋頭。我本來讀了《廢都》也不太喜歡，就給《讀書》雜誌寫了一篇評論，寫的相當毒舌，但在做了更多調研和思考後，我對作者和整個現象增加了新的理解和同情，這些都呈現在我最終用英文寫的長文裏了。

其實，這本《中國波普》中的很多文章都是以單篇的形式先在美國和英國不同的雜誌上發表的。比如，寫陳凱歌和張藝謀的那一章就先在英國一個老牌電影雜誌上發表了。書中有以事件或人物為主題的長文，也有很短的素拍式的文章。我在寫作時雖然沒有明確的視覺感，但在組織內容上是有鏡頭意識的。書剛出來時，《紐約時報》書評就說，這本書有一系列近距離的素拍，節奏動感、精準、微妙，並且能讓那些不太瞭解中國背景的美國人看懂。學術

著作總是需要加一堆註腳，而我想寫的就是不加註腳的文章，我是把研究全都做到文章中去了。我的美國編輯跟我說，你得記住美國的一般讀者對中國是很不瞭解的，很多東西得解釋給他們聽，所以我在修改過程中謹記我不是給中國人寫，而是給美國人寫的，我需要不斷提醒自己，不能預設我的讀者知道很多東西。這也是為甚麼這麼多年了我還是很懷念中文寫作，因為很多東西不必解釋，可以單刀直入。

加：我平時也經常用母語去描述中國的情況。在此過程中，我也會注意如何才能更好地讓那些不懂中國、不願意懂中國，甚至對中國充滿偏見的日本讀者瞭解中國。我這些年一直寫作《中國民主化研究》的連載，每兩週一篇，主題很嚴肅，但一般也不加註釋，而盡可能用鮮活的素材加以敘述，以便讓不懂中國的日本讀者產生興趣。我跟連載我文章的鑽石社(Diamond Press)説好了，這個連載直到中國實現民主化為止，一直寫下去，如果我死了，還沒實現民主，就讓其他人替代。鑽石社成立於1913年，至今已有百年以上的歷史。一位社領導回應我説：「反正我社應該可以生存兩百年以上，只要中國在未來一百年之內民主化，應該可以刊登下去。」

我想接着問您的是，寫這些文章的時候您是按照一本書的計劃來寫作的嗎？

查：開始是按照單篇文章寫作的。忘了寫到第幾篇的時候，有一個美國出版人Andre Schiffrin(安德烈‧謝弗林)約我見面吃飯，説讀了我一篇文章特別喜歡，覺得可以寫一本很好的書，問我有沒有寫書的意向，我説當然了。他説可以跟我簽約，出我的書，當時我真是喜出望外。安德烈主持美國蘭登旗下一個很大的出版社差不多二十年，出過很

多歐洲社科人文經典，率先給美國人介紹德里達、拉康的書。當時他剛從那裏離開不久。謝弗林是出版世家，他父親是法國猶太人，一個特別著名的出版家，二戰期間為躲避納粹，舉家從巴黎來到美國。剛到美國時，安德烈還是一個小男孩，後來也當了編輯。他還是一個「公知」，在出版界赫赫有名。九十年代，他所在的出版社被一個大資本集團收購，轉型要出賺錢的書，而不再出高端學術書和晦澀的理論書，為了抗議出版的商業化，他提出了辭職。因為他的辭職，歐洲和美國有幾百個作家聯名抗議。後來，他自己創辦了一家獨立的出版社，創業不久後找到了我。其實，他剛找我的時候我還沒想到要寫一本書，所以我是幸運的。

加：遇到一個好的出版人或編輯往往要靠運氣和緣份。當然，合作一次之後，能繼續合作的就更不容易。在這個意義上，咱們這本書的策劃人陳卓是一個很好的編輯，我很信任也很尊敬他。就這本書而言，是他促成了我們之間的這次合作，這是很難的一件事。但我們堅持做到現在，並且樂在其中，能遇上他是我的幸運。我看您在美國遇到的那位編輯是很有眼光的，他第一個「發現」了您。他後來還跟您有合作嗎？

查：書出版後，有一個更大的商業出版社找過我。其實這種獨立出版社市場推廣的費用、力度和影響力都比商業出版社差很多，雖然安德烈這個人很有名，但還是大的商業出版社宣傳推廣做得更好。我或許是死忠，總覺得他是在我甚麼名氣都沒有的時候主動找到我的，我應該忠於他，所以我的下一本書還是跟他合作。

加：感動！我始終認為作家就應該這樣。對於作者和編者而言，信任是最重要的，你不信任他，就不可能做好一本

書。作者和編輯是在相互信任的基礎上做好一本書，才能
對得起讀者。

查：同意，但我只是一個個例，實在不知道有多少代表性。
安德烈主動找到我之後，我一個紐約的女朋友，也是猶
太人，她是出版週刊的編輯，說你得找一個代理人，你自
己甚麼都不懂就直接簽合同，是很不專業的。我覺得有道
理，確實需要找代理人。安德烈跟我說，他既是社長，也
是編輯，可以做我這本書的責編。他說我可以不用代理
人，直接跟他簽合同。不過，當時我還是聽了那位朋友的
話，想搞得專業一點。最後，她給我介紹了一個代理人。

此後，這位安德烈社長真成了我的責任編輯。我每寫一章
就傳給他看一章。當時，他都是把稿子打印出來還給我，
上面有他用鉛筆寫的修改意見。相對來說，他是比較放手
的，沒有強迫我改變甚麼，也不會給我命題。有時候，他
會提一些他感興趣的話題。比如，他是一個左翼，他聽說
中國也有新左派，就問我要不要寫一章，我說，我不想寫
他們。那時的新左派剛冒頭，還不成氣候。我給他講了由
於兩邊語境不一樣，中國大陸的新左派和西方的左派是兩
種不同的動物。總之，他完全尊重我的決定，總是很謙虛
地說：「我真的不瞭解中國，你這麼一說我就明白了。」
至於修改，也是比較少的。我的手稿是由出版社的copy
editor（校對編輯）從頭到尾修改的，不過那屬於書稿下廠
印刷前的必經流程，修改多是校對文字，不會動內容。

加：我與中國大陸的出版界打交道的這些年，最痛苦和糾結
的就是被刪，更害怕的是越來越習慣，甚至適應自己的
文字被刪。就我的職業和身份而言，「刪」字是形容今日
中國的一個關鍵詞。日本媒體每年發表年度流行詞，若把
這個節目放在中國，我又是一個評委，我會建議選「刪」

字。說大一點，這些年來，中國「刪」了太多東西，其中
包括很重要的歷史記憶。查老師您也是「刪」的親歷者，
不知對此有何感受？

查：你說的一點沒錯，我也是「刪」的見證人和親歷者，經
歷和感受與你相似。我的英文書的中譯本只能在香港出
版，在大陸等於被「刪光」或「失蹤」，網上傳播也受限
制，這且不說。就說《八十年代訪談錄》吧，在出版社經
過三道審閱，就等於「刪」了三道，每章都或多或少有刪
節，其中一章兩輪下來已經刪得面目全非，只好整章拿
掉。所以，此書的未刪節版後來香港牛津印出來厚了很
多。更糟糕的是，內地作者出於自我保護，或者為了有個
正式發表的平台，早已習慣了自我審查。前面提到我腦子
裏有個「防理論裝置」，其實中國作者人人腦子裏都有個
「防審查裝置」。即如《八十年代訪談錄》中的每個人，
在「神侃」的時候都自覺地迴避了八九年的事情。後來海
外有一位評論者斥責說：不談天安門事件，等於不談八十
年代是怎麼終止的，這太荒誕了！他斥責得很對，令我汗
顏，我知道這本書是殘缺的。可是所有人也都知道，如果
談了八九事件，那只會有兩種結局：要麼那些部分被刪，
要麼整個書被斃。實際上很多編輯甚至出版社對這種局面
也很不滿，他們的心和作者是一樣的，大家都想講真話，
出好書，對得起歷史和良心，但卻無可奈何，只能壓下鬱
悶配合執行。這種長期的遮蔽、妥協和自我閹割，在作者
和編輯方面是一種扭曲和羞辱，對社會乃至整個民族的精
神則是一種嚴重的傷害。

加：是的，編輯和出版社也很不滿，我們是一部作品的命運
共同體。不知您在美國出書，跟美國編輯打交道的感悟是
甚麼樣的？

查：美國的編輯從來沒有出於意識形態方面的考慮而刪過我
　　的稿子。雜誌有篇幅限制，刪稿子一般都是出於版面或風
　　格方面的考慮，因為我的文章有時比一般的長稿還要長，
　　但書稿就沒有這種問題。*China Pop* 出版後，美國媒體上都
　　是好評，還上了 *Village Voice*（《村聲雜誌》）那一年的年度
　　好書榜。之後不久，有兩家北京的出版社找到我，想出中
　　文版。我跟編輯說，這書第一章就寫到了六四，而且與
　　六四有關的內容在不同的章節裏都有表現（突然發現咱們這
　　本書也是）。書中有一條暗線，就是六四是中國當代歷史上
　　的一個轉折點。我跟編輯說你們肯定出不了，因為要傷筋
　　動骨的刪。有一家出版社說，先讓我們社的英文編譯看一
　　遍，弄個綜述，看社裏甚麼態度再決定。英文綜述做出來
　　後，社裏一看就說不行。這個編輯還不死心，說要不然由
　　她來做責編，大改，把與六四有關的內容全部刪乾淨。我
　　說算了吧，別出了，你費了半天勁改到那個份上我也接受
　　不了。

我在寫 *China Pop* 的時候，完全是面對英文讀者的，沒有任
何自我刪節。沒想到是，二十年後，這本書在牛津出了一
個中文版，也是完全沒有刪節的。這事特別要感謝林道群
和他推薦的譯者李家真。道群說家真是「我所知道的內地
最優秀的譯者」，確實如此，他翻譯得又快又好。而且我
逐漸發現，他和道群一樣，也是那種很純粹、很低調的在
做事過程中堅持理想的人。所以我想接應你前面講到遇見
陳卓和那些好編輯的話，也在這裏說一句：能遇到這樣
優秀的編輯和譯者，真是一種緣份，我們作者實在是三
生有幸。

李家真是一個七〇後，他在翻譯《中國波普》的過程中也
很感慨。1989年，他剛剛從四川考到北京的一所大學，一

路乘火車抵京，他非常清楚地記得當時的氣氛，他說那是一種隱隱的蕭瑟壓抑的感覺，可是書裏的很多場景對他來說是陌生的。他認為這是很珍貴的史料，很多章節都很有現場感，有很多他完全不知道的歷史細節。當時人們那種複雜、扭曲的心態，他這個年齡層的人只有模糊的印象。二十年後，我覺得這都已經是過去的事了，但譯者的反應，讓我覺得出中文版還是有價值的，並非時過境遷。

加：太有價值了！李家真作為譯者能跟作者共享一段記憶，由此建立情感紐帶和共同的責任，是一件既浪漫又嚴肅的事。記錄當下的非虛構的書確實能給讀者帶來具有史料價值的素材，向公眾還原一段真相。不過，那時候在中國還沒有非虛構這個概念，彼得·海斯勒(何偉)的書出版後，一下子就火了。越是當下的就越是歷史的。二十年甚至五十年之後，為當時的中國留下了一個細節豐富的歷史現場。只是您1995年就做了這件事，有點超前。

查：有個一直在紐約生活的臺灣詩人王渝，英文不錯，她也跟我說這本書太超前了，不能出中文版真可惜。其實如前所說，作為特例，我夠幸運了，China Pop在美國已經成為很多中國研究者的必讀書，也是很多大學當代中國文學專業的參考書。當時中國的文學界和新聞界根本沒有非虛構的概念。回國後，有朋友聽說我出了這麼一本書，問我這是不是報告文學，我特別不愛聽這個詞，可他們看不到作品，只能用報告文學的概念套，我也跟他們解釋不清。

加：您在芝加哥成為了一個英文寫作者，為英語世界的學者們提供了很多研究中國的素材，也經常被學術圈引用。我的理解是您也成了一個素材，一個被研究的對象。

說到這裏，我想起了一個對我來說是喚起了理想情節的場景。2011年我作為主講人參加了香港書展的名家講座。我

作為一個非華人的華語作者參加香港書展，是一件很榮耀的事。香港貿發局的人對我說，有你這個日本人參加香港書展，就不能說它是華人作家的盛典，而是華語作家的盛典。這句話讓我很感動，也很感慨，算是我那些年中文寫作的一個節點吧。

查：優秀的寫作，需要用一生去追求；而獨特的寫作，你已經做到了。你是一個特例。以前的華文寫作基本上沒有外國人，都是中國人用中文寫。像白傑明、林培瑞這樣的漢學家也只是偶爾為之，他們的主要著作仍然是用英文寫的。因為英文是世界語言，像我這樣的外國人用英文寫作的很多，但是外國人用中文寫作的還是很少。

加：我當時的編輯兼中文老師給我提了很多建議，哪裏不對，哪裏需要改。這個過程中有很多挑戰，感覺很興奮，有時也有很多糾結。不過，堅持才是力量。我會寫下去的，不管這個過程多麼艱辛和漫長。

香港書展每年由《亞洲週刊》來負責安排名家講座。後來，該雜誌的總編輯邱立本先生邀請我在他那裏寫專欄，我說可以開專欄，但我現在有一些糾結，我在考慮讀博士。那大概是2011年的事情，我離開香港前往機場的路上，邱先生主動提出跟我一起乘坐機場快線。我當時很驚訝，一個著名雜誌的總編竟然跟我一起乘坐機場快線（還不是打出租車），在公共場合邀請我寫專欄，並跟我聊天。

當時很多人勸我讀博士，尤其是大牌學者，還有一些媒體人、外交官甚麼的，包括日本的、中國的。可能我這樣說有一些失禮，有些教授希望我追隨他們。當然也有一些人確實真誠地覺得我適合讀博士，在大學裏教書做研究。然後，邱先生對我說了一句話，對我觸動很大。他說，你

是一個很特別的人，不斷地在中日之間遊走，獲得各種素材，但其實你本身也是一個素材，我們想要你這個素材，而不是你研究的那些素材。他説前者比後者更有價值。那些話對我影響很大。雖然我和邱先生至今也不算太熟，但他的那幾句話深深觸動了我。我剛剛聽您講的這種狀態，感覺跟我當年的情況很相似。

查：我很高興聽到你的這些話，很有共鳴。China Pop出版若干年後，我在暑假去了趟紐約，在黎安友老師家吃飯。我們當時住在哥大附近，黎安友和另外一個哥大的女老師都知道我出了China Pop，對我表示祝賀。這個女老師是一個歷史學家，她直截了當地對我説：你沒有做完博士論文就從哥大跑了，太可惜了。對於沒有回哥大完成博士論文這件事，尤其是拿着博士論文獎學金在中國寫小説，我一直有一些愧疚。當時黎安友説的話讓我印象深刻。他説：我不同意這種看法，我覺得有太多的人可以拿到博士學位，可以做教授，但是沒有幾個人能做你現在做的這件事，你寫出了China Pop，你應該走這條路。雖然黎安友並不是我當年的老師，我在哥大上研究生的時候，他是政治系的年輕老師，但他的這番話，一下子讓我釋然了。他還説不只是學生，很多研究中國的老師都在讀我的那本書。

很有意思的是，多年之後，我居然跟黎安友一起坐火車去白宮見了奧巴馬總統。看了名單才知道我們同時受邀。接到邀請的時候我恰好在印度出差，我們一群人正在加爾各答附近的一個老虎、鱷魚、野猴出沒的荒島上開閉門會。島上沒通電話，白宮聯繫不上我，發郵件我也沒有查收，於是打電話到我紐約的家裏，通過我先生找到我們研究所所長。我們剛從那個島回到加爾各答的酒店裏，一大早研究所所長就接到電話説，趕快通知查建英，白宮來電話

了，奧巴馬要見她。我們所長說這才早上五點你開甚麼玩笑，結果發現是真的。

白宮開會很有意思，不提供任何費用，連一杯咖啡也不給，就是來找你諮詢，這是你的榮幸和義務。白宮是上午11點開會，我頭天晚上才從印度回來，荒島上瘴氣很濃，我和好幾個美國同事都染上了瘧疾，發燒、嘔吐、打擺子。我從加爾各答飛到德里，航班晚點，在德里機場等到半夜再飛回紐約，我發着燒，累得簡直要散架，但第二天必須提早到。那是2011年1月的事了。

奧巴馬之所以要找我們五個人諮詢是因為胡錦濤要訪美——那是他卸任之前最後一次訪美。在胡抵美之前，奧巴馬要開一個諮詢會。我不敢遲到，就訂了一班特別早的火車。那兩天紐約下大雪，天沒亮我就上了火車，結果在車上碰見了黎安友。他住在曼哈頓北邊，我住在曼哈頓南邊，然後在同一列火車上相遇，一人手裏捧着一杯熱咖啡，聊了一路。想想都好笑：總統召見的這五個人裏竟然有一個哥大的老師和一個從哥大逃跑的學生。

加：哈哈，假如您走了學術道路，恐怕就不能見到奧巴馬總統了。後來的經歷證明了您當初的預感和選擇是對的。關於奧巴馬接見您的事情，您能否具體描述一下？在我看來，沒幾個在海外的中國知識分子能夠被奧巴馬接見，所以我很好奇。

查：因為有保密協議，所以不能說得太具體。但其實美國媒體第二天就報道了，提到奧巴馬在那一天接見了五個人，這五個人是誰，會見的目的是甚麼，但沒報道會見的具體內容。工作人員告訴我們，可以講被接見，可以講話題，但不能講總統的談話內容。

見面是在白宮的一個小會議室裏，總統先講了一段話，然後我們每個人分別有五到七分鐘的發言，最後是討論。奧巴馬諮詢的問題是改革與人權這兩個題目。我的發言索性就從去印度出差這個巧合說起，從中印比較側面切入改革與人權的主題。會議預計一小時，結果開了一小時零一刻鐘。

因為我提到了我就職的印度中國研究所，所以研究所特別想在網站上報道這一消息，他們覺得長臉，還把我被奧巴馬接見的照片在網上放了一段時間。我們所設在紐約的一所大學裏，校長還把我叫到他的辦公室，詳細詢問了接見的情形，我遵守承諾，沒有講總統和其他人發言的內容。

我們不能自己照相，白宮的攝影師拍了一些照片。後來寄給我的兩張照片上，一張是奧巴馬與我握手，另一張是圍桌開會，有我們五個人：Andrew Nathan（黎安友），在華盛頓DC做人權網站的李曉蓉，作家Betty Bao Lord —— 她先生八九年時是美國駐華大使，還有耶魯法學院中國研究中心的負責人Paul Gewirtz。陪同總統的有包括國家安全顧問在內的三位高官，但他們自始至終都沒有發言。李曉蓉後來在報紙上寫了一篇關於這次接見的文章，但她也只是披露了她自己在會上的發言。

後來一些知道這件事的海外異見人士聽說諮詢的題目中有人權問題，就覺得查建英又不是搞人權的，憑甚麼去。以前，小布殊接見過宗教異見人士，聽說因此還吵了起來，爭執誰去誰不去。我確實不是專門研究人權問題的，但這又不是我非要去的，是白宮邀請我的呀。

這次見面之後，我第二年又被白宮叫去了一次。這次是拜登召集諮詢會，因為習近平要訪問美國。當時，習近平是副主席，拜登是副總統，兩人要進行對等會談。陪同接見

的人中有一位是在上一次奧巴馬的諮詢會上見過的官員，
見我就說，歡迎你回來，因為你上次很受歡迎，所以又請
你了。那次諮詢共請了四個人，沒有具體的議題，只是因
為習要來了，拜登想瞭解瞭解情況，徵集一下意見。當
時，在一間小會議室裏，中間是一張窄長的桌子，拜登和
陪同官員坐同一邊，陪同不說話，負責記筆記，我們坐另
一邊，分別發言，也有保密協議不能公開具體內容。但我
不妨說一個印象：拜登真是既能說又愛說。那天我們先入
座，他嘩啦一下子推門進來，基本上坐下就開聊，滔滔不
絕，比一年前奧巴馬接見時的開場白要長很多。這兩位各
有各的魅力，但風格完全不同。我得承認，我更喜歡奧巴
馬。像奧巴馬這樣的人實在太罕見、太傑出了。

扯遠啦。再說回到黎安友，他的那句話讓我印象深刻，也
給了我極大的鼓舞。因為也有其他老師和我說，你至少先
把博士學位拿了，就像你說的，那樣一來我就成了他的弟
子了。我也是愛走極端，不想浪費時間。如果我不要當學
者，就寧可用那些寫博士論文的時間來寫一本非學術的書。

加：我喜歡您「愛走極端，不想浪費時間」這個說法，這是
　　一種活法上的自由主義。如果是我，可能更極端、更變
　　態，我擔心如果拿到博士學位就會忘記初衷。已經拿到了
　　博士學位，人性的弱點就會引誘你利用這個學位實現其他
　　非學術的慾望。

查：我的想法跟你完全一樣。我當時就是決定burn my
　　bridges——把橋燒掉，破釜沉舟，背水一戰。否則，既然
　　已經是博士了，那就找一個教書的工作吧。一旦動搖，可
　　能就順着這條路走下去了。所以，乾脆斷了這個念想。

1995年搬到休士頓一年後我順利地生了小孩，沒有想到的
是，我的寫作之路一下子斷了好多年。因為非虛構寫作不

像寫小說，得回中國做調研。我平時都是自己帶小孩，我先生工作，我們也沒那麼多錢一直請小時工。所以，我不可能自己回中國，把孩子丟給他。於是，在女兒八個月的時候我帶她回過一次北京。小孩可能也意識到是在一個陌生的環境，更加抓着我不放，當時還在餵奶，恨不得一晚上醒八次，白天也是疲憊不堪，根本沒辦法做調研。原來的寫作計劃夭折了。

加：您當時在中國調研期間，父母有沒有幫忙照顧孩子？

查：我父親1990年就去世了，母親是一個性格非常獨立的人，她們那一代人休完產假就去上班了，她連我都沒帶過，更不可能給我帶孩子，而且我女兒也很黏我。結果，那個夏天我回來之後甚麼也沒做成。

之所以那時決定生孩子，是因為覺得總算出版了一本書，可以歇口氣。我想我一心不能二用，於是決定一心一意帶孩子，暫時不回中國了，把她帶到幾歲之後再說。

那段時期，我進入了一個比較奇怪的階段。我其實很想出去打打工掙點錢，整天待在家裏很彆扭。可是我先生非常不願意，為此吵過嘴，最後是我放棄。

在休士頓度過的那幾年並不是我想要的生活。休士頓是一座南方城市，我們住在一個類似大學城的地方，那裏氣候十分悶熱，一年彷彿有兩個夏天，從五月一直熱到十一月。住在那裏的人都希望室內的空間夠大，院子和草地其實沒甚麼用。因為是大沼澤地的氣候，很多蚊蟲，所以人們都把房子建得特別大。除了週末，大家基本上都待在大房子裏，開着巨大的電視和空調，在後院烤着BBQ。這個城市的建築很隨便，沒有zoning law，房屋建得比較散漫，富人區會有很大的草地。

我們在休士頓住的房子後面帶有一塊草坪，院子裏有一座亭子，還有一個水池，類似一個小游泳池，開水龍頭還可以自動衝浪。我看中這個房子是因為孩子很小，可以讓她去玩。這是很典型的德克薩斯州中產階級的房子。但是很多時候因為天氣原因，不能在外面烤肉，只能待在屋裏。我總是想起墨西哥作家帕斯的話：醜陋的現代化就是有空調的地獄。休士頓這座城市的規劃也不好，東一塊西一塊的，大家都在帶空調的環境裏工作、生活，沒甚麼人在街區散步、騎車。

搬去休士頓的時候，我們是從芝加哥開車去的。我記得當時進了德克薩斯州的地界有點餓了，就停車在路邊餐館叫了些小吃。餐盒一端上來像兩座山似的，托盤上有大塊的烤肉，大份的土豆泥，大杯的啤酒，甚麼都是大號的。有一部我蠻喜歡的電影叫*Fargo*（《冰血暴》），科恩兄弟拍的一個謀殺案，背景設在寒冷的明尼蘇達州，因為寒冷，人們要吃熱量很高的食物。電影裏有一個場景，一對夫妻從畫面兩邊走出來，每個人端着一盤像一座山一樣的食物，坐下來開始沉默寡言地吃飯。這場景有種冷幽默，總讓我忍俊不禁，並且聯想到德州風格：地廣人稀、人高馬大、飲食粗放。

休士頓雖然是美國第四大城市，也是個大碗喝酒、大塊吃肉的地方，卻不太能代表德州，感覺就像生活在大郊區。一年一度的狂歡是Rodeo（賽牛會）。賽牛大會上有很多戴牛仔帽的人，但這些看客並不是真正的牛仔。除了參賽者是從周圍的農場、牧場來的，其他人已經離原來的牛仔生活很遠了。我與這種郊區消費式的生活始終格格不入。以我當時的心態看來，這裏不僅離中國很遙遠，離哪兒都很遙遠，不接地氣、不接人氣。我被新生的嬰兒拴在家裏，有

一種異化的感覺。好不容易找到一條寫作新路，似乎又被阻斷了，跑一趟中國太難了。

在這樣的生活裏，我產生了一種存在意義上的危機感——我住在這兒到底要幹甚麼？要當一個家庭主婦嗎？要融入標準的美國中產郊區生活嗎？這不就是美國夢嗎？這樣生活也挺舒服的，我為甚麼要出去呢？比如，我本想去書店、鞋店或任何店打打工，只要能走出這個房子，但我先生說你出去掙的錢還不夠請一個全職保姆。

我自己有時會想，既然是我生的孩子，我就應該自己帶，應該把最好的時間留給她。

加：您這個想法我特別認同。日本人普遍認為自己生的孩子要自己帶，老人偶爾會過來幫忙帶一小會，也沒有請保姆的習慣，如果是父母都在工作，頂多把孩子委託給托兒所，自己接送。我周圍有不少中國同齡人孩子生下來後乾脆「扔」給老人，讓上一代帶下一代，自己跟從前一樣生活、工作、社交。這很令人感到驚訝，說實話，我無法尊敬他們。

查：嗯，有些職場媽媽害怕辭職以後回不去了，而家裏只有一個人掙錢又不夠用，所以只好依靠老人幫忙帶孩子，這種情況我可以理解。可是像你說的那種明明有條件自己帶卻「扔」給老人，或者像我知道的有些媽媽為了保持身材不給嬰兒餵奶，這我就不能理解了。

當時雖然我中斷了英文寫作，但也在用另外一種方式來替補。美國之音開了一個叫「作家手記」的專欄，要求寫美國生活，然後面向中國聽眾廣播。於是我和他們簽了約，每兩周寫一篇稿子，自己錄播，不必總想着跑出去打工了，寫完稿子就在家裏錄音。那些年，我就這樣一邊帶孩

子，一邊寫隨筆，可疏離感一直揮之不去，偶爾去紐約或芝加哥，就像一個鄉下人進城觀光。這種生活持續了好幾年。

加：您在休士頓從1995年待到哪一年？

查：待到1999年。德州是美國的一個南方州。之前說到南卡羅來納是"Deep South"（深南），那麼德州是深南的最西部，和墨西哥接壤。我感覺德州是一種新生態的南方，而南卡是老式的南方。比如，南卡的哥倫比亞市，一半是白人，一半是黑人，但大都是原住民，生在那兒，長在那兒。德州的移民比較多，不僅有南美來的，還有越南、印度等亞洲族裔。休士頓更是如此，民主黨長年當政，政策比較開明，是一個相對自由化的城市。它有過好幾任黑人市長，後來還有過女市長以及女同性戀市長，從政治層面來說它有進步主義的傾向。這個城市對移民的包容度以及多元主義文化，都和南卡很不一樣。南卡是兩黨輪流當政，但社會一向保守，在種族問題上也不太與時俱進。

美國地理上有個有趣的現象，從地圖上看，好幾個州都有一個「鍋柄」地區，它的人口形態、政治取向，甚至宗教都和這個州的主要部分格格不入。德克薩斯州也有這樣一個「鍋柄」，在西北部，相當保守，和佛羅里達州一樣。佛羅里達南邊崇尚古巴的拉美文化，移民雜居，比較國際化；而北邊則比較封閉，以白人、原住民為主，永遠投共和黨候選人的票。但休士頓不同，它是德克薩斯州的第一大城市，在德州的東南部，離「鍋柄」很遠。我對休士頓的感受是，一方面這個城市本身是相當開放的，並沒有特別排外，但具體到日常生活中，事情就不那麼簡單了。

舉個例子，我住在休士頓的第二年，有一天小孩在睡覺，我在草地上曬太陽。隔壁出來一個金髮女郎，我們剛搬

到這個區不久，彼此還不熟悉。她在塗指甲油，挺閒的，於是我們就聊了起來。聊天的時候，她問我，你是哪兒來的，我說我是中國來的，好像還沒有甚麼事，然後我又說到我是從芝加哥搬過來的，還曾經在紐約住過，我就感覺她的臉色差了一點。過了一會，她問我在哪兒上的學，我說哥倫比亞大學，她臉色就更不友好了。那好像是我們惟一的一次談話，之後就是打打招呼，沒有進一步的交往了。我推測他們可以接受外來移民，但對東岸大城市和精英文化有一種抵觸。假如我住在賴斯大學附近的話，應該不會遇到這樣的反應。然而我們住的這個街區並不是一個大學教授群居的地方，結果便觸碰了我這位鄰居的階級感或排他意識，總之她大概覺得我是個異類。

加：雖然我沒有去過德克薩斯州，但對美國人的階級意識和排他心裏也有一些感受。比如在波士頓，包括哈佛在內，那裏白人的精英意識甚至特權意識比較濃厚。我住在劍橋的市政廳附近，那裏有一些黑人流浪漢，在那樣一個空間裏，白人與黑人、精英與平民之間存在着一言難盡的隔閡。望着那樣的場景，我也在想，雖然說美國人尊重和追求平等，尤其是機會平等，但作為移民立國的社會，它的歷史淵源和社會結構頗為複雜，這一點讓我對美國難免產生排他感。

查：我後來發現，南方的階層感分得很細，表面上的大熔爐底下有很多隔閡與緊張。有一次，我到肯塔基州的一所學校講課，這所學校的學生都來自南方州(南卡、北卡、田納西等)。他們全是南方窮人家的孩子，付不起學費，但學習很好，可以拿獎學金，有黑人，也有白人。當時恰好是特朗普上台之後大家都特別困惑的時候，在我紐約的朋友圈裏，幾乎找不到投特朗普票的人。我在跟這些學生交談時

發現，階級感跟他們的教育背景和整個社區的經濟狀況密切相連。很多學生都投了希拉莉的票，可是他們在家鄉的父母、親戚幾乎無一例外全投了特朗普。那些親戚中有很多人是沒有工作的。

一個來自北卡的白人學生說，他家裏所有人，包括爸爸、媽媽、叔叔、阿姨都是"racists"（種族主義者），我說你怎麼這麼直截了當就給他們貼上種族主義者的標籤，他說沒錯，他們永遠都是用貶義的詞語談論黑人。他們管奧巴馬叫"that nigger"（那個黑鬼），說nigger怎麼進了白宮！他說自己從小就是在這樣的環境中長大的。很多人或是失業拿救濟金，或是酗酒、吸毒，積怨很深，這些人都帶着種族主義的情緒投票給了特朗普。

這些學生告訴我，他們從小聽着種族歧視的言論長大，畢業後如果回到老家，跟周圍的人將沒辦法溝通。他們希望長大後離開那樣的小鎮，很慶幸能拿到獎學金，可以出來上學。可他們也說，那些人真的不是壞人，他們彼此很友好，在社區有父老鄉親的感覺。這讓我想到我在南卡羅來納結交的朋友以及他們的家人，他們也都是很好的人。不過，就像卡爾·施米特說的，政治的首要問題是分清敵我，要在「我們」和「他們」之間劃一道線，對自己人當然是友好的，對「他們」就是另一回事了。後來我跟萊瑞見面，他在南卡和佐治亞本地的中學教了二十多年書，他和太太都給奧巴馬投了票，他說他們絕對是那個小城裏極少數投票給奧巴馬的人。我問：你們這樣反潮流不怕街坊鄰居知道了排斥你們嗎？他說不怕，為了公開表明立場，我們還在自家陽台上拉了一條支持奧巴馬的橫幅呢。2016年大選他又投了希拉莉。

加：我在波士頓和華盛頓遊學期間，在不少人家的門口看到

了支持某一位候選人(在這兩座城市,民主黨明顯佔上風)的小旗子。

不過,我當時在想,那樣公開表明自己到底支持誰,會不會影響鄰里關係呢?在日本的話,絕對不會公開投票意向。我連跟父母、弟妹都不會討論自己支持誰,因為在我們看來,這不僅是禁忌,還是一種規則。在民主選舉制度上,你之所以可以不告訴任何人你投給了誰,就是因為匿名投票,才能確保意志的自由和行為的獨立。沒有這些,民主制度是難以健康運轉的。

我發現美國人的人際關係還是有着較為濃厚的政治性。你的政治立場,包括支持哪一個政黨和哪一類領導人,或多或少會影響人際關係。比如,特朗普上台前後,如果在哈佛大學的精英圈子裏,若有個教授持有支持特朗普的立場,恐怕很難在那個環境裏混下去。迄今為止,在波士頓和華盛頓的精英圈裏,說特朗普任何正面的話似乎是一個禁忌,假如你公開,甚至私下裏說特朗普好話(都談不上支持),你就有可能被這個圈子排斥,被認為「不適合在這個圈子裏呆着」。

查:是的,紐約的精英圈裏也存在你說的現象,尤其在媒體和大學裏,幾乎一邊倒地反特朗普,誰敢講他的好話立刻會遭到其他人側目。左派有「政治正確」,右派其實也有自己的「政治正確」,只不過立場正好相反。我們在美國高校感受到的更多是左派的排他,但出了這個圈子就不一樣了,你只要去聽聽右派媒體上的言論,比如Fox(福克斯)這樣的電視台,馬上就可以體會到他們的「政治正確」,那就是一味力挺特朗普、罵民主黨。兩方都越來越排他。

萊瑞挺勇敢的,他說他能感覺到與其他人是格格不入的,但他依然會在陽台上掛標語。他認為特朗普上台是美國

的羞恥，可他在南方州裏是少數派。萊瑞是土生土長的南方人，他是六十年代民權運動中成長起來的，年輕時當兵曾駐紮在西德，後來又在那裏住過一段。他說自己從高中之後思想就已經不一樣了。但南方政治精英在反種族歧視的民權運動時代是堅決的保守派，百分之九十以上的南方議員，不論共和黨還是民主黨，都對1964年歷史性的Civil Rights Act（「民權法案」或稱「平權法案」）投了反對票。按照萊瑞的說法，他的父母和同鄉中確實有一些人至今仍有種族偏見。無論在南卡還是在田納西州和德克薩斯州，這個保守群體的規模都是很大的。

休士頓因為跟墨西哥接壤，也有很多非法移民的問題。特朗普上台後不久，我遇到了一個美國的老朋友，他是大學教授，可以算一個典型的「白左」。他在中西部的農場裏長大，他的兒子現在休士頓當律師。你看，階層的變化十分明顯。第一代是農民——當然美國的農場主不是中國意義上的農民，下一代已經是大學教授了，再下一代就是律師。

加：嗯，階層的變化很明顯，這也是美國的制度優勢和社會活力所在吧。在日本，雖然階級固化和流動性的缺失比美國嚴重很多，但機會均等、教育公正、人口流動等都是被制度保證的，所以，第一代是農民、第二代是官員、第三代是律師，完全有可能，而且有眾多的實例。比如說我，我家算是日本的底層，爺爺是農民，爸爸和我都在農村長大。爸爸雖然後來創業破產，但之前還是一個小會計。我怎麼着也出了國，在跨文化語境中寫作，始終在做自己嚮往的事情，而此刻還能在北京與您對談。

查：哈哈，十分榮幸，請加藤君多多關照。按這個節奏，您的下一代很可能要當日本首相了。

我那位朋友說他兒子並不是那種掙大錢的商業律師，而是

近年專門代理非法移民打官司。他講了一些例子，是我當年住在休士頓沒有意識到的。他說，休士頓有大量合法移民，也有很多非法移民，他們從墨西哥邊境過來，在德克薩斯打黑工。德克薩斯有很多小業主僱傭非法移民，覺得他們不敢去法院打官司，就利用他們的身份壓低工資或拖欠工資，但是，這些非法移民也逐漸知道休士頓總的來說是比較開放的。民主黨當政，法官也很同情非法移民的處境，知道其實是企業主利用他們這種非法移民的身份來欺負他們。所以，法官經常做出有利於非法移民的判決。朋友的兒子就專門代理這些非法移民的官司，他應該算是白左之後的第三代了。美國的出版界和媒體也有不少可以算是富二代，父母是上中產階層，子女追求有理想的生活，不只為了掙錢。也有一些人權律師或移民律師，知道其實靠代理這些案子掙不了太多的錢，但因為有理想、有信仰，便去做了。

我當下看到的很多社會問題，諸如非法移民、左右之爭等，都是各執一詞。其實，很多時候魔鬼藏在細節中。要知道客觀事實是甚麼，才能做出相對接近真實的判斷。很多時候左和右都只說有利於自己那一方的證詞。其實，美國的很多問題都藏在灰暗地帶裏，像德州非法移民，誰對誰錯很難說。一方說，現在非法移民已經嚴重到藍領白人的工作都被搶走了。特朗普為了迎合這部分選民，在邊境建牆，阻止非法移民進入。但實際上，如果做一些研究，就會發現，很多非法移民一直都在做一些本地白人不願意幹的工作，比如在接壤的幾個大州的果園裏做特別辛苦、工資很低的工作。他們是最底層的廉價勞動力。近年來，因為墨西哥的經濟有所好轉，這個非法移民潮的勢頭逐漸消退，於是有些人又在抱怨勞工短缺了。

在這種時候，移民問題到底是不是一個真問題或一個大問題，如亨廷頓所說是因文明危機而引發的文明衝突？確實有很多研究數據說到2050年的時候，因為移民，美國白人將第一次變為少數，佔到人口的百分之五十以下。可以想見有些白人由此產生了不適感甚至危機感。但是，如果因為這個問題而排斥移民，那無論是非法移民還是合法移民，都會產生被排斥的情緒。那麼，左翼和右翼的政客就都可以利用這種情緒來打非法移民牌。

在我看來，移民問題需要具體研究，每個州的情況都不一樣。不能說鏽帶工業區的工人失業一定和墨西哥接壤的邊境移民問題有直接關係，因為這些移民從事的不是鏽帶地區的工作。工廠搬到中國、越南，並非是移民搶走了工作。還有一些地方，比如我前面提到的底特律和Gary這樣的城市，它們的經濟衰退發生在這一輪全球化之前，與中國、越南、墨西哥沒甚麼關係。

美國太大了，喊出一個籠統的口號很容易，但會讓不瞭解情況的人產生誤解，認為美國現在的失業狀況主要是非法移民造成的，或者主要是中國造成的，這太片面了。比如說工廠搬到中國，是不是就是中國的不對呢？在資本主義市場經濟中，企業有貿易自由，有遷廠自由，企業家都是要降低成本的，都是追逐利潤的，全球貿易也有內在的邏輯，工廠是搬到中國去了，因為中國勞動力成本低，但盈利到哪兒去了？不能說就到了中國工人那裏。中國曾經是那麼貧窮的一個國家，因為全球貿易，取得了七億人脫貧的巨大成就，這本身就具有正義性與合理性。大家都是人類的一部分，你不能說中國工人把美國工人的飯碗搶走了就是錯，除非它破壞了市場規則。中國確實是利用了自己的「低人權優勢」發展經濟，可那也要有歐美企業家們的

配合才行得通呀,他們何嘗不知道中國沒有真正的工會,中國工人自己沒有議價權、談判權?那麼,到底是美國資本家太貪婪,美國精英太自私,美國政府政策失誤了,還是中國一直在破壞遊戲規則、拒不兌現當初對WTO的承諾?抑或是這幾個因素都有?我想,這是全球化發展到一個階段之後需要重新思考的問題。

加:完全同意!美國是靠甚麼立的國?美國一開始就是移民國家。不是說非法移民對,但是那些古巴人幾乎全都是偷渡過來的,中國人也有非法過去的。我記得有一次去加州羅蘭岡附近的商場按摩,裏面按摩的都是中國人,一個高個兒的東北中年男子特別愛聊天,絲毫不隱瞞地說:「我就是黑下來的。非法居留的!」

我們要從根子上思考:他們為甚麼要非法移民美國?是認為美國好,所以嚮往。美國作為一個移民立國的國家,難道在振興祖國的時候,沒有依靠過這些非法移民?您剛剛提到白人抱怨工作被搶走了,這更多的是全球競爭格局造成的。

我是日本人,日本是美國的盟國,我非常不希望美國失去它的初衷,我希望它不忘初心。美日是命運共同體,美國的衰落就是日本的衰落。自由、平等、開放、多元、民主、人權、法治,這些是美國作為移民國家的政治初衷和根本優勢。但這麼龐大的國家,難免出現一些意外或例外。有些事情就不得不特事特辦,比如對來自古巴的非法移民的處理方式。

當然,美國有權利重新思考靠甚麼立國。但是無論如何,我的基本想法沒有變:只要有獨裁政府存在,美國就一定不會衰退,因為總有一些渴望逃離獨裁者的外國人會想方

設法跑過來，試圖成為美國公民。這是我在《我所發現的美國》一書裏最想表達的核心觀點，也是我在美國遊學三年後的最大感受。美國肯定知道自己的優勢和魅力是建國以來的這些理念，至於怎樣應對移民問題，我認為這個相對來說是一個技術層面的問題，只要基本理念和建國初衷不丟，移民問題是可以通過政策調整等方式加以處理的。但是初衷不能丟，尤其是在中國崛起的時候，這一點更加重要。在這個意義上，美國能否不斷深化自由民主會直接影響中國的命運和中國人的未來。習近平最近不也在強調「不忘初心」嗎？中美圍繞「初」字的博弈，耐人尋味。

我當年在走中朝邊境的時候就考慮過非法移民問題。我當時對朝鮮很感興趣，但我不能去朝鮮，不能輕易越線，否則就要被抓。畢竟日朝沒有建交。我那時經常在邊境遇到脫北者，有的還願意聊天，我是靠中方這一側的朝鮮族來認識脫北者並與他們交流的。2009年到2011年中朝關係相對「友好」的時候，我觀察到的情況是中方把人抓住，然後遣送回去，給足了朝鮮面子。人家逃到中國並不容易，有時中國也從人道主義的角度向他們施以援手，甚麼樣的情況下不抓他們呢？中朝關係不好的時候，中國也想給世界看，我們尊重人權。

查：真冷酷，真精明，真虛偽。

加：有個問題我一直很感興趣，但可能會有些冒犯，純屬個人隱私，那就是您為甚麼要加入美國國籍？其實，曾經不少中國人問過我「你有沒有想過移民，有沒有打算加入中國籍？」我的回答和想法一直不變，今後也不會變：我沒想過移民，以後也不會。這一想法，我曾經在《看天下Vista》專欄上（2011年前後，那份雜誌特別火，是原來南方

週末的林楚方、張悦他們主編的)寫過一篇，題目叫「我不
移民」。

查：嗯，明白。這是我平生第一次選擇國籍，只此一次，今
後也不會變。昨天在談論我八九年的經歷以及它引發的
精神危機時，我已經回答了這個問題，也講了改變國籍與
保持寫作自由的關係。但這裏可以再重申一下最核心的一
點：促使我改變國籍的諸多原因中最根本的一條就是在天
安門事件之後，我不再能認同我的母國的基本制度，不再
能相信那個政權和它宣示的核心價值觀，而我非常認同美
國的基本制度與核心價值觀。說得更簡單一點，那就是：
在坦克和人權之間，我選擇人權；在專制和自由民主之
間，我選擇自由民主。一般情況下我會盡量迴避這種慷慨
激昂非此即彼的言辭，但改變國籍是重大選擇，是我人生的
重要時刻，在這個問題上，我不介意做這樣的鄭重聲明。

不過，既然你提出了移民的話題，我們倒不妨借此討論一
下移民在今天美國政治中引發的爭議。眾所周知，美國是
全世界最大的移民國家。自由、開放、多元、歡迎移民，
是它最核心的理念。我是在自己出現存在意義上的困境時
加入美國國籍的，但目前美國在對移民問題的討論上，撕
裂得如此嚴重，這讓我感到擔憂和困惑。

美國是我的第二故鄉，我在太多方面受惠於它。我在面臨
個人危機時成為它的一員，好像搭了一個便車，總是有一
種感激之心。這幾十年，我一直關注中國，對中國的事情
有痛也有愛，是種很複雜的感情，但對美國我以前只有愛
和感激。這幾年我在美國問題上也有了很複雜的情感，既
有贊同，也有批評。正因如此，我反而更清晰地體會到這
是我的國家，我是一個美國公民。當它遇到問題時，我應

該也願意表達我的意見，認真地和我的美國朋友們探討、爭論，因為我非常在乎它的未來。用北京話講，在美國，我早就不拿自己當外人了。

加：據我觀察，在眾多美籍華人中持有像您這樣的認同意識並敢於公開表達的很少。在我眼裏，大多數美籍華人(包括英籍華人、澳籍華人、日籍華人等)始終無法擺脫「我是中國人」的潛意識和公開主張，他們既沒有融入當地社會，也不認同當地社會，甚至當地的制度和文化。這些人近年還在各種場合斷章取義地表達中國有多好，主張自己「愛國」，鄙視「自己的國家」。這些人往往也只能或只會賺中國人的錢，不斷往「祖國」跑。先不說這個現象好還是不好，我只是覺得很普遍，而像您這樣自覺行動的華人太少了。

查：我的「中國情結」恐怕也還是太重了，有點自虐傾向，比如在六四這件事上那種過不去的罪感和自我折磨，這個我認命。同時我也開始自我檢討：我是不是太關心中國了？今後是不是應當把精力更多投向美國、為自己選擇的家園做一點更具體的事情？

至於你說的那種「海外華人」現象，的確相當普遍，如果只是能力不夠、適應不了也就罷了，如果既不認同也不想適應，那為甚麼要移民呢？如果還要「鄙視」你作為成年人主動選擇並宣誓入籍的國家，那我對這種人除了「鄙視」二字真沒必要浪費更多口舌了。但是，我不認為他們能代表華裔群體。我認識或知道很多誠實、優秀的美籍華人，人家在美國有自己的工作要做，有自己的生活要過，既沒功夫也不屑於泡在網上或跑到中國使館舉辦的活動上去表演「愛(祖)國秀」。順便說一句，我一向討厭甚麼「旅美華僑」、「海外僑胞」這類酸溜溜的詞彙。噢，您

跑到別人的國、把別人的家當成旅館一住就是幾十年，享受着那裏的自由和福利，卻非要自稱並且樂於被您早已離開的老家人稱作「僑居」、「旅居」？怎麼這麼得了便宜賣乖、無賴不嫌寒磣啊！每次聽見「旅美作家」這種標籤我就渾身起雞皮疙瘩。我想不客氣地說一句：這種語言背後，這種認定天下所有華裔「生為中國人、死為中國鬼」的態度背後，是一種極其荒唐、極其狹隘的民族主義觀念，是一種具有中國特色的國家主義意識形態，它是天朝用來培育既自卑又自大的雙重國民人格的手段。令人哭笑不得的是，總有那麼一些長期生活在海外的人，特別熱衷於認領這個身份標籤。不好意思，一說這個我就來氣。

加：說得不能再贊同了！的確如此，的確是中國特色的國家主義，用日本人常用的詞來說就是「中華思想」，即把自己定位為「世界的中心」的思想。這一思想深深體現在中國的內政、外交、文化、社會，以及您描述的移民後的自我認同觀念等。

查：沒錯！包括那些老愛講甚麼「天下大同」的中國大陸文人，他們那個「天下」就是從帝都輻射出去的以漢族文明為本位的「天下」，貌似高遠博愛，骨子裏其實都是大中華主義、大漢族主義。香港人講得最到位：他們是一堆「大中華膠」！

行了，打住。我們還是接着說移民的話題吧。

當美國面臨着歷史上又一次重要的選擇時，我的基本態度是：既然它的立國之本是移民，那就應該堅持這個核心理念。美國的偉大、卓越和豐富多彩，是多少代移民的才華、勤奮、犧牲造就的。美國有多少輝煌的成就，是一代一代來自各個種族和國家的移民創造的。美國自由女神像的底座上雕刻着一位美國女詩人的詩句，下半段是這樣的

話：「……請給我那些疲倦、貧窮、渴望自由呼吸的人們，那些擁擠不堪的海岸上可憐的垃圾，那些在暴風雨的拋打下無家可歸的人們，我將在金色的大門口為你高舉起這盞燈！」

在紐約的海邊，在開放的港口上，一座由法國人贈送的自由女神像變成了美國精神的象徵，意味着美國慷慨接納那些在別的國家被剝奪了自由或受到迫害的人們。所謂非法移民，其中當然會有一些敗類和騙子，但更多人是因為他們的國家正處在戰亂之中，或者他們經歷了令人髮指的凌辱壓制，陷於完全絕望的境地，於是冒着生命危險偷偷奔赴美國，可能中途很多人就死掉了。若不是為了「生命、自由和追求幸福的權利」（美國獨立宣言中的話），誰願意背井離鄉，丟棄母語文化帶來的一切便利資源，冒險跑到異國他鄉重新開闢生活？墨西哥邊境有一片和美國接壤的地帶是沙漠，這些非法移民要帶着小孩從南美一些正在打仗的國家逃過來，長途跋涉穿過沙漠，這跟當年美國那些開國者們為了逃避宗教迫害來到美國有實質區別嗎？他們也是非法的，只不過那時候印第安人還沒有把邊界建立起來，那時候槍炮和病菌就是北美洲的自然法。時過境遷，現在有了邊界，有了移民法，可是你的核心價值觀呢？柏林牆倒塌了，無數熱愛自由的人們曾經為之歡呼。現在你要修築邊境牆，你要修改移民法，可是你的初衷呢？我的母國修築了人類歷史上最長的牆和今天世界上最厲害的防火牆。美國呢？你的標誌是燈塔，不是長城。你是強國，不是牆國。

美國是法治國家，在移民問題上必須走法律程序，但在甄別的過程中，是不是要盡可能以悲憫之心、以合情合理的尺度去善待那些陷於絕望境地的逃難者呢？

在北美的華人圈裏，我經常聽到一種論調：我們是合法移民，是辛辛苦苦奮鬥進來的，現在那些非法移民進來了，憑甚麼？這話聽上去理直氣壯，可誰也沒說要打開邊境讓所有人隨便進呀？我感覺這類論調背後說不出口的邏輯是：我搶先擠上了公共汽車，這時候趕快關車門對我是最好的，車可以跑得更快，我在車上也會更舒服，至於車下的人到底甚麼情況，我可管不了那麼多！所以邊境牆修建得越長越好，移民法修訂得越嚴越好，對新移民的救助越少越好。這種思考方式是不是太短視了呢？

加：這些人忘記了初衷。

查：目前美國人在移民問題上的分歧，其實涉及各類不同的人群、利益和動機，應該區別看待。剛才是表明我的基本立場，有點動感情，我相信今天大多數美國人和我一樣，仍然認為「歡迎移民是美國的立國之本，美國應該堅持這個核心理念」。但是，美國今天面對的移民問題與兩百年前有很大不同，應該具體分析，酌情改革。

比如，美國每年發放一百多萬張綠卡，這個數量不算少了，但其中最多的綠卡給了美國公民的親戚，而給優秀人才的只是少數。特朗普現在想從家庭優先朝人才優先轉一點，消減某些親戚移民種類（比如成年兄弟姐妹），增加人才綠卡名額，並取消每年抽獎發放五萬張綠卡這一項。這種調整有沒有合理性呢？我認為是可以考慮的。但就是這個看上去似乎簡單的調整，經過專家研究之後卻發現其對美國長期總體利益並不一定好。移民問題非常複雜，任何一項改革實際上都可能產生改革者始料不及甚至適得其反的後果，或因遭遇不同地方利益集團的阻力而流產，絕非外界想像的那麼簡單。我再舉一個與南卡有關的例子：南卡州共和黨參議員林賽·格萊姆是特朗普的高調支持者，

可當特朗普支持的消減勞工移民名額的提案出台後，他卻
強烈反對，因為南卡州第一大產業是農業，第二大產業是
旅遊，二者都非常依賴外來勞工，所以格萊姆說這個提案
將會對南卡州的經濟造成毀滅性打擊。最終，這個提案因
反對者太多，連投票都沒能舉行。這裏講的還只是合法移
民，非法移民問題就更是一言難盡了。

總的來說，移民這個議題既敏感又錯綜複雜，很多解決方
案都不完美甚至會引起新的問題，那些得出黑白分明結論
的人往往並不真正瞭解內情。但是，美國現在有一個大問
題讓我感到擔憂，就是兩極化的黨爭。民主黨和共和黨、
左派和右派媒體都有這種趨勢，動不動就把對方的立場渲
染誇大、推向極端，不尊重事實，不講君子風度，不強調
理性、公平的對話。雖說美國人早已習慣了言論自由之下
的激烈辯論，但目前的黨派撕裂有惡化、走向下作下流的
傾向，我很反感這種攻其一點不及其餘、把對方妖魔化以
贏得選票的黨爭。特朗普本人就是開這種糟糕的風氣之先
的領軍人物，他在2016年大選期間以及上任以來的很多言
論，幾乎完美展現了這種簡單粗鄙的風格。比如在非法移
民的問題上，他和共和黨以及媒體裏的一些極右派，為了
煽動選民，經常斷章取義誇大其詞，甚至傳播假新聞，例
如把墨西哥非法越境者渲染成都是些毒販子和強姦犯，把
民主黨描述成要完全開放邊界，給人的感覺是他們不想進
行任何甄別，就讓全世界難民和罪犯隨便湧進美國。

真是這樣嗎？調查數據顯示，包括非法移民在內的移民犯
罪率實際上低於本土美國人的犯罪率，而奧巴馬總統八年
任內，「終結」了很多非法移民，遣返的非法移民呈遞增
趨勢，數量之大多過幾位前任的總和。奧巴馬甚至因此得
到了一個綽號："Deporter-in-Chief"（遣返總司令）。當

然，他的遣返對象都是經過甄別的，有一些非法越境者的孩子——被稱為"Dreamers"(「夢想者」)，他們在美國長大，已經在這裏生活了十年乃至幾十年，他們除了美國沒有別的家，為甚麼不能通過一套程序使他們變為身份合法的人？這樣的態度有錯嗎？事實上，共和黨內部對於這個問題也有分裂，有很多共和黨的大佬被認為在移民問題上不夠堅定，不像茶黨等極右那樣激進。同時，真正認為應該完全開放邊界的不是民主黨而是一些Libertarians(自由意志主義者)，比如有個經濟學家叫Bryan Caplan，他寫了一本書叫《開放邊界：移民科學與倫理》(*Open Borders: The Science and Ethics of Immigration*)，用一系列數據分析論證了開放邊界的各種好處。

另一方面，現在民主黨在移民問題上也冒出來一種激進的左派聲音，比如在第一輪民主黨2020年總統競選人辯論時，有好幾位都表示政府應該給所有無證移民(即非法移民)提供醫保，應該取消ICE(九一一之後聯邦政府設立的機構，負責在各地稽查抓捕非法移民)，應該以民事指控而非刑事指控起訴非法越境者。我個人不贊成這類表態。儘管近年特朗普有些做法在實際操作中的確有問題，但我認為民主黨這種這矯枉過正的立場是一種善意的愚蠢，不僅無助於解決問題，還會進一步激化社會矛盾。美國目前有一千萬無證移民，還有兩千多萬人沒有醫保，若是給所有無證移民提供醫保，對那些沒有醫保的美國本土納稅人(其中有不少是低收入家庭及合法綠卡持有者)公平嗎？很多人反感特朗普的口號「美國第一」，但一個政府首先要對本國國民負責難道不是天經地義嗎？

當然，我理解民主黨的反應在一定程度上也是被特朗普和他任命的總檢察長Jeff Sessions的強硬政策刺激出來的，雙

方都有些失控。Sessions現在已經下台了，但他在2018年宣佈對非法移民實行所謂「零容忍政策」以及之後發生的「邊境兒童與父母分離事件」搞得輿論大嘩，引起美國民眾和左翼的反彈毫不意外。在此過程中，民主黨議員和左翼媒體不少言論比較偏激，比如把邊境的情況與納粹相提並論，民主黨人氣極高的年輕女議員AOC（來自我們紐約的低收入移民家庭）講的一些話也給人誇大其詞的感覺。在雙方都容易生氣冒火的議題上感情用事，講一些證據不足的話，我認為是不負責任的。

順便提一句，用了諸多醜陋言詞攻擊非法移民的特朗普總統，卻被發現在他自己公司旗下的建築工地上，在他的高爾夫俱樂部和酒莊裏，長期以來僱傭了很多非法入境的低薪勞工。這算不算說一套做一套呢？

加：您的這番話，讓我很感慨。因為，從二戰結束以來，美國和日本是名副其實的命運共同體，日美就是坐在一條船上，美國的衰退就是日本的失敗。從我出生到現在，在日本的領土上一直有美國駐軍，日本國內也有很多不喜歡甚至想把美軍趕走的勢力和聲音，但是通過努力，日美雙方達成了共識，結成了同盟，日美安保條約就是日本維護安全的重要保障。看着最近美國的黨爭，以及種種分裂的現象，我出生以來第一次感覺到這個共識有撕裂的可能。如果美國的公信力降低，我們未來的命運就不好把握了。所以，此刻，日本要幫美國做一點事，想方設法阻止美國的影響力和公信力下降。這是符合日本的國家利益的，日本大多數選民也會支持國家這麼做的。

美國的立國之本是移民，它的民主、自由、開放、平等、獨立等核心價值觀是最根本的實力，至於軍事、經濟、科技等都是次要的，均是從這些核心價值觀發展出來的。為

甚麼我作為一個日本人非常關注美國如何堅守自己的核心價值呢？因為我擔心我們的共識被破壞。

查：我是在特朗普上台之後這段時間才開始認真思考移民問題和身份認同問題的。從我開始轉向英文寫作、加入美國國籍以來，我的出版人安德烈一直私下跟我説，你對美國的看法太浪漫了，你把美國浪漫化了。安德烈屬於那種反共的美國自由派，某種程度上甚至可以説是一個民主社會主義者，他年青時就既反對斯大林主義的蘇聯又反對美國的越戰，作為一個左翼知識分子，他對美國的很多內部問題了如指掌，比如金融資本和大企業的貪婪、鷹派在國際問題上的侵略性、國內的種族隔離政策等。他出過各種各樣的書，內容有的涉及中情局在冷戰期間種種不堪的作為，有的涉及美國的公共教育和醫療問題，有的涉及長期以來的種族主義頑症。比如他2010年出版的非裔女學者Michelle Alexander寫的 *The New Jim Crow*，揭示了美國近幾十年來通過緝毒戰爭大量抓捕重判黑人背後隱藏的結構性種族歧視、警察暴力以及監獄經濟鏈條，此書問世以來一直暢銷，可是它揭示的問題盤根錯節，並沒有得到解決，所以今年因為George Perry Floyd事件引發全美抗議運動之後，此書再次登上亞馬遜網的熱搜榜。

第一本解密基辛格和毛澤東以及勃列日涅夫會談的秘密記錄的書，也是安德烈出版的。他瞭解美國作為一個超級大國在歷史上的種種不光彩行為。當然，我很敬佩美國很多左翼知識分子——其實不只是左翼，很多溫和自由主義和溫和保守主義的知識分子都認為自己作為一個獨立知識分子，要批評自己國家的強權——資本是強權，政府是強權，軍隊和情報系統也是強權。我完全明白，他們都是愛國者，都有很強烈的批判意識，因為愛美國才批評美

國，但長期以來，我仍然不太愛聽他們老在談論美國的陰暗面，總覺得他們從未在專制國家生活過，有點身在福中不知福。比起專制政權的蠻橫殘暴和對人權的無底線踐踏，民主社會的此類問題至少是可以討論的，並且是在改善中的。美國雖然沒有完全實現司法公正，但它至少是法治社會，有司法獨立制度去制衡公權力。如丘吉爾所說，民主是"the lesser evil"，相比其他制度它是「最不壞的制度」。我經常會提醒安德烈，中國比你想像的複雜得多，他也會反過來說美國比你想像的陰暗得多。我和他有過這樣一種長期的對話。2013年底，我的China Pop中文版出版前夕，他去世了，這本書也是獻給他的。

他去世前那些年，我在跟他交談時，經常會說某個問題美國做得不合適。每當這種時候，他就會說：你看，你現在明白我以前說的話了吧，美國就是有一些很不堪的作為呀。他去世後，尤其是特朗普上台後，我開始強迫自己去正視和思考美國的種種問題。我有一種痛心的感覺，美國並非我原來想像的那麼簡單，它是一個如此複雜的大國，無論在開國初期還是冷戰時期，都有一系列不光彩的行為。不過，雖然有了這樣的認識，美國的偉大形象卻並未在我心中坍塌，因為美國的知識分子、媒體、民間人士甚至政客都在通過一切公開的渠道反省自己國家的黑暗面，並直面那些不光彩的歷史，其中包括對於開國之父們的批評。

在我女兒的紐約高中歷史教材中，對歐洲殖民者當初對待印第安人的政策有非常坦率的大篇幅的檢討，甚至有一本必讀書整個是從印第安人的視角來講述美國早期歷史的。在美國，關於早期的販奴歷史、種族歧視、越戰、伊戰的公開檢討有很多，對本國政府和政客的批評乃至責罵更是不絕於耳。因此，美國反省自己在歷史上的罪行的誠意以

及反省現行政策失誤的力度，是我能夠繼續對美國保持信心和認同感的一個重要原因。

美國正處在一個十字路口。近年來想到美國，我第一次感到心痛，這更讓我意識到自己是一個美國公民，並想在此刻公開說出：我深愛美國。以前我只知道我深愛中國，現在才知道我對美國也愛得很深，它不再只是偶像、情人，它是家園。對，美國就是我的家，我為它正在遭遇的困境感到揪心，為它的未來感到憂慮。

加：能夠在危機時刻更加確信自己的身份認同和愛國心，由這樣的公民組成的國家在某種意義上就是成功的國家。愛自己的國家，才會更認真甚至赤裸裸地批評自己的國家。若不這樣，就變成「愛國賊」了。

我想講一講我為何支持安倍晉三首相和他所領導的日本政府。坦率說，我不太喜歡安倍晉三，也不認同他的智商、行事風格以及道德規範，憑借他這些年的各種私人醜聞和執政責任，應該早就下台了。不過，安倍太強勢不僅是他本人的問題，在野黨太弱也是原因，從選民的角度說，安倍畢竟是我們選民選出來的，他的錯就是我們的錯，這就是民主政治的基本邏輯。我們選擇民主制度的原因就是希望我們的社會能長治久安，民眾能安居樂業。就具體政策而言，特朗普上台之前說要退出TPP，安倍不顧風險跑去紐約，勸說特朗普不要退出TPP，日本承受不起這樣的代價。結果特朗普上任第一天就退了，他向全世界表明，日本這個國家在特朗普面前是沒有說服力的。在安倍看來，TPP是美國和日本共同主導的，兩者缺一不可，跨太平洋夥伴關係給這個地區的經濟安全提供了高標準的保護傘，是一個特別重要的經濟機制和價值體系。但現在，安倍孤軍奮戰，帶領其他國家繼續推動TPP，後來變成CPTPP。

日本國內也在討論，總有一天美國會回來的。如果等美國
有條件回來的時候，它不存在了，怎麼辦呢？所以我們現
在想方設法把它維持下去，這是包括我在內的日本國民普
遍支持的。誰都有困難的時候，在美國困難的時候我們扶
她一把，因為我們是命運共同體。我一直有這樣一個想
法，既然日美是同盟關係，那麼，當美國人陷入困難的時
候，作為盟國的日本就需要更多的付出和犧牲，這才是愛
國的表現。幫美國就等於幫自己，在這個意義上，我願意
相信安倍晉三是一名愛國的政治家。

安倍晉三正在孤軍奮戰，特朗普說世貿組織不好，安倍就
對特朗普說，我們好好改革WTO吧，你先別退出，我們
為改革而努力，不要輕易拋棄它。我認為，此刻的日本應
該在歐洲和美國之間扮演橋樑的角色，作為一個東方國家
扮演這樣的角色也不容易，不是哪國都可以做到的。2019
年5月，日本進入令和時代後，特朗普作為第一個外國元首
訪問日本，並與新天皇見面。約一個月後，特朗普又出席
G20大阪峰會。安倍在大阪努力為打貿易戰的美中兩國提
供對話平台，還特意坐在特朗普和習近平的中間協調溝通
與理解。可以說，經過這些外交互動，安倍成為了特朗普
最信任的外國首腦，當然，更重要的是，安倍是日本1890
年以來為政時期最長的首相。雖然日本對美國的安保、經
濟等政策不夠放心，比如如何保證條約的對等性和持久
性，但日美同盟還是比較牢固的。日本應該通過安倍對特
朗普的個人影響力來提升自己的國際話語權。作為一個日
本選民，我認同安倍首相這樣一個基本方略。

查：你的這番話很真誠，也令我又一次感到中日兩國的差別
　　與差距，不光是制度，領導人、國民的性格也是如此的
　　不同。前幾天你說八十年代日本經濟泡沫要破裂之前，美

國和盟國壓迫日本簽訂廣場協議，你們從小就被告知，利益和面子不能一起要。當時日本利益在受損，很多企業破產，經濟崩塌式地停滯增長十年。我想說的是利益有短期的也有長期的，日本人當時的決定也可能是出於長遠利益的考慮，也就是你說的美日歐共同體這樣一個市場經濟加民主政治的陣營，寧可短期利益受損，但長遠利益不能分裂。日本要繼續練內功，可能很長時間內經濟不會再快速增長，但出於民主陣營的長遠利益，應該超越對小利益的短期考量。也許正是基於這一點，你覺得日本現在應該扮演一個要看清長遠利益何在的國家。

我始終認為，中國人研究日本的時候需要注意一個重要的問題：日本為甚麼從明治維新到現在，選擇了一條和中國非常不同的道路。在很多關頭，日本和中國面臨的情況是一樣的——外國入侵，國內經濟危機，國際上美國和歐洲的打壓等。可以說現在的中國也走到了這樣的十字路口，雖然中國的經濟目前只是增長放緩，還沒有爆發全面危機。

加：在美國面前，日本和中國有着根本性的身份差異：日本和美國是同盟國，除了共享地緣政治上的共同利益，還共享着制度和價值觀，中國和美國則是戰略競爭對手。除了在地緣政治上基本沒有共同利益，意識形態和政治制度上處於根本性對立，中國進入新時代以後，對立程度也越來越深。還有一點，日本和美國打過仗，深知現有關係的來之不易，而中國和美國之間沒打過仗，仍然不知道其真正的代價有多大。

查：是的。不過，你說中美兩國之間沒打過仗，咱們可別忘了韓戰。二戰時期中美本來是同盟，但那是國民黨主政下的中華民國。中美關係的轉折點是1949年，更準確的說是1950年。共產黨上台才一年，解放軍就跨過鴨綠江去抗美

援朝了。「志願軍」參戰雖然與日本偷襲珍珠港不同，但確實給美國大兵來了個措手不及，最終雙方傷亡都相當慘重。

加：明白，我沒有忘記。不過，在朝鮮戰爭和越南戰爭上，中美都不是當事國。假如圍繞臺灣問題，美中兩國在臺灣海峽發生武力衝突，我認為有可能升級為兩國之間的全面戰爭。若這樣，日本等美國的盟國必然也被捲進去，可能引發第三次世界大戰。

查：你說的對，可是你描述的情景太可怕，中美都是核大國，核戰爭將是人類末日。我們只能祈禱中美兩國都不會陷入這樣的瘋狂。

繼續說剛才的歷史話題。中美相互敵對的始作俑者是毛領導下的中共，而中美關係緩和的橄欖枝是反共的共和黨總統尼克松先伸出來的。我這一代中國人都記得1972年寒冬北京機場那個歷史鏡頭：周恩來總理矜持地站在原地，尼克松一走下舷梯馬上就先向周恩來伸出手來，二人握手那一刻，中國的封閉時代終結了。

關於周在洋大人面前不卑不亢的外交風度，中國精英和老百姓一向津津樂道。不太為人所知的是，在1954年日內瓦國際和談會議上，美國國務卿杜勒斯曾經拒絕和周恩來握手，中方把這個snubbing（輕視）記了將近二十年。所以，中國人跟美國人打交道時特敏感，特要面子，至今外交部動不動就說「美國誰誰誰又傷害了中國人民的感情」。像安倍首相那樣，會被認為是作小服低，會遭到大批五毛的痛罵。

應該說，改革開放之後，美國給了中國很長時間來做選擇。西方主流的態度是給中國一點時間，這麼大一個國家，變化是需要時間的。它可以朝着民主方向努力，但需要一步一步來。從中國改革開放到現在這四十年間，西方

一直有這樣的基本共識，期間雖然中國經歷了1989年的嚴峻考驗，但西方世界的大多數人，從企業到民間，仍然抱着善意和雙贏的態度(其中當然也包括資本的逐利動機)與中國打交道，期待通過積極正面的交往來推動中國的經濟轉型和民主化。但是，北京奧運會後，中美之間越來越同床異夢。今天，中國在經濟高速發展四十年之後又走到了一個關口，日本成為一個近在咫尺、非常重要的參照國家，對於要走哪一條道路，中國應該認真思考。

加：是的，未來四十年中國走向何方，是世界政治中最大的不確定性。您的話讓我很受觸動，我對您作為一個美國公民在國家面臨困境的時候感覺應該說點甚麼，有一種認同感。只有當危機出現後，才會產生更深刻的認同感。

查：這三年多，我經歷了好幾次思想上的反復，包括特朗普上台帶來的震撼。我當時投了希拉莉的票，之所以投她有多種原因，其中之一是第一次有了一個女性總統候選人。我很敬佩她，也非常清楚她作為候選人還有很多問題。她和克林頓有一個理想主義的從政開端。克林頓在任時，希拉莉是一個重要的參與者，她不僅僅是第一夫人，還受總統任命主持了當時美國第一次醫療保險改革。醫保在美國是個超級複雜的老大難問題，需要協調各個利益集團。可能她那時太年輕氣盛太理想主義，總想要一步到位的改革，因此走得太遠，結果她牽頭的那個提案失敗了。

他們兩個代表着六十年代民權和反戰運動中成長起來的一代人。經過八十年代列根保守主義向右翼的回潮，他們通過向中間靠攏，代表民主黨重新走向前台。英美兩國這一段時間在路徑上的選擇變化有類似的曲線，就像戴卓爾上台之後列根很快勝選，比爾·克林頓與安東尼·貝理雅也是前後腳上台的。

列根被認為是一個偉大的總統，一方面因為他解決了通貨膨脹問題，還實施了減稅政策，經濟增長率升高；另一方面因為搞軍備競賽、星球大戰，搞垮了蘇聯，結束了冷戰。打敗整個獨裁陣營被歸功於列根，可實際上他的政績遺產十分複雜。在第二任期內，他又實施了增稅政策，因為減稅沒那麼簡單，減稅之後就要削減財政開支且政府借債，他自己也承認，他任內最大的一個失誤就是把美國從一個債權國變成一個債務國，財政赤字就是從那個時期開始的。另外，軍備競賽開支巨大（一直到現在美國的軍費開支仍然十分巨大），這就影響了很多社會福利方面的開支，無論是社會保障還是公共教育的開支都縮減了。從戰後一直到1980年列根上台之前，美國中產階級規模龐大，我們所說的美國的橄欖形社會就是在那個時候形成的。列根之後，由於上述原因，藍領和工人階層的收入從七十年代到現在幾乎是停滯的，貧富差距拉大也是從那個時候開始的。要想取得經濟增長同社會保障之間一個相對平衡的狀態，是需要很長時間的。

後來，克林頓上台，民主黨執政，他和希拉莉兩個人開始追求社會正義，推行關於弱勢群體、移民政策等方面的改革。美國黑人甚至說克林頓是美國第一位黑人總統。美國黑人很喜歡他，認為他在很多關於少數族裔的政策上是開明進步的。同時，他把福利和工作機會相捆綁，規定必須找到工作才可以拿到福利，從而改善了養懶人的福利政策，經濟增長率提高。龐大的財政赤字在他的任期內降到了零，這是他的一大政績。整個九十年代，美國經濟繁榮，互聯網起飛，應該說克林頓在發展經濟和增進社會福利上都有着很好的政績。他搞的移民改革也不是放開邊境，而是堵上某些政策漏洞，比如有些人濫用政治避難權

獲得美國綠卡，克林頓任期內通過的新法加強了這方面的甄別管控。

但是，克林頓執政的一個負面遺產是放鬆了金融監管。他執政期間長期擔任美聯儲主席的格林斯潘，是安・蘭德的信徒，也是自由市場的教主，主張寬鬆的貨幣政策並放鬆金融管制。克林頓還簽署了北美自由貿易協定，大幅度開放自由貿易，包括中國加入WTO也是克林頓執政後期談成的。

推動自由貿易、加速全球化進程和放開金融，是克林頓執政時期兩黨的共識。如果說這些就是「新自由主義」的核心理念與政策，那麼它的成果與問題——繁榮和不平等——也要由兩黨的建制派精英共同負責。美國從七十年代就開始了產業轉型，轉向服務業和金融業，產業升級經過了好幾代人。可是，那時新的金融工具剛剛出來，負面後果還沒有顯現。後來，全球外包，所有工廠都搬到了第三世界，美國的股東在分紅，企業家在賺大錢，工人卻失業了。

從九十年代後期到2008年金融危機爆發，那十年間美國媒體上關於這些問題有很多討論，經濟學家們的意見也不一致。主流看法認為，雖然工人失業了，可是中國製造的消費品很便宜，美國的普通消費者也受惠了。但這只是剛開始的一個階段，現在，我們看到了它的各種負面後果和反彈。金融過度放鬆後，時間一長，金融衍生工具越來越多，複雜到連索羅斯都說「我不懂」，那一般人誰能鬧明白？華爾街的貪欲和道德滑坡，最終導致了次貸危機。可是，造成危機的那些投行和金融大鱷們並未受到應有的懲罰，金融業至今仍在大量吸納青年人才，很多精英大學的畢業生仍在為高薪和財富向華爾街狂奔。從過去幾十年來

看，美國虛擬經濟和金融業的膨脹與實體經濟的萎縮和社會不平等的加劇是同步發生的，它的負面後果還會存在一段時間，因為問題並沒有真正解決。

不過，失誤並非克林頓一個人帶來的，在六四之後，先是老布殊，然後是小布殊、奧巴馬，每一屆美國總統和政府都推動了美國資本和製造業向中國轉移、延續了全球化並且各有失誤。比如，經濟轉型後的再就業問題一直沒有得到有效解決，導致後來很多民主黨的選民覺得被拋棄了——我們失業之後，還是把票投給了你們，可你們上台後並沒有真正為我們的利益而努力。金融危機之後，聯邦政府用那麼多納稅人的錢救了那些大銀行大機構，他們捅了天大的婁子，卻沒有一個金融家為此承擔法律責任，沒有一個人受到政府和法庭的追究、起訴，沒有一個人坐牢，而他們的很多行為實質上構成經濟犯罪。我認為這是奧巴馬執政的一個嚴重失誤，也是民主黨繼續丟失民心的原因之一，因為大家都看得到，低層那麼多人破產、失業，中產工薪階層也在辛苦維持，可是這些肇事的金融權貴不僅毫髮無傷，之後還富上加富。而奧巴馬有時候過於迎合左派政治正確、身份政治潮流中某些偏激或者太超前的做法(比如變性人自選公廁的法案之類)，則是另外一種政策失誤。他搞的醫保方案其實是個煞費苦心的折衷方案，運行結果卻差強人意。所以，左右兩邊其實都有人有理由對他不滿意。同時，共和黨大佬們也一樣自私自利、脫離現實，那些議員們成天忙着阻擊奧巴馬，搞否決政治，處處給他下絆子。總之，主流精英們都沒有真正關注和理解底層的積怨。

希拉莉競選的時候，她身上背負着很多「新自由主義」政策的負面後果。他們夫妻跟華爾街金融資本的親密關係，

決定了她在政策上只會修修補補，不像特朗普那樣可以
激烈地轉變政策(但實際上特朗普上台後對華爾街更寬鬆
了)。終於，那些積怨已久的藍領白人選民不幹了，紛紛把
票投給了特朗普。有些中西部鏽帶的工人曾經兩次投票給
奧巴馬，這次卻投了特朗普，他們對民主黨的期盼徹底破
碎。甚至有些人解釋說，為甚麼特朗普這樣一個道德形象
不堪的總統可以贏得這麼多選票，就是因為很多人覺得自
己的選票實際上是一顆手榴彈。很多投特朗普票的人不見
得多喜歡他，只是不希望再看到兩黨建制派這樣修修補補
下去。積重難返，索性把這個swamp(泥潭)炸掉再說。

大選結束後，我對美國的前途第一次感到擔憂和困惑。我
生活在一個自由派的大本營——紐約和加州是民主黨的
兩個大票倉。我有個認識了二十多年的美國白人朋友，來
自加州，長期在紐約工作，也是個媒體人。我們原本約好
大選結束後出去吃飯慶祝，選舉結果出來後，我說：算了
吧，我們離得這麼遠(他家住北邊郊區，我家住曼哈頓南
邊，單程就要花一個多小時)現在滿城都是哀悼的感覺，
我們就分別在家裏借酒消愁吧。那是大選揭曉後的第三
天，天氣陰沉沉的，街上還掛着希拉莉必勝的標語，特別
反諷。這個朋友說還是一起出去吃吧，我來你這邊，於是
我們就去了曼哈頓城南的一個小館子，只有我們兩個在那
兒吃午飯。老闆上菜的時候說，你看，今天沒甚麼人，昨
天更糟，來了一堆人，像一個哀悼晚會，所有人都極其鬱
悶。據說，百分之八十甚至更多的紐約選民將票投給了希
拉莉。在公佈選舉結果前的一兩天，我在街上撞見一個男
的跟一個女的擁抱，男的說謝謝你選了希拉莉。不是特別
熟悉的美國人之間是不會說把票投給了誰的。美國人尊重
個人隱私，甚至有的孩子都不問父母投了誰。

加：不能問，我們兄弟姐妹之間也不問。小學一年級的公民
　課上就講到，投票是一件非常嚴肅的事，是獨立自主的個
　體行為，千萬不能告訴任何人你要投給誰。這算是民主政
　治運行背後的文化根基和規則吧。在家裏我們從來不討論
　投票一事，討論政治也都小心翼翼的。當然，我的弟弟妹
　妹也問過我一些涉及政治的具體問題，為的是更好地瞭解
　情況，更好地使用手裏的一票。我妹妹會問：哥哥，你能
　否簡單告訴我他們政策的區別？他們打算怎麼解決？我最
　多解答她這些問題，但絕不會要求或建議她投票給誰，否
　則我就沒資格做選民了。總之，投票這一嚴肅和神聖的行
　為，家人之間不能討論，更不能串通。

查：美國也是如此。比如，我先生猜測他父母長期投共和黨
　的票，但從來沒去問過他們。2016年大選日我們倆去排隊
　投票，排在我們前面的一對夫婦恰好是樓裏的鄰居，我們
　很默契地只聊閒篇兒，互相都不問也不提自己投票給誰。
　這也是為甚麼美國的民調會存在誤區，因為統計的時候，
　有些人是不講他會投特朗普的。中西部城市的選票大多投
　給了特朗普，這是可以預判的。但我相信紐約這個地方投
　特朗普票的人之前是不會說出來的，因為在大多數人都投
　票給民主黨的紐約等地，他會受到輿論壓力。比如，一家
　公司，當同事們都投希拉莉，如果我投了特朗普，我是不
　好意思說出口的。
　特朗普上台，我周圍的美國人反應幾乎是一樣的——震
　驚！因為他們周圍全都是投票給希拉莉而反感特朗普到極
　點的紐約人。其實特朗普就是紐約人，但反而這些紐約的
　精英幾乎沒人對他當選感到高興。按說一個地方出了一個
　總統，大家應該慶祝，可紐約人並不買特朗普的賬。紐約
　市長布隆伯格也是一個大地產商，比特朗普身家高出很

多，他一分錢不要當了好幾任市長。紐約很多大地產商都很低調，不像在中國，一個個都跟偶像似的。像特朗普這麼高調的老在媒體上混的地產商很少。布隆伯格覺得特朗普的生意很多都是坑蒙拐騙，他在給希拉莉助選的時候公開說：「我是一個紐約人，誰是騙子我看一眼就知道。」在這場全國直播的助選大會上，布隆伯格直截了當稱特朗普是一個騙子（con）。英語中還有個成語 "con artist"（騙子藝術家），用來形容那種特別擅長忽悠、能把撒謊弄成一門藝術的「騙子」。我有不少美國朋友認為特朗普就是個 "con artist"。

當然，紐約這種國際大都市也存在精英的「勢利眼」。他們覺得特朗普是皇后區出來的一個特別拜金、特別沒品位的人──蓋的房子金光閃閃，以樓層高為炫耀，在媒體上主持一些庸俗的節目，講話粗鄙，再加上披露出來的性醜聞等。紐約人對他很不感冒，認為他是一個忽悠民眾的搗亂分子，背離了美國一直以來堅守的核心理念。他為了當總統，為了個人的榮光忽悠大批選民，經常發表一些歪曲事實、煽動仇恨、製造恐懼的言論。

經媒體證實，特朗普所說的話確實有很多誇大其詞或完全胡說的事情。比如，2015年底他在南方阿拉巴馬州做競選演講，就宣稱自己在九一一發生之後親眼看到數千名穆斯林在紐約旁邊的新澤西州某城的街上狂歡跳舞，並以此為由認為美國應該關閉清真寺，讓穆斯林重新登記註冊。經過媒體查證，跳舞慶祝的事情子虛烏有，去追問特朗普，他又說他是在電視上看到的，於是大家又去查閱了當時所有的媒體和報紙，證明也並沒有這樣的報道。再去問特朗普，結果他又改口說是聽一個甚麼專家在廣播裏說的。九一一期間擔任新澤西大法官和州警察總監的小約翰·法

莫爾氣得沒轍，只能反復重申：當時確曾冒出過這一類傳聞，但他們嚴查之後發現全都是謠言。

像這類信口開河的瞎扯，在特朗普身上不勝枚舉。比如他很早就說奧巴馬不是在美國出生的，由此煽起來一個被稱為"Birthers"的反奧運動。大家知道，美國憲法規定，只有出生在美國的人才能競選總統，這等於說奧巴馬沒有當總統的合法資格。後來白宮公佈了奧巴馬的夏威夷出生證，特朗普又一邊說這要歸功於他追問的壓力，一邊質疑出生證的合法性。2016年他終於承認奧巴馬確實出生在夏威夷，但馬上又說最早推動"Birthers"運動的人其實是希拉莉。好吧，不知道你加藤暈不暈，反正我暈了。

還有，在競選演講中，特朗普反復宣稱當時美國的失業率不是百分之五，而是他看到的百分之二十四，甚至高達百分之四十二。大選揭曉後，他又宣稱希拉莉比他多出來的那三百萬張選票是民主黨作弊，說對方通過死人搞的僵屍選票有三百萬到五百萬張，意思是總票數也是他特朗普更多。新總統上任後，《紐約時報》跟蹤統計了九十九天，結果發現其中有九十一天特朗普至少每天發佈一次虛假的或誤導的言論。比如他說奧巴馬在他的電話上安裝了竊聽器，在他的競選班子裏安插了為希拉莉助選的奸細，聯邦調查局有兩個僱員犯了叛國罪 —— 所有這些經專業查證都被證偽。他關於自己的政績和奧巴馬任內的政績等一系列講話或發推，都不斷被發現與事實不符，而且永遠是抬高自己、貶低對方。

政治家說謊，當然不是特朗普首創。但根據美國和加拿大幾個專門做fact check（事實查證）的網站統計，特朗普上任以來講過的假話有上萬條，遠遠超過所有前任總統。有專家甚至從心理健康角度懷疑他的現實感，認為他有意無意

地與事實保持着一種流動不定的關係 —— 也就是說他撒謊時並不認為自己在撒謊，因為他生活在自己製造出來的虛擬現實中。

可是，事實太重要了！沒有事實，我們怎麼能判斷到底發生了甚麼？我在給《紐約客》寫稿時深有體會，事實是一篇非虛構文章最重要的部分。《紐約客》有專門的事實查證科，有十幾個全職員工。這些fact checkers對文章的每一行字都要核對，會打電話到中國跟被採訪者確認引用的每一個句子：「你是這樣說的嗎？查建英問過你這個話嗎？」這首先是敬業精神，他們要保證雜誌的質量和信譽，他們也擔心文章因為與事實有出入而成為被告，因為確實有過這樣的官司。

特朗普說這些大話、假話，可能只是為了迎合選民、製造熱點或擺明立場而採取的策略，但這些不尊重事實的言行都被媒體人，尤其是紐約人抓住不放，令他們非常反感。在這個過程中，我也開始思考美國為甚麼變成現在這樣，為甚麼我們都沒有預測到這件事？

在特朗普當選之後，我突然意識到，到處都是自由派知識分子和媒體人的紐約，就像一個巨大的小世界（a giant liberal bubble），而現在呢，同溫層的泡沫一下子被捅破了。或許這是一件好事，至少敲響了警鐘，提醒你必須反省了。

媒體上有一種日趨普遍的現象，大家都圈子化了，那麼在每個圈子中你所聽到的就都是同類的信息。因為你們基本立場一致，通過不斷轉發價值傾向相同的信息，很容易強化自己的立場，越來越失去客觀和平衡。比如，某個圈子的人都反對非法移民，覺得穆斯林都像恐怖分子，大家互相轉發，於是你在這個圈子裏看到的就是各種各樣關於穆斯林的負面信息。穆斯林本來在歐洲的犯罪

率是百分之十，最後你看到的竟是百分之五十。左派也有類似的行為，不斷發政治正確類的信息，把對方妖魔化。希拉莉就用了一個很糟糕的詞，説那些選特朗普的人都是"deplorables"，相當於中國人講的「腦殘」。這本身就是政治極不正確的一個詞，不僅暴露了希拉莉的傲慢與偏見，而且也完全沒有細分地區和人群，她這頂帽子其實就是要扣在那些討厭她的、教育程度較低的底層白人頭上的，也就是所謂的red necks(紅脖子)。這些選民中可能確實有種族主義者，但也有許多人在上一屆還投票給了奧巴馬，你能説他們是種族主義者嗎？希拉莉這句話把這些人一竿子全打翻了。結果是搬起石頭砸自己的腳，不僅幾個關鍵的「搖擺州」裏的那些"deplorables"把票全都投給了特朗普，而且像班農這樣聰明的右翼戰略家現在開辦了自己的新媒體，就乾脆不斷宣稱我們就是給所有"deplorables"站台代言的，deplorables就等於是中文裏的「老百姓」，所以老百姓們，你們一定要讓特朗普連任！

我有一些美國朋友是激烈的反特朗普派，提起他就罵，不分析具體政策，也拒不承認他有任何功勞或政績。自媒體時代，各種陣營裏都有信息源同質化的現象，互相強化自己的信念，對對方不瞭解，也不想去瞭解，因為怕動搖自己既有的立場。結果，左派右派都大搞identity politics(身份政治)：你左派不是有黃脖子、黑脖子嗎？不怕，我右派有紅脖子！每個人都找個身份標籤貼在身上，然後抱團一起攻擊對方。這就等於自我封閉了。活在觀點和信息的回音壁裏，左右兩邊都難以意識到自己的偏見。

加：您説的《紐約客》的核實一事，我也有一些經歷。這些年我一直給《紐約時報》中文網寫專欄，該報對事實的核實也格外嚴格，其背後的動機除了保證準確以外，也包

括對打官司的擔憂。不過，讓我最感到敬佩的是他們對新聞專業主義的追求。我能感覺到，美國的專業媒體在細節方面的投入是其他國家無法相比的，包括日本和英國的媒體。光講利益的人最終戰勝不了有信念的人。這算是我這些年來的總結性觀感吧。您剛才提及的左派陣營裏的偏見、信息源的同質化、互相強化自己的觀點信念等有點像做學術研究時先得出一個結論，然後只尋找支持這一結論的事實，甚至編造事實，其他都被排除在視野之外。

查：對呀，走到極端就會變成這樣。九十年代，芝加哥大學教授阿蘭·布魯姆寫了一本轟動一時的書——《美國心靈的封閉》。作者是偏右翼保守主義的學者，他的考察對象是美國大學教育的封閉狀態。他認為，如果純粹用一種意識形態化的標準看待一切，你的心靈就是不開放的。我覺得現在美國的左右之爭，由於新媒體政治化的助推和互聯網上圈子化的傾向，正在造成一種新的「美國心靈的封閉」，或者說偏見。兩黨的對立經常源於一種罔顧事實的偏見，而不是基於事實的正見。

加：聽到您公開表達對美國發自內心的愛，我的第一反應是這應該是真愛。

日本是把命交給美國或美日同盟的一個主權國家。特朗普上台以來，我作為一個日本人也很困惑，但我支持我們的首相在美國陷入困難時堅持扮演一個忍者形象。「忍」是我們的根，換句話說就是島國根性。

無論如何，特朗普是合法上台的，既然已成定局，美國的知識分子、商人以及媒體就應該反思造成這一局面的根本原因在哪裏，從自己身上找原因，而不是只做情緒化回應或跟持不同政見者拉開距離。我看這樣的人在精英階層尤其多，令人憂思。

不過，特朗普不是美國的全部。美國的公民，從知識分子
到企業家，還有大量官僚，今後如何維護美國一直堅守的
價值觀，這才是最重要的。雖然有很多人因情緒化而影響
到他的行為和判斷，民粹主義的蔓延也令人擔憂。但是，
當特朗普以及白宮越可能出現問題的時候，民眾越需要努
力堅守美國一直堅守的東西。一個國家只有不斷地反思和
抗爭，才能一步步變得強大和堅韌。美國也不例外。

查：很理解，也很同意。此後一段時間，更重要的問題是我
們要給予經過正當民選程序上台的總統以尊重，該批評的
批評，該合作的合作。許多問題是能夠超越黨派之爭而找
到解決辦法的。美國是一個完整的美國，而不是左與右撕
裂的美國。

我比較擔憂的是「為反對而反對」。當年我不太喜歡的
是，在奧巴馬總統任內，經常有一些奧巴馬不能推動或只
是勉強通過了的決議，比如投資修整基礎設施和醫保改
革，這些關乎民眾福祉的事本應兩黨協力去做，但共和黨
為反奧巴馬而反奧巴馬，任何一件事都會阻礙、拆台，讓
奧巴馬要麼做不成、要麼做不到位，然後指責說：看看
吧，他多無能，做得多差勁！如今，民主黨也有這種傾
向，無論在道德、審美還是政策上，他們都對特朗普反感
到極點，難免生出一種為反對而反對的傾向。媒體有很多
情緒化的報道，專門挑刺，缺乏深度反思。中國有句老話
叫實事求是，我很贊成。要先看事實，而不要先看立場和觀
點。但我感覺身邊不少左翼朋友的反省很欠缺，不深入。

當然也有好的例子。比如2018年《大西洋月刊》上的一篇
長文，標題是 "The 9.9 Percent"（百分之九點九）。作者從
自我反省的角度檢討了美國社會的不平等、階層固化以及
上中產精英們的自私、焦慮、虛偽，指出今天的貧富分化

和社會問題，不僅是「佔領華爾街」運動針對的那百分之一的頂級富豪造成的，我們這些百分之九點九、受過良好教育的上中產階級成員(包括很多左翼精英在內)全都有責任。可惜，像這樣坦率、尖銳的自我剖析，似乎並不太多。

再比如，對一些大學校園裏政治正確思潮走得太遠、太偏執帶來的負面後果，左翼的自省也不夠。高校本來最應該是百家爭鳴的地方，可是現在有些大學在左派學生的壓力下取消了某些右派人物到校園演講的活動。他們往往認為那些人物不是右而是極右，大學不應該為煽動仇恨和種族偏見的人提供平台。可問題是這個尺寸憑甚麼由你們來劃分呢？別人可能還認為你們是極左呢？就算是極左和極右，為甚麼就不能當面辯論交鋒呢？兼聽則明，真理也是越辯越明嘛。在我看來，這不僅有違言論自由原則，而且會讓青年人更加脆弱和脫離現實。民主黨之所以敗選，是由很多複雜的原因造成的。冰凍三尺非一日之寒，民主黨對自由化、全球化的負面後果要敢於承擔屬於自己的那部分責任。如果該承擔的不承擔、該合作的不合作，一味相互攻擊，這樣下去只能加劇兩極化的撕裂。

加：您剛才說的讓我想起王滬寧在復旦大學國際政治系教書期間寫的《美國反對美國》一書，那本書應該是基於他到美國訪學以後的觀察和思考而寫。我之前在《紐約時報》中文網專門寫過王滬寧，題目叫《王滬寧，今天你幸福嗎——解讀習家班「三代幕僚」》(2018年2月28日)。我發現自從寫《美國反對美國》一書以來，王滬寧的美國觀，以及與此相關的對中國政治生態和體制的看法始終沒有變過，他的美國觀和政治觀深深地影響了習近平新時代的政治走向，包括眾多具體政策。

查：王滬寧1988年去美國愛荷華大學和伯克利訪學一年，他那本書出版時已經是六四以後了，他得出的結論是必須抵制美國式民主和多元化政治的誘惑，必須維護中央權威，必須加強黨的一元化領導。他的這些想法今天全都實現了，他也成了中共最高級別的謀士，引無數胡錫進張維為競折腰。

加：此刻，美國可以有左、中、右，可以有溫和派、極端派。當然，太極端不好，往往站不住腳，勢力多元和派系共存的狀態才是合理健康的。有些事情應該花點時間，一邊博弈，一邊平衡；一邊尋找，一邊着陸。

我2012年到了美國，才第一次感受到愛國主義和個人主義的有機結合，這是美國強大的表現，也是美國可持續的生命力。我只在美國見證了兩者之間的有機結合，在日本、中國都沒有看到過。美國有那麼多人對政府持嚴厲的批評態度，誰能說他們不愛國？美國此刻的每一位公民，左也好，右也好，都應該想想甚麼才是愛國，尤其是那些議員。為反對而反對，其實是一種叛國行為。反對是為了進步，批評是出於愛國。

查：說得好！美國左派有些人「逢普必反」，他們沒有或不願看到特朗普這一屆政府對民主黨過去一些失誤政策的糾偏（特朗普這樣做也是一種反叛）。甚至可以說，特朗普現象不止是全球化進程，而且是美國六十年代啟動的平權運動和多元文化思潮走到某個歷史節點後的一種必然反彈，就像列根是對小羅斯福的一個反彈。這樣粗略的比喻不一定恰當，我只是想說，美國歷史往往是在左與右、進步與保守的互相較量中搖擺前行的。

經過反思，人們會發現特朗普在有些領域的做法是有合理

性的，比如說對中國的政策，其實是對此前兩黨共同奉行的長期政策的調整，他在嘗試另一條路。

如果我們歷史地看問題，就會看到從1972年尼克松訪華以來，美國對華政策一直走的是"engagement"（交往）這條路，這是主線、主調、主流。這條路線遇到的最大一次危機就是天安門事件，當時西方制裁中國的呼聲非常高，但老布殊頂住壓力，幾個月後就派密使來北京，堅持繼續與中國打交道、做生意的基本路線。2001年中國加入世貿組織，最惠國待遇與人權脫鈎，是在克林頓力主之下談成的，也是當時國會批准的兩黨共識。再往後，美國漸漸發現不對勁兒了，貿易逆差越來越大，中國逐漸坐大，事情正在起變化，於是開始調整對華政策。第一次轉變實際上是在奧巴馬任內啟動的，是他和國務卿希拉莉一起制定了「重返亞洲」政策，扭轉了小布殊時期因為九一一而全力聚焦中東地區的政策，並着手組建新的跨太平洋經貿合作同盟(TPP)，這些實質上都是針對中國的，只是奧巴馬行事謹慎，風格低調，力度不夠大。比如他也和中國打了一場輪胎關稅仗，發現不太有效，就沒再繼續，大家也沒太注意。現在特朗普對華轉向全面強硬，高調退群，加關稅，貿易戰，有些人就斷定他是對華反潮流第一人，在我看來這種說法是不夠準確的。大的轉變是有一個過程的。

加：大轉變需要一個過程，的確如此。包括最近經常拿到桌面上討論的民粹主義的興起，也不是突然發生的，而是經過一段時間的醞釀逐步浮到水面上，這幾年集中爆發而已。

查：是的，如果討論新世紀強人政治和民粹主義的興起，我們可以回溯到普京上台，還有土耳其的埃爾多安、印度的莫迪、匈牙利的維克托·歐爾班等等。這些強人型領袖上

台都早於特朗普，只是美國總統對世界政治的走向影響更
大而已。當然，歷史走到這個拐點上，特朗普的確起了關
鍵性作用。當下，我感覺在對華政策上兩黨已經形成了新
的基本共識，民主黨大佬們在貿易問題上完全支持總統；
而在人權問題上，像佩洛西這樣的老牌民主黨領袖，一貫
比特朗普更鮮明、更強硬。

所以，我們也不宜過度強調兩黨之爭。美國作為一個法治
國家，很多政策有它的延續性。首先，制度本身有很多制
衡和閥門；第二，每個總統都需要尋求兩黨協作，事事一
意孤行、另起爐灶是走不通也走不遠的。在這一點上，對
特朗普的批評，我認為有些地方是有偏見的，結論下得過
早，因為一個大的調整需要時間來驗證。對中國問題，對
移民問題，包括跟歐盟的關係以及重組自貿區的問題，都
還處在這樣的過程中。

你剛才說太極端不好，應該有溫和的聲音，我特別同意，
並由此想到中國一直信奉的中庸之道。中庸不是平庸、騎
牆、和稀泥，而是正好，既有開放性，又有保守性。美國
現在正在過一道坎兒，更需要同舟共濟的合作精神。選民
和政黨都有兩極化的傾向，這是一件令人擔憂的事情。有
時候我感覺民主黨似乎在等待着甚麼 —— 如果特朗普連
任，那麼四年之後年輕一代選民的人數就足夠多了，拉美
裔也好，其他裔也好，更多年輕的甚至更激進化的選民就
會出現。當新一代左翼移民的後代成為選民後，有可能走
向更激進的道路。

加：今天在歐洲已經出現這樣的情況了。近年的激進主義、
民粹主義等具有跨越地區和體制的相互滲透的特點，很危
險。我從中難免想到人類社會是否在倒退。

查：對，歐洲正在發生變化，目前大都是右翼上台，對左翼
　　潮流反彈。東歐地區一些新上來的黨派都有點民粹主義，
　　有點極右、激進、排外，混雜着種族主義的傾向。如果這
　　是人類在倒退，那也是出於各種不安全感，朝着古老的
　　tribalism（部落主義）的本性退縮回去。真是不幸！

　　再說回中庸之道。我想起十年前接受《新週刊》採訪時，
　　談到怎樣定位自己。報道用了我的一句話做標題——「查
　　建英：我是一個保守自由主義者」。這個標題有點奇怪，
　　到底是保守主義者還是自由主義者，中文語境里好像沒有
　　「保守自由主義者」這個詞，是我自己生造出來的。我實
　　際上想表達的是我在某些問題上傾向於保守主義的觀點，
　　而在另外一些問題上傾向於自由主義的觀點，我不太愛用
　　簡單的某種主義來定位自己。這也許是出於一個作家的思
　　維習慣，我總是看到更多灰色的東西，覺得那才是常態。
　　白和黑，或者說極端的保守主義和極端的自由主義，都是
　　被刻意簡化的真實。

　　我是在極左傳統裏長大的，共產主義的另一面，就是國家
　　社會主義。西方經常說現在的中國是國家資本主義，北大
　　有一個經濟學家朋友私下對我說，中國哪裏是國家資本主
　　義，分明是國家社會主義。國家社會主義當年在歐洲政治
　　譜系裏就是法西斯主義，是極右，但是任何一個觀點走到
　　極端，都是殊途同歸的。極右和極左有很多相通的地方，
　　共同點是黑白分明、不包容，不斷尋找假想敵，利用恐
　　懼，煽動仇恨。我對極端的東西非常謹慎，也非常反感，
　　政治上的極左或極右都是很有煽動性的，也是非常危險
　　的。任何觀點或主義只要一走極端，就需要妖魔化對方，
　　靠播種仇恨來實現政客的目的。

加：我覺得怎樣走向中庸才是一個真正的問題。我認為只有

一種方式，就是在一個自由、開放、多元的環境中，人人
都可以獨立思考和表達，在眾多的碰撞和制衡中逐步走向
一個不偏不變的境地，否則一個社會不可能走向真正的中
庸。有些老百姓可能沒有這個能力和意願，而議員往往被
利益所左右，官員只能服從上司和體制，所以這個時候知
識分子的重要性才能體現出來。獨立思考、自由表達是知
識分子最基本的素質和權利。我特別看不慣一些中國的知
識分子興高采烈地說：「中國已經是資本主義社會了！」
讀過馬克斯·韋伯的《新教倫理與資本主義精神》就不難
發現，中國此刻不可能是一個資本主義社會。

查：中國非驢非馬，既非經典的資本主義，亦非經典的社會
　　主義，這個模式的獨特性及其優勢，秦暉的文章講得很
　　清楚，他的分析是超越左右的。知識分子的思考應該有能
　　力超越一己之私利，無論是個人的經濟利益，還是黨派利
　　益，才能稱得上獨立。

加：甚麼叫知識分子的長遠利益？如果你不獨立思考，不獨
　　立表達，反而會違背你的長遠利益和生命力。當國家面臨
　　危機、社會面臨分裂的關頭，知識分子的責任，就會變得
　　更大。對知識分子來說這是一個發揮作用的機會，要好好
　　抓住。

　　日本也一樣。雖然我支持安倍晉三，但他的很多做法，比
　　如通過集體自衛權和新安保法案，很多人認為是違法的，
　　但安倍還是忽略程序，沒有經過充分的討論，強行通過。
　　於是，我們看到了民眾的反抗和知識分子的批判。我從出
　　生到現在第一次看到日本那麼多老百姓，尤其是年輕人上
　　街遊行、包圍國會、和平抗議。日本跟美國一樣，憲法規
　　定了言論和集會自由。國會解決不了的問題，知識分子可
　　以提出不同觀點，民眾也有權上街遊行，合理表達自己的

訴求，不僅一點問題沒有，只有這樣，國家社會才能進步，不會失控和走歪。我在國會周圍看到幾萬人抗議的那一刻，感覺特別舒服，社會就應該通過這種有制度保障的公平競爭不斷進步。不管是日本還是美國，知識分子都可以在大眾與政府之間起到穿針引線的良性互動作用，尤其在這個民粹主義泛濫的時代，否則改革會以失敗告終。我認為此刻也可以從這樣一個角度看待美國的未來。

查：我同意。不過，我感覺在當下這個時代，由於資本、高科技和新媒體的影響，知識分子的作用實際上正在減弱和下降。我指的主要是公共知識分子。因為在資本和高科技合力之下打造而成的各種網絡新媒體，發展到今天，它一方面使公眾空間更加民主化、多元化了，人人都可以有發言的平台，同時它也使公眾空間碎片化、快餐化了，它不僅在消解傳統知識分子的權威性，有時它甚至在消解知識的權威性和真相本身，它很容易成為大資本、獨裁政府或野心家掌控操縱的工具，它似乎更有助於強化分裂而非促成共識。我同意你說的：知識分子在這個分裂和危機的關頭，更有責任發揮作用。人類現在正在經歷比以往任何時候都要快速和複雜的變化，更需要獨立、深刻、超越短期利益、超越狹隘的黨派、族群乃至國家意識形態的思考、判斷和洞見，更需要消弭誤解、同舟共濟，但是由於以上的原因，這種工作卻比以往更難做了。不要說那些教育程度不太高的人群，就是那些在互聯網文化中出生成長的新一代青年人，他們還需要或認同傳統意義上的公知來幫助她們釋惑解疑、判斷現實嗎？回答似乎是No。而且，知識分子本身真能承擔得起這個時代使命嗎？我不敢確定。不過這個題目太大了，我也還沒想清楚，我們可以改日再聊。

繼續剛才的話題。美國正處在危機當中，我目擊的某些行

動，讓我有矛盾的感受。比如，當年佔領華爾街的遊行就從我家樓下經過，我也跟着他們去過一次，邊走邊觀察，觀感是複雜的，我覺得他們大多數是城市裏的新左和老左，不少人是左翼知識精英及其子女，與中西部那些藍領草根階層不是一回事，他們的口號響亮、漂亮，組織性、凝聚力卻差強人意，天氣一冷大家就做鳥獸散了。他們比香港人差太遠了。還有些反對美國移民政策的遊行集會，抗議者高舉着墨西哥國旗揮來舞去，這當然並不違法，但坦率說我看着不太舒服，你們這麼愛墨西哥，還非要移民來美國幹甚麼，回墨西哥算了。

特朗普上台後我家附近的華盛頓廣場上也有過集會，很多年輕人打出標語：「他不是我的總統。」抗議活動中時常會有很多激烈的口號和醜化特朗普的誇張漫畫。一方面，這說明美國這個國家允許民眾對高官和公眾人物的任何極端表態，只要你是非暴力的；另一方面，我也覺得，既然特朗普是通過合法程序上台的總統，就應該承認這一點，這是對制度的尊重，而不是對特朗普個人的肯定。他就是你的總統，因為他是通過你認同的民主程序上台的。這種將個人和制度混為一談的做法，也讓對方更有理由反過來說：你們不僅是反總統，而且是反美國。這就成了惡性循環。

我當然希望兩黨最後能夠形成新的共識，在博弈過程中通過和平的方式走向中道。我的美國朋友安慰我說，當年傑克遜總統執政我們都挺過來了，現在特朗普上台，怎麼可能會過不去呢？因為傑克遜也是一個非常好鬥的、有民粹主義傾向的總統，他到處打仗，引發社會動盪和分裂，政績毀譽參半。我相信，從長遠來看，特朗普現象只是美國內部的一個反彈或一次調整，甚至可以說是美國再出發的十字路口。

加：我認為特朗普現象是美國歷史進程中的過渡，是進步的，是為了往前走。我把特朗普的上台過程稱作「進取的過渡」。像您所說，當下的美國需要這樣一個人，哪怕徹底打亂，哪怕矯枉過正，這是一個必然的過程。日本前首相小泉純一郎，在執政期間的政治口號是「打倒自民黨」，其背後的思想就是「創造性破壞」。當時很多選民認同小泉首相，他作為自民黨總裁，主動說打倒自民黨，在某種意義上很有說服力和感召力。有些時候，國家需要創造性破壞，為此主動打倒不合時宜的既得利益。

查：和小泉首相的對比有意思，我認為特朗普叫醒了很多人。有很長一段時間，美國的建制派精英有一種洋洋自得的感覺：冷戰美國贏了，成了惟一的超級大國，迎來了高歌猛進的九十年代，經濟發展絕對領先，制度之爭也結束了，如福山斷言：「歷史終結了」。後來美國經歷了兩大挫折：一是九一一之後打伊拉克，耗費了天文數字的軍費，沒有解決問題，還捅了個大螞蜂窩，招來了伊斯蘭國和更多的恐怖主義，最後大多數人認為這是個錯誤的決定；二是金融危機，整個世界捲入其中，金融市場一下子跌了這麼大一個跟頭，無數人破產，全世界對「華盛頓共識」和過熱的虛擬經濟產生懷疑。這兩件事嚴重打擊了美國的形象，同時削弱了它的軟實力和硬實力。自從二戰後成為西方世界的領袖，美國大概是第一次在內政外交方面感受到一種捉襟見肘的局促。面對這樣的局面，奧巴馬總統上台後只能是守勢。美國的《洋蔥》雜誌是一個政治搞笑類雜誌，奧巴馬上台後第一期的封面標題是「總是由一個黑人來幹最差的活」，從側面反映了那時候當上總統的人是最倒霉的。

加：很多人覺得特朗普搞的是「創造性破壞」，是打破現狀

和既有框架。一個在克林頓政府期間在國防部參與對華和對亞洲政策制定的知識分子兩年前對我說，特朗普接下來會很積極地提出改革政策，他說奧巴馬那八年是失去的八年。

同樣有意思的是，我發現中國國內左右翼勢力雖然互掐，但在思維方式上卻是同構的，彼此共享同一種邏輯。我2008年寫過一篇文章——《愚蠢的左右之爭》。我當時描述了一個場面：我在北外參加一個活動，基本上只有「右」的人在場；而我去《環球時報》舉辦的活動，只有「左」的人出席。我看到了一種愚蠢的左右之爭，他們互相罵，但在罵的時候，被罵的人是不在場的。在中國的言論自由遠沒有到來的時候，所謂的獨立表達只能簡化成左右之爭，那麼未來的出路何在？我沒有說左右要握手言和，但你要批評，最起碼等對方在場的時候當面批評，而不是自言自語、自我陶醉。我當年同時給《南方週末》和《環球時報》寫文章就是要表明一個態度：左右之間要有良性的討論才有助於真問題浮出水面。我經常被左右雙方同時罵，說我沒有立場。

查：這正好證明你不偏激。你說：「中國國內左右翼勢力互掐、但在思維方式上卻同構」，我特別同意。當然有例外的人，但你描述的現象總的來說非常符合我的觀感。

在美國的媒體上我也觀察到同樣的情況。比如在FOX電視台，一群支持特朗普的右翼人士高談闊論，大罵民主黨的所有政策，奚落左派的政治正確，感覺他們開了一種先河，把電視新聞變為一個意見平台，新聞成了主觀評論而不是客觀報道。主持人說了一大堆傾向性很強的觀點，請來的專家和點評人都傾向這個觀點，有時候連播放的視頻

都是根據立場選擇截取的。左翼也是如此，CNN、NBC這些溫和自由派的電視台本來還比較能就事論事、中立報道，這幾年也是傾向性越來越鮮明，越來越以政治正確的立場把關報道。如今CNN日常的時事論壇，五個人坐成一排點評大選前後的情況，其中四個是反對特朗普的。FOX台正相反，比如一個叫做"The Five"的時事評論節目，五個人裏有四個是鐵桿保守右派，加一個偏左的黑人當調劑。

有一個做時政評論的電視主持人叫Bill Maher，我挺喜歡，看了十幾年，就因為當初他立場不左不右、又很幽默辛辣。他剛出道時主持的一台節目乾脆就叫「政治不正確」，九一一之後因為觀眾爭議太大關掉了，復出之後節目改了名字。他請來的嘉賓是各種各樣的，總體上自由主義者、中間偏左的居多，但他也會請像共和黨議員和班農這樣的右派，還有科學家和喜劇明星。他語速極快，刻薄犀利。他的節目經常一半在點評實事，一半在開玩笑和挖苦人。他每次至少請四五位嘉賓，其中兩左兩右一起辯論。他的觀點不是那麼明確，號稱自己是Libertarian（自由意志主義者）。在婚姻上他是不婚主義者，還堅決反對基督教，覺得一切宗教都是愚弄人的。像這種平台，會讓選民看到各種各樣的觀點當面交鋒。但特朗普上台以後，我感覺他也越來越偏左了，好在他依舊不斷調侃諷刺民主黨和政治正確。

美國的媒體既有左翼平台，也有右翼平台，你自己選。左翼就說左翼的觀點，右翼就說右翼那一套。左翼只看MSNBC、CNN，根本不看FOX，反之亦然。電台、紙媒也有類似分野。貌似五花八門，但事實上存在着我前面說的立場強化現象，大家活在各自的共振箱裏。我有一些左翼朋友，都是學歷很高的知識人和媒體人，有一次我們在

一個加拿大哲學家朋友家聚會，正好到了新聞時間，大家休息，討論特朗普。當天的新聞是班農被趕出白宮。FOX關於這個事件的報道，我的這些白左朋友完全不能忍受，他們選看比較中立的BBC，結果討論變得非常沉悶，因為每個人的觀點其實大家早就耳熟能詳了。

我覺得那種排他性的媒體生態是不健康的。《紐約時報》的政治立場是中左，我也在它的Op-ed專欄版寫過文章，這裏的多數專欄作家當然是自由主義者，但也經常刊登各國各派不同立場的文章，比如有個叫David Brooks的，是共和黨保守主義公知，他就長期在這個版塊有專欄，還有幾個更年輕一點的專欄作者也是偏保守的。我認為這樣相對開放的做法才是比較合理的。

但現在左右兩邊槓上了，兩邊都有人走極端。在一次因為反對政府移除南北戰爭中南軍統帥李將軍雕像的遊行中，一個右翼分子直接把一輛車開進了左翼抗議人群中，軋死了一個女人。左派學生在伯克利校園裏搞抗議活動，突然冒出來一幫蒙面人砸玻璃燒車，據說是Antifa，一個無政府主義者團體幹的。大選之後，我那位白人朋友進城來跟我吃飯。他跟我講，在進城的地鐵車廂裏，幾個黑人青少年，一路上罵罵咧咧，當然也罵特朗普，下車的時候還對着一車沉默不語的白人乘客做了一個不文明的手勢。我朋友也是反特朗普的，但一直堅持理性的聲音。他給我講這個故事的時候，我可以明顯感覺到他很反感這樣的舉動。他說了一句話：畢竟大選剛剛結束，他現在就是美國總統。

我有一次和一位伯克利的白左博士生喝咖啡，那時候特朗普上台半年左右，談話中他說這些反特朗普的勢力太軟弱了，根本沒有用，他認為現在的美國就是一個權貴資本主義體制，只能革命，只能通過一顆炸彈來解決問題。他提

到非常喜歡我寫我哥哥的那篇文章──《國家的敵人》，
說讓他想起了一個在加州長大的白人髮小，非常聰明，最
後因為對制度強烈的失望，就真的向當地政府投了一顆炸
彈，被判終身監禁。他看到我寫我哥哥的文章裏也有一些
反體制的人，就認為我哥哥跟他髮小是同一類人，只是一
個在美國，一個在中國。他堅持認為有一些制度只能通過革
命來解決。對此，我不太能夠認同。我哥哥實際上還是一個
「和理非」（和平理性非暴力），他是反對暴力革命的。

加：特朗普也許會扮演「革命者」的角色。

查：不知道。這位伯克利博士生激烈反特朗普，但覺得希拉
莉那樣也不行，需要用更左的手段解決問題。他認為現在
的美國是權貴資本主義，全都是被金錢左右的人。特朗普
是一個煽動家，他的政策是不能解決體制內這些問題的，
也解決不了華爾街的問題，更解決不了工人不平等的問
題。這位博士生的主張就是要革命。

加：建制派肯定不會搞革命的，特朗普也許還有可能，他不
是建制派。

查：他是反制派，是大玩主。

加：建制派不行，而特朗普這樣一個徹底的反制派恐怕也不
行，那到底誰可以拯救美國？我覺得您這個朋友太極端
了，革命絕不是答案。

新十日談
第七日

加：您是甚麼時候重返北京的？

查：2003年。那年，我獲得了古根海姆寫作基金。這是美國一項榮譽性的獎，有不同種類，我獲得的是非虛構寫作的獎項。古根海姆獎是頒發給那些已有一些成就，而且有新的創作計劃的人。因為我打算寫一本關於中國當下的非虛構作品，需要回國蒐集材料，於是獲得了基金。

那時，我女兒七歲，她在休士頓長大，講一口流利的英語，完全不講中文。我先生也認為如果她回中國上學的話，才會講好中文。當時正好我先生有一年大學教授的假期。於是，我們全家回到了北京。

離開芝加哥後，我們在德克薩斯、香港、佛羅里達居住過，從懷孕到回中國的八年時間裏，我沒再寫過任何非虛構的長稿，都是在給香港、內地的一些雜誌和美國之音寫專欄。期間，也寫過英文小說，但只發表了一個短篇，其他的都沒有拿出來。那些年，我把主要精力都用在了孩子身上。

重回北京感覺很興奮。八十年代，我寫過一個中篇《到美國去，到美國去》，我父親看了之後説你將來還會寫一個《回中國來，回中國來》。真的讓他言中了，我們全家都回了中國。我們計劃能住多久就住多久，孩子在這兒上學，我的寫作也需要我住下來，瞭解飛速變化的北京。

加：我自從離開家鄉伊豆半島（屬靜岡縣，位於富士山南邊），到山梨縣（位於富士山北邊）上初中和高中，然後到北京住了將近十年，之後住過半年以上的城市有上海、波士頓、華盛頓、瀋陽和香港。

我寫過一本書叫《從伊豆到北京有多遠》，這是對我比較重要的一本書，因為寫那本書的動機是父親的死亡（2010

年3月）。所以，伊豆和北京對我來說是份量最重的兩個地方。我高中畢業後來北京的時間恰好跟您回北京的時間一樣，也是2003年。您剛才提到「飛速變化的北京」，現在回想起來也很感慨。我當初一句中文都不會，從零開始在華求學生活。後來，隨着中文水平的提高，我也能夠逐步體驗到奔往奧運的北京，尤其是基礎設施和城市面貌發生了較大的變化。您在北京住了多久呢？

查：我先生住了一年後先回了美國，我女兒住了四年之後也回美國了，但我一直住了下來。頭四年裏，我基本住在北京，假期的時候回美國。2007年以後，我大概一半時間在北京，一半時間在紐約，一年要來回飛四、五次，有時候還要飛印度。因為從2004年開始，我接受了印度中國研究所（India China Institute）的工作，之後十年都在從事研究所的中國項目工作。印中所設在紐約，資金是美國幾個大基金會出的，他們聘請了當時住在北京的我和一個住在孟買的印度女海歸，由我們倆牽頭協辦研究所在中國和印度的各種項目。

加：我記得就是在那個時候，我們在北京認識了。您為甚麼會接受這份工作呢？畢竟，研究所的工作，說好聽點是比較穩定，說不好聽就是比較死板吧？

查：嗯，不過用中國話來說，我屬於合同工。合同每三年續一次約。薪水是按照工作時間計算，但其實很難統計。所以，我最終算作半職，報酬就是半職的工資加上出差費用等工作開支。

加：我還是很好奇，您這樣一個根深蒂固的自由主義者，為甚麼會接受這份工作呢？

查：首先，我最怕的是每天打卡全職上班——大概還是當年

在貿易公司上班留下了恐懼症吧，但這份工作有彈性，不需要坐班，只有在紐約的行政管理人員需要坐班，我們做項目的人都是跟着項目走。那時，我已經搬回北京，小孩也在芳草地小學上學了，我已經在北京租了房子準備長住。如果我不租房長住，研究所就要一直負擔酒店費用，所以聘用我這樣的員工對它來說很划算。

我們需要策劃一系列有關印度和中國的研究項目，都是跨學科的研討會和課題組，是非盈利性質的，參加的人員有來自中美印的學者、NGO成員，還有一些媒體人和政府官員。這份工作對我來說是一種新鮮的體驗，我可以在紐約和北京之間往返，而且打開了一扇新的窗戶——印度，那是我完全不瞭解的地方。我那位印度女海歸同事應該也有同樣的刺激，她也不瞭解中國。因為這份工作，我第一次去了印度，她第一次來了中國。

其次，這份工作讓我可以有一份相對穩定的收入，為家庭開銷做些貢獻，同時又沒有將寫作時間全部佔據。在工作中，印度給我開闢了新的視角，我不僅可以瞭解印度，還可以從另一個側面看中國。從我嚮往美國到在美國生活這麼多年，我發現很多中國人，尤其是我的同代人，選擇的西方參照國都是美國，總是盯着美國，然後就是歐洲。美國是我們羨慕和追趕的對象，彷彿代表着中國的反面。而我突然有了機會，可以瞭解我們古老的近鄰。此前，我對印度既不瞭解，也缺乏機會和興趣。在這樣的狀態下，有了這樣一個機會，好奇心一下子就來了。

工作中，我參加所有的項目策劃、研討會、調研，跟着活動跑。我和研究所的領導、同事一起面試、挑選參加項目的每一批中、印、美三方學者，除了中國，我也參與紐約和印度部分的會議和活動。

對我而言，這是一個學習的過程，讓我感受到了工作團體的氛圍，和同事還慢慢成了好朋友。儘管會有大量的瑣事要做，偶爾也會發牢騷，甚至有幾次都不想幹了。做到第七年的時候，我想過辭職，好像犯了所謂「七年之癢」。但是，這畢竟是有趣的工作，也是一個收入來源。工作都有兩面性，有煩惱和消耗，也有挑戰和驚喜。寫作的個體戶生活，我已經過了很多年，而這份工作是另外一種不錯的體驗，我對自己說一定要堅持十年，果真堅持了十年。在這個過程中，不僅對印度有了初步瞭解，也逐漸有了感情。

加：明白。我也去過印度三次，一共呆了二十天。我之前甚至至今對印度都是一無所知，也缺乏興趣，所以還是拉開距離吧。我畢竟已經花了很大的精力去瞭解中國，跟中國打交道，這算是人生投資了，那麼，我還有沒有精力再去瞭解印度這個古老的文明和龐大的國家呢？我看基本不可能了，就我而言頂多是一個參照物，是為了更好地研究中國。經過三次訪問，我發現印度確實重要，尤其從亞洲地緣政治、亞太大國關係以及民主政治未來走向的角度，印度確實是「制衡」中國崛起的重要力量，日本做不到。

印度跟中國一樣是人口大國，但它採取的政治體制是聯邦制。印度還有種姓制度，這種等級性在中國是很少看到的，它在某種意義上也限制了印度社會的流動性，阻礙了社會發展。我在印度期間也盡量跑步，雖然街上很亂，人、狗、牛到處都是。有一天早上我在孟買跑步，當時住的是St Regis酒店，算是市中心吧，但街上太亂了，人和動物都弄在一塊，沒甚麼規則和秩序，空氣又差，街上沒看到任何其他跑步的人，周圍的人看着我那麼使勁兒的跑步都露出驚訝的目光。可以說，那是我至今跑步跑得最危險而獨特的一次經歷。

　　印度人的性格、價值觀、生活方式、收入水準、人生目
　　標，甚麼都不一樣，充滿活力和多樣性。印度人是如此地
　　主張自我，而不善於傾聽，所以，我的一個很深的感受
　　是：只有民主制度才適合印度。這一國情跟許多中國人的
　　想法完全不同，他們覺得一旦搞民主，中國就亂套了。

查：我在微信上看到過一個內地的橫幅標語，上面寫着：
　　「中國不能亂，一亂就民主了。」這當然是網民製作的假
　　標語。而你講的意思是：「印度不能專制，一專制就死
　　了。」

加：很有意思的對比，雖然我不同意中方這個標語，我的看
　　法是，只有勇敢邁向民主，中國才能長治久安。

　　總之，作為一個從第三國來的人，比較中國和印度這兩個
　　同為立足於亞洲、擁有古老文明的人口大國，是很有意思
　　的，也越來越有必要。話說回來，您這份工作和您的生活
　　節奏、關注領域以及寫作素材都有着一定的聯繫，否則您
　　也不會接受。這期間，您還給《紐約客》寫文章嗎？

查：《紐約客》我只是偶爾寫篇長稿，不是定期寫專欄。印
　　中所的工作是更花費時間的。我們從2004年開始籌備，
　　2005年正式啟動，到2015年共十年時間。最近這幾年，研
　　究所的中國項目減少了，現在我只參加個別項目和一些研
　　討會，做做諮詢，出差也少了。

加：這份工作對您的職業生涯，尤其是後來的寫作有哪些影
　　響？

查：影響是兩面性的。一方面，它有助於開腦洞，去印度調
　　研以及與印度學者的討論，都拓寬了我的思維視角，是一
　　段很有營養的經歷。另一方面，這份工作的確佔用了我很
　　多時間，無論是《八十年代訪談錄》、《弄潮兒》，還是

專欄文章，本來我就寫得不多也不快，這下更少而慢了，
並且是斷斷續續的。

加：您對印度印象如何？根據我三次對印度的訪問和期間的
　　觀感，我總的感覺是：中國和印度、中國人和印度人似乎
　　水火不容，也難以建立真正的理解和信任，頂多是較為表
　　面的交流與合作。

查：嗯，尤其是老一代印度人，對1962年中印邊境戰爭還有
　　記憶。他們認為遭到了中國人的背叛，當然再難信任。甚
　　至有一種流行的說法：一直提倡印中友好的尼赫魯就是在
　　戰敗不久後傷心而死。再加上在宗教和文化傳統方面，
　　中印之間比中日之間的差異要大得多。你說「水火不容」
　　指的是他們經常爭論還是互相不說話？

加：我走在新德里的大街上，發現OPPO、VIVO等中國智
　　能手機的廣告無處不在。有一次，我進了市中心廣場附近
　　的一家手機店，我問這是中國品牌嗎，店裏的印度人特別
　　強調「這是印度製造的！」我看了看包裝盒，寫的確實是
　　Made in India。我從中強烈感覺到：他不希望店裏賣的手機
　　被視為中國製造。我甚至感覺到他對中國的敵意。

　　中國和巴基斯坦關係特殊，巴基斯坦和印度的關係更是眾
　　所周知。很多印度人覺得中國在幫他們的敵人。兩國作為
　　大國，似乎互相看不上，也彼此抱有警惕。我也好奇中國
　　人對印度人的行事風格有甚麼看法。有一個經常同印度人
　　打交道的日本前政治家跟我講過一個笑話：在國際會議上
　　最難做到的兩件事情是：怎麼讓日本人開口以及怎麼讓印
　　度人閉嘴。

查：哈哈，真是如此，印度跟貴國的風格是兩極的。諾貝爾
　　獎獲得者阿馬蒂亞·森有一本書叫《好辯的印度人》，

印度人自知其國民性格就是特別愛說話、愛爭辯。話多話少，還只是表面不同，有個美國朋友跟我講過一個笑話，說出了印度人與日本人更深層次的不同。一個美國心理醫生有兩個老客戶：一個印度人滔滔不絕，一個日本人沉默寡言以聽為主。理療結束時，印度人熱情地說醫生改變了他的人生，日本人只鞠了一躬就走了。多年之後，醫生又見到了這兩個人，發現印度人一點沒變，而日本人卻完全換了一種活法。

中國人呢，或許在印度與日本之間吧。鄧小平的名言之一是「不爭論」，這說明中國人絕非悶葫蘆，也是很愛說話和爭論的，但比起印度人來可就小巫見大巫了。你第一次去印度的感受和我差不多：兩個古老的大國竟如此互相不瞭解，這是為甚麼呢？去多了之後才發現，無論從語種、宗教還是文化歷史的波折上說，印度都比中國更複雜。雖然已經聽說過印度貧富差距巨大以及城市髒亂差，但第一次看到孟買的貧民窟我還是被震撼了。

加：是，印度的複雜性比中國深遠和立體得多。印度的貧富差距和惡劣的生活環境比中國還要嚴重。為了體驗其複雜性，我專門去了達哈維(Dharavi)的貧民窟跑步。

查：是的，在孟買這樣一座國際大都市，居然有百分之六十的居民住在各種各樣的貧民窟或露宿街頭。貧民中也分階層，有些人在貧民窟中算是生活較好的，真正赤貧之人的貧窮程度讓人震撼。我小時候似乎不曾看到過如此赤裸裸的貧困。用「赤裸裸」這個詞來描述這種熱帶地區的貧困特別準確，因為印度的窮人幾乎可以成年累月赤身裸體地露宿戶外，貧民窟裏的那些臭水溝和垃圾又因為天氣炎熱而更容易腐爛發臭，再加上人口稠密，印度人又愛看歌舞樂……總之，整個氛圍會直接衝擊你的視覺、嗅覺、聽

覺。我至今忘不了第一次走訪達哈維，看到那麼多半裸的
窮人就躺在簡陋的窩棚、泥屋外邊，在髒水溝旁邊的地上
打盹兒，好多人全家像魚罐頭一樣擠在一起，有些人家
在這個貧民窟裏已經生活了好幾代。這樣大規模的、密
集的、散發着各種氣味的貧困，我從未在印度以外的任何
地方見到過。在印度城市裏待長了，有時我會感到一種
sensory overload（感官超載）。

除了貧困問題，還有種姓問題，這是我去了幾次才體會到
的。雖然現在印度採取了針對低種姓人群的優惠或補償性
政策，但幾千年歷史形成的種姓隔離，是不可能通過幾十
年的政策完成改變的。

有一次我去孟買一家超級豪華的大酒店參加酒會，一個小
細節讓我發現不少印度精英對自己和底層的巨大差別早就
習以為常。取自助餐時，幾個皮膚黝黑的低種姓的人就在
我們腳邊搞衛生，蹲在地上一點一點地擦拭餐桌下的大理
石地板。作為一個中國人，我覺得非常不舒服，畢竟我們
是在無產階級的平等教育下長大的。可我的印度同事卻對
此視若無睹，照樣談笑風生。他們大多是出身於婆羅門或
刹帝利這樣高種姓的左派知識分子，在那個酒店入住的客
人也都是富人和社會精英。

雖然中國現在也有階層之分，但在我的認知中，已無法習
慣未經革命洗禮的社會階層之間如此赤裸裸的貧富對立。
這也是印度帶給我的一個強烈刺激——巨大的貧民窟與富
人的紙醉金迷並存。

加：對，就是赤裸裸的貧富對立。我在貧富差距較小、國民
　　傾向於均等生活的日本長大，感受尤深。日本不管在哪
　　裏，商品價格都差不多，人們之間的消費能力和生活水準

也不會有太大差距，至少不那麼赤裸裸。比如，在日本一家著名報社的薪水系統裏，剛剛大學畢業的新員工（平均二十二歲）的年薪約為六百萬日元（四十萬人民幣），但該社社長（平均六十–六十五歲）年薪約為兩千五百萬日元（一百六十萬人民幣），兩者之間的相差僅有四倍。日本國民總體接受這樣的生活環境，以及財富分配的方式。

查：現在還是這樣？

加：還是這樣，基本沒變化。一億中流社會嘛，也比較符合日本人想要的社會形態和國民生態。

查：美國也會用日本高管和一般白領的工薪差距之小來談論貧富差距問題。如果以日本為參照，不僅印度，美國的貧富差距也是非常驚人的。但印度的貧富差距更加鮮明外露，觸目驚心，而本地人似乎習以為常。

經歷了上個世紀的暴力革命和國有化之後，中國的新富們普遍學乖了，都知道要摟着點，炫富不能太過。財富被剝奪的記憶還留存在他們的意識裏，上頭一提做大做強國企，一號召學習《共產黨宣言》，他們就慌神兒。一些富人感到「文革」也許會重來，財富有隨時被剝奪的可能性，私有產權在這個國家從根本上講是沒有神聖性的，所以，要隱藏，要轉移。這都與安全感的缺乏有關。

印度的一個特色是富人真敢炫富——十幾年前印度首富就在孟買市中心蓋了一座27層（相當於60層的普通公寓樓）摩天樓給自己一家人住，僱傭了六百個全職僕人為他的五口之家服務，而一些左翼精英，在思想上有平等理念，但行動上卻對日常生活中無處不在的不平等視而不見。種姓社會的歷史太長了，也許等級觀念還留在他們的潛意識裏。

第一次走訪貧民窟時，陪同我的印度朋友是一個很漂亮的

中年女子。她來自左翼家庭，父親是工會領導，家裏出過寶萊塢著名影星，她本人善良正直，長期從事帶有公益性質的工作。她的審美很有品位，當她穿着私人定制的漂亮沙麗走在達哈維的貧民窟時，她可能對此沒有感覺。周圍的印度同事好像也沒有我這樣的反應。雖然我說不出具體是甚麼感受，但那樣一位印度左翼進步知識女性，身着那樣華麗貴重的一襲沙麗，在烈日下那一排排東倒西歪的破房、一群群赤貧的父老鄉親當中行走的時候，能夠那樣從容不迫、風度翩翩……這是新德里留給我的一個深刻印象。

特朗普夫人有一次去颶風受災區慰問。那天，她穿了一雙很高的高跟鞋 —— 她是模特兒，對此習以為常 —— 或許是下飛機的時候沒來及更換，雖然她穿了休閒服，可她的腳上是一雙高跟鞋。媒體報道了這件事，立刻招致很多人的反感，批評她太不敏感，去慰問災民怎麼可以打扮成這樣！但這樣的事情在印度經常發生。

可是如果我們再想一下，美國觀眾的反應、我的反應，算不算一種偽善的要求呢？穿不穿沙麗和高跟鞋，都改變不了美國和印度這兩個社會存在巨大的不平等這個事實。孔子說：「君子遠庖廚。」你離廚房遠或近，那裏照樣在殺生，你關注的只是形式和自己的感受，你只是不想在這方面受刺激或冒犯別人。孔子當然是贊成等級制的，那我們現代人呢？我們的平等觀到底有多深？真經得起追問嗎？

第一次去印度南方的海得拉巴時，我有幸瞭解到當地的毛主義和游擊隊的一些情況。這群人藏在森林裏進行真刀真槍的暴力鬥爭，他們認為只有革命才能解決不平等的問題。這也是我到印度後的又一個切身體驗。很多印度左翼知識分子以及民間人士都把中國革命看得很浪漫，很尊敬地談論毛的思想，他們稱為毛主義。他們認為，對於亞洲

這種根深蒂固的不平等社會，只有通過暴力革命才能摧毀罪惡的種性制度，重新建立正義的新世界。所以，直到今天，這些群體對於中國還是很憧憬的。

在海得拉巴，我們到一個朋友家做客。他是印中所課題組成員，他本人是Dalit（達利特），就是過去印度社會地位最低的「不可接觸者」——婆羅門、剎帝利、吠舍、首陀羅四大種姓之後才是不可接觸者，也就是賤民。他在當地一所私立學校教書，同時，他是一個毛主義者。有一部分毛主義者在印度介入非法的暴力革命，遭到警察的長期追捕，他們總是藏在樹林中。這位達利特朋友在他家裏接待我們的時候，還給我們介紹了海德拉巴的一位公知，是個領袖級別的毛主義者。介紹他的時候，朋友還很得意地讓我們猜他的種姓，我猜這個人是婆羅門，果不其然。

晚飯的時候，他們談了國家的很多不平等使得毛主義游擊隊不得不走激烈鬥爭的途徑，他們對此很同情、很理解。期間，達利特朋友還將他書架上擺了雙排的外面一排書挪開，讓我們看藏在後面的一排小紅書——毛澤東選集、毛主席語錄英文版等。他們將這些書奉為《聖經》一樣的東西。

反諷的是，吃完飯出門的時候，我發現門外走道上站着一個為我們這位達利特朋友服務的僕人，他招待我們吃飯的時候就給僕人一些錢出去吃東西，然後在那裏等着送我們回去。這對他們來說是很正常的事情，即使對不平等充滿憤怒，可在日常生活中，階級就是他們生活的一部分。他為甚麼不請這個人進來呢？既然大家都是兄弟，是不是應該一起吃飯呢？這就是為甚麼我會說印度讓我看到了革命的內在邏輯以及它最後必然發生的某種變質——積極倡導革命的人都沒有做到真正的平等，待到他們掌握了更大權力時又怎麼可能抗拒權力的腐蝕呢？

那天晚飯當中，我向這位達利特朋友問道：「你有沒有想過，革命真的勝利之後，你們可能就是下一場運動中被砍頭的對象？」他臉色凜然，想了想說：「就是這樣也要革命。你談到中國革命的種種問題是因為你出身於剝削階級，你的祖父是地主。」我理解他的邏輯和他的憤怒，我在印度也確實看到了一種革命者進行革命的社會基礎，可是這一切都讓人感到不安，因為我們經歷過中國革命的實踐，知道它的後果，知道改造人性的艱難。

加：雖然我對印度也產生過興趣，想研究印度的崛起給中國和亞洲地區帶來的影響，但恐怕只能做到比較表面的研究。我在孟買跑步的時候，中途放棄了，之前不管天氣多炎熱，我都沒有想過中途放棄跑步，哪怕走一回兒調整狀態，也不會徹底停下來，而這是我人生中第一次跑了一半後放棄了。是印度不可思議和難以適應的空間讓我放棄了，不是體力不足，而是心理上受不了，覺得在那樣的空間裏精神上的衝擊太大了。有一次，在德里我向一個印度人問路，問完後他一直跟着我，主動給我講印度的歷史和政治，還問我關於印度和日本的各種情況，大概跟了兩個小時，他也不在乎自己正在佔用我的時間，始終微笑着。坦率講，我服了。

查：他是希望你給他一些錢嗎？

加：他沒跟我要錢，我感覺，他就是想找人說話。他問我從哪裏來，還說了一堆他眼裏的日本，基本不準確，他也不講究邏輯和證據，簡直是胡說八道。當然，我只去過三次印度，這只是我的初步觀察和表面思考。

參觀英迪拉·甘地博物館時，我聽說新加坡總理李光耀與甘地談話時向甘地提的惟一的建議就是，要想把印度治理好，就要取消種姓制度。只要種姓制度仍然存在，印度

就無法發展下去。我覺得李光耀的建議很有道理。不過，印度恐怕做不到。在我眼中，印度一方面是最大的民主社會，另一方面我也在觀察中國和印度之間的不同體制和國情，以及兩者之間的碰撞和循環。在現階段，印度對我來說無非就是為了更好地瞭解中國而應該認真研究的參照物。當然，在日本和印度共同推動「印太戰略」的此刻，印度如何參與亞太地區的秩序建構，也應該認真關注。

查：從法律上講，種姓制度在印度獨立之後就廢除了，但在社會心理和現實生活層面，即使我這樣的外國訪客也可以感到它的烙印仍然很深，隨處可見。印度人真能徹底擺脫它嗎？從接受工作到第一次去印度，我始終帶着這些宏觀性的疑問：印度作為世界上最大的民主國家，作為同樣具有悠久歷史文明的亞洲大國，它是如何實現民主的？它的民主給它帶來了甚麼？有甚麼中國可以借鑒的經驗嗎？

如果要做一個基本判斷，我會把目前的印度歸類為比較劣質的民主國家——這麼說或許有些武斷，大概會冒犯我的不少印度朋友，但我就是這麼認為的。在多次去過印度之後，我漸漸對它有了感情，每次離開後又很想再去。在文化的角度上，這個國家有太多我不瞭解的東西，有令人驚歎的特質特色，有很多我欽佩、景仰的人物。但從民主的角度來說，我逐漸得出這一結論：印度的法治是英國人帶來的，但民主不能說是英國人帶來的，雖然也受到了英國極大的影響。英國殖民者對本地人「分而治之」，做了很多壞事，留下了諸多後遺症，但他們在殖民後期開始改變政策，通過了一些法規讓地方民主開始起步。這讓人聯想到英國人在香港的某些做法。若沒有英國人，印度會不會自己演變成一個民主國家呢？我認為機率不高。日本的民主也是美國人帶來的，並非亞洲文明自生的。

加：印度的民主到底有多優劣，我本人還缺乏能力去判斷。
　　畢竟，民主不是從天降下來的，每一個國家民主的歷史
　　也截然不同，印度有其獨特性，日本的獨特性也不比印度
　　小。日本的民主制度跟第二次世界大戰後美國的佔領有直
　　接的關係。從中可以得出結論，民主在一個國家的誕生不見
　　得由本國人的意志所決定，但必須由本國人不斷地推動。

　　從現代化的角度來說，雖然日本從明治維新起開始派人到
　　歐洲，向德國學習憲法，向英國學習議會，但真正建立民
　　主體制是二戰結束之後。印度的民主建設與英國殖民政策
　　密不可分，而日本的民主建設跟美國佔領政策密不可分。
　　這些事實耐人尋味，即亞洲國家和亞洲人在建設民主制度
　　的過程中，究竟在多大程度上依靠自身努力，又在何種程
　　度上依賴西方文明的「輸出」。中國的民主化進程在多大
　　程度上依靠自己？從日本和印度的經驗看，這是一個充滿
　　變數的問題。我這些年展開「中國民主化研究」的一個維
　　度就是「外壓」的力量。

查：我覺得，當外來者將一種新的制度植入它原有的傳統中
　　時，就會發生某種變形，像嫁接莊稼一樣，本土基因越強
　　大、越柔韌，變形就越厲害，適應期也越長。變形的結果
　　可能會結出一棵豐碩的新果實，但沒磨合好之前也許看上去
　　像是歪瓜裂棗，我說的「劣質民主」就是這個意思。

　　所謂原有的歷史文化就是種姓制度，它是印度最大的文化
　　特徵之一。我的感受和你不同，我不覺得印度只能民主。
　　在我看來，印度至今是一個挑戰了民主概念的民主國家。

加：「印度是挑戰了民主概念的民主國家」，這個說法很有
　　意思。我想起福山先生在訪問中對我表達的一句話：「中
　　國挑戰了我的歷史終結論。」

查：嗯，也許我表達的只是一些政治不正確的偏見，姑妄聽
之吧。在我看來，英國人來之前，印度始終不是民主國
家。他們的歷史文化中的確有好辯論的傳統，比如佛教的
辯經傳統，但那個講眾生平等的佛教在印度早已衰落，講
等級的婆羅門教反撲成功，整合出來的印度教成了最大的主
流宗教，仍然由能言善辯的婆羅門控制。他們講民主嗎？

有的印度朋友強調，他們古老的潘查亞特（Panchayat）制度
就是鄉村民主，似乎印度不僅早就有民主傳統，而且比西
方還早。潘查亞特成形在兩千多年前，它的前身在《梨俱
吠陀》中有記載，可不是比希臘的城邦民主還早嘛！但實
際上那只是一種鄉村長老會，說是基層自治更確切，在它
之上還有區域王國。它也是種姓化的，各個種姓分別有自
己的潘查亞特，而村一級的潘查亞特全都被高種姓把持。
所以後來獨立時，甘地和印度憲法之父、出身達利特的安
倍特卡博士（Dr. B.R. Ambedkar）對此就有分歧：甘地認為應
當大力發展潘查亞特，以建立具有印度特色的民主；安倍
特卡雖然也承認潘查亞特傳統，但他參照西方各國憲法和
民主制度，強調中央政府的作用。我想，這與安倍特卡既
是達利特，又是留學英美的海歸律師有關，他不會抱有甘
地式的鄉村浪漫主義情懷，他明白潘查亞特對付不了種姓
文化，現代政治制度必須向英美學習，用憲法和聯邦政府
來對地方權貴進行一定程度的制衡。

順便提一句，安倍特卡恰好與胡適同年，而且與胡適同期
在哥倫比亞大學讀博士，同樣受到了杜威的哲學及其民主
思想的影響，但安倍特卡念的是經濟學，二人似乎並無交
往。更令人感歎的是，安倍特卡回國後領導了一系列破除
種姓歧視惡法的運動，成了印度憲法起草人，他與甘地和
尼赫魯被尊為現代印度的三位國父，而胡適雖然是五四新

文化運動的旗手和中國自由主義思想的領袖，卻不僅無緣
參與現代中國的制度改革，而且晚年寓居海外，同時在祖
國遭到批判咒罵。同為海歸知識人，二人後半生的際遇竟
相差如此之大！

加：是的。我在臺北南港區訪問過胡適紀念館和墓園。胡適
先生於1962年在中研院開會時因突發心臟病而逝世。

查：是的。我也特地去拜訪過臺北的胡適先生故居，那是一
個陰雨綿綿的下午，整個紀念館和墓園幾乎空無一人，氣氛
既安寧又蕭瑟，我在那裏盤桓了許久，悲欣交織。

說回到印度的歷史，它和中國從古代到現代一直很不一
樣。雖然阿育王統一南亞次大陸和秦始皇統一中國的時間
差不多，但孔雀王朝在阿育王死後很快土崩瓦解，也沒有
像秦滅亡後那樣很快建立起新的中央帝國。中國只有兩次
大的被征服的歷史——蒙元和滿清，其他時候都不是全國
性的征服。論政體，中國自秦以降一直是中央集權、君主
專制，相對而言，國家——更準確地說是皇朝——在很多
時候是力量強大的。印度恰好相反，很多時候它是由一群
比較鬆散、軟弱的區域性土邦組成的，它多次被入侵、被
殖民，恰恰是兩個外族建立了全國政權：穆斯林的莫臥兒
帝國和英屬印度。在其他漫長的歷史歲月裏，帝國權力無
法統治全國，始終有地方性的力量在對抗。

你剛剛說到印度人不服從中央權力的統治，這也與它的歷
史文化有關。直到現在，國家權力和地方各邦的權力始終
處於角力狀態。比如，最近莫迪政府突然廢除憲法中給予
查謨–克什米爾邦自治地位的370條款，直接把這個穆斯
林佔大多數的邦切割成兩個聯邦直轄區，此舉引起軒然大
波。這一事件背後是崛起的印度教民族主義，但也可以聞

到中央與地方較量的火藥味。在語言和貨幣種類等方面，類似的例子還有很多。

中國的自由派很喜歡舉印度的例子 —— 印度有那麼多不同的族群，那麼多語言，但人們仍然有說話的空間，只有民主可以使印度不發生大規模的內戰及國家崩塌，它有很多出氣孔，有很多聲音並存，是一個多元化的大國。我同意這種看法，在此意義上，確實是民主制度救了印度，使它作為一個統一的國家能夠維持下去。但我覺得印度朋友可能需要多一點危機感，他們引以為傲的民主制度不一定像他們以為的那麼堅固靈驗。剛剛說到的毛主義者和叢林中的游擊隊，他們對深刻的社會不公是相當絕望的，又覺得印度鬧不成革命，因為他們是邊緣位置的少數派。再比如穆斯林暴動，也鬧不大，因為他們是少數族裔，只佔人口的百分之十二。但是，民主雖然能防止國家崩潰，卻不一定能防止政治倒退，尤其是以多數人和主流宗教之名實行的倒退。二十世紀七十年代英迪拉·甘地就以「緊急狀態」之名搞過鎮壓和迫害，近年莫迪的民粹主義強人政治也有明顯的倒退傾向。

與此同時，印度的政府功能是相對低效的。比如，每個公民都有其權利，貧民窟的土地很值錢，可始終開發不了。這是中國威權主義經濟學家很喜歡舉的例子，也確實值得我們思考。兩國都是亞洲文明古國，人口眾多，資源短缺，發展模式卻如此不同。印度因為有民主制度，所以不至於發生大災荒和大規模的國家暴力事件，但它的經濟發展比中國慢了很多。中國採取了優先發展經濟、弱化公民權利的策略，但中國的經濟有可能出現大危機，因為它是由國家意志主導的。《世界是平的》作者托馬斯·弗里德曼有一個著名的比喻：印度像一條坑坑窪窪的高速公路，

在這條高速公路上開車顛簸不平、小事故不斷，但一直會
往前走下去；而中國是一馬平川的高速路，在這條路上開
車可以風馳電掣，但你不知道會開到哪兒去，甚麼時候失
控、翻車。這是對中印兩種發展模式的生動比較。

加：這真是一種很有趣的對比。您說印度民主低效，有沒有
印象深刻的例子？

查：有不少。你前面說印度人的表達欲和語言能力超強，我
舉一個相關的例子吧。我們印中所的活動，不論討論甚麼
話題，印度學者都滔滔不絕，講英文比美國人還要花哨，
中國人講的英語更是相形見絀。可是，民主需要對話和不
同觀點的交鋒，也需要成果。我們有一個課題組就發生了
這樣的情況：研討會主力一直都是印度人，最後按時交論
文的卻都是中國人，印度同行的不斷拖延甚至把一位中國
學者(北大的經濟學家)氣得當面發了火。

另一個例子，我們去加爾各答最高法院參觀，法官、助理
以及職員的辦公室都是屋頂很高的老式房屋，我發現好多
房間裏的卷宗從地面堆到了房頂，很多卷宗都發黃了。午
餐時間到了，從法院大門裏走出來一群法官，穿着英國式
的黑色法袍，戴着灰白的假髮，非常神氣。他們深知自己
的社會地位，神態和從另外一個門進去的訪民截然不同。
也許，比起歐美民主國家，很多發展中國家的體制內精英
都更有一股趾高氣揚的勁兒，但我要說的是他們的工作效
率——那些鋪天蓋地的卷宗究竟堆了多少年？有一位著名
的印度駐聯合國官員和作家叫Shashi Tharoor，他說印度的
文牘主義是英國人帶來的，很多無頭案也是殖民時代遺留
下來的。他說的有一定道理，但把低效全都歸罪到英國人
頭上，我覺得缺乏說服力。

上面說的是精英，再舉一個平民百姓的例子。有一次我去

印度開會，住在尼赫魯國際會議中心。這個建築相當於北京五十年代的十大建築，在當時是很值得驕傲的國際會議中心，有很漂亮的客房、花園。我們要在那兒開一個星期的會，恰逢酒店裝修，他們說「這個酒店終於要裝修了」。裝修工程從酒店的後方開始，我住的房間正好可以看到樓後的風景。我每天都能看到一群工人在慢悠悠的工作，讓我想起小時候中國公家單位上班幹活兒做做樣子的場景。我看到那些男男女女大部分時間就坐在那兒，女性穿着很鮮艷的廉價沙麗，戴着圍巾，小伙子就在附近隨便挖兩鍬，用鐵鍬把土裝進筐裏，幾匹瘦骨嶙峋的小毛驢馱着土筐，從工地這頭蹓躂到不遠的那頭，卸完土再蹓躂回來。男男女女的工人們有說有笑，神態輕鬆，也不知是在打情罵俏還是開玩笑，沒多久他們就燒火架鍋開始煮飯。要麼是沒人監工，要麼是監工對此習以為常。一個星期過去了，也沒看到裝修有甚麼進展。如果在中國，依照所謂的「中國速度」，一棟樓可能兩周就蓋完了——雖然很可能是豆腐渣工程。

加：哈佛大學也有類似的問題。從甘迺迪學院（劍橋一側）到哈佛商學院（波士頓一側）有一座一百米左右的小橋，我在那裏遊學的2012年到2014年一直在維修，斷斷續續的，很多時候，沒有施工，只是莫名其妙地拖着，當時不少哈佛學生也在抱怨它總是修不好。若是在中國，恐怕一週就修完了。

查：是的，這些方面的低效也許是民主國家的普遍狀態。我在紐約住所的公共空間要裝修，從大堂到樓道、電梯，弄了一年也沒完工，雖說是慢工出細活，但效率真沒法和中國比。有的鄰居跟我發牢騷說：裝修隊都是工會成員，反正按時拿錢，他們才不着急呢。

加：我家就有過這樣的例子，當時我爸爸的公司做的生意是從山梨縣往另一個地方運沙子。我爸負責會計，為了做生意，用他的名義貸了款。途中有一條必經之道需要加寬，否則沒法將沙子運出去。可是當地一個居民堅決反對，生意就一直卡在這個地方。我爸他們想方設法，包括通過政府去說服他，可是他始終不讓——因為日本的土地是私有的，居民有不聽政府話的權利，政府官員也不可能採取強硬措施。這樣生意就沒法繼續做下去。我爸為了說服他花了十年沒結果，後來我爸去世了。

查：只能通過這條路嗎？

加：對。只有這條路，不可能因此重修一條路。為了說服他，借用了各種力量，包括政府的力量，可他始終不同意，協商成本太高了。我由此想到美國為甚麼沒有高鐵，因為很多工會提出抗議，需要反復協商。民主社會需要協商，需要過程，我承認這算是民主的代價。有些中國朋友經常大力指出這一點，來反駁民主社會的效率，但換個角度思考，不民主的代價又會怎樣呢？我相信，在日本也有很多人反感民主制度所帶來的成本和低效，但沒有人會從而主張我們不要民主，把政治制度改成獨裁，因為後者的長期成本比民主大得多，不確定性也大得多。

有一次在孟買，我對帶領我們的當地官員說：「印度的垃圾這麼多，為甚麼不設公共垃圾桶呢？」我當時在現場認為，到處設立垃圾桶是可以由政府來推動的事情，也符合公共空間和公民社會的基本利益。可他的回答有些出乎我的意料，他說因為人員混雜，安放之後會被人拿走賣掉。

查：公民權利和公共精神是兩回事。有些人就是只要權利卻沒有公德，將自私進行到底。在美國，我聽說有一些中國移民或移民者的父母不僅會蹭政府福利，甚至還會到基督

教堂領取救濟窮人的罐頭，然後拿出去兜售，這比偷賣垃圾桶更差勁。這就又回到素質與制度的關係這個老問題上了。中國人常說自己國民素質太低，不能實行民主，只能被管束，否則就會變為一盤散沙。這是五四以來一直爭論不休的話題。民主派認為要先民主，在民主的條件下學習遵守規則。很多亞洲國家實行民主都要經歷一亂一治的過程，然後逐步走向成熟的民主。

關於素質論，我充分理解，萬事開頭難。如何改變國人的素質？這個問題從晚清爭論到現在，也不見中國人的素質提高多少。日本民眾也經歷了封建社會，佩里的黑船到達日本，就在鴉片戰爭前夕。可是明治維新之後不過幾十年，1921年芥川龍之介前往中國，就看到了鮮明的差距——中國很髒，中國人沒有公共道德，這讓他非常看不起。他的《中國遊記》那麼負面，情緒那麼激烈，也是因為太過失望，中國的現實與他想像中的文明之邦反差太大。但其實日本以前也是如此，街道泥濘，人們隨地吐痰。所以我們是否可以得出結論：日本是在開埠的刺激下學習西方，經歷了明治維新，才改變了所謂的「國民性」呢？

加：這也是為甚麼我想跟您探討參照物的原因。印度人如何看待英國人帶來的民主？是感恩還是痛恨？

查：印度人對任何問題都會有一千種回答，一萬種態度。用我前面提過的那位Shashi Tharoor的俏皮話說就是：The singular thing about India is that you can only speak of it in the plural.（印度之獨特在於你只能用複數來說它）。我個人感覺他們對英國人是愛恨交織，愛和恨都有足夠的理由。不過，絕大多數印度人不會感恩英國人為他們帶來民主，這倒不光是出於民族自尊心，而是因為他們確實是在趕走了英國人、實現獨立之後才正式確立了一人一票的普選民主

政體。東印度公司和英國殖民政府統治印度將近兩百年，既有修鐵路、建法院這類良性遺產，也幹了不少很糟糕的事情，還有很多事情是好壞參半。比如，印度連官方語言都變成了英文，這當然有其優勢，但你想像一下如果日本的官方語言被外來人強制變成了英語或漢語的感受！我聽過講着一口牛津腔的印度知識精英跟我傾訴英國人的傲慢與偏見。這些都比你說的日本人對美國的態度更複雜。

劉曉波說過，中國要想徹底改變，只有被西方殖民，而且得連續殖民三百年。英國的那些殖民地百年後變得乾淨、守法，呈現出一個現代文明社會的樣子。說這話時，他腦海裏浮現的大概是香港而不是印度。他認為中國這麼大，依靠自己絕對改變不了，只能靠被殖民，可惜我們錯過了這種歷史機會。這種說法在中國是絕對的政治不正確。

加：我明白，在中國肯定政治不正確，但若把這種話放在日本恐怕不會是政治不正確。我可以光明正大地在國會前大喊：感謝美國佔領，我們敗了，我們活該，我們感謝美國幫我們把軍國主義趕走，給我們帶來民主的曙光。我們要的是民主，不是面子。我們要的是自由主義，不是軍國主義。我們要的是可持續的生活環境，不是短期的快速發展。

查：你說得很真誠，我第一次聽到一個日本人這麼明確地表示感謝佔領。日本是一個極端的例子，或許只有德國可與之相比。如劉曉波所說，歷史機遇不再有了。西方國家如今對佔領另一個國家沒有以前那樣的慾望和理直氣壯了，經過反帝反殖反戰的浪潮，大家都認可不能隨便侵略其他國家了。2003年美軍入侵伊拉克引起國內外巨大爭議，對佔領國的改造也是失敗的。在這種意義上，日本和德國都是歷史特例，我們能從特例的角度考察問題或是給印度和中國開藥方嗎？

加：日本的某些經驗是否可為中國和印度採用，我不知道，
　　也沒有能力探討。在這裏，我想討論兩個問題：一、日本
　　的民主為甚麼相對高效，而不是甚麼都決定不了，做事太
　　慢。二、日本的民眾為甚麼整體素質高。

　　對此，我有明確的看法：一、日本是一個比較同質化的國
　　家，每個老百姓想要的生活是基本差不多的，甚麼是真、
　　善、美，每個人的觀點也都差不多，社會上早已形成基本
　　共識。二、沿襲了學自古代中國的科舉制度，我們擁有了
　　精英官僚團隊，只要它穩定、優秀，國家就可以往前走，
　　不會出現大的動盪。三、日本人比較勤奮，並且其勤奮是
　　基於「一人為大家，大家為一人」的文化精神。一個團
　　隊，只要有一個人工作沒做完，所有人就都不會走。我們
　　想要的不是自私的勤奮，而是要有團隊精神。「一條河大
　　家一起過，就不用感到恐懼」。

　　有官僚制度，有相對勤奮且講究團隊精神的老百姓，如
　　此，民主雖需協商但仍然可以相對高效。日本戰敗後花了
　　二十年成為世界第二，並且保持了其位置三十多年。日本
　　也有過國進民退時期，於是，1955年，池田勇人打造國民
　　收入倍增計劃，不僅要國家有錢，還要讓老百姓有錢。日
　　本也經歷過環境污染、對美貿易摩擦、經濟泡沫、少子老
　　齡化等問題，但都一個一個地面對，盡量解決。日本為甚
　　麼可以做到？因為日本擁有龐大、穩定的官僚體制，老百
　　姓比較勤奮，價值觀相近。這些條件使實行民主制度的日
　　本能夠比較快速穩定地發展。

　　其次，是素質問題。我聽長輩們說，六十年代，大阪的地
　　鐵也是髒得一塌糊塗，老百姓亂扔垃圾、隨地吐痰，但
　　我出生後這種情況就很少了。為甚麼會發生這種變化呢？
　　因為教育。我可以簡單地向您介紹我們的教育嚴格到甚麼

程度。讀小學時，每天早上，大家必須集體到校。比如，
某校區有十二個人，那麼由這十二個人中年齡最大的學生
當隊長，大家排成一隊，某時某分必須到校。如果有一個
人遲到，所有人都要站在教室後面上一天的課。一個人遲
到，所有人一起承擔責任。每天放學我們都要打掃衛生，
每個週末我們都要去山裏撿垃圾。老師告訴我們，大自然
給予我們很多恩賜，我們要懂得感恩。不管在家裏還是學
校，我們接受的教育都是社會不能髒，在公共場合要講禮
貌，要保持安靜。其中，很重要的一點就是羞恥感。日本
有一種羞恥文化 —— 做某些事很可恥，絕對不能接受。比
如，過馬路時不遵守交通規則是很無恥的行為。恥感文化
隨處可見。這使得日本人相當克制自律，尤其在公共場合
更是如此。但也有副作用，如日本的自殺率很高，一些人
在私人空間很變態，這是社會壓抑的後遺症。總體來說，
日本人因為不想無恥，只能表現得有素質。

查：你歸納的這幾個基本要素真是簡明到位，也真是日本特
　　色。這種同質化，這種教育方式，在印度、中國、美國都
　　達不到，也行不通。

　　我感興趣的一個問題是，日本人的羞恥感是從哪兒來的
　　呢？

加：我不知道恥辱感在日本人的觀念中是怎麼萌芽的。但我
　　比較肯定的是，恥辱感早已成為日本的文化基因，甚至
　　是一種活法。學校沒有相關課程，更多是家庭教育和社會
　　經驗所決定的。人是社會性的動物，如果孩子在地鐵裏打
　　鬧，父母會當場打屁股，很多人都在看，就再也不敢了，由
　　此也知道了要在所有公共場合保持安靜。這就是羞恥文化。

查：啊？如果是美國人看到地鐵裏有父母打孩子，也許會撥

打家暴電話報警的。別説打孩子了，我在紐約就親眼看到過街上有人暴打一隻不聽話的大狗，結果幾個路人一邊攔住他、一邊抱住狗、一邊打電話叫來了警察。這算是東西方文化的差異還是不同發展階段的差異？記得前幾年日本東京報道過這樣一件事：一個頑皮的七歲男孩向別人的車丟石子，父母為了懲罰兒子就趕他下車，把他獨自留在一條野熊出沒的林間公路上，結果回來孩子不見了！失蹤了整整一個星期才被人從森林裏找到，幸好安然無恙。但這麼懲罰一個七歲的孩子會給他留下甚麼樣的心理印記呢？把一個熊孩子丟給熊，焉知他將來不會變成一個熊大人呢？我還曾聽人講起，新加坡公共電梯裏都裝了攝像頭，誰被拍到吐痰，電梯門會自動夾住他，然後罰重款。我當時聽了覺得有點恐怖，太過了吧？可據説李光耀曾經發過話：新加坡的法治只能拿皮鞭抽打出來。

你剛剛所説的素質教育，讓我想起了中國自1949年後一直在搞的塑造社會主義新人工程，由黨和國家以搞運動和搞宣傳的方式強制灌輸。比如，強調大公無私、集體榮譽感等。期間，有許多矯枉過正的做法，比如做好事不留名，不光在別人看到的地方做好事，還要在別人沒看到的地方做好事，比如偷偷掃廁所、給五保戶送東西等。這種「毫不利己，專門利人」教育貌似是為了喚醒中國人的公共精神和公德心，卻只培養了虛偽。人的自私天性幾十年來被強制改造，壓抑到了變態的程度，完全以自私為恥。在集體活動中講述自己在一週中做了甚麼自私自利的事情，這也是一種羞恥文化，卻並不奏效。結果，努力了幾十年，一夜回到解放前，甚至還不如解放前！改開之後鐘擺擺到另一端，有些人的自私自利發展到極端，比如，老人摔倒了沒人敢扶……

加：我覺得，中國的做法總是跟政治目的有關，教育一旦被
　　政治左右，肯定要變質。在社會生活領域裏，如何消除政
　　治性對中國未來的影響很關鍵。我始終認為，一個人要講
　　的政治越多，他變得自私的可能性就越大。我也很好奇為
　　甚麼中國的政治文化裏有那麼多違背人性的東西，甚至變
　　成無處不在的現象。

　　日本的公與私是一體的，為自己與為別人是辯證的 ——
　　為別人才能為自己，為自己才能為別人。日本的商業文化
　　裏有一句話：如果你想賺錢，要先讓別人賺錢。然而中國
　　政治的最大特點是互不信任。初中歷史老師告訴我們，中
　　國之所以如此，就是因為政府不信任老百姓，老百姓也不
　　信任政府。我來中國以後逐步明白了那位老師所要表達的
　　意思，確實如此。如果政府真的相信自己的人民，就不需
　　要管控言論，讓媒體根據事實和自己的想法採訪報道就好
　　了。政府用強硬的政治手段壓制媒體和老百姓的言論，最
　　根本的原因就是不信任。

查：説得好！其實傳統中國市民社會裏早有類似的「雙贏價
　　值觀」。比如廣東的商業文化裏也有「如果你想賺錢，要
　　先讓別人賺錢」這樣的話。山西的錢莊、票號，老上海、
　　老北京那些傳統店鋪，都是講信義的，否則生意怎麼可能
　　做得長久！這就是民間社會的運行規則。可為甚麼官與民
　　的關係總是走樣呢？我覺得，如果要追溯互不信任的源
　　頭，可以一直追溯到先秦法家的思想，我去年寫的一篇重
　　讀韓非子的英文長稿恰好就與這個題目相關。雖然儒、法
　　都是統治精英的理論，但商鞅、韓非這些法家宗師從對人
　　性極度悲觀的理解、對人民的深刻不信任出發，完全站在
　　君主立場上設計出一整套過度強調國家意志、國家利益的
　　政治架構，這套統治思想經過漢代的整合之後，以外儒內

法的形式被長期實踐，進一步扭曲了人性，造成了統治者與被統治者之間更深的互不信任。這是中國的老傳統，法家的影響一直到今天都很大，而官民互不信任也早已進入了一種惡性循環，以至於有人認為中國現在已經變成了一種互害文化和互害社會。

加：這是十分複雜的問題，和制度、人性都有關係。剛到美國的中國大爺大媽尚未融入美國的制度，仍舊愛佔小便宜，破壞規則，無視制度。我想他們的後代或者他們本人在美國生活十年之後，會漸漸認同美國的制度。制度可以將人性引向善的方向。

查：對，咱們反復講制度，因為制度真的很重要，制度可以塑造人性。日本有了憲政制度框架，再輔以教育，經年累月，逐步內化，人們從小到大都如此行事。中國自五四始，太慌太急，學習和做事都總是疾風暴雨式，從沒有時間去慢慢消化和內化，啟蒙、革命、發展經濟都是運動式的一哄而上，要麼是一盤散沙，要麼是鐵板一塊。有章法的良性制度始終沒有建立起來，到哪裏去找一片既有自由又有節制、既有公共道德又可讓個人自立的天地呢？有了真能制衡權力的法治社會，公和私才能分清楚各自的領域，但中國離那個狀態太遠了，到現在大街上還到處都是反人性的標語。

加：我想，人性在本質上是共通的，只是不同的制度文化土壤會孕育出不同的果實。此處，我可以再拿剛才說到的印度舉例。日本人去印度不是可以落地簽嗎？有一次我去印度，移民官讓我先填表格再提交。這時，其他人都在等待，移民官卻和別人當着我們的面聊了幾分鐘的天。如果在日本，這樣做早就被開除了。這不只是制度問題。客人是上帝，這時候怎麼可以聊天呢？這件事做完還有別的事情可做呀，這就

是工作。可我沒辦法生氣，因為他看上去很開心。

查：這個例子舉得好。歸納咱們前面說的，制度很重要，但制度不是萬能的。在複雜多元的印度社會中，如果沒有民主，狀況或許會更糟。民主需要協商，必然存在低效，紐約和波士頓都有體現。但印度的低效有其自身原因。我可能有點地理氣候決定論的傾向，我懷疑潮濕的熱帶國家始終少有緊迫感和緊張氛圍。樹上有果子可以吃，終年可以露宿，生存相對容易，不太有危機感和凝聚力。丘吉爾有一句話比較損，他說：印度就像赤道那樣，根本就不是一個國家。對比一下你剛才提到的優秀的日本官僚精英團隊，印度的官僚體制中養了很多「Sahib」（老爺）—— 這是以前印度用來稱呼英國人的尊稱。英國統治者在印度是極少數，只佔人口的百分之零點零五，這麼少的英國人統治如此大的印度，當然是高高在上的英國老爺。但英國人深知自己是鞭長莫及的外來者，很會利用當地人，將殖民變為一種藝術，對印度人分而治之，看印度人競相為自己服務。被英國統治集團接納使用的印度人，也就成為「印度人老爺」，屬於官僚集團的成員。

今天，不管是文官，還是前面說過的加爾各答的法官，早已都是印度本地人，但是他們都有點高高在上的感覺，看上去還是很像Sahib。公務員工作穩定，有社會地位，不必拼命幹活，還很有些小權威，他們樂在其中。羅素說過，權力給人帶來的快感，與權力的大小並不成正比。

舉一個例子。去印度使館辦簽證是我最痛苦的回憶。有時候是為自己，有時候是為印中所課題組的成員辦理。或許有人覺得簽證官權力很小，可有時他們就是會動用這一點權力來為難你。有一次，我們要開一個十天左右的會，我去辦簽證，對方說他們要報批內政部，說要等一個月！我

說一個月後已經過了會議時間，可對方根本不為所動。沒辦法，只能找關係。我一度和一位印度駐中國女大使頻頻打交道，她風度翩翩，很有魅力，還會唱歌。我幾次麻煩她，讓那些端着架子、效率低下的簽證官放行。這位大使倒是一點架子沒有，比她手下那些芝麻官通情達理多了。後來，這位女大使升任外交部長回印度了，我們也就沒有關係可托了。有一次，我差點兒沒去成印度。因為使館的電腦壞了居然很多天也修不好。於是我打電話去反映情況，表示會議時間就快到了，可否付費加急。電話上說來說去扯了很久，那位簽證官老爺的腔調，讓我感覺他就是那種有滋有味地享受手中那一點權力讓你生不如死的小官僚。這種效率低下不在於民主有問題，而是人的素質有問題。

加：我很好奇，在印度，民主制度是如何影響教育體系的，又是如何提高民眾素質的。我絕對沒有說日本好，印度不好，日本和印度的歷史和國情不同，不能一刀切式地比較。

談到制度和社會，不管美國公民覺得特朗普多麼成問題，美國人從不懷疑總統制。日本也是如此。日本人經常在討論國會議員的人數是否需要調整，選舉的選區劃分和人數比例是否需要調整，國會議員的水平和素質是否需要提高，但沒有人會因此質疑天皇制和議會內閣制本身。我們認同經過美國的改造，日本的民主制度基本成形了。我們願意一輩子慢慢走下去，頂多是在這些框架內進行改進，而不是推翻這些框架。

我認為中國人在關於國體與政體的問題上始終沒有形成共識。大多數人只是服從，而非信服。可是，人民只有信服，國家才能有長久的生命力。

查：對，服從的、被迫的，加上投機者和弄潮兒。文革之前，大多數人是信服的；文革開啟了大面積的信仰崩塌和

幻滅；八十年代又可以看到重新建立某種共識的努力和希望；六四之後到現在，大多數人服而不信，變成了徹底的實用主義者。

加：您剛才提到印度的歷史中有民主基因，後來英國人又帶來了民主制度。基因加制度，使印度走上一條民主道路。那麼，對於印度的國體和政體，印度國民是坦然接受並在此前提下進行改革，還是沒有共識？

查：我可以明確地回答你，我遇到的所有印度人在談到這個問題時，都對他們是一個民主國家感到驕傲。很多人常常掛在嘴邊的一句話是：我們是世界上最大的民主國家。印度人口多，投票率高，參加大選的慾望很強烈，很多不識字的人也去投票，大家對民主政體的認可度非常高。儘管印度在外人眼中，存在貧窮、低效等種種問題，但印度人對自己的歷史文化有着強烈的自豪感。很多時候他們還會有一種精神優越感，覺得印度不是一個重物欲的國家，而是一個追求精神的國家。一些厭倦了資本主義社會、移居到印度的西方人也抱持這樣的看法，認為這個世界上如果沒有印度，就窮得只剩下錢了。

加：我之前跟您分享過在德里被黏着兩小時的故事，感覺有些人太過份，不管是出於熱情還是純粹打發時間。不過，我能感覺到，印度人性格淳樸、爽快，不太在乎小事，看起來很想得開，活得很瀟灑，跟日本人正好相反。

查：說得有理，只是他們的淳樸有些被誇大了。印度的街上有很多騙子，出租車司機也會繞遠路騙錢，官員也腐敗。人都是逐利的，他們也不例外。但若論造假，中國人能把他們甩不止一條街。

印度精英將英國殖民歷史銘記於心，對先輩在甘地以及尼

赫魯領導下用和平方式贏得獨立十分自豪，為很多其他受壓迫的民族和群體包括美國黑人反抗運動提供了豐富而獨特的遺產。直到現在，一些知識分子對英國殖民歷史的黑暗面，包括官方語言變為英文，還是有情結的。不過，印度人對民主制度本身是高度認同的。

加：對，日本人對美國人帶來的民主制度也是高度認同的。至於日本人喜不喜歡美國人，每一個人的感覺就不一樣了，有崇洋媚外的，也有看到白人害怕而不敢打交道的。坦率說，我個人在美國人面前談不上喜歡或不喜歡，我也不認為黃種人在美國人或白人面前很弱小，處於劣勢，但我至今還是無法做到很放鬆地跟美國人交流和相處，我不恐懼，但會有意無意地拉開一點距離，甚至能不打交道就不打交道。

查：嗯，也許因為你去美國的時間不夠早也不夠長，還沒有真正住熟就走了。這種事很難說清楚，像戀愛一樣，有時候就是一種化學反應。

印度是純粹被動的遭到入侵和殖民，和日本不一樣。人文學科中的印度學者隊伍十分強大。後殖民話語理論流行後，很多後殖民理論的發明者都是在美國或英國的印度知名學者，他們將這套話語玩得不錯，自成一家，在英美學術界很有市場。此外，不只在矽谷，美國的企業高管中也有很多印度人。還有像Fareed Zakaria這樣的著名媒體人，他來自孟買的穆斯林政治精英家庭，在哈佛讀博士時的老師是亨廷頓。

加：嗯，Zakaria的書籍和言論我在北大上學期間就開始關注，當時覺得他作為「亞洲人」能在西方言論界擁有如此大的發言權和影響力很厲害，還同為「亞洲人」感到過自豪。

的確，「印度人」在全球的人才市場裏相當有滲透力，這一點讓我不得不感到震撼和佩服。我對印度的制度演變情況不熟，但就民主的健康發展而言，法治這一制度因素是不容忽視的。應該先有法治，就像英國殖民時期的香港一樣。當時，香港是不允許有民主的，但是有法治，還有最起碼的自由。考慮到香港的法治建設很成功，我堅定地認為，香港假如能夠實現民主政治，其社會發展將會更長遠，更健康。

查：完全同意。香港是中國最文明、最繁榮的城市，我認為香港青年是整個華人世界的驕傲。

中國、印度這種歷史文化包袱很重的古老國家，應該先建立法治，同時普及教育，法治健全後，再行民主選舉。選民政治是很容易被操控的。民國時期曾經有一段，憲法幾乎每年都在變，精英也還不成熟，民眾識字率又低，如果那時搞普選，結果怎麼可能好呢。印度也有大選被政客操縱的情況。比如前些年，北方邦一個叫瑪雅的低種姓候選人利用身份拉了很多選票，後來被披露出她有很多腐敗問題，作風也不民主。很多政客在競選中向貧窮選民許諾短期利益，比如你們選我我就給貧民窟通電，其實大家並不瞭解這個政客，結果一上台就把曾經的許諾全部拋之腦後。

我對印度的法治沒有研究，不敢貿然評價，但我感覺教育問題可能是印度民主不夠優質的一個原因。印度有很多精英學校，培養了很多非常國際化的精英；但它的基礎教育問題很大，教師經常開不出工資或者曠教 —— 不來學校教課，現在仍有很多不識字的人。不像中國1949年後一下就解決了識字率低的問題。識了字，如果沒有新聞自由，容易被操縱；但有了新聞自由，不識字，也容易被操縱。

加：很贊同您這個生動的對比。我在《中國民主化研究》這本書中提到司法獨立、公正選舉、言論自由是三位一體、缺一不可的。其中司法獨立是根本，沒有這項基礎就會亂套。

查：所以現在香港人全體站出來捍衛司法獨立，他們知道這太重要了！你剛才提到公民社會，多次去過印度後，讓我印象深刻的是印度有活躍的公民社會及各種NGO。

加：印度有各種各樣的社會組織。比如，有關注貧民窟教育問題的組織，有農會組織，也有扶持婦女勞動的非政府組織。有一次我去印度出差，趕上了印度各邦的農會在德里舉辦聲勢浩大的遊行，像狂歡節一樣，十幾萬人參加。

查：太巧了，有一次我去印度出差，也趕上了印度各邦的農會在德里舉辦聲勢浩大的遊行，我還跟着他們狂歡了半天呢！

加：印度的NGO非常活躍，是印度社會力量爭取權利的重要媒介。我認為日本在這個議題上應該向印度學習，但鑒於日本人的性格，可能永遠做不到。不過，日本的大企業一直對工會（日文叫「勞動組合」）的存在和力量感到壓力，這是好事，等於有了制衡的機制和渠道。

您剛剛提到低效、不成熟，我認為印度的民主首先是全民有共識，有表達主張並前往投票現場的意願。公民的政治意識是民主社會不可或缺的一部分。制度在某種意義上是死的，要由人來推動，NGO就是在為社會和公民個體補充營養。這樣可以使本來有欠缺的民主制度一步步完善和充實。我的看法是，對印度而言，低效是可以接受的，人類社會本來就是慢慢向前推進的。從人類社會長期健康平穩發展的角度看，真正值得擔憂的不是民主帶來的低效，而是沒有民主的高效。

查：同意。跑那麼快幹嘛？就像非洲那個諺語講的：走慢一
　　點，休息一下等等你的靈魂。參照弗里德曼的意象，這條
　　路或許坑坑窪窪，或許走得很慢，但是，第一，它走得比
　　較長、比較穩；第二，它有後勁。我去逛孟買、德里的老
　　市場，有時會聯想到九十年代去廣州逛街，也是各種小攤
　　擁擠不堪，但千姿百態充滿活力，和如今北京以及遍佈全
　　國各地的購物中心不同 —— 中國的城市和社區樣貌正變得
　　千篇一律。

　　印度雖然有各種問題，但仍保留了色彩斑斕的民族文化、
　　世俗景象，每條街道都有它的特色。中國的很多城市都沒
　　有特色了，在現代化進程中，同質化趨勢日趨嚴重。我希
　　望印度將來別走這條道路。

　　咱們今天聊了這麼多印度，但從外來者帶來的民主這個角
　　度看，是不是實際上日本和德國的情況更為接近？兩國都
　　是戰敗國，都是在佔領軍的統治下實現的民主。日本和德
　　國走到今天，都面臨全球化帶來的移民問題。德國代表着
　　一種開放的傾向，默克爾接收了一百萬難民，毀譽參半，
　　帶來了很多後續問題，但此舉在某種意義上被認為是在為
　　德國歷史贖罪 —— 贖排除異己、屠殺猶太人的罪。德國現
　　在的價值觀是：我們已經是一個民主的、富裕的國家，我
　　們歡迎外來者，也要學會和外來者共存。同樣，日本也是
　　戰後民主國家，非常繁榮，但是一般人對日本的印象，是
　　高度同質化，民族單一、保留傳統。日本人覺得日本是獨
　　特的，而外國人很難變成日本人。似乎有一種說法是日本
　　不適合外國人居住，雖然外國遊客很欣賞它，但它並非包
　　容外來者。你怎麼看？

加：日本是世界上老齡化最嚴重的國家。如今，日本人在非

常認真地討論如何吸引外來勞動力,也在慢慢推出新政策。安倍政權在這一點上應該是戰後最積極的。

日本是一個島國,日本人只說日語,大家對於真善美等價值觀的看法高度一致,活法也差不多。日本人勤奮、自律、壓抑,很少有外國人能夠適應這樣的生活方式。如您所言,遊客很欣賞日本,但長期待在日本會很不適應。

日本至今缺乏吸收移民的能力和容量。即使我們勉強違背國民性去吸收移民,移民也不會適應,雙方都很彆扭,有可能帶來雙輸的局面。從國際貢獻的角度看,接收移民不是日本能做到的,比日本擅長的國家太多了。

查:聽你這麼一解釋,讓我對日本人在移民問題上的看法有了一點初步理解。聯想到韓國,似乎也有類似的問題。韓國是在戰後走向繁榮的,但是民間也有排外傾向。一些難民到了韓國之後希望被接收,結果在首爾引起了巨大的抗議活動。這件事給我留下了深刻印象——民主制度和開放價值觀,並不見得總能並存共榮。因為民族的單一性——韓國人很強調他們是大韓民族,在南北韓統一和談問題上,似乎也存在排外情緒。上次我去首爾,試圖和出租車司機聊天,他用磕磕巴巴的英文跟我說,雖然他們不相信金正恩,但他們都是韓國人,而對於非韓國人的態度則是排斥的。中國也有排外傳統,不過不能一概而論,唐朝就不排外,長安是多麼八面來風、世界主義的大都市。一般來說,中國國力強盛時,可以很包容,帶着泱泱大國的優越感;國力弱的時候會變得排外或崇洋媚外。

加:是否排外取決於國家、地區、民族的特點,比如,華人、印度人、馬來人等多種族就可以在新加坡和平共處。但是在日本,民族的單一性帶來了國民內向型的生活方式

和工作模式，甚至狹隘的民族主義。我不認為日本人在性格上排外，但在實際行動和生活方式上還是很難擺脫單一性帶來的負面作用，潛移默化地排斥與自己不同的人。這個不僅對外國人，對在日本國內生活的另類日本人也是如此。或許，我也屬於容易被排斥的人吧。

如果在民族主義盛行的情況下還沒有實現民主，那就更糟了。幸虧日本已經實現了民主，所以狹隘的民族主義可以被擁有其他價值觀的人有效制衡和化解，輿論也可以變得更立體多元一些，不會陷入您所提及的要麼一盤散沙、要麼鐵板一塊的兩難境地。

日本國內有一些人，包括我，主張日本應該積極吸收海外勞動力，這麼做我們也能從中獲利。如今，我認為日本最應該開放的對象就是香港市民，香港優秀人才的英文水平、國際視野不用說了，他們素質很高，又特別勤奮，講信用，對日本也很友好。這是我2018年9月來港後逐步形成的切身感受和堅定想法。另外，如果尼泊爾、越南、菲律賓等東南亞國家的人願意到日本工作，我們應該想方設法提供機會。在這個意義上，我剛到香港的2018年9月，有機會到位於九州的福岡博多出差兩天，沒想到在當地看到了許多來自尼泊爾的留學生和勞動者，當地日本人也很積極地看待這一現象，對此我感到很欣慰。

查：不錯呀，這是你的看法，還是日本民間已經普遍有了這樣一種接收的意向？

加：日本國內有一批人持有跟我同樣的看法，主張日本在制度和觀念上應該認真考慮吸收海外勞動力。安倍晉三首相推出了一些政策，給周邊的發展中國家提供福利，提供就業和上學的機會。日本國內也有一些民粹主義者，用我們

的話説叫國粹主義者,具有排他性,想把所有的外國人都趕走。不過,他們遭到了很多批評,很多人説他們很丟日本人的臉。日本是依靠戰後秩序發展到今天的,必須保持開放的心態。

此外,每年來日本的遊客很多,2019年,光中國大陸遊客就有959萬人次。雖然他們只是來短暫地旅遊,但也有可能改變日本人的生活環境。我沒看到日本人有激烈的排外行為,尤其是那些店鋪。客人首先是客人,其次才分中國人和日本人。個別人有不愉快的經歷,説日本人不歡迎中國人,但總體來説不是這樣的。這説明日本人有集體的自覺:我們要適應國際化,要歡迎至少是忍受外在環境的變化。我認為,這是民主體制下才能實現的心態。比如,2019年12月在中國發生,後來蔓延到海外的新型肺炎,我們對中國政府的做法有眾多的批評,但畢竟傳染病的蔓延是沒有國界的,如果一些中國人在日本面臨問題,需要幫助,日本人是不分國別,從人性的角度給予幫助,普通百姓還是醫療專家都可以做到,而且大多數日本人是帶着平常心看待疫情的。這算是日本社會積累和培養的集體理性吧。

查:很同意。日本已經是相當成熟的民主社會了,對國粹主義者有警戒有批評。中國目前的情形恰好屬於最糟組合:沒有民主,沒有言論自由,加上不斷被國家培育和利用的民族主義情緒。日本人民在這次疫情中的表現感動了我和我的很多中國朋友,我也希望事情過去之後大陸人不要忘記。山川異域,風月同天。

前面説到休士頓像一個帶空調的地獄,與世隔絕,也中斷了我回國進行非虛構寫作的計劃。從1995年在休士頓懷孕到2003年搬回北京,我開玩笑説這段時間是我的「八年抗戰」。

加：「八年抗戰」這個詞對我一個日本人來說並不陌生。

查：糟糕，這個詞快變成我們的口頭語了，跟日本人沒甚麼
關係，我都忘了對面坐着一個日本朋友。抱歉！

加：沒關係，我知道您的意思。不過，回想起來，我在跟中
國人民打交道的日子裏，在無數場合，被無數中國人說過
「日本鬼子」、「滾出去」、「日本右翼」、「軍國主義
分子」之類的話。畢竟，我在中國的時候，尤其在北大上
學期間，正是日中關係處於挫折和波動的時候，政治關係
影響民眾情緒，我這樣的個體就變成了攻擊對象。所以，
對「八年抗戰」四個字早已不陌生，甚至會產生一言難盡
的「親切感」。

查：天啊，你這是在替祖先挨罵贖罪還是自虐呀？不過，必
須承認我自己和那些動不動就罵「鬼子」「滾出去」的同
胞一樣，都是受民族主義教育、喝狼奶長大的，都有攻擊
他人的語言暴力傾向，儘管有時可能是無意識的。哈哈，
一個有自虐傾向的日本人和一個有虐他傾向的中國人對
話，一不留神還真有點意味深長啊！

加：哈哈，您能否描述一下您的「八年抗戰」？

查：實際上用「西線無戰事」來形容更合適，平靜得很，連
一縷硝煙都沒有。頭四年是在休士頓度過的，因為不喜歡
那裏大郊區式的生活，我們一直在找機會逃離。1999年，
我先生得到一個到香港大學做訪問學者的機會，我們馬上
決定一起去，在香港住了兩年。

加：哦，這麼巧？我2018年9月起也在香港大學工作，辦公
室就在本部大樓。時隔二十年，我們都在香港生活過，此
刻，您就順便回顧一下在香港的生活吧。

查：應該先交代一下，我與香港的緣份其實開始於「六四」

以後的芝加哥。九十年代初，當時在芝加哥大學教書的李歐梵教授和我先生負責的智庫，共同主辦了一系列關於公民社會和公共空間的研討會，歐梵在香港和臺灣的文化界有很廣的人脈，從那邊邀請了不少人來參加。香港來的有學者，也有報人、詩人、出版人、專欄作家，其中有些我仰慕已久，此前卻無緣會面。比如李怡先生，他主編的月刊《九十年代》我在北大唸書時就拜讀過——當時叫《七十年代》，我的北大同班同學、臺灣/阿根廷華裔作家張玫珊、澳大利亞漢學家白傑明等人，都在上面寫文章。這次在芝加哥第一次見面，李怡約我為雜誌寫專欄，我當然一口答應，並立即為此取了一個新的筆名：扎西多。這個專欄我寫了好幾年。你讀過的那篇「芝加哥的北京夢」，就是我在《九十年代》上每月寫的專欄文章之一。詩人作家也斯(梁秉鈞)，香港牛津大學出版社的編輯林道群，也都是在芝加哥首次見面，然後成了朋友。道群後來編輯出版了我的三本書。

加：原來您去香港，以及跟香港之間的聯繫和您在芝加哥的經歷有關。

查：是啊，走到今天，如果我把自己的人生旅程分成前後兩截，那麼六四就是轉折點，芝加哥就是再啟程的樞紐站，我對香港的特殊感情也是從那時開始的。那些年，從芝加哥到北京出差時，我採訪過當時北上開拓大陸市場的香港文化商人，像陳冠中、劉卓輝、于品海等，我根據那些調研採訪寫的長文，先是發在美國的雜誌上，後來收進了 China Pop。九十年代中，我也去香港訪問和旅遊過，只是來去匆匆，真正有機會住下來體驗香港生活，就是1999年之後那兩年了。

按照學校的安排，我們住進了薄扶林道上的一棟港大教師

公寓樓，這是那種質樸結實的木地板老房子，開間和窗
戶都很大，採光好，一套三居室還外帶一個專門給傭人住
的套間。樓蓋在半坡上，後面背靠青山，前面臨海，窗外
是香港秀麗的海灣景色。樓下有個網球場，附近是馬場，
開設騎馬課程，此外就沒甚麼別的建築了。住在這裏既清
靜，進城又方便，房租也不貴，我們當時覺得簡直是太幸
運了。

加：我決定去港大工作後，有一天跟陳冠中老師在北京聊
　　天，他聽到我的下一步後，建議我一定要住在港島，離港
　　大不遠的地方，這樣才能感受到香港的一些味道，能真正
　　經歷香港故事。我就住在了西營盤，位於西環，中聯辦的
　　旁邊。後來我跟美國駐港的外交官們交流時，他們把中聯
　　辦，實際上也是中國中央政府描述成「西環」（Saiwan），
　　這個詞簡直是美國外交官在香港形容中國共產黨的代碼了。

查：哦，我們去的時候，中聯辦還叫新華社香港分社呢，在
　　灣仔跑馬地皇后大道上辦公，樓盤也像西環中聯辦一樣高
　　聳入雲、霸氣十足，但我從來沒想過要走進去看看。不過
　　你這麼一說，我倒記起了當年港人對貝聿銘設計的中銀大
　　廈的議論，那是香港當時最高的摩天樓，恰好在六四之後
　　落成。貝聿銘的設計別出心裁，基座的麻牆代表着長城和
　　中國，樓身看上去像節節上升的竹筍，象徵着生機勃勃、
　　銳意進取。可是香港的風水先生們眼光很毒，立刻讀出了
　　非常兇險的寓意，說那個樓形就是一柄三稜尖刀，刀刃對
　　準港督府，倒插進香港心腹地帶，每一稜鋼窗都寒光閃閃
　　射出殺氣！大廈剛建成之時曾引發一場風水戰，還跟港督
　　尤德爵士身亡扯上關係。聽說港督府因而請人化解，決定
　　在面朝中銀大廈方向種植柳樹以擋殺氣。這個說法在六四
　　後和九七後廣為流傳，直到我們到香港時還聽到議論。

你傍着中聯辦住在西環，周圍一定比薄扶林道更熱鬧。其實，我們只要一出家門、下坡到了薄扶林道上，馬上就是風馳電掣的車流，再去中環、銅鑼灣或尖沙咀，更是熱鬧非凡，到處都是人人人、樓樓樓、店店店。香港和紐約，是我這輩子住過的人口最密集、節奏最快、最國際化的城市，但我感覺香港的密度比紐約更高，尤其當時我剛在休士頓生活了四年，這種感受更是強烈——在很多方面香港恰好是休士頓的反面。

加：我的感受也類似，香港，就是東方的紐約。它是一個尋找機會、追求夢想的地方。中環的蘭桂坊，夜裏太亂了，深夜也不結束，直到天亮，在那個空間裏，太多來路不明的人混在一起，它折射着一種可能性——無序中存在的，混亂中前進的，未知中追夢的，就是這樣的感覺。東京完全不同於紐約和香港，因為不夠混亂，秩序感太強，能見度太高，過於同質化和單一化。總之，香港和紐約是同類，在我去過的城市裏，巴西的聖保羅或里約或許有點類似。

查：哈哈，你說香港是東方的紐約，難怪這兩個城市對我都有一種特別親切的氣味呢。巧得很，我第一次去東京也是在九十年代，同行的一位印度朋友有天逛街時忽然對我說：東京和亞洲其他大都會不一樣，很像東方的巴黎。當時我也正琢磨東京為甚麼有一股熟悉的味道呢，他這個說法我覺得還真有些道理。東京和巴黎都很有序，也都有一種低調的典雅和時尚；霓虹燈和招牌不像香港、孟買的那麼明亮稠密，也少有那種人聲鼎沸的街區。至於人種的多樣化，我已有很多年沒去過巴黎了，現在那裏移民更多，不知道氣氛是否變了。

香港最有異國情調的區就是蘭桂坊了吧，那裏華洋雜處，是外國人和夜貓族的最愛。也斯寫過一篇「蘭桂坊的憂

鬱」，我是從他的文章裏才得知那一帶原來是賣布賣花的平民住宅區。我記得在那附近的荷里活道上逛古董店，所有漂亮的古玩和古董傢具都貴得嚇人，只能過過眼癮，再去蘭桂坊的酒吧喝杯酒，一個下午和晚上就過去了。至於你說的夜店裏各種人擠在一起通宵達旦的情景，我沒有親歷過，但也不難想像。

在休士頓，不僅是居民區，到哪裏人都不太多，沒有地鐵，巴士也不多，白天街上私家車比行人多，市中心到了晚上像空城一樣。整個城市步調總是不緊不慢，大家都開着大號美國車去連鎖店大商場購物，然後躲在家裏看電視，在後院烤肉。可是在香港，所有公共場所永遠熙熙攘攘川流不息，寫字樓、地鐵站裏到處是相貌年輕、西裝裙褲、乾淨幹練的上班族，男男女女都走路極快，總有忙不完的事，一切都井然有序。那些開着雙層大巴的司機師傅個個本領高超，在狹窄的街道上彎來拐去、開得又快又穩。相比之下，我自己剛到香港不久就出了個小事故。我們買了一輛二手車，比在美國開的車型小一圈，結果沒過幾天，我就在停車場倒車時刮到了另一輛車！大概是因為剛從休士頓過來，到哪裏都動作過大吧。之後的處理似乎也很香港式：那位車主是個彬彬有禮的中年男人，我向他道歉後，請他根據刮痕估算了一下刷漆的價錢，他給了個很合理的數目，我當時是去健身房游泳，沒帶錢包，他說沒關係可以寄支票，我們彼此交換了信息，回家後我給他寄了張支票，再次致歉；他很快回覆說收到了，謝謝。完事。從頭到尾沒有一句爭吵和糾纏。

加：非常理解您的描述，那些香港司機，技術實在太高了，尤其在港島，那麼狹窄的路，那麼多坡，但他們開的又快又穩，那些紅色出租車仍然是老款，我容易暈車，每次坐

出租車，基本量車，因為車裏很破，有很多彎路和坡路，司機開得除了快和穩，還很猛。我喜歡香港人的一種冷漠，市民們不互相黏着，沒有時間和精力管那麼多閒事，生存已經不容易了，他們把大量的精力投放在生存本身上，房租那麼貴，現實不簡單，前景不明朗，只能在悲觀和不安中面對每一天。

查：是的，香港和紐約都是房價貴、壓力大、謀生不易的地方，也都有一種大城市人的冷漠。其實越是人群密集的地方，個人的孤獨感會越強烈，你只要看看王家衛影片裏那些住在高樓群裏的男男女女就知道了。何況現在香港人頭上還壓上了政治衝突這一重烏雲。不過，在這麼密集擁擠的地方，港人的周轉自如、有禮有節，就更讓我印象深刻。他們職業精神強，那兩年我出門辦事從沒遇到過打官腔、踢皮球的事。無論是學校、醫院、幼兒園(我女兒每天去本地的一家日托幼兒園)還是其他商業場所，都是服務良好。

1997年的亞洲金融風暴，香港遭受的打擊沒有韓國和其他東南亞國家那麼大，當時已經逐漸復蘇，市面上一派繁榮的生活場景。到了週末，飲茶吃點心的人把幾層樓高的餐廳坐得滿滿當當，油麻地的廟街和很多大排檔三更半夜都是人滿為患。港人喜歡在外邊消費，有人説是因為住房擁擠。記得我剛到不久，一位住在堅尼地城的香港老朋友請我們吃飯。館子就在他家附近，一家非常地道的本地粵菜館，所有菜都好吃極了，龍蝦麵和清蒸石斑魚是我這輩子吃過的最棒的。飯後順路去他家坐坐，真是嚇了我一跳，小得像一隻鞋盒！想想也是，香港氣候潮濕悶熱，如果家裏地方小，外面又到處都是好吃的餐廳，冷氣大開，服務質量極佳，那為甚麼還要在家裏請客吃飯呢。後來我也去

過一些住房寬敞的香港朋友家做客，但大多數情況下吃飯
交際還是在外面的餐廳或酒吧。我想這大概也和香港人有
清晰的分寸感有關係，家是私人空間，除非是很熟的朋
友，一般不會請到家裏來。這一點上海和香港很相似。在
我的經驗裏，這兩個城市的餐館服務質量都比北京高出不
止一籌。

一個城市的國際化程度有很多指標，語言是其中之一。我
們剛到香港的時候，買了粵語課本、錄音帶，很積極地學
了一陣子。之所以後來沒能堅持下去，一來是發現粵語並
沒有想像的那麼好學，每次上街演練我那幾句跑調的二把
刀廣東話，人家都聽得很費勁；二來是香港國際化程度很
高，日常生活只講英文或者普通話完全可以過得去。97以
後學普通話的港人增多，香港和內地關係那時候也比較不
錯。所以，有了英文和普通話這兩根拐棍，學粵語就沒有
了緊迫感。後來我想起自己沒好好利用這個機會總覺得很
可惜。香港固然非常國際化，但畢竟它的本土文化的核心
還是粵語，不懂粵語，對香港的瞭解肯定隔着一層。

加：嗯，香港人的敬業和效率確實令人敬佩。我在港大，一
　　起共事的大多數同事是香港本地人，我對他們的基本印
　　象，用中國大陸的話說，「很靠譜」，有一說一，有二說
　　二，從來不多不少。彼此委託或合作的事，不需要那麼多
　　溝通，通過郵件打個招呼，很快就做好。他們不誇大自己
　　的業績，也不推銷自己的能力，一起共事相當舒服。日本
　　人之間工作有太多禮節和寒暄，令人勞累，很多中國人在
　　工作中有太多吹牛和自我推銷的行為，顯得有些膨脹，總
　　是別有用心，同事之間互相猜疑、警惕，甚至惡搞，給人
　　的感覺不夠穩定和透明。至今為止，香港人是我一起工作
　　最舒服的人群。

談到粵語，雖然我經常在香港同事之間呆着，每天早上也看粵語新聞，但從來沒有主動學習過，這對我瞭解香港來說是致命的缺陷。不過，跟您在香港的時候比，我在普通話更普遍的環境下生活，就更沒有學習粵語的動力了。不過，這段時間，由於香港對中共的反感不斷加大，在此環境下，說普通話是一種風險，而且，客觀地說，我的普通話不太像外國人說的普通話，比大多數港人也更標準，所以，我在那些遊行集會現場說普通話，一定被認為是「中國人」。所以，我在觀察遊行等現場時一般用英語，甚至直接用日語，港人對日本人很友好，我也從來沒遇到過能讓日本人過日子這麼舒服的地方，因為，香港的日本產品和日常用品實在太豐富了，到處都是賣日本產品的店，比如日本城和7-11，簡直跟在日本生活一樣。我在辦公室一般只說英文，在外面，我往往也只說英文，很少說中文，可能是受環境的影響吧，我無法產生主動說中文的念頭，不知為甚麼，或許是我在講政治，或許是我年齡大了，保守了，怕惹事。或許是我對「中國」兩個字的理解變了，我不想被港人視為「中國人」。我不得不承認，大多數日本人就是喜歡在親日的環境裏工作生活，這一傾向比世界大多數國家的人更明顯，更赤裸裸。

查：這一傾向是人之常情啊！說到「優越感」，在不少香港人和大陸人之間，現在似乎已經形成了一種互相鄙視的負面氣場，雙方都認為自己更優越，或者在財富上，或者在文化上。這不免讓我想到那個香港是「文化沙漠」的流行說法，忍不住要多說幾句。

我認為，所謂「文化沙漠」云云，完全是某些大陸人的傲慢與偏見。只要不帶有色眼鏡，稍有好奇心的人都不難看到香港文化的活力和豐富，也會對它的鮮明特質有所感

覺。二十年多前我就對此有感受。香港確實極其商業化，
但在鋪天蓋地的商業文化當中，各種藝術創造和另類空間
也一直頑強地存活着。首先，我和很多人一樣，很早就是
香港電影迷，梅艷芳、張國榮、梁朝偉等港星的魅力自不
必說了，像徐克、王家衛、吳宇森這些人，都是傑出的天
才導演，既商業又藝術。許鞍華也非常厲害。像陳果這種
很棒的低成本獨立小製作也長期存在。總之香港電影是一
朵奇葩，比印度的寶萊塢毫不遜色，在很多方面我認為都
走在大陸電影前面。

我住在香港那兩年，王家衛正在拍《花樣年華》，我寫過
影評。整個九十年代，從《重慶森林》、《東邪西毒》到
《花樣年華》，正是王家衛這樣的唯美主義導演的創作黃
金期。與此同時，周星馳的無厘頭系列也風靡坊間，那些
搞笑片表面上喧鬧粗俗，其實裏面有很高級的冷幽默，用
反諷和誇張的手法為生活在「後六四」陰影下的香港人提
供了心理宣洩。相比之下，內地要到2006年才出品了《瘋
狂的石頭》這樣的黑色喜劇片。那一年，香港已經在上映
杜琪峰的黑社會系列片之二《以和為貴》了，而可以與之
相比的大陸黑幫片《讓子彈飛》，則要再過幾年才出品。

總之，香港文化就是這樣豐富駁雜、雅俗並存。既有大眾
文化，也有前衛藝術、嚴肅文學以及各種小眾和另類空
間。當年我比較熟悉的就有榮念曾創辦的《進念二十面
體》，也斯的詩歌，陳冠中、鄧小宇、丘世文創辦的《號
外》雜誌，西西的小說等等——這些都是老一代了，新一
代我都不太熟悉了。蘭桂坊的藝穗會，英文名字索性就叫
The Fringe Club，自認邊緣，完全非營利運營，可是規模並
不小，我去過那裏的小劇場演出、攝影展覽、實驗音樂會，
都弄得有模有樣，他們還資助駐場藝術家，舉辦各種藝術節

和國際交流，有時候同一場活動裏使用好幾種語言。

有人把香港人東西合璧、南北雜交的文藝風格概括為「半唐番美學」。有評論認為這種風格可以一直追溯到上世紀三十年代的意象派詩人李金髮。李金髮和另外兩個現代詩人侯汝華、林英強都是廣東梅縣人，與香港淵源很深，也許他們真可以算是香港現代文藝的鼻祖吧。

加：我也不同意把香港說成是「文化沙漠」。我在香港生活期間經常遇到一些文化沙龍，有一天晚上，我下班後從港大乘坐地鐵到炮台山，參加了香港中文大學周保松老師在一家咖啡館定期主持的文化沙龍，那次嘉賓是梁文道老師，是用粵語舉行的。活動還沒開始，咖啡館裏人實在太多，我根本擠不進去。等了會，文道老師來了，我們彼此打招呼，他問我怎麼不進去，我說進不去。活動開始了，由於地上已經沒有空間，文道老師就直接坐在吧台上，拿着麥克開始講話，他往外看，用眼神告訴我你想辦法進來吧，但我用眼神拒絕了，畢竟我來晚了。我在外面站着聽了一會兒，就悄悄地離開了，躑躅十分鐘，走到一家名叫森記圖書的養着很多隻貓的書店逛了一會。反正我也聽不懂粵語，也不留任何遺憾。

查：貓書店，讓我忽然冒出了去東京的回憶……哎，怎麼一下子又聊到文藝上來了。回頭說我那兩年的個人生活，其實也沒多少好說的，仍然是所謂的「八年抗戰」過渡期。女兒三歲了，白天送去幼兒園，下午三點之前有了時間。除了寫些中文隨筆，當時《紐約客》也跟我約過稿。我自認對香港瞭解太膚淺，不敢寫、也寫不了深度長稿，於是坐火車跑到深圳去做調研。記得第一篇稿子寫的是一家連鎖快餐店的故事，正在根據編輯的意見修改初稿的時候，我採訪過的那些員工忽然悄悄告訴我，老闆不知為何對我

這個「境外人士」起了戒心，不許她們繼續見我了，我採訪過的一個經理乾脆連我的電話都不敢接了。那篇稿子也就夭折了。編輯還建議了一些其他選題，但合作始終不順利。於是那段時間，我又打起了寫小說的主意，寫了一些英文的中短篇，不過最終也沒發表。

現在回頭看，二十年前香港社會的政治氣氛比較淡，與今天簡直是天壤之別。不錯，香港一直都有各種披露大陸政治黑幕的書刊，有像銅鑼灣書店這類售賣中南海八卦和內地禁書的地方，但一般市民對這些東西興趣不大，平時大家都只是忙着賺錢養家過日子。可是每年一度的六月四日，整個社會的集體政治意識會忽然一下子顯現出來。我至今記得2000年第一次參加六四紀念集會的情形。那天晚上，坐在維多利亞公園那一片燭光海洋當中，前後左右都是望不到邊的港人，有些是全家人帶着孩子一起來的，每個人手裏都拿着一枝樸素的、小小的白蠟燭，粵語歌聲響起時，我心中的感動和震動真是難以言說。這個改變了我人生軌跡的日子，這個在北京和整個中國大陸被塗抹得無影無蹤的日子，就這樣年復一年地被成千上萬的香港人默默地、公開地、頑強地紀念着。直到2019年6月4日，三十年之後，我在紐約，從微信上看到香港朋友發來的維園燭光紀念集會照片，仍然盛大、浩大。這是一個多麼有情有義的城市！然後，6月9日，一場更為盛大、浩大的百萬人集會——反送中遊行開始了。我轉發了照片和報道，當天晚上，我的微信號被封殺了。

加：嗯，銅鑼灣的維多利亞公園，我也去了很多次，我還在現場目睹了兩百萬人參與和平遊行的那次活動。一座人口七百五十萬人的城市，兩百萬人到現場參加遊行，這是我在現場觀察過的最大規模的遊行，或許餘生再也看不到

了。根據我短暫的香港經歷，我很確信，香港不是文化沙漠，香港人不是政治文盲。由於生活壓力太大，工作節奏太快，平時顧不上那麼多，可一旦遇到可能改變自己生活的政治敏感點，他們就會站出來一起奮鬥，那場兩百萬人的大遊行，以及2019年11月區議會選舉泛民派的大獲全勝都很清楚地表明香港人對維護生活自由、捍衛法治人權的渴望。作為一名外國人，我向香港社會和香港人鞠躬，致敬！

查：是的，向全體香港市民，尤其是香港青年一代致敬。從傘運到反送中，為了捍衛自由、爭取民主，他們的行動如此勇敢、智慧和堅韌，讓全世界震撼和驚艷。有時候，我會盯着視頻上那些決絕而從容的香港青年抗議者的面容看很久，再看看內地網絡上那些「愛國青年」的神態言行，同樣是年輕的亞洲面孔，卻像是兩個物種。從前，人們說香港是一顆東方明珠，想到的可能更多是它的財富和浮華。我認為今天的香港更是一座燈塔之城，它那種捍衛自由的精神和尊嚴，是整個華人世界的榮光和驕傲。你知道那首《願榮光歸香港》的歌曲嗎？我聽了不知多少次，看過不同版本的視頻——戴着防瓦斯面罩的管弦樂隊版、大商廈裏的市民自發合唱版、多國語言接力唱版、手語演唱版……一位香港朋友對我說：他的兒子告訴他：爸爸，我以前從不知道唱一首anthem會讓人流淚。我告訴他：每次聽這首歌，我也會落淚。

好了，這個話題過於讓人心潮起伏，是說不完的，我們暫且打住吧。

離開香港之後，我先生返回休士頓教書，我帶着五歲的女兒到了佛羅里達南部的一座海濱城市Fort Lauderdale（勞德代爾堡）暫居。這個地方的氣候比休士頓好很多，從紐約坐飛機直線南下很快。之所以會去那裏，是因為我的公公婆

婆退休後住在那兒。起初我們租房子住，後來自己買了一個小公寓，離他們不遠，開車不到二十分鐘。我在那裏住了兩年，我先生每隔一週從休士頓飛過來一次，我每天除了開車接孩子上下學，晚上和週末帶孩子，其他時間都比較與世隔絕，或者說無所事事。

那兩年結識的人裏，有不少像我這樣帶孩子的媽媽。比如，有一個俄羅斯女郎，她是我女兒同學的媽媽，長得特別漂亮，三十出頭，棕色的鬈髮，一雙迷人的眼睛，白天看是綠的，晚上在燈光下又像是紫的。她是土生土長的莫斯科人，總讓我想起《戰爭與和平》裏的Natasha，她的名字也恰好叫娜塔莎。他們俄羅斯人在當地有一個小圈子，許多人的丈夫在俄羅斯做生意，孩子在這裏上學。我見過娜塔莎的丈夫好幾次，一個粗壯的小個子，格魯吉亞人，其貌不揚，談吐自信，一身江湖氣，一看就是那種走南闖北、有決斷的男人。他很神秘，我始終不確定他到底是做甚麼生意的，只知道這是一個隨時有暴力傾向的男人。後來，我發現不光在勞德代爾堡，很多城市都有這樣的俄羅斯人，比如紐約和倫敦。丈夫在俄國掙錢——有一些是黑錢，然後將錢轉移出去，再將家人送到美國，孩子在美國很好的學校讀書。太太們白天無所事事，就在海灘曬太陽。

加：您這段話很符合我對俄羅斯人的印象。其實我一直以來特別想去的國家就是俄羅斯，它很神秘。從國家野心和民族主義的角度看，估計沒有一個國家能跟俄羅斯相比。自從跟中國打交道以後，我就更想去俄國了。

查：我和娜塔莎熟了之後，也經常帶着孩子互相串門兒或者去海灘，我女兒和她兒子一起玩，我們倆就有一搭沒一搭地聊閒篇兒。有一次娜塔莎的姐姐來探親時告訴我，她妹妹當年是校花，很聰明，學習也好，可是遇到小個子格

魯吉亞人之後就輟了學，不再努力，最後成了富太太。「唉，娜塔麗婭，真是可惜了！」姐姐望着妹妹在海灘上美麗的背影跟我歎息，我腦海裏則會閃過一些荒唐念頭，比如「娜塔莎嫁給了斯大林之後」之類。後來，我到紐約也認識了一些這樣的富太太。她們告訴我：在海外富豪圈中，俄羅斯的富商出手最闊綽，如果他們開派對，就喝最貴的酒，魚子醬管夠，把排場弄得很大。

當然，並不是所有在美國的俄羅斯人都是這樣的，即使在我有限的接觸中也有完全不同的類型。在休士頓，因女兒剛出生不久忙不過來，我曾經聘請過一個叫雷娜的俄羅斯女孩做小時工，在勞德代爾堡我也結識了一位叫卡麗娜的俄羅斯媽媽，她們的丈夫都是IT界人士：一個在讀電腦博士，一個在創業。雷娜和卡麗娜十分純樸，無論帶孩子還是做家務，都透着一種自尊自立的態度。雷娜活潑開朗，說將來要當幼兒園老師，她特別會和孩子做遊戲，唱歌、變戲法，花樣無窮，精力無限，我女兒一見她就笑個不停。卡麗娜比較文靜內斂，帶着五歲的女兒和三歲的兒子還能把家裏收拾得井井有條，烹調也頗有一手，她教我做的芒果魚是我家夏季餐桌上至今最受歡迎的一道菜。

卡麗娜喜歡音樂，我離開勞德代爾堡之前，她特地翻錄了一些經典金曲，其中有她愛聽的沙拉·布萊曼(Sarah Brightman)和安德烈·伯特利(Andrea Bocelli)，也有馬友友的大提琴曲。她以一貫的細緻，將這些光盤放進一個專裝CD的銀灰皮套，在內側扉頁上寫着：「希望你也很享受這些我們最愛的音樂。明年夏天再見！」下面寫着「with love」，然後是她一家四口的名字和聯繫方式。可惜我一去不返，後來再去信給她，竟石沉大海，不知她一家人是否也搬到別處去了。在我北京的客廳裏，至今還擺着卡麗娜

的女兒和我女兒與她倆當時的美國鋼琴老師的合影，每當室內響起卡麗娜送我的那些浪漫音樂，我都會懷念起這位低調卻情深意長的俄羅斯女友，為與她的失聯遺憾不已。

總之，在佛羅里達平靜、富裕的金色海灘上，在那些彎曲的水道旁一棟棟漂亮的房子裏，既有各種來路不明的外來者，也有不同文化背景的新老移民。我在那裏結識的人形形色色：心理陰暗的英國商人；長了三個乳頭、染着亮金長髮的牙買加性感少婦；曾在華爾街投行風光一時卻最終輸光了內褲跑到這裏躲債的落魄金融家；高大英俊、愛玩汽船的會計師……我與這些人的交往大都是淺淺的，不過是萍水相逢，消磨時光而已。但有一個朋友，直到今天我們還保持着很好的友誼。

加：哦，真不容易！這是一個甚麼樣的朋友呢？

查：他是愛爾蘭裔的地產商，叫Emmett，我們是在某個海濱燒烤派對上認識的。他現在八十多了，豁達、幽默，一肚子故事，我們成了忘年交。Emmett的祖先是愛爾蘭土豆大飢荒年代逃到美國的難民，起初住在愛荷華，因為嫌冷遷到了佛羅里達。Emmett年輕時當過律師，後來成了地產商。在濱海酒吧喝着雞尾酒，他會指點給我看：「我小時候這一帶空曠荒涼，後來終於修了一段公路，漲潮時海水一直湧到路邊，再退下去。有天早晨我開車從這裏經過，發現公路上到處爬滿了藍殼螃蟹。」八十年代以後，勞德代爾堡成了旅遊度假勝地，市中心蓋起了很多高樓，地價飆升，Emmett趕上了那一輪開發熱，賺到了錢。他說，他在這兒過得很好，但也很無聊，因為他早就不缺錢了，缺的是可以談一些與生意無關的話題的朋友。他說之所以願意和我聊天是因為好不容易遇到一個作家，一個說話還算

有趣的人。他愛看書，有一次還很不好意思地和我説他也
寫詩。

Emmett會買我的書當作聖誕節禮物送給他的兒孫，每次
讀到我新發表的英文文章，他都會打來電話點評一番，還
會專門到紐約看望我。前些年他和太太飛到中國，坐遊輪
從上海到北京。在北京，我們一起逛了很多地方，他特別
喜歡北京。他在倫敦有房子，每年夏天都住在歐洲，對上
海這種建築歐化的城市無所謂，但他卻像一個天真的孩子
那樣讚歎北京，説它的馬路多麼寬和直，公園多麼恢宏大
氣——真是天真爛漫，弄得我都有點兒不忍心跟他講這個
帝都經歷的那些滄桑和黑暗了。我更喜歡和他無拘無束地
長聊美國。老頭兒通透、犀利又溫和，一點沒有我的某些
紐約左翼學者朋友那種意識形態化的政治正確。他對甚麼
事情都好奇，這麼大歲數仍然保持着一種開放心態。

可是，雖然有Emmett這樣的朋友，總體上對我來説，在
佛州的這段時間是奇怪的過客生活——逃離了大郊區，
卻搬到了一個度假村。這樣的生活不太真實，好像某種
"suspended animation"，讓我感到「生活在別處」。我
和女兒居住的樓裏有許多退休老人，她們倒是活得有滋有
味。我隔壁的一個猶太老太太當時已經九十多歲，進進出
出永遠穿得講究且入時。因為是鄰居，我們漸漸熟了起
來。她以前住在芝加哥，是圖書館館員，家裏頗有錢，丈
夫早已去世。她每天生活十分規律，早上起來就去樓下游
泳，喝一瓶羊奶，吃很健康的早餐，然後去圖書館讀書(居
民樓裏的退休老人成立了讀書俱樂部，經常討論新書)。老
太太非常獨立，日常生活都是自己動手料理一切，到假期
孩子們從紐約飛來看望她的時候，全家人會出去下館子，
看電影，也會七嘴八舌地討論美國的時政新聞。老太太長

期投民主黨的票，關心時事，頭腦清楚，對很多事情都會
發表看法，但從不擺出大家長的架子來教訓晚輩。後來她
活到一百零五歲。這些老人的晚年生活有尊嚴、有品質，
她們大都比較富裕，受過教育，與中國傳統文化裏講究的
四世同堂、兒孫繞膝不同，她們的活法有鮮明的美國特
色，也讓我看到了另外一種美國城市的生活狀態。

加：「來路不明」、「過客生活」，您提及的這兩個概念對
我來說並不陌生。無論是來中國還是來美國，我的身份都
算是「來路不明」，甚至是無家可歸。我也相信，至今仍
有不少人懷疑我到中國來幹嘛。有時候，做個自由人並不
容易，要不斷被懷疑。我不認為自己在中國是過客，我對
中國有比過客更濃厚的情感，甚至歸屬感。每次抵達北京
機場，我都會有「回來了」的感覺。但毫無疑問，我在美
國肯定是過客，來了，沒人關心，走了，沒人知道。美國
的經歷讓我第一次深切地明白了甚麼叫「無用感」。

您在佛羅里達的生活聽起來很浪漫，我覺得人生當中的確
需要有這樣一段時光，讓自己放鬆下來，甚至解放出來。
不過，這樣的生活不是您想要的吧？

查：對，我那時四十歲，還不是退休老人，這種富足、悠閒
的生活對我來說早了些。其實，不管早晚，這都不是我想
要的生活。

加：嗯，對於我們這樣的個體來說，沒有退休的概念，即使
退了，也是「退而不休」的。但我還是忍不住想問您，在
過往的時光中，哪一個階段的生活是您最想要的，或者説
最接近理想的狀態？

查：我喜歡在南卡和哥倫比亞上學期間的生活，2003年回到
北京之後，也是我想要的生活。回頭看，紐約和北京這兩

個城市，真是我的宿命。2003年以後，一直到現在，我的工作和生活主要就在這兩個城市。南卡的生活非常珍貴，但那只是我的美國之旅的起點。我在休士頓和佛羅里達那幾年，有一種前不着村後不着店的感覺，沒有歸屬感，或者用現在的話說是沒有存在感。

八十年代是讓我很難忘的時光，有很多美好的事情，過得很充實，那也是我想要的生活。不過，你說得對，人生不妨有這樣一段時光，從所謂的「事業軌道」上溜走，放鬆下來，審視一下自己的內心。「事業型」的人總認為工作之外的生活是在浪費時間，其實對一個寫作的人來講，沒有甚麼時間是浪費的。

加：我喜歡也嚮往您剛剛提到的「宿命」兩個字，日文裏也有，叫 "Shukumei"，意思跟漢語是一樣的。我生在伊豆，長在北京。不過，它們是否意味着某種宿命意義上的東西，我仍然不確定。可能我的人生經歷仍然有限而不足。走着瞧吧。

在《我所發現的美國》一書中，我說其實我特別喜歡北京。每次回日本我獲得的是安心，一切井然有序；每次到美國我獲得的是解放；而每次回北京，我獲得的是一種安全。中國是一個政治主導一切的國家，其實是很不安全的。所以，我這裏講的顯然不是那個層面上的安全。對北京的這種感情，我在上海、瀋陽、香港都沒有，今後也不會有。北京給了我某種一言難盡的安全感，我甚至願意包容它的一切不足，至少在個人生活上。政治上難免有太多憤怒，但怒是因為愛，我由衷希望它好，才會怒。我會繼續用自己的方式把我對北京的感情表達出來。

除了北京和紐約這兩座城市，還有其他城市是您喜歡的嗎？

查：有，不過那些都不是我能夠或者願意住下來的城市。我
　　想到一個詞：距離感。我在其他一些地方住過，但都有心
　　理上的距離感，覺得自己是一個外來人，而且也不太想變
　　成那裏的人。

　　其實，我自從出國到現在，還沒有親歷過種族歧視或種族
　　偏見。惟一的一次例外是在倫敦博物館，一個英國小男
　　孩走到我跟前問「你是不是中國人」，他用的詞是歧視性
　　的，他的父母就站在不遠處微笑地看着。我在休士頓、佛
　　羅里達雖然沒有遭遇過種族歧視，但整個城市的生態我不
　　喜歡，明確感到這不是我要一直住下去的地方。相較而
　　言，休士頓是讓我覺得最疏離的一座城市，也是我最宅的
　　幾年。那是一段過渡期，我在等待孩子長大和一份合適的
　　工作。

　　佛羅里達是一個適宜悠閒生活的地方，所以東岸很多有錢
　　人退休後住在那裏或是去度假。我們在那兒買的小公寓
　　恰好在海灣的出海口，晚上可以在陽台上乘涼吹風，喝着
　　酒看不遠處的大遊輪緩緩駛過。遊輪有好幾層，像一座燈
　　火閃爍的樓房從眼前漂浮而去。傍晚時分，沙灘和天空像
　　畫一樣，不同的藍、不同的紫、不同的粉，像個調色板，
　　很有層次感。沙灘很寬，有時能看到海裏有小鯊魚出沒，
　　真是一個風景如畫的地方。但是，不止一次，我坐在陽台
　　上喝着香檳，看着遊輪，一邊感歎很美，一邊又感到很疏
　　離，覺得自己彷彿置身於遊艇上，住的房子是酒店。我明
　　明在家裏，卻感覺自己是遊客。也許我不夠超脱，不夠靈
　　活吧。反正，我越是審視內心，越是發現自己舊有的那些情
　　結頑固不化。我需要真正的城市，需要中國，需要寫作。

加：距離感也是我很珍惜的一種感覺。祖國與所在地之間，
　　無論在地理上還是心理上，我都有意無意地保持距離，否

則恐怕會失去自我，尤其是獨立、自由、無用的自我。我認為只有保持「有距離的關懷」，才能面對自己，經營人生。這種狀態在某種意義上也是一種宿命吧，是我想改也改不了的人生狀態。我願意接受這樣的宿命，直到死亡。那麼，是甚麼讓您下定決心離開了那個讓您感到自己像「遊客」的地方？

查：不是下定決心，是在等待時機。一找到工作 —— 先是獲得古根海姆的寫作基金，然後是為印中所工作 —— 我馬上就回北京了。從那以後，我一直往返於北京、紐約之間，終於找到了一種既有自由又有歸屬感的生活。一個是我的故鄉，一個是我的第二故鄉。

加：我真羨慕您！希望有一天我也能擁有像您這樣既自由又有歸屬感的人生。目前估計還要再等十年吧。

查：嗯，你還年輕，前面還有很多選擇或轉折。至於我，從制度和基本價值觀上講，美國是我認同的國家。但這兩座城市都是我的家。在北京待久了，我會想念紐約的家；在紐約待久了，我會想念北京的家。北京是我從小長大的地方，回來後感到說不出的舒服，無論它發生甚麼，我都可以理解，都會在意，哪怕再憤怒，我也難以捨棄。我對它有特殊的感情，北京永遠是我的根，是我的一部分。

坦率講，我對北京這幾年的很多變化失望、震驚，心理上也開始有越來越深的疏離感。我家附近那些我熟悉和喜歡的小店鋪都拆光了，換成了標準化的連鎖店，馬路上到處是諄諄教誨或嚴厲警告的紅色標語，到處是警車和攝像頭，書店越來越少、民間色彩越來越淡，街道上最多的是餐館和宣傳標語，公園裏到處都是跳廣場舞的大媽……每當走過這些場景，我都感覺自己像在某個黑色幽默的電影

裏遊蕩，你明明在往前走，時間卻在往後退。九十年代北京曾有一個前衛藝術家工作室叫「新刻度小組」，其中有一位顧德新是我認識也很欣賞的藝術家。記得「新刻度」做過一個藝術裝置，改造了一輛自行車的腳蹬子，這樣你騎上去往前蹬得越使勁兒，車子就往後退得越快。這個作品和《讓子彈飛》裏的馬拉火車一樣富有寓意。

不久前家裏人提議把北京的房子賣掉，我起初也有點動心，但這房子是我一手佈置的，也主要是我在住，一回北京就貓進這個小窩，一晃已經十七年了，冒出這樣的想法還是第一次。確實，我周圍的北京朋友近年移居美國的越來越多，不少海歸又重新歸海了，無論從經濟還是政治角度，這似乎都是理性的選擇。問題是，對我來說，這是一件沒法講理的事情。情感這事兒，怎麼講理、怎麼計算？一邊是理性的告誡，一邊是情感的咆哮：不賣！就是不賣！一想到今後回到北京，要像遊客那樣住進酒店，我就難以接受。若真到了那天，賣了房端了窩，我想我就不會再回來了。加藤，你對伊豆有沒有這種感覺呢？

加：關於買房子這一點，可能有些中國朋友記得，我在《鏘鏘三人行》上說過一句話：「年輕人買房等於謀殺未來」。我至今記得很清楚，竇文濤老師完整地重複了一遍。自從我說了那番話後，即使是我有經濟實力買房子，我也猶豫，畢竟自己在節目上強烈反對過。我迄今為止為父母買過房子，但自己沒有，此刻也不打算買。

對目前的我來說，伊豆只是我暫停的一個地方，但沒有您對北京那樣如此深厚的感情，偶爾回去走一走，看着伊豆半島的大海，平靜下來審視自己的人生，待上幾天，就立即離開，回到香港繼續奮鬥。您所說的雙城記的格局以及

您的狀態是我所不具備的。不過，或許再過十年，我會有這樣的感覺，我也需要某種歸宿感。

查：你還沒有徹底在一個地方安定下來。而北京對於我也越來越像是一個固執的情結。英國前首相特蕾莎・梅有一個演講，我看過不止一次。她抑揚頓挫地說：「一個人如果在各地都是公民，那他就不是任何一個地方的公民。」她這是在回應世界主義(cosmopolitanism)的誤區，表達民族主義(nationalism)的情緒，英國要本土化，要脫歐。

加：處處為家，處處無家。

查：對！所以，對於反全球化的主張，我認為首先是要傾聽理解，福山預卜的「歷史的終結」並沒有發生，西方陣營出現危機，民族國家方興未艾，我們需要反思全球化造成的問題，尋找改善方案。同時，在去全球化的聲音中，在反對世界主義、國際主義的浪潮中，我更願意抵抗狹隘民族主義的誘惑，堅持超越的精神與博愛的胸懷，那才是真正的人類文明之花。「達沃斯黨」和貪腐跨國權貴敗壞了國際主義的名聲，但他們是偽世界主義者，梅首相所說的「處處為家」也是一個偽命題，沒有人是處處為家的。我們是嗎？當然不是。

我不能代表別人，就說自己吧。我雖然去了很多地方，也住過很多地方，但我最終仍會落腳在一個家，和我的家人在一起，那就是美國。我所理解的世界公民，並非沒有歸屬感，沒有忠誠的對象。我從沒想過、也不要做那種飛在半空、不接地氣的世界公民。二十八年前，我在經過認真的思考後選擇成為美國公民。但這並不意味着我必須與我的故鄉為敵，更不意味着我不再關心我那些故鄉的朋友親人和故鄉發生的事。

所謂世界主義，和中國人所説的世界大同一樣，是高遠的
理想，是一個可能永遠達不到但卻值得追求的方向。不
論黑白黃紅、左右東西、貧富美醜、高矮胖瘦，我們都是
人，都追求人的尊嚴和人格的平等。作為人類，難道不應
該盡量試圖超越簡單的國別利益與族群利益嗎？超越隔閡
與局限，抱有同情心和同理心，我認同這種意義上的世界
公民或世界主義者，我也能體會到它的得與失。我選擇在
兩個國家的兩個城市居住，這讓我有了自由感，可以隨時
轉換語境和環境，但我也因此失去了某種類型的專注和深
邃。你不能又當狐狸又當刺蝟。

我有些朋友一輩子都在一個地方生活，我也喜歡他們，欣
賞他們。寫《伊斯坦布爾：一座城市的記憶》的帕慕克，
他説他一輩子只能寫伊斯坦布爾。他繼承了父母幾代人居
住過的小樓，就住在那座老房子裏，從那個窗口寫起。福
克納也是寫他的小城 —— 像郵票一樣大的地方。從中可以
看到地方主義的魅力和這種生活的特質。我一點不排斥這
樣的人，否則我就是一個偽世界主義者。只是，以我的經
歷和性格，我難以回到只住在一個地方的生活狀態。在一
個地方待久了，我會有一種被束縛的感覺，我會想去另外
一個地方換換空氣，換換腦子。

順便説一句，我們剛一搬回到紐約就把佛羅里達的房子賣
掉了。常言道狡兔三窟，或許我有某些狐狸性格，可我不
是狡兔。頻繁行走在世界兩端的生活我已經過了幾十年，
走到現在，或許也快畫上句號了。

加：我覺得您從「文革」到高考再到現在，活法是一以貫之
　　的。這幾天聽您的故事，都可以歸屬到您所説的紐約與北
　　京缺一不可，否則平衡不了自己。

談到帕穆克，我至今去過四次伊斯坦布爾，每次一定去夾在亞洲與歐洲之間的海峽，還有把歐亞大陸架在一起的那座橋。站在橋上，吹着海風，喝着當地啤酒Efes，胡思亂想。伊斯坦布爾這座城市確實有一種多元的魅力能讓一個土生土長的作家一輩子宅在那裏寫下去，是一種浪漫而遙遠的本土主義。在那座城市呆着，感受各種錯綜複雜的東西，永遠觀察不完也理解不透。在我之前去過的城市裏，對於巴西的里約熱內盧、古巴的哈瓦那、挪威的奧斯陸，我也有同樣的感覺。

查：里約熱內盧和哈瓦那，我至今還沒去過呢，很嚮往！奧斯陸倒是去過一次，只待了五天，我對它的初步感覺與其說是多元，不如說是邊緣——天涯海角。印象最深的是那裏的北極氣候，不是夜短天長就是夜長天短，造成一種寂寥無邊的憂鬱和浪漫。這些感受我在一篇回憶性隨筆《今天片斷》中描述過，此處不多說。

你說我的活法是一以貫之的，是在誇我，不以為然的人也可以說我這種活法是「一以貫之的分裂」。好吧，不管怎麼說，確實是一以貫之的，甚至有一種血液裏的召喚。我想到是不是我外公的基因，他年輕時離開湖北去法國，一去十年。我爺爺沒出成國，但他存了錢，想讓自己的孩子出去看看。後來，我父母用全家一半的存款買了一張機票讓我出國，沒有絲毫猶豫。

外公當年從法國回來了，我去美國時也堅定地認為我肯定會回來，並且住下去。其實，回歸中國和再度出走，都是有必然性的，我的宿命可能就是如此。我做了忠實於內心的決定，無論離開還是回來，無論是改變國籍還是往返兩國。有很多比我出國晚的人真的就在國外扎根了，認為在中國的生活結束了，只是偶爾回來探親。

我在《中國波普》中描述了我的這種感覺，北京就像我的一種皮膚病，像一塊癬——這個詞不太好聽，但我還沒找到更好的詞——一旦在美國住久了，我就感到這塊癬開始癢，想回來。回到北京後，又開始愛恨交織，於是我開始撓它，越撓越騷動不安，直到出血。我內心有興奮、扭曲，也有各種懷疑和折磨。我對一些事情恨鐵不成鋼；另一方面，又發現自己也有很多問題。一會兒覺得我是這兒的人，應該發表看法；一會兒覺得我已經走了，憑甚麼再多嘴……皮膚撓出血後，就必須趕快去美國平靜下來。距離拉開後，漸漸長出了新的皮膚，不再因心中躁動和近距離觀察引起的情感起伏而難以客觀寫作。可是，新皮膚長出來之後，過不了一段時間又開始發癢，又想要回北京。如此循環多年後，我才找到了一些平衡，才不至於一回北京就變得躁動不安。

2003年我剛回北京的時候，因為多年沒有回來，感覺找不到北，很多事情看不明白。當我提問的時候，別人就覺得我像個老外。我愛打破砂鍋問到底，愛分析，愛較真兒。朋友們覺得許多潛規則沒甚麼好多説的，大家不都那樣嗎？要麼説你不懂，要麼説背後的事情你不能問。在中國最適宜的活法，是難得糊塗，或者揣着明白裝糊塗。

加：理解。不過，我倒覺得您這種心身一體的「皮膚病」挺健康的。一個人不要輕易定義自己，定義像貼標籤一樣是最容易的，難的是不斷折磨自己，不斷跟內心深處的頑念碰撞，然後慢慢找到屬於自己的確定感和平衡感。在我看來，這個過程比結果更重要。那麼，後來是甚麼讓您覺得不再癢了？

查：因為我徹底搬回來了。2003年之後，除了暑假，我基本

都待在北京，漸漸就沒有剛一回來時的不適感了。起初我們是租房，後來買了房，有了一種要在這裏重新開始生活的感覺。再後來是兩邊住，但每年在北京的時間加起來也有小半年。加之我可能到了一定年紀荷爾蒙水平降低了，對事情的反應不再總是熱血沸騰，有一些事看得更開了。實際上，我仍然愛刨根問底，也仍然是急性子，會在某個底線受到挑釁時爆發出來，變得言辭激烈，甩出非常噎人和過火的話，之後再反省自己。但總的來說，我不再一回北京就感到躁動壓抑了。有時，我也會反過來提醒自己：你這些年是不是太適應、太習慣這一切了？

加：我認為這是知識分子應該有的狀態，不能太適應、太習慣，要同現實始終保持一定的距離。從小到大，我身處的環境始終逼着我思考我是誰？後來，我開始主動面對和思考這個命題。現在認為，我到死的那一刻弄明白我是誰就可以了。聽了您的描述，我想您也一直在思考自己是誰。一個人在快要死去的時候總得回答這個問題。在那一刻能夠對自己說：「我明白了，我就是這樣的人」，就足夠了。這是我一輩子想要的結論。為此，我需要不斷嘗試和掙扎，這個過程肯定是痛苦的，但沒有這樣的痛苦，就永遠無法面對自己的內心深處。我不需要沒有痛苦的人生，更不會輕易下結論。

查：這很好呀，過程比結果更重要，其中的痛苦、挫折、流浪、孤獨和糾結都是我們應得的，甚至可以說都是我們自找的，所以抱怨都是矯情。但我也要說，美好和驚喜隨時可能到來。米沃什有一首短詩，描述一個跨海遠航的人經歷了無數痛苦和抗爭，忽然在瞬間看到貝殼打開時露出來的珍珠。那種美好不是你追求的結果，而是忽然降臨。我不信宗教，可是在這種時刻我可以清晰地感受到某種神

性。捕捉到那個瞬間，看到那種美好，就是幸福，就會滿足和感恩。

有時候，當你不知道結局如何，冥冥之中命運就會來選擇你。我還沒在紐約安家時，曾寫過一篇專欄文章，寫到我最喜歡的家是處於鬧市當中的一條安靜小街。多年後，我在北京和紐約的家都是這樣的位置。命運安排給你的，就是你想要的。

加：鬧市當中的一條安靜小街，好浪漫啊！而且是命運安排的。嗯，這也是一種宿命吧。前兩天一個學生問我命運可以改變嗎，我的看法是局面可以改變，但命運是無法預知更不可改變的。所以，我們要做的是本着自己的信念堅持下去，其他的，就等待命運的安排吧。有時候，耐心等待比用力爭取更重要。

談到命運，我一直對宗教問題很感興趣。我之前訪問過一次以色列，傍晚，從耶路撒冷跨境，步行到巴勒斯坦一側的伯利恆，一到那裏，文字就從希伯來語變成了阿拉伯語。晚上，我在伯利恆市中心蹓躂，隨處可見帶槍的以色列軍人和以色列國旗。我來到一個當地男子的家裏，他四十五歲左右，是個出租車司機，有三個男孩兒和一個女孩兒，一家六口擠在一個很小的房間裏。他們很善良，對我這個日本人也很友好，但談到跟以色列的關係時，不到十歲的男孩兒對我說，為了維護巴勒斯坦人的地位和尊嚴，我願意把自己的生命獻給跟以色列和猶太人你死我活的鬥爭中。我至今無法忘記那一刻他頗具殺傷力的眼神，我從中感覺到的是一種信念，是他對自己命運的忠誠。那也是他的宿命和活法吧。

您在美國這些年，對美國的宗教衝突有甚麼看法？

查：這個問題太複雜了。可以從我前幾天看過的一段視頻談
起。這個視頻流傳很廣，不少中國朋友也都看過。美國
加州大學的一個穆斯林學生聯盟成員、一個戴着頭巾的女
學生問一個猶太學者：你為甚麼說我們穆斯林學生聯盟和
恐怖組織有關係，我們是自己籌錢舉辦活動的。教授立刻
反問她：你願意譴責哈馬斯是恐怖組織、實施過種族清洗
嗎？女學生說：你想害死我嗎（原話是「你想把我放在十字
架上嗎？」），如果我回答了你的問題，我肯定會被抓起
來的，國土安全部會找我麻煩的。教授說：好，那我換個
問題。我是個猶太人，真主黨的領導人曾經說過他希望所
有的猶太人都聚集在以色列，這樣他們就不用滿世界追殺
我們了。對此，你是甚麼態度？贊成還是反對？這個女生
說：我贊成。教授說：很清楚了，謝謝你的回答，此刻你
還戴着象徵恐怖主義的頭巾。

九一一以來，隨着穆斯林移民的快速增長，人們更加強調
穆斯林宗教的暴力傾向，表明其對西方文明國家的威脅。
其實，這種不安的預感，亨廷頓在《文明的衝突》中已經
公開提及了。有特定傾向和立場的人，不斷在網絡上強化
帶有某種立場的信息。比如，這個視頻被廣泛傳播後，不
少人得出的結論是：穆斯林學生會成員就是恐怖組織成
員，他們就是要屠殺猶太人。但沒人追問一下，那個猶太
教授的提問方式有沒有問題？為甚麼要如此咄咄逼人呢，
你是贊成還是反對，這是強迫別人回答。

加：這說明不論猶太人、阿拉伯人，還是巴基斯坦人，他們
心中只有Yes or No兩個選項。由此來判斷對方是敵人還是
朋友，非黑即白，而不接受灰色地帶。

查：非黑即白是雙方都有的態度。傳播視頻的人，或許是想
讓人們看到穆斯林的思維方式有多可怕：你們看，美國的

穆斯林也是贊成屠殺猶太人的。但實際上，我們從中可以讀出更多內容。猶太教授先是在演講中把穆斯林學生會形容為「希特勒青年團」（而視頻並未顯示問答之前的演講內容），然後又拋出一個Yes or No的問題將人逼到牆角，逼問對方到底是朋友還是敵人。學生的回答是你這麼逼我，我就恨你，我就殺你。這種對立的情緒，是非常不好的傾向。這樣掐頭去尾斷章取義的視頻，也是有意要誤導觀眾。果然，本來就有恐穆傾向的中國網民跟帖就是一邊倒齊聲大罵那個女學生和所有穆斯林。在現實世界裏，西方國家和以色列將哈馬斯和真主黨都定義為恐怖組織，而不少阿拉伯國家和巴勒斯坦人則認為它們是武裝抵抗運動。哈馬斯一邊搞爆炸襲擊以色列，一邊救濟穆斯林貧民、建設家鄉社區，其政治立場近年也有所變化和妥協。對這類問題，猶太人和穆斯林雙方難以達成共識，但可不可以通過討論來增進理解、減少衝突呢？畢竟，無論從歷史還是現狀、宗教還是政治的角度看，有過錯的並不只是穆斯林，以色列、歐洲、美國，各自都有過錯，都有責任。

其實，和歐洲相比，美國穆斯林的狀態是很不同的。美國穆斯林移民人數比法國等歐洲國家少很多，至今只佔總人口數的百分之一點一，這些人中有一半是土生土長的美國人，然後大約有三分之一來自中東，四分之一強來自南亞，還有四分之一強是美國黑人。二十世紀六十年代民權運動之後，很多黑人為了反抗種族歧視，強調自己新的歸屬身份，改信伊斯蘭教，成了穆斯林，比如，改了名字的拳王阿里，還有比馬丁·路德·金更激進、最終也被暗殺了的黑人領袖馬爾克姆·X。當年在印度，為了反抗種姓歧視，安倍特卡博士也帶領一批達利特賤民皈依了佛教。二者是出於同樣的動機。

據我所知，美國的穆斯林大都較好地融入了社會並認同美國的基本價值觀——我指的是美國憲法，包括政教分離、信仰和言論自由，再加上近幾十年來日益發展壯大的多元文化和族裔平等思潮。他們有做禮拜的場所，有自己的組織，也會積極參政，無論是選舉還是文化紛爭，老一輩穆斯林比較保守，常常將票投給共和黨。後來，小布殊攻打伊拉克，美國改變了對中東的政策，很多年輕人轉向支持民主黨。總體來説，他們並不是犯罪率高的群體，而是美國公民意識較強的群體。九一一之後，美國社會雖有例外，但總體強調包容，沒有將伊斯蘭教一棍子打死，也沒把穆斯林妖魔化。總體而言，美國穆斯林是溫和守法的，平均家庭收入略高於美國中等家庭收入，受教育程度與美國的基督徒群體一樣高——穆斯林女性尤其高。

加：美國的厲害之處在於那麼多相互對立的人都成了美國公民，比如印度人和巴基斯坦人，以色列人和巴勒斯坦人。美國價值觀的優越性是有共識的。

查：是的，大家都知道印度族裔在美國的IT界和大學很出色，其實巴基斯坦裔的穆斯林在美國也很成功，出了不少醫生、工程師和富豪。我看到過一個統計：在美國穆斯林家庭成長的孩子，成年後有約三分之一不再信伊斯蘭教，另有百分之十八不再信任何宗教。可見美國文化對移民後代的影響力。但歐洲卻因為移民人數比例偏高，引起了越來越多的恐慌。

加：歐洲是移民社會，但不是移民立國。

查：對，差別還是挺大的。我在美國沒有看到太多穆斯林移民群體的大問題，無論是宗教問題還是犯罪問題，引起整個社會排斥的情況是比較少的。九一一之後可能有過這

種情況，但我記得小布殊總統特地公開講話，表示不能因為九一一事件就將伊斯蘭教污名化、將穆斯林公民同胞妖魔化，要讓他們感到自己是美國大家庭中的一員。奧巴馬更是強調族群團結。之後發生的一些事件，有的屬於非典型孤立案例，有的是因為一些反恐官員、極右翼政客對穆斯林存在偏見或懷疑過度。特朗普在競選中也一直在打這張牌，上台伊始發出的「禁穆令」更是引起軒然大波，一直到前些時候「特朗普怒懟四個少數族裔國會女議員」事件。其中那兩位穆斯林女議員的言論，我認為確實有問題，一個是在公開演講裏用了一句髒話罵總統，另一個是在講到九一一事件和猶太人組織的時候說了顯然不合適甚至是錯誤的話——她後來道了歉。

不過，特朗普自己就一天到晚放炮攻擊人，頻頻發表有種族歧視嫌疑的言論，在粉絲幾千萬的推特上轉發各種假信息和陰謀論。比如他說四個女議員應該趕快回你們自己災難性的祖國老家去，那麼別人是不是也該讓特朗普「滾回你爺爺和你爸爸的那個法西斯德國老家去」呢？到底是誰在美國政壇上開了這股不擇手段對政敵搞人身攻擊的惡劣風氣呢？對待這種事情，我們既要看具體語境和大局，也要看前因後果。

還說這四個女議員吧，有一個是小時候移民來美，另外三個都是在美國出生的，其中一個就是紐約年輕的明星議員AOC，她和特朗普出生在紐約的同一個社區，當過餐廳服務員。特朗普的母親年輕時也當過maid（服務員或保姆），因為特朗普的外祖父是蘇格蘭偏遠漁村的漁夫，家裏生了一堆孩子，生計艱難，於是在1929年經濟大蕭條時期，特朗普的母親漂洋過海來投奔兩個先到紐約的姐姐。特朗普的爺爺也是年輕時從德國鄉下移民美國的，後來在淘金潮

中開飯館旅舍賺到了第一桶金。二戰後，特朗普的父親因
為怕德國法西斯的名聲影響自己的房地產生意，就對外聲
稱他父親是從瑞典來的，所以一直到1987年出版的《交易
的藝術》中，特朗普仍然說爺爺是瑞典裔。你看，特朗普
自己一家人，包括他的現任太太，全都是移民。

加：原來如此，特朗普否定或拋棄移民立國的初衷和政策，
　　就等於否定自己了。

查：沒錯，不過特朗普的言行，確實像心理學家講的自戀自
　　大型人格，對所有事情都是以當下利益為本位，此外沒
　　有甚麼恆定的標準和信仰，所謂「美國第一」也是直接與
　　「老子第一」掛鉤，從「我」輻射出去的。正如路易十四
　　那句名言："L'etat, c'est moi"（朕即國家）。對移民的態度
　　也不例外。

　　你看，從你提出的宗教衝突和穆斯林的問題，咱們又轉回
　　到移民的話題上來啦！歐洲我沒有住過，具體情況不夠
　　瞭解，但移民在美國真是會觸動所有人的話題。至於穆斯
　　林，說實話，大家也就是在特朗普剛上台時圍繞「排穆
　　令」爭論了一陣子，近來我周圍的美國人沒甚麼人在聊這
　　個話題，我也沒有感到普通美國人對穆斯林的態度有多大
　　變化。倒是感覺很多中國知識界自由派人士，這幾年真是
　　「非穆」得可以。不少人跟着從歐美極右翼民族主義陣營
　　發出來的各種真真假假的訊息走，還有內地朋友看了中文
　　網上的帖子來問我：歐洲是不是徹底被穆斯林佔領了？美
　　國穆斯林是不是到處搞暴恐事件？白左是不是已經把西方
　　文明毀掉了？

　　伊斯蘭問題和移民問題當然都是目前西方重大、尖銳的問
　　題。可是坦率說，我感覺這類話題和這些中國大陸的朋友
　　不大容易聊，也很難放開深入討論，因為中國既不是移民

國家也不是民主國家，中國的穆斯林問題（目前主要是新疆問題）與歐美太不一樣，大家對歐美社會生活的多樣性和複雜性一來缺乏直接的質感經驗，二來缺乏相互比較的文化基礎，聊起來真是比較費勁。

據我觀察，很多中國人的非穆言論，就像他們諷刺黑人的言論或者美化特朗普的言論一樣，主要是從自己的中國語境出發看問題，自覺或不自覺地根據自己在中國問題上的立場去判斷別國的問題，結果經常是距離產生醜或距離產生美。但他們對這種變形渾然不知。犯這個毛病的人不分左右，包括自由派（其中不少人如今自稱保守主義者了）、五毛、新權威主義者、民粹主義者、大漢族主義者，全都有。這些人常以一種「凡是敵人反對的，我們就要擁護；凡是敵人擁護的，我們就要反對」的邏輯去思維，又常表現出一種「權威人格」。按照法蘭克福學派的講法，權威人格的特徵是：要求別人服從，自己骨子裏又特別喜歡服從。比如，明明自己也是有色人種，也是飽受強權欺壓的弱勢群體，卻一面仰視美化白人，一面又歧視醜化少數族裔和其他有色人種，尤其是黑人。這樣一來，哪怕他自己這個人、他所屬的這個民族再不行，他也可以站在人類族群鄙視鏈的中端，獲得一種比上不足比下有餘的滿足感。

有些大陸朋友跟我說，中國人鄙視黑人，是因為近年廣州的黑人獲得了政府給予的「超國民待遇」。但我認為那只是表象和症狀。中國人以前不歧視黑人嗎？早就歧視，只不過現在他們認為這些黑人又佔了自己的便宜，那自然更加憤憤不平，可是又不敢去跟政府抗議，只好私下洩憤，罵黑人都是低賤的人渣。

我認為更深層的原因，還是中國大陸的漢人長期生活在種族單一、政治專制、信息殘缺和極度世俗功利的環境

中，他們的種族和宗教偏見，和他們身上的其他各種毛病——井中觀天、膽小怕事、目光短淺、自大又自卑的權威人格——一樣，都與這個環境有極大關係。但這個環境是全體中國人共同造成的，人民絕非簡單的受害者，人民與它是共生關係。中國人對這種文化生態有着極深的attachment——這個詞我想不出精準的翻譯，大約介乎「依戀」與「依附」之間吧。很多大陸人在海外生活多年，仍然保持着這種attachment，如同隨身攜帶着一口「中國老井」。這從他們的社交圈和朋友圈都看得出來。第一代華人移民中這種情形相當普遍，他們成天在看微信和各種華人漢語網站。

比如這次因為黑人George Perry Floyd之死引發的全美示威遊行也是一樣。微信上因語境錯位和被虛假信息帶動而產生的誤讀簡直是泛濫成災。那些或幸災樂禍或憂心忡忡的華人評論讓我想起了一個很有意思的笑話：一群太監看到一對夫妻家裏吵吵鬧鬧，就說：看看，這就是亂交的結果，還是像咱們這樣閹了的好！

最讓我跌破眼鏡的是，連一大票住在自己的警察國家裏不敢也無力反抗的所謂「自由派」，居然也無視美國和平抗議運動的壓倒性主流，在自己的微信群裏高呼力挺美國警察叔叔維穩抗暴抓黑手鎮壓騷亂！真是令人哭笑不得。

加：嗯，圍繞移民問題和種族歧視問題，我相信美國的討論也將沒完沒了，而且，隨着今後形勢的變化，尤其是在人口中種族結構的變化，討論的熱度只會增加。

咱們換個話題，我一直很好奇，您是更喜歡中文寫作還是英文寫作？

查：各有千秋吧。母語寫作對我來說更為自然，並且我是從

小說開始寫作的，那種虛構創作、天馬行空的快感是英文寫作無法取代的。英文寫作是我三十歲之後有意習得的，是有意識的訓練，寫作時更為理性，並非完全跟着感覺走。所以，它和中文寫作沒有可比性。

加：明白。說實話，我是更喜歡中文寫作。我的第一篇公開署名發表的文章就是中文文章，然後才發表的日文，均是2005年，那年我二十歲。二十歲到二十八歲期間，不管是寫文章還是出書，中文都多於日文。畢竟那段時間我在中國，跟中國媒體、出版界的接觸自然多一些。後來，隨着中國政治環境的變化，有些內容無法在中國大陸發表，或者會被編輯改成另外的樣子，我的日文和英文文章才漸漸寫得比中文多了一些。

如果純粹從語言特點來說，我覺得中文更有層次感，而日文寫作，不管是非虛構還是虛構，玩文字的空間更大一些，造句也有各種各樣的風格，沒甚麼嚴格規範的東西。我聽中國的一些讀者說，日文書，每一句太短，說一點就停，沒說完就是句號，總是不完整。其實，我也發現，我寫中文的時候，每一句明顯比日文長。村上春樹的小說和隨筆這個特點更加明顯。另外，用日文寫作，我們往往覺得很多事情不要表達得太清楚，曖昧一些才是美的，說清楚反而就沒有味道了。總之，考慮到我的性格，即使我的中文表達沒那麼流暢，我還是更喜歡用中文寫作。不知您的感受是甚麼樣的？

查：我不懂日文，但一般來說我覺得中文比英文更曖昧模糊，聽你這一說，日文又比中文更曖昧模糊。如果是這樣，我想你和中文大概有一種氣質上的投合，這個語言讓你發電，你才會更喜歡用它來寫作。至於我，首先，我去美國的年齡比你到中國時大。其次，我在三十歲之前都

沒打算用英文寫作，是外在環境使我想要開始嘗試英文寫作，並非我主動選擇的。因為起步晚，所以理性和學習的成份更多一些。不過，因為我是在相對成熟的年齡開始英文寫作，所以，無論從態度還是文筆兩個角度看，我的第一部成熟的作品反而是英文版的《中國波普》。這是我的英文處女作，但它的思考更理性，態度更成熟，筆法更講究，表達更節制。在英文寫作中，我的表達會更清晰、更細緻。漢字是象形文字，比如海枯石爛、刻骨銘心等詞彙都是在很形象的表達感情，而英文更擅長精準的描述和分析，精準恰恰是非虛構作品中非常重要的因素。

加：明白！英文確實適合更精準的表達，而且能把分析和推理過程講清楚，還可以避免讀者誤解。此外，我感覺您從一開始嘗試英文寫作到在哈佛的刊物上發表文章，再到出版《中國波普》，一直很順利，也讓我很嚮往。我的第一篇中文文章發表在2005年的《瞭望東方週刊》上，寫的是日本八〇後眼中的中國。後來我在中國媒體的寫作不太順利，自己的文字經常被改得一塌糊塗，不像樣子，有時感到很崩潰，很傷自尊。我2003年開始學中文，知道一個外國人用外語寫作有多難，但我覺得您很順利。真的是這樣嗎？

查：你看到的都是我已經發表的作品，並沒有看到我的原稿。《中國波普》才寫了一篇就遇到願意出版它的人，這確實很幸運，但從開始寫作到最後成書，中間也過了好幾年，每一章都反復修改。

我前面說將某篇文章拿給芝加哥論壇的學者和作家看，正是因為沒有把握。雖然我在美國補了英文，但是學校不教語法、不講文體，我是在讀作品和做翻譯的過程中逐漸學習的。語法學了很長時間，犯了很多錯誤。如果要說改動

的話，更多的是文法錯誤或表達錯誤。文體更主觀、更微妙，老師、編輯都不可能教給你，要靠自己體會、摸索、磨練，尋找最適合自己的風格。

母語寫作時容易有放縱的狀態和炫技的傾向，不嚴肅，有時還會耍小聰明，抖包袱，玩文字遊戲，這樣才有快感。但這種東西用不好會變成輕浮和自戀。因為是中文系出身，我時刻警醒但不能根除的一個毛病就是濫用成語，這是不好的習慣。我在英文寫作時也經常被提醒少用成語，就用自己的話老老實實地寫。

加：您可否用一個詞來形容您的中文寫作和英文寫作？

查：中文是「玩」的狀態；英文在寫作之初，我常被提醒的是「收」。所謂收，就是要克服我在母語寫作中慣性的玩。有時雖然是在用第二語言寫作，但不由自主地就會耍起小聰明。

加：現在回想，我在學習中文的過程中也帶着「玩」的狀態。坦率說，我沒有很系統地學習過中文，雖然我在北大期間有中文系畢業的對外漢語學院的老師教過我中文，圍繞中文的語法、表達、寫作等給我提過各種建議，我也很感謝她們。不過，從提高語言運用水平的角度看，我的「教室」還是在街上，尤其是北大西門外的胡同裏。至於寫作，我是一邊摸索，一邊犯錯。當然，磨練語言是沒有止境的，永遠在路上。

我經常對比我年輕的人說，提高外語水平的同時要審視自己的母語。母語的理解能力和思辨能力對外語表達能力的提高非常關鍵。舉一個可能不恰當的例子。村上春樹的作品為甚麼在非日語世界裏那麼受讀者喜愛？他是到三十歲左右才開始寫作的，然後成為職業作家。一開始他就考慮

到作品被翻譯成外語的可能，所以，他的作品翻譯起來相對順暢。他是以國際化的語境來寫作的，也因此被批評家指責為缺乏本土色彩和文學性。我覺得這個沒問題，他希望自己的文字能被翻譯成外語，不僅日文讀者，還能被世界各國的讀者讀到和欣賞。

查：說明他想像中的讀者已經包括了其他國家的讀者。你怎麼評價他的日文呢？你覺得他的日文表達怎麼樣？

加：我的日文編輯和我說：加藤你寫文章時盡量少用片假名和外來語，而好好用漢字和平假名。畢竟，後者更加本土，一些不懂外來語的讀者也能夠讀懂，何況，雖然外來語如今已經成為日本人語言系統的一部分，但漢字和假名才是本宗和根本，忽略這些，就不能成為好的寫作者。這是他的看法，我接受並認同他的勸告。

村上的日文很獨特，不太用古老、嚴肅、深刻的詞彙，也有僅屬於他自己的古怪的表達方式。一堆日本讀者，包括文藝青年很迷戀「村上式裝逼」。他也喜歡用外來語，比如，把蘋果(りんご)說成apple(アップル)，把皮包(かばん)說成bag(バッグ)。所以，他的文字很國際化，也很時髦。尤其是和川端康成、三島由紀夫等本土派作家相比，村上的文字和表達方式很不一樣。很多學者覺得村上太放縱，太不「日本人」了。

查老師，您開始用英文寫作後，中文寫作有沒有受到影響呢？

查：九十年代我開始用英文寫作的時候，內地中國人英文流利的還不太多，所以我那個時期的中文文章裏盡量不夾帶英文詞，回到北京也特別注意在說話時不要冒出英文詞來，怕人說我假洋鬼子！說實話，用這種方式顯示自己的

時髦我感覺有點俗，可能在這種事情上我更願意考慮我的中國朋友們的感受吧。現在中國很多人都懂英文了，用幾個英文詞句很正常，我也就不太顧忌了。

村上春樹的幾本小說我看的都是中譯本，感覺他的故事和語言都輕快好看，嘩啦啦地一會兒就看完了。我完全不懂日文，當然無法評價他的日文，但你說他寫日文時已經想到翻譯給國際讀者看，所以用普適文體，這個有意思。這和我的情況完全不一樣。我的中文作品就只是寫給中文讀者的，完全不考慮翻譯。早期小說不用說了，後來我的美國出版人曾經想要翻譯出版《八十年代訪談錄》，被我勸阻了，理由就是那是給中國人看的書，太難翻譯了，得做多少註釋呀，累死了，也不見得有多少西方人有耐心看。至於我的英文作品，後來倒是譯成了中文，但我寫的時候完全是針對英文讀者的，不會故意夾帶甚麼中文詞——必要時使用幾個中文詞也得在行文中解釋，很累！總之，無論英文還是中文寫作，我都沒有考慮翻譯的問題，我就是面對只讀那種文字的讀者寫的。

不過，說回到村上，他喜歡在日文中夾帶一些英文詞兒，嗨，這也太簡單啦！要我這個北京人說，這都不能叫玩兒。要真是玩兒，您得弄點洋話土說、土話洋說、正話反說、反話正說、戲諷、借典、雙關語、方言甚麼的。日文編輯的勸告有一定道理，我基本上認同，雖然最終作家會根據個人的愛好自行選擇。

英文寫作對我漢語表達的影響還是相當大的，在思維方式、視野和態度上都有影響。具體到文體上，比如是收還是放，我會選擇「收」，主要因為那是非虛構敘述者更恰當的態度；同時，英文畢竟是我的第二語言，我駕馭它的能力與中文相比有差距，所以也是宜收不宜放。有趣的

是，開始英文寫作後，我再用中文寫作時，也有了不要太放的意識，在文字和語言上有所克制。我認為這種影響既有利又有弊，利弊取決於文體是甚麼。如果我要回到中文小說創作，這種影響就可能有不利的一面。有一些文體，就是需要玩的。在文字遊戲方面，中文和英文都是歡樂語種，甚至可以說是同類。英美作家若玩起語言來，也可以放縱狂歡。但是，若用第二語言寫作，一般來說文風宜簡不宜繁，除非你是納博科夫！而納博科夫不僅是語言天才，更是特例：他出身俄羅斯貴族，從小就有不同國籍的家庭教師同時教他俄、英、法、德幾種語言，他寫的第一篇作文是英文的而不是俄文的，所以英文對他來講不能算第二語言。

加：受教了。您剛剛說到的「收斂」，我會牢牢記住。我對中日英三種語言的把握似乎沒有過「態度上的影響」，而更多是思維上的影響。還有，我開始學習中文之後能夠更清晰地把握英文的思維和表達，如您所說，中文和英文是同一類語種，而日文不是。我總是覺得，對於日本人來說，同時學習中文與英文能夠帶來相輔相成的效果。

查：你能用三種語言寫作，真讓人羨慕。我當年讀比較文學時雖然還學了法文、西班牙文，但通過考試以後沒有甚麼機會用，基本上廢掉了。

　　總的來說，因為英語是習得的，我就先得老老實實地將意思表達清楚，然後再追求語言的味道。那時，我還經常考慮腔調，文章的腔調是說不出來的。Tone表現在文字中，也表現在敘述者描述的姿態之中。你跟描述對象之間的距離也可以產生一種Tone。對此，我很注意。

　　玩、任性，有時表現為沒有節制。我二十多歲寫的小說，和我在英文寫作中節制的腔調是相當不同的，這種節制

的意識又反過來影響了我後來的中文寫作。有的人天性就是收斂節制的，有人隨着年紀增長變得節制。對我來説，這是一種因寫作語言而生發出來的新態度，一種對寫作對象和自己身為敘述者所處位置的敏感態度。你提到村上春樹用日文寫作時想的是外國讀者，我在用英文寫作時，也時常提醒自己，並且不斷被自己的美國編輯提醒：你要記住，你是在給英文讀者寫。

英文寫作是給一些不瞭解寫作對象和背景知識的讀者寫，所以「玩」的意味就大打折扣，因為你要預設讀者基本不知道你在説甚麼，你要從頭講起。但這不是學術書，你既不能只作簡單的介紹，也不能講得太囉嗦、太晦澀。所以，在諸多要求下，就要講究腔調，講究分寸。在寫作時，對於中國，我既是一個在裏面的人，又是一個在外面的人。我是在給英美世界的人寫那些離他們很遠的我的母國的故事。

加：嗯，明白，寫作者不能總自以為是，要謙虛老實一點。聽您這麼講，我覺得我的文字表達就缺乏玩和放的意識。當然，我的水平還遠沒有到玩的程度。我覺得，除了個人水平以外還有一個原因，那就是日本人天生缺乏幽默感，活得太拘謹了。在這個意義上，村上春樹應該是例外。

現在是互聯網時代，我用日文寫中國，會被很多中國讀者看到；我用中文寫日本，也肯定會被日本人看到。所以，我在寫作的時候，會有意識地照顧兩國輿論的民族情緒，這也是一種自我審查吧，很遺憾，也很慚愧，但無可奈何。我寫作時總會考慮到政治因素和外交影響，從而導致純粹性和誠實感的缺乏。我或許想多了，但這是我不得不面對的現實。但願有一天我能在文字面前變得更純粹一些。

查：你講得很誠實，互聯網和全球化的確讓這種現實更凸顯

出來了，我近年也有所體驗。這是每個寫作者都要面對和解決的問題。我個人的態度是：接受某些妥協和迴避，但在原則問題上絕不退讓：寧可沉默、不發表，也要忠於自我、守住底線。不講假話、不寫違心的文字，這是我的底線。我可以理解在監獄裏寫悔罪書、做假檢討的人，就像文革中所有人都不得不喊口號一樣。可是，在監獄外頭的中文寫作者們今天至少有保持沉默的權利吧？

當然，對付言論審查和輿論壓力的方式不一定是沉默，中國人絕不缺乏幽默。但我也要說，中國人更是渾水摸魚和戴着鐐銬跳舞的大師！不說古人了，就說現在的中國人，你看看網上成千上萬的奇葩文字就知道了：惡搞、戲仿、影射、文言的、白話的、方言的等等，連故意寫錯別字都弄成了時髦的功夫。不過在我看來，這類發達的文字遊戲有很多其實要麼是「精明的搗漿糊」，要麼是「帶淚的狂笑」，並不值得我們太驕傲，就好比製作三寸金蓮是您的絕活兒，正說明您這個民族有悠久的纏足傳統，被殘和自殘，裹腳布又臭又長！我前面說的「玩兒」和「語言遊戲」，指的不是這種被嚴厲的審查制度逼出來的病態的「玩兒」，而是真正奔放自如的舞蹈，那既需要自由的心靈，也需要寬容的制度文化。

加：您在用英文寫作中國時，如何看待中國的讀者和來自中國輿論的反應？

查：用英文寫作時，我想像的目標讀者是英語世界的讀者。起初那些年，互聯網不發達，中國又有審查制度，我是帶着一種隔絕感寫作的，既然我不接受刪節，那麼我的書也出不了中文版，大部分中國朋友根本不瞭解我的英文寫作。後來，中國年輕一代的英語水平大大提高，加上互聯網高度發達，我的一些英文文章，雖然不曾在中國發表，

　　但是通過互聯網及《紐約客》雜誌，很多中國讀者，包括我的一些朋友，讀到了英文版。而《紐約客》的發行量又是百萬冊，可以說是精英中的大眾雜誌，甚至不讀英文的讀者也很快可以讀到中譯本。這也是我後來才意識到的。

　　這時候，像村上想到了西方讀者那樣，我開始想到了中國讀者也是我的一部分讀者。我當然非常高興他們能讀到我的英文作品，本來寫的就是他們嘛。但是，這給我後來寫中國人物也帶來了一些障礙。我越來越感到，我的一些採訪對象們有一種意識：查建英要採訪我了，她寫的東西可能會被中國讀者看到。他們因此失去了以前接受採訪時那種開放、坦率的態度，甚至產生了一種表演焦慮。我的受訪對象中，有一些人因此害怕了，說話很小心。

加：明白。今天這個互聯網時代究竟給一個作者帶來了甚麼改變，是值得探討的。任何文字都有它特定的讀者群，但如今，一篇文章可以被任何人在任何場合看到，這對寫作者來說無疑是一個挑戰。畢竟，您在中美之間、我在日中之間，永遠無法避免大國政治、民族主義等因素所帶來的心理障礙，它會影響我們的表達。我早就想好了，假如我因自己在某些場合的表達而失去了表達的機會，我就回家鄉伊豆種地，好好當我的農三代。

　　話說回來，能夠在《紐約客》上發表文章，還不只一次，是相當了不起的事情。

查：咳，就發了那麼幾篇，不是常客是稀客啊！去年我給《紐約客》寫了一篇關於我哥哥被旅遊的故事，因為篇幅太長，發表前刪掉了不少段落（與政治毫無關係），當時我就跟我的編輯軟磨硬泡：我這麼一個稀客，你真捨得刪我的稿子嗎？這不是店大欺客麼，啊？手下留情吧！他一邊笑一邊復原了一些字，但最終還是短了不少，弄得我有點心疼。

不過，說正經的，對我來說，能敲開《紐約客》這家百年老店的門進去走兩步，也算是某種意義上的自我證明吧，證明自己可以做到。我轉向英文寫作的時候，《紐約客》是一份標桿性的英文雜誌，文體非常講究，作家也都是精英，在世界範圍內有很多精英讀者。作為第二語言作者能夠在自己的偶像雜誌上發表文章，而且有兩篇——《國家的敵人》和《國家的僕人》還上了封面頭條，對我而言就是一種自我證明。

加：自我證明。這個詞太酷了！

查：但是，我有一個毛病，在自我證明之後就失去了一直走下去的動力。近年來，我開始想重新寫小說。從前，我不曾想過寫英文作品，也不曾想過寫非虛構的文章，但在某個時刻被「逼上梁山」，去做這個挑戰性很強的嘗試，於是之後的很長一段時間我都很興奮。前些年我感到行了，我做到了，再寫下去恐怕要重複同一個熟悉的套路了，為甚麼不再回到原來中斷的地方，重拾母語，去試試寫一種不同的小說呢？但重新寫小說的路該怎麼走，我一直沒有答案。

你問英文寫作到底對我的中文寫作產生了甚麼影響，其實很難說清楚，有得有失吧。重新在小說中找回玩的感覺，太不容易了，這跟年紀大了精力減退肯定也有關係。到目前為止，轉向英文寫作讓我改掉了一些毛病——八十年代特別浪漫、自戀的文學語言，有時是毫無邊際的自我放縱——但也不能說完全改掉了。

有一種新華文體，大而無當、居高臨下的官腔，充滿政治訓誡和道德教誨，我自二十歲開始對此很叛逆，這可以通過追求文學理想主義、個人主義或者玩的自由主義去超越，寫小說就是這樣一種姿態，也可以通過與中文切割，

索性轉向英文來解決。但當我重新回到中文寫作的時候，我發現過度文學化的漢語表達還是難以避免，比如那種舞台感及表演性很強的文藝腔。

官腔的話語霸權以及它對民間語言的侵蝕也一如既往。當代漢語一直被改造，可以説早已被玷污了，意識形態化的文體無處不在，不論是行文的思維方式還是腔調都有所體現。狼就埋伏在羊群之中。很多大陸出版物對於新華文體已經變為集體無意識。不少自認為是在批判這種體制化語言的人，也都不自覺地在使用它，只是程度不同而已。如果回到中文寫作，這也是我需要時常警惕的一個陷阱。

前些年，非虛構熱起來了，大陸媒體人意識到中文寫作可以通過學習英文的題材、敘述風格以及寫作上的克制，實現去抒情化。二十世紀八十年代的報告文學是大抒情的——一個敘述者站在高處鳥瞰眾生，他的主觀意志和情調瀰漫在整個文本中。可是，今天中文寫作面臨的問題是多重的，不光是過度抒情（實際上是矯情、濫情）的問題，還有政治審查、意識形態化、商業媚俗等。這是一個挺困難的過程。目前大陸的中文寫作，若要用一個字來概括，我認為是「乏」；用兩個字，就是「沒勁」。

加：我覺得一個作家很難同時進行虛構和非虛構的寫作。比如，雖然村上春樹也出版隨筆集，還有一些對話錄，不少人甚至説他的隨筆比小説好看。但無論如何，他是一個虛構作家，是小説家。他也説過，只有在暫停寫小説的時候，才會去寫隨筆，而不會同時寫小説和隨筆。不過，從一個非虛構作家變成小説家，或一個非虛構作家寫小説，恐怕很困難。

我認識的日本幾個研究中國的學者和報道中國的調查記者，他們均出版過非虛構作品，都很暢銷，或有影響力；

他們也嘗試過寫關於中國的小說，結果要麼半途而廢，要麼出了也沒甚麼反響，反而被同行和讀者嘲笑：「你別甚麼都去碰，該幹嘛幹嘛，集中精力做你該做的事。」

我有一個長輩，叫真山仁，很有名的日本小說家，曾經當過記者，他在2008年前後出版過一本小說叫《北京》，我那時候在北京、大連、丹東等地協助他採訪調研，他對中國一無所知，但他是一個很優秀的小說家，把《北京》寫得特別有趣，成為暢銷書，贏得了讀者甚至中國問題專家們的好評。那時候我深深意識到，小說家就是小說家，無論如何，小說應該由小說家來寫，外行不要輕易碰。您怎麼看？

查：你說的有道理。我知道的英美作家裏有不少人長期在虛構和非虛構寫作之間來回切換，甚至學者業餘創作小說、詩歌的也大有人在，感覺這些人真是多才多藝。但絕大多數寫作者還是會有一項主業，或者叫主創方向，那大概就是他/她的最強項吧。一個人畢竟精力有限，在如今這個分工高度專業化的時代，文藝復興時期的那種通才幾乎不可能有了。

具體到我自己，想要重拾中文小說，老實說是一個私人情結，一種痴心妄想，就像一個人飽經滄桑，仍想回頭去尋找自己青年時代的初戀情人，因為當年在熱戀之中突然被迫分手，心裏是不情願的，於是暗自發誓將來一定要回來與他重聚。可是歲月無情，就像時隔三十年重返大學校友聚會一樣，那個人自然早已面目全非了。或者，試想你把一包蔬菜放進冰櫃，幾年之後拿出來解凍，纖維早都死了。只是我一直存着這個念想，不試試總是不甘心。

記不清是海明威還是馬爾克斯說的，大意是：做記者對於

小説家是很好的經驗和訓練,但千萬別做太長時間,否則不利於再回來寫小説。他們二位年青時都當過記者,寫過一些非虛構類的東西,但好像都沒持續很多年。我早就知道這話,也把它當作警告。這幾年重拾中文小説,寫來寫去老不滿意,連自己這一關都沒能通過。也許真是我離開中文小説年頭太多了,回不到那種狀態去了。如果這是宿命,那我認命。至於為此花費了很多心血和時間,我並不後悔,生命不就是要揮霍在你所愛的人和事上面嗎?就算我認真地為他送一回行吧。何況,英文裏有句話:Never say never。誰知道呢?也説不定八十歲坐在搖椅上,又會想試試。編故事甚麼時候都不晚。

不過,抛開我對小説的私人情結,單純討論文體,我倒是認為其實也不要太強調小説和非小説的區別,文體的劃分本身有一些僵化,實際上可以寫一種介於小説和非小説之間的作品,類似於中國傳統的筆記小説。《史記》到底是文學作品還是歷史作品,都很難下定義。波蘭記者作家卡普琴斯基的非虛構作品,比很多魔幻小説更神奇。文體間的界限是可以打破的,不必過多拘泥於此。

另外,雖然我想要回歸小説,但是我覺得好看的當代中國小説並不多。我最近看了《繁花》,這是一本用上海白話寫成的小説,大概是我這二十年來讀過的最好的中文小説,非常有趣,作者將上海話寫得非上海人也能看懂。我想,如果他純粹用普通話來寫,小説的魅力會立刻減半。所以,克服我所説的普通話中的新華文體和過度抒情的問題,可以嘗試用方言寫作來達到。比如九十年代初王朔的小説,用北京流行的新土話、新方言創作——將那些口語、官話、革命話語,一鍋燴,形成了一種新文體,非常具有顛覆性。

加：大概五年前，我合作多年的日本鑽石出版社一個領導跟
　　我說：「我覺得你是一個很好的story teller，你講的故事，
　　對場面的描述很好看，將來可以寫小説。」我對這句話的
　　印象很深，一直記得，就像一直記得《亞洲週刊》總編邱
　　立本先生在香港機場快線上對我說的那句話(不要當博士
　　研究別人，而應該成為被博士研究的人)。不過，我也只
　　是記着而已，我一點信心也沒有，要我寫小説，真不知從
　　何做起。

新十日談

第八日

加：前幾天，《人民日報》（海外版）說歡迎谷歌回歸中國，
　　但前提是遵守中國法律。當初，谷歌不願為了迎合中國標
　　準而放棄一直以來堅持的價值觀和商業規則，就選擇退出
　　中國大陸。後來，去了香港。

　　這件事發生在北京奧運會之後，當時引起了很大爭議，給
　　我的印象是中國牛起來了，輿論表示我們誰也沒要你來，
　　你要走就走，絕不挽留。民族主義情緒不斷上漲，對外態
　　度逐漸強硬，有人說中國要放棄韜光養晦了，政府則開始
　　主張「核心利益」。由美國引發的次貸危機後，中國開始
　　進一步主張自己發展模式的優越性。至於中國要不要放棄
　　韜光養晦，在世界進入二十一世紀第三個十年的今天仍然
　　有爭議。

　　如今，據一些報道，谷歌似乎正在考慮要不要回來，百度
　　CEO李彥宏則表示非常有信心和谷歌再PK一次，再贏一
　　次。您看到李彥宏聲明的第一反應是甚麼？

查：我的第一反應是無恥。他表示已經贏了一次，還要再贏
　　一次，這完全是扯淡。因為第一次就不是在公開、公正的
　　規則下贏的。

加：完全同意。雖然百度被體制保護不是李彥宏本人的錯，
　　但既然被體制保護，至少在中國大陸跟谷歌的競爭就不是
　　公平公正的，他應該謙虛一點，因為，你贏並不完全是因
　　為你的實力。那樣說，遠遠不如保持務實的沉默。

查：中國有很大的體量，有制度特色和道路自信，但是從根
　　本上講，這個制度是不講契約、只講實力的，它完全不
　　同於西方國家在尊重契約的前提下自由競爭的制度，若契
　　約沒有得到落實或不公正，則可以通過法律程序和其他各
　　種正當途徑去改進。中國當初加入世貿組織的目的不是真

要改制接軌而是獲得實利以增強實力，所以它沒有完全遵循國際通行的市場經濟規則一點都不奇怪。中國有沒有遵守入世時的承諾呢？它的經濟在多大程度上是在中國政府的違規干預和扶持下才發展到如今的體量呢？最近我看WTO中方和美方代表的發言，基本上是雞同鴨講。美方準備了一百多頁的詳細文件，投訴中國入世以來發展到這麼大的體量卻沒有遵守當初的承諾和國際公認的世貿規則。中方的回答卻只有二十多頁，簡約地表示遵守了承諾。他們的發言很有中國特色，擺弄詞藻，用了「搬起石頭砸自己的腳」等俗語，講了一些很冠冕堂皇的漂亮話。

中國的回應似是而非：你們說我們是國家扶持，但你們沒有看到國務院下發的文件表明市場經濟要佔主導嗎？這是中國式的狡辯──利用你沒辦法調查取證和坐實很多潛規則來狡辯。中國慣於說一套做一套，很多東西都是表面說說的，雖然潛規則眾所周知，但很難量化分析。從經濟到政治，各種不透明，太多東西沒辦法查證。

李彥宏說谷歌是在市場份額不如百度的情況下退出中國的，是自己在中國做不下去了。但事實是，互聯網公司要在中國運營就必須接受中國政府管控，谷歌自出現在中國的第一天起就受到中國遊戲規則的左右，這些規則遠非公平。

加：平心而論，百度因為中國體制本身的問題走向壟斷，百度自身沒有錯。問題在於，李彥宏應該謙虛一點，你是在不透明、不開放的市場下獲得盈利的，雖然這樣的局面不是你造成的，但你的確佔了便宜，你就應該謙虛一些。李彥宏認為中國的科技公司已經有了足夠的信心和體量，完全可以和對方競爭。我認為這樣的態度是極為傲慢的，佔了體制的便宜還賣乖。既然這麼自信，你就應該在中國以

外的地方跟谷歌競爭，拼誰的產品、服務更優秀，讓全世界的用戶去判斷，而不是自言自語。比如，在日本這樣的第三國，當日本國民使用百度的數量和頻率超過谷歌那一天，你才能說百度比谷歌做得更好。

查：你講得對，但你作為日本人，也許說得有些客氣了。李彥宏是一個典型，中國有一大批這樣的人，不只是互聯網行業如此，很多中國企業家也是如此。我認識一些優秀而有良知的民營企業家，他們主要是憑自己的才能和勤奮致富的，行事比較低調，他們深知這個體制深層的黑暗和畸形。如果說原來他們還抱有某些希望，那麼最近幾年，這樣的企業家早就敢怒不敢言，或者乾脆移民了。當然，投機和抱着僥倖心理的企業家也有一大批。

加：在我看來，這批人本質上是一樣的，都是佔了體制便宜的人。不管你想不想佔這個便宜，你只要活下去，你就只能佔這個便宜，當然，前提是保持對黨的政治忠誠，否則你不僅佔不了便宜，還得因政治問題而坐牢。

查：對，前有王功權，後有任志強，看你們誰還敢不老實！

加：只要你是中國人，你在這個地方的生存和生意就會被扭曲，你就必須服從中國的規則，不管是當公務員還是過馬路。既然體制是扭曲的，那麼佔便宜賺錢這件事你就是繞不過去的。問題在於，你得認識到你是佔了被體制扭曲的市場的便宜。既然佔了便宜，就應該感到羞愧。

查：我在不同場合聽過中國互聯網巨頭們的發言，他們在公共場合的步調不同。包括馬化騰在內的一批企業家 —— 不光是互聯網，各行各業都有一批這樣的企業家 —— 我推測他們心裏是有一定程度的羞愧感的，只是人在屋檐下，不得不低頭。

大環境不公平，很多民營企業不得不在一定程度上服從潛規則，否則沒辦法生存，對此我理解。推廣開來，中國所有國民在這個體制下的生活都有類似的問題，我沒有權利指責這些人的活法。關鍵在於，你作為一個企業家，除了生存、賺錢、擴張之外，有沒有道德底線？你對基本的是非曲直，有沒有一個正常人的判斷？你佔便宜佔得理直氣壯，不僅不慚愧，還很得意！你不光炫耀自己的商業才能和霸氣，還大言不慚地說自己是在公平的戰場上得勝的，還很巧妙地配合當局推波助瀾宣揚民族主義情緒。這種行為不光無恥，而且下流。

我有個晚輩親戚，留學新加坡，在倫敦做過金融和IT，是個聰明有趣的青年人。他前些年曾經打算回國工作，可是到阿里巴巴幹了兩年之後又跑掉了，去新西蘭創業定居了。他說無法忍受阿里的公司文化。我問他為甚麼，他講了兩條：一是阿里的員工包括很多高管都只有工作沒有生活，也就是馬雲讚賞的九九六制度；其次是他發現阿里公司內部居然有一條口號是「擁抱審查」。你想想看，不僅不以審查為屈辱，而且還要擁抱審查！其實，我這個小親戚特別佩服李光耀和新加坡模式，他身上也有民族主義和擁護威權政體的傾向，但就連他，也難以接受這種「擁抱審查」的公司。

我再舉一個百度對信息進行持續不斷的政治性過濾的例子。2018年我女兒在創作一本artist's book（藝術家圖書）的過程中，使用百度搜索引擎查找關於二十世紀六十年代大飢荒的訊息，雖然比起谷歌和其他國外網站來百度上的相關資訊少得可憐，但當時它在這一條下面還顯示了大飢荒中餓死者的統計數據：大約兩千萬。最近她又上百度查了一下，發現這個數據消失了！也就是說，在重大歷史事件和

人物的資訊方面，百度配合中國政府持續不斷地審查、過濾、清除所謂的敏感信息。它當然不是元兇，但它肯定是幫兇，它在不動聲色地協助作惡。比起毛時代，當局如今在信息過濾和輿論導向方面的手段高明了很多，這其中就有很多無良媒體人和無腦技術人的功勞。

中國的青年一代在畸形的功利主義、民族主義教育中長大，這些孩子普遍覺得中國經濟繁榮，在世界上越來越厲害，國民的物質生活越來越好，中國的體制問題和社會弊端被別有用心的西方國家和境外敵對勢力誇大了，目的就是為了遏制中國的崛起。除了那些好奇心特別強、追求獨立思考、富於叛逆精神的少數人，中國新一代大多數人對政府的言論管控和媒體現狀似乎習以為常，甚至安之若素，如果沒有人把具有挑戰性的信息篩選給他們，他們一般也不會主動去尋找。舉個例子，《紐約時報》中文網曾發表過中國互聯網下長大的一代對VPN（翻牆軟件）的態度。香港和史丹福大學聯合調查了北大和人大兩所大學的一千名大學生，給他們提供VPN，然後跟蹤調查。幾個月後，他們發現只有不到一半的大學生用了VPN，那些用VPN的大學生也很少去搜索敏感話題。這項調查說明他們對互聯網的選擇並不是完全自主的，而是沿襲着某種慣性的定向思維，迴避了可能令自己感到不適的信息，主動維護某種安全的自我封閉和邏輯自洽。

甚至再進一步，即使看到了牆外的海量信息，大多數人也不會改變自己的基本立場，因為據我的觀察，這些人早已接受了那種重視成敗輸贏、輕視是非倫理的價值觀，他們的思維往往表現出強烈的相對主義色彩。比如我經常聽到小粉紅們說這樣的話：世界上沒有絕對的言論自由和客觀新聞，既然哪裏都有信息管控和輿論導向，那我為甚麼要

相信西方的信息呢？你說中國人被洗腦，我還說西方人被
洗腦呢！政治制度就像文化一樣，沒有高低之分，只有你
我之分。你說我是五毛，我還說你是美分呢！

加：從犬儒主義的角度說，七〇後、八〇後並不比九〇後更
有獨立思考和批判思維。不過，我也能觀察到，一些九〇
後、〇〇後對中國制度特色「過於自信」的原因在於對西
方價值觀和制度的反抗——就像香港年輕人反抗中共體
制和意識形態一樣，他們不完全認同那些審查過的信息，
有些人也知道自己在大陸所看到的信息是被過濾的，但我
所打交道的不少年輕人卻不認為審查是不好的，而是必要
的。有趣的是，我從他們身上沒有看到太多矛盾和掙扎的
心理，他們的眼神和態度告訴我：中國就是這樣，存在即
合理，說不好也沒用，反正改變不了。

我跟北京、上海的九〇後聊天，發現他們對VPN的需求越
來越淡化，認為翻牆能看到的東西越來越少，微信已經很
方便了，沒有必要再翻牆。甚至覺得VPN、臉書、谷歌也
沒甚麼了不起的。他們普遍都有民族主義情緒，狹隘、排
他、自我，認為沒必要學美國那一套。除了犬儒主義，我
從他們身上也能看到錢理群教授所說的「精緻的利己主義
者」的影子。

查：對，「精緻的利己主義者」這句話之所以廣泛流傳，是
因為它提煉得太到位了。這些年輕人對名牌消費趨之若
鶩，對上溫順乖巧，對外則虛驕狂躁。人終歸是政治動
物，只准有金錢、消費這一個出口是不夠的，我們且看當
局引導出來的這個民族主義火堆最終燒掉的是甚麼吧。

互聯網本身是中性的載體，扭曲的是體制和人性。在中
國，法治太薄弱，除了背後有一隻很大的權力之手在操控

它，還有金錢的操控。仍然舉百度為例，它的搜索引擎排在前面的普遍是付了費的，如福建莆田系。既有政治腐敗，也有商業腐敗，然後你還牛逼哄哄地嘲笑一個膽敢比你有良知的公司，這就太過了。百度太low，並不是很多中國企業家都這樣幹的。

加：中國的日本企業有三萬多家，僱傭了一千五百萬以上的中國員工，過去四十多年來多多少少推動了中國的市場發展吧。但是，它們在漸漸退出中國。谷歌早就不能用了，後來雅虎日本也不方便上了，被迫使用百度，那還怎麼維持正常的聯繫工作和查詢信息呢？中國政府真的有必要這樣限制屬於正常的互聯網使用嗎？

最近，中國的學術自由嚴重受損，一些學者很無奈、很絕望，但還是忍耐着，我特別尊敬這樣的學者。還有一批學者竟公然對我主張中國不需要學術自由，穩定比自由更重要，甚至為限制學術自由的體制辯護。我對此感到很驚訝。

查：當一群太監主張不需要性愛自由、閹蛋才是特色的時候，你會感到驚訝嗎？更遠的且不說，從1949年以來，這種人就從未消失過，只是在某個時期略微少一些。現在，思想管控越來越嚴，投機的學者真如過江之鯽，洶湧不斷。

剛才說到這不是企業家的錯，是制度的錯，但有的時候這就像一個先有雞還是先有蛋的問題，因為有了這樣的制度，才有這樣的人民和這樣的知識人；但也可以反過來說，正因為有這樣的知識人和這樣的人民，才有這樣的政府。

加：嗯，我觀察中國問題，越來越覺得「有甚麼樣的人民就有甚麼樣的政府」這一說法站得住腳。不只是中共不想搞民主，老百姓也不想要民主，沒有意願扮演主人翁的角色。

查：一種制度兩千多年都沒能被打破，難免令人想到它是否

已經沉澱到基因裏了。當然，說「專制已經成為中國人的文化基因」是會有非議的，而且反證就在眼前：民主的臺灣和今天的香港。我們現在討論的只是大陸。在這片土地上，專制無疑已經進入了一種惡性循環：洗腦太久、太成功了，成功到老百姓主動要求被洗、被管、被做主，遍地都是斯德哥爾摩綜合症患者。

但我還是想說，知識人助紂為虐尤為可恨。從源頭上講，每個國家的制度都是那個國家的知識精英幫助權力者設計出來的，他們與權力者是共謀關係。中國「百代行秦制」，這個秦制不就是商鞅、韓非、李斯這些法家知識精英設計出來、輔佐君主推行的嗎？漢武帝之後儒法合流，整個士大夫階層都成了為這個體制和國家服務的僕人、謀士、寄生蟲。這個制度和傳統至今強大，至今仍有那麼多知識人想當國師，要為帝王謀，要幫助君主馭民。毛時代也利用書生，同時以「人民」的名義把他們踩在腳下，讓你一邊嘴啃泥一邊還要謝主隆恩，不呼萬歲你就沒法活！但現在的知識人畢竟沒有這樣大的壓力了，也有了一定自由存活的空間，怎麼做更是一種自主選擇。你膽小，不敢反抗，好吧，你至少可以選擇不投機，選擇沉默。比如，1989年之後，有不少人選擇研究美食、古董，鑽研很冷門的學問。近幾年，國學研究又熱了起來，因為當代課題的禁區越來越多。但你研究國學的時候，至少可以純粹一點，別又拿它來向權力獻媚，幫助統治者愚民，這個要求不算高吧？

當你對中國深深失望之後，也就真正開始瞭解中國了。《儒林外史》講述了明清時期形形色色的中國讀書人，其中那些看穿世相又比較正直的，他們意識到作為讀書人完全沒有力量改變這個制度和遊戲規則，只能退隱山林。

《儒林外史》中多次出現這樣的情景，一波失意的讀書人聚在一起，吃吃喝喝，發發牢騷。全書結尾處他們在山裏搞了一個祭奠活動，頌揚自己認可的「禮」。整本書寫的都是讀書人身處黑暗的世道，不投機，就出局，沒有更多角色可以扮演。

這種事到今天還在上演，這是中國讀書人的悲哀。但是中國發展到今天的局面，是統治者和選擇配合與投機的讀書人一起造成的。你剛才説互聯網巨頭們也是受害者，可以這麼認為，但是不要輕易原諒企業家和讀書人，他們和底層百姓不一樣，他們是有更多資源、更多責任的。你可以不當英雄，我們都知道當英雄要付出多大的代價，我們也知道林昭、遇羅克、顧準這樣的知識分子在黑暗時代付出了生命的代價。沒人有權利要求別人做烈士，自願選擇這樣做的人，我們只有尊敬他。但如果選擇做幫兇，就是越過了底線。你至少可以選擇沉默，你不唱新時代的盛世頌歌，沒人會殺你——「文革」時期不表態是可能掉腦袋的，但現在畢竟沒有生命危險了。

為甚麼説九十年代是一個轉折點？因為這之後大批知識分子被收買——被課題費、出國機會、加薪提幹等收買，名利的誘惑逐漸壓倒了基本的是非判斷和道德理念。在學校裏當個芝麻官兒、當個小破協會會長或甚麼中心主任，他就樂得屁顛兒屁顛兒的，打起官腔來全然不知道寒磣。2008年之後，中國的體量增大了，讀書人更有了一種要依附於強大的國家才有榮耀的想法，於是產生了一大批踴躍投機的「愛國」讀書人。這是我們必須承認的事實。

加：聽了您的闡述，我現在更清楚圍繞中國知識分子的謀生環境了。我很同情中國的知識分子和讀書人，還有企業家和有良知的公民，我或多或少能理解他們在體制和權力面

前的無力感。不過，如果這些人開始主張審查制度和洗腦教育是有必要的，就很難與之正常交流和相處了。作為一個要跟中國社會打交道的日本人，我特別擔心和警惕的是很多學者公然說中國不需要自由和民主，還有一些企業家說中國不需要公正和自由。因為有了自由，你就競爭不過人家；有了公正，你就佔不了體制的便宜。我認為中國現在有這樣一股潮流。

查：這就是巨嬰國的心理特徵吧。這裏講的不是發展初期國家適度的保護和優惠政策，那是很多發達國家都經歷過的階段，那當然不是為了慈善而是為了一起做生意，西方人對中國這個過程是諒解的，在入世條款中也給了中國過渡期。我們這裏講的是持續性的違規、陽奉陰違、粉飾與狡辯。可是，如果你跟一個身體早已長大、心智卻不健全的老小孩說：喂，你已經是成人了，跟別人交手的時候要遵守成人的規則，若不公正，即使贏了，人家也不會尊重你。他會理直氣壯地回答你：嘿，傻逼！世界上只有輸贏，哪有公正？我相信這種人是真心擁護站在他身後的那位聲色俱厲的父親大人的。他們的價值觀是一樣的：只講利益和實力，不講契約和法治。

加：學者歡迎不自由、企業家歡迎不公正的現象到現在仍然存在，並且日益惡化。這股潮流發展下去，最後吃虧或埋單的還是中國老百姓。您怎樣預測中國接下來的發展方向和變遷可能？在我看來，中國的體制在未來十年都不會改變，只會收緊，不會放開。您認為個體怎麼做才是真正為這個國家好？我作為一個與中國結緣的日本人，也經常思考自己怎樣做才真正能為中國好，但最近越來越多的中國人回應說：「輪不到你管！」「中國不需要你擔心，管你自己的國家去！」

查：他們説得沒錯，輪不到你管，也輪不到我管，我們現在
　　都是旁觀者，乾着急！眼睜睜地看着中國政治上的倒退，
　　我自己的心態也經歷了從審慎樂觀到徹底悲觀的變化。在
　　中國這種體制下，一個人集權一旦成功，整個國家機器和
　　官僚隊伍會唯其馬首是瞻。只要經濟、外交不出大事，它
　　可以憑內在慣性順着這個軌道走很遠，因為矯正的成本太
　　高。我對中國前景是很不看好的。我覺得未來十年，維穩
　　力度還會加大，螺絲會越擰越緊，自由派的日子會很難
　　過，精神上會很痛苦。這個政權手裏有槍，有錢，有宣傳
　　機器，還有高科技。

　　2011年我在出《弄潮兒》（英文版）的時候，在後記中説到
　　當時的擔憂：在中國的經濟和技術高速發展的同時，它舊
　　有的政治體制並沒有改變，結果中國成了奧威爾和赫胥黎
　　並肩而立的雙頭怪。這些年，舊體制插上了高科技的新
　　翅膀，「中國製造2025」就是要爭取科技創新上的領先地
　　位。於是，當奧威爾的「老大哥」遇到了赫胥黎的「美麗
　　新世界」，真是如虎添翼。

加：是的，這些年，我能感覺到，在中國，高科技在助力體
　　制，使得體制更加任性和獨斷，換句話説，更精明地剝
　　奪民眾自由，監控民眾行蹤。但高科技同時也給老百姓帶
　　來了便利，對他們來説，生活便利比個人自由更重要。而
　　且他們深知挑戰體制是「不務實」的，就更加願意甘於現
　　狀，還在我這樣的外國人面前辯護中國體制和發展模式的
　　優越性。坦率説，我能跟中國人在相互理解的前提下進行
　　溝通的空間越來越小。

查：我與你有同感，溝通空間越來越小，可供發聲的平台
　　一一淪陷。同時，生活還在繼續，大陸媒體上當然也有不
　　少軟性內容：飲食男女、娛樂八卦、旅遊養生……大家可

以聊些無關痛癢的話題，扯些不鹹不淡的閒篇兒，心照不宣地假裝沒看見房間裏的大象。

前兩年，牛津大學有一個名叫斯坦·林根(Stein Ringen)的挪威裔教授，寫了一本書叫《完美的獨裁：二十一世紀的中國》(*The Perfect Dictatorship: China in the 21st Century*)，專門分析習近平治下的中國。之所以說完美，是因為科技使它的掌控像水銀洩地一樣更加精密無形。比如，天眼工程。中國老話說：「天網恢恢，疏而不漏」，如今，「天網」真的可以掌控每一個家庭。說逆來順受也行，總之我們已經被管制慣了。一直都有一個大家長在替我們管制一個良好的社會，大家認為天眼等監控設施是為了抓壞蛋，對我等良民百姓是無害的，就像成龍赤裸裸地說出了絕大多數中國老百姓的真實想法——我們需要被管，不管就會天下大亂。所以中國老百姓對管制不僅不警惕，甚至認為這才是國家強大的體現。

這也是我感覺悲觀的原因。改革開放四十年了，今天中國人的自由不是在增多而是在減少，一些舊的藩籬一度被去除，現在又重新編織起來。籠子裏不只關老虎豹子，所有活物都要被罩進去，統一管制。中國崛起之後，這一套不僅對中國人是挑戰，對整個世界都形成了新的挑戰，因為它正在出口監控技術和器材。南美、非洲都有一些政府是中國的客戶。一位加德滿都的朋友告訴我，尼泊爾的警察都在向中國學習，監控設備也是從中國進口的。尼泊爾一直與印度關係最密切，但現在中國對它的影響在迅速增長。

我沒辦法去譴責谷歌，這是他們自己的決定。當年他們退出中國非常不容易，放棄了這麼大的市場份額。聽說當時的主要決策人是Sergey Brin。他是谷歌的兩位創辦人之一，

小時候從蘇聯移民到美國，深知極權制度的後果。谷歌的座右銘是「不能作惡」。

加：我從谷歌的「不能作惡」聯想到中共向本國人民宣傳的「不走邪路」。兩者的意思表面上差不多，卻毫無對話的空間。前者的意思是不做一切違背人性的事情，後者的意思則是不走一切反對自己的、擋自己崛起的路。

查：過了這麼多年，谷歌決定回來，其中的酸甜苦辣現在不好評判，我只能說這種現象將對世界形成一種危機。中國基於經濟增長和科技進步正在縮小跟美國的距離，但它的極權體制對美國有潛在的惡性影響。美國為了防止這個體制進一步做大，會產生一種必須要擊敗這個國家的心態。美國現在看中國的目光很複雜，經濟競爭、地緣政治、意識形態、文明差異諸多因素都攪在一起，不管從哪個角度看，中國都越來越像是美國的對手和敵人。特朗普身邊那些對華鷹派的很多行為都是基於這個認識做出的，他們認為現在再不下手就晚了，必須趕快採取策略，用一些非常強硬的手段來遏制中國，甚至以毒攻毒，以流氓懟流氓，因為紳士是打不過流氓的。我明白，惡是歷史發展的一種動力；但我們也要承認，以惡制惡一定會產生某些負面效果。

互聯網產生於二戰期間。我的一位老朋友、美國作家Scott Malcomson寫過一本《碎片化的網絡》（*The Splinternet*），他在書裏回顧了互聯網產生的歷史。二戰期間之所以出現了計算機是因為盟軍打不準炮，於是，出於軍工、國防的需要產生了第一台計算機。後來，五角大樓投入大量資金研究計算機，逐步發展為互聯網。戰後，因為沒有明確的需要，才被轉手，到了民間，到了矽谷，自由發展，產生了很多民用產品。如今，冷戰早已結束，列根時期消耗了巨

大的軍費開支將蘇聯打趴下，可現在中國又起來了。美國可能有一種冷戰式的慣性思維和內在需求，認為要進一步採取對抗行動，政府和軍方必須加大介入力度，否則僅靠分散的民間力量無法戰勝中國這種舉國體制。但是Scott認為，美國可能因此掉進一個陷阱。

前些時候，美國發佈了新的國防預算，美國各大戰區——北約、亞太總司令部都提出了各自的預算。有意思的是，和以往相比，各區都增加了預算。有一些二戰以來的裝備，比如大炮、導彈，已經很陳舊了，並且很多年都沒有大的用處，只在阿富汗、伊拉克才有所使用，如今卻要升級換代。最大的理由，就是針對中國。中國崛起了，卻一直在本國民眾當中煽動反美情緒，在國際上日益擺出與美國作對的姿態，於是，新的敵人出現了。

九一一之後的恐怖勢力是分散的，用特種部隊就可以抓住本·拉登，用不着大集團軍，用不着星球大戰一樣天文數字的開支。但是，中國是一塊大陸，是國家力量，中國的軍費支出僅次於美國，近年來對外政策日益咄咄逼人。在這種情況下，美國有理由進一步增加軍事投入，包括投資科技含量最高的新式武器。這就會存在一種潛在的危險，對美國的國力和心態都有一定的影響。為了遏制中國，美國會進一步擴大已經過於巨大的軍費開支，對抗意識會進一步增強。比如，特朗普的內閣中有很多人有軍隊和大企業背景，他們有強人政治的觀念，強調國力，強調在涉及國家安全的領域需要以政府法令甚至國家投資而不能只靠自由市場來反制挑戰者。不僅如此，美國還需要扶植一些其他的力量，需要與一些邪惡的政權做交易來抗衡中國。但是，哪怕這些手段的終極目的是捍衛自由，它都是有副作用的。不少人擔心，在這個過程中，美國模式有可能被

帶歪，或者說有可能被中國模式帶上一條邪路。

中國古人曾經把老虎叫作「大蟲」。武松打虎，打的就是一條大蟲，寫作蟲；《水滸傳》裏那位顧大嫂的綽號也是母大蟲。中國原來又窮又弱，像一條蟲，美國是一隻虎，雙方距離很遠，尚且無礙。但為甚麼近些年海外有人發明了「中國病毒」這個詞（具體說就是明鏡的何頻先生發明的），還引起了不少共鳴呢？因為中國可以讓人在不知不覺中接受很多精神病毒：我敞開大門歡迎你，我是受害者、弱者，但同時我又是個病灶，我能把體內所有的毒素轉化為我的營養，最後當我用百毒練就成新的大蟲——一條三個蟲堆起來的「母大蟲」，我就要千錘百鍊出深山了。而你只要接近我，就會受到我體內病毒的侵蝕，雙方糾纏越多，你就被腐蝕得越厲害。

加：中國總說北京歡迎你，而且這個敞開的大門越開越大，聽起來很好。但實際上，有個大前提，是我們外國人要遵守中國的法律，實際上要遵守的不是嚴格意義上的法律法規，而是一些潛規則和政治紀律，或者說中國標準，這是外國的政府、企業、個人越來越難以跟中國打交道的根本原因。當然，中共會說，不願意就別來，沒人邀請你。在美國這一超級大國面前，中共也顯得很自信，好像甚麼都不怕了。

查：公平講，一隻巴掌拍不響，確實是美國主動湊過來的。外國政府和企業（包括日本在內）在與中國交往的這場遊戲中一直都是willing partners（心甘情願的合作夥伴），甚至可以說是某種程度上的partners-in-crime（犯罪夥伴），直到大約十年前抱怨才開始多起來。所以對目前的局面他們至少應該負一半的責任。

為甚麼這樣講呢？美國是世界資本主義和民主陣營的老
大，對吧，那就以它為例。前面說「美國模式有可能被帶
歪」，其實是簡化問題的說法，實際上美國模式本身就是
個複雜的矛盾體，一直有其內在的弱點、弊病和陰暗面。
比如中共的「硬」，就直接與美國政府的「軟」有關。我
們來回顧一下美中恢復交往的歷史。尼克松訪華時，美國
人難道不知道毛時代的人權災難嗎？明知道這是個無法無
天的獨裁政權，為了把中國從蘇聯陣營裏拉過來，尼克
松、基辛格選擇對中國的黑暗內政閉上眼睛，主動放低身
段，不遠萬里跑到中南海來聽毛侃哲學，在人民大會堂和
周恩來吃烤鴨，和中共做成了制衡蘇聯的政治交易。卡特
號稱「人權總統」，卻在他的任內拋棄了臺灣與大陸正式
建交。如果我們說，八十年代中國的開放改革確實展現出
一派寬鬆和希望景象，而那個時期美國的妥協讓步和積極
交往政策也確實有助於推動中國的持續進步；那麼，到了
八九年天安門事件爆發，老布殊在應對中美關係危機時，
卻仍然表現出一種習慣性的冷戰戰略思維，將地緣政治和
經貿利益考量置於道德價值之上，就令人非常遺憾了。

1989年6月28日，美國國會以罕見的480:0全票通過制裁中
國的法案，當時天安門屠殺血跡未乾，全世界都在譴責中
共，老布殊卻不僅立即行使總統權否決了國會法案，而
且親自給鄧小平打電話，鄧根本不接，老布殊馬上派遣
身邊的國家安全顧問Brent Scowcroft作為總統特使秘密專
程飛來北京求見鄧小平。7月2日鄧在人民大會堂接見他，
Scowscroft呈交了布殊的親筆信，反復表態說總統是中國
政府真正的老朋友，極其重視美中關係，絕不會因為六四
事件而感情用事。鄧小平呢，從頭到尾盛氣凌人，強硬之
極，指責美國深深捲入中國內政，美國之音散播天安門廣

場屠殺謠言，嚴正告誡說中國決不允許任何人干涉內政，因為包括抗美援朝在內，中國共產黨打了二十五年的仗、死了二千萬人才建立了中華人民共和國，所以無論遇到多大困難、付出多高代價，中國都永遠不會允許中共以外的任何勢力來代表中國人民。鄧的態度如此傲慢、講話如此蠻橫，把中共鎮壓本國和平抗議運動引發的中美關係危機倒打一耙全部歸罪於美國，而Scrowcroft卻代表美國總統處處陪着小心，為維持中美關係不斷打保票，完全讓鄧佔了上風。

這次密談在老布殊2018年底去世之後才解密披露出來，我讀了簡直跌破眼鏡！想不到老布殊竟然會「軟」到這個地步，如此卑躬屈膝究竟為哪般？那之後，多少人隨着老布殊唱起了「經貿交往有助於改變中國、有利於美國長遠利益」的調子。這個思路在九十年代逐漸變成了美國對華政策的主旋律，此後乘着全球化和新自由主義的東風高歌猛進，讓全世界參與這個遊戲的政商精英們都賺得盆滿鉢滿。

在這幾十年的過程中，美國不知道中國仍然是共產黨主導的國家嗎？不知道中國從來都不是真正的自由市場經濟，沒有獨立工會、沒有法治、沒有透明度和新聞監督機制嗎？明明知道，還是要來中國，他們能不「軟」嗎？美、歐、日各大企業，華爾街投行和世界各大金融機構，都不瞭解中國有潛規則嗎？吃人家的嘴軟，就這麼簡單。中共對此心知肚明，自然會緊緊捏住外國人這根軟肋。

順便提一句，我與Scowcroft先生曾有一面之緣。2006年在科羅拉多州Aspen Institute的一次圓桌會議上,他恰好坐在我身邊，會間休息時還主動對我的發言做了一番點評。當時我只覺得這位和我父親同歲的前高官不僅面相十分和善，說話的聲音和態度也都很「柔」，心裏還有點納悶：這位

西點軍校畢業的前空軍將領、輔佐了好幾任美國總統的前
國安顧問，怎麼沒有想像中的那種派頭和氣勢呢？當然，
那時我還絲毫不知道他與鄧1989年7月密談的內容。

話說遠了。我想強調的是，現在大家都承認誤判了中國，但
這個「誤判」不能說全是因為中共給所有外國人眼睛上抹了
一層厚厚的眼膏，而是很多西方政要和精英主動對中國的那
些inconvenient truth（不方便的真相）閉上了一隻眼睛。

美國這次終於碰到了對手。幾年前在《鏘鏘三人行》的一
次節目裏，我就說過這個意思：大陽遭遇大陰。可是這說
法太過粗略了，美國也有軟的一面，中國也有硬的時候。
以前美蘇對抗，似乎是更偏陽性，兩國搞軍備競賽，一根
筋硬碰硬。俄羅斯人打仗最狠，二戰時期坦克數量、死亡
人數遠遠超過美國和歐洲，所以他們一直認為是蘇軍從法
西斯鐵蹄下拯救了歐洲。現在還可以從普京身上看到這些
影子。而納粹也是四處出擊的侵略型。作為亞洲民族的日
本，《菊與刀》展現了日本的兩面性，兩面都很極端。當
軍國主義佔據上風時，就算自殺也要戰鬥到底，「刀」的
一面極為突出。可一旦戰敗，它就迅速退回自我，修煉內
功去了，近幾十年以各種形式向世界展現「菊」之美。中
國的文化特性與這些都不一樣，與日本的極致陰美也不一
樣，中國是大陰。

幾年前，在紐約亞洲協會組織的一次研討會上，《紐約
客》主編說他覺得普京很有趣，對於西方不帶俄國玩感到
極度憤怒。習近平不是很想成為中國的普京嗎，那他得多
露露膀子，多秀秀肌肉。普京老是以壯男的形象示人，開
飛機、打老虎……這位主編曾經長駐莫斯科，非常瞭解俄
國，我想他這句調侃至少表明他看出了俄羅斯和中國的領
導人不是同一個路數。中國人展示權勢的方式可不是靠露

肌肉。拼命三郎、肌肉男往往是為挺着將軍肚的大領導打工的，皇帝要穿很多層才有威嚴。中國領導人講究包藏自己，韜光養晦，能屈能伸，不怒自威。國之重器不可示人嘛。但是到了關鍵時刻，真正懂得「勢」與「術」的中國領導人會「偶爾露崢嶸」，會先發制人扭轉牌局，正如愛打橋牌、在德州戴過牛仔帽的鄧小平在六四後對老布殊所做的那樣。毛對鄧的評價是「綿裏藏針」。從純粹功效的角度看，鄧是一流的大政治家。

人們總是抱怨中國當代政治不透明，可是中國政治甚麼時候透明過？從古到今，中國文化傳下來的陰性思維、陰謀詭計、陰招損招多了去了，從宮廷到民間，大家樂此不疲，家常便飯。比如我想不出英語文學裏有任何一本可以與《三國演義》相比的經典，也無法想像美國孩子讀着這種經典長大會是甚麼樣。常聽到中國朋友私下感歎：美國人太憨太傻了，他們怎麼都想不到中國人會這麼玩他們！所以在這個意義上，我說中國是大陰。

美國這次碰到的對手，它不僅與基督教、東正教、穆斯蘭教文明都不同，也不是純粹的紅色政權，不是經典的國家資本主義，它是一個混合體，但底色還是東方專制，它始終沒有真正告別王朝政治，從來沒有真正接受現代西方政治文明。

這樣一個陰柔善變的、體量巨大的、足智多謀的、本土文明傳統頑強的國家，以往的入侵者最終都被它化掉了。它現在仍然在做這種事：我讓你們進來，我卻不僅存活而且發展起來了，但你們不僅改變不了我、遏制不了我，而且我還要傳播我的帶病毒的價值觀，讓你在不知不覺中被感染。不過這些年它有點得意忘形、急於求成，把自己的攻擊性、危險性提早暴露出來了。

加：無論是美國還是歐洲，甚至一些發展中國家，近年都對中國的「政治滲透」越來越敏感。在我看來，日本在這個問題上算是缺乏警惕和準備的。中國的很多做法是隱性的，外界難以理解和應對。我這些年很害怕在海外跟中國的學者、留學生等交流，因為不知道他們的真實身份和意圖。

我總的觀感是，外壓恐怕起不到推動中國改革的作用，尤其是民主化進程。從目前中美貿易戰、香港問題等跡象看，外壓只有可能讓中國變得更加極權和強硬，更加自大和傲慢，從而更加難以與國際社會相處。我認同約瑟夫·奈說的：只有中國才能遏制中國。長遠來看，我認為這是應對中國的基本思路。美國也好，日本也罷，如果真的要為自己好，為中國好，為世界好，應對中國的辦法就是《孫子兵法》所說的「不戰而勝」。我在《中國民主化研究》一書中提到我的基本態度，我認為現在最大的「中國風險」就是誰都服中國，而不對中國說「健康的不」。在我看來，這是放縱中國，放縱中國就是消滅中國，吃虧的是老百姓。現在的中國，包括李彥宏在內的大多數人是共謀者，國際社會對此是有責任的。

我也反對美國盲目地、硬碰硬地通過增加軍費開支來遏制中國，我認為這條路是行不通的，但是現在的氛圍是美國就是要跟中國對着幹，當然，前提是中國要跟美國對着幹，至少要平起平坐。中方在對美貿易戰中經常使用的談判原則就是主權、平等、尊嚴，意思就是要跟美國平起平坐。如果美國按照對方的策略把自己捲進去，反而會喪失原有的東西，而這才是最危險的。

由谷歌事件我想到了另一個問題：我們應該跟中國保持怎樣的距離？首先，我們得生存，我認為即使不認同中國的制度，也可以參與，有了參與才能瞭解，有瞭解才有辦法

應對對方和解決問題。我認為原則上要堅持理性地跟中國打交道，但同時要盡量避免放縱中國，否則，最終吃虧的一定是中國老百姓，當然，世界也很有可能跟着中國一起倒霉。您覺得呢？

查：同意，中國這麼大，不跟它打交道是不可能的。要繼續對話，但要堅持原則，檢討西方的綏靖主義和貪欲。張伯倫在二戰前夕一直縱容納粹德國，西方陣營和蘇聯對此也是秘密縱容，結果教訓十分慘重。

如果説十年前不少人對推動中國進一步改革開放，以一種漸進的方式融入自由民主的世界大家庭抱持希望還是可以理解的，那麼在2012年之後中國在意識形態和人權領域的全面倒退，以及作為一種發展模式對以美國為首的西方自由民主陣營日益凸顯的挑戰性，就是無法忽略的事實了。

2017年人大通過修憲的消息報出來不到兩周，《經濟學人》封面社評的大標題就是：「西方是怎麼誤判中國的？」（How the West Got China Wrong?）文章回顧西方四十年來的友好參與路線，流露出強烈的失望之情和反省之意。轉折的警鐘敲響了。西方精英終於明確地醒悟到中國不僅沒有向前走，還在後退；不但不融入規則，還要改變規則，另立模式，走另一條道路。世界已經發生變化，如果這時候還繼續姑息中國就很有問題了。這時候需要謹慎選擇，既不能像你剛才説的「軟」，姑息低頭，如果谷歌以一種完全接受中國遊戲規則的態度回來，我是不贊同的；又要警惕前面所説的硬碰硬，完全排華仇華，搞軍事競賽，煽動美國的民族主義情緒。如果將全體中國人和中國的體制混為一談，將全體中國人都變為敵人，認為中國人都支持中共現有的體制，這麼做就會更有利於中國當局的反美動員。我們一定要區分體制與個人，專制之下的人

民畢竟也是受害者，其中一些人是完全不認同這個體制的，但他們沒有辦法和體制硬碰硬對抗。所以我們既要看到體制的不變，也要看到個人的變。兩個如此不同的大國之間，關係出了問題，就更容易出現誤解和誤判。當兩國走向較量的時候，很多人會掉在歷史的夾縫中。當年美國跟日本一開戰，所有在美國的日本公民都被圈了起來，無論你是否反戰。有很多已經歸順了美國的日本公民或居住民，是不贊成日本的軍事行為的，但也被圈進來了。現在，對於中國問題，美國也要警惕這樣的傾向，尤其是在特朗普這樣一位總統領導下。

加：1972年日本和中國建交的時候，毛澤東和周恩來選擇的方法就是把日本軍國主義者和日本人民分開。我們通常把它說成「二分法」，在中國內政外交的許多政策中能看到這一方法的影子。日本人至今觀察中國的時候也有同樣的傾向，就是不能一刀切，把中國的體制和人民、國家和社會、中央和地方等混為一談，在一定程度上要採取「二分法」，否則很難準確客觀地理解中國這樣一個龐大複雜的國家。近年，每次碰到讓我感到悲觀和絕望的中國事件，我跟中國朋友聊這些問題的時候都會出於積極、善意的態度從二分法的角度表達觀點，而不把政黨的做法和人民的想法混為一談。沒想到，在很多時候我都遇到了反駁，比如一個年輕有為的女企業家對我說：「你這個說法不對，黨和人民是一體的！」

我最近總在想一個問題，無論是中國要發展，美國要發展，還是中美日要建立新的信任關係，真相到底有多重要呢？真相對於一個國家的發展會起到甚麼樣的作用呢？

2012年5月，我正在復旦大學做講座學者，有一次在南京先鋒書店做活動，提問環節有一個大學生問我：「加藤先

生，我們如何才能走向歷史的真相？你能否結合自己的經驗告訴我？」我想，他的意思是歷史真相挺重要的，也是挺欠缺的。

我當時回應他：我們瞭解真相要有自己的思考，要接觸不同的史料，從不同的角度、立場看問題，不斷地走近真相。然後我就說到了南京大屠殺。很多人說我傻，認為根本沒有必要主動說這件事。我當時比較瘋狂、比較膨脹，覺得可以說。這可能是我出生至今最出名的時候，我當時自以為是，覺得甚麼都能應對。現在看來真是太幼稚太無知了。

我說，在南京發生的這起屠殺事件，中國政府說有三十萬人喪生；日本有人說五萬，有人說二十萬，甚至也有一些人否認，反正有各種說法和研究。我表示，這個事情很複雜，我們對歷史的態度要真誠、謙虛，但是你要讓我回答當年的事情真相如何，具體的細節如何，確切的死亡人數有多少，我只能說我不清楚。我當時是用了「不明白」三個字，我沒有惡意，我也沒有不承認，只是在具體的細節和數字上，既然有這麼多不同的說法，如果你要讓我回答一個確切的數字，我就做不到。我當時想表達的就是這樣一個看法。

大概兩三週後，我正在青海西寧做走進一百所高校活動的最後幾場演講，當時要去甘肅、青海、陝西，最後一站是西安翻譯學院。在西寧的那天晚上要去青海民族大學演講，第二天要去甘肅農業大學。那天下午我在逛寺廟的時候，門戶網站上突然蹦出一種輿論說我否認南京大屠殺。甘肅教育廳表明他們不會讓否認歷史的人進校，於是農業大學只能取消活動。政府已經發了聲明，表明了態度，西安的活動肯定也取消了。青海民族大學很給面子，還有

四五個小時就要演講了，他們說既然加藤已經來了，那還是辦吧，那天晚上做了報告，也沒有出問題。

然後，我也發了聲明，表明自己沒有否認歷史的意思。我的聲明發在鳳凰網和我的博客上。當時，我的博客每篇有幾十萬的點擊量，微博有一百五十萬左右的粉絲，至少足以公開表明我的態度，我也表達了我的反省和不足。我始終主張日本只有不斷反省並謙卑地面對歷史，才能走向未來。同時也說到我在活動現場的表達太輕率，不夠嚴謹，對此我表示歉意，請各位給我一些時間繼續提高我的漢語水平和表達能力。那一刻，我覺得自己可能要被暗殺了，真的很害怕。因為整個輿論都在指責我，當時的門戶網站比現在有影響力多了，騰訊、新浪、搜狐、網易的頭條都在說「加藤否認南京大屠殺」。青海民族大學的演講結束後我回到酒店，躲在酒店裏寫聲明，我向兩三個中國朋友諮詢，請他們幫我把關。因為我害怕發表聲明後不僅不被理解，而且繼續發酵。第二天，所有的活動都取消了，我飛回了上海。 所以，我的態度是歷史的真相肯定很重要，但也並非沒有討論的餘地。

查：你的遭遇很典型。日本和西方侵略對中國造成的傷害，在大陸國民教育中，一直是近代史部分的重中之重。從中小學課本到社會主流媒體，可以說是天天講月月講年年講。所以，鴉片戰爭，對很多中國人來說好像就發生在不久之前；南京大屠殺，是一點就着的痛。一提起鴉片戰爭連小學生都知道三元里抗英、林則徐禁煙、火燒圓明園、各種不平等條約。從甲午戰爭到抗日戰爭，日本這一部分更是痛中之痛，被以各種形式不斷宣講、渲染。與此同時，自己人傷害自己人的部分，尤其是中共犯下的那些罪行，被縮小、歪曲，甚至塗抹得乾乾淨淨。有一個說法很

有意思：中國人的歷史記憶就像老人的記憶，越遠的東西記得越清楚，越近的東西越模糊。

但這一切並不是自然發生的，關鍵在於，中國統治者一直在限制、屏蔽、扼殺民眾根據獨立思考瞭解歷史真相的可能性。同時，中共灌輸給國民一套經過篩選的「真相」，標準和尺度根據對自己的統治合法性是否有利來決定。

所以，在中國，國家的歷史記憶是選擇性的，民眾的歷史記憶是被選擇性的。所以，我們對某些歷史真相念念不忘，一提起來就熱血沸騰、義憤填膺。比如南京大屠殺，那確實是慘烈的民族災難，不應被忘記。但是，為甚麼可以對日本人說要還原侵華歷史真相，卻不允許自己的國民還原大飢荒、文革、六四的歷史真相呢？取消你演講的甘肅教育廳，在騰訊、搜狐、新浪、網易發頭條的那些人，以及所有那些慷慨激昂地討伐你的人，他們為此抗議過嗎？為改變這種局面努力過嗎？他們對「否認歷史」真的很在意嗎？做秀罷了。

中國人老愛說「真善美」，好像「真」是第一位的，「善」和「美」排在後面。但仔細想想，在中國的教育中，無論是真相還是真理，其實「真」是最不重要的。中國是一個道德大國，「善」是一個道德的觀念，對於道德上的善惡、高低，中國人歷來有一套自己的評價系統，國人很看重道德評價、因果報應。中國還是一個文學大國，詩詞歌賦，對美有一套講究，從語言文字到美食美術，方方面面對美的追求都是實實在在的。可是，「真」呢？對真理和真相的追求，在中國人心中的地位到底有多高？

中國人可能會問：為甚麼科學都是在西方出現，而沒能從中國的傳統中發展出來？因為科學是求真的思維方式。很久以前，希臘人就在想我們身處的這個世界是怎麼回事，

宇宙是甚麼樣的，事物的真相是甚麼，有沒有真理。他們
這類問題意識出現得非常早、非常強烈，探索方式非常具
體、非常執著。而與希臘先賢同期，中國的孔子關注的主
要是人世的道德和秩序；老子關注宇宙，可是五千言表述
的是憑借靜觀和直覺歸納出來的自然觀，美侖美奐、神秘
深邃、混沌模糊，與其說它真，不如說它玄。他們毫無疑
問是中華民族的偉大先賢，但在那麼久遠的時代，東西方
哲人的關注方向和思維方式已經顯示出鮮明的不同，這難
道不耐人尋味嗎？名家是先秦惟一專注邏輯學探索的思想
流派，卻那麼早就消逝了，這是偶然的嗎？先秦以降，中
國人對真相、真理的要求始終不太高，最為追求的是經世
致用、道德秩序和社會和諧。道家崇尚自然和美；佛教講
究超脫執念；法家專門研究權力之法，完全為君權服務。
這些傳統思想裏雖有求「真」的成份，但都沒有把追求真
理放在首位。雖然五四也提倡學習西方，引入了賽先生，
但始終沒有成為中國的主流文化。

中國的文學、美術特別發達，這些都是主觀、感性佔主導
的領域。中國有無數的格言，關於事情的這一面和那一
面，永遠各有一大堆格言等着你，怎麼說都有理。所以，
相對論在中國有着肥沃的土壤，公說公有理，婆說婆有
理，沒有惟一的真理，更沒有關於真理的客觀標準。真相
在中國人心中並不是最重要的。求真、較真兒，常會被人
看作是一種冒傻氣，是不通人情世故、不智慧的表現。

加：在日本，我有一些檢察官、警察、法官朋友，還有很多
　　做記者的朋友。我沒有美化他們的意思，但是我和這些信
　　得過的朋友在一起，能感受到他們對職業的熱情和較真。
　　因為他們想瞭解真相，想破案。瞭解真相就是他們工作最
　　大的動力。記者如果沒有找到真相，就不會報道。

查：如果找到的真相牽扯權力或利益鏈條，怎麼辦？

加：至少我的記者朋友從來就是要抗衡權力的。媒體最大的社會作用就是監督公權力嘛，為此，挖掘真相，報道真相是第一步，連這都不做，根本不配叫記者。如果記者不做自己的本行，社會就會失衡，國家就會崩潰。就像您說的，如果法官被輿論左右那就等於他已經死了，因為無法保證司法獨立了。我為甚麼提記者、法官、檢察官、警察，因為我從他們身上看到了共同點。他們工資不高，工作辛苦，有時還不能照顧家庭。總有一些中國人問為甚麼要這麼拼命，又賺不到錢。因為他們就是想知道真相。沈志華教授說歷史學家揭秘真相就像警察破案一樣。怎麼破案？依靠虛假證據破了案，他們會高興嗎？我的這些日本朋友，他們的求真欲特別強烈。

您說中國很多人認為真相沒那麼重要，而且有時候追求真相是有風險的。但是人心所向，這麼多人生活在一個虛假的環境中，他們會樂意嗎？我知道，中國人對於這樣一個經常隱藏真相的政府持有極高的容忍度，但我認為總有一天人們會受不了的。因為受不了而選擇離開的媒體人已經有很多。他們放棄了，不對抗了，深知違背初衷，但沒辦法。既然沒法按照本意做，那就乾脆不做了。黨和政府對此當然很高興，他們認為中國不需要真正意義上的記者、學者、法律、新聞、教育、市場、甚至民間……我最近終於明白，在中國，黨的地位高於人，黨就是一切。我最近重讀奧威爾的《一九八四》，發現中國共產黨與奧威爾《一九八四》裏的黨無任何區別，都是黨性高於人性，黨要怎樣，人民就必須怎樣，哪怕是被迫的。我堅信，中國這樣下去，最終失去的是未來。

查：這是個令人絕望的話題，又回到了我前面談過的惡性循

環，即專制與犬儒相輔相成的共生關係。所謂求真的歷史傳統，這個「真」包括真相和真理，我剛才所説的更偏真理一些。真相，有時候有一種相對主義的特性，當然這不是中國人特有的看法，比如《羅生門》就是你們日本作家寫的。是不是中國人對真相沒有要求？當然不是！你看以前中國的公案小説都是在尋找真相，故事表面上撲朔迷離，最後揭出一個真相，到底誰殺了人。不過，即使在這裏，中國讀者最關心的還是結果正義，而非求真過程，更非如何改變制度。像《包公案》《彭公案》這類作品，突出的是除暴安良、平反冤獄的道德主題，與專注於過程和分析的西方推理小説不太一樣。

你説到日本記者頂着壓力求真，工資也不高。美國記者也有執著求真的精神。很多中國記者更值得敬佩，冒着巨大風險進行各種調查。一個例子是最近內地的公民律師陳秋實，明知要丟工作受懲罰，還自己跑去香港和武漢實地採訪；很多大陸學者也一直努力揭開歷史的真相，有些為此被迫流亡海外。不管是哪個國家，這些人求真的慾望都是一樣的。不同之處在於他們在日本和美國享有制度性保護。記者不受政府審查，享有憲法所保護的第四種權力，會得到全社會的尊敬。我不清楚日本社會對那些專門挖黑幕的記者態度如何；在美國，揭發水門事件的記者因此成就了職業生涯的最高峰，很多獲得普利策獎的記者都以披露美國的陰暗面而著稱。

然而在中國，求真始終沒有得到制度的保障。《紅樓夢》裏寫到賈雨村到一個地方當官，受理的第一個案子就是薛蟠的命案，他當即要判，結果旁邊的小沙彌衝他使了個眼色，他知道事情可能不簡單。退堂後小沙彌告訴他可不能隨便判，賈、史、王、薛這四大家族，要是判了他們殺

人，你這個官就別當了。面對這樣的權勢結構，賈雨村心中那一點點追求真相和正義的衝動，馬上夭折。

制度性阻攔真相的傳統在中國源遠流長，方興未艾。一直到今天，很多文學也只能曲折地通過影射來表現追求真相的代價。近年有一部電視劇《瑯琊榜》特別火，拍得非常好看，對真相的追求貫穿了整部劇。皇帝受了蒙蔽，邪惡的力量一直在掩蓋真相。胡歌飾演的角色蒙冤，為了揭露真相，經歷了各種苦難。最後，主人公勉強揭露了真相，皇帝也下台了。可反諷的是，在追求真相的過程中，正義的一方以及對手都付出了巨大的代價。胡歌扮演的角色為了報仇變得不擇手段，雙方在這個過程中互相傷害。最後，主人公成功了，可是也讓人感到下一個輪回即將開始。好皇帝上台了，制度卻沒有改變，權力仍然不受制衡，這個制度仍然會為權力服務而打壓真相。至高無上的永遠是權力，而權力的本性就是要掩蓋一切不利於自己執政的醜陋真相。所以，南京大屠殺可以談，「文革」不能談。今天香港的抗議運動，可以談暴徒，不能談暴政。

加：您提到「六四」的時候《人民日報》說「我們不再撒謊」，但那是一種非常態的氛圍吧？

查：對，出了一下軌，和「自由女神」談了幾天戀愛，一個月之後他們又繼續撒謊，回歸「正常」了。

加：中央電視台、《人民日報》的工作人員在私下跟我說過他們的工作就是蒙騙老百姓。今天的九〇後、〇〇後不覺得國家不好，這我能理解，的確中國這些年變得強大，至少在物質上發展起來了。可是還有一些人對我說自己沒有被騙，信息沒有被歪曲，生活也好，社會也罷，都挺自由的。

在中國，真相總是成為被政治左右的犧牲品，無法常態

化。只有在非常態的時候，比如中國經濟下滑，人們的物質生活出了問題，反對者才會站出來要求真相，之後又回歸「正常」。不知道這種循環甚麼時候結束？我現在已經無法跟當年的一些北大同學討論這些話題，他們覺得討論這些沒用，要麼把我當神經病，要麼把我當危險人物，於是拒絕跟我再打交道。

查：在我看來，這樣的生活是一種恥辱。但同時我又感到，這實際上是一種制度性撒謊，並不是中國人天生愛撒謊，而是制度壓制了真相，使得人們不自覺地或者被迫地生活在謊言中。只要制度不改變，這種逃避真相、恐懼真相的現狀就不會改變。烈士和清官解決不了問題。人性都是趨利避害的，如果追求真相要付出巨大的代價，那絕大多數人是不願意去做的，利益權衡將遠遠重於揭露真相。人們會說：真相多少錢一斤啊？

中國老話說「好死不如賴活着」，如果較真的代價是「死」——不管是生理意義上的死，還是社會意義上的死，比如大家都躲着你——那還不如賴活着。而要想活得好，有時還必須再無恥一些。甚麼真理、真相，人生在世最大的真理就是無論如何都要活下去，活得越長越好——太多太多的中國人，骨子裏其實都是這樣的活命哲學。

加：日本人的天性和活法正好相反：賴活不如好死。我也持這個觀念。

查：嗯，我們好像越聊越發現中日兩國的國民性差異實在太大了。我舉一個九〇後的例子。我女兒在西班牙上學的時候遇到一些中國留學生，聊天時她提到「六四」死了多少人，一個大陸女同學就說：你為甚麼提「六四」，為甚麼不提南京大屠殺？南京大屠殺死了三十萬人，「六四」才死多少人？在她看來，真相和生命的價值是可以用數字來

衡量的。「六四」死點人不算甚麼，何況「六四」是自己家裏的事，家醜不可外揚，你怎麼不說外國人做的壞事！

真相和生命的價值是絕對的，死一個人和死一萬個人在性質上是一樣的。不能說殺一個人不是罪，殺一百個人才是罪；也不能說自己人殺人比外國人殺人要罪輕一等。甚至還有一句話：殺一個人是罪犯，殺一萬人是帝王。這與「竊鈎者誅、竊國者侯」是一個道理。成吉思汗殺了多少人，可是他不是歷史上的大英雄嗎？今天不是還有很多包括漢人在內的中國人崇拜他嗎？一將功成萬骨枯，人們很容易把真相和人命換算成利益和功名。

那個九〇後大陸女生和我女兒爭論到最後，乾脆直接說：「活人比死人更重要，我們現在活得很好，為甚麼要提六四這件事？」隱含的意思就是這麼強大的國家為了維持穩定繁榮殺幾個人算甚麼！不要老為死人着想！她的邏輯不僅是功利主義的，而且是自我中心的。她是活人中的獲利者，現在經濟條件這麼好，社會這麼穩定，「六四」才死多少人，你連這個賬都算不過來嗎？她以利益來權衡真相，用值不值的問題偷換了對不對的問題，根本不覺得自相矛盾，更不覺得那是冷漠的或罪惡的。爭論之後，這個女生為了教育我女兒，還給她發來很多抗日戰爭中死了多少中國人的信息，這時候她又認為死人是很重要的事情了。

加：我可以講一個在古巴遇到的記者的故事。2014年，我在哈瓦那的中華街遇到一個小伙了，他用特別憂傷的眼神看着我。他英文不好，但可以勉強溝通。他以前是記者，我很好奇，於是請他喝啤酒，我們找了一家酒吧，坐在室外的椅子上聊天。我問他當記者的故事，聊着聊着，他告訴我為甚麼自己不做記者了。他指着一棟很破的樓說：你看，因為這個建築很簡陋，有一個少女掉下來摔死了，我

在現場看到了。作為一個記者，我不可能不報道，可我當時做不到，因為報社和上司不讓我報道。他一直掉眼淚，我只能沉默着，用沉默來安慰他。

他後來在某個研究機構的圖書館整理資料。他說，如果有一天有條件可以寫的時候，他會再回來，在這之前，他要先儲備實力。他最後跟我說，「但你不要誤會，我是愛古巴的，我是不願意離開祖國的。」他在和我交談的時候，始終看着周圍，他特別害怕被別人看到自己跟外國人談論這些。當時，我深受感動，對這個記者來說，真相是不能讓步的，與其讓步，不如暫退。

查：的確有這樣的記者，因為不能報道真相，寧肯不做記者，但那是極少數。你說到真相的力量，但謊言也是有力量的，謊話重複一千遍就成了真理。更可怕的是，謊言的力量，對很多人而言是無意識的。

我聽一個三十多歲開畫廊的德國女人說他們在反省法西斯的歷史時，不僅要把當年納粹屠殺猶太人的影像展現給德國的年輕人，讓他們不要忘記歷史罪惡的一面，而且會展覽納粹時期的宣傳片和海報——那也是歷史的一部分，是充滿了種族主義、日耳曼自我優越感的宣傳。她擔心年輕人會受到宣傳片和偽真相的感染，從而覺得納粹德國也不錯。希特勒是在德意志民族備受屈辱時上台的，擁有廣泛的群眾基礎。一戰對德國的打擊太大了，割地賠款，一直受壓。希特勒上台後鼓動民族主義，採取強硬手段促進經濟繁榮。在這種情況下，當時的宣傳是很有感染力的。

她為了削弱宣傳片的感染力，一方面控制宣傳品的傳播，另一方面一定會在展示的結尾處播放足夠量的屠猶視頻，表明這種宣傳的結果是有代價的——這種謊言的代價就是600萬猶太人的喪生。

　　我想説的是，絕大多數中國人今天就生活在民族主義宣傳
　　片和政治海報當中。過去的災難被隱去了，未來的災難還
　　沒有爆發。謊言正如日中天，力大無比。中國大陸有多少
　　人知道新疆這些年正在發生甚麼事情？那些「愛國再教育
　　營」裏關了多少維吾爾人？大陸有多少漢族人在乎這些維
　　族人的生命、自由和權利？大多數中國人既不知道，也不
　　想知道這些正在發生的醜陋真相。

加：戰前的日本也有眾多政治謊言，危害最大的就是軍部對
　　文官和天皇的欺騙，他們捏造證據，表示不襲擊珍珠港日
　　本就會滅亡。當時很多知識分子知道這麼做有危險，但他
　　們無能為力，選擇沉默。我們從小上課就知道，對於政府
　　的主張要有所警惕和懷疑，要判斷是否可信。如果不這麼
　　做，很可能會重演戰前的歷史。日本通過慘痛的失敗知道
　　了謊言的代價與真相的可貴。

　　政府永遠是有瑕疵的，他們肯定想隱瞞某些真相，以證明
　　自己一直是為老百姓服務的。然而，一個不允許反對聲
　　音存在的政府，誰會真信呢？我們不要求政府百分之百乾
　　淨，但全靠政府的自我修正肯定是不行的，需要社會其他
　　力量的制衡。政府允許反對聲音存在，為的是提高自己的
　　公信力。而一個有公信力和生命力的政府不僅歡迎，而且
　　需要有其他聲音、其他力量去批評和制衡它。這個簡單的
　　邏輯，日本、美國、德國都不例外。我想問的是，中國的
　　老百姓會在甚麼情況下會要求政府不能説謊？

查：抱歉，我只能再一次悲觀地回答，我認為期待中國的廣
　　大民眾去主動追求真相 —— 我們現在所説的真相基本上是
　　負面事件的真相 —— 是不太可能的。因為大部分人覺得現
　　在的物質生活比四十年前好太多了，雖然還有各種各樣的
　　問題，但都不需要通過接觸真相解決；不僅不需要，揭露

那些黑暗面還很危險，可能搞亂人心、破壞穩定。在他們
看來，那是別人受到迫害，是別人的利益受到損失，過去
的犧牲者和他們沒太大關係。只有極少數人會去追求整個
社會的真相，其他人對於普遍的真相則沒有需求。你跟他
講生活在謊言中如何可恥，講追求真相對他本人和全民族
的長遠利益如何重要，他是聽不進去的，因為他很精明，
只在意具體的、眼下的利益。他已經計算過了，結論是追
求真相風險大，收益小，不值得。

日本和德國的例子也不太有說服力，因為日本和德國被打
敗之前，廣大民眾並沒有追求真相，知識精英大多數是在
為政權服務。美國當然也有大量掩蓋歷史真相的現象，但
讓人欽佩的是，美國一直有一批頑強追求真相的人，不論
在美國越戰失敗這樣的低潮期，還是在美國霸權如日中天
的上升期，都有一批——比如那些被中國很多網民污名
為「白左」的知識分子和媒體人——始終在追求真相，揭
露本國和西方歷史的陰暗面。

舉個民權運動史上的例子。五六十年代美國有很多白人參
與了民權運動。當然，大批黑人也參與了，畢竟權利是要
自己爭取的。但是很多時候弱者太弱了，僅憑自己的力量
爭取不到權利，還有一部分弱者認為揭露種族歧視的真相
對自己不利。於是，我們看到美國歷史上有一批非常可敬
的白人——他們是統治集團或上流社會的精英成員——參
與了民權運動，和黑人一起遊行，一起被警察打，一起推
動各種反歧視的民權法案。猶太知識分子還與黑人知識分
子結成同盟，並肩奮鬥。

冷戰時期，有一批左翼知識分子揭露美國出於意識形態之
爭而不擇手段，甚至犯下罪行。很多歷史學者和媒體記者
反省美國當年對印第安人的驅趕、屠殺，揭露販賣和壓迫

黑奴的歷史。他們不希望美國的歷史被刻意塗白。其實，大多數國家關於自己建國的歷史都有浪漫化處理的傾向，美國也不例外：強調民族英雄志，開拓北美荒地，通過自己的勤勞勇敢發財致富，爭取自由。但實際上，爭取自由的背後有很多陰影。例如，獨立宣言中講天賦人權，但是黑奴有人權嗎？沒有，反倒是包括華盛頓、傑佛遜在內的美國國父們自己就是大奴隸主。憲法中規定人人平等，但是女性和黑人長期沒有選舉權，這平等嗎？權利不是別人給的，也不是一步到位實現的，而是自己長期奮鬥爭取得來的。美國之所以能有這樣不斷進步的歷程，是與它極富理想主義色彩的開國理念密切相關的，它給未來的社會改革留下了可能性。我想不出世界上還有哪個國家是以自由和人權立國的。

在我看來，日本和德國對真相的追求是被動的，是在外來勢力推動下實現的。因為戰敗，所以被強制性的要求面對真相，面對罪惡。在中國大陸，追求真相一直受到打壓，沒有得到廣大中國人的呼應。其實這並不意外，因為求真並非中國的傳統，中國人太靈活、太務實了。

加：戰前的日本，軍部拿着有限的情報去忽悠天皇，但老百姓並不知道是甚麼情況，很多老百姓雖然會懷疑，但沒有足夠的信息去印證，只能暫時沉默。我認為這不純粹是真假的問題，如果當時有一些知識分子或社會活動家通過研究證明軍部的彙報是假的，並且因此導致軍部失控、珍珠港事件、原子彈轟炸、日本戰敗，那麼，所有日本人都是不會原諒的。今天假如安倍晉三在國會的現場直播中說了假話，那我們是不會原諒他的。這是日本人看政治的基本態度。所以，至少就現在來說，我不認為日本人的求真是被動的，如果官方說了假話，民眾一定會集體抗議。當

然，媒體二十四小時都在監督政府。比如，《朝日新聞》有一個欄目是公開首相早晨從住處出發到晚上回住宿的每一個行程和環節 —— 在甚麼地方見了誰，在屋裏呆了多久，到甚麼地方跟誰用餐多久等，一個一個地公開出來，這叫透明度；不能由政府公佈，必須由第三方來公開，這叫公信力。

在我看來，我去過的每個國家都要利益，在利益面前，其他一切都很脆弱。但是中國人好像更加執著於自己的利益，因為獲得利益太不容易。雖然真相對一個國家的長遠發展很重要，但它至少在短期內不會直接給民眾帶來飯碗和利益。

查：我明白你的意思。問題是加藤你是戰後一代，並沒有在不民主的制度下生活過，甚至你剛才也承認，在軍國主義時期，也是只有少數日本人在求真。這個現象直到現在為止還是中國的一個常態，大多數老百姓都沒有知情權。你說他明明知道是假的，其實他並不知道哪個真哪個假，真假已經混在一起。今天中國官媒的宣傳手段高明多了，都是帶有幾分真相的巧妙剪裁和似是而非的觀點分析。

我剛才為甚麼說宣傳片很有力量呢？德國現在的年輕人如果只能看到納粹的宣傳片，很可能也會受到激勵和感染，認為很有說服力，覺得那時候的德國很不錯。如果不告訴你後來的奧斯維辛集中營真相，而只選擇一部分真相告訴你，不論是中國人、德國人還是日本人，都一樣會相信。我認為這是普遍的人性，人們只會通過自己看到的信息得出結論。如果看到的信息和他的利益或價值傾向一致，他會更容易相信這就是真相，根本沒有必要去質疑。

所以我強調中國式謊言是一種制度性謊言，如果制度發生了變化，我相信中國會從少數人求真變為多數人求真。你

看，雖然只有一個月的時間，但當《人民日報》覺得可以不用撒謊時就馬上打出橫幅「我們不再撒謊」。1989年5月戒嚴之前，北京一天曾經有一百萬人上街和平遊行支持學生。所以，若要中國人不撒謊，首先要有免於恐懼的自由。

可惜中國至今仍然是一元化的體制和文化。大一統的環境侵染得太深太久，壓制異見成了統治者的本能反應，它分不清意見和異見，不能容忍多元共存，更不能理解「忠誠的反對派」這個概念。中國人總說「非我族類，其心必異」，愛「抓漢奸」，所謂的「異」和「奸」，就是指你是我的對立面。無論是外族還是本民族的批評者，都是我的對立面，我就必須壓制你、排斥你，否則你就必然會顛覆我、推翻我。在這種問題上，中國大多數統治者都僵硬多疑，因為他們也生活在自己製造出來的假相的恐懼中。在一個沒有真相的社會裏，從上到下的所有人都生活在恐懼中。

關於中國之「假」，嚴復曾經講過幾句很有名的話，他說：「華風之弊，八字盡之，始於作偽，終於無恥。」後來陳寅恪也非常狠，說「中國之人，下愚而上詐」。這是兩位大學者在晚清民國時講的話，分別在甲午海戰和盧溝橋事變之後。我們仔細想一想，今天中國的情況改變了嗎？為甚麼如此難改呢？我還是想再次強調：這是長期專制造成的頑疾。中國的國民性確實有問題，確實需要批判，批得多嚴厲都可以，但根源不在老百姓、精英或統治者的個人品性，而是制度使然。

加：我確實是在民主體制下長大的一代，沒有體會過也無法理解專制統治下的生活是甚麼樣子。我只在中國求學和生活那段時間，體會過專制，以及自由和安全被公權力威脅的恐懼。有生之際能體會到專制和這樣的恐懼，算是我研究中國的一個寶貴經歷吧。

不過，我感覺活在虛假的信息和氛圍中是痛苦的，我以為中國老百姓也是痛苦的，但我忽略了我是一個來自民主社會的人，我還沒有完全認識到專制的力量。我誤判了。

查：你的疑問是一個正常人的反應。可是在中國，清醒者是痛苦的，誰認真誰就輸了。大多數人是麻木的，他們並不痛苦，也並非在忍受，他們很會唾面自乾、自得其樂，你看「抖音」上有多少歡樂的屌絲段子啊。咱們前面聊了中國人「玩」漢語的本領，我說過這種「帶淚的歡笑」並不是甚麼值得驕傲的事。有朋友說：「中國人有一種特殊的能力，任何人間悲劇到最後都能被化解成荒誕劇。所以很可能中國這個專制體制最終不是被推翻，而是被笑翻。」對此，我的看法很明確：我不認為專制體制會被笑翻。就像期待用吐沫淹死專制體制一樣，我認為這只是弱者、無能為力者的一種幻想。我覺得這些調侃和搞笑的最大功能是宣洩情緒、減輕痛苦、化解憤怒，幫助大家從屈辱無力的感受中短暫地解脫一下。如果沒有嚴肅深入的思考，沒有可操作性的後繼行動，笑聲會很快消失在新的忙碌和沉默中，正如吐沫很快會在滿是病菌的空氣中揮發掉。

之前談到中日國民性的比較，說到日本人特別較真，沒有彈性，而中國人特別有彈性。其實中國人的彈性也和專制歷史傳統有關，我在二十五年前寫的《中國波普》中就講過這個觀點。中國人要在嚴酷打壓異見的高壓政治下活下去，就要尋找安全空間，發展出一套彈性做法，以便「上有政策，下有對策」。這是中國人在高壓下活着的生存策略，美其名曰「不鑽牛角尖」，因為鑽不起，一鑽就死了。

加：2010年我在《新週刊》的一個頒獎典禮上碰到馬未都先生，他突然走過來對我說：「加藤，我對中日兩國民族的

不同有一個長期觀察，想到了兩個詞，你看對不對？中
國人是便捷，日本人是固執。」馬先生說的很準，日本人
有自己堅定的信念，說得不好聽就是死板、沒有彈性。所
以，相對美國人而言，日本人更加無法理解中國的許多事
情和中國人的許多活法。

查：日本人是要麼痛苦，要麼快樂；要麼瘋狂，要麼壓抑。
中日是近鄰，你們也讀孔孟之書，但國民性格差異很大，
有些方面簡直是南轅北轍。不知道是否與地理氣候的異同有
關係，我反倒覺得在有些方面中國人和美國人更為相似。

美國的實用主義傳統非常強大，善於變通和吸收他人所
長，有一種粗放的、不拘小節的大大咧咧，很多東西做得
不夠精細。比如，美國佔領日本後，把很多工業、機器遷
走了，給了中國或者搬到美國。但是後來他們發現，日本
人用同樣的機器做出來的產品比美國人做的要更精細，質
量也更好。美國人覺得既然如此，那就讓日本人繼續做
吧，我們做別的。美國人的自我定位是做原創性、統領
性的東西；而日本人的製造業、工藝品做得更好，比如，
日本車打敗了美國車，佔領了美國市場。你看美國車體
型大，耗油，顏色鮮艷，正紅、正綠……日本車更經濟適
用，更省油，色彩更柔和，選擇更豐富。

中國人的主流趣味和美國大眾一樣，也是正紅正綠，粗
放，喜慶，器型大，調門高。你再去看看中美兩國的電視
綜藝節目，都愛鬧騰，愛煽情（melodrama），愛打高光，都
比較放肆。日本總的來說更內斂、更安靜，喜歡更暗一些
的偏色（off-color）和啞光，講究不對稱之美和枯寂的禪意。
日本的園林雖然不大，但都很精緻，追求完美主義，沙
地、卵石的佈局都有講究，可以坐在榻榻米上，從一扇打

開的紙窗或紙門裏靜靜地觀賞一潭淺水、一方盆景或幾棵
枯樹。中國的故宮已經很精緻了，但還是有東北蠻族粗放
的特色，一股大陸帝國的皇室霸氣。

你看，一個是狹長秀麗、單一民族的島國，另外兩個是幅
員遼闊、族裔雜多的北溫帶大陸國家……不過，這種大而
化之的粗糙描述和粗略比較，本身就像是中國北方人的思維
方式，然後我又在美國生活了這麼多年。哈哈，打住吧。

加：讓我來總結一下：日本人經常自省，很少自嘲；中國人
經常自嘲，難得自省；美國人經常自嘲，經常自省。

日本人堪稱完美主義者，如果能做到一百分，就絕不接受
九十九分。在不少日本人看來，做得不完美就等於沒做，
這可以說是日本人的典型思維，甚至是基本活法。日本人
向來認為「賴活不如好死」。這種「完美主義」可以帶來
好處，比如做事嚴謹，執著於結果；但也給國人帶來無處
不在的壓力，導致不少日本人活着缺少快樂，每天循規蹈
矩。日本的自殺率之高也是一個證明。許多中國人覺得日
本社會很穩定，很有秩序，但日本人卻活得很拘謹，很壓
抑，不夠放鬆，停不下來，只能往前走，卻不知路在何方。

很多外國遊客初到日本後感覺不適應，因為日本有一套自
己的習慣，比如在公共場合不能大聲說話。有一次我陪一
個中國的紅二代在東京地鐵站裏走路，我們拿着在北京的
狀態討論中美關係、中日關係，那個人的聲音特別大，還
很激動，也許是因為在中國誰嗓門大誰就更有理吧。日本
早晨的地鐵裏，只有腳步聲，不會有人這麼大聲說話，而
且我們還是用中文。然後警察就走過來問我們到底是怎麼
回事。

我發現，很多外國人不能接受日本的習俗。比如，日本的

包裝很精細，很大的包裝盒裏只放一點點東西，這就是日本人較為典型的做法和風格。當然，他們也不是全部排斥，日本特有的東西還是受到不少外國友人的歡迎。比如，無印良品最大的特點就是「無印」，我從初中開始用它家的產品，至今還在用，二十多年了。MUJI不僅因為好用、耐用，更多的是體現了一種極簡主義的價值觀和活法。2016年至2017年我在瀋陽教書期間，在遼寧大學新校區的咖啡館認識了一對夫妻，丈夫是本地人，妻子是浙江人，是中產階級家庭。他們去了一次日本之後，想把家裏的裝修和所有傢具都弄成無印良品的風格。很多中國的文藝青年和中產階級也很認同日本的產品、文化和生活方式，包括極簡主義的審美文化。

查：我女兒買鉛筆一定要去無印良品。她認同這種有品質的極簡主義。我也喜歡無印良品，尤其是它的秋冬睡衣，特別舒服柔軟，樣子也雅致。從環保角度講，日本的包裝比較浪費，不過真是精美絕倫，讓人愛不釋手。

加：在我看來，日本的這種特性也體現在人與人的交流上，可能會讓人覺得日本人不好相處。我當學生的時候經常做翻譯，國際會議的談判相對來說很枯燥，不管是同傳還是交傳。不過，我參與過的不少中日企業之間的商業談判比較有意思，從中能夠看出中國人和日本人的不同。我發現，中日之間談判經常遭遇失敗的一個原因是 —— 雙方在意和重視的維度不同。日本人在意對方有沒有守時，有沒有打領帶，有沒有認真準備文件，以此為標準決定是否信任對方，換句話說，不管是做人還是做事，細節和禮節是日本人判斷對方的一個重要角度。中方會更多的介紹自己背後有甚麼樣的機構、領導，提出很宏大的戰略思維，表示自己是一個有實力和資源的人，拿出大度和威望來換

取對方的信任。但日本人往往不買這個賬，認為這不是最重要的。你遲到了，有時隨便缺席，在開會時接電話，或單方面更改時間卻不通知對方，有人還穿着拖鞋，沒準備好文件也不道歉，那還能值得信任嗎？日本人就是會這樣想。所以，雙方往往難以找到共同的規則來推動合作，建立信任。比如，中方問這個東西怎麼樣，日方表示好，說我馬上把這個帶回東京，跟老闆商量之後給您回覆，但中方領導說現在就要回覆，想當場決定要不要合作。據我觀察，中國人往往想很快把事情做成，很快就拿到成果；日本人則要一步一步按照程序來，為的是不犯錯誤。所以，雙方經常談不攏。這些經歷告訴我，中國人和日本人看重的東西和層面不同，做事風格也不同。也許中美之間行事風格的差異會小一些吧。您怎麼看？

查：我缺少直接觀察兩國商人打交道的機會，你舉的這些例子很有意思，我在想這些不同是否與我們前面説過的契約型社會和實力型社會有關？無論從制度還是從文化上講，美國和日本都是成熟的契約型社會，在提高實力的時候，大家都認同應該通過遵守契約的路徑。從這一點上講，日美更相近。中國人呢，也不是都不遵守契約，但與日本和美國相比，契約精神比較弱，從根本上講是個認實力的社會，或者説得更好聽一點是更看重江湖情義。當然，哪個社會都有灰色地帶、都講人際關係，比如華爾街投行前些時候就被揭發出來依靠聘用中國高官子女來拉生意，許多年前我還聽美國商人私下跟我抱怨過日本企業在中國如何靠行賄搶客戶。但我不知道這種現象有多普遍。從基本的制度層面和大多數人的行事風格來看，我同意你的判斷。只是據我觀察，美國人在講契約、程序的大前提下，也有他們靈活的一面，並不死板。

美國是個年輕的移民國家，色彩龐雜，公正平等的理念深入人心，這在審美風格上也有體現，就是它總體上比較平民化。你看白宮，很普通的一座白房子，也不太大，還不如邁克‧傑克遜這種大明星的私家莊園那麼鋪張。這符合美國人「小政府、大社會」的契約，政府不能任性，奢侈浪費，不可以拿納稅人的錢為自己搞特權。White House直譯就是白房子，可是中國人一定要把它翻譯成白宮，往「宮殿」那邊靠。

中國的地域文化千差萬別，但一直有皇朝的傳統，皇家一定要高懸於民間之上，在氣勢上壓所有人一頭。故宮的佈局，整個北京四九城的佈局，都是恢弘正大且富有象徵意義，紫禁城、天壇、地壇、日壇、月壇都跟宇宙的星座相對應。在審美風格上，故宮建築的用色都很正很鮮明：紅牆黃瓦，朱門金釘，基座是白色石材，鋪地是青黑磚石，一切都要凸顯皇家的威嚴大氣和富麗堂皇，一切都與北京的民居涇渭分明，連黃色都是皇家專用，民宅禁用。可中國畢竟大，有的是自行施展的空間。比如南方的文人園林就可以完全另闢蹊徑。蘇州園林精緻小巧，山西晉商大院則是另一種風格。總之，中國是大一統之下的龐雜多元，正統和民間，各行其道，各美其美。

我參觀過日本園林，感覺跟中國的不太一樣。它不追求正，而是追求一種不平衡之美、非對稱之美，顏色也不求正色，不是正紅而是醬紅或者鐵紅，給人含蓄、退讓、低調的感覺。又比如和服，中國唐朝的衣服傳到日本後發展出一種特別的味道。日本很注意保留特色，不像中國改朝換代，一朝一個樣，一會兒漢服，一會兒胡服。你們的天皇到現在還是同一個家族，血緣上一脈相承，不像中國誰都可以做皇帝。日本的執著於純正，與中國大一統之下的

龐雜，形成了鮮明對比。這也反映在餐飲上。我非常喜歡
日本料理，刺身配清酒是我的最愛之一，上次到日本還專
門去吃了東京兩家最好的鰻魚店，真是極品。在我看來，
日餐是日本人將簡明純正做到極致的又一例證。不過若與
中餐相比，它可就窄得太多了。中餐，我認為是真正配
得上博大精深這四個字的。中國人的味覺天生非常敏銳細
膩，對美食的熱愛和對烹調的鑽研孜孜不倦從未受到過任
何限制，加上長期的飢餓歷史和遼闊多樣的地貌，導致舌
尖上的那個中國一直生機勃勃。

美國幸虧有來自各國的移民，在飲食方面，既有國際化的
五彩繽紛，也有實驗精神。它的一些new cuisine富於科學精
神，講究食材的分子結構，很前衛，但可能是我的中國舌
頭和胃有偏見，總覺得這些fusion的新菜既不太好吃也不太
成氣候，跟中餐相比底子太薄了。而美國人又不如日本人
精緻。日本的完美主義、職人精神，舉世無雙。

此外，當下的中國在服裝、建築上的審美，我認為是七倒
八歪的。傳統被打破後，還沒有建立起新的、屬於自己
的東西。日本則已經有了自己的建築設計大師和世界級
的服裝品牌。比如川久保玲(Rei Kawakubo)，她曾是Yoji
Yamamoto(山本耀司)的女友，個性鮮明、風格前衛。前
兩年紐約舉辦了一場盛大的關於她的設計回顧展，她設計
的衣服像畫一樣，絢麗、另類、霸氣，看起來很藝術很奇
特，雖然不能穿着上街，可是她創辦的Comme des Garcons
成了國際名牌店，紐約到處都有。日本也有可以穿出去同
時又很美的衣服，介乎中西之間，比如三宅一生就是，又
流行又適合日本人的身材。說實話，美國人穿這種以流線
型的皺摺來包裹人體的衣服就不太合適，它是在解構了西

方造型模式後發展出來的一種審美，更適合日本人或亞洲
人這種溜肩小骨架身材。

中國人現在主要穿西式衣服，讓大家穿漢服就有點兒彆
扭，因為生活方式變了，神態、步伐、動作都早已不是過
去的樣子了。可是，中國人穿西服也不容易得體，經常要
麼袖子長了，要麼褲腰高了。很多人喜歡在正式場合穿西
服，卻穿不出自己的樣子來，好像不是他穿衣服，而是衣
服穿他。不少臺灣人和大陸人都是穿西服更顯土氣，只有
香港人真正是中西合璧：無論是穿着拖鞋和花褲綢衫上街
買菜的阿叔阿婆，還是西裝革履的職場白領，都自如、得
體。日本人也是，無論穿西服還是和服都比中國人更為得
體。我去東京看過一場歌舞伎，大多數觀眾穿的是西方服
裝，也有一些觀眾穿和服，與舞台上絢麗的和服、簡潔的
佈景相互呼應，雅極了。

加：其實，日本人和中國人的體格、膚色差不多，但可能日
本人對着裝、打扮有着更多的講究吧，尤其是中日男性之
間的差別更大。至於女性，差別就不大了。跟中國男性相
比，我發現中國女性的審美意識更現代，學習和適應能力
也更強。我始終認為中國女性之美可以在一定程度上代表
亞洲之美（Asian beauty）。

查：哦，「代表」這個詞可要慎用呀！我已經看到印度美女
們不滿的表情，甚至聽見俄羅斯美女們不屑的噓聲啦！更
要命的是，假如我一不留神講出「其實我認為日本男性之
美可以在一定程度上代表亞洲之美」這類話來，後果可能
很嚴重，甚至比你因為南京大屠殺言論引起的那場風波更
糟呢。

這個問題先打住，再回到你說的中日男性對服裝打扮的不
同態度。是的，好像這種差別早就存在，想想《紅樓夢》

和《源氏物語》裏面那些貴族男性，他們都講究服飾，可
是講究的程度和方式不同。總的來說，中國男人更講究
吃，日本男人更講究穿。不好意思打斷你了，請繼續。

加：日本人也追求中庸之道，盡可能避免走極端，但從日本
人的「變態」和完美主義可以看出，日本人的審美裏也有
一些打破原有框架的渴望。總之，從理解一個民族的角度
看，日本人應該是最不好理解和難以相處的。

關於完美主義，我再說兩句。我們為甚麼要追求「完
美」？用可能會引起誤會的話說，我們只能完美，不完
美人家根本不會買你的東西。如果你的產品有一點點問
題，那你一定會被淘汰。日本的企業競爭那麼激烈，汽車
有鈴木、豐田、本田、日產、三菱、萬事達等，家電有
索尼、佳能、松下、東芝、藝康、聲寶等，不管是質量還
是價格，有一點問題，你就被淘汰了。不只是產品，人也
一樣，你只能完美，日本社會不允許你不完美，不完美就
沒有資格活着。一個人一旦在單位或社會上失敗，基本上
就徹底失去信用，無法東山再起了。日本不像美國，對失
敗者很寬容，再給一次機會；面對失敗，我看中國也比日
本更加寬容。不給失敗者機會，這也是一種極端主義的表
現，或者說不夠中庸的表現。我們從小到大的感覺就是要
完美，所以每個人活得都很壓抑，有時也很無力。

查：我要是也說得比較極端，那就是眼下的中國人只能不完
美，誰完美誰就活不下去了。為甚麼現在很多中國人的
狀態就是湊合，就是急功近利，因為沒有空間讓你追求完
美，你追求完美，出活就慢，東西就賣不出去。要命的
是，追求完美的生產者永遠是少數、個體，與之配套的顧
客也永遠是少數、小眾，所以大多數人只能瞎對付。

加：中國人目前正處於一種一邊忙碌一邊觀望的狀態。日本

人畸形的完美主義導致我們對外國朋友顯得很不包容，甚至有點兒排斥。外國人到日本後無法適應日本人的做法和觀念。怎麼辦？我認為我們不必過於在意外國人的看法，比如，只要我們的企業把產品做到完美，就會有人欣賞和購買。我們沒必要追求被很多人接受，還是繼續走自己的路，無論是做一個蛋糕、造一台相機，還是建一座房子，我們都要做到極致。這才是我們的活法。

我們也不必期望讓所有外國人都接受日本的審美觀，如果別人能接受，那我們非常感恩，但首先我們應該做好自己，養成屬於我們自己的審美意識。我也希望今天的中國能有自己的審美，而不是拿來主義＋湊合。中國本來就有那麼多美好的傳統和燦爛的文化。這不是套話，我是發自內心這麼認為的。只是很遺憾，許多令眾多日本人仰慕的中國文化傳統如今早已被政治化，變形、變樣、變質，陷入消亡的邊緣，這才是問題的重點。日本人就是一直從中國的文化傳統中學習和吸收。但很遺憾，活在當下的中國人反而忽略了自己傳統中美好的東西。

查：我很同意。昨天說到日本跟德國都有排外或戰敗的歷史，但是現在對移民的態度不同，我覺得你的說法蠻有說服力。日本是一個島國，有單一血緣和單一族裔的傳統，但沒有移民傳統，更不是一個移民國家。它不像美國可以接受大量的外來人口，它更需警惕不要讓軍國主義舊病復發。

在我看來，日本堅持自己的審美風格，就是對世界的一種貢獻。日本的完美主義、工匠精神，在世界上是高品質形象。人們提到日本產品，首先就想到它的完美、可靠和精緻。不過，這種完美的確不可能成為世界上大多數國家的追求目標。所以，日本有着不俗的小眾產品。比如和服和

前衛設計，因為小眾、高端，追求品質的人才會去穿。無印良品受到文青的喜愛，也屬於相對小眾的需求，因為他們買不起奢侈品，卻又要追求簡樸有範兒的產品。

而一說到美國，除了一騎絕塵的高端科研，人們首先想到的就是大眾文化，就是好萊塢電影，就是漢堡、T恤和牛仔褲。所以很多國家 —— 包括歐洲的、亞洲的 —— 精英對美國文化都是既佩服又不屑。美國粗線條的大眾文化和審美風格，實用主義的商人性格，一方面具有普世價值，另一方面又包含了很多濫情、平庸、自高自大的元素，比如那些白人英雄拯救世界、正義最終戰勝邪惡的好萊塢大片。對於各國精英來說，它可能助長了粗糙鄙俗、自我中心的娛樂文化潮流。從托克維爾的書中可以看到他當時的擔心：美國民主的好處是自治、平等，讓人悲觀的是其文化主流的趨向 —— 貴族和少數精英的審美趣味不斷邊緣化，文化品味不斷迎合中產階級和大眾而向下滑動趨於平庸；但反過來你也得面對現實 —— 追求民主就是追求一種讓大多數人得到滿足的生活狀態。

美國的流行文化在中國也很受歡迎。中國人拍大片、拍電視劇、搞選秀節目、開快餐連鎖店，樣樣模仿美國。但是骨子裏，這兩個國家，尤其是這兩國的領導人，都特別爭強好勝。現在中美之間彼此衝突不斷，越來越像一對怨偶，目前才剛剛開始，更糟的在後面。美國人倒不見得特別愛面子，但是美國從來沒輸給過誰。中國曾經是世界文明體系中很重要的一脈，卻輸得很慘，丟盡了面子，所以它不服，不甘心當別人的學生。它覺得自己曾經是老師、是萬邦來朝的中央帝國(The Middle Kingdom)。尤其在亞洲，天朝是居高臨下的帶頭大哥，歷來都被一群小弟圍着、供着、拜着。比如日本，曾經是中國的學生 —— 日

本派太學生來學我們的孔教，學我們的建築，學我們的服飾……後來這個學生覺得老師沒落了，西方興起了，它就換了一個老師，學習另外一種文明。因為船小好調頭，它很快超過了原來的老師，而且還掉過頭來侵略中國，在衰老虛弱的冬烘先生頭上狠狠地踩了一腳。美國佬呢，這幾十年在中國賺得盆滿鉢滿，現在看見我們崛起了，就要遏制打擊中國了。

所以，中國人在民族復興的渴望中一直摻雜着一種怨恨情緒，不僅政府，精英和老百姓中也有很多人有這種情緒。政府更是一直在煽動這種怨恨。最陰險的是中共，改革開放是迫不得已，拜西方為師也是迫不得已，拜了幾十年，現在又大起來了，又開始不服了 —— 其實從來就沒有真正服過，它想的就是「師夷之長技以制夷」，骨子裏與晚清一脈相承。「強國」，在中國有着巨大的吸引力，這口氣憋了將近兩百年。

加：我曾經跟北大的一個同學討論，我說如果讓我選擇，我寧願被你們看不起，覺得我們是服從的、弱小的。我說日本寧願被別人看不起，也要讓自己的老百姓能安居樂業，享有公民的基本權利和自由，從而讓國家真正長治久安。我曾經交流過的中國軍人、官員、知識分子朋友也對我說過，日本在自己的領土內有美軍，憲法也是美國人起草的，這是多麼沒尊嚴的事！不過，我相信大多數日本人覺得如果這樣做能保護自己的安全，老百姓能夠享有自由和人權，還有民主政治，我們寧願接受這樣的現實。

當我跟中國的知識分子或政府官員交流時，我感覺大多數中國人把「世界老二」「社會主義現代化強國」「崛起中的大國」等詞彙當成某種尊嚴，覺得很有面子。很多人認為有面子就是有尊嚴，對此我不敢苟同。

我作為一個沒有經歷過動盪年代和高速增長時代的日本人，小時候就發現日本的正面新聞很少，媒體整天報道的都是負面內容——經濟要下行了，社會要衰退了，人口要少子老齡化了，財政又吃緊了，哪裏又發生地震了，我們何時才能走出「失落的二十年」等等。小時候，日本生活的主旋律是我們在衰落，我們被趕超，我們的未來不明朗，我們的國際地位在不斷下降。但實際上我並沒有感受到日本在走下坡路，我以為社會的常態就是這樣的。以前沒出過國，沒有角度去對比，一切都是想當然。後來，我到了中國，又去了美國，發現還是日本最好，即日本是最好的社會。我想，這也是大多數日本人，尤其是出過國、留過學的人的真實感受吧。雖然這樣說顯得不夠謙虛，進步意識不強。

我從小對國際關係感興趣，但我在日本國內的時候，跟日本人之間幾乎不怎麼討論國際問題，頂多討論我們自己的政府和社會。當時，我從不覺得自己生活在後泡沫時代，「後泡沫」是我到中國之後才想到的詞彙。當我家破產被追債，我只是覺得過得不好，但沒有想過尊嚴的問題。現在回過頭來看，我們是多麼有尊嚴才會一直沒想過這個問題呀！在您看來，對於美國人來說，甚麼是有尊嚴的生活？

查：美國人對尊嚴的理解，也是各種各樣的，我不能代表他們說話。但我可以講自己的感受。到美國後，我明確意識到自由和尊嚴是密切關聯的。

加：嗯，我極為認同。如果活在當下的日本人不享有不被公權力侵蝕的自由，那我也會覺得生活沒有尊嚴，不管物質基礎多麼雄厚，都會覺得我們是在一種羞恥的狀態下生活的。而依我看，香港人普遍也有類似的想法和感受，對他

們來說，失去自由等於失去尊嚴，是一種羞辱，所以對於公權力對自由的侵犯才會如此強烈地反抗。這是我的現場感受。

查：對，物質基礎與尊嚴有關係，但如果反過來說有了錢就有了尊嚴，我就不能認同了。可是很多中國大陸人就是這樣看的，他們不相信也不理解香港人真會是為了自由而反抗──為了司法自由、新聞自由和投票選舉自己領導人的自由。

舉個例子。2003年搬回北京之後，我認識了一個中國女海歸，她回國創業，和丈夫一起辦了個很大、很成功的網站，是最早富起來的那批人。我們吃飯的時候，她說，以前很多外國人覺得中國人沒有尊嚴，我們自己也覺得沒有尊嚴。甚麼叫尊嚴？有錢就有尊嚴，現在中國人有錢了，中國人就有尊嚴了。我當時很震驚──一個和我一樣在美國學習、生活多年的人，回國後成了富人，就認為自己有了尊嚴。可見她在美國期間獲得的那些有制度保障的自由──在言論、閱讀、求知、求真等方面的自由──都沒能給她帶來尊嚴感，對她來說都無關緊要。她對尊嚴的看法簡單明瞭，認為其來源就是錢。她還說，現在外國人看中國人的眼神都不一樣了，你有錢了人家就不會看不起你，你自己也會覺得到哪兒都特有面子。

這位女海歸的話促使我再次思考：人是不是越有錢就越有尊嚴？首先，我不否認錢很重要。我在毛時代的中國長大，當時中國人普遍窮得要命，既沒有自由，也沒有錢，那真是徹頭徹尾的沒尊嚴──或許被封為「領導階級」的工人們自以為有尊嚴，但任何有常識的人都知道那只是假相。改革開放使七八億中國人脫了貧，今天中國不僅有

很多富豪，更重要的是大多數老百姓的物質生活確實改善
了，吃上飯了，不少人吃得還相當不錯，中國終於有了一
個人數不小的中產階層。只要我們承認生存權是人權的一
部分——我認為這是不言自明的道理——就應該承認這是
個巨大的進步，這個進步值得中國人自豪，也確實會賦予
中國人一定程度的尊嚴感。問題在於，僅僅停留在物質層
面上的尊嚴感是低級的、片面的、稀薄的，而且終歸是脆
弱的。我們畢竟是人不是豬。人不僅需要財務自由還需要
精神自由。對於精神生活和精神自由的追求和享受，才是
人類文明區別於動物世界的標誌，才是更高貴、更深沉、
更豐厚的人類尊嚴感的源泉。而精神生活和精神自由當然
包括表達、批評、抗議、選擇、信仰等方面的自由和權
利。可是在這個層面上，今天的中國人，包括所有的中國
富人，有尊嚴嗎？其實我這個標準都太高了，別說精神自
由了，中國富人們連更基本的免於恐懼的自由都沒有，他
們誰敢說不害怕自己的財富哪天被剝奪？馬雲敢嗎？

當然，我並不是在暗示有了民主就有了尊嚴。我從2005年
開始去印度，在這個世界上最大民主國家裏的所見所聞，
讓我感到民主與尊嚴的關係太複雜了。印度選民可以投
票，但是印度有那麼多赤貧的窮人，雖然他手裏有一張選
票，但是他不識字，在日常生活中很憋屈，經常被欺負，
他的兒女很可能將繼續貧困。除了選票，他沒有任何話語
權。你能說這叫有尊嚴嗎？

在美國生活久了，我對美國社會中尊嚴的理解也不像當初
那麼簡單了。我清楚地看到了金錢在美國生活中的重要
性，財富影響社會地位，將人區分為各種階層，富人往往
享有更大的話語權，還有兩黨都不能免疫和解決的老問
題——財團和資本對政客的腐蝕性影響。社會流動性減

少、階級固化、不平等加重，這是美國近四十年來日益凸顯的問題。種族歧視和壓迫更是深刻地傷害了人的尊嚴，尤其是針對非裔，儘管上世紀五六十年代民權運動以來已有很大改善，卻仍然嚴重。坦率講，除了「排華法案」那段時期，華人在美國所經歷的歧視和黑人完全沒法比。除了販奴、隔離等歷史問題，尼克松和列根以「緝毒戰爭」為名開啟、被後來歷任總統延續下來的一系列政策法規，造成美國警察長期以來濫捕黑人，法院對小量毒品案犯判決過重，監獄長期以來過高比例關押大量黑人囚犯，其中牽涉的種族偏見、司法不公和商業利益鏈條，錯綜複雜，後患無窮，至今是個解決不了的頑疾。

這次由喬治·佛洛依德之死引發的全美抗議遊行，就是積怨已久的又一次爆發。雖然我們需要再過一段時間才看得清這次抗議運動的真正影響和意義，但它已經推動了美國全社會對種族歧視和警察暴力問題的熱烈討論和反省，而且已經促成了相關法規條例的修改，比如在如何限制警察過度執法、解決警署檔案記錄不夠透明等具體問題上，有些州和市政府正在徵求公眾及相關各方意見，有些已經啟動了修改相關法規的程序，包括我所在的紐約。

至於某些歷史雕像是否應該移除、某些軍事基地和機構的名稱是否應當改名，某些警署經費和警力部署是否得當等等，這些問題也都在討論中，應該會逐漸形成某些共識，最終通過相應的法律程序解決。當然，要解決更深層的問題，不論是種族歧視的心魔還是結構性的不正義，都需要長期的努力，前面會有很多障礙和反彈，絕不可能一蹴而就。總之，美國遠非完美，在經濟、政治、司法、執法、種族等各個方面，都存在着不同程度的不公乃至腐敗現象，這些當然也都會影響到人們的尊嚴感。

但是，美國這些問題與中國或印度的問題都難以比較，因為歷史根源和現實語境太不一樣了。無論從量還是從質的角度看，我認為絕大多數美國公民的自由度和尊嚴感都要遠遠高於絕大多數中國公民，也要高於印度的大多數窮人。

加：您能否具體闡述一下美國公民的自由度和尊嚴感？

查：首先，美國有新聞出版自由和司法獨立，這太重要了。上面我講的所有問題都是美國人自己公開揭露的，在大多數情況下人們也可以訴諸法律程序尋求解決。任何國家都存在不公，但如果一個公民連揭露、抗議不公的權利都沒有，那真是極大的羞辱，談何尊嚴？

其次，相對來講，美國是一個機會比較平等的國家。雖然一個人可能出生時很窮，或者在其他方面處於劣勢，但他是有機會追求夢想、改變命運的。美國有很多白手起家的富人，很多財富精英、文化明星和政治領袖來自沒有甚麼背景的少數族裔和移民家庭。當然，這也是相對而言。我前面提過那篇《大西洋月刊》文章，描述了美國的「百分之九點九一族」，那個講的就是因出身優勢而形成的機會不平等。

第三，普通人、低收入的藍領在美國也有尊嚴。我在美國生活了幾十年，打過交道的所有藍領都是不卑不亢的態度，無論是學校和小區的清潔工，酒店和餐館的服務員，還是裝修的工頭和管道工。比如，我從來沒見過類似印度那樣的僕人要蹲在地上伺候富人的現象。在美國的服務人員眼中，這只是一份工作，僱員和僱主沒有人格高下之分，僱主不會把僱員當下等人看待，多數時候僱傭雙方的關係是禮貌友好和相互尊重的。反倒是近年來在中國，我多次看到業主呵斥小區保安，車主呵斥代駕，一些有錢人包括我的一些朋友，在公共場合對服務員的態度非常無

禮，吆來喝去的。同時，一些服務員，尤其是高級會所、高級飯店的服務員總是點頭哈腰的，好像自願低人一等。每次遇到這類情形，我都會覺得很不舒服，同時也會想到，尊嚴感的缺失或者變形，也並不都是制度造成的。

總體來說，據我有限的個人觀察，在中國和印度這樣的社會裏，人們確實更普遍地將財富和社會地位與尊嚴掛鈎；在美國，財富和社會地位當然也重要，但美國人更普遍地將尊嚴感與自由、平等以及由此帶來的獨立人格、平等權利緊密相連。

加：嗯，我在美國生活期間也有同樣的觀察，美國公民對尊嚴看得很重行。相比之下，我在日本一般不太會想到尊嚴的問題，因為日本的貧富差距不大。日本的大公司老闆、政府高官有很多是坐地鐵等公共交通工具上班的。日本第一個來自民間的駐華大使丹羽宇一郎，是伊藤忠的會長——伊藤忠是多大的商社，據說他當時也是每天坐地鐵上下班。

查：會不會是因為整個日本社會都比較含蓄、低調，大家不願意炫富？我聽說日本有一些很貴的飯店和消費場所，都是很隱蔽的。

加：對，不願意炫富是一個原因。日本人確實不太習慣被周圍人認為自己很富裕，很有權力和地位，謙虛低調才是最務實的活法，既不得罪人，也不被社會制裁。日本存在仇富心態，但問題是沒那麼多富人可仇，也看不到那麼多富人。這幾年，雖然貧富差距開始變大，我們稱為「格差」(kakusa)，但和其他國家相比，大家還是過着差不多同質的生活，而且日本人很欣賞這種生活。日本是一個均等化、同質化程度很高的社會，如果一個人太與眾不同，就會被主流排斥。日本人一般不太適應被看不見的大多數排斥的狀態。

查：這與美國不太一樣。美國的貧富差距是在七十年代之後
　　拉大的，近年有些統計數據觸目驚心，比如：美國百分之
　　十的人佔據了全社會百分之九十的財富，最上面的百分之
　　零點零一的人就是巨富，百分之一的頂級富翁佔據全社會
　　百分之四十的財富，還不算避稅天堂中隱藏的一大部分。
　　這樣嚴重的貧富不均引起了不少人的憤怒，桑德斯及其陣
　　容不小的支持者們就是證明。但是，龐大的美國具有雜多
　　性，在生活方式和品味上包容個人選擇，不像日本那樣有
　　統一的共識——不能露富、炫富，否則會被鄙視和排擠。
　　美國甚麼人都有，特朗普就是一個炫富的典型。他蓋的大
　　樓經常在媒體上曝光，有一批人對此很是崇拜。不過，酷
　　愛主動炫富的特朗普在美國富豪裏其實是小號的。亞馬遜
　　創始人Jeff Bezos是首富，自然躲不過媒體的追蹤報道，前
　　些時他在加州又買了座豪宅，花了一億多美金。可是按照
　　媒體的計算，他每天就賺兩億多，真正是日入斗金。同
　　時，美國也有一批很低調的富人。我生活在紐約，曼哈頓
　　就隱藏着很多非常有錢的富人，比如有很多好萊塢巨星就
　　住在這裏。曼哈頓寸土寸金，一座頂層的複式公寓要賣幾
　　千萬美金，但他們絕不會高調宣揚這些，出門照樣是一條
　　牛仔褲、一件T恤衫，到附近的餐館吃美式早餐。美國還
　　有一些郊區，有很多豪宅，每座豪宅之間的草坪一眼望不
　　到頭，房屋後面就是森林，都看不到彼此的房子有多大，
　　許多巨富和明星住在那裏，都很低調。

美國人各有活法，各有空間，欣賞個性自由是普遍的社會
風氣，對此大家都很包容。尤其那些憑自己的聰明才智發
達起來的第一代富人、名人，會引發普遍的欽佩和尊重。
所以美國的總統候選人、政客、領袖經常強調自己是藍領
家庭出身，表明自己的父母曾經是農民、工人或保姆，自

己曾經在農場或工廠幹活。拜登長年坐火車普通席往返於國會和他在附近達拉維爾州的家，至今如此。這種風氣在政客那裏可能被當成了一種聰明的推銷術，但它也促使大家不那麼仇富，也許你這輩子不行，但你的兒子有可能成為美國總統，成為巴菲特或者彭博。

特朗普競選時打藍領工人的牌，説精英暴富、普通人窮困潦倒，美國的貧富差距被越拉越大。按理説這麼説會製造階級對立情緒，但前些時候美國有一項關於快樂感的統計調查，調查人們對自己的生活、社會地位是否滿意。結果顯示，普通人的快樂感並沒有下降，而一些富人的快樂感卻降低了。

記得十年前有個調查表明中國人的快樂感在降低，這個調查的主要對象是城市中產階級，他們的收入相對較高，可他們的快樂感卻降低了，因為過高的房價使他們成為房奴，永遠覺得自己掙得太少，活得焦慮。王小波寫過《一隻特立獨行的豬》，他覺得中國人的尊嚴無從談起。國家把人民當豬養，可以餵得很肥，卻始終缺少做人的尊嚴。

加：到目前為止，最能令人意識到有沒有尊嚴的，或許是護照的有效性。根據2018年的排名，日本的免簽國數量最高，排名第一，190個國家和地區給日本人免簽（新加坡第二，189個；德國、法國第四，188個；美國第五，186個；香港第十七，170個；臺灣第二十九，148個；中國大陸第七十一，74個）。在我看來，這就是國際社會對日本的信任和尊重，沒有比這個更能證明我們有「尊嚴」了，這比有沒有駐日美軍更加本質和深遠。我去過的國家裏只有巴西要辦理簽證，印度是落地簽。我2003年剛到中國的時候還需要簽證，回國時也需要「再入境簽證」，後來就不需要了，日本人訪問中國也免簽兩週了。

我認為這就是最大的自我證明，也是我們要感謝國家的原因。有一次我在耶路撒冷，因為那裏有恐怖組織，所以人們進入每一座建築都要安檢。有一次，走進一個商場，當時有五六個中國人一直在門口跟警察交涉，我過去讓安檢人員看了我的護照，他馬上說：「請，你可以進去。」當然，這不是那幾個中國人的錯，更不是我的對，那是日本和中國作為國家在國際社會上被信任和尊重的區別所在。這是我們的前輩從戰敗中走出來，辛辛苦苦建立起來的信用體系，來之不易。

在機場或各種需要安檢入境的場合，我拿着日本護照，各國工作人員和當地百姓都對我很友好。所以，對我個人而言，護照就是我最大的尊嚴來源，也是我對祖國的認同感所在。

查：說得好！前面我講到換國籍時的具體考慮，也跟你講的這種尊嚴有關。我喜歡美國，也喜歡去各國走一走，拿着美國護照會比較有尊嚴。拿中國護照去大多數國家都得簽證，很多時候還得求爺爺告奶奶，提交各種證明材料。可是我要承認，拿到美國護照之後，有時候我會有一種很複雜的感覺。我還是這張臉，可我拿着美國護照去一些國家就可以免簽，有一些國家的人雖然看你的樣子是中國人，但因為你拿着一本美國護照、講着一口流利的英文，對你的態度就會完全不一樣。每次回到中國時，北京首都國際機場的海關會把中國人和外國人分開，當我站到外國人的隊伍裏，看着中國人要排很長的隊，心裏也會不太舒服，湧上來一些矛盾的感受。我從中國回美國的時候倒是很輕鬆很親切，美國的海關人員經常會跟我說：Welcome home!他也不管我長甚麼樣子，只要是美國公民就說一句歡迎你

回家，有時候還會閒扯幾句，問我到中國幹甚麼去啦，我就說去探親了。

加：明白。不過，在我看來，把護照當作有沒有尊嚴的中國人不多。他們還是在聽到「中華民族的偉大復興」以及在中美貿易戰等外交場合中國政府不退讓地批評對方時，感到更有尊嚴，或更有面子。從某種角度說，日本人和美國人的公民意識更高，而中國人的民族意識更高。

北京機場分中國人、外國人通道，中國人那邊用中文寫着：歡迎回國。據我觀察，大多數中國人從海外旅遊回國的時候都顯得開開心心，他們從海外回來還是覺得中國好，不認為拿中國護照有甚麼不好，反而覺得終於回來了，又可以吃中餐了。尤其是這幾年，他們經常會說拿着中國護照感覺很有安全感。因為國家強大了，中國護照的含金量高了。

查：我和他們的共同點是：我也覺得吃中餐還是在中國吃得最好——雖然紐約近年來地道的中餐館越來越多了。我相信大多數中國人的邏輯都是國家強大了就可以給你撐腰，給你長臉，有錢就有尊嚴，有尊嚴就是有面子。如果你對他們說，面子的背後是錢，不見得是信任，是你現在財大氣粗所以別人不敢惹你了、需要討好你了，我估計他們會跟你翻白眼：信任是個啥東東，多少錢一斤？老子有銀子就啥都有了。他們認為尊嚴就是財富和國力帶來的力量和敬畏。他們不明白或者不在乎，雖然別人要賺你的錢，但心裏不見得尊重你。尤其是西方國家的很多人，心裏恐怕還是看不上大陸人，甚至對大陸人有一種憐憫。這無法用簡單的種族偏見來解釋，因為他們對香港人、臺灣人的態度就不一樣，甚至對新加坡人也不一樣。或許這可以算是

一種隱形的意識形態歧視或偏見吧，他們一般不會當面説出來，但我在一些美國網站上的英文討論裏經常可以看到。

我的一個北京老朋友，獨立書店創辦者，私下跟我説：中國政府現在就是把人民當豬養，而中國人民也習慣被當作豬養。他很明白這個民族在精神上今天仍然是被西方人看不起的。我還有一些中國朋友也持這種看法，但他們顯然屬於少數人。2017年夏天，劉曉波死在監禁中，我那位北京老朋友悲憤地對我説：這個民族精神標桿的高度是由曉波代表的，儘管這個民族配不上他。是的，中國大多數人連劉曉波是誰都不知道，知道了可能也不在意，更會有一大堆人跳出來罵他是漢奸西奴賣國賊，朝他啐吐沫。魯迅如果活在今天會氣得吐血，他若敢撰文講話，當局都不必抓他，自然有成千上萬的五毛粉紅們把他罵得狗血淋頭。這些大陸的「愛國者」認為，現在作一個中國人是有尊嚴的，出國消費可以大把花錢，被奉為上賓的感覺很好。

在鄧小平1992年南巡之前，很多人出國是不打算回來的，他們認為在國外生活更有面子，回來的都是混不下去的。後來，大批人開始主動回來，回來機會更多嘛。在國外，這些人不僅生活不習慣，還丟失了很多人脈，從各方面都感覺不夠有尊嚴，甚至越是精英越覺得失落。國內的精英一到國外立馬感覺自己成了普通人，在國內的優勢反而成了劣勢，從語言、思維方式到生活習慣，各種不適應。如果回國，這些劣勢會立刻變為優勢。中國的經濟正在起飛，有大把的機會可以成為有尊嚴、有面子的人。

我在香港開專欄時寫過一篇《北京人在紐約》的劇評。那部電視劇講的是九十年代初的故事，體現了一種很擰巴的民族主義情緒。主人公在中國是一位拉大提琴的藝術家，

到了美國後甚麼身份都沒了，只能去餐館刷盤子，從最底層幹起。後來被老婆甩了，又找了一個紅顏知己一起奮鬥。他是一個典型的中國男性，覺得自己原來在中國是個人物，可到了美國突然甚麼都不是了，誰都看不起他。於是，他在掙到錢之後，把搶了他老婆的美國人大衛狠狠打了一頓。他還去睡美國妓女，一邊睡，一邊往人家臉上砸美元，覺得自己又是大爺了，一種中國式的扭曲的尊嚴又找回來了。這完全佐證了我那位女海歸朋友說的「有錢就有尊嚴」。

如果這部電視劇按照這種思路去拍續集的話，展現的會是更高層面的擰巴的中國式尊嚴，最後會出現比如中國男子漢拯救白人美女、拯救整個地球的英雄場面。其實，很多好萊塢大片早就是這個套路，其中的白人至上主義傾向也一直遭受批評。以戰狼系列為代表，中國大片現在也開始學會這一套了，不意外，也不出意料的會更擰巴一些。因為中國男人不像白人一直高高在上，他被打敗後是懷着深仇大恨的，他一定要復仇，要翻盤，要證明自己是最牛的真男兒，一定要像帝王般地大撒幣才爽。這都是《北京人在紐約》早已表現出來的情結和態度。有些中國男人特別受不了外國男人把中國女人「搶走」——你睡了我的女人，我反過來就要睡你的女人，所以才會拍出來《洋妞在北京》這種擰巴的電視劇，專門來表現白人姑娘如何滿懷崇拜之情愛上正氣凜然的大陸男子漢。八十年代在南京，有非洲留學生睡了中國女生，南京大學的大群中國學生立刻上街遊行，隊伍裏喊出了醜陋的種族歧視口號，原因就是「黑鬼把我的女人搶走了，丟失了尊嚴」。一百年前美國南方三K黨曾經把涉嫌強姦白種女性的黑人吊死在樹上。前幾年有美國白人至上主義者接受媒體採訪時，公開

抱怨「我們美麗的伊萬卡居然被那個猶太小白臉搞到手了」。也許每個民族都有一些男人對外族人「佔有」本族女性有類似的反應。但我認為這與騎士風格的浪漫毫無關係，它來源於這些男性內心深處醜陋的「所有權意識」、「地盤意識」和「性別等級意識」。

加：「中國式尊嚴」真耐人尋味。日本男人對待女人的方式各種各樣，我們往往是來者不拒、往者不追。比如，我有一個關係非常好的女性朋友，她的丈夫畢業於東大，在日本外務省工作，她的前男友也是東大的。她和前男友戀愛的時候，她後來的丈夫把她從前男友那裏搶走了。這兩個男人互相認識，她也沒有提前跟前男友說分手，而是在已經有了其他人之後告訴他不跟他在一起了。但是，這兩個男人之間的關係也沒有變得不好，還說他們是「穴兄弟」，就是指跟同一個女人做過，於是加強了情感和友誼。

查：「穴兄弟」，好難聽的詞！這是不是男性文化的普遍特色呢？重男輕女。中國古人也有類似的說法：兄弟如手足，妻子如敝履。這也是傳統亞洲男性普遍的想法。亞洲電影中經常有這種場景，兄弟情誼是第一位的，女人是其次的，是端茶倒水的，只要賢惠，其他都無所謂。

剛才說到男性受到外族男性侵犯時反應很激烈，因為外國人搶走自己的女人等於侵犯了自己這一國族全體男性的尊嚴，屬於很嚴重的冒犯。《蝴蝶夫人》是歐洲人寫的經典劇本，故事背景在日本。一位已婚美國軍官到日本後想玩一玩，他對蝴蝶夫人並沒有真情，只是覺得東方情調別有一種風味，可是蝴蝶夫人愛上了他，為此冒犯了她所屬的日本大家族。後來，軍官走了，而蝴蝶夫人，這個純潔的日本女孩一直在等他。最終她不堪被外國戀人和本國親人拋棄的打擊，在這位美國軍官回到日本之前自殺了。

這樣的故事就取材於現實，美國大兵睡日本藝伎或者騙日本女孩的事情是存在的。這種情況下，日本男性有沒有遭受恥辱、失去尊嚴的感覺呢？

加：不管是被自己人還是外國人搶走，日本人在這方面的態度都比較靈活和開放，甚至冷漠。白人比黃種人強壯，本來我們就恐懼他們，覺得自己比他們差。因此，日本人會轉變思維，關注其他事，對被搶走的女性不是很在意。走了就走了。

查：也就是説日本人服這種強力，可以坦然面對自己的弱？這跟前面説的船小好調頭有關係嗎？我們前面一直在講日本人多麼較真、死板、固執，可是出現了一個比中國老師更強的美國老師，就馬上換一個老師學習。日本人這方面很靈活啊！

加：在這些方面日本男人不會那麼較勁，也不得不靈活。日本和中國一樣，也有女孩找老外的現象，但大多數日本女孩還是喜歡日本男人，最終也跟日本男人生活在一起。我下面的説法可能有些極端，但就我從一個外國人的角度來觀察，在中國，一些受過良好教育的大城市的女性，給我的感覺是能嫁老外就嫁老外。當然，中國現在越來越多的男性也很有錢，也講究審美，但我覺得尤其是在上海這種大城市，中國女性還是傾向於能嫁老外就嫁老外，明顯覺得外國男人比中國男人好，這不只是崇洋媚外或沒有經濟實力的問題。如今，比外國男人有錢的中國男人有的是。當然，錢解決不了所有問題，有沒有錢跟一個男人有沒有魅力沒有必然關係。

我在北京跟同樣生活、工作在中國的日本年輕女性聊過中日男性差異的問題，她們均認為中國男性更溫柔、更體貼，評價很高，但我發現她們不願意跟中國男性在一起有

兩個原因，一是有不少中國男性有肚子，有的老闆還以有
肚子為榮，顯得自己有錢；二是不少中國男性不講究形
象，包括髮型、着裝甚麼的。這些方面，日本男性基本在
中學畢業之前就學會了，並將其視為男人的基本禮儀，甚
至道德。

查：嗯，符合我的印象：不少大陸男性號稱不修邊幅，其實
是邋遢、簡陋、糙，我還真沒遇到過這種日本男性。據我
觀察，中國留學生到美國之後的一個普遍現象是：嫁給外
國男性的中國女性，遠遠多於娶了外國女性的中國男性。
一方面是意願不同，中國女性好像更願意嫁給外國男性，
有的是為了追求財富，有的是認為中國男人不夠性感，還
有的是因為外國男性更浪漫。和中國的大男子主義相比，
西方的男性有時候更會來事，更懂得製造小情調。

另一方面，不得不承認，中國男性找西方女性比中國女性
找西方男性更困難。有種流行說法是：西方人對中國女性
的總體評價要高於對中國男性的評價。中國女性想找一個
更強的，自然會把目光投向西方男人。但覺得中國男性更
有吸引力的西方女性似乎不是很多。這裏面也有兩性化學
反應上的差別。

有一位著名的中國朦朧詩派詩人，美男子，個子也不矮，
很多女孩追他，包括外國人。他曾經跟我說，一個在北京
混文藝圈的洋妞追他，有一次兩人在一間大房子裏遇到，
她竟然繞着房樑柱子追着他跑，他當時感覺害怕，說那能
叫女的嗎，壯得差不多就是一頭母牛了！你看，西方很多
女性認為中國男人不夠彪悍性感，中國又有很多男性認為
西方女性不夠嬌小溫順、「駕馭」不了，這可咋整？這和
我們前些天說的身高和體質也有一定關係。

新十日談

第九日

加：查老師，今天想跟您聊聊教育，您覺得中美之間的教育有何不同？

查：第一感受是上課方式的不同。中國主要是滿堂灌，美國主要是討論。在南卡讀研究生時，我修了本科生和研究生都參與的大課，即使這樣的大課，也會留足夠的時間讓學生討論。後來我發現，美國從小學開始採用的就是啟發學生獨立思考的互動模式，而中國教育始終以灌輸為主。我女兒這個學期在北大修課，據她描述，教學方式和我們當年差不多。

加：我在本科期間，不管是專業必修課（如國際政治概論、中國外交史、國際法、中國政治概論等），專業選修課（如東北亞國際關係、日本外交與政治），還是全校通選課（如馬克思主義哲學原理），都是大課，雖然有一些小組討論，但基本上是老師講，學生聽，偶爾有分組討論和發表，但不多。到了碩士階段，上課人數比本科減少了三分之一，但還是以老師講課為主。我記得有一門必修課叫比較政治學，基本上是老師一個人在講，三十多個學生坐着聽課，幾乎沒有互動。至於選修課，記得我選了于鐵軍老師的一門跟東北亞國際關係有關的課，學生只有十個左右，我們坐在一張方形桌旁，每次有一個學生做報告，剩下的時間大家討論。于老師沒有高高在上扮演無所不知的老師，而是充當了一個參與者，頂多是主持人的角色。那門課是我在北大求學期間上過的互動率最高、互動感最強的課。

總之，憑借我在北大國際關係學院上本科和碩士的經歷，碩士課程和本科生相比，區別只在於上課人數變少了，但課堂上的參與感和互動感並沒有因此增加。

查：美國的教育不只有互動，還經常有課題研究。比如，歷

史老師會出一個課題，讓學生們自由組成小組，幾個小組從不同的角度研究同一課題，學生們分工合作，然後辯論。老師是不會在課堂上告知答案的，學生通過調查研究得出自己的觀點，觀點的對錯不重要，重要的是觀點是如何得出的，有沒有證據支持。老師在教育過程中起到仲裁的作用，鼓勵、引導、啟發學生。有時候老師就像一位年長的小組成員，和學生們一起探討問題。美國的教育強調提問的重要性，注重培養孩子的批判性思維，而不是接受標準答案。我認為這是兩國教育最大的不同。我講的主要是人文社科領域，理工科另當別論，我也不熟悉。

加：您女兒如今也到了您離開中國時的年齡。她出生在美國休士頓，在北京芳草地讀小學，後來在紐約、芝加哥長大。如今，她已經從芝加哥大學畢業了。我好奇的是，您如何比較當年的您和今天您的女兒？

查：我女兒目前暫時在紐約工作，今年秋季她又要去耶魯讀研了。有時我會開玩笑説，和女兒相比，我彷彿來自農村，是個農民，我這裏沒有歧視農民的意思，只是比起我從小所接受的粗糙的教育，斯薇更像是一個城裏人。我的這種感受是一個漸變的過程，從她上高中之後更加明顯。她的思維方式、表達方式、提問角度，與我都有一些不同之處。她的比較文化的意識更為鮮明，對美國有比我更強的批評意識。這很正常。我是第一代移民，對自己選擇的第二故鄉有着很深的認同意識和感恩之情。斯薇和她爸爸一樣，生在美國長在美國，他倆對美國的熟悉程度，就像我對中國那樣。於是，我們仨在家裏的晚飯桌上討論起美國來，常會形成一比二的局面：我激烈地祖護美國，他倆激烈地批評美國，互不相讓，爭得不可開交。好笑的是，他們批評美國的口氣，完全就是數落自己家人的那種口

氣，就像我數落起中國的毛病來總免不了帶着一種恨鐵不
成鋼的口氣。

斯蒆的國際遊歷比我開始得更早。我在她這個年齡才第一
次出國，而她在很小的時候就去過不同的國家，先是像一
件小行李似地跟着我們跑，後來她高中一畢業就自己去西
班牙住了半年，一邊在馬德里一家國際學校讀西班牙文，
一邊和同學朋友一起在歐洲到處旅行。至今為止，她的農
村經驗僅限於有一年暑假參加了一個國際志願者項目，住
在湖南一個山村裏教當地孩子學英文。

當然，農民有屬於農民的生命力和元氣。所以，和女兒討
論的時候，我有時會以一種簡單粗暴的氣場佔據上風。
她會調侃我：媽呀，推土機又開過來了！我也會調侃她：
外交家！但其實我們是能互相欣賞的。她接受的是很系統
的西方教育，比我更講究科學精神，雖然她選擇做的是藝
術。如何提問、如何分析、如何論證這套思辨體系在我的
青少年教育中是嚴重欠缺的。我們「文革」這一代，教育
不僅畸形殘缺，而且被灌輸了一套成年之後需要不斷破除
的思維方式。

加：您如今是一位在中文和英文世界都有影響力的作家，如
　　果我是您的女兒，除了榮耀和驕傲，或多或少會感到有壓
　　力，會煩惱如何才能超越母親。在我看來，超越也是一種
　　孝順。被孩子超越，父母應該會很高興。比如，我的父母
　　是農民，而我走出了農村。母親只在伊豆上過高中，父親
　　也只在伊豆上過短期大學(二年制，相等於中國的大專)。
　　我此刻的地位、影響力比父母那一代要好，我父母又比我
　　爺爺奶奶要好。這既是社會發展的必然，也是我們每一個家
　　庭應該追求的境界吧。何況，超越了，我才能給父母帶來更
　　多的東西。那麼，您的女兒如何看待您這位媽媽呢？

查：中國的家庭雖因人而異，但很多子女的確認為自己應該
　　比父母那一代做得更好，父母也有望子成龍、望女成鳳
　　的想法。問題是中國社會自民國以來發生了天翻地覆的變
　　化，多少家庭計劃趕不上變化！就我的家庭來說，從父母
　　這一輩開始，一代代的選擇和命運很不同。比如，我父親
　　作為長子，實際是「背叛」了他的父親——你也可以說是
　　超越。他十四歲便從地主家庭中離家出走，參加革命。他
　　沒有按照父母的希望走下去，比如繼承和經營家業。爺爺
　　當年憑借着家裏的數千畝田地和宜興、上海的生意，活躍
　　於地方商會，還參加過國民議會競選，在江浙一帶是個嶄
　　露頭角的青年才俊，可惜才三十六歲就突發腦溢血英年早
　　逝。爺爺曾經存錢打算讓幾個兒子留洋，以後可以繼承家
　　業，成為既有財富又有社會地位的人。但是，父親完全走
　　了另外一條路，他們之間幾無可比性。父親當年就讀的是
　　清華外文系，後來研究馬克思主義理論和西方科學哲學，
　　也經常出國，雖然是半路出家的學者，但最終成了他那個
　　領域裏的國內領軍人物之一。其實，我覺得我哥哥查建國
　　與我父親和爺爺的可比性更高：作為長子，哥哥實際上也
　　「背叛」或「超越」了我們的父親，他參與組建中國民主
　　黨並為此坐牢九年，出獄後寫了大量網絡時政評論，現在
　　也稱得上是國內政治反對派群體裏的領軍人物之一。哥哥
　　此前還有過多年的經商經歷，只不過作為私營企業家，他
　　遠沒有爺爺那麼成功。

加：時代背景的不同是一個很重要的因素。就我家三代人而
　　言，爺爺是一輩子做農民，在第二次世界大戰期間被派到
　　「滿洲國」執行任務。

查：啊，這是第一次聽說你爺爺還有過這麼一段經歷，有點

好奇，他後來在家裏是怎麼講述那段經歷的？也許那時你年紀太小，還有印象嗎？

加：我記得爺爺在我上小學期間給我講過一些「抗戰」的故事。他明確用「滿洲」兩個字，說「聽從國家命令到滿洲執行任務」。他說：「在滿洲的戰場上，是你死我活的，若你不殺對方，你就會被殺掉。我們都是為國家賣命的，只能這樣。但我私下裏結交過一些朋友，他們是我們的敵人，卻成了我的朋友。有些朋友對我還很照顧。」

我父親1950年代出生，是在日本處於高速增長時期長大的，一開始也做農民，後來做了會計，後來創業，但失敗破產，全家無路可走，始終逃債。我很想問您的是，您父親晚年對當時的選擇有反思嗎？

查：他一直沒有放棄早年的馬克思主義信仰，但是他對革命是有所反思的。他認為共產黨執政後嚴重偏離了馬克思主義原理，犯了很多錯誤，出了很多壞人，走了很多彎路。但是，他始終沒有否定馬克思主義理論，他認為馬克思主義可以與時俱進。

父親在1990年因突發心臟病去世了，享年六十五歲，臨走前的幾天他剛剛校對完自己的一本文集。九十年代我開始發表英文作品後，母親有一次在談話中忽然說：「你現在已經超過你父親了。」我聽了一愣，我從來沒想過要跟父親比甚麼，母親或許在和我聊天中覺得我的英文更好，思維更活躍，視野更開闊。但每當我想到一個十四歲的江南少年、地主少爺居然義無反顧地離家出走，參加新四軍游擊隊，在槍林彈雨中被捕過兩次，後來又做地下黨……我就覺得父親年輕時真勇敢，真牛逼，我們這一代怎麼能和他們比？要說意識形態和政治觀點，我和父親分歧很大，

多次當面爭論，誰都無法説服對方。可那是另一回事。勇敢、有理想、敢作敢當，這些向來是吸引我的品質。我從不同渠道聽到過關於父親青年時代的各種故事，包括一些花絮八卦，每每讓我感到他們那個年代的人曾經多麼颯爽英姿、激昂慷慨！或許未來能有機會寫寫他們的故事以及後來的悲劇。

話説回來，你的提問讓我想到很多中國家庭的確存在「超越上一代」這樣的意識。其實，我不希望給女兒造成這樣的壓力——比如她一定要比我優秀。再説，她面對的環境和時代，與我的太不一樣了，也不好比。我和我先生的想法一致，最重要的是希望她健康快樂，無論她選擇甚麼樣的職業，只要她喜歡、她盡力就好。

加：嗯，這樣很好。我父母對我從小到大也沒給過任何壓力，連「你要好好學習」都沒説過，只是要我們三個孩子講究禮節，尊重他人，別給別人添麻煩。這就是父母對我們惟一的教育。當然，我和弟弟從小在父親的指導下搞體育，在訓練的時候，父親對我們有各種苛刻的要求。現在回想起，三個男人通過體育訓練共享美好時光，真是難得！父親去世十多年了，至今我跟弟弟聊天，話題只有父親和跑步。兄弟之間，一輩子只聊一個話題，單純而美好。

查：前些年一位華裔母親出版了《虎媽戰歌》，在美國引起軒然大波。她是一位耶魯教授，採取權威家長的教育模式，對兩個女兒非常嚴苛。她在書中描寫的例子觸目驚心，為了培育所謂的成功後代，這位虎媽對兩個孩子各種威逼利誘，包括不完成作業就體罰，其勢力眼的態度和霸道的作風令我反感，甚至厭惡。我覺得她比很多中國家長都更殘酷無情。

這本書出版的時候，恰逢中國經濟崛起，大批中國學生赴美留學。他們在考場或職場上表現不俗，這讓很重視教育的美國中產階級和精英家庭隱隱感到壓力。如今，競爭在高知階層中更為激烈，越來越明顯的**趨勢**是沒有大學學歷的人群發展前景遠遠落後於接受過高等教育的人群，無論是收入、社會地位還是綜合競爭力都差很多。而且，全球化的競爭是不分國別的，中國、印度、歐洲的學生都可以來美國參與競爭。《世界是平的》作者托馬斯・弗里德曼曾表示「中國人正在吃我們的午餐」。他在《紐約時報》的專欄裏寫道：「我小時候，父母跟我說盤子裏的東西要吃光，因為中國人還在挨餓，我們不能浪費。如今，我得告訴女兒，你必須把功課做好，要不然中國人會搶你的飯碗。時代變了，以前的中國是貧寒國家，而今天的中國人在和我們爭奪最好的工作。因為中國的教育從小便是虎媽式教育。」（大意如此）

我可以理解美國人的危機感，也明白美式教育確實存在一些問題，有些與過度的自由放任有關。但總體來說，我個人一直欣賞美國學校中師生間的平等意識、自由開放的課題教學，喜歡美國家庭中父母尊重孩子的人格，注重培養孩子的獨立思考能力。但是前些年，一批美國精英對此表示懷疑：我們如此放任的教育模式，會不會讓我們的孩子在新的競爭環境中被打敗？

《虎媽戰歌》出版後，我的美國出版代理人專門打電話告訴我一定要看。當時，《弄潮兒》的英文版剛剛問世，我的代理人自己也是那種特別重視子女教育的猶太裔母親，她認為我可以作為華裔家長寫篇文章評論一下這種虎媽哲學。我明白她的意思是不妨借這個話題宣傳一下自己的新書，她覺得我更有資格談論中國教育。那位虎媽已經是移民

後代了，而我在中國長大，體驗過中美兩國的教育制度。

可我一點都不喜歡這本書，也懶得蹭這個熱點。讀完之後，我給我的先生和女兒看，他們也不喜歡。女兒看完後開玩笑說：「媽，你不是虎媽，你是一個羊媽。」她的意思是我比較自由放任，比較強調快樂，我不會給她壓力，希望她自己把功課和考試搞定。至於課外活動，也基本上看她的興趣，比如她小時候開始學鋼琴那幾年我們恰好住在北京，老師是中央音樂學院鋼琴系的研究生，要求她每天練琴一小時，但小孩子坐不住，我也不想強迫她，練半小時就可以了。頭一兩年我索性每天跟她一起練，這樣兩個人一起彈彈小曲兒她也不覺得太枯燥。彈了幾年後，老師又想要她考級，是我說服了老師：我們不考。不過小孩子會得寸進尺，有一次女兒提出每天練琴能不能從半小時降到二十分鐘。那次我跟她說：媽媽知道你更想去院子裏跟小朋友玩兒，但是半小時已經很短了，這是底限了，再短就沒甚麼意義了。這樣吧，你再堅持兩年，如果那時候你還是不喜歡彈琴，咱就不彈了，我保證不會強迫你。我女兒想了想同意了。又過了兩年，她自己喜歡彈琴了，後來要彈大曲子，她自己主動把練琴時間增加到每天四十分鐘。

再講一個有可能會讓不少中國父母談虎色變的話題。斯薇在紐約上高中的時候，學校裏有些同學開派對時會吸大麻，到芝加哥大學之後就更普遍了。坦率講，美國學校裏這類現象司空見慣，尤其是大學生，試試大麻甚麼的，不過是一種新鮮體驗，幾乎像是某種成年禮。吸大麻比抽煙、喝酒更厲害一些，但除非你有心理問題容易對毒品產生依賴，真正吸上癮的人很少。在這件事情上，我和我先生的態度完全一致：我們始終跟女兒保持開誠佈公的交

流，告訴她我們各自年輕時的經驗 —— 前面講過我在南卡唸書時的大麻故事，我先生從小在美國長大更是經驗豐富。我們把快感和危害兩方面都講了，讓她自己決定，但條件是不要瞞着我們吸，也不允許在外面派對到半夜。我們的看法是：在孩子成年之前，必須確立一些明確的邊界；但如果不講道理而一味使用權威和禁令，很容易導致孩子要麼畏懼盲從，要麼口是心非，甚至當面說一套背後做一套。獨立和自由很重要，信任和交流也很重要。結果，斯蕤做出了她自己的選擇：高中時她沒有碰過大麻，大學期間和同學一起試過幾次，如此而已。據她講，有幾個同學聽說她父母態度這麼開放，表示很羨慕呢。

我的態度也可能有偏頗，教育應該因人而異，反正我個人比較欣賞美國式教育的自由開放。我重視父母跟孩子的平等交流，在一些基本的是非問題上，會告訴她我的看法，會確立一些基本的邊界，但在絕大多數情況下，我更看重孩子的自主選擇。我不希望她因為我的存在而感到有壓力，更不會讓一點點所謂的名氣變成個甚麼事兒。

她其實沒看過我上《鏘鏘三人行》的節目。她在北京上學的時候，有一天中午，一個小朋友來家裏玩，這個小朋友突然指着電視說「快看，你媽」，我女兒說「我媽有甚麼好看的，我們接着玩吧」，然後就把電視關了。我從未主動讓她看我的書，直到現在她也只讀過我的兩三篇文章。

加：平等交流，這樣真好。不過，我相信不是世界上所有的父母能這樣教育孩子。畢竟，您和您先生都是知識分子，不少經歷和知識等是可以共享的，父母告訴女兒是非和邊界，她也聽得懂。但換過來是我家，坦率說，母親只告訴過我怎麼做人，說的最多的就是不要給別人添麻煩，要守時間，要尊重集體和他人等這些。而父親只教過我體育。

因此，我和父母之間基本上不交流知識，也不談論時事，更不會一塊分析一本書。我與父母和弟弟妹妹之間，都是如此。我在這裏只想說，我很認同也羨慕您剛才「輕鬆」表達的教育理念，以及與女兒相處的方式，但不是每一個家庭都能做到，做不到，就容易走極端，比如那位虎媽。

我跟您女兒交流過，她很獨立，很有批判意識，她既不同於絕大多數中國孩子，也不同於很多美國孩子，她有自己獨特的氣質和觀念。我很為她高興，也希望更多的中國孩子，尤其是那些官二代、富二代們能夠自立起來，靠自己的頭腦和雙手長大。

有個問題我不知道該不該問您，但還是問吧：您從您女兒身上學到了甚麼？

查：學到了很多呀。第一是快樂。自從她出生後，我發現，如果沒有這個女兒，我就錯過了一種非常巨大的快樂。這是其他任何關係和經歷都不能代替的——生命中最珍貴的東西出現了。我跟朋友們說過：這個女兒一出現我就徹底投降了，八年裏基本沒有好好工作過，每天圍着她轉。她小時候是非常頑皮的孩子，我的很多朋友，包括劉索拉、許子東等，都對斯菴當年的「鬧」印象深刻。也許對日本人來說，我是個不夠盡責的家長，沒能給家裏的野孩子立規矩。記得斯菴三歲那年，我的老朋友于仁秋、王卡琳夫婦週末來我家，陪着小姑娘玩，仁秋自告奮勇在地板上當狗狗，結果玩瘋了也累趴下了，回到家讓卡琳給他後背拔火罐，說是過了一週才緩過勁來。我曾經給女兒起過幾個小名：鬧鬧，小老毛，均未得逞，她不搭理，好像知道這些都不是甚麼好名字，最後留下「九泱」這個小名，她算是認了——「斯菴」這兩個字筆劃太多了，她愛畫畫，畫完一張就自己落款「九泱」。後來這些朋友見到斯菴長大

了居然還挺文靜的，都很驚訝。總之，這些情景就像在昨天，一轉眼小玩鬧已經成了我的好朋友，時光飛快流逝，這就是生活吧。我一向認為生活比寫作更重要，女兒讓我更加明白了這一點。

我很想聽聽你十八歲來北大前在日本的教育經歷，其中有多少來自學校，多少來自父母？

加：總的來說，禮節和素養方面來自家庭，知識修養和集體意識方面來自學校。畢竟我是三個孩子裏的長子，要照顧弟弟和妹妹，要為三個人之間良性、健康的關係尋找答案，在這個意義上，責任感是我作為長子的身份所帶來的。還有一點很重要，我畢竟是體育家庭出身，搞體育的家庭往往對一個人的禮節、修養、責任心要求更多。

我們學校的老師也很強調禮節和素養，包括要尊重別人、講究集體觀念，最典型的就是日本人常說的「一人為大家，大家為一人」。在學校，每天放學後大家要集體打掃衛生。到了週末，在家庭的鼓舞下會參加每個社區舉辦的集體撿垃圾活動。這樣的活動可以提高團隊精神，至今對我的工作、生活有深遠影響。而且，日本人講究「文武兩道」，即使你在校隊參加體育訓練，學習也一定要好，若成績過不了一定的分數線，就失去參賽的資格。據我在日本的經歷，從事體育的人成績往往不錯，尤其是大學畢業，開始工作後，優勢和特點會更加明顯，比如他們更有耐力，講究組織能力和團隊精神。

我母親雖然是鄉下人，但她支持我離開家鄉，去中國求學。她生了三個孩子，我小時候她一直做家庭主婦，等我讀到小學五年級，她開始從事介護方面的工作。「介護」類似於在中國的養老院從事醫療方面的工作。母親已過六十歲，但還在工作(日本女性一般六十五歲退休)。我跟

她說不要勉強，適當休息，畢竟父親早已去世，沒必要太累，生活費可以我來解決。但母親堅決拒絕，她覺得讓孩子負擔她的生活是一件很羞恥的事情，她非要自己照顧自己不可。她經常說：「我堅持工作不僅是為了掙錢，也是為了自己的身心健康。我擔心不工作了，就更容易衰老，身體、腦子就都不好使了，會給你們添更大的麻煩，我不想這樣。」她早已寫過遺書。其實，我也寫過遺書。因為人不知道甚麼時候會死，而自己的死不該給家人帶來麻煩，所以有些事情要提前說清楚，比如財產怎麼分、遺骨埋在甚麼地方等，我已經安排好了。

查：嗯，十分敬佩你母親和你這種獨立自尊、坦然對待生死的態度。我在美國很多年前早已寫過遺囑，但中國人在這方面的習俗不大一樣。比如我家裏，我哥哥的態度和你完全一樣，早就寫好了遺囑，包括不要墓地和撒骨灰這樣的細節。而我母親呢，一生都非常獨立自尊，在我父親突然離世之後也很堅強，從來不要依賴我們子女，她從大學畢業一直工作到退休，房子是她自己買下來的，養老靠她自己的積蓄和養老金就足夠了，我和弟弟只是請她出國探親旅遊而已。但說到寫遺囑就不一樣了，母親自己不主動提起，我們子女還是忌諱談論這個話題，所以我母親一直到八十歲左右才寫了個非常簡單的遺囑，那時離她生病去世也只有兩三年了。

說回到你父母，除了教你禮節、修養、責任心，他們從來沒有對你提過學習的要求嗎？對你的教育是放任的？

加：說實話，說放任太高估了，可能就是顧不上。

我爸爸比較關注我們的體育。游泳、柔道、棒球、田徑我都嘗試過，尤其是田徑。爸爸、弟弟和我之間的共同紐帶

就是跑步，他會和我們一起跑，也會指導我們，給我們計時。他是我們的第一個教練。其他話題，我們很少聊，爸爸也不懂，他總是說「不懂那就閉嘴吧」。

日本的家庭教育總的來說是尊重孩子們自己的選擇。我去哪裏上學、要做甚麼，父母會盡可能不插嘴，有時也會給建議、提要求，但還是會尊重孩子們的想法。當然，日本也有所謂「教育媽媽」，對孩子的教育非常嚴格。這樣的家庭希望孩子有出息，很在乎家族的聲譽。

我決定去中國的時候，媽媽有些擔心，尤其擔心我的安全問題，但是爸爸說：「挺好的，去吧，中國消費低。」我當時很想出國，因為我沒有錢，如果去東京，肯定得花不少錢。我高三的時候家裏尤其困難，我還有弟弟妹妹，當時想過要不乾脆就不上大學了。

我就讀的高中是一所附屬高中，直屬的大學和北大國際關係學院簽有學術協議。我既是校隊運動員，要參加比賽，又是實驗班的學生，要好好學習。北大國際關係學院的老師訪問我們學校時，校長把我叫去，他說：「加藤，你不是想出國嗎？」於是，我向文部省申請留學。日本文部科學省相當於中國教育部，他們有一個公派項目，經過審核和考試，我最終獲得了資格，還有全額獎學金。填志願時，我只填了北大，因為我只認識北大。

查：你是因為剛好碰到國際關係學院的老師，還是因為以前就對國際關係感興趣？

加：我從小就對國際關係感興趣，因為我喜歡看世界地圖，上小學的時候就決定以後要學國際關係。當然，少年的我根本不知道國際關係四個字，更不知道它是甚麼，腦子裏徘徊的就是「想做一些跟世界地圖有關的事情」，僅此而已。

　　小時候，我個子比較高，總是被排斥。在日本，一個人與眾不同是一件麻煩事，很有可能被大多數人排斥。於是，就把世界地圖拿出來擺在地上看，胡思亂想，很好奇外國的孩子是怎樣看待自己與別人不同這件事的。個子高又不是犯罪，為甚麼要被欺負？我當時確實很困惑，對此抱有很純粹的疑問。我們進課堂時會換拖鞋，有人就把釘子放到我的鞋裏，用這樣的方式打擊我。所以，我想知道國外的孩子是不是也會做這種事。我從小就把目光投向海外和國際社會，後來讀高中時發現世界上真有個叫國際關係的專業。於是，當我可能有機會到中國留學，填志願的時候我就填了北京大學國際關係學院。我本科和碩士階段的住宿（兩人一屋）、學費全免，還提供生活補貼，本科階段一個月八百元，碩士階段一個月兩千三百元。這是日本文部省與中國教育部的合作項目，給我補貼的是中國教育部。

查：對不起，容我多問一句，既然是「合作項目」，那麼是不是日本文部省也會給中國教育部推薦去日本留學的中國學生提供全額獎學金呢？

加：我不瞭解今天怎樣，但我剛到北大的二十一世紀初，在日本享受全額獎學金的中國留學生比在中國享受全額獎學金的日本留學生多得多，畢竟中國學生的數量多。

　　咱們再說回到上課的方式。日本和中國類似，基本上是老師講、學生聽。日本的人口密度比中國還大，競爭也很激烈。學校主要是應試教育，也有很多人去私塾補課。不過，有個小區別，在日本的大學裏，到了大三，所有的學生通常會主動選擇某一個老師，然後被分配到他的學習小組，每週參加自己所屬的老師舉辦的討論會，注重互動。

　　日本教育的一個特點就是我前面略有提及的「文武兩道」。所謂武，就是體育。多數日本學生會一邊學習一邊

搞體育，一邊考大學一邊參加比賽。大學畢業後走上比較好的崗位的學生基本都是搞過體育的，他們體力好、有韌性、懂戰術，講究團隊精神。父母常說要瞭解儒家精神，不能只有文，要懂文武兩道。

我到中國後感到驚訝的是，學校把文和武分得很明確，搞體育的人就去體校。有的朋友在小學一二年級就被老師逼着選擇，要麼搞體育要麼好好學習，不能一邊搞體育，一邊想着去北大學習。體校是不怎麼學習的，這是文武對立。中國以前老說四肢發達、頭腦簡單，這是對運動員的貶低，似乎四肢一發達，頭腦就一定簡單。我看現在更多的中國人是四肢和頭腦一樣簡單。我在中國求學期間到處看到文武對立，感到可惜與不解。

日本教育的另一個特點是我到北京後對比出來的 —— 日本有道德課，並且中國的傳統思想在道德課、語文課、歷史課中佔據很大的比例。我們的高考語文考試，四分之一是漢文 —— 用日本的方式讀中文，內容涉及諸子百家等。

我們從小學開始就要讀中文經典，比如《論語》《孟子》《孫子兵法》等。我到北京後發現我讀中國古文比一些北大的同學還要熟練一些，這是受益於日本的教育。我算是漢語水平和成績比較差的，比我好的日本人有的是，包括我母親。看到如今中國的教育情況，我不僅失望，甚至感到憤怒。儒家思想在中國社會中根本看不到，大家彼此互不信任，互相內鬥，只抱團卻不團結。我很好奇活在當下的中國人究竟如何看待自己的傳統。在日本，從小老師就告訴我們要以和為貴、知行合一，他們還特別強調這是中國給日本人帶來的禮物，我們要珍惜和感恩。我們潛意識裏認為只有這樣，社會才能進步，人類社會才能持久。這些意識、行為都與儒家思想有關。

查：你這些話講得真好，痛快！我不太瞭解日本教育，你講
　　的這些信息，有些我聽說過，有些是第一次聽到，非常有
　　意思。你對中國大陸教育的這兩個觀察我都很有同感：一
　　是真正的儒家傳統的缺失，二是文武對立。我小時候中國
　　學校裏至少還喊一喊「德智體全面發展」的口號——雖然
　　那個「德」並不是儒家講的「德」。後來應試教育日益強
　　化，體育更不受重視，文武對立或者說體腦對立的現象就
　　更突出了。加上中國獨生子女多，這種對立實際上從孩子
　　出生那一天就開始了。家長過度呵護身體，老師過度管束
　　頭腦，結果孩子在家被父母和爺爺奶奶的溺愛所包裹，到
　　學校又被考試和標準答案所淹沒。你說「現在更多的中國
　　人是四肢和頭腦一樣簡單」，我同意，也感到悲哀。

　　美國和日本一樣注重文武雙全，美國人從家庭到學校都很
　　重視體育。我女兒高中時參加了學校的游泳隊，那真是野
　　蠻訓練，每天放學二話不說跳下泳池先玩命游倆小時。和
　　外校比賽時還會有專門的啦啦隊，很多體育好的孩子在學
　　校裏都是明星。

　　日本的中小學是否同時介紹日本的思想家？聽說介紹日本
　　近代思想家是日本義務教育的一部分，但是古代思想家主
　　要介紹中國的諸子百家。是這樣嗎？

加：是您說的這種情況。主要分三塊：中國古代思想、中世
　　紀國學、日本近代思想家。

查：國學指的是？

加：日本的國學，以本居宣長等人為代表。明治維新時期，
　　我們提倡文明開化和富國強兵，主要是學習西方制度文
　　化，包括德國的憲法和英國的議會制度。不過，歸根結
　　底，對日本社會中人與人的關係以及社會結構影響最深的
　　還是儒家思想。

查：所以我前面說日本才真是實現了「克己復禮」的社會。

加：您可以到日本的大街上問行人一個問題：日本是東方國
家還是西方國家？我相信，大多數人會主張日本是東方
國家。很奇怪，到中國以後，不管是北大同學還是知識分
子、官員或軍人，大多數人都把日本列為西方國家，理所
當然地指出「你們西方國家」或「日本作為西方國家」如
何如何。從中不難看出，中國人觀察一個國家(可能對一個
人也一樣)的時候，政治思維在起主導作用，文化思維則相
對淡薄。這或許跟中國人常說的「講政治」息息相關。

查：嗯，他們的出發點也許是「政治陣營」或「發達經濟
體」吧。即使如此，這種說法也很荒唐。我身邊人文學科
的中國朋友，倒是都知道日本深受中國儒家文化影響。與
你所接受的教育相比，我上中學時全中國都在奉旨搞一場
讓人啼笑皆非的「批林批孔」，孔子在文革當中被稱為孔
老二，代表封建沒落階級。「克己復禮」被認為是恢復封
建社會的禮教，是倒行逆施。我們那一代中國人接受的教
育，就是野蠻粗鄙地大革文化命，將自己的傳統打翻在
地，踩在腳下。

加：我當時還不知道這些情況，只知道有「文化大革命」，
歷史教科書中也提到了毛澤東、四人幫等。來中國前有高
中老師和我說：「加藤同學你要注意，警惕被赤化！」實
際上還好，我2003年來到北京，那個時候，中國總體上還
是朝着尊重開放和多樣化的方向發展。在北大宿舍和教室
裏，我也接觸了許多國際化的知識和信息。毛澤東思想、
鄧小平理論和三個代表重要思想等政治課並沒有洗到我的
腦子，因為周圍的中國同學也很警惕或厭煩這些，我就逐
步明白它是怎麼回事了。後來，我在參與中國言論市場和
公共討論的過程中，也遇到過不少中國特色的東西，總覺

得體驗一下還是好的，無疑是我瞭解中國真相的過程。我一貫的立場是「只有參與，才有收穫」，純粹作為旁觀者，不是我的風格。

查：我欣賞你這種積極參與的態度，尤其是到了外國，不和當地人打交道，你的觀察也不可能深入。我剛到美國時，恰好去了中國人很少的地方，一兩年後南卡才開始有一些大陸學生。我發現他們會一起租房，一起做飯，形成一個「小中國」。在哥大，這種情況也很常見。不少大陸留學生生活在中國的保溫室裏，無論吃飯還是交流，依然待在和過去性質相同的圈子裏，也許這樣能讓他們感覺舒適和安全，不會因置身於異國文化而帶來危險和難堪。從前，這種行為一部分是因為外語障礙，可是現在的中國年輕人從小學英文，按說出國前外語準備得都很不錯了，這樣的現象卻一點沒有減少。

我覺得，首先要作為一個個體來體驗周圍的一切。一旦進入某個圈子，個人很容易受到圈子裏的氣氛和集體行為模式的影響，為了獲得大家的認可而服從「圈規」，犧牲自我。很多中國人無論是在自己的國家，還是出國，都會很快形成一個圈子，大家在圈子裏互相吹捧，同仇敵愾，抱團取暖。這種文化風氣在中文網絡上也很明顯，很多微信群都有這種習氣。

加：您說的「小中國」現象如今仍存在，甚至還日益嚴重。今天來美國留學的中國學生，英語水平和國際視野肯定比過去的學生好，那為甚麼在融入當地社會文化這一點上卻不如以前的學生了呢。我的看法是，跟留學動機有關。假如一個人想通過留學這件不容易的選擇多瞭解不同的文化，多挑戰自己，那一定會走出小圈子，勇敢地融入當地

人群。今天的很多中國留學生，不管在倫敦還是紐約，為啥不這麼做？最大的原因是他們已經沒有這個動機了，他們留學的主要目的不是瞭解不同的文化，而是拿海外文憑，迎合父母、親戚的訴求，甚至面子。

查：你說到根兒上了！

加：當然，公平地說一句，「環境逼人」這一因素是存在的。今天的中國留學生，尤其在英美澳等國，基本找不到沒有中國人的地方，就只好在「小中國」裏謀生了。

中國人本來就講究「圈子文化」，這我在北京期間已經深有感受。幾年前去了澳大利亞的墨爾本，就住在墨爾本大學附近，算是市中心吧，我發現幾乎就沒有看不到漢字的場所。我參加的一日遊也是中國人經營的旅行社安排的。當時我就覺得，在墨爾本生活，也許根本不需要用英文，只用漢語，日子照樣可以過得滋潤。

我個人是一向不喜歡混圈子的，寧願孤軍奮戰。所以，我很警惕「小日本」的圈子。我到北大後拒絕說日語。當時，北大有200來個日本學生，有人用日語跟我打招呼，我就用中文說「你好」。他們認為我太過了，我只好抱歉的說：「半年後我就要和中國學生一起上課了，我現在沒空說日語。」後來，我有機會擔任日本留學生會的會長，不得不說日文了，不過還好，那個時候我對自己的中文比較有信心了，覺得即使說日文，也不影響中文水平了。

查：你比我還絕。我在南卡的第一年沒碰到過一個中國大陸來的人，除了我當時的男朋友。有了中國留學生之後有人約我一起聚餐。他們的英文不太好，我如果非要和他們說英文，有點矯情。他們大都是公派的公費生——由中國政府出錢，租房、購物、社交都在一起，除了上課之外很

少跟美國人來往。於是，我只好盡量減少往來。我這麼做也引起了一些中國人的風言風語，說我整天跟洋人混在一起，不愛搭理自己人，高高在上。

加：哈哈，我在北大也這樣被日本學生對待過。當時覺得無所謂，因為我的目標很清晰，寧願得罪同胞，也要掌握中文這一生存武器。所以我的原則跟您相似 —— 盡量減少和自己人來往。

查：我認為去美國就是為了瞭解美國、體驗當地生活，如果大家還聚在一個「小中國」的圈子裏，那為甚麼要出國呢？其次，一旦進入圈子，就有了一種自我封閉的感覺，彷彿回到了中國。我不喜歡那種一群人總是黏在一起，拿着同一把尺子互相量的感覺。我害怕中國式的窩裏鬥，也害怕那種把人一口吸進去，磨合成一個中規中矩的齒輪的環境。我當年放棄博士論文的寫作，原因也多少與此有關，我願意做一個獨特的作家而不是一個平庸的學者 —— 尤其不想做那種滿口學術套話的學者，更不想混學院圈子，靠上某個學派山頭或抱住某個大師的腿。前幾年，印中研究所所長跟我說，他在紐約的一場活動中碰到一個美國作家，那位作家當時擔任美國筆會會長，看過我的英文作品，也認識我，我們所長跟他說起我來，他說：「哦，查建英，那真是我見過的一個獨特的人。」（She is truly one of a kind）。我們所長把這話轉告給我，我聽完偷着樂了半天。

加：這樣的評價真是最大的鼓舞和讚賞。在中國這樣的語境下，「獨特」比「優秀」重要很多。

查：對，我沒覺得自己有多麼優秀，中國和世界上比我優秀的人多了去了！但我希望自己擁有特立獨行的人生，而不是成為某個圈子中人。每當聽到小圈子裏的人在飯桌上或

者微信群裏一口一個大師、大腕、大咖、大先生，拜來拜去，互相抬轎子，我就開始起雞皮疙瘩。我熱愛朋友、珍視友情，可我實在不習慣那種黏糊糊的氣氛，多肉麻啊！

前幾年，有一個記者寫過一篇關於我的報道，其中有一句真是被她說中了。她說我似乎跟很多圈子都有關係，但又從不真正在任何一個圈子裏，而是站在各個圈子的邊緣。九十年代，我們一群寫作的朋友在紐約也聊過這個話題，我們願意稱自己為「邊緣人」。站在邊緣上，自在，挺好。所以，我特別不愛聽甚麼如何打入精英團體、如何打入美國主流文化圈之類的說法。我連中國的主流文化圈都沒有打入過，為甚麼非要打入美國的主流文化圈？我只是希望做我自己，這是最重要的。以一種集體的生活方式為自己定位，沒有拉開距離或者退群的選擇，是我特別不願意的。

每個圈子都有不言自明的「圈規」，作為圈子的成員就要按照這個圈子的規則表現自己，圈裏還會自動形成某種層級，眾星捧月，大家默契地遵守層級。在這種秩序裏大家似乎感到自己是安全的、被承認的，是得到注意和受到保護的。我不否認人是群體動物，否則社交媒體不會如此發達，可你一旦成為群居動物就會產生新的焦慮，比如，一定要得到群體(或群主)的承認才有存在感。這種現象在本質上和宗教團體是類似的。宗教是人類社會交往以及自我定位的一種方式，一個人如果被開除教籍，就失去了屬性，無法存活。很多人認為離開群體會在存在意義上感到孤獨，沒有他人也就沒有自我。加藤，你剛來中國的時候有這種感受嗎？

加：有過，但我沒有您這麼獨立。畢竟，北大的日本留學生還是比較多的，完全拒絕是不可能的。我的原則是盡可能

減少交往，主動遠離說日語的環境。雖然多數人覺得我這個人過了，甚至不禮貌，但也有一些人是理解的，甚至有一些日本同學還主動配合。

那段時間，我想法設法練習中文。每天都會聽廣播，下午五點準時去俄文樓找保安大哥拿《人民日報》，然後去未名湖畔狂讀。非典時期，學校停了不少課，我就去北大西門外的胡同裏找阿姨聊天。我幫阿姨一起賣冰棍，一次聊好幾個小時。有個阿姨說：「這小伙子不錯，長得還挺高的。」這是我人生中第一次因為身高得到表揚。

當我擔任北京大學日本人留學生會（日本人留學生會是2003年「非典」期間因需要保護日本學生的安全，由從外務省派到北大留學的政府官員創辦的）會長時，還不到二十歲，對中文也基本有把握了，就開始增加和日本人的交往。我當時沒錢，需要長輩們的幫助，也想通過這個平台多認識一些人。所以，當第一任會長找我，問我能否接他的位置時，我內心是欣慰的，這個會長我是想做的。大學期間，我一直花自己掙的錢，學了半年中文後開始做筆譯。我註冊了一個翻譯公司，一個月賺三千塊左右。我後來開始做口譯，包括同聲傳譯，一天可以賺三千塊。當會長是為了生存，但我始終是一個人，不進入任何圈子。當然，有時也會有私心，也利用過人脈。總的來說，我希望自己像一匹獨狼一樣活着。

關於中國，我從小的認知就是共產主義、馬克思主義、自行車、長安街、中山服、毛澤東、天安門以及後來的沙塵暴。我抵達北京二號航站樓時，看到了橘黃色的沙塵暴。我平時每天都要跑步，所以必須向沙塵暴宣戰，於是主動出擊，繼續跑步。我是故意這麼做的，中學時為了提高自己的跑步能力，我會故意在夏天的正午出去跑步。

如前所說，在校期間，要上毛概、鄧論、馬哲。我對這些政治課特別感興趣，所以認真聽講。毛概課上大家都不太認真聽，不是睡覺就是看閒書。當然，有些特別在乎成績的女生永遠坐在第一排認真記筆記。

查：你的反應和我女兒一樣。她作為交換生在北大上了一個學期的課，說馬院老師開的課是必修課，但是大家都不愛聽，結果就成了中國近代史綱要課，老師將黨史揉在其中講。我女兒說她聽得津津有味。那時她正在研究革命時期的宣傳畫，感到很神奇，完全想像不到當時的中國竟然是這樣。反而大部分北大學生對這些內容不感興趣。斯蕤將宣傳畫轉發給一個北大同學看，對方問她從哪兒找到的，說自己從沒看過這樣的宣傳畫。這些歷史在中國反而被屏蔽了。我告訴女兒，這就是我出國前的中國，我們從小到大看這些標語牌宣傳畫，要麼對此早已麻木，要麼覺得厭煩。但是，她覺得彷彿看到了魔幻現實主義的藝術作品，覺得太有意思了。

加：馬院的課我也聽得津津有味，然後開始發表作品，參與中國的公共言說。起初，北大學生在課堂上的表現讓我很困惑。後來，我漸漸明白，他們雖然從小就被灌輸相關理論，但大多數人並沒有真正被影響，沒有完全被洗腦。他們普遍保持着一定的距離看待毛概、鄧論。我當時很困惑，既然大家都覺得沒用，那為甚麼還要學呢？

我現階段的觀察是，不管教師還是學生，大家覺得今天由中國共產黨來領導這個國家是合理的，而那些意識形態和政治課在中共看來是必須的，沒有了它們，自己的統治會受到影響。對於中共的組織工作來說，意識形態宣傳和政治教育能起到紐帶和基礎作用，至少目前還沒有找到替代的做法。其實，北大的多數學生早就不認同這些政治宣教

了，但他們能夠理解黨為甚麼這麼做，雖然不一定認同，
但還是會服從。當他們跟我這個外國人討論政治或意識形
態的時候，假如我說了一些批判性的觀點，不少人就會從
愛國主義或民族主義的角度為黨的這種宣傳辯護，認為政
治課從維護國家安全穩定的角度來講仍然非常重要。

如今，中國進入了新時代，據我觀察，從愛國主義和民族
主義的角度主張中國特色和中國優勢，反駁自由民主、普
世價值的年輕人越來越多。

查：對你這個「既然沒用也不認同，為甚麼還要學、還要服
從和辯護」的疑問，最好的回答來自哈維爾的一篇文章，
就是我前邊講六四後在芝加哥流亡時我讀過的那篇 "The
Power of the Powerless"（無權者的權力）。在描述後極權社
會的特徵時，哈維爾舉了一個關於標語的生動例子：一個
蔬菜店老闆在櫥窗上掛了一條宣傳標語，那並非是政府強
制也不是他本人的觀點，他只是出於習慣，因為別的商店
也掛，滿大街都是這樣的標語，所有顧客和路人對此已經
習以為常乃至熟視無睹，但他只有掛了標語才會有一種安
全感，等於他表態認同了現有的社會秩序及其背後的權力
意志。問題在於，如同所有這樣做的人一樣，這位蔬菜店
老闆的行為正是這種秩序和權力得以繼續維持下去的重要
原因。

大陸早已進入後極權時代了。對這一套官方宣傳，如今大
陸年輕人可能只是把它當作官方宣傳而已，有點像是已經
長大的兒女卻必須敷衍一位嘮嘮叨叨的家長。他成天警告
你、提醒你他有多麼重要，你離開他的保護會不安全，你
不聽他的話會吃大虧栽大跟頭讓壞人得逞等等；你呢，一
邊乖乖聽着，一邊當耳旁風。可是，人對自己耳濡目染、
長年累月置身其中的環境，總不免會因為熟悉而產生某種

安全感和依賴性。舉個比較極端的例子，為甚麼有些服了幾十年刑的囚犯在刑滿釋放之後，反倒難以適應外面的世界，甚至會懷念監獄生活呢？因為自由的生活總是充滿風險和未知數，而坐牢呢，只要守規矩，牢頭絕不會天天揍你，牢房裏的生活肯定是更安全、更穩定的！何況牢房改善了伙食，吃得還不錯，表現好還可以積分呢。所以，「從娃娃抓起」、灌輸愛國愛黨教育、上馬哲毛概鄧論、上思政課、過黨團組織生活、黨媒姓黨統一口徑、街頭巷尾大面積的宣傳標語，這一套看上去手段粗鄙拙劣，其實不僅自有其道理，久而久之也自有其效果。或者用你的「培養土壤」之說，官方培好了土，定期灌溉、「殺蟲」「清污」，等到一定季節，遇到一定氣溫，冒出來的必然會是官方期待的那種莊稼。

我女兒問她的北大同學為甚麼北京的街道上到處都是標語口號，她的同學原來沒有想過這個問題，略微思考後說：這很正常，表示黨領導一切，黨無處不在，人民因此感到社會安全有序。我女兒第一次理解了中國人——而且是一個北大研究生的看法。她覺得很驚訝，因為紐約街頭是不會有類似標語的，政府怎麼敢居高臨下把國民當作未成年的小孩子來訓導呢？中國街頭那些出現頻率極高的標語，內容並非推銷產品，而是推銷社會秩序、推銷政黨威力。可是大陸的年輕人不僅接受了，還感到很安心。

加：我當時也思考過，那些無處不在的宣傳橫幅和標語，到底是怎麼掛的，向誰申請的，花了多少錢。在日本，政府投放廣告或企業投放廣告都要付費，價格是一樣的。日本城市中，大概只有百分之一的廣告是政府廣告，主要是政黨或政黨候選人的政策主張和執政理念。因為他們要競選嘛。選舉臨近時，自民黨等政黨會刊登廣告，候選人會將

自己的宣傳廣告投放在電視或報紙上，包括掛在街頭。我到中國後發現到處都是黨和政府的廣告，驚訝政府太有錢了，後來才知道基本都是免費的。我突然意識到這就是所謂社會主義體制的優越性，老百姓對此不知抗議，也不能抗議。如果在日本，這就是大醜聞，整個內閣一定會垮台的。

查：在中國，抗議者一定會被看作刁民。中國絕大多數是順民，他們看見了標語，實際上並沒有看見內容。就像那位北大女生，在我女兒問她這個問題之前，她對於這些標語口號並沒有意識。我從未聽到任何一個中國人提出過你這種問題。可是請你想像一下，如果有一個人突然跑到北京或上海的大街上去撕標語，那會發生甚麼事？我不必往下說了吧。

紐約街頭巷尾有很多塗鴉，有些非常有創意；歐洲很多城市也是，我曾在多瑙河上乘船而下，沿途看到兩岸牆上有許多很打眼的大幅塗鴉，真是一道有趣的風景。可是你在北京街上看到過塗鴉嗎？這樣一個超大型國際都市，成千上萬畫家、藝術家的居住地，沒有人敢在公共場所塗鴉，簡直乾淨得像一片沙漠。

而思政課卻上到了大街小巷。在我看來，它再生動不過地顯示出黨是把國當成自己家來管的：一個大家長在自家牆壁上貼幾條家規家訓還用交錢嗎？他沒貼到你臉上就不錯了。而全體人民也習慣性地服從這種管教方式，大家不覺得寒磣，不覺得屈辱，頂多個別人覺得有點煩。難怪有人說這是個巨嬰國，難怪公知們搞了這麼多年的民主啟蒙沒甚麼效果——那不過是一小撮人的春夢！

據我觀察，在2008年之前，有大約十年左右的時間，北京街頭的商業廣告越來越多、政府橫幅越來越少，從高速路到機場都有很多外國廣告，商場裏的廣告模特一度是大

量的西方模特，這與中國入世後的十年開足馬力高速發展
經濟基本上是同步的。大約在2010年以後，內地明星代言
人才又重佔主流，可以看出中國人的民族主體意識在逐漸
回升。這些年回北京，我發現政府標語又回來了，顏色越
來越紅。韜光養晦結束了，不需要再低調曖昧、躲躲閃閃
了，是時候大張旗鼓地宣示這是共產黨主導一切的國家
了。起初，它和商業廣告混在一起，沒那麼明顯，這幾年
越來越突出。如今，地鐵站入口高懸着「共產黨萬歲」，
居民小區牆上刷着「堅持黨的領導」，機構、企業門口掛
着「不忘初心，牢記使命」，在高速路上開車常常能看
到「永遠跟黨走」「為中華民族的偉大復興而奮鬥」等標
語。過去二十年，它淡出，又復出，覆蓋面越來越大，具
有強烈鮮明的象徵意義。可是，每次我提起這件事，當地
人都沒有太強的感受。自由派人士把所有這些都歸罪於習
近平，都是他在搞倒退，可是，所有中國國民難道不也一
直在配合着、服從着、漠視着、維持着這一切嗎？

加：嗯，當地人已經習慣了，甚至成為生活的一部分。我最
　　近圍繞西方自由民主和中國特色的意識形態這個問題跟
　　一個高學歷的具有國際視野的中產階級女性討論，我問她
　　生活水平到了一定程度會不會向黨國要自由和民主，她很
　　平靜地回答説：「中國有自由和民主，你看看在街頭上掛
　　着的社會主義核心價值觀的內容，裏面就包括自由和民
　　主」，還批評我作為研究中國的人竟然忽略這些街頭的信
　　息。我沒有追問她，也沒有繼續展開討論，覺得沒用。

查：記得前面提到過我有一位拿美分的五毛親戚吧？最近資
　　中筠先生有一篇「妄議美國」的文章，感歎大陸南方百
　　姓因洪水受災，國人卻看不到多少真實的相關報道，更沒
　　有權利「妄議」國事。我這位小粉紅親戚馬上轉貼了新華

社、人民日報、共青團網站上的幾段豆腐塊大小的關於發
洪水的報道，反問：怎麼沒多少報道，這不是有很多嗎？我
的天，虧他還去美國留過好幾年學。你説得對，沒用。

加：我經歷了中國教育、接觸了美國教育，再回到日本後，
　　我感到日本教育與日本社會的穩定是基本同步的，雖然
　　日本人比較內向，不善表達，外語總體不好，國際意識薄
　　弱，甚至不及韓國學生積極向外走。不過，日本的教育是
　　多數日本人都認同（非服從）的，因為它的教育和社會的發
　　展是同步的。

查：嗯，也就是説日本教育基本上是符合日本國情的。中國
　　教育就難説了。應試教育加上愛國愛黨教育，已成了固定
　　模式。十多年前還有人討論教育改革，如今黨媽黨爸全接
　　管了，旁人不敢説，説了也白説。教授們或者忙着鑽營，
　　或者鑽進書齋，家長們忙着盡早送孩子出國。

　　剛剛提到的虎媽在美國引起的討論，就像一朵小浪花，稍
　　縱即逝。但由此也反映出美國一些精英家庭的焦慮，尤其
　　在大城市更加明顯。比如紐約，昂貴的私立學校和好的公
　　立學校，競爭意識一向強烈，要上好大學的氣氛比美國絕
　　大多數州立大學都要濃厚。所以，一些家庭對亞洲式教育
　　產生了焦慮。然而，在焦慮過程中，他們也在某種程度上
　　澄清了自我：大多數美國人還是反感高壓的、灌輸的、強
　　迫式的教育。

　　另外一個問題是，美國政府對公共教育的投資自八十年代
　　以來一直在減少。芝加哥大學自由意志派經濟學家米爾
　　頓·弗里德曼早在五十年代就提出過「學券制」，他認為
　　教育不應該掌握在政府手中，應該由家長自主選擇學校。
　　在他看來，政府的掌控導致了教育事業的低效，應當讓教
　　育回到民間。但左翼人士和很多教師都反對將教育市場

化，認為應該大力發展公共教育。在美國，貧寒學生借貸上大學的現象很普遍，這給很多學生造成了很大負擔，往往要工作好幾年才能還清貸款。美國為何不能像歐洲那樣呢？許多歐洲國家實現了全民公共教育，上大學免費，這在某種程度上打破了財富傾斜的狀況。美國的私立學校一向昂貴，而政府減少對教育的投資後，久而久之，有錢人家的孩子將更有優勢，而優秀的貧寒子弟會處於劣勢，畢竟獎學金是有限的，起點變得不再公平。可是，如果像歐洲那樣辦教育，就得像歐洲那樣高稅收，這在美國可是難度太大了，軍費開支和聯邦債務已經那麼高了，還有那麼多老舊的基礎設施要修，錢從哪裏來？這些都是非常美國式的討論。

此外，教育問題還會細分出一些其他討論。比如，錄取分數上對少數族裔的傾斜正當嗎？佔多大比例才合理？一種觀點是大學應當提供多元化的學習環境，通過錄取標準的調整，一方面對黑人因種族主義歷史而長期處於劣勢有所補償，一方面也可以讓學生來源更加多樣化，白人、猶太人、黑人、亞裔、南美裔分別佔據一定的比例。這樣，大學校園就更像美國這個多元移民社會的一面鏡子，不同文化背景、不同種族、不同階層的人在一起交流，學生在學校期間不僅可以得到智力上的培養，還可以拓寬文化視野、培育同理心，為將來步入多元化的職場社會做好心理準備。可是，另一方認為這樣做不公平，應該所有人都以分數劃線，不少華裔家庭就持此觀點，認為如果對非裔傾斜，華裔的孩子就吃虧了。

加：我認識一個住在美國紐約州哈德遜河附近的女生，剛上大一。她的媽媽是日本人，爸爸是英國人，他們家境不好，但女兒學習很好，能上拿全額獎學金的學校。後來，

她的確做到了，去了一所馬薩儲塞州的州立大學。他們經常討論美國的教育問題，對他們來說，女兒以全獎的方式考上了很好的大學，是拯救了整個家庭。他們也沒有別的選擇，假如女兒沒考上全獎的大學，即使被很好的私立大學錄取，他們也供不起，也許就不讓她上了。

日本出生率低、老齡化嚴重，兩者是同步的。因為「少子化」，日本實際上已經不需要那麼多大學，尤其是二三流的私立大學。私立大學就是一家公司，需要自己養活自己，如果不適應社會現狀和時代趨勢，照樣會倒閉。日本私立大學也根據不同的情況享受來自政府的補貼，等於拿着納稅人的錢，才引起討論和爭議。日本也有很多公共討論：如何分配大學經費，如何進行國際化教育——樂天和優衣庫就曾經嘗試過將全公司的通用語言改為英語，似乎沒那麼成功，有不少來自員工的抵制。但總的來說，日本圍繞教育的討論沒有美國激烈，或許因為日本是比較同質化的社會，大家的需求相似度很高。

我十八歲走出國門之前，基本上沒思考過有關宗教的問題，也沒去過能讓人聯想到宗教的地方，頂多去過寺廟和神社，但是寺廟和神社對我們日本人來說就像公園一樣，是一個公共空間，而不是帶着一定排他性的宗教場所。寺廟和神社在日本無處不在，據統計，比便利店還多。我曾經在神社裏被追債的人打過，神社真是打架的天堂，很多不良少年晚上聚集在神社或寺廟，動不動就跟別人打一架，這一場景在日本電視劇裏也經常可以看到。

神社在某種意義上是最大的公共空間，誰都可以去，一般也不收費。比如，我之前住在東京代代木一帶時，經常步行到原宿附近，我一般都會穿過明治神宮，那裏不可以

跑步，但步行沒問題，所以很多市民在散步或上班時會路過。靖國神社是眾多神社中的一個，位於日本東京九段下，很多人上下班會從中穿過，因為比較便捷。所以，對於大多數日本國民來說，靖國神社首先是生活的一部分。

查：明白，我也是去日本實地參觀了大大小小的寺廟、神社，才感受到它們是融匯到日常風景和生活當中的。不過，即使如此，作為一個中國人，靖國神社獨特的象徵色彩還是難以抹掉。九十年代我第一次去東京開會，沒有去靖國神社。第二次去東京，有一天，我走到了靖國神社的門口。當時是傍晚，我在暮色中感受到一種特別的氣氛 —— 當然，我腦海中有一些預設 —— 既感到威武、肅穆，又感到陰森、猙獰，讓人望而生畏的同時心底會有排斥感。我最終沒有進去，在門口站了很久。暮色中，周圍沒幾個行人，昏黃的燈影投射到空曠的入口，路兩旁佇立着很高的松柏。我站在那裏，中日戰爭的各種場景依次閃過。

加：我第一次去靖國神社是到中國留學之後。那時，我開始從歷史和解的角度思考日中關係和靖國神社的問題。畢竟，它實實在在地影響了兩國的關係。和您一樣，我也是帶着沉重的心情去看的，從歷史長河和未來走向兩個角度感受那個空間。

查：有沒有拜？

加：拜了，進去就要拜的。每一個國民到神社拜的動機都不同，不需跟別人分享，純屬個人事宜。我祈禱日本社會平安，未來明亮，日中關係穩定，兩國國民之間能夠更理性的互相瞭解。小時候，我常去神社玩，和小夥伴們在裏面踢球，也有情侶在那裏談戀愛。神社是供奉神道各神靈的，每個神社供奉的對象不同。對民眾而言，我們進神社就跟中國人路過街心公園一樣，沒甚麼特別的。靖國神社

四個字是被日中歷史問題放大，才成了問題。首先，它只是神社，其次，才是靖國神社。

神社在日本人的生活中無處不在，我知道它和神有關，但往往不瞭解具體的神靈是誰，有甚麼歷史背景。我們知道每個神社裏供奉着一個神，在保護着我們。它和天皇的存在也有一定的關係，可以說是日本社會和國民的一種精神支柱。對我來說，神社就是一個公共空間，裏面有樹林，環境優美寧靜，我經常去那裏思考人生。

我第一次思考宗教問題是到了中國之後。日本也有儒教和佛教，許多日本人認為人死了會變成佛，許多日本家庭裏都有佛像、佛堂，我們家也有。

查：要供奉嗎？

加：要供奉。如今，父親已經走了十年，我每次回到伊豆老家，端坐在佛像前，手掌合十，閉上眼睛，跟在活在另一個世界的父親對話，說爸爸我回來了。有很多內心的東西，很多秘密的話，只有他知道，我從未跟其他人講過，包括母親和弟弟妹妹。一個人活着，總有一些不能說的秘密，有些秘密，的確實能帶到墳墓，活着不跟任何活人說。但不說是一件很痛苦的事情，總想找個人釋放一下壓力，所以我就跟已經變成佛的父親說，他會幫我保密。等我也變成佛以後，再跟父親好好聊。在佛壇前，我默默地說着，大概說五到十分鐘，然後決定下一步怎麼走。不過，爸爸現在變成佛和宗教沒有關係。

查：這樣很好。我相信人都想有一個可以默禱和托放心靈的空間，需要這麼一個完全隱秘的角落。我自己一直被很多儀式化的東西吸引，總覺得現代人的生活太匆忙、太功利，缺少一些莊嚴和優美的儀式。比如天主教的聖誕節午

夜彌撒，一做就是幾個小時，我在美國和歐洲的教堂裏都參加過，從頭到尾覺得津津有味。但那只是觀賞，我並不信教。我對所有宗教一直抱着矛盾的心情。我接受的一直是無神論教育，從小就熟知馬克思的名言：一切宗教都是麻醉人民的鴉片。在五四以來提倡的科學理性話語中，科學和宗教也是對立的。

反諷的是，等我到了美國之後，才意識到我從小到大一直活在一個宗教世界裏，這個宗教就是國家宗教。並且這個宗教也有神，也有儀式──文革中被批鬥的老師們站成一排，對着大廳上毛的標準像鞠躬，背誦《毛主席語錄》，最後坦白認罪。這個儀式俗稱早請示、晚彙報。我上小學和中學時，學校裏年年有政治課，還舉辦「學習班」，像單位裏的成年人一樣，大家都要表態發言，進行所謂的批評與自我批評。這也是為甚麼我到美國後，嘗試參加南方教堂裏的查經班時會感到本能的不舒服──它那一套對照聖經反省自己過錯的儀式讓我想起了小時候的場景。

加：國家宗教，這個說法可以讓日本人一下子明白它是怎麼回事。我在日本上中學時，歷史老師告訴我們中國人是信教的，中國人都念紅色聖經，就是毛澤東的語錄。

查：我們叫紅寶書。「紅寶書」這種叫法本身就有宗教性。

加：我2005年左右參加了北大國際合作部組織的旅遊，跟二十個左右來自各國的北大留學生(記得有很多非洲學生)一塊去了桂林一個禮拜。我們從北京站乘坐普通火車，大概坐了三十多個小時吧，那是我在中國(實際上是在世界)乘坐火車時間最長的一次。有一天我們到了陽朔，村裏有個老頭拿着他在文革期間用過的「紅寶書」，我問他賣不賣，他說可以，我就買了五本大小不同的，一共幾百元

吧，至今藏在北京四環外的一個角落裏。我不知道接下來
會怎麼用它。

再說回宗教。日本人不排斥信教的，伊斯蘭教、基督教、
佛教、儒教、神道，我們至少會尊重，有的也會認同，甚
至吸收。和您相比，我更算是在無神論的環境中長大的。
您從小在國家宗教中長大，後來去了宗教盛行的美國。這
會影響您的價值觀嗎？

查：會的。對於國家宗教，我的去昧過程是在文革結束後開
始的，那是狂讀尼采、薩特，將個人主義理想化的年代。
在這個過程中，我對所有宗教都產生了深深的懷疑和戒備
心理，我不會去擁抱任何絕對的真理或教主，更別提某個
人格化的神，我對那些有一種幾乎是生理上的排斥感。直
到今天，我仍然本能地反感、厭惡任何形式的國家崇拜和
個人崇拜，無論其崇拜對象是某個國家或種族，某個政黨
領袖或國家元首，還是學術圈文化圈裏的所謂大師、大
咖、明星。對於優秀的人，我們可以尊敬、欽佩、欣賞、
喜愛、感謝，但為甚麼非要跪下來頂禮膜拜、肉麻吹捧，
把自己搞得那麼低賤，把對方抬到雲端，弄成神一般的存
在，把整個事情弄得像一個甚麼教呢？每個人在人格上都
是平等的，彼此文明一點、節制一點、自尊一點不好嗎？
當然，有時候我也會想，我這種反應，是不是一種文革後
遺症？我拋棄了「個人崇拜教」，是不是又拜了「個人自
由教」呢？其中是不是也帶有某種「理性的傲慢與偏見」
呢？我不知道。

加：「理性的傲慢與偏見」這個說法令人深思。我也反感一
切人格化的神和個人崇拜，不管他們的職業屬性，我都不
接受，覺得這麼看待一個人是極端不理性的。

查：嗯，不過，多年後，我對佛教有了更多的興趣和正面看
　　法，大概因為它更像哲學吧。對美國的宗教，我也不再
　　簡單排斥，不僅有了興趣，有時還會冥想。我想，虔誠的
　　教徒是很幸福的，他們心有所畏，個體的渺小並無妨礙，
　　他們有着超驗的信任感和精神依託，死是不可怕的，因為
　　死後他們知道要去哪兒。只要這一生對得起上帝，對得起
　　一些信條，對死就不會感到恐懼，因為生存的苦痛是暫時
　　的，上帝是公平的。如果天堂是一所樂園，那麼死就是另
　　一種生的開始。

　　但同時我也在想，這不就是美好的自我安慰嗎？我發現教
　　育程度越高的地方，信教的人越少。歐洲人的受教育程
　　度比美國高，所以世俗化程度更高，教徒的比例更低。美
　　國人每週去教會的人數居高不下，尤其是偏遠地區，比如
　　南方和中西部的中小城鎮，信教的人更多，而精英團體、
　　高學歷人群中信教的比例相對較低，比如大學教授和科學
　　院院士。但與此同時，一些大科學家、哲學家都是基督教
　　徒。我曾經問過一個加拿大哲學家(也是一位天主教徒)為
　　甚麼信教。他說，對他而言上帝不是一個人格神，信教也
　　不僅是參加教會這一種形式，宗教信仰讓他感到他和人世
　　間的神聖更接近，跟他人也更接近，不信教讓他經歷了某
　　種類似地獄般的感覺。他的描述似乎很抽象，但我覺得可
　　信。他沒有將宗教拘泥於上帝或教堂。

　　歐洲啟蒙運動以來，學者們開始運用科學理性的方法質詢
　　中世紀的基督教教義，發現《聖經》裏的很多說法包括神
　　跡都是站不住腳的，例如聖母瑪利亞貞潔懷孕生下耶穌，
　　耶穌可以在水上走之類。後來，有些人傾向於將《聖經》
　　當作一部偉大的創作，其中蘊含着很多文學化的隱喻和人
　　生智慧，並非要按字面意思去理解。《聖經》中的一些戒

律也被認為要與時俱進，比如同性戀是否不能被接受，婚外情的女人是否就是不道德的象徵……宗教改革後，人們對於《聖經》的詮釋和踐行方式有所修訂，認為可以有多元化的理解，而不是固守絕對的真理。

基要派是對自由派基督教的反彈，這個保守教派的信徒認為一切都必須遵循《聖經》的指導，《聖經》的每一個字都是真實的，自由派背叛了基督。兩派紛爭不斷，演變到後來，又出現了一些調和派。比如，福音派就做出了某些妥協，可以和世俗社會及其他教派以寬容的態度討論問題。

美國有半數以上的人口是基督教徒，宗教爭論很多，科學理性以及無神論都對宗教世界產生了某種程度的鬆動。如今，無神論者越來越多。前面提到的那個Bill Maher，著名的脫口秀主持人，就經常在節目中或公開場合抨擊宗教，他認為宗教完全是愚昧時代的產物，代表了落後的價值觀。他尤其不能容忍伊斯蘭教，指責它壓制婦女，對異教徒、同性戀、獨身主義者都存在偏見。這種言論如今有大量的受眾。與此同時，保守教派也有大量的教徒，除了基要派，還有摩門教，當年與奧巴馬競選總統的共和黨候選人羅姆尼就是摩門教徒。歷屆美國總統都是信基督教的，只有一個是天主教徒——甘迺迪，他的家族是從愛爾蘭移民過來的，信仰天主教，他的當選是一種突破。

加：順便說一下，在日本首相史上，只有大平正芳是信仰基督教的，所以他當年跟美國駐日大使關係很不一般，其中就有信仰因素。甘迺迪這樣一位宗教信仰上的「異類」在民主選舉中當選為總統，您把這一現象描述為「一種突破」，我既高度認同，也認為這就是美國的活力和魅力所在。奧巴馬當選總統也是一種突破。接下來，女性當總

統、同性戀當總統、亞裔當總統，都有可能。美國就是一個不斷尋找並實現突破的移民社會。

查：是的，早晚會發生。今年美國民主黨的總統競選人中就有一位同性戀、一位亞裔(臺灣移民楊安澤)和多位女性參加。

在宗教領域，美國的不同教派和平共處，各有各的地盤。對於宗教在教育領域中的地位，美國不止一次爭論過：學校要不要念《聖經》？宗教能不能進課堂(尤其是公立學校)？我去過俄亥俄州一個小城裏天主教辦的私立大學演講，學生們每週會做一次禮拜。我女兒上的紐約初中學校，原來是一百多年前聖公會的一所教堂為唱詩班兒童辦的寄宿學校，後來變成了獨立學校。直到今天，它的幾座主要教學樓還緊貼着位於百老匯大街上的巍峨教堂，學校師生每週仍然在教堂裏舉行一次由牧師帶領的祈禱儀式，但除此之外，學校的教學和管理與教會沒有任何關係。我還去過曼哈頓下城一所古老的教友派辦的學校，早晨上課前他們有一個集體靜默的時刻，不是禱告，而是師生一起坐在四壁雪白的會堂裏，清除雜念，冥想幾分鐘。這種教友會的傳統自有一種純樸莊嚴的感染力。

但公立學校是不允許有任何宗教儀式的，憲法第一修正案申明了政教分離的原則，而憲法是高懸在任何一派宗教之上的根本大法。你會看到美國既有各種教會和宗教組織，又有像Freedom from Religion Foundation(FFRF，即「免於宗教信仰的自由基金會」)這一類民間組織，時刻監督和警惕着宗教對公民生活的越界干擾，尤其是政府利用職權和公共資源去支持贊助某一宗教勢力、排斥其他宗教派別或無神論者。比如，大家都知道小布殊是虔誠的基督徒，他當選總統之後召集一些教會領袖人士開了個小會，表示在撥

款贊助一些宗教活動的問題上，政府不妨放鬆一點，此舉立刻引起強烈反彈，像FFRF這類民間組織和媒體馬上發出警告，提醒大家這意味着「政教分離」可能遭到破壞。

再說回教育領域，既然公立學校是用全體納稅人的錢資助興辦的公共教育場所，那麼它就應該保持中立，不允許偏袒任何一派宗教包括基督教，不准宗教滲透校園或對學生形成任何壓力，更別提灌輸式的宗教洗腦了。信教的學生在校園內可以自己不出聲音地禱告，但不可以影響別人，包括不能跪在走廊禱告，因為那樣會影響經過這個公共空間的其他學生。如果學校球隊比賽之前或哪個班級的同學想要一起祈禱，則應當由一個學生而不能由教練或老師帶領念禱詞，因為後者的身份是教育者，代表學校和權威。畢業典禮上也不可以請教會牧師來做演講。舉個我女兒上的高中的例子，那也是一所私校，我作為家長去參加了入學典禮和畢業典禮，分別在曼哈頓下城和上城兩座著名的大教堂舉行，但並沒有牧師來主持或演講。她高中上的倫理課（Ethics）屬於必修課，但課本裏凡是涉及宗教、性向、墮胎等內容，都會選取不同視角或立場相反的文章和案例來讓學生們閱讀討論，講到道德選擇和倫理困境，會讓學生選讀亞里士多德、康德、密爾等經典大家。當年我在南卡上的是州立大學，即使在那樣的「聖經地帶」，學校裏也從來沒有舉行過甚麼宗教儀式。

加：我在日本的時候，沒有任何宗教觀念，到北大後，接觸了一些。當時有一個很好的伊朗朋友，叫阿里，他信仰伊斯蘭教，可豬肉吃得興高采烈，還喝啤酒。我說「你不是伊斯蘭教嗎」，他用中文回答說「那是相對的」。那次對話對我衝擊較大，原來宗教信仰還可以是相對的！當然，我那時才十八歲，根本不懂甚麼叫相對主義。

查：我也碰到過同樣的事情。我在紐約有很多猶太朋友，按照教規，有些東西他們是不能吃的，但他們很喜歡中餐，經常去中餐館大吃大喝，各種大魚大肉。問過之後，他們說是成年以後決定不再踐行猶太教規。牛在印度是神聖的，是不能吃的，可我認識的一些印度人非常愛吃牛肉，點菜的時候因為要尊重對方的文化，問他們有沒有忌口，回答說甚麼都吃。

加：我在北大認識的很多韓國留學生，每到週末就會去基督教堂做禮拜，當時我感到這樣做有些崇洋媚外，也沒想到有那麼多韓國人信基督教或天主教。讓我印象最深的是幾個中國同學讀《聖經》。

查：是在宗教活動的場合還是家庭教會？中國有三自教會，是官方認可的，家庭教會是半地下的。

加：他們是在北大宿舍讀《聖經》。有一次聊天，這幾個中國朋友告訴我他們是基督教徒 —— 他們好像不太跟中國學生聊這些。那時我才意識到中國也有很多基督教徒。絕大部分都是所謂「地下」的。我後來去中朝邊境調研的時候也接觸過不少信仰基督教的，他們在家裏弄個十字架，搞地下教堂，我在延吉等接觸的信徒都是朝鮮族，沒有漢族。

我在北大讀本科期間認識了一個信息管理系的學生，後來成了我特別好的朋友。他來自新疆，是維吾爾族，長得也像維族。他的英文和普通話均為母語水平，是我在北大認識的同學裏最有語言天賦的。他女朋友也是北大的，也是維族人。我們聊天的時候，他問我如何看待中國，如何看待漢語和漢族。他特別痛恨漢族，有一天晚上在校園散步時突然對我說：「如果我的女朋友在我面前說中文，我就當場把她的頭砍掉」。聽到這句話，我毛骨悚然。他信仰伊斯蘭教，很忠誠，我當時覺得宗教是有一定暴力傾向

的。據我所知，畢業以後他去美國發展，好像進了微軟公司。後來我們就沒有再聯繫。

查：我也經常聽漢族朋友討論新疆和西藏問題，這個問題在中國是不便公開討論的。大家私下討論時會說，兩個民族相比，藏族更和平，畢竟是佛教徒，急了會自焚，可是維族人急了會拿着大砍刀上街砍漢人。其實，自焚是多麼殘酷的事情，人得憤怒、絕望到甚麼程度才會把自己點着。不過，人們還是普遍認為伊斯蘭教更有暴力傾向，甚至對伊斯蘭教感到恐懼。流行的說法一是《古蘭經》中多次講到聖戰，主張用暴力解決宗教糾紛，對其他種族有排他性；二是伊斯蘭教徒的繁殖率很高，人口增長後會自動同化或佔領社會。可我必須承認，在微信上旁觀一群漢族人大講穆斯林太能繁殖太恐怖，是頗有喜感的一件事。中國人口世界第一，請問漢人的繁殖率很低嗎？如果別人說你們太能繁殖太恐怖，請問你作何感想？實際上幾年前我就親耳聽到過這樣的刺耳議論：「大陸人沒教養又不講衛生，現在有倆錢了，這麼多中國遊客滿世界跑，像蝗蟲一樣冒出來，太可怕了！」說這話的人是一位流亡民運人士，六四後曾經在廣州坐過牢。

加：我很好奇，在美國濃重的宗教氛圍中，您是如何做到始終不信教的呢？您怎麼看待宗教對美國人日常生活無孔不入的影響？

查：我不認為這種影響是無孔不入的，有相當一部分人是不信教的，這與我生活的圈子也有關係。我周圍的很多朋友，比如出版人、大學教授、媒體人、藝術家，他們往往是不信教的；企業家、律師、公司白領，有的信，有的不信。我詢問一些人是不是教徒，他們說自己的父母是教

徒，他們從小跟着父母去教堂，可是上了大學或獨自居住後，就不再信教或不再去教堂了。他們看待宗教的態度一般比較複雜，多少帶有一些工具理性的味道，認為宗教有其社會功能，是群體的黏合劑，社會需要超越的精神維度，生命的價值不只在世俗層面。

美國開國時期，新教作用顯著，有很多著名的書和傳教宣講，講述清教徒勤奮致富的奮鬥過程，通過積累財富，在成為富人的同時也在榮耀上帝。一些摩門教徒一直十分虔誠，不僅定期去教會，而且嚴格按照教義進行捐贈。

但是那些生活在大城市或知識分子扎堆的地方的人，就漸漸淡化了宗教信仰。很多人並不會去批判基督教，他只是不相信上帝。我認識的很多美國人將宗教看得很平淡，認為那屬於個人選擇，每個人都有信仰或不信仰宗教的權利。

加：我2012年8月底到哈佛不久拜訪了我的恩人傅高義教授，那是我們第一次見面。我請求他給我一些建議，他給的第一個建議是：「加藤君，雖然你是來這裏尋找中國的，但是你既然來了美國，我希望你好好地瞭解美國社會。」聽到這句話，我首先想到的就是宗教。在我看來，宗教代表了美國社會的根本特徵，甚至矛盾。宗教對於美國社會的凝聚、穩定有哪些影響，這是我觀察美國的一個切入點。

我於2008年在FT中文網發表的第一篇文章是《北京人為甚麼闖紅燈？》被罵得很厲害。我當時想表達的是，對日本人而言，過馬路是「可以不可以」的問題，但對大多數中國人來說是「能不能」的問題。日本社會不是基於「能不能」運行，如果過馬路能過就過的話，那社會就亂了，日本社會只有「可以不可以」。這是規則，不能討價還價。

查：你說的「能」是意願+結果，「可以」是規則。

加：現代社會，大家誰不趕時間？但是日本人為甚麼不闖紅燈呢（當然也有例外，我就闖過）？因為不可以！這就是規則。深夜兩點就算馬路上沒車，也不能闖紅燈，因為老天在看着。這是一種信仰。信仰之於社會穩定是有作用的。

查：這也是儒家講的「君子慎獨」，可惜這在今天的中國倒成了稀缺品質。你說的這個深夜不闖紅燈的例子，我聽到過一個描繪德國人的相同版本，可見在大家的印象中，德國人和日本人是遵紀守法到極致的典範。有意思的是你把這種行為上升到信仰的層次上去看待了。

信仰不等於宗教，但二者之間存在很大的交叉區域。比如，也可以說美國有兩種宗教，一種是傳統意義上的宗教：基督教、伊斯蘭教、佛教、摩門教等；另一種可以稱之為公民宗教，即憲法。美國公民從小到大都要學習憲法、忠於憲法。

進一步說，美國雖是法治社會，但法律不能限制所有的惡。除了進監獄、付罰金等法律意義上的處罰外，公民還會遵守一系列道德準則和公共禮儀，包括如何尊重他人的選擇、隱私、禮節等。美國人從小到大都會學習作為一個公民要遵守甚麼規則，上高中、大學後還會有相關的倫理課，有點像中國的思想品德課。

所以，美國人的生活中至少存在着三個基本維度：法律準則，道德準則，精神準則。在以憲法為根本法制定了一系列法則之外，還有公民倫理和宗教精神的維度。比如：眼前有紅燈，身旁有行人，頭上有上帝，三者都在看着你，你還會闖紅燈嗎？

但話也不能說得太絕對，紐約就是一個人們經常會橫穿馬路的城市 —— 還專門有個土語形容這種行為，叫

"jaywalking"。在車少、行人少、沒有斑馬線或趕時間的時候，很多人會直接過馬路。恐怕只有日本人和德國人會在三更半夜一個人也沒有的街上等到綠燈亮了才過馬路吧。反正在這一點上，我已經變成了紐約人。我所說的這三個維度——法律、倫理、宗教，在美國生活中都相當強，三者互有交叉又各有清晰的界限。我覺得這可以說是一種美國特色。

加：您介紹的這三個維度，我第一次聽到，很新鮮。我在哈佛期間也是帶着「宗教如何在美國扎根」的疑問不斷觀察和思考的。我當時的感受是美國的宗教影響沒有那麼強，大家更多的是保持理性地看待宗教在美國社會的扎根，甚至會從實用的角度看待宗教對美國社會穩定發展的影響。當然，哈佛和波士頓不代表全部美國，如您所說，中南部地區的宗教對人們生活的影響更大。

查：對，不過，統計數字顯示，美國教徒的比例總體在下降；過去二十年間，白人教徒佔比第一次跌破半數。這也和亨廷頓所說的「文明的衝突」有關。白人基督教徒佔比的減小和白人佔總人口比例的減小是同步的。那麼接踵而來的問題就是，傳統的基督教白人價值觀對美國社會的影響是不是也正在不可避免地下降呢？除了宗教，美國社會這幾十年一直在經歷多方面的變化，這些變化會不會影響乃至衝擊我剛才提到的那三個基本維度原有的平衡呢？

如果你觀察一下近年來美國的進步主義和保守主義、左派和右派爭論的問題，你會發現很多分歧都涉及到法律、倫理、宗教這幾個層面。至於問題最後能否解決，關鍵看各方能否找到一個平衡點，以及是否需要修補、限制或重新界定宗教和憲法在美國生活中的規範作用。

比如，持槍權是美國憲法第二修正案規定的。公民有持槍自衛權，用來保衛自己的財產和生命安全。這是美國立國時就定下來的，也是美國的立國之本。持槍權一方面針對政府和公權力，一旦出現獨裁或暴政，人民可以武裝反抗；另一方面，當時的美國地廣人稀，住在人煙稀少的地方，當然需要槍來自衛。直到今天，在很多中西部鄉下小鎮和山區，仍然幾乎家家戶戶都有槍，這不僅是為了自衛，也是一種民間傳統，早已成了當地人身份認同和踐行某種底層正義理念的一部分。對此，美國近年那本暢銷書 *Hillbilly Elegy*（《鄉下人的悲歌》）裏有十分生動的描述。

但問題在於，近年來美國很多持槍犯罪行為都出現在大城市和郊區，並且很多罪犯是有心理問題的。例如，一個有心理問題、仇恨社會的人，拿着槍跑到一個郊區中學殺死無辜的孩子；一個罪犯從拉斯維加斯的酒店房間裏向下面的人群掃射，一下打死幾十個、打傷幾百個無辜平民。這種事在實行槍支管制的國家是不會發生的。但是在美國，憲法第二修正案幾乎就像宗教一樣神聖，儘管早已時過境遷，對於持槍權的立法，也只能去修正它而非取消它。這方面的爭論並非像有些中文媒體所誇大的那樣，並不是說左派想取消持槍權，這是不可能的。在美國，哪個黨都不會有政客敢提出這樣的要求。主張控制槍支的民主黨人頂多是提出需要出台一些法規以監控購槍者的心理狀態和社會背景（比如是否有精神病史或犯罪記錄），註冊手續要更嚴格以限制某些人群買槍。校園槍擊案中連發裝置的出現也引起人們新的討論，是不是應該嚴格審查，不允許私人隨意買到某些可以連發掃射的槍支。

關於墮胎的爭論是另一個例子，同時涉及宗教、法律和倫理。自從1973年美國最高法院就「羅伊訴韋德案」（Roe v.

Wade)做出判決後，墮胎在大多數州變為合法。可是，法律雖然保護了女性的生育自由權，得到了女權主義者們的支持，卻冒犯了大批保守派基督教徒的信仰。他們認為生命是最大的，母親懷孕之初就已經孕育了一個新生命，墮胎等於殺生，不僅違背神意，也有悖倫理。這一爭論在美國非常激烈，四十多年從未停歇，爭論的細節在中國人看來簡直是不可思議的細碎：懷胎幾個月算一個生命？如果因強姦而懷孕，能不能打胎？

中國一直實行計劃生育，突然放開二胎，似乎也沒有充分細緻的討論。美國的爭論從中國人的角度看挺奢侈的，他們會為了一個尚未成形的嬰兒吵個不停。坦率説，我有時也覺得難以理解。你想，一個被強姦後懷孕的媽媽或者一個很窮的媽媽在非主觀意願下懷了孕，她們完全沒有能力也沒有意願撫養小孩，為甚麼一定要生下來呢？這種情況挺多，雙方僵持不下。到底是生命第一，還是生育自主權第一？有人統計過，自從有了墮胎權，我們已經殺死了多少條生命，説得跟大屠殺似的，而這些人都是虔誠的基督教徒。

加：美國一些公共討論確實挺奢侈的，但我覺得，這些現象才是美國具有持續的活力和魅力的原因所在。不過，對於上面介紹的觀念，您的看法如何呢？

查：我的觀點可能帶着一些中國經歷的痕跡。我認為是否生孩子是自己的事情，女性對自己的身體有自主權，婦女應該自主選擇是否墮胎，而不是讓政府、法院或者教會強制你選擇。生孩子是一件大事，墮胎也不是一件小事，所有的傷痛都要女方承受，我相信沒有哪個女人會輕率行事。那些認為應該強迫她們生育的人，獲得了自己的道德滿足

感，卻不會為這種強制性後果、為母親和孩子的未來承擔任何責任。

不過，在美國生活久了，我對虔誠的基督徒和他們的感受也多了一些理解。

前不久，最高法院判了一個案子。被告是個在科羅拉多州開蛋糕店的基督徒，他認為同性戀是不能結婚的，甚至是罪惡的。有一對同性戀去他的蛋糕店訂製結婚蛋糕，他拒絕服務，說：你們可以買我店裏的其他點心，但我不能給你們做婚禮蛋糕，因為這不符合我的宗教信仰。於是，同性戀伴侶找到州裏的民權委員會幫忙，根據反歧視法將他告上了法院。州法院判定同性戀伴侶獲勝，民權委員會責令蛋糕店必須為他們做蛋糕，蛋糕店老闆不服，一直上訴到聯邦最高法院。最後，聯邦最高法院為他翻了案，否決了州法院之前的判決。最高法院認為，雖然同性伴侶有結婚的權利，但是基督教徒也有權捍衛自己的宗教信仰，這是受憲法第一修正案保護的權利，而科羅拉多州民權委員會在處理此案時不夠中立，對蛋糕店老闆的宗教信仰表現出了敵對傾向。最高法院的判決等於在說：同性戀有權利結婚，但基督徒也有權利捍衛自己的宗教信仰，雙方的權利都應該得到尊重。我對這個判決是贊成的。

不過，贊成這個判決並不表示我對同性戀或同性婚姻有甚麼負面看法。我有很多同性戀朋友，他們都很優秀，人也很好。實際上我的一位編輯就是同性戀，我非常尊重他，也很喜歡他。還有，在哥大唸書期間，我與兩個青年男性合住一個三室一廳的公寓，其中一個是猶太人，交往多年的女友比他大二十歲，兩人在一起總是很黏；另一個意大利裔的室友是同性戀，在設計公司工作，下班後常出去找男

伴。這兩個傢伙都是地道的紐約人，我們相處得好極了。

說到同性戀，我那時候對同性戀也很好奇，才二十幾歲嘛，甚麼都想嘗試一下。乾脆坦白吧，在好奇心的驅使下，我也一度嘗試過，但最後一刻發現真的不行。

加：我也嘗試過，但都是被動的。到現在為止，我還經常被人摸屁股，在北京、香港、臺北、華盛頓、里約、聖保羅⋯⋯在很多地方被男人摸過（但沒有被日本人摸過）。我也曾經被人當作同性戀。記得最清楚的是，我在哈佛期間，一個很著名的，甚至大多數人包括您肯定知道的華人在哈佛廣場喝酒時突然對我說：「加藤，你就是同性戀！」並試圖把我的臉拉過來強吻。坦率地說，我沒有真正被女性表白過，都是男性對我表白。

查：那⋯⋯你懷疑過自己是同性戀嗎？

加：我還真的懷疑過，並且嘗試過兩次。其中一次是和中國的一名高官，另一次是和北大一個來自巴基斯坦的博士。兩人的手段高度一致，都是說我想和你聊一聊，然後去單獨的房間，是不是很累，需不需要按摩等等。他們就是想和我發生關係，我有點害怕，我肯定要扮演女方。

後來，我問過同性戀朋友，按照他們的說法，在同性戀圈子中，扮演女性角色的男同是相對稀缺的。他們認為我是圈子裏非常標準的「女性」，甚至有人說是完美的「女性」。所以，很多人想⋯⋯但到最後我們沒有發生關係，其實衣服都脫了，前戲也進行了，但是我不敢。在這個過程中，我明確地認識到我不是同性戀。

查：他們沒有強迫你嗎？

加：那位中國高官有一些，但我逃了。那位博士沒有，可能意識到我不是同性戀了吧。

查：你比我走得要遠，我還沒到脫衣服的時候就覺得不自在
　　了。或許在同性戀的圈子中，我也屬於女性一方？總之，
　　在哥大那一次，對方是「男性」，是一個長得很好看的假
　　小子，個子和我一樣高，短短的棕色鬈髮，身材特好，永
　　遠穿着牛仔褲。我們是一起在課外打工認識的，她也是哥
　　大的學生。我覺得她很漂亮，如果要嘗試，不妨和她試
　　試。我看出來她喜歡我，當時我剛和法國男友分手不久，
　　她明知我是直女，卻故意暗示她其實也很喜歡直女。於
　　是，我們約好一起看電影，那天她破天荒地塗了口紅，見
　　到我還一反常態地有些羞澀，因為通常她都是個能言善辯
　　的很酷的角色。電影散場後到我家喝酒，為了醞釀情緒先
　　喝了點啤酒、吸了點大麻，之後我拿出一瓶好像是別人送
　　我的五糧液——鬼知道為甚麼——挑戰式地問她敢不敢
　　喝這個，誰想這位在美國中西部長大、除了歐洲從來沒
　　去過任何國家的白人女孩居然二話不說端起杯子就喝了一
　　大口，然後她小臉上那副表情和説的話把我逗壞了。我問
　　她：喂，這酒味道咋樣？她答：「Taste like furniture polish
　　to me!」（我喝着像傢具拋光劑！）玩笑歸玩笑，可親吻之
　　後，到了動真格的時候我覺得不行，完全沒有生理上的反
　　應，尷尬死了。

加：説實話，我有一些小小的生理反應，因為那位中國高官
　　很有技巧，他肌肉發達，身體強壯，不停地把我壓住。
　　他還邀請我一起看片子，跟那個在哈佛廣場的著名華人一
　　樣，用洗腦和強迫的手段讓我相信自己是同性戀。我一邊
　　被壓迫，一邊想着「這個人是不是要策反我」。可是，我
　　心理上實在過不去。就到此為止了。

查：策反？太逗啦！有過這兩次經歷後，你明確知道自己不
　　是同性戀，還是覺得自己可能是雙性戀？

加：對，我肯定不是同性戀，但我此刻無法否認我可能是雙
　　性戀。

查：我遇到過雙性戀的男性，但是到最後都走向了同性戀。
　　有的是和妻子離婚後才確定了自己是同性戀。我有兩個很
　　熟的男性朋友，他們長期住在一起，和夫妻一樣，紐約同
　　性婚姻法通過後，他們就正式結婚了。他們之前都分別有
　　過女朋友，曾經都是異性戀，後來發現自己是雙性戀，但
　　是他倆相遇後，各自就沒有再交過女朋友了。

加：我的一些女性朋友，不管是日本人、中國人還是美國
　　人，都説我去她們家裏做客，儘管只有我們兩個人，她們
　　也一點不擔心，覺得很安全。有一些女性覺得我就像她們
　　的閨蜜，認為和我聊天就像和同性聊天一樣。

　　但如果我和男性獨處，我會感到不安全，會緊張。我和大
　　多數男性是朋友、是兄弟，但是有一些人我看得出來……

查：如果對方是同性戀，你馬上會感覺到。其實咱們第二天
　　聊到性的時候，我就想問，但這個問題太私人了，我沒好
　　意思多問。你當時説的話讓我很意外，你講到這麼多年你
　　對性都有種不舒服甚至被動的感受，我當時就想過這個可
　　能性。你對異性也不是特別熱情吧？

加：嗯，我不排斥異性，但不那麼熱情。到目前為止，我感
　　到不管男女，都會對我保持一定距離。我是指性的方面。
　　但這也有一些性格上的原因，我認為自己是一個內向的、
　　害羞的人。

查：這是天生的。或許女性感到你的氣質不是特別「男」。
　　之前我們講到西方和東方男女之間的區別，我説中國的很
　　多男人認為西方的女性不夠「女」，西方的女性認為中國
　　的男性不夠「男」。或許，你本身就有中性氣質，「男」

「女」並存。所以，一個性取向明確的女性在你面前會感到游移，她不確定你是偏向哪一邊。聽你的描述，我更明確了我的感覺。我發現你愛穿粉襯衫，美國的不少同性戀也很喜歡穿粉襯衫。

加：說實話我自己也有這種感覺。在一些女性，包括關係很好的女性看來，我有點「女」，有些女性也建議我別穿粉襯衫，否則又被認為是同性戀。我對自己不是同性戀早就不再懷疑，我肯定對女性更感興趣，至少從性的角度來說。我沒有喜歡過男人，我也沒有摸過男人，更沒有想要和男性發生關係的慾望。頂多有時候在谷歌上看一些男性運動員或演員的圖片，然後感到很欣賞，覺得好看，想向他們學習，但僅此而已，絕沒有過性衝動。不過，我也產生過很分裂的感覺，懷疑自己究竟是不是男的，居然沒被一個女性表白過！

查：這我倒是蠻意外的，你是一個帥哥，應該有很多女生喜歡。

加：上中學時我跟弟弟每次騎車進學校，會有很多女生在校門口等着，可能比較欣賞我們兄弟的狀態吧。我們每天一起騎車到學校，感情很深，互相照顧。我們都從事體育運動，兩個人搭起來很酷，但就是沒有人明確表白過。我也問過幾個女生，包括我的北大師妹，她說：「加藤師兄總是很嚴肅，感覺有距離，難以靠近。」

查：一個明確的異性戀，無論男女，都會發出信號，身體語言或交流中都可以感到對方帶着性趣、性慾，或者有微妙的緊張感，你也會身不由己的將自己更「女」或更「男」的一面展現出來。如果都沒有，或者掩飾得太成功，那對方就很難判斷，只能比較曖昧，保持距離，因為他不確定

你對自己到底有沒有興趣。或許，你讓很多人產生想法，即使在談嚴肅的問題時，好像也掩蓋着。對這個問題，你自己也不是很確定。

加：不敢確定，但我會思考。其實這種問題最好是不思考，可我不得不思考。在美國訪學時，大街上的一些男性經常用那樣的眼神看我，其他男性路過的時候他們是不會看的，我路過的時候就會集體盯着我，還有人摸我。您說我能不懷疑嗎？

查：有一個關於同性戀的詞，叫Gadar，意思是「同性戀雷達」，是指用眼神掃描對方之後會很快發出同性戀的信號，能夠很快確定對方是不是同性戀。兩個同性戀眼神一碰，就能判定對方是不是同類。

加：我應該沒有發出過這樣的信號，我也不知道那個信號怎麼發怎麼收。但我能感到對方在發出，對我有興趣。

查：你也許是在逃避和壓抑，因為你害怕？

加：我不能百分之百的否認。我到現在為止首先還是喜歡女的，可我對男性也不排斥。

查：我覺你兩種可能都有，只是壓抑着Gadar的那一面。

陳卓：稍等，我想換個地方，挨着查老師坐。

查：哈哈，這個話題太刺激，加藤真勇敢，陳卓有點坐不住了。咱們先休息一下，來點北冰洋還是金湯力？

新十日談

第十日

加：我生長在美日同盟時代，兩國可以說是命運共同體。中美貿易戰這段時間裏，很多中國人會想美國是否有陰謀，認為美國人試圖通過貿易戰來遏制中國。日本雖然和美國建立了同盟關係，但在許多政策包括對華經濟關係等方面跟美國略有不同。當然，相同點大於不同點，畢竟我們既共享安全利益，也共享自由民主這一核心價值觀。

至於軟的方面，日本人對美國並沒有無條件全盤接受其文化、教育、科技等；相比之下，不少中國人全盤吸收了麥當勞、星巴克、好萊塢、矽谷、哈佛大學，但同時又全盤否認美國的價值觀，甚至把美國視為危害中國國家安全的異端，這彷彿很矛盾。您怎麼看？

查：先說幾句我對日本的印象。我去過三次日本，每次都不到十天，完全是浮光掠影，這種表面印象甚至用三句話就可以概括。第一眼看，很熟悉。比如，日本有很多漢字招牌，行人的樣貌也和中國人差不多，感覺很親切，似乎日本是另外一種類型的中國，仍然處於儒家文化圈之中。這是我對日本的第一印象。

多觀察一會，看第二眼，又發現日本很西化，在現代化的文明道路上，日本畢竟走在中國的前面。它的西化程度體現在很多細微之處，比中國更深入。這是我對日本的第二印象。

然後，看第三眼，才感到它還是非常日本，既不中國，也不美國，它就是日本，是獨一無二的。日本的現代文明滲透了日本的特質。

加：您提到日本很西化，這一點我和您感覺不同。我認為日本並不西化，如果去京都和奈良，以及我的老家伊豆那樣的普通鄉下，幾乎感覺不到美國的影子。東京的都市風

景和生活節奏，以及在那裏謀生的人們的狀態和觀念並不
代表日本，大多數日本人(我感覺七成以上)都過着樸素、
單調的生活，坐在榻榻米上，睡在地上，每天吃納豆、烤
魚、飯團，喝味噌湯，頑固地堅守着傳統生活方式，恐怕
在許多外國人看來日本人過日子過得太乏味，無聊到極
致。反正在普通鄉下和百姓的生活裏，幾乎感覺不到有甚
麼美國或西方特色。但我們也吸收了很多美國文化，也吃
肯德基看好萊塢，也有很多外來語，並帶着尊敬的態度看
待美國的制度文化，但到了中國之後，我反而感到日本並
沒有那麼「美國」。2003年，北京申奧成功後，中國更加
沒有障礙地吸收了很多美國的東西，除了制度和價值觀。

查：嗯，聽你講伊豆鄉下的樸素生活，好像看到了一幅日本
版的海濱桃花源，天真、淳樸、美好，令人神往。或許
你講的是更深層的、帶有某種精神性乃至靈魂性的日本生
活方式。畢竟我不瞭解日本，而且是個一直住在大城市的
人，而你來自真正的日本鄉村。只是，人們常講的「現代
性」、「現代化」，一般是泛指西方人自文藝復興和工業
革命以來開創的一整套經濟基礎和上層建築，它涵蓋了很
多方面，包括市場經濟、民族國家、國際關係、憲政民主
以及你提到的大眾文化和生活方式等。這套東西都是由西
方人開啟、從西方傳播開來的。所以有人說，所謂現代化
其實就是西化。我說「日本很西化」也是在這個意義上談
的。

日本在制度方面的西化，前面已經提到。其他方面，比如
城市形態上的西化，最為明顯的是東京，它像所有的國際
大都會那樣商廈林立，到處都有西方的大品牌。我也去過
京都、奈良，它們確實更多保留着日本的傳統特色，在建
築方面還可以看到唐朝的遺韻，但你同時也可以看到它們

處處都有現代化洗禮之後的痕跡，無論是公共交通、酒店
管理，還是街上的商店、行人的服裝。我們前面討論過的
村上春樹，他的作品中到處都是美國流行文化的元素，幾
乎每一本書都在展現日本戰後一代青年人的日常生活是如
何受到美國影響的。村上當然是個都市作家，但有這麼多
日本讀者長期追捧他的作品，是不是表明他那種西化的描
寫引起了廣泛共鳴？

加：村上是神戶人，那裏屬於關西地區，文化跟東京、橫濱
等在內的關東文化截然不同，包括語言、飲食、性格等。
他後來到東京上學，開爵士咖啡吧，開始當作家後就四海
為家。他算是典型的日本人，但由於他的家庭背景（父母
是語文老師），他從小熱愛閱讀文學作品，尤其迷戀海外
作品，我估計這一點深深影響了他後來的寫作風格和人生
軌跡。不過，日本讀者也挺矛盾的，他們很多人從未出過
國，反而喜歡村上那樣的「西化作品」。對此，我的解釋
是，很多日本人一邊享受安寧的社會，一邊不滿被壓抑的
社會，所以拿村上的作品來釋放情緒，尋求「非日常的快
感」。

查：多謝你的解釋，「村上現象」背後的社會心理原來如
此。確實，即使是在城市，日本也是一邊在西化，一邊在
保留傳統，我不知道二者之間是甚麼比例，但日本人比中
國人更重視對於自身傳統文化的守護，在很多方面做得更
好。

如果我們去觀察一下那些能超越國家恩怨的中國人對待日
本的態度，會很有趣。很多中國朋友在沒去日本之前，會
帶着強烈的意識形態或歷史包袱，可一旦到了日本或接觸
了日本朋友，歷史上的、書面上的日本便落了地。他們親
眼看到的是一個發達、精緻、井井有條、溫良恭儉讓的日

本。於是，他們當中不少人忽然變得很喜歡日本，被日本的很多東西吸引，不同程度地修正了腦海中的日本印象。然後，為了進一步瞭解日本，有些人會去尋找新的資訊和渠道，去閱讀民間學者、國際學者關於日本歷史文化的書來讀。在這個過程中他們逐漸建立起了對日本和中日關係的新認知。我的很多中國朋友甚至會説，如果我們曾經是日本的老師，那現在我們應該好好向日本學習，因為今天的日本，在教育方式、社會文明、工匠精神等方面，全都走在中國的前面，更不要説民主制度了。這樣的轉變，至少在我認識的中國人中是相當普遍的。

我遇到的美國人對日本的看法則有他們的角度。比如，八十年代我剛到美國那幾年，很多人經常把我誤認為是日本人。其背後的含義就是日本代表着營養更好，個子更高，跟西方接軌更充分。這是很多美國人對戰後日本的認識。

加：我明白您對日本的感受。日本在制度上跟西方更接近，在文化上跟東方更接近。

我前一陣子去了一趟巴西，經常被認為是中國人。可能最近到那裏的中國人多了吧，或者在當地人看來，日本人和中國人沒甚麼區別。您第一次到美國，被認成日本人是甚麼感覺？

查：心情複雜。我問他們為甚麼覺得我是日本人。他們説你個子很高。我當時差點説，你知道我們中國人以前管日本人叫甚麼嗎——倭寇。倭就是矮的意思。他們説我是日本人，並不是貶低我，而是覺得我還不錯。

加：如今反過來了。現在去很多地方，日本人常常被誤認為是中國人。由此可以延伸出一個問題：「我們」東方人認識和理解「他們」西方人的時候，是不是也有意無意地犯

了一概而論的錯誤？不管是東方還是西方，各自都是充滿多樣性的，光是歐洲與美國之間，其歷史進程、政府與市場的關係等都截然不同。我們對「他者」的理解往往停留在膚淺甚至歪曲的層次。

查：同意。你這個反向追問太好了。所以我希望在自己的生活中能多與「異類」接觸，在有條件的時候能多出去旅行，因為要想從民族、群體中辨認出個體，理解多樣性，不僅需要新的觀念，更需要新的經驗和感受，否則我們很容易陷入對他人的stereotype（刻板印象）中而不自知。可是做到這個很不容易，這個世界上的絕大多數人以及我們一生的絕大部分時間，還是會生活在熟人和同類當中。

我接觸到的老一輩美國人，對日本的看法還是會有一些歷史陰影。前面提到過的Emmett McTigue，我那位愛爾蘭裔的好朋友，二戰時，他還是個孩子。我不能確定他的話有多少代表性，但他讓我瞭解了一些美國人心底對日本的看法。當我們談論中國和日本時，Emmett常常顯示出對中國的友好，而對日本人則有着很深的成見和敵意。他説二戰的時候，家鄉有一個年輕的叔叔，是他姐姐的好朋友，參軍後死在了日本人手裏。這位叔叔愛畫素描，人很溫和，責任感強，在軍校學習訓練期間，他在寫給友人的信中説自己心中沒有仇恨，絕不會出於仇恨去殺人。日本入侵菲律賓後，他被派去菲律賓，主動要求上前線，身上三處負傷還冒着炮火單身殺入敵後，在肉搏中陣亡。後來美軍收復陣地，發現他身旁躺着三具日軍屍體。那是1942年1月，他犧牲時只有二十四歲，半年前才從軍校畢業。他的名字叫Alexander R. Nininger，是二戰期間首位獲得榮譽勳章的美軍戰士。我後來上網查看了他的事跡，和Emmett描述的一樣。時隔七十多年，Emmett説他仍然記得這位叔叔前來

向他姐姐告別的情景，姐弟倆送他到家門外，Emmett喊着那位叔叔的小名說"Goodbye Sandy！"然後看着他漸漸消失在鄉村小路上。Emmett總愛替中國辯護，每次都要提到在他年輕的時候，中國人是美國的盟友。這是他們這代人的經驗性記憶。

對日本人就不一樣了，Emmett不止一次提到日本人對美軍戰俘非常兇殘。這讓我想起美國前總統老布殊，二戰期間他曾是轟炸機飛行員，在執行轟炸日本的飛行任務時被擊中，他是跳傘後獲救的惟一倖存者，而跳傘後被俘的其他幾個美國飛行員後來都被日軍在俘虜營虐待之後殺死吃掉了。所以，經歷過二戰的美國人，可能對日本抱有一種由戰爭創傷帶來的揮之不去的敵意。還好美國是戰勝國，如果戰敗了，敵意會更深。像我這位美國忘年交，他根本就不願意去日本旅遊或者和日本人交往。如果我提醒他，二戰時與美國結盟的是國民黨而不是共產黨，Emmett會想一想之後回答：「反正中國人還是比日本人好。」我的公公婆婆一輩子堅決不買日本車。你可以說這不是理性的態度，但人的感情很多時候就是大於理性。

加：包括我們這一代日本人也得正視這樣的現實，應該誠懇反省。有時候，忍耐和沉默也是一種態度。安倍首相作為日本內閣總理大臣第一次在美國國會兩院演講，表達了日本對戰爭的反省並道了歉。我相信，未來二十年，只要日本首相出訪，都應該對歷史抱着反思的態度。2016年，安倍和奧巴馬一起訪問了廣島。我非常希望有一天，日本和中國的領導人能夠一起訪問南京，它將是一次倡導和平的壯舉。

查：美國總統訪問廣島，是相當重要的一個事件。奧巴馬對原子彈爆炸的受害者及家屬表示遺憾——措辭很講究，並

非道歉，因為他不認為（或者他作為美國總統不打算也不能表示）投原子彈是錯誤的。他是對無辜的平民死難者表示哀悼。

加：不一定需要道歉，親臨歷史現場本身已經表明了態度。在訪問廣島之後，安倍和奧巴馬還一起去了珍珠港，這一「互訪」在我看來是二戰後日美之間最具有歷史和解意義的首腦外交。歷史的和解對日美兩國國民來說是非常重要的。比如，我現在對美國肯定是沒有恨意的，我和美國朋友之間也沒有所謂民族、國家層面的仇恨。日本和美國，從官方到民間，都在清算歷史，而且不能停止和解與清算的努力。如今，安倍去美國也在道歉，每年的8月15日我們都會對「那場戰爭」進行深刻的反省。在歷史面前道歉不是恥辱的事情，不這麼做才是恥辱。作為一個日本國民，我非常希望日本政府和民間能夠持續地直面歷史，並對此保持反省的態度，我本人也會這樣做的。

在日本人看來，美國幫我們驅逐了日本軍國主義，幫我們建設了民主國家，還送來了「和平憲法」，當然，美方有美國的戰略和利益，他們肯定不是出於友誼和誠意來實施這些政策的，但不管怎麼說，國家層面的歷史和解直接帶動了美日之間戰後的友好往來和命運共同體。在這一點上，日本和中國之間尚未解開歷史仇恨的心結。其實，1972年，日中邦交正常化；1978年，《日中友好條約》簽署，歷史問題至少在政府和外交層面已經得到瞭解決。但到目前為止，很多中國人包括民間社會對此並不認同。

據我所知，日本從總理到高官在所有的公開場合加起來（包括在日本和中國），道歉了幾十次。其實，中國朋友可以反問：如果1972年建交時，日本政府不反省戰爭行為，對此不承認也不道歉，那麼周恩來總理怎麼可能在邦交正常化

的聯合聲明上簽字呢？周恩來簽了字，等於中國政府接受
了日本政府的道歉。

查：這麼多次日本官方道歉，在中國官方媒體中並沒有多少
　　報道，至少我本人是在前幾年我們私下交談中才首次從你
　　口中聽到這個信息。不過，一方面，日本願意為自己的罪
　　過道歉；另一方面，日本首相總是參拜靖國神社，引發了
　　中國的抵觸和抗議。中方對參拜靖國神社的報道總是非常
　　及時的。

加：對，這才是實實在在的問題。很多日本人主張首相不應
　　該參拜靖國神社，但這樣主張的理由和動機不一定保持一
　　致。有些人反對是因為它違背了政教分離的憲法原則。還
　　有一些人認為日本和中國的關係很重要，應該尊重中國人
　　民的感受，能不去就不去。也有人認為不應該以首相參拜
　　靖國神社的方式表達對當年殉國者的哀悼，而是採取不同
　　的方式，比如像美國的阿林頓一樣，設立一個沒有宗教意
　　味的國家公墓，這樣不管是首相、大臣，還是普通百姓，
　　每年都可以光明正大地去祭奠。

查：靖國神社還設了一些被法庭審判為甲級戰犯的靈位，這
　　是引起中國人反感的重要原因，並非因為它是靖國神社。

加：可問題在於日本政府管不了宗教，不能因為中國政府提
　　出批評，就讓靖國神社將甲級戰犯的靈位搬出去。把甲級
　　戰犯的英靈埋在靖國神社，是靖國神社作為宗教法人的決
　　定，政府無權逼迫靖國神社把戰犯的英靈遷走，這樣做等
　　於政治干涉宗教，違背了政教分離的憲法原則。

查：明白。可是你看，我一聽你說「甲級戰犯的英靈」，下
　　意識的反應就是「英靈」這個詞用在他們身上特別刺耳。
　　漢語有很強的道德化傾向，人們對死去的罪犯往往會使用

比如「陰魂」、「幽靈」這一類貶義詞，不論我贊成與否都多少會受到這種慣性用法的影響。那麼，在日本神社裏，只要是戰爭的死者，都可以陳列嗎？對日本人來講，陳列這件事本身不就帶有尊敬、褒揚的含義嗎？

加：本着政教分離的憲法原則，靖國神社有決定陳列甚麼的權利，國家不能插手。在此前提下，我認為有三種解決辦法。一是首相不去參拜。二是分祀，將十四名甲級戰犯的靈位分出來。第一個辦法有不確定性，每個首相的決策和信條不同。第二個辦法靖國神社多半不會同意。我更傾向第三個辦法，就是像美國的阿林頓一樣專門設立一個國家機構，以哀悼當年的殉國者。如此，既可以安撫日本國內的不滿，也可以規避國際社會，尤其是來自中國的批評。

查：很有意思的想法。如果你就此發表一篇文章或者向日本政府遞一個建言獻策的帖子，不知會有甚麼反應？

加：會有一些人認同和支持，但肯定會有大量的批評和謾罵。這個問題太敏感了，沒有任何一種觀點或建議能夠獲得多數人的支持。所以，日本政府始終不敢碰這個問題。

查：我聯想到美國民間近年爭論是否應該把內戰時期某些南方將領的雕像搬走。一方認為繼續把這些有過惡劣的種族主義言論和蓄奴行為的白人將領陳列在公共空間是不適當的，對黑人族群尤其是一種刺痛和冒犯；另一方則不以為然，認為不應該以今天政治正確的標準來對歷史人物做道德裁判。這場爭論又牽涉南方白人至上主義者的行動，最終在與此相關的遊行中雙方還發生了暴力衝突，一個極右分子竟然開車撞死了一個參加抗議的女性。其實，那些極右種族主義分子在美國本來是邊緣化的少數人，可是特朗普上台後的一些言論激勵了他們，他們覺得機會來了，可

以從陰影裏走上街頭了。不過他們太極端了，那次撞死人事件之後，他們再組織遊行就響應者寥寥，不了了之了。

順便補充幾句，在近來佛洛依德被害引發的大規模抗議運動中，出現了一些美國偉人雕像被激進分子不斷拆毀的現象，再一次引發了廣泛激烈的社會爭論。反對者認為，這種行為表現了一種抹殺記憶的歷史虛無主義態度，不僅是非法行為，而且是在反對整個美國本身，因為有十二位國父級別的美國總統都曾經是蓄奴者，難道連華盛頓和傑佛遜的雕像也要拆毀嗎？如此下去國將不國伊於胡底？

支持者則認為，這些引起憤怒的雕像有百分之九十以上是在美國內戰勝利之後陸續豎立起來的，它們是南方白人至上主義者們對廢奴法案和平權運動進行持續反撲的結果和鐵證，其中有些「美國偉人」們不僅是當年的蓄奴者，而且是在內戰中殺害了大量北軍將士的南方叛軍將領，有些人在內戰後積極參與3K黨活動（其中一人是3K黨首任領袖），是長期壓制、迫害和隔離黑人群體的南方保守陣營中的活躍分子。他們或是當年的叛國者，或是反對廢奴平權法案的代表人物，為甚麼我們今天仍然要把他們的雕像供奉在廣場上呢？

我個人認為這些追問是非常有道理和值得深思的。這些雕像並非古老的文物，而是仍在引起種族傷痛的現實問題，它們的去留移存，應該經過坦誠理性的公眾討論，在達成一定的社會共識後，按照法治程序去解決。

好，再說回到日本。二戰後，美國作為佔領國，參與了對日本戰犯的審判，包括對甲級戰犯的審判以及不將天皇作為罪魁禍首對待等。在這個過程中，美國不是局外人，而是主導者。

我偶然看到過八十年代《紐約時報》一篇討論美日貿易戰的文章。文章評論說，日本在低調地讓步，盡量滿足美國的要求。日本人戰後對美國有着複雜的心情，他們不僅認罪了，而且認為美國作為佔領國給他們帶來了民主制度，帶動了經濟騰飛。他們懷有一種感謝的心情，認為美國是比較仁慈的佔領者，願意妥協。《紐約時報》這些話和你表達的看法是基本一致的。

雖然一些美國老人對日本仍有很深的歷史成見，據我所知日本也有一部分左翼人士和老百姓對美軍佔領的一些後遺症非常不滿，但美國官方與主流認為已經解開了與日本的「心結」。美國也承認和反省了政府在戰時對美國的日裔族群犯下的錯誤。那是在珍珠港事件爆發之後，羅斯福總統很快就發佈了一個特別行政命令，為避免兩國交戰期間在美的日本人搞間諜和破壞活動，在西岸幾個州劃定了一些所謂軍事區，授權美軍將領將居住在這些地區的大約十萬日本人——大部分是日裔美國公民，包括少年兒童——強制遷移到一些臨時搭建的條件簡陋的集中營，讓他們在監管下做工，直到戰爭結束才放他們回家。美國公共電視台最近播放的紀錄片《亞裔美國人》（*Asian Americans*）對這段歷史有生動的表現。

羅斯福這道行政命令一直到1976年才被福特總統正式廢除，1988年國會向日裔受害者正式道歉、發放補償款。此案被認為是二十世紀美國最嚴重的侵犯本國公民人權的事件。不過，時過境遷，政府、最高法院、媒體的態度都早已轉變。比如，當年加州有一位名叫Fred Korematsu（是松豐三郎）的年輕日裔美國人，曾因拒絕被抓進拘留營而逃亡，被捕後他在美國公民自由組織和律師的幫助下將美國告到最高法院。儘管當年敗訴，後來卻成了美國社會公認

的英雄和著名維權人士，九一一之後他發聲警告政府不要再犯錯，不要因為過度疑慮去迫害穆斯林群體。為表彰是松豐三郎的貢獻，1998年克林頓為他頒發了「總統自由勳章」，這是美國最高級別的非軍功榮譽勳章。加州不僅有以他命名的街道、學校，前些年還正式確定每年的一月三十日為「是松豐三郎日」。這是美國歷史上首次以一個亞裔公民命名的日子。

加：謝謝您告訴我這個故事。國家之間建立正常關係，互相信任是非常重要的。戰後日本在這個問題上的價值觀基本是一致的。如果出現極端看法，政府或民間都會予以反駁。當然，日本是加害方，無論如何都要永遠保持反省的態度，我們的後代也應該如此。

我像多數日本國民一樣感謝美國，戰後的日本制定了「輕安保、重經濟」的方略，即「吉田茂路線」（Yoshida Dortrine），就是將安保委託給美國，自己則集中發展經濟。我們受惠於此，沒有這個方略，日本不可能實現經濟發展和社會穩定。這一「戰後體制」持續到今日，我們還在受益，這個過程遠遠沒有結束，我們仍然「活在戰後」。戰後體制比所謂「失落的三十年」意義更大，日美之間早已超越歷史恩怨，能用平常心看待對方，彼此共享利益、價值觀甚至命運了。

特朗普的上台，尤其從他退出TPP開始，日美之間確實出現過一些微妙的猜疑和警惕，但這是局部的、暫時的，不會影響整個日美關係。不像一些中國官員和軍人主張的那樣：「只有日美同盟瓦解，日本才能變為正常國家，中日關係才能實現真正的友好和發展。」

查：是呵，中國有些人一直想把日本從美國那邊拉過來，但

現在他們應該知道不可能了吧。今天所有人都看明白了：最大的問題出在中美之間。1949年之後社會主義陣營內部有分歧，對外是一致反美的。中國在意識形態、地緣政治上一直與美國為敵，只不過它不是敵對陣營的老大，而是老二。尼克松訪華後，美國利用中蘇之間的矛盾，使中國進一步離蘇聯更遠、離美國更近，這是轉變的開始。美國人找上門來，也滿足了毛要當一方世界領袖的虛榮心。

八十年代我去美國的時候，中國徹底從中蘇陣營中分裂出來。改革開放就是向美國開放，這是很明確的。

加：改革開放就是向美國開放，我在北大國際關係學院讀書期間從不同的老師那裏都聽説過這句話。他們説，中國的改革開放就是對美國開放，兩者的步伐是一致的。

查：我十多年前就聽過一種説法：中越邊境之戰是中國高層當年在向美國表態示好。前不久，我又看到美國媒體上一篇回顧美中關係的文章中提到：鄧小平決定打越南之後先通知了美方，得到了卡特總統的默認。我問過美國一位前參議員，對這一説法，他不置可否。中國改革開放首先要向美國表明自身已脱離蘇聯陣營，為了證明這一點，甚至不惜打一場邊境戰爭。美國惟一一次失敗的戰役就是越戰，而越南是蘇聯的一個小夥伴，中國打了越南，美國就可以放心了。之後，中美開始了蜜月期。

八十年代，美國是令中國人非常嚮往的地方，中國人崇美心態非常明顯。期間，我接觸到的美國人也普遍對中國相當友好。

鄧小平第一次訪美的時候在德克薩斯戴上了牛仔帽，這就像日本天皇會見麥克阿瑟的經典照片一樣，是一個轉折點。美國當時的報道洋溢着有情人千里來相會的氛圍，覺

得鄧小平居然戴上了我們的牛仔帽，中國領導人太可愛了。此後，美國開始對中國投資，開放市場。

中美蜜月期一直持續到六四。天安門事件被大量報道——曾經可愛得像一個大熊貓似的中國，坦克突然開上了街，美國人看了完全無法接受，當時有個德州的議員就說「鄧小平不配戴那頂牛仔帽」。我前面說過，六四之後，在老布殊政府力主之下，美中經貿關係維持了下來，可是一直到1998年，國會年年都要討論是否應該繼續給中國以最惠國待遇，反對派年年都會把中國人權問題拎出來數落一番。

九十年代中期，《紐約時報》的週末雜誌版做了一組專題，討論各國對美國形象的看法，編輯挑了來自九個國家的九位作家，請每人寫一篇文章。我寫中國那一篇，寫的就是九十年代中國人對美國的態度出現了負面轉變。首先必須強調，這種轉變與中國政府主導下的片面信息和負面宣傳有極大關係：美國在限制我們發展，在打人權牌抹黑中國，美國國會「藉口」人權問題「悍然」通過決議反對中國申辦奧運，美國無理搜查「銀河號」，處處給我們出難題等等。官媒總是把中美之間的不信任與不和諧，全部歸咎於美國對全體中國人民的傲慢與偏見，把中美之間的衝突全都描述成以美國為首的西方國家惡意反華或辱華，目的就是要打壓和遏制中國。西方人對於中國的理性批評以及異見人士的真實信息都被過濾掉了。

在官媒選擇性、導向性極強的報道下，中國民間對美國的態度從九十年代開始逐漸惡化。不少知識人、媒體人曾經在八十年代和九十年代初極度崇拜美國，此後轉為怨恨，認定美國就是看不上中國人，就是在遏制中國。九十年代很有代表性的暢銷書《中國可以說不》就是一例。這種怨恨情緒在九十年代後期中國駐南聯盟使館被炸事件後愈演

愈烈。九一一事件發生後，全世界都在哀悼，而我的母校北京大學居然有很多學生為此歡呼，認為拉登是英雄，美國終於倒霉了！在北大BBS網站上轟炸式跟帖，幸災樂禍。

加：當時有不少中國學生跟我說，那是美國人自己炸的，是布殊總統為了鞏固權力，主動製造出了恐怖主義這一美國的敵人。

查：這就是典型的陰謀論。我在美國的網站上也看到過有人說九一一是猶太人幹的，但一般美國人認為有這種想法的是一群神經病。中國一大批有強烈仇美情緒的人認為美國活該，中國民間對美國的分裂看法，也在同一時間表現出來。八十年代，美國在我們這一批人心中是自由的燈塔。六四之後流亡美國的中國人中，九一一那天大家都很悲傷，有人說看到北大網站上一片歡呼，頓感崩潰，沒想到國人的心理變得如此陰暗，如此反人類，因為恨美國，竟然會為將近三千平民的死亡而歡呼。

我看到那個報道也極度震驚：我的母校，歷代中國自由主義青年的搖籃，居然出了一批這麼病態的小王八羔子！多年的誤導，多年的怨恨，仇視美國的民族主義情緒逐漸在相當一部分民眾和精英心中發酵了。

加：中國人總認為美國在搞陰謀，試圖遏制中國，顛覆政權。比如，在香港問題上，他們堅信美國就是幕後黑手，是美國為了搞垮中國才與香港民主派勾結，煽動民眾，一起反共。有時候我很好奇，這種想法的根據是甚麼。在我看來，不只是討論美國，中國人在討論家事或人際關係的時候也充滿了陰謀論的思維和潛意識，到處是警惕意識和戒備心理。我本人就總被認為是間諜，說我是日本特殊部門派來的，還專門被訓練過。當然，在日本也有一些人指出，我的中文是中共為了把我培養成中國的間諜花錢訓練

的。反正，兩邊的一些人都在懷疑我，也有想策反我的，有人還赤裸裸地「邀請」我。我只能保持沉默，讓他們隨便怎麼說，我已經習慣了。

查：太有意思了。除了個子高、用第二語言寫作，看來我們又有了一個共同點：間諜嫌疑人。早些年就有北京朋友私下告訴我，有人很認真地告誡他：查建英是兩邊都盯着的人，有可能是雙料間諜，要他跟我交往時多加小心。我承認聽完這話偷着樂了半天：我不僅是間諜，還是雙料的！我的人生可真是神秘莫測啊！前不久又有一位上海朋友跟我透露，某某某早就提醒過他，說我大概是美國間諜。最意外的是，這位某某某是我交往了三十年以上的好朋友！連身邊老友心裏都不信任你，疑神疑鬼到這個地步，夫復何言啊！

加：中國的很多高官一邊堂而皇之地批評美國，一邊又馬不停蹄地給自己或家人辦美國移民。習近平一邊說北大應該成為中國特色的世界一流大學，一邊又把自己的孩子送到哈佛讀書。能夠雙重標準到這個地步，我估計大多數日本人都無法理解這種分裂的思維和行為，包括我自己。

查：這是一種有中國特色的社會主義時代精神病，我估計大多數正常的地球人都無法理解。也許得有一本叫《中國病人》的暢銷書來解釋才行。

加：哦，沒聽過這種說法，請您具體介紹一下。

查：首先講為甚麼陰謀論會盛行。這實在是中國文化的一個病灶。有句老話叫「少不看《水滸》，老不看《三國》」。少不看《水滸》，是怕你年輕氣盛，看了會叛逆造反；老不看《三國》，是因為那裏面充滿了各種韜略計謀和江湖智慧，對「成功的人生」至關重要，所以要趁早

看，等鬍子一大把了再去鑽研就太晚了。《三國》其實是一本陰謀詭計大全，那一堆高明的智慧說穿了盡是一些爾虞我詐、機關算盡的計策。但中國人卻奉之為經典，不識字的也聽過說書或看過京劇折子，對於諸葛亮、周瑜、曹操如何搞陰謀詭計耳熟能詳。不止《三國》家喻戶曉，這一類中文書多得很，也流行得很。這種成長教育，對培養淳樸、陽光、誠信的人格非常不利。浸泡在這種文化裏的人，往往城府深、戒心強、疑心重，認為社會就是一個充滿各種陰謀的大江湖。這種觀念在中國人心中根深蒂固。你想想看，如果你都覺得身邊乃至親友中有很多兩面三刀的人隨時會搞你，那外國人還用說嗎？所以，中國是陰謀論的沃土，我認為與這種悠久的民間文化有關係。

第二，中國人常年接受一種單一的、扭曲的民族主義教育。1949年以來，中國政府全面推行的是恥辱教育、仇恨教育、鬥爭教育，就是整個世界都曾經而且繼續被西方列強——美國、歐洲、日本等（俄羅斯除外）——侵略、踐踏、壓制，而中國和中國人是最苦大仇深的受害國和受害者，在此之前中華民族代表着最優秀最偉大的文明，因此恥辱最深，仇恨也最烈。中國人民的反抗鬥爭當然是在中國共產黨領導下成功的，中共過去、現在、將來都永遠偉大光榮正確，而以美國為首的西方聯盟也永遠亡我之心不死，所以中華民族的強盛復興當然只有在中共一黨領導下才可能完成。

加：明白，前一陣，一個做律師的七〇後男士跟我很自然地講到「偉光正」。我一時沒反應過來，後來聽他解釋才清楚是甚麼意思。他諷刺地說我跟中國打了這麼多年交道，研究中國政治居然不懂這個詞，是不合格的。他是黨員。

查：嗯，你應該問他「小暗邪」是甚麼意思，告訴他入黨這麼多年還不懂這個詞也是不合格的。老實說，這套一邊種植受害者情結、一邊灌狼奶打雞血的話語我太熟悉了，從小就接受洗腦教育，太知道這套新華體有多煽情、水平有多低劣、漏洞有多百出了。如今有了改革開放的經濟成績墊底，又有了像胡錫進、胡鞍鋼、張維為、強世功這類的體制文人幫襯，這套話語包裝得比以前巧妙了一些，但並沒有實質性的改善。也沒法改，因為「偉光正」怕「見光死」。

就像一大桶洗髮液，儘管劣質且有毒，架不住官方持之以恆地用它洗你的頭，而且嚴防死守，絕不許其他品牌出現在市面上。久而久之，您那顆可憐的頭就被洗成了一顆「中國病人頭」，只是您本人渾然不知。

往下說第三，中國正處於一個極端實用主義的時代環境裏，八十年代那一段脆弱天真的理想主義風潮已經過去。前面已經講了一九八九年之後統治集團的實用主義，上樑不正下樑歪，現在大多數中國人早就沒甚麼真信仰了，尤其是政治信仰。一切都是假的，只有眼面前自己的物質利益是真的，是值得追求的。這種物質主義、利己主義的態度又是機會主義的，它與意識形態既可以敷衍配合又可以輕鬆剝離：可以大聲附和愛國主義宣傳，但前提是不要影響我的個人利益；可以熱衷於種種西方陰謀論——這種思維既符合老傳統又不斷被媒體翻炒，屬於歷久彌新的集體無意識——但聊歸聊，到底有多少人當真？只有天知道。

上面三個因素交織在一起，就出現了你說的言行分裂：一邊高喊愛國反美、散播西方陰謀論，一邊買洋貨送子女留學。前者因為人多勢眾不僅安全，表現好還可能獲重用；後者因為知道國外的商品更好、西方的教育質量更高，而

這一切全都符合他的個人利益。看上去分裂，實則內在邏輯一致。你覺得很扭曲，他覺得很「智慧」。

不過，並不是所有人都是揣着明白裝糊塗，也有些人是真糊塗，真相信長期以來的宣傳。即使開始是半信半疑，但人的感情投入如果與自己的利益一致，往往會有一種下意識的自我強化傾向，慢慢就成了真誠的、甚至強烈的相信。總之，如今大陸很多人對美國的態度是：我可以買你的東西，也可以賺你的錢，但我還是要恨你罵你，因為你曾經欺負過我，如今還在欺負我。

加：謝謝您耐心的解釋，我現在更理解這種分裂的來龍去脈了。咱們再回到仇恨的問題。2005年4月，北京海龍大廈，我在反日遊行現場。遊行者一邊大喊抵制日貨，一邊用Canon、Sony、Nikon等數碼相機拍照。我當時二十歲，甚麼也不怕，就在現場問一些抗議者「您一邊喊抵制日貨，一邊使用日貨，沒說服力，我是一個日本人，就是您討論的人，請您在我這個日本人面前把您的數碼相機砸掉，做到知行合一」。我還訪問過一個參與「保釣活動」的反日活動家，我發現他家裏的傢具幾乎都是日本的。既然仇恨，就應該希望對方不好，為甚麼還要買對方的東西，這不是在幫對方嗎？

查：不是，他們認為都是在幫自己：上街反日是在幫自己，回家用日貨也是在幫自己。甚麼是「精緻的利己主義者」？不就是說一套做一套嗎？你請他「知行合一」，可是如果他「知」道的是反日在政治上划算而買日貨在經濟上划算，那麼他只是「言行不一」，其實倒是「知行合一」的。

上一代有些美國人，一面對日本人有看法，一面也會買日本車，因為日本車便宜、省油。不是所有美國人都像

Emmett和我的公公婆婆那樣較真兒，對日本有負面看法就要抵制日貨，人沒那麼簡單，動機和行為具有多重性。不同之處在於，美國政府並沒有暗中煽動民眾反日，美國媒體對日本的報道一直有各種聲音。八十年代美國喊着要求抵制日貨的車廠工人，不是為了政治正確或發洩一下民族主義情緒，而是認為不公平競爭（日本當年的關稅和貨幣政策有保護主義之嫌）直接導致了自己利益受損。那些工人、工會和製造業老闆們，都是真要抵制日貨。與此同時，美國消費者照樣在大買本田車、佳能相機、索尼電視，沒有人會給他們扣上不愛國的帽子。於是，消費者持續買日貨，企業和工會持續遊說國會制裁日本，媒體和民意調查持續報道、測試輿情，直到政府採取措施了。這時候大家看到，儘管當年的美日貿易逆差遠遠小於今天的美中貿易逆差，美國政府出手可是毫不含糊。想想看，就算砸掉一萬個數碼相機，再燒掉一萬輛日本車，能比得上簽一紙廣場協議嗎？

所以，除了歷史原因，中國民眾與美國民眾對待日貨不一樣的行為方式背後，還與兩國不同的制度和表達機制有關。

加：我剛才說日美兩國可以在戰後和解，還可以維持同盟關係這麼多年，最根本的原因就是政治制度和價值觀的一致。

如今，很多中國人可以去日本旅遊，去美國留學，他們越來越有機會瞭解一些真相，從而更加客觀地看待外界和自己。我記得在北大的時候總有人問我：加藤，你們國家的政治制度不是軍國主義嗎？我說現在不是了。他們覺得首相都參拜靖國神社了，怎麼可能不是軍國主義呢。後來一個去日本旅遊回來的朋友跟我道歉，說：原來我們才是軍國主義。

查：有很多這樣的人，他們在國內的時候，不管在學校還是
　　家裏都接受了這一套東西，而不會去尋找其他信息。可當
　　他們出國後，在課堂以及在和西方同學的交流過程中，發
　　現很多事情完全和自己的認識相反。有一批學生因此經歷
　　了內心的轉變。

　　九十年代，也有一批知識分子開始反思，並對中國實行民
　　主、學習西方過程的漫長性，有了新的認識，意識到這一
　　過程絕非我們在八十年代所想像的那麼容易。比如，李澤
　　厚、劉再復的《告別革命》就是代表性着作之一。他們認
　　識到中國學習美國模式的難度，認識到漸進式發展的重要
　　性，認識到浪漫激進的思維方式存在誤區。中國首先需要
　　發展經濟，要漸進改良，要有耐心，不能追求一步到位。
　　這反映了一部分中國自由派精英的態度，他們有了更為溫
　　和的訴求。

　　同時，新左派也出現了，代表着另一些知識精英的轉向。
　　八十年代，他們與自由派是同路人，但是這兩撥人在九十
　　年代分道揚鑣。自由派主張漸進改革，但仍然堅定地主張
　　憲政民主和自由市場。新左派則借用西方的左翼批判理
　　論，將法蘭克福學派、後殖民主義、結構主義等一系列後
　　現代理論搬到中國語境中批判資本主義和帝國主義，將其
　　鎖定為新的惡魔。反資反帝沒有問題，批判拜金主義和消
　　費主義也沒有問題，但是，中國新左派與西方左派有一個
　　非常關鍵的「異」和「同」：西方左派把最猛烈的批判火
　　力對準本國權貴，集中批判西方的資本主義權貴和帝國主
　　義霸權；而中國新左派則把最猛烈的批判火力對準外國權
　　貴，也集中批判西方的資本主義權貴和帝國主義霸權。這
　　正應了那個著名的冷戰笑話：一個美國人對一個蘇聯人
　　説，我敢在我們家罵列根！蘇聯人回答説：我也敢在我們家

罵列根！於是乎，精明的中國新左派與糊塗的西方左派，在新時代並肩挽手，結成了反帝反資反美的國際統一戰線。

如果中國新左派因為挑戰本國權貴太危險，只揀軟柿子捏，也就罷了，我認為最惡劣的是他們當中一些人為文革翻案，站在國家主義和民族主義甚至大漢族主義的立場上為所謂的「中國道路」「中國模式」（其實就是反西方普世價值的黨國體制）背書。儘管有時候他們會把這類翻案和背書包裹在曖昧晦澀的語言裏，顯得扭扭捏捏、閃爍其詞，大概他們自己也有點心虛吧。他們的思想或多或少影響了部分新一代中國學人對美國、對毛時代的態度。

總之，九十年代以降，從《中國可以說不》、《中國不高興》這類大眾通俗讀物，到學院派的新左理論，到文藝圈小劇場上演的《切·格瓦拉》等，都分別在中國引導着相當一部分民眾對於美國態度的轉變。

加：我始終對在中國受過大學教育，然後成為中產階級、社會中堅力量的這批人對日本、美國的看法感興趣，所以會盡可能地去瞭解。日裔美國政治學者、《歷史終結論》的作者福山先生在史丹福的辦公室告訴我，二十年前留美的中國學生總體比較尊重甚至崇拜美國的制度和價值觀，包括自由、民主、憲政等，這一態度也使他們結業後希望盡可能留下來，繼續在美國工作生活，這一選擇跟他們對美國價值觀的認同有關係。如今，很多中國學生赴美留學後反而變得更左，認為中國更好，美國落後。我打交道的一些人至少在學歷和閱歷上都是比較優秀的年輕人，面對中美貿易戰，絲毫不反思中國的問題，認為全都是美國的錯。

其實，不少政府高官也這麼認為。比如，2020年2月15日，外交部長王毅先生在德國第56屆慕尼黑安全會議上發表演講後與現場聽眾互動時指出，「美方所有針對中國的指責

都是謊言，都不是事實」。來自高官這樣的言論也促使中國老百姓，包括高學歷的精英深信中美關係出了問題全是美國的錯，美國所有的對華負面政策都是搞陰謀。在這樣的輿論導向下，中國人的美國觀、日本觀會不會越來越扭曲呢？中美之間會不會越來越難以相互理解呢？

查：我也有類似的觀察和擔心。上面說到我們這代人的分道揚鑣，其實這種分化也是跨代的現象。我們認同普世價值，仍然認為美國是自由世界的領袖和引領人類方向的一個國家，認為戰後的日本是世界民主同盟的一員，但我們這些被稱為「燈塔派」的人漸漸變成了少數。我們的同代人和更年青的一代人當中，有不少高學歷精英漸漸徹底蛻變為民族主義者和國家主義者，心甘情願地為中國模式服務。這些人遍佈政府、企業、科技、學術、教育界，其中一些人是有長期海外經歷的海歸，包括前面提到的百度的李彥宏。他們的商業模式是從美國學來的，然而對美國的態度卻是極其功利甚至敵對的，為自己的利益而投機取巧，為樹立中國模式而幫助政府對抗美國模式。

加：能講講您的那些新左派朋友嗎？ 您對他們的印象如何？他們的變化對您產生過影響嗎？

查：我的新左派朋友(準確說是昔日的朋友)還真有不少，像甘陽、李陀、汪暉等。甘、李二人分別是八十年代引進西方思想、鼓吹現代派文學的領軍人物。後來這批人無論是在香港、大陸還是美國，從觀念到行為都發生了極大轉變。

九十年代第一次大分裂，不少朋友之間的關係受到嚴重影響。因為觀點不同，彼此不再來往甚至交惡。我在《八十年代訪談錄》中收錄了後來變為新左派的甘陽、李陀的訪談，被一些自由派朋友批評給了他們太多的篇幅——這個

我不敢苟同，他們倆談得很生動，留下了十分寶貴的歷史文本。可是我承認，這些年來新左派中很多昔日老友的言行實在讓我眼花繚亂、歎為觀止。比如，有的人長期住在美國，九十年代初還聲稱要解析「毛文體」，批判它使當代漢語粗鄙化，現在則為七十年國慶遊行高舉毛像而歡欣鼓舞，認為香港抗議運動是美國陰謀策劃煽動的；有的人既是西方左派教授們的座上賓，又當着中國政協委員，拿着國務院特別津貼；有的人在六四後被香港朋友冒着生命危險用小船救出來逃難到美國，長年居住在美國和香港，受惠於那裏的法治社會和言論自由，如今不僅站在中國的國家主義立場上反美，還提出「通三統」（孔、毛、鄧），又站在威權主義立場指責香港人不愛國。更讓我不解也看不上的是那些成天反對西方霸權、反對資本主義和「新自由主義秩序」的所謂新左派名人大腕們，在中國內地工人反抗資本壓迫時從來不發聲支持，從來不呼籲成立獨立工會，在弱勢群體上訪或維權時他們也從不站出來講話，而在媒體和行動上支持工人維權、幫助農民工和其他弱勢群體的反倒是那些被他們攻擊嘲笑的自由派人士，比如茅于軾、許志永，比如南方報系的調查記者等。所以我覺得有句話一針見血：世界上有左派，還有中國新左派。

這片土地向來盛產長袖善舞的文人、變色龍、兩面派。每次潮流一變，你都能觀賞到一大波過江之鯽朝着新方向順流而下。國學派到九十年代之後也有變化，比如陳明。十多年前我看過他和李澤厚先生的訪談錄，有一段時間他強調學術、宗教應該是民間性質的，儒學不應跟政權掛鈎，那時候我覺得他還不錯。其實五四時代就說過要打倒孔家店、救出孔夫子，明確孔子是一個思想家，這和後來儒家變成為政權服務的性質是完全不同的。至少十幾年前大陸

國學派還有這樣的區分。儘管陳明講的儒從來就不是許章潤這一路的孟子儒，但他和蔣慶那一路要把儒學弄成正統國教的也不是一回事。可是現在我發現陳明也變調了，竟然在文章裏稱呼起「習大大」來，講些不知所云的鬼話。如今，一邊是學者越來越媚態可掬，一邊是國學越來越成了體制工具。在國內大街小巷的牆上弄一排排圖文宣傳欄進行道德說教，在學術期刊上拿着政府課題費論證甚麼新時代的國體、三統或四統。總的來說，國學如今的趨勢，就是要用一部分傳統文化資源樹立國家的文化自信，來對抗西方的自由民主制度，這是近年來愈演愈烈的現象。

加：有些中國學者享受了美國大學提供的學術自由和便利後，不管是繼續留在海外，還是回到國內，卻依然主張共產黨及其統治方式好。他們當然有權利主張甚麼是好，甚麼是不好，但作為學者，要講事實和邏輯，而不是先設定政治立場和結論。政府官員這樣可以理解，學者這樣就是失職。

我還在北京聽過一些學者赤裸裸地主張中國不需要學術自由，穩定和愛國更重要。我當時的想法是，那些學者面對當下收緊的形勢，選擇沉默可以理解，畢竟他們都是有家有口的，但一個學者那樣公然為壓制學術自由的政策辯護，就超出底線了。

查：他們對底線的理解與你我不一樣。眼前的實際利益就是他們的底線。這些年我越來越發現，絕大多數中國人，包括學者在內，對思想自由、言論自由其實是非常無所謂的。他們真正在乎的就是實利：錢，房子，職稱，名氣，社會地位。

最近三十年，中國經濟高速發展，人們或多或少都分享到

了改革紅利，覺得在這樣的制度下生活會越來越好，不用再學習美國那一套。至於言論自由，在飯桌上、在朋友圈裏侃侃就行了。思想自由更不需要了，思想能當飯吃嗎？況且許多人出國後的感受正如國內宣傳的那樣，西方確實也有不少窮人，有各種社會問題，亂象頻生。還是中國好，生活舒服，京東淘寶拼多多，打着飽嗝刷刷抖音，齊了。你若問他：中國這種發展模式能持續多久？他會說那不是我該考慮的問題，我也管不了。或者他會說至少中國現在不能搞民主，一民主中國就亂了，西方就乘虛而入了。我相信這是現在大多數中國人的真實想法，包括學者和青年人在內。

加：尤其是最近，年輕一代中國人也想「策反」日本人。他們會說：「日本一直被美國遏制，而中日兩國越來越接近。記得原子彈嗎？記得廣場協議嗎？此刻是日本擺脫美國控制，成為獨立國家的契機。中國可以幫助日本做到這一點。」

知識分子包括大學生都有這樣的言論，包括「中國可以幫你」「我們才是同胞」之類的主張。以前，他們只是說：加藤，如果中日可以聯盟，亞洲會更加輝煌。如今，他們會說：我們都被美國打壓，我們可以聯手反擊美國。我發現很多人都忽略了一個基本事實：我們是不會被「中國特色的社會主義」策反的，因為從政府到民間，都是不認同這一套。中國有中國的主權和制度，日本願意也應該尊重它，並盡可能與它建立相互理解和信任的關係。日本和中國之間建立合作關係，擴大共同利益的努力和姿態是重要的，但這不等於我們認同它的制度和意識形態。聯盟的基礎是我們的價值觀要一致，意識形態和政治體制明顯不同的兩國是不可能建立真正意義上的聯盟關係和信任關係的。在這個意義上，我完全理解也支持中國採取不結盟政策。

此刻可以得出一個結論：對中國共產黨和其統治下的大多數中國人來說，現實利益和權力格局是最重要的，價值觀和意識形態是無所謂的。

查：對。我給你舉個身邊的例子吧。我有一個小輩親戚，去美國留學獲得法學學位後回到大陸，在純粹的美資企業裏當律師，拿着高薪，可他自稱「五毛」，對美國、香港的態度和小粉紅們一樣，說中共再不好，為了自己的利益也要跟中國政府站在一起，因為不可能相信白人。所以不管有理沒理，他事事替中共辯護。對日本呢，他說日本再好他也不喜歡，因為個人偏好不同，他「更喜歡素質低一點的地方，自在，沒甚麼不好」；「大部分時間都是野蠻戰勝文明，素質太高容易被消滅，因為我素質也不高」。所以，甚麼價值觀，我就只講利益；甚麼文明君子，我就是野蠻小人。加藤你一定覺得很奇葩吧？因為是私下交流，他倒挺實誠，顯示出赤裸裸的實用主義思維。

加：不可思議，只好無語。

查：沒錯，三觀不同，爭論毫無意義。俗話説得好：你永遠不可能叫醒一個裝睡的人。他不見得不知道，世界上有些東西比眼前的利益更重要，但他假裝所有人都是一路貨色，切開來都是一肚子下水，世界上除了利益，別的都是假的。我覺得大陸這樣的人特別多。

當然，我們都知道大陸也有一批長期為公民權利抗爭的人，他們不認同中國現行體制和意識形態，但這些少數的中國人在國內是不被允許公開發聲的。我哥哥查建國前些時發了一個帖子，其中說到「中國政府以洗腦和鎮壓來鑄造民意，再以這個民意來對外國打牌，這活玩得不錯啊！」結果這個帖子第二天就「被失蹤」了，而且404頁面上聲稱是作者自己刪除的。高，實在是高！

說到中國政府對日本的態度，我前兩年去了一趟南京大屠
殺紀念館。南京朋友跟我説，八十年代，中國從上到下
都在宣傳中日友好，當時為甚麼不談南京大屠殺？因為利
益！剛開始改革開放，中國需要日本的投資和貸款。日本
對中國的低息貸款那麼多，如果中國還總是宣傳仇日，那
肯定是説不過去的。中日關係的反覆無常，背後都是利益
導向。1972年中日邦交正常化時，毛澤東大筆一揮就慷中
國人民之慨果斷放棄了要求日本戰爭賠款的權利，話講得
很漂亮：「為了中日兩國人民的友誼」，他徵求過中國人
民的意見嗎？沒有，他考慮的是地緣戰略利益，算計的是
以此換取日本背叛臺灣、跟着美國承認一個中國。我記得
我們北大班裏第一個出國的女生不是去的美國，而是日
本，是1979年官派的中日友好青年代表團。甚麼時候中日
關係不好了呢？九十年代，中國又感到了來自外部的壓
力，而日本在九十年代中後期日益表現得更像是美國的東
方盟友。中國需要敵人，一個不少，兩個不多。美國是
狼，日本是狽。

加：七十年代末八十年代初，日本是最積極支持剛剛結束文
化大革命的中國的，以提供政府開發援助(ODA)、鼓勵日
本企業到中國投資等方式支持中國的改革開放。六四後第
一個解除對中國制裁的發達國家，也是日本。日本人一般
不會説，老一輩日本人更不會説，但我們肯定是有贖罪意
識的。日本當年犯了錯誤，雖然和我們這一代沒有直接關
係，但我們也有贖罪意識。我的弟弟妹妹經常這麼説：我
們曾經對中國做了壞事，即使共產黨不好，但中國老百姓
沒有錯，如果他們有困難，日本應該給予支持。

查：有一批堅決反共的中國人，認為如果不是當年日軍侵華
大大削弱了國軍，共軍不一定能奪取全國政權，據説毛後

來在接見來北京謝罪的日本領導人時説過「我們要感謝你們侵略。」這些中國人也對六四事件有很深的情結，認為西方應該堅決、長久地制裁中國，他們對日本最早解除制裁是有看法的，認為之所以解除制裁是因為中國有廣闊的市場，日本可以從中受惠。你這樣的説法，我還是第一次聽到。

實際上，六四之後，美國對中國的態度也受到本國實利主義親華派的影響。布殊家族、基辛格這類與中國淵源比較深的政要和前政要，盯住中國出口和勞動力市場的企業、投行、商業諮詢公司、基金，還有研究中國的主流智庫——這些人都是六四後主張和支持「接觸政策」的。他們在九十年代已經相當活躍，待到中國終於獲得與人權評判脱鈎的永久性最惠國待遇、加入WTO之後，這個包括了許多跨國公司和大資本家在內的美國親華派就更膨脹為一個龐大的政商利益集團了。

中國這邊，六四後中共奉行的是徹底的權力本位和實用主義。這裏有個矛盾：在經濟發展上它需要獲得美國各方面的支持，在政治和文化上它害怕美國的滲透影響，它絕不能讓自由女神再次乘虛而入。可是，蘇聯解體了，柏林牆倒了，共產主義那套理論作為意識形態不好使了，你不能一邊和西方資本家大談生意一邊成天廣播《共產黨宣言》吧！這時候，民族主義就成了惟一可以用來聚攏人心的意識形態替代品。這也是為甚麼當局對美國的態度始終曖昧狡猾、內外兩套，一邊煽動老百姓的反美情緒，一邊與美國資本家和親華派過從甚密——他們只要在市場化過程中利益均沾，彼此搞定就可以了。而中美兩國的老百姓，既不清楚中國政府的兩面派手腳，對兩國政商精英們的勾搭交易也不明就裏。彼時彼刻，離「達沃斯黨」 "The Party of Davos" 這個名詞的誕生還遙遠得很。

絕大多數美國人也沒有注意到另一股暗流，等他們注意到
中國民間的反美民族主義傾向時已經很晚了。當年美國媒
體對中國的報道，除了批評人權狀況外，總體是正面的，
肯定中國逐漸走向市場經濟，越來越開放，城市面貌越來
越現代化，大眾文化越來越豐富多元。

加：我很好奇當年《中國可以說不》出現的時代背景。您當
　　時的感受是甚麼？

查：《中國可以說不》是幾個自由撰稿人和民營書商拼湊出
　　來的速成品，文字煽情，觀點偏激，但仍然是個值得研究
　　的文本。這幾位游離在體制邊緣、帶些草根色彩的知識人
　　宣洩的怨恨情緒和激烈的反美姿態，我認為並不能代表當
　　時中國人的普遍態度，但此書引起的廣泛關注和熱銷，一
　　方面表明當局的反美宣傳開始奏效，民族主義開始升溫；
　　另一方面，它也是對當時中國社會畸形的崇美心理的畸形
　　反彈。

這本書出版於1996年，當時美國對華投資正在加大，美國
大片、美國商品、美國電視劇受到國人追捧，城市裏滿大
街都是西方廣告牌，在物質方面拼命和美國接軌，大家都
想出國，整個社會相當崇拜美國。與八十年代不同的是，
美國在精神層面的價值觀被抽空，成了財富、強悍和奢華
生活的象徵。九十年代也正好是西方陣營最得意豪邁的時
期，歷史都終結了嘛！那時的美國，和俄羅斯、中國這樣
的losers打交道時自我感覺良好，居高臨下，霸氣十足。結
果物極必反，自卑的弱者很容易受傷，自卑而又敏感、驕
傲的弱者受了傷則一定會記仇，會報復。

1993年發生了兩件事：搜查銀河號和美國國會通過決議反
對中國主辦2000年奧運會。1994年和1995年的《中國青年

報》做問卷調查，發現大陸青年對美國的不滿和反感在上升。《中國可以說不》裏更是表現了一種愛恨交織的情緒：我們知道美國比我們強，我們崇拜你、學習你，我們這裏無數的姑娘小伙嚮往你，可你卻這麼不待見我們，處處刁難我們——那對不起，我們就要批判洋奴心理，就要對你大聲說不，就要揭穿你的醜陋面目。這種又亢奮又幽怨的腔調當時給了我一種奇怪的感受，有一股單戀不成、因愛生恨的怨婦味道。那幾位爺好像都沒去過美國，也沒在自己的生活中與美國人結下甚麼樑子，可是整本書都在大談特談美國如何虛偽卑鄙，美國人如何無恥下流，中國人應該如何奮起捍衛國家利益等等。還特別誇讚李鵬在英國首相提及中國人權問題時，反擊得如何精妙有力。想想看吧，離六四屠殺才七年，這些人居然讚美起李鵬對中國人權的有力捍衛！

就是這麼一本書，當年轟動一時，據說連盜版加起來賣了幾百萬冊。以後，這類書越出越多，1999年有人寫了《全球化陰影下的中國之路》，2009年的《中國不高興》可以算《說不》的升級版續集。

加：其實，日本人先寫了這樣的書。九十年代初，盛田昭夫和石原慎太郎寫了《日本可以說不》，表達的意思大概是：我們忍了這麼久，戰後四五十年，美軍一直駐紮在日本，我們一直聽美國的話，我們應該說不，應該有更大的自主性和獨立性。

查：《中國可以說不》的標題就是從《日本可以說不》來的，書裏有不少關於日本的章節，有一章叫「曖昧的日本」，另一章叫「日本正在加入遏制中國的大合唱」，從標題你就可以想見大致的觀點了，無外乎日本是美國的乏

走狗，和主子一樣虛偽、陰險，還有些可憐巴巴。作者表
示日本侵略使中國損失了至少一千億美元，是中國人民出
於一貫的高貴正義和慷慨大度，放棄了向日本索取賠款。我
看了真是啼笑皆非，不知道他們知不知道放棄賠款的是誰。

我感覺你剛才所說的更像是你這一代人的想法，定位應該
是中間偏右的主流群體。而日本的極右翼或左翼對美國有
不同的態度，一些人對美國在沖繩駐軍表示反對。如今，
日本也有了自己的軍隊，安保條約也做了修改。

加：百分之九十以上的日本人，包括我在內，都認為鞏固軍
隊是為了配合美國，而不是擺脫美國。沒有了日美同盟，
日本外交必敗，日本安全必失。對此，我們是很清醒的。
當然，這裏說的「軍隊」是「自衛隊」，只有專守防衛的
資格。之前，日本自民黨在野的時候曾經提出過把自衛隊
改名為「國防軍」，但以失敗為告終。日本社會和國民迄
今為止仍然不接受國家擁有軍隊，這一思想根深蒂固，近
期也不會改變。

一些美國戰略家確實想過要戰略遏制中國，但是日本人希
望中國變成甚麼樣子呢？我的長輩，尤其是企業家們，
多年來給中國援助、投資，他們對中國未來發展的看法是
比較一致的，就是希望中國可以相對健康、開放、多元地
發展，還可以提供更多的自由和有限的民主。一位著名商
業銀行前行長告訴我：「我們在中國僱了這麼多人，給中
國政府交了這麼多稅，也為中國經濟做了一些貢獻，我們
希望的是社會變好點，老百姓生活變好點。但如果中國政
府或企業還在剝奪老百姓的基本權利，那我們就成了幫
兇。」我非常同意他說的，中國可以有自己的國情，一定
程度的管控或許不可避免，但大的方向不能逆轉。

查：是的，我自己在很長一段時間裏也屬於這種溫和的漸進
　　改良派。主張小碎步朝前走，但不要倒退。

　　我看過一篇關於日企的報道，介紹廣東一家給日本做汽車
　　配件的工廠。有一個中山大學碩士，希望深入到工廠為底
　　層工人做一點事。於是，她去流水線上當工人，並親眼看
　　到了工人有多慘。工人們的工作時間特別長，工傷後常常
　　不給報銷，還找各種藉口不漲工資。工廠有一個工會，卻
　　和資本家勾結在一起，完全不為工人服務。這個女碩士在
　　那裏工作了一年，獲得了工人們的信任，將她選為工人代
　　表，去和資本家談漲薪問題。結果，工會和資本家勾結，將
　　她污名化，最後把她開除了。她於是在網上曝光了這件事。

　　這是一家日企。是不是很多日企都有類似的情況？他們是
　　幫兇嗎？他們只是投資、遙控，並不在現場，他們在日本
　　進行複雜高端的生產，只在中國做低端配件。就像富士康
　　是蘋果的供應商一樣。富士康因為工人自殺問題，先在中
　　國、後在美國引發討論，很多人認為蘋果公司也有責任。
　　又比如美資的沃爾瑪的中國工人待遇不好，也沒有工會，
　　工人沒有議價能力，引起了美國國內很多不好的公眾反
　　應。美國的一些NGO專門做這些調查，然後在媒體上曝
　　光，使得美國輿論覺得這些大企業是在掙不乾淨的錢。美
　　國企業應該有社會責任感，否則會影響品牌效應，影響市
　　場銷量。所以，包括蘋果在內的大企業都派人去中國核
　　查，然後做出回應，雖然最終的調查結果還是有爭議。

加：最近幾年，日本一批（美國似乎更多）研究中國問題的知
　　識分子的中國觀發生了很大變化，他們原先一直認為「接
　　觸戰略」（engagement）是有意義的，會奏效的。日本應該
　　配合中國建立多元、包容、開放的社會，為此，多接觸中
　　國萌芽中的公民社會，直接與他們打交道。但是最近這批

人發現這樣的希望很難實現，中國越發展，就變得越封閉和專制，比如對互聯網的管制和對言論的打壓越來越嚴，甚至影響了在華的日本企業和法人的正常工作和生活。

總之，最近不少一直以來努力跟中國打交道、試圖推動中國社會進步的人集體覺得被中國騙了。

查：美國也有同樣的變化。日本、美國、歐洲對中國的態度幾乎是同步變化的。

加：日本和美國不同。日本從未想過和平演變中國，我們既沒有這個能力也沒有這個想法。至於美國，我不敢亂說，查老師您怎麼看？

查：我也只能說我個人的看法。我認為美國朝野確實有一些人有和平演變中國的意圖，這是肯定的。問題是「和平演變」到底是甚麼意思呢？你剛才說「接觸戰略」是「配合中國建立多元、包容、開放的社會。」在我看來這就是和平演變呀！

加：嗯，您說得沒錯。

查：這樣的和平演變有甚麼錯呢？有外國人試圖幫助推動中國社會進步，不論是美國人、法國人，還是日本人、韓國人，對中國老百姓來講都是好事，都應該歡迎呀！

那麼，甚麼樣的中國人會害怕、會反對這樣的和平演變呢？再借你剛才使用的詞：正是那種「封閉、自我、專制」的中國人呀！他們認定「和平演變」就是顛覆中國共產黨。他們也沒有錯，因為中共確實沒有這個雅量，確實不能容忍「多元、包容、開放的社會」。結果他們就把「和平演變」這個詞給污名化了，把它定義成境外敵對勢力培養搗亂分子，陰謀煽動顛覆國家政權。

漢語被中國的權力者強姦的例子不勝枚舉，這只是其中之一。事實上，「和平」，當然很美好；「演變」，當然很正常。人間正道是滄桑，世間萬物都在演變，我們只能希望事情朝好的方向演變，有誰能擋得住演變呢？

加藤，你認為現在的美國還是日本的榜樣嗎？

加：首先，我從來不認為美國是日本的榜樣。他不是榜樣，而是夥伴，頂多是戰友。日美是攜手合作維護自己和世界的安全、自由的夥伴關係。由於種種歷史原因，日本面臨着戰後的困境，為了走出困境，我們的選擇不多，只能虛心學習和接受。我們不僅學習美國，也學習德國、英國……如果說榜樣，全世界都可能是日本的榜樣。美國是我們在過去、現在、未來都可以互相理解、信任、支持的夥伴，我們可以一同將世界治好。

查：哈哈，加藤君可以擔任日本外務大臣或者駐聯合國大使了。前面已經講到中國人對美國態度的分化和轉變。我認為在中國自由派眼中，美國是中國學習的榜樣，尤其是憲政民主制度。而在中國政府和國家主義者眼中，美國曾經主要是發展經濟的榜樣。

福山到北京來，王岐山和他有一個對談。王岐山說話的時間佔整個對話的百分之八十以上。福山是西方世界的著名學者，可王岐山讓他在自己面前像個學生似的。王說：美國曾經是我們的老師。我記得他對美國財政部長保羅·保爾森也說過這樣的話。九十年代朱鎔基當總理時，中國和華爾街的高盛等大公司聯絡密切，把他們當老師，一起賺錢。當時是「華盛頓共識」的高峰期，還沒有人提「北京共識」。可以說，王岐山和福山的談話是一個轉折點——相當於中國公開表示：你們曾經是我們的老師，你們那一

套我們已經瞭解了，我們現在已經不把你們當老師，我們要按自己的模式發展了。

中國在歷史上也曾經是老師，如今我們又找到當老師的感覺了，並且已經做了發展中國家多年的老師。一帶一路、非洲基建，中國都是大哥、榜樣。

習對奧巴馬提出「大國關係」，意思就是：今天，美國已經不是中國的老師，中美是平起平坐的兩個大國，所以我們要談的是大國關係。

中國經歷了四十年的高速發展，而美國的發展速度正在放緩。中國認為照這個速度發展下去，自己很快就是老大了——至少在經濟體量上。

加：是的，就是要平起平坐，中國在貿易戰中跟美方交涉的前提不就是主權、平等和尊嚴嘛！這是一個重大的轉變。

福山先生跟我分享過，他在北京出席過一次跟習近平的會談。我問他對習的印象如何，他的回答是：「沒甚麼印象，也無法瞭解。」在他看來，習近平是一個難以理解的、透明度較低的中國領導人。另外，美國國務院裏一個中文特別好的官員曾經對我說過一句話：現在，中國人只學「習」，不學習。

查：前兩年北大校慶，同學聚會，祝酒的時候有人舉杯說：「來吧，大家一起好好學習，天天向上。」坐在我旁邊的夏曉虹問我：你知道那個學習的習是甚麼意思嗎？她這麼一問，我立刻明白了。提議祝酒的男生，正是當年女排三連冠之後最先喊出「團結起來，振興中華」的那位。

加：大多數日本人，也包括我在內，基本上沒有考慮過移民，也很少想過去其他國家養老。不少日本人，包括今天的年輕人，在剛工作的時候，就開始想退休的問題了。就

我個人而言，如果養老，除了伊豆，我還想過去臺灣。在風光景物、物質水平、生活便捷程度、人性化制度設計等方面，我認為只有臺灣是能讓日本人產生共鳴的地方。臺灣比日本更有人情味，更得傳統中國的精髓。2019年8月2日，北京政府禁止大陸遊客赴臺個人遊的第二天，我到了臺北，還乘坐臺鐵去了一趟宜蘭，為的是重溫一下我小時候在伊豆半島度過的時光，看着窗外的綠色樹林和青藍大海，我會很自然地深呼吸。

查：非常理解你的感受。北京政府就接着禁下去吧，也許臺灣旅遊業受些損失也少些嘈雜，大陸遊客受些限制也多些思考。

中國的愛國主義者們一直熱愛去美國旅遊。不過，去美國養老的中國人是小眾，只有少部分有錢人才去得了。我有一位老朋友，北京人，早就移民加拿大了，但每年有差不多一半的時間待在中國，工作、旅遊。我曾經問他以後在哪兒養老，他說哪兒有醫保就在哪兒養老。他的醫保在加拿大，他對加拿大的制度、價值觀也有更深的認同。兩年前他把自己在北京、上海的公寓都賣了，現在也不大回來了。他說北京越來越不可愛，越來越不宜居。不只是他，近年很多經濟條件不錯的朋友在面臨養老的問題時，都選擇離開北京，離開中國。

中國新移民如今遍佈全球，尤其是西方國家。不少人離開了大中國，仍然住在一個「小中國」裏。我知道一些朋友，把北京或其他一線城市的房子賣了，到美國某個房價不是太高的城市定居，比如西雅圖、佛羅里達、加州、夏威夷都有這樣的群體。他們像候鳥一樣兩邊飛來飛去。這些朋友已經退休或處於半退休狀態，有錢、有閒，在美國

買房後有越來越多的時間居住在這裏，但他們還是喜歡和中國人聚會，聊中國的事，看中國的節目。

此外，美國的醫療保險問題不太好解決，一般要有工作才有醫療保險，救濟低收入人群的醫保有各種複雜規定，自費購買，則價格不菲。美國的醫療開支佔GDP的比重遠遠高於其他發達國家，排名第二的瑞士要比美國低很多。美國醫保的公共投入部分和其他發達國家相似，但是私人投入部分要高很多。如何讓醫保費用不那麼高，又能讓更多人受惠，這是奧巴馬和希拉莉都沒能解決的問題。美國是一個如此富足的國家，卻有那麼多人沒能被醫保覆蓋。因此，考慮到醫保的問題，美國大概不是中國人養老的理想選擇。

加：我在北大上學期間我只去過一次醫院，是北大校園裏的醫院，拔了一顆智齒，一個北京大媽幫我拔的，速度超級快，過程格外順利。當時有政府獎學金，看病也有相關優惠，記得那天我只付了十幾塊。

畢業後，我就再也沒有保險了。我每次到中國都提醒自己：不能生病、不能出車禍，如果出車禍就完蛋了。有一次真是讓我嚇出一身冷汗。我在2016年9月參加了北京馬拉松比賽，那一次我遭遇了腎損傷，在跑到三十公里時暈倒，被送到解放軍306醫院，急救後住了幾天院。但幸虧那一次是參加正式的比賽，報名費裏包含了醫療保險。

查：我也考慮過這個問題。我的醫保在美國。年紀再大些，生病的幾率會增高，我可能就不敢在中國久待了。

加：查老師，我特別想跟您聊聊人情味的問題。我最欣賞美國帶着公共精神，具有開放性和自由度的人情味，這個在日本很欠缺。日本社會實現了相當程度的人性化，卻嚴重缺

乏人情味，除了一些鄉下、海邊甚麼的，總有例外嘛。而中國在我眼裏是熟人社會，中國人基本只對熟人有人情味。

在美國，如果你在公共場合感到不舒服，蹲在地上，會立刻有人走過來詢問你，並盡量幫忙。比如，一個人在公路上跑步腿抽筋了，立刻會有路人過來問你還好嗎。這種事在日本不太可能發生。

中國在許多方面缺乏人性化，可中國的人情味卻特別重。比如我和那些當年在胡同裏教我中文的阿姨們完全沒有利益關係，可她們都很照顧我。不過，中國的人情味往往是基於熟人社會，而美國的人情味是公共精神支配下的人情味。在公共場合，大家都遵守共同的規則和底線。因此，美國式的人情味有溫度，又有距離感，沒有丟失個人主義和契約精神。而對中國人來說，每一個小圈子都有自己的規矩，卻缺乏嚴格意義上的公共空間或共同規則。

查：你的區分很有道理。中國人大概也會承認美國人有契約精神和公共精神，但不會認為那和人情味有甚麼關係。近年來，出去旅遊的中國人多了，人們特別愛說美國是「好山好水好寂寞」，環境很好，但人和人之間很冷漠。他們一點體會不到美國的人情味。

中國的人情味就是熟人之間那種不分你我的親熱默契，互相照應、互相擔待。混熟了，可以呼朋引伴登門拜訪坐下不走蹭吃蹭喝，可以直接關心彼此的婚姻體重收入。能聊這些的，都是關係最鐵的。中國的人情味還表現在把與熟人親友的關係看得高於公共規則乃至法律。親朋好友違了規犯了法，中國人的第一反應是趕緊托關係走後門打點撈人，這時候誰講原則依法辦事誰就是沒有人情味！我覺得這其實是農業社會、前現代社會的遺風。因為在傳統社會

裏安身立命，最重要的是熟人關係，法律和公共規則都是
靠不住的。

加：我曾跟一個非常熟悉的中國中年男性聊過這個話題，我
問他假如你的兒子犯了嚴重的罪，甚至殺了人，你怎麼
辦，他毫不猶豫説：「想方設法掩護他，找人幫忙，花錢
解決。我不會讓兒子坐牢的！」

查：這是有典故的。《論語》裏有個故事，如果父親偷了別
人家的羊，兒子是否要去告發，孔子就説：「父為子隱，
子為父隱，直在其中也。」可那講的是偷竊，若是殺人，
該不該替親人隱瞞呢，孔子沒有講。而在美國這種現代法
治社會裏，人情味是有分寸、有邊界的。在私人場合，好
朋友之間也是親熱率性的，會插科打諢，會很有默契地談
論私密話題。但有些話題是不宜打聽的，有些界限是不應
跨越的，公共規則和法律更是要遵守的。比如我當年住在
芝加哥的時候，一個很熟的北京朋友一進門就問我們房租
多少，我男朋友(當時第一次見到她)覺得這很沒禮貌，可我
不以為忤，我知道她就是中國的老家人老習慣。

在《八十年代訪談錄》裏，李陀舉過一個在美國的例子。
有一次，他去郵局寄信，一個白人排在他前面，當時他正
在看書，不小心碰到了那個白人，那個人就回頭皺着眉頭
看了他一眼，意思是：你怎麼能碰我？他用這個例子表示
美國人沒有人情味，讓他感到心裏發涼。可這是誤讀。我
們從小長大都知道，中國人在公共場合總是擠擠撞撞，擠
公交恨不得把別人拉下去自己先上。地少人多已經擁擠慣
了，人與人之間的身體接觸是經常性的，沒那麼敏感。而
在美國，兩個不認識的人不能隨便身體接觸，這是基本的
文明禮節，和人情味沒有半毛錢關係，這個白人離開郵局
如果碰到一個迷路的外國人很可能會熱情地幫他指路，回

到家和好朋友一起很可能拍肩打背親熱得很。就像在美國機場，大家都會繞着圈排隊，彼此不會碰到，也不會讓行李箱蹭着別人。可是如果有人摔了一跤，很多陌生人馬上會來幫忙，絕不會想到「這人是不是碰瓷的？」現在中國機場也學西方，設立了同樣的繞圈排隊欄杆，但有的人就是不肯好好排隊，硬要往前擠。前些年我在深圳、昆明機場多次碰到這種事，近年好多了，可見移風易俗總是需要一個過程。

不過，美國人見面打招呼的方式比中國人更親熱。朋友之間見面會擁抱、親臉頰，而不是握手。那你豈不是又要批判「美國人特別輕浮，見面就貼臉、就勾肩搭臂」嗎？這是沒有轉換思維，仍然拿中國的習慣去套美國的行為。試想如果一個美國人說：「中國人見面只是握手點頭，連臉都不碰，特別冷漠，沒有人情味」，他是不是顯得很可笑？

進一步講，產生這類誤解和偏見的一個原因，是一些長期生活在美國的中國人，並沒有將美國當成自己的家，也不跟其他美國人深入交往，也不關心美國的政治、社會、風俗習慣。

這裏有一個重要的因素是年齡。因為這批人到美國時年紀比較大了，適應性不如年輕人，語言文化上的隔膜不容易打破，不太能融入美國人的社交生活。比如，參加各種社區活動，下班後一起看球喝啤酒，一起蹦迪，一起聊時事或八卦，一起出去吃飯喝咖啡。設想一群在北京長大的人聚會時，突然闖進來一個三四十歲才來北京的外國人，他也會不自在，大家跟他交流可能也帶着客氣。這都很正常，並非誰要故意排斥你，只是因為缺少共同的成長背景，彼此玩不到一塊兒。

還有心態問題。有些人太愛當裁判，當教練，太喜歡居高臨下的權威感，還沒弄明白別人的遊戲規則就開始指指點點了——這可能也與年齡有關，中老年人，尤其是有過些資歷的男人，在中國常常被奉為權威，積習難改。另一些人根本不願意瞭解新鮮事物，他永遠只關心中國。很多華人會裝一個「小喇叭」，以便隨時觀看中國的電視節目，人住在美國，信息源仍然是中國，甚至連美國當地發生的事情，他都要通過中文媒體去瞭解。

加：您描述的這些場景，我或多或少都經歷過。比如我之前在《看天下Vista》寫過一篇文章叫「請不要偷看我的報紙」。當時我在北京，習慣在地鐵站附近買份報紙，然後拿到車上看。但車廂內人很多，尤其是中年以上的男人會伸過頭來盯着我的報紙看，對此我覺得自己的私人空間被侵犯了，很不舒服。如果你想看，自己去買，而不要偷看我的報紙。那期登了後，我被罵得一塌糊塗，很多讀者説我太小心眼兒，還説我「沒有人情味兒」。

查老師，有個問題我一直無法理解，想請您幫我解解惑。那些不打算融入美國當地社會，始終混在「小中國」的中國人移民美國，究竟是為甚麼？

查：公平地説，中國人來美國的動機和對美國的態度是各種各樣的。比如説流亡者群體是被中共迫害而被迫背井離鄉的，他們全都認同美國的價值觀，但其中年紀較大的人在語言和生活方式上更多保留了中國習慣。而在留學群體中，很多留下來的人其實早已成為美國中產階級的一員，子女則完全「美國化」，有些甚至不一定講中文了。這批人的經歷與美國大多數移民的故事有很高的相似度。但是，正因為他們屬於成功的華裔移民，平時各自忙於自己

的美國式日常生活，不像我們剛才說的那些活在「小中國」裏的海外華人需要在中文網站和華人社團中找歸屬感或刷存在感，所以大陸網民不太會注意到他們。結果，那些在中文網絡上活躍的人似乎變成了中國移民的代表了，這多少有些誤導和荒唐。

對那些堅持活在「小中國」裏的海外華人的心態，我也只能是猜測。在中國經濟起飛前，很多人認為去美國機會更多，生活質量更高。這些人的「美國夢」很簡單，他們對生活質量的理解主要是收入和消費，買個大房子、買輛豪車，然後繼續吃中餐、看中國電視劇。他們為何總是談論中國呢？一是熟悉，母語、故鄉嘛；二是因為中國這些年的變化的確太快了，各種神奇的事情層出不窮，各種貪污腐敗和一夜致富的傳奇，對他們來說簡直太有的聊了。而美國是一個相對平穩成熟的國家，如果你只是衝着錢來，對美國的政治、社會和文化習俗既不懂又沒興趣，那確實沒甚麼好聊的。

加：很多中國人對人情味的理解是你對我好，你就有人情味；你對我不好，你就沒有人情味，可以說，在中國，人情味是屬於圈子，而非公共社會的產物。人們經常說中國遊客去哪兒都不把自己當外人。有一次，我在布拉格旅遊時發現，中國遊客簡直把那裏當成了自己的家，隨地吐痰、大聲說話。去餐廳後，服務員明明不懂中文，他們還會一直跟對方說中文，好像多說幾遍，服務員就能聽懂。

查：這種現象我也見過，他們絲毫不做功課。英文是世界通用的語言，去旅遊總要做一些最基本的準備工作，學幾個英文句子，瞭解一下對方的禮儀習俗，但很多人不這樣做，而是找旅行社全程大包大攬，自己一路不用講一句英文，並且一直吃中餐，更不會跟外國人說話。

　　這幾年，因為中國遊客多了，很多大商場都配備了可以講中文的導購，專為中國人服務，結賬還可以刷銀聯卡或掃微信。

加：是的，在日本也一樣。中國遊客經常去的城市，如東京、大阪的很多商店，尤其是百貨店、藥店，基本具備了方便中國人輕鬆購物的基礎設施，根本不需要瞭解當地文化，也不需要說當地語言或英文。這些中國遊客從不試着入鄉隨俗，和在國內的狀態完全一樣。當然，公平而言，我也認識一些中國朋友很不喜歡這樣的場面，從而有意識地跟中國人多的地方拉開距離。

查：前不久，科羅拉多一個親戚告訴我，說她的鄰居將房子租給了幾個中國遊客一個月。他們搬走後，鄰居發現公寓被弄得一塌糊塗，地上有很多奢侈品的包裝袋，床單沒洗，廚房一大堆中餐外賣髒飯盒，床墊也被燒了好幾個窟窿。這位鄰居說中國人太沒有教養，下次再也不租給中國遊客了。你說他們真把這兒當自己家了，其實他們絕不會這麼禍害自己家，如果是在中國住旅館租房子，說不定還會加點小心，到了外國真是無所顧忌了。看一堆景點，拍一堆照片，掃一堆貨，然後拍屁股走人，您還能追到中國來罰我？這種人是一點公德都沒有的。

加：在您看來，八十年代那一批人到美國後的融合度和最近十年來中國人在美國的融合度，有甚麼不同？

查：因人而異。有一批八九十年代出來讀書的中國人已經在美國定居了，他們或是加入了美國國籍，或是拿到了美國綠卡，有自己的工作和房子，孩子已經變成了第二代。這批人的融入性是很高的，他們和美國的中產階級住一樣的社區，小孩也讀了不錯的學校。他們的思維方式和工作方

式都變得很像美國的中產階級，已經實現了「美國夢」。當然，其中也有不少人仍在關心中國發生的事情，也會瀏覽華人網站，每隔幾年會回國看望父母和朋友。

因六四流亡的那一大批人，加上近十年因維權而陸續出來的新流亡者，在東岸和加州都聚集了不少人，他們有自己的社交圈子，也會舉辦一些研討會和活動。另外，還有一批出國打工的人，其中有一些是黑下來的。比如，交了很高的費用，坐蛇船出去，沒有變成移民但也不能回國了。這些人來美國後沒進過學校，英文也不行，只能在同類人的圈子裏生活，談不上融入美國主流社會。比如，我認識的一些在美國待了三十年的父母，現在仍然只會講很簡單的英文，但他們的孩子有的上了哈佛、史丹福等名校，已經徹底美國化了。這兩代人之間，有時候產生了文化代溝，下一代不太關心甚至排斥中國，但上一代人仍然用中國式的標準要求下一代。有些孩子不想學中文，就非讓他們學。因此，孩子們總是批評父母太保守，還是中國權威家長那一套。

最新的統計顯示，華人的下一代移民，偏向民主黨的更多，比如華人二代更多的將選票投給了奧巴馬；而第一代移民投共和黨票的更多。老一代當中有一些人是出於意識形態的考慮，認為共和黨反共，對大陸強硬；有些人認為共和黨打擊非法移民，實行減稅，保護了他們的利益。

有一次我叫車去紐約的甘酒迪機場，出租車司機是個五十多歲的大陸男人，和我聊了一路，我驚訝地發現他是十幾年前因為捲入了一個貪腐案跑出來的地方官。他說幸虧跑得及時，同案的好幾個人都進去了。現在他兒子已經在美國念完大學，在這邊找不到好工作，就又回國了，如今在北京一家娛樂媒體公司上班。這個父親卻「淪陷」在美國

了。從他的言談中，我聽出了一股不甘又無奈的情緒。他很懷念自己當年在故鄉的社會地位和「美好」生活，說起中國政壇八卦來還是那種「老江湖」的口氣。但是在紐約他只能開出租。看來他當年確實逃得太急了，沒來得及捲走太多款。

像他這樣的中國人，不知道在美國有多少？他們大概沒有甚麼「美國夢」，只好在美國繼續做他們的「中國夢」吧。

加：特別有同感。這些人隨着中國的崛起，開始擁抱「中國夢」，並為「習大大加油」。

作為以移民立國的美國而言，我認為美國夢不只針對美國人或者潛在的美國人，可能也包括很多中國人的夢。我好奇的是，您和您女兒作為兩代移民，是否有衝突的地方？

查：我前面提到我不是一個虎媽而是一個羊媽，我對孩子比較自由放任，這樣就減少了衝突的一大觸發點，我開玩笑說這叫釜底抽薪。我和斯荻當然也會拌嘴，也會爭論，但至少到現在為止，我們家裏沒發生過有些新移民家庭裏出現的那種激烈衝突。

比如，我知道有一個大陸移民家庭，母親會說英文，父親到現在仍然不太會講英文。女兒在以美國白人為主的學校上學，拿獎學金，成績優秀，可是媽媽認為女兒行為太出格太叛逆，家裏經常因為這樣的事引發衝突甚至打起來。女兒是在美國長大的孩子，不想強調自己的中國身份，她只在意美國同學的看法，穿着、打扮比美國同學更張揚，比如兩隻腳穿不同顏色的襪子，頭髮染成雞冠色，更拒絕說中文。母親希望女兒學一件樂器，比如鋼琴或小提琴，可她堅決不學。母女之間常常鬧得不可開交。我看得出媽媽很愛女兒，可我覺得她管得太多、太操心了。前幾年，

這個孩子上了大學，是名校。不知道她們的衝突是不是有
所緩和。

青春期的孩子本身就容易叛逆，父母說東，孩子偏要往
西。有些移民家庭的下一代幾乎和父母無法交流。

加：很多一代移民不怎麼講英文，而二代移民不講中文，那
　　怎麼溝通呢？這些二代肯定待在外面的時間比較久，更想
　　融入當地社會，不願意總回家，更不願意被看成一個中國
　　人。

當然，就兩代的溝通語言而言，有個緩衝區，就是說方
言。我認識一個上海長大的「英國人」，他太太是上海
人，他們都是精英階層，孩子在英國出生，不怎麼會普通
話，英文當然是母語，父母講英文也很流利，但他們在家
裏說的是上海話，這是他們的家庭語言。

查：移民家庭中，如果父母英文都不夠好，而孩子又沒有興
　　趣學中文，家裏就會有語言障礙。我有位老朋友家裏的情
　　形更奇特：他是大陸人，不會講英文，他太太是美國人，
　　不會講普通話，兩人都在香港長年工作，彼此用粵語交
　　流。後來他們遷居美國，女兒在紐約生長，只會講英文，
　　但聽得懂一點普通話。試想這一家三口溝通起來會有多熱
　　鬧吧！

我們家是中英文輪換講。斯薤七歲的時候被我帶回了中
國，不僅在北京學了中文，而且對北京的生活方式、北京
人以及她居住的小區都有了感情。她說一口沒有外國口音
的、帶着一點北京腔的中文，對此，她相當得意。回到美
國後，她很懷念北京，懷念夏天路邊那些撩起背心、露出
半截肚子下棋的大爺。現在，我家小區周圍的小店都給拆
了，她很傷心，那裏有她童年的記憶，她跟那些賣文具、

　　賣冰淇淋、賣點心、賣花花草草的小店鋪裏的店員們混得很熟，他們也挺喜歡她。不過，我們家大概是一個特例。

加：是的，您家算是一個特例，能這麼做的家庭應該不多。您女兒的中國話確實很地道，我跟她交流，不像是跟一個中文流利的「老外」在交流，而是跟一個北京姑娘交流，很自然，很舒服。我不也是以一張白紙的狀態來到北京，從零開始學中文嗎？當時在北大西門外學的中文實際上就是北京話，所以我跟您女兒用中文交流，會格外親切。我好奇的是，在您女兒成長過程中，你們之間有沒有出現過大的衝突？

查：大的衝突還真沒有過，不過她在讀高中的時候，我們之間有一度出現了一些分歧。她就讀於紐約一所私立高中，學校裏有一些獲得獎學金的孩子學習成績很好，是來自生活困難的移民家庭。可那是一所老牌精英名校，同學中有很多富家子弟，學校裏也是白人佔主導。於是，這些移民家庭的孩子就發起了對美國制度的批判，認為美國的等級觀念和性別歧視非常嚴重，無論在金錢、種族還是性別上，都感到自己在這個國家受到了排擠和壓迫。我女兒很同情他們。我不否認他們譴責的很多問題確實存在，然而，有些同學的言論在我看來太偏激了。我們在討論中發生了分歧，她完全站在同學那一邊，而我認為校園政治正確有時候太過了，有強加於人的傾向。比如她班上有個女生為了強調自己的性取向和性心理是多重的，就要求別人使用 "They"（Ta們）這個複數來稱呼她。我覺得這很荒唐，我女兒卻說我這種態度太保守，對性別心理的複雜性缺乏理解和尊重，是典型的老夫子。

　　這期間耶魯大學發生了一件事。2015年鬼節前夕，學校表示那天大家可以隨意着裝，但是提醒大家慎重選擇，避

免對少數族裔造成傷害。有學生穿了模仿印第安人的比較滑稽的服裝，被認為政治不正確。但是學校的一對白人教授夫婦 —— 兩位老師共同負責一個學生宿舍區並擔任院長 —— 公開表示，學生有言論自由，雖然大家都不希望發生冒犯別人的事情，但是學生有自由選擇的權利，想穿甚麼就穿甚麼。這番言論引起了廣泛爭議，很多學生表示抗議，校園裏出現了激烈的對峙。一群主要是少數族裔的學生圍住那位男院長展開辯論，有人激動地指着院長的鼻子大聲痛斥，要求他道歉。院長則反復強調：我為對你們造成的痛苦感到遺憾，但不為我説的話道歉，他們有權利穿任何衣服，這是他們的自由。現場有很多人圍觀，那個院長一直和顏悦色地解釋卻不肯退讓。這更激怒了學生，覺得他態度傲慢像一塊頑石。終於，一位非裔女生情緒失控，用尖利的聲音喊着：你完全不能理解我們的感受！操，是誰聘用了你？你真噁心，你不明白你的做法讓很多學生感到不安全！感到耶魯不是我們的家，你應該下台！

這段對峙的視頻被發到網上後引起了更廣泛的討論，右翼白人的電台網站上譏諷一片，表示政治正確搞過頭了，毫無幽默感，溫室裏的花朵連這都受不了，他們以為整個世界都是溫室嗎？

這件事，我和女兒雖然沒有爭吵，但我們看問題的角度不太一樣。我女兒更強調年青一代的看法，主張應該理解和包容長期被壓抑的弱勢群體 —— 比如同性戀、少數族裔、非法移民的後代等，不應該繼續漠視他們受歧視的感受。他們希望擺脱白人長期掌握話語主導權的語境，推進社會平等。她這些基本觀點我全都同意，但我也跟她説了我觀看那個耶魯視頻的感受。我的第一反應是這個尖叫的女生特別像紅衛兵。我上小學時親歷過學生批鬥老師，本能地

厭惡所有人身攻擊式的爭吵，特別是一群人圍攻一個人。
我希望大家爭論時能更理性、更文明一點。我的第二反應
是過度政治正確的話語會形成僵化的意識形態，讓人心變
得越來越不寬容，更會引起反彈，欲速則不達。比如，近
年來一些被認為是種族主義分子的右翼人士到學校演講，會
受到左翼學生的阻攔，認為這些人會在校園裏產生不良影
響。這種情況在加州的伯克利和我的母校哥大都發生過。

或許與我的中國經歷有關吧，我更重視捍衛言論自由，反
對關閉對話和交鋒的平台。尤其在大學裏，大家都是有知
識的成年人，高校難道不就是頭腦風暴之地嗎？在這些問
題上，我和女兒會有分歧和爭論。

加：在我看來，您和您女兒之間的這些「衝突」屬於高端的
討論，母女之間能有這樣建設性的碰撞很難得。

言論自由與政治正確之間，我有太多的感受，我的選擇一
般是沉默和忍耐。

查：沒錯，除了和家人或最親密的朋友交流，我現在的選擇
也是沉默不語。在劍拔弩張的喧囂氣氛中，你很難完整地
表達自己對任何複雜問題的觀點。當下，對一些公共話題的
討論，大家都更重視選邊、站隊，然後固守選好了的立場。

加：您當初比較好地吸收了美國的本土文化和價值觀，也曾
有過各種糾結。我好奇的是，這三十多年一路走來，您對美
國精神以及美國核心價值觀的理解，有過怎樣的變化？

查：我去美國念書主要是對中國以外的世界非常好奇，那時
候很浪漫也很膚淺，認定美國精神的核心就是自由，對於
「平等」缺乏明確的意識和認識。後來，漸漸體會到美國
是一個既講自由又講平等的國家，但二者之間存在着深刻
的矛盾和衝突。

一些悖論在開國的時候就已存在。一方面，美國獨立宣言強調天賦人權、人人生而平等、每個人都應該享有生命、自由和追求幸福的權利；美國憲法強調私人財產的神聖、公民權利的神聖，政府的權力必須被制衡。另一方面，包括國父們在內的很多南方白人卻在蓄奴販奴、殘酷壓榨黑人。這不是很虛偽嗎？同時，佔一半人口的婦女沒有選舉權，印第安人被強制驅趕到荒涼地帶……這些都是不容否認的歷史事實。關鍵在於，美國人沒有一直否認、掩蓋和迴避這些問題，美國的制度有足夠的自由度、開放度和反省能力，所以它一直在向前走：廢奴運動、美國內戰、十九世紀末二十世紀初的進步主義運動、農會和工會的壯大、民權和女權運動、各種活躍的NGO……所有這些為了平等和正義的抗爭都在推動美國社會不斷進步。因此，我才相信，追求平等和公正也是美國核心價值的一部分，而非一句口號或一紙空文。

當然，從其主流傳統來看，美國講究的是小政府、大社會。其平等主要是指機會平等，其正義主要是指程序正義。但這是在進步主義、自由主義、保守主義，在左、中、右多種傳統相互角力整合之下發展出來的。自由與平等之間的張力有時候會構成一種悖論，出現左和右、進步和保守之間難以調和的衝突，比如美國內戰時期。但在絕大多數情況下，社會是在各方的和平博弈中達成共識，在法治架構下逐漸進步的。

加：我在日本的時候，沒怎麼想過自由和平等的問題，我是到了中國之後，才知道日本人是享受制度自由和相對平等的。我出生的時候，日本社會已經實現了相當程度的政治自由和機會平等。沒失去過，就沒想過。我在日本的時候以為這些來得理所當然、天經地義，是中國告訴我原來

不是這樣的。相對來説，日本人更傾向於享受「過程的平等」，我們的教育、醫療、福利等公共資源是被制度保證的。在我看來，日本人希望大家從上學到工作，再到退休和養老，一系列的過程是同步的，不要太強也不要太弱，大家一起享受每一個過程。結果也差不多，包括收入、待遇、信譽等。

我2012年去美國，又加深了對自由、平等的認識。我前面講過，華盛頓杜邦環島北邊有很多大使館，奧巴馬等人就住在那一帶。我住在那裏的時候，收入很低，也沒有美國綠卡，是一個徹底的局外人。但是在那個空間，我沒有感到自己是一個外國人。我的鄰居是個律師，我的房東是個外交官，他們從沒有異樣地看待我。我在那裏與各種人交往，我的各種行為完全自由，我感覺到自己正在享受平等。不像在日本，做一件事需要考慮很多因素。

查：你的意思是不是中國使你意識到日本政治制度的自由和社會相對平等，美國又使你意識到日本的社會生活中有很多不自由，或者説是有所欠缺的？

加：不完全是欠缺，更多的是自我約束。要考慮到家庭、親戚、鄰居等問題，可以説是被世俗約束吧，各種條條框框。當然，這是來自文化和國民性，而不是公權力的限制。在美國時，雖然我是一個局外人，拿着日本護照，但我一點兒也不覺得和其他人之間不平等。這種自由和平等是我在華盛頓居住的一年裏深刻體會到的。在美國，我從未覺得自由和平等是相互對立的，反倒是相輔相成的。

查：和你一樣，我在美國的個人經歷一直是相當正面和幸運的。到南卡後，我作為外國人甚至在某些情況下是被優待的，而不是被排斥或歧視。僅就個人經驗而談，我感受到

的就是平等和自由。老師完全沒有架子，也沒有中國式的師道尊嚴。後來，我去了紐約，感受還是一樣，無論是大牌學者還是普通老師，都很平等。我教過夜校，在公司、餐館、旅行社打過工，也沒有感到所謂資本家的嚴酷剝削和傲慢無禮。反倒是在北京和其他內地城市，這些年我見過形形色色的卑躬屈膝和趾高氣揚。我看到過大款食客把餐廳服務員隨意呼來喝去，高檔小區的業主斥罵保安，至於平民百姓在警察面前、下層官員在領導面前那種畏懼諂媚的態度，就更普遍了。我在美國生活了二十多年，從未目睹過類似的場景和人際關係。

不過，自從九十年代重新回到美國住下來以後，我對美國社會生活中的種族問題和階層劃分有了更深的瞭解，明白了不僅在南卡這樣的南方州，在包括紐約在內的很多大城市和郊區，都一直存在着對黑人的隱形歧視和不同程度的實際隔離。除了種族問題，美國社會中還存在各種不平等現象，比如對少數族群的壓抑和排斥，雖然這些並非都是有意為之。實際上，與很多本土弱勢群體相比，像我們這樣有高學歷背景的外國人和移民，更容易感受到美國式的平等自由。畢竟美國人是非常看重個人奮鬥、個人才能、個人品行和個人成績的，否則為甚麼要給這麼多外國人獎學金呢？再說，我們打交道的也大多是受過良好教育的美國精英人群，雖然在高校和媒體也存在種種隱形特權和偏見，我們卻不大會成為受害者。

可是，如果超越個人經歷，看看美國社會的總體狀況，就得承認美國不僅仍然存在很多深層的不平等，而且在有些重要方面不平等的幅度近年還在加大。比如戰後繁榮製造了龐大的中產階級，但最近二三十年貧富懸殊一直在拉大，資本家、精英和一部分中產階級成了全球化的受益者，

而本土勞工階級卻付出了巨大代價，比如很多藍領白人。

加：我覺得，日本人是可以在一定程度上犧牲機會均等，然後享受到一定程度的結果平等的，為此，過程的平等起着現實意義上的緩衝作用。當然，這絕不意味着日本人嚮往社會主義。在中國，越來越多的老百姓開始相信中國特色的社會主義的優越性，這一立場跟官方的宣稱互為因果。

查：中國是個四不像。楊小凱早就警告過「後發劣勢」，秦暉早就討論過「低人權發展優勢」。劣也好，優也罷，大多數中國老百姓似乎已經接受了這個模式。我對大陸人民的順從和冷漠感到絕望，我覺得我們不要再和中國人民討論甚麼自由、民主了，他們已經用實際行動做出了自己的選擇。經歷了無數次巨大的災難和屈辱，他們仍然擁護這個制度和這個政黨，他們被管得不僅服服貼貼，而且心甘情願，表現出極大的幸福感。中國人民吃這一套。有飯吃有房住有車開有網遊，當奴才又何妨？你看看大陸網民對剛烈的香港青年、對溫和的方方日記那種鋪天蓋地的惡毒咒罵，一旦有機會，我相信這些人會一擁而上爭搶人血饅頭，吃得津津有味。

加：嗯，我想會的。

查：你剛才說日本人是享受制度自由和相對平等的社會，這讓我聯想到北歐各國。那種具有北歐特色的資本主義經常被描述為北歐風格的社會主義，其特徵是代表藍領的工會有足夠的議價權，勞、資、政府，三方談判，達成共識，然後大家接受高稅率、高福利。

北歐社會和日本一樣是同質性比較高的島嶼小國，國民彼此建立互信、形成共識相對容易。我發現「信任」這個詞在你那裏出現頻率特別高，這是否也是北歐和日本既能實

行比較規範的市場經濟和法治，又能以帶有社會主義色彩的公共福利政策維持相對平等的一個重要前提？新加坡好像也有這種特徵。如果沒有這個前提，這種模式就很難複製，即使實行了也不易長久維持。

加：嗯，我去過挪威、瑞典、丹麥。作為一個日本人，我確實能感覺到那些國家對信任機制的追求，市民集體擁抱帶有社會主義色彩的福利政策，也充滿着保守主義的氛圍，這樣的社會或許缺乏活力，人們也不太願意社會發生劇烈的變化，大多數人是維持現狀派，渴望慢慢走。

查：對，可是在美國這樣一個種族龐雜，有着強悍的個人主義、自由放任主義(laissez faire)和地方自治傳統的聯邦大國，這條路很難走。因為大蕭條和戰爭，美國在羅斯福新政時期和二戰後似乎一度走上了這條福利國家之路，從三十年代到七十年代，聯邦政府干預經濟的能力和產業工會的談判權都相當強勁，那也是龐大的中產階級和橄欖形社會的興旺時代。但自從1980年列根上台，這個模式就不斷遭遇挑戰。一個標誌性事件是1981年列根鐵腕鎮壓航管員大罷工，那也是美國工會力量式微的轉折點。列根大幅縮減聯邦財政(軍費開支除外)，為企業減稅，放鬆資本監管，開啟了此後兩黨一路向資本和富人傾斜的經濟政策。

列根至今是共和黨的英雄。可是，在資本與勞工之間、政府與企業之間、個人自由與社會平等之間，怎樣做才算平衡，才更符合美國精神？精英、學者和媒體為此爭論不休，問題至今沒有解決。實際上，爭論在七十年代就已浮出水面。當時有兩本針鋒相對、各有理論建樹的書開啟了此後左派與右派、民主黨與共和黨的一系列爭論。

一本是羅爾斯的《正義論》，1971年出版。根據市場資本

主義原則，只要是通過合法手段掙來的錢，就是自己的，就具有完全的合法性。哪怕你腰纏萬貫，而其他人在忍飢挨餓，你也沒有錯。因為只有這樣，那些承擔風險的企業家和創造者的權益才能得到保障，資本主義才能發展，整個社會才能享受經濟發展的成果。

羅爾斯並未否定這些古典經濟學原理，他是通過繼承和發展康德的道德理論來改造此前的各種社會契約論，以提高社會的正義程度。康德關於「絕對命令」的三定律中，前兩條對於羅爾斯至關重要。第一條道德普遍律，和孔子的「己所不欲，勿施於人」相似，即人作為理性動物，要遵循和他人一樣的道德原則，你自己不想要的社會，他人也不想要。第二點即「人是目的，不是手段」。羅爾斯由此展開，提出了他著名的「無知之幕」：假設你在制定規則時不知道自己是貴族還是貧民，不知道自己是富二代、官二代還是外賣小哥，在這種情況下你制定的規則才是公平的。有時候，你以為是因為機會平等，所以自己可以走得很遠，其實不然。因為你出身在一個知識分子家庭或權貴家庭，你的起點很高，你只不過是偶然中了「出生的彩票」（lottery of birth）。所以公平的規則應當是在最大限度保護自由的前提下有利於最弱者。

《正義論》是中左派的經典。在美國語境中，最左的自然是社會主義者和馬克思主義者，自由主義者是中左。自由主義者贊成資本主義市場經濟，同時認為政府應該通過制定較為公平的再分配規則，比如對富人徵收更高的稅、發展公共教育、救助窮人等舉措來調整機會上的不平等。

《正義論》出版三年後，諾齊克回應了羅爾斯，發表《無政府、國家與烏托邦》，成為自由意志主義的經典。諾齊克也承認康德的理論，但洛克和哈耶克對他影響更大。他

認為，個人的自由意志、自主選擇和權利是獨立、完整、神聖的，既然「人是目的」，就表明只要是通過合法手段獲得的財富就是正義的，個人對它就理應擁有絕對的所有權和處置權，任何人都不能通過強迫的手段將其財富再分配出去，否則就是劫富濟貧。諾齊克認為幫助他人必須建立在自願的原則上，劫富濟貧除了不正義，還會引發嫉恨、幫錯人等各種問題，後患無窮。所以政府只要盡到「守夜人」的職責就可以了。這一理論成為右翼或保守主義的一個重要源泉。

如果我們將目光回望得更遠一些，會發現這場爭論實際上與一百年前歐洲的慘痛經歷直接相關。魏瑪共和國的失敗和納粹上台造成的災難讓很多人開始反思，只不過反思的結論不同。戰後，演變出兩個對立的流派。一個是奧地利學派，主張自由市場經濟，要絕對限制國家權力，否則會成為下一個納粹德國。另一個是凱恩斯主義，認為恰恰是魏瑪後期的保守勢力反撲顛覆了魏瑪前期與民休息的社會福利政策，弄得民怨沸騰才導致希特勒上台。

市場這隻看不見的手有時也會失靈，需要國家適度限制和干預市場經濟，才能保障社會上的大多數人受惠。凱恩斯主義在戰後高歌猛進，一直到戴卓爾和列根之前都是主流。它獲得了巨大的成功，造就了我們所說的福利國家。

羅爾斯的理論之所以在七十年代的美國學界和精英當中那麼流行，我想是部分借助於福利國家的成功和五六十年代的平權社會運動，像克林頓夫婦他們都受到過羅爾斯的影響。同時，另一派蓄勢已久，反撲很快開始了。一直到現在，我們仍然可以看到這場爭論的影響。這些問題太複雜，涉及深刻的利害衝突，不可能有完美的答案，只好永遠爭論下去，在爭論中博弈。

於是，美國的經濟政策總是像一個左右搖晃的鐘擺，一會
兒減稅，一會兒增稅，一會兒鬆綁，一會兒監管。也許在
某種程度上，我們不妨把它看成自由和平等指數的一個晴
雨表吧。

加：我剛剛突然想到日本的多黨制也不那麼差，如果日本只
有兩個黨，至少有百分之三十的老百姓的意願就沒辦法反
應到公共討論中。日本有很多黨派，才能代表不同族群、階
級的訴求，才能比較公開透明地兼顧不同階層的利益。

和美國不同的是，日本老百姓願意資源分配的結果是相對
均等而同質的，不要造成太大的懸殊。選民也不傾向於政
局總是搖擺不定。實際上，日本左派的力量，也就是社會
黨的價值觀和政治主張似乎是被國際社會忽略的。我關心的
是：該如何充分地將不同階層公民的利益和訴求放到公共場
合中討論？在這一點上，我認為日本的多黨制也不那麼差。

比如，日本最大的政黨自由民主黨（自民黨），是跟公明黨
聯合執政的。但兩黨的政治立場有所不同，比如，公明黨
更加致力於維護社會底層或普通老百姓的利益，所以，即
使日本政府要提高消費稅（2019年10月1日起從百分之八上
調到百分之十），考慮到老百姓的生活負擔，他們會主張涉
及老百姓日常生活的食品應採取不同稅率，如對這些食品
繼續徵收百分之八的稅率。在日中關係上，公明黨會更多
主張維護日中關係的穩定。這是一個相互制衡的過程和機
制。雖然日本是一個同質化明顯的社會，但如果光是自民
黨和國民民主黨（原來的民主黨）兩個政黨，就難以反應日
本社會不同階級的利益訴求。日本的公明黨、社民黨、共
產黨、維新黨等都在發揮自己的作用，平衡日本的政治生
態，哪怕它們擁有的席位遠遠少於自民黨。少，不等於不
重要。

查：是啊，近年看到美國的政黨、社會、媒體呈現出兩極化
　　的傾向，我有時就會想：此時若能在共和、民主兩黨之外出
　　現一個真正有制衡和影響力的政黨，大概會是一件好事。

加：您剛才說自由和平等之間有張力、有衝突，能否舉一個
　　讓您印象深刻的例子？

查：好，我舉一個「巴菲特法則」（The Buffett Rule）的例子。
　　巴菲特是總身家八百多億美元的投資家，在美國富豪榜上
　　名列第三，真正是富可敵國。但是，2007年他公開告訴媒
　　體：「我交的稅只佔我收入的百分之十九，而我的僱員
　　卻要交百分之三十三。這不可能是公平的，也不可能是對
　　的。我的納稅率比我的秘書還要低，這不應該。」他說的
　　是事實。當時美國徵收的資產增值稅只有百分之十五，所
　　以像巴菲特這樣的大富豪的納稅率居然比給他打工的秘書
　　還低。這合理嗎？所以巴菲特認為政府應該提高像他這種
　　富人的納稅率，不應該讓他們的稅率比中產階級還要低。
　　他這番話引起很大反響，很多自由派都深表贊成。可是當
　　2011年奧巴馬總統提交了一個他稱之為「巴菲特法則」的
　　議案，即將年收入一百萬以上的人的納稅率提高到不少於
　　百分之三十 —— 那也是美國一般中產者的納稅率 —— 卻遭
　　到了共和黨議員們的集體反對。反對的理由是低稅率更有
　　利於資本家們的投資速度和效率。結果，儘管這項增稅只
　　會直接涉及美國百分之零點三的納稅人，而政府可以每年
　　增加三百多億的財政收入，議案還是被共和黨給否決了。幾
　　年後，據巴菲特自己說，他的納稅率仍然比他的秘書低。

　　這個例子背後涉及的問題，在我看來正是自由與平等的衝
　　突：共和黨代表了少數富人的利益（贊同巴菲特的富豪除
　　外），他們堅持對自己資產的自由支配權；而奧巴馬和民主

黨則代表了廣大中產階層的訴求，他們認為自己比超級富豪的納稅率還高是不公正的。

加：您作為一個個體，感受過平等和自由的衝突嗎？

查：我舉一個家庭生活中的小例子吧。還記得前幾天聊印度時我提到過一件小事嗎？我們在一位低種姓左派朋友家吃飯，僕人蹲在門外等了一晚上。坦白一下，那事之所以給我印象特別深，是因為我自己也為類似的事糾結過。我在紐約和北京的家裏都聘用過阿姨，阿姨做好了晚飯，離下班還早，是不是應該請她和我們一起吃呢？一起吃，感覺比較平等，卻少了一點家人自己吃飯的私密感。但是，讓阿姨到廚房去吃，或是到別的房間等我們吃完了再吃，感覺也不好。這算不算得上某種自由和平等之間的衝突呢？總之，我們是這樣解決的：在北京的家裏，阿姨有時候和我們一起吃，有時候做完飯就提前下班回家了。在紐約家，阿姨堅決不肯和我們一起吃，大概因為她也覺得不舒服或不合適，最後變成了推遲開飯時間，這樣她做好菜端上桌就準時下班了，我們自己吃飯，自己收拾碗碟。

加：您處理得很巧妙，既相互尊重，又兼顧了雙方的利益。您剛剛提到自由與平等是美國精神的核心，但現在遇到了一些問題。在您看來，這個問題是否可以最終解決呢？

查：不可能有最終解決吧。每次看自然頻道播出的節目，觀賞着那些等級分明、爭鬥不休的大猩猩們，我都會想到「沐猴而冠」這類的詞兒，別看現代人每天洗得乾乾淨淨，穿得冠冕堂皇，基因沒變啊。人類圍繞不平等的爭鬥會一直存在下去，美國社會也不會例外。不過，我對特朗普上台以來的輿論撕裂以及兩黨惡鬥的趨勢很擔憂，這是自八十年代以來我在美國看到的最激烈的社會分歧。

加：嗯，雖然現在的美國有越來越多的問題，其中有不少還
　　是結構性問題，但在某種意義上，美國人是歡迎問題出現
　　的，這樣才能往前走。對美國來說，維持現狀就是退化。
　　不斷進步才能維持現狀。那麼，您對美國的未來是樂觀還
　　是悲觀呢？

查：我是賭它贏的。我不能確定它何時可以走出這一關，因
　　為現在的確到了一個比較嚴重的關頭。但是，美國歷史上
　　多次遇到重大危機，最後都渡過難關，重新站立起來，而
　　且沒有走上歪路邪道，沒有背離其開國精神 —— 捍衛自
　　由、追求平等。我賭它還會走出來，最終還會是我認同和
　　熱愛的那個充滿活力生機的美國。

加：我也賭它贏。我一貫的主張是，特朗普的上台對美國意
　　味着進取的過度，它會讓美國更加強大。他上台的時候，
　　我就這麼看，後來也始終堅持這個看法，我相信特朗普有
　　一天下台後，歷史會這麼評價特朗普執政的那段時間，即
　　為了美國長遠的進步，特朗普的出現是不可避免甚至是不
　　可或缺的。作為一個日本人，我希望美國能夠盡快走出
　　來，因為美國的興衰直接影響到日本的未來，我們是真正
　　意義上的命運共同體。所以，日本人必須把特朗普時代的
　　種種問題當作與自己有關，甚至就是自己的問題，這樣才
　　能做一個合格的國民。

　　我在美國時，開玩笑說自己是一個過客，我也從不指望成
　　為當事者。不要說在美國，在中國我也做不了當事者，我
　　必須保持「有距離的關懷」，當好旁觀者和局外人的角
　　色。您認為自己是美國人還是局外人？

查：我在美國早就不拿自己當外人啦。雖然我長年在北京紐
　　約兩地跑，甚至有一段時間在北京待的時間更多，但大概
　　在2004年，我在紐約安了家。我曾經寫過一篇關於紐約的

文章，叫《外來者的家園》，其中描述了這樣的場景：當我在紐約坐地鐵的時候，常常一抬頭就會看到車廂裏的人就像一個小聯合國，黃、白、黑各種膚色，亞洲人、非洲人、歐洲人、南美人、中東人，應有盡有。雖然大家都抱怨紐約的地鐵又老又舊，但我就是喜歡這種「五湖四海皆兄弟」的氣氛，特親切。紐約街頭的場景也一樣。我常去我家附近的華盛頓廣場公園散步，那裏一年四季都匯聚着本地居民和來自全世界各地的人，吹拉彈唱、讀書下棋、擺攤兒曬太陽，有人餵松鼠，有人遛狗，有孩子盪鞦韆，一片祥和自在，很美好。當然，到了夜晚，那裏會有老鼠出沒，空氣中會漂浮着大麻的味道，可那又怎麼樣？

前面講到我住在德克薩斯的時候，從未感到那是我的家園，我覺得自己是一個過客，我不會在那裏安家。但是，紐約是一個由各種外來者組成的城市，它對外來者習以為常，我感到自己就是這兒的一員。所以，至少在紐約，我找到了一種家園的感覺。另外，印度中國研究所就在紐約，我的英文書是在紐約出版的，這裏有我的家人、朋友、編輯、母校，有我喜歡的公園、餐館、酒吧、劇場、舊書店、菜市場、小店鋪……所有這些都使我感到這裏就是我的家。

有時候我會感覺很神奇，我這樣一個在中國長大的人，居然在美國的一個城市找到了家的感覺。我對北京有着只對故鄉才會有的那種感情，如果在中國，我不願意生活在北京以外的其他城市。紐約也一樣，我並沒有在美國的其他地方找到過家的感覺。若有一天我離開紐約，我知道我一定會懷念它。

加：聽着很溫暖，也有點嚮往和羨慕。我恐怕還沒有找到您對於北京和紐約的那種家的歸屬感。對我來說，伊豆是我

出生的地方，北京是我成長的地方。我有一種預感，或説一種希望，總有一天我會回伊豆生活。至於北京，我始終把它視為第二故鄉。但我的北京不可能成為您的紐約，因為我不會加入中國籍，我也無法想像北京有一天會成為紐約那樣的國際大都市。

查：我不瞭解日本文化，冒昧説一個作為遊客的表面印象：我上次去東京，感到日本人很斯文，穿着時尚，但好像不是很有個性。回到北京後，我馬上能感覺到北京人的衣着更粗陋土氣。斯蕤也説，北京很多年輕人的時尚一看就是學韓國的。

但是，東京人的時尚似乎有點大同小異，似乎缺乏美國人的那種個性——也許這背後又與平等和自由孰輕孰重有點關係？紐約街頭總能看到各種奇裝異服，有些人穿得特別不講究，有些人穿得特別驚世駭俗，卻都像是藝術家。在日本，這樣的人很少，大家都穿得很得體，好像有一個預先商量好了的標準。

我在京都旅遊的時候，有一天在街上，迎面走過來一個三十多歲的美國人，個頭比周圍的日本人高出一截。周圍的人都穿着長褲、外套，很多上班族穿着襯衫、打着領帶，就他一個穿着T恤和大褲衩——非常經典的美國男人的穿法。他從人群中遠遠走來，匪里匪氣，一身肌肉，金色的汗毛在陽光下熠熠發亮，讓人一眼就認出這是一個美國人。我相信他自己也有一種「我是美國人」的感覺，那是一種絕對自信的感覺。

美國社會正在經歷一股對政治正確思潮的反彈，很多投票給特朗普的選民對奧巴馬代表的那種自我克制的君子風度感到不耐煩，明顯表現出對強人和秀肌肉的渴望，以至於有人擔心，特朗普上台後美國會不會成為法西斯國家？我

相信決不會，因為美國對強人政治的制衡力量足夠強大。
但是，說一句特別政治不正確的話，如果成為法西斯，美
國也會是大法西斯。日本頂多是二法西斯。抱歉，這樣說
很粗暴。其實，我的意思和你說過的差不多：日本永遠不
會變成美國。至於中國，我索性再說一句政治更不正確的
話：中國永遠不會變成美國，但也沒有成為法西斯的膽
量。我指的是那種到處侵略擴張的國際法西斯，那需要有
一種走火入魔的種族主義信仰和一根筋的意識形態瘋狂，
像當年的德國和日本那樣。中國人太實際太靈活了，你要
他為一個形而上的信仰去打仗送命？他覺得別扯了，吃飯
活命最要緊。

民眾這種人生觀加上統治者的實用主義，上下交相輝映，
結果就是現在這種特色：對內法西斯化，政府敢開槍、敢
逮捕異見者、敢蓋大面積的勞改營，小粉紅們敢躲在網名
後面打口炮；可是對外呢，你覺得中國敢打誰？打美國？
打印度？還是打俄羅斯？

加：日本有很多極右人士，總是舉着國旗，對中國、韓國，
　　甚至美國說不，維護所謂日本人的尊嚴。對這樣的人，我
　　感到厭煩，也感到羞恥，他們完全不清楚實際狀況，幸虧
　　沒成為主流。我很感激我是一個日本人。這輩子，我不想
　　成為任何其他國家的人。

查：嗯，日本確實稱得上是美國的「死黨」，特朗普上台後
　　安倍不斷到美國表態，重新表示日本對美國的忠心：我們
　　是忠於你們的，我們是最鐵的盟國。

加：因為沒有美國就沒有我們。如果日本軍國主義沒被美國
　　根除，哪有現在民主、自由、和平的日本？哪有今天的安
　　居樂業？所以，我們的領導人努力幫美國就等於愛日本，

大多數日本人都是這樣想的。作為一個選民，我也會支持
這樣的政治家。我們必須通過手中的選票來兌現自己的愛
國心。在這個意義上，民主不僅是生活方式，也是愛國方
式。認真投票是最大的愛國行為。大家潛意識裏都願意幫
助美國 ── 當然，不是幫特朗普，是幫美國。

查：這個區分很重要。特朗普只代表美國的一個面相、一個
階段、一種嘗試，他遠不能代表美國的全部。你的說法，
讓我感覺大多數日本人心裏都很明白。

加：日本可以說是一個比較人性化的社會，但缺乏人情味。
最近，日本很流行一種拉麵店，顧客之間隔着木板，不用
看到別人。日本人很喜歡做這種事 ── 想說話，又不想看
到對方。

日本的人性化是很明顯的。比如，有一個臺灣朋友在名古
屋弄丟了鑰匙，他推測落在了商場，於是去商場找，發現
有個客人撿到了鑰匙給了櫃員。在日本，丟了錢包、現金都
不用擔心，很多時候都能找到，行人會把錢包送給警察的。

人性化是指大家能夠安全、安心的生活，如果去哪兒都擔
心被搶、被偷、被罵、被毫無必要的身體接觸，那就不是
人性化的地方。人性化的一個判斷標準就是信用，講信用
的社會才有可能是人性化的社會。

在我看來，中國恐怕在現階段還不是一個人性化的社會，
在中國，人性好像不怎麼值錢。雖然我特別討厭「值錢」
這個說法，但我周圍就有很多人動不動就說「這個很值
錢」；「那個不值錢」。

查：你對人性化有一個預設的定義。美國的犯罪率比日本
高，根據你的定義，那就是不夠人性化了，至少美國很多
城市不及日本安全。紐約現在變得相對安全了，但我八十

年代在哥大上學時，附近經常有人被搶，我的公寓也被偷過兩次，這在日本很難想像。

我可能有些「貪得無厭」。我很喜歡也很欽佩日本的很多東西，但我想如果在日本久居，我會感到壓抑，覺得這個社會太繁文縟節，太拘謹精細，缺乏的也許就是你說的人情味。安全、誠信、高品質，這些都重要，但似乎少了一點彈性及個性。

北京，我習慣了它的人情味，那種看似粗粗拉拉的生活態度，既有親切大氣的一面，也有溫暖深厚的情意和各種有趣的講究。也許，我在北京感到舒服只因為它是我的故鄉，一切都太熟悉了，這裏有太多的記憶和我在意的朋友，難以忘懷，難以拋棄。

我之所以經常回中國，是因為這裏有我的親朋好友，有我觀察和研究的對象，也因為這裏有我熟悉的人情味。我理性上知道它有不好的一面，人情味太重，缺少邊界感和分寸感，甚至可能成為培養公民意識、建立法治社會的一個障礙。但生活不是一加一等於二。就像劉曉波說的：我們為民主奮鬥，但真等奮鬥成功了，也許生活會變得很沒趣。民主、法治會帶來秩序，會讓人安心，但它的一個代價是會喪失生活中的某些不確定性和豐富性。

其實人甚麼都想要，又要秩序，又要熱鬧，又要理智，又要詩意。那麼，我只能住在美國。美國社會與中國不同，與日本也不同，它在自由與秩序、彈性與嚴謹、溫暖與冷漠之間的那個度，對我來說正合適。而美國所缺少的、我所懷念的那種中國式的人情味，我就通過不斷回北京來找補吧。

加：查老師，我聽您說過的惟一一句髒話是 "We are America, Bitch"。這句話是甚麼意思呢？

查：這不是我說的，我只是轉述美國《大西洋月刊》上的一篇報道，標題就是這句話。記者採訪一個高級官員——特朗普政府的核心成員之一，他說，如果用一句話來總結我們這一屆領導要彰顯的美國氣質，那就是"We are America, Bitch"。Bitch這個詞的本意是母狗，在英文裏也有婊子之意，用它來罵女人的時候，帶有一種男權的粗野味道，也可以借用來罵軟弱的對象。特朗普的態度和政策，確實可以用這句話來解讀：我們美國是世界老大，實力最強、拳頭最硬，你們這些狗娘們兒最好乖一點兒，否則別怪我們不客氣。嗨，用北京土話講就是：孫子(讀zei，四聲)，你大爺回來了，快跪吧！

特朗普對奧巴馬政府的「軟弱」極其反感，所以一上台就不斷高調退群、解約。他認為奧巴馬任上做的一切，都讓美國人感覺不好，和其他國家苦苦談判，顯得美國太軟弱，老是在退讓，老是在認錯。在敘利亞衝突中，對方越過了紅線，奧巴馬卻沒有還擊，特朗普認為這也太不美國了。

"We are America, Bitch"這句話表現的是一種粗魯蠻橫的男子氣概——首先要讓敵人怕我們，而不是讓它愛我們。美國一直有兩面性：軍事實力遙遙領先，軍費開支世界第一；而美國的軟實力(自由民主、開放包容、高等教育、大眾文化等)又讓全世界嚮往。但是特朗普現在不軟只硬，強調「美國第一」。他手下的一些鷹派官員讓我想起當年小布殊的國防部長拉姆斯菲爾德。九一一事件發生後，小布殊政府不顧一切攻打伊拉克，要出一口惡氣，報仇雪恨都來不及找準靶子。我至今記得拉姆斯菲爾德在電視上的樣子，永遠皺着眉頭，永遠一臉陰雲地威脅着甚麼。結果呢？魯莽出擊，捅了一個大馬蜂窩。現在，特朗普反其道而行之，一上台就急着到處退群、撤軍。這種從四處出擊

改為退守本土的戰略思維本身是有道理的(實際上奧巴馬的一些外交政策也是調整與退守)，但共和黨鷹派那種簡單粗暴、單打獨鬥的毛病好像又犯了。

美國人有個說法，認為共和黨是爸爸黨，民主黨是媽媽黨，一硬一軟，需要合作互補。現在，儘管很多共和黨大佬都受不了特朗普這個人，覺得他瘋瘋癲癲，還有很多道德瑕疵，但他畢竟是共和黨，在經濟政策和很多社會文化問題上與共和黨保守派基本一致。而在中國問題上，不止共和黨，現在民主黨也支持他更強硬的態度，這幾乎是目前兩黨惟一立場一致的地方。在特朗普看來，中國一直在佔美國便宜，要了美國很多年，現在是給中國這個bitch一點顏色的時候了。

加：如您所說，美國從兩黨到議會，從政府到智庫，在對華政策上不軟弱，不斷要求中國遵守國際規則，已經成為最大的甚至惟一的共識了。特朗普希望中國接受教訓，讓它又怕又愛。中國在崛起過程中以及在中美貿易戰的長期拉鋸中該如何應對，是一個考驗，也充滿了變數。我也相信，在特朗普第一任執政期確定下來的對華新戰略於2021年1月之後也將持續下去。您覺得呢？

查：同感。這次大選無論誰勝出，美中關係都不會再回到舊軌道上去了。或許這是特朗普上台的最大功績，就是終於徹底和中共政權撕破臉了。

據《大西洋月刊》這篇報道透露，那位將“Trump Doctrine”(特朗普主義，指特朗普的外交理念)表述為“We are America, Bitch”的高官是一位可以直接見到並非常瞭解總統想法的人。當記者請他解釋一下這個表述的含義時，他說：「奧巴馬為所有事向所有人道歉，他對所有

事都感到愧疚。特朗普總統不覺得他需要為美國做的任何事道歉。」另一位特朗普的朋友在接受記者採訪時表述得更加直截了當:「有奧巴馬主義,還有『操奧巴馬』主義,我們就是『操奧巴馬』主義。」

那個記者還向特朗普手下的另一位高官提到了一部搞笑木偶片《美國隊:世界警察》(*Team America: World Police*),問他是否看過。這部影片用調侃的手法描繪了一個美國反恐民警小隊四處奔波充當世界警察的故事。那個官員笑着回答:「當然看過。總統相信我們美國人就這樣,你們要麼接受,要麼拉倒。」話說得挺霸氣,不過影片其實也調侃了這種美國式霸氣。片中最大的壞蛋是獨裁者和恐怖分子,但它也諷刺了天真糊塗的好萊塢左派藝人和一幫大大咧咧、簡單魯莽的美國牛仔英雄——這兩撥人都自以為在拯救世界,卻常常把事情搞砸。影片主創是美國經典電視動漫系列*South Park*(《南方公園》,港譯《衰仔樂園》)的創作者,他們的美式自嘲和辛辣諷刺不放過任何人,不論是商人還是政客、左派還是右派,都在他們的射程之內。新出爐的一集《衰仔樂園》諷刺的就是那些為了到中國賺錢而對中國政府卑躬屈膝的美國企業,包括球星和好萊塢製片人。這類「自黑」的文藝作品在美國多得很——比如中國觀眾熟悉的《紙牌屋》,公眾和政府對此都習以為常。這恰好是美國式的文化自信。

加:自黑是美國式的文化自信。聽到這句話,我立刻想到的詞就是「大國」。或許,大國就該有它的氣度吧。

查老師,我知道特朗普也住在紐約,紐約還有個特朗普大廈。作為一個紐約居民,您覺得特朗普在紐約是一種怎樣的存在?

查：首先，我本人從未去過特朗普大廈，雖然它就在曼哈頓鬧市區，我路過那裏很多次，卻從來沒進去過。對這棟門臉金光閃閃的大高樓，我真的沒那麼好奇。

你問紐約居民對特朗普這個「紐約客」怎麼看，我想到一個與《紐約客》有關的小例子。我曾經給《紐約客》寫過關於北京地產商夫婦潘石屹張欣的一篇長文，標題是 "The Turtles"（龜的故事），文章上了那一期的封面，可我拿到雜誌才發現《紐約客》的編輯把封面上的標題改成了 "The Trumps of Beijing"（北京的特朗普）。那是2005年。

這個例子至少説明兩件事。第一，特朗普在紐約太有名了，而且早在他參選總統之前。很多美國名人在中國是家喻戶曉的，但在美國知名的當代中國人很少，有些美國人除了毛和鄧誰都不知道，更別提地產商和企業家。第二，在紐約人眼裏，特朗普這個名字就意味着自我推銷，他最擅長炒作，他的人生故事就是生意，他的名字本身就是品牌，代表着一種生活方式和品味。我在文章中提到新生代的北京地產商很會和媒體打交道，很知道怎樣通過包裝自己把樓價炒高，潘石屹和張欣不僅深暗此道，還一度考慮過做一個模仿特朗普電視秀的節目。所以，《紐約客》的編輯大概覺得這類中國地產商有點兒特朗普的風格。

加：明白。不過，無論是潘石屹還是其他很有知名度和影響力的企業家在中國進入習近平新時代後都低調很多。他們對政治氣候的適應不得不讓我覺得他們身上的某種投機主義。

查：你説得非常對，怎麼能指望一群投機主義者有道義擔當呢？他們都是些順風使舵、見風轉舵的角色，氣魄要比特朗普小得多。

據我觀察，特朗普在紐約的口碑一直不怎麼樣。他出生長

大的皇后區是紐約中下層各國移民聚集的地方，地價低於曼哈頓、布魯克林。雖説是富二代，但特朗普的爸爸一直沒有走出皇后區，沒有在曼哈頓蓋過樓，蓋的都是廉租房。特朗普的夢想就是打進曼哈頓，給富人蓋樓，蓋最高的樓，於是有了特朗普大廈。他實現了這個夢想，還當上了總統。這不就是「美國夢」嗎？

問題在於，特朗普父子發財致富的路數和人品一直為人詬病。坊間流傳着有關他們的各種醜聞，大家早就耳熟能詳。比如我家的一個老朋友，土生土長的紐約猶太人，他爸是做建材的，曾經是老特朗普公司的供應商。這個朋友給我們繪聲繪色地講過老特朗普當年如何坑蒙拐騙，説有一回他爸實在被坑慘了，一氣之下把老特朗普直接頂在牆角，威脅要揍他一頓老拳。至於特朗普本人，醜聞就更多了：忽悠客戶，做假賬，偷税漏税，僱傭非法移民，拖欠工錢，賭場破產以及各種官司，桃色新聞更不在話下。如果所有這些信息和傳聞都是真的，那説特朗普是個流氓並沒有冤枉他。

坦率地説，紐約地產界確實曾經黑幫橫行、腐敗猖獗，當年趟渾水的何止一個特朗普。但除此之外，他那種自我推銷的方式，也被紐約的老牌富人、尤其那些比較低調的富人——例如紐約前市長、比特朗普身家高出很多的大地產商布隆伯格（Michael Bloomberg）——所不屑。他們認為特朗普是一個吹牛大王，説話不靠譜。

另外，紐約的精英也有些勢利眼，除了人品，他們死活看不上特朗普的另一個原因是受不了他的低俗品味，他們覺得特朗普不僅自己是個土豪，蓋的房子也都是給土豪們住的那種炫富風格。在紐約精英眼裏，那些外州的土豪大都

很粗俗——他們住在曼哈頓上流社區金光閃閃的大樓裏，以為這就代表着紐約精神，但實際上這些人不僅脫離了本地文化，而且抬高了樓價、敗壞了紐約的品質和格調。

說到格調，我想到了豎立在芝加哥市中心的另一幢特朗普大廈。芝加哥市中心的建築樓群是以其優雅的高現代主義風格著稱於世的。在那些摩天大樓當中，只有特朗普大廈在樓體上鑲嵌了一個巨大的、亮晶晶的"Trump"，很扎眼。這就是特朗普式的自戀——甚麼品位不品位，我就是要讓你們都注意到我！

種種報道顯示，特朗普是不太看書的，但是他有很多實戰經驗，果斷精明，鬥志頑強。他年輕時長得也挺帥，身上有股江湖氣的魅力。但是，紐約的文人學者們對他簡直反感、厭惡到了極點。每次我去他們的聚會，只要一提特朗普的名字，大家就開始吐糟、挖苦、翻白眼，好像美國突然掉進了一場噩夢，不知道甚麼時候才會醒來。要在這個人群裏聽到對特朗普比較客觀的評價，幾乎是不可能的。

紐約人確實沒想到特朗普會當上總統，他在紐約的得票率很低。因為不認同他，紐約人也沒有因為紐約人當上了總統的自豪感。直到現在，《紐約時報》《紐約客》以及幾乎所有紐約的本地媒體仍在不停地批評他。我家附近的華盛頓廣場公園裏常有抗議特朗普的活動，幾乎天天有人在那裏擺攤賣各種反特朗普的小徽章，還有一個藝術家每週推着他的鋼琴來廣場演奏，琴體上寫着「反對法西斯」的標語。上次我去甘迺迪機場，出租車司機跟我罵了一路特朗普，說美國有問題不假，富人太貪婪，又有一幫揩油吃福利的懶蛋，但特朗普才不是真心要解決美國的問題，他在意的只有他自己。最後這位老司機轉過身來對我說：相信我，我是一個猶太人，誰是納粹我一眼就能看出來。

　　總之，紐約人對特朗普的看法實在是太負面了，有些人已經厭煩到偏激的程度。特朗普當選總統後的那期《紐約客》封面文章是主編親自寫的社評，標題是：《美國的悲劇》。

加：明白。關於特朗普，有兩種說法。一種是連特朗普這樣的人都當了美國總統，美國看來是不行了，美國夢出問題了。另一種說法是連特朗普這樣一個商人都能當總統，這恰好體現了美國夢的厲害之處。作為一個美國公民，您怎麼看？

查：我大概要被罵成騎牆派了，我認為這兩種說法都言之有理。美國夢很重要的一個含義就是無論出身、種族，人人都可以通過自己的奮鬥而成功，乃至成為美國總統。從這個角度來說，奧巴馬和特朗普的當選恰好證明美國夢有着寬廣駁雜的光譜 —— 一個是品學兼優的非裔精英，一個是名聲欠佳但精明強幹的政治素人。

　　大家都看到美國社會這二十年來流動性降低、階層固化、不平等加劇，美國夢好像真出了問題。特朗普是美國歷史上惟一既沒有從政經驗、也沒有從軍經驗的美國總統，可這恰恰是他能夠當選的原因之一。美國人現在對油滑的職業政客、建制派精英、靠全球化發財的利益集團有一種深深的厭倦和不信任，所以大家就要選一個另類，一個所謂的「局外人」，哪怕他是個混不吝的瘋子。特朗普也很會打這張牌，在整個競選活動中始終強調自己不是建制派，不是政客，而是要代表美國人民去清理華盛頓這塊骯髒的沼澤地。

加：特朗普上台的時候，我首先想到了日本前首相小泉純一郎。小泉是政治家族出身，他的兒子小泉進次郎，才三十九歲，如今已經成為負責環境問題的大臣了，未來很有可能成為日本首相。小泉純一郎不混圈子，他是一匹

狼。他的口號是：打倒自民黨。這和特朗普的「打倒華盛頓」有些像。不過，特朗普是徹底的政治素人，在日本幾乎找不到和他完全相同的例子，日本近年來也有政治大眾化、商品化、娛樂化的傾向，越來越多的前運動員、藝人、歌手等競選，靠著名氣和人氣當選為國會議員，令人深思。

我覺得特朗普是臉皮最厚的領導人，他隨時面臨着媒體、司法和民主黨的壓力，能做到現在這樣，很厲害。與此同時，作為一個日本人，我又覺得特朗普很不靠譜，作為一個人來說他基本是失格的。然而一個失格的人可以當選總統，說明美國和日本很不一樣。

我感興趣的是，從特朗普上台到現在，您對他的看法有沒有變化？

查：有變化。我仍然不喜歡他的作風，反感乃至厭惡他的很多言論和行為，但我認為他有非常敏銳的直覺，有自己一套想法和打法，他造成的巨大衝擊力有助於讓很多問題浮出水面，警醒全社會，激發更多人反思，對他的諸多政策和舉措，我覺得不能一概而論，有功有過。

他當選前，我對美國右翼白人的不滿情緒有一些隱隱的預感。在2015年12月紐約亞洲協會主辦的一場關於《紐約客》作家報道中國的討論活動中，與會嘉賓都在談論中國的民族主義是不是正在覺醒，我當時說了一句「美國的民族主義也在高漲」。主持討論會的《紐約客》主編聽後很驚訝地看了我一眼，問我所說的美國的民族主義，是指奧巴馬嗎？我說當然不是，我指的是那些右翼，包括特朗普在內的右翼代表着美國的民族主義情緒，他們覺得奧巴馬太軟了。當時特朗普剛參選不久，還要再等半年多才會成為共和黨候選人，我們談論的主題是中國的民族主義，我

也沒用本土主義這個詞。我的意思是美國的國家精神正在發生變化，美國的本土意識正在重新高揚。

加：嗯，從貿易戰、香港問題、新冠肺炎等摩擦中，我們確實能看到習近平的中國與特朗普的美國之間的民族主義衝突，兩者之間相互作用，惡性循環。

查：但那時我對這些問題並沒有深入思索，更沒想到特朗普真的會當選，我只是覺得他可能會獲得共和黨的提名。我看了所有的競選辯論，特朗普的確氣場很盛，碾壓了所有共和黨參選人，但他能在最後與希拉莉的對決中勝出，是我沒想到的。我的第一感覺是震驚，因為他太多的表現讓我反感──他種種醜陋的煽動性言論以及對希拉莉的人身攻擊。我尤其不能原諒的是，他在一次電視辯論中提到八九民運時居然把它形容為一場「riot」(騷亂)，用詞比中共用的「動亂」還惡劣；而且，為了嘲笑美國政府的軟弱，他居然讚揚六四鎮壓顯示了中國政府的強有力。這是甚麼混賬話！這不是第一次他這樣講六四，九十年代他就公開講過類似的話。當時我就想：這個人為了贏可以不擇手段，在他眼裏實力遠遠比權利更重要。

加：的確如此。特朗普為了贏得個人聲譽和利益不擇手段，這也深深地體現在他處理對華貿易戰、留學生、香港問題等議題之中。比如香港問題，根據我在現場的觀察，我一點不覺得特朗普關心香港的人權與自由，他對「一國兩制」的來龍去脈也一無所知，他就是想如何利用香港問題向中共施壓，與中共交易。俗話說「好心做壞事」，但我也不排除特朗普終究在中國問題上「壞心做好事」的可能。

查：是的。最近前國家安全顧問博爾頓出書披露了特朗普在對華問題上的一系列內部言論，更是讓世人看清了特朗普

實在毫不在乎中國的人權問題，在他眼裏那頂多是個小籌碼而已。為了在貿易談判中得到對他連任有利的一點短期利益，他不僅能當面把習近平誇上天，而且隨時可以犧牲掉香港人、新疆維族人的自由和權利，六四記憶對他更是不值一提。就連臺灣，也被他比作捏在手中的小鋼筆尖，而大陸則被他比作自己面前那張總統大桌子。這比喻倒很形象，讓人不禁聯想：只要偉大領袖習主席承諾再多買幾噸美國農民產的大豆，就算大桌子碾碎小筆尖，特朗普大概也無所謂吧？

不過我也同意「壞心做好事」的看法，大國博弈很複雜，美國外交政策並非總統一個人說了算，特朗普班子裏也不乏真正關心香港和中國人權的鷹派人物，比如像博明這樣的青年才俊。

政客在辯論的時候都很強悍，但是特朗普採取了比別人更為粗鄙的謾罵方式。有報道說他上小學的時候就跟人打架，曾經把一個音樂老師的眼睛打紫了。這樣一個愛打架的人，如今不用拳頭，而是用拳頭一樣的語言攻擊別人。他給所有共和黨和民主黨競選人起外號 —— 都是很低級的侮辱性的外號，這是前所未有的事。他還在各種競選場合採用歧視性的話語攻擊對手，用下流的方式侮辱女性。我的一位朋友告訴我，他在佛羅里達北部保守區的特朗普競選集會現場親耳聽到，所有人都在齊聲高喊侮辱奧巴馬和希拉莉的口號，用了赤裸裸的種族歧視、性別歧視的貶義詞 "nigger" 和 "bitch" ——「把黑鬼趕出去！把母狗關起來！」他的競選集會上還出現過粗暴的肢體衝突，並且得到特朗普本人的讚揚，這也是競選史上的第一次。這些突破底線的行為，使得2016年美國大選特別醜陋。

特朗普當選後，不少反特朗普的人，包括我的很多紐約朋

友在內，似乎都掉進了震驚、憤怒和挫敗的情緒中，他們不斷譴責特朗普及其追隨者，咬牙切齒到了仇恨的程度，卻不太願意反省自己一方的問題。這讓我感到憂慮。無論如何，特朗普是通過正當程序當選的，幾乎半數的選民選了他。這說明多年來，美國一半選民的心聲第一次被真正讀懂。而這些選民的憤怒和要求，其實一直被忽略。

特朗普很精明、很犀利，他讀懂了這些，並且非常善於利用民意，利用新媒體。他經常用推特發表一些很短的小學生語言水平的粗俗言論，但這恰恰讓很多下層選民在情緒發洩上有了共鳴。他走的是群眾路線，他去了希拉莉沒有去過的很多地方，尤其是那些被遺忘的老工業區。他知道怎樣下基層，知道怎樣激勵基層那些長期被忽視的聲音。他的簡單直白，他的情緒化的不管不顧，與奧巴馬總是文雅知性、理智節制的談吐，反差太過鮮明。結果，精英們越是厭惡他，他的大老粗支持者們就越是喜歡他，認定他就像文化水平不高的鄰家老伯一樣真實親切。這些特朗普粉們好像在說：沒錯，我們就愛看這個大嘴巴朝那些虛偽自私傲慢的精英們臉上啐吐沫，解氣！道理在情感面前，幾乎總是蒼白無力的，何況這股憤怒的情感已經積壓了很久。

總之，特朗普的上台給美國的建制派敲了警鐘：他們忽視的，特朗普看到了。

加：嗯，特朗普和習近平有着共同的特點和做法，為了聲譽和利益可以不擇手段等。在美中關係如此惡化和緊張的情況下，他們倆行事風格的趨同或許是兩個人之間基本沒有互相謾罵和批評的原因吧。我願意相信，作為個人，他們倆還真是彼此欣賞的。

查：他們惺惺相惜。特朗普在公開場合多次讚揚習近平是

「中國人民的偉大領袖」，而據博爾頓披露，習近平在與特朗普會談時也曾當面表示自己希望未來六年能繼續和特朗普打交道。除了習近平，特朗普愛與之拍肩打背、眉目傳情的同類還有好幾個：普京、金正恩、埃爾多安，還有現任英國首相、巴西總統、印度首相⋯⋯足夠建一個群了。這些真男兒們可以在群裏互相點讚。

加：我現在願意承認，雖然我對特朗普本人很反感，但在競選期間我其實是希望特朗普贏的，因為他可以長遠地改變美國。用日本前首相小泉的話來說，只有美國才能打倒美國。

　　不管是希拉莉還是奧巴馬，不管是共和黨還是民主黨，選民都已厭倦了建制派的重複、精英派的拖延。他們選的不是特朗普，而是未來。對他們而言，特朗普是流氓還是紳士都無所謂，只要和現在不同，就可以。

　　毫無疑問，美國正處在一個十字路口，特朗普的上台可以讓建制派有所反思，讓美國有所反思。問題出在國家層面，真的需要改變了。特朗普的上台從長遠的角度，尤其從繼續創造美國夢的角度看是一件好事。我把特朗普的執政過程稱作「進取的過度」。

查：的確，特朗普給美國敲響了警鐘。哪怕是一時矯枉過正，也比死水一潭好。僅此一點，他的當選就是美國歷史上意義深遠的重大事件。

　　我要承認，我很關注特朗普上台對中美關係的影響，這是我對他的看法發生轉變的一個重要原因——他給美國乃至整個西方陣營敲響了對中國的警鐘。他改變了幾十年來從尼克松開始到奧巴馬，跨越兩黨的美國歷屆總統一直延續的對待中國的基本方式——參與、合作、妥協、交易，用溫和友好的手段推動中國持續改革開放。這樣的方式，

弊端日益明顯。實際上，奧巴馬第二任期內已經開始調整美國自九一一以來的軍事和外交佈局，從中東開始轉向亞州，這就是他和希拉莉一起制定的「重返亞洲」戰略。和澳洲等盟友的聯合軍演，在韓國部署薩德，與印度加強盟友關係，建TPP，都是這個大戰略佈局的一部分。但對待中國，奧巴馬仍採用彬彬有禮的談判方式，結果在貿易、南海、網絡攻擊等問題上一再受挫，被中方玩弄。特朗普看清了局勢，表態説：我們再也不會用這樣的方式和你們談判了，我們再也不會相信你們説的話了。你看他剛一上台就和蔡英文通電話。當時，人們説他是一個政治素人，完全不懂外交策略。但事實證明，他是有備而來的，他的一系列動作就是要對中國轉而採取強硬政策。

貿易戰打到現在，在中國方面所引起的震動，是幾十年來美國總統任期內不曾有過的。我有一些中國自由派的老朋友非常支持特朗普，認為他捏住了中國的「七寸」，他和他的幕僚們真的讀懂了中國，知道怎麼跟中國打交道，怎麼治中國。僅就對華政策來説，我與他們有同感。特朗普班子裏那些鷹派的態度一言以蔽之就是：小子(讀zei，四聲)，你大爺我回來了，你再朝我頭上撒泡尿試試！

君子肯定是不喜歡流氓的。但在現實生活中，有時候只有流氓才能治流氓，只有大流氓才能治小流氓。特朗普有些做派確實像個流氓大佬，他身邊的幾個死黨幕僚也頗有西西里黑手黨的相貌——每次我在電視上看到意大利裔的蓬皮奧、朱利安尼出場都忍不住想笑。問題是，中共是吃素的嗎？中國講誠信嗎？

很多經濟學家至今都不看好貿易戰，認為用關稅做武器太過時了，殺敵一千自傷八百，效果有限。但是，美國人民和中國人民的長遠利益到底是甚麼？美國企業和消費者是

否應該為了眼前的實惠而無限期地遷就中國諸多不對等、不透明的違反市場經濟規則的做法？對中共這樣一個高科技警察國家繼續大開門戶，是否會對美國形成安全隱患？中國模式的不斷推演壯大對世界和人類意味着甚麼？這涉及的不僅是商業利益，還有自由、民主和尊嚴。

過去，美國兩黨都有競選人說過要對中國強硬，可是一當上總統就軟了下來，就開始對美國和中國的利益集團讓步。到目前為止，特朗普基本上說到做到，這一點讓人刮目相看。表面看他好像只是在計算利益，但利益背後涉及對理念和規則的堅持。總之，我支持建立在對等原則上的貿易談判，支持在規則和價值觀上較真兒。

加：這對中國來說也是有好處的。中國原先有些自以為是，用傅高義先生的話說就是傲慢。如今，中國正在補上這堂必修課，甚至可以說是特朗普給中國帶來了希望。在中國仍然面臨各種問題的情況下，倘若沒有一個國家對它說不，最吃虧的將是中國自己。

查：所以有「倒逼改革」之說。可惜的是，到目前為止，無論美國內部、歐盟，還是整個西方，特朗普都加劇了分裂——挺和反兩派徹底撕裂，美國政治和媒體更加兩極化，美國與許多盟友的關係變得緊張而尷尬。中國內部也有不同的反應，我的一些大陸老朋友一直在激烈爭論，誰都無法說服對方。

加：在您看來，特朗普上台後，民主黨內部是否做過有誠意的反思？

查：據我觀察，反思是有的，誠意就難說了，而且反思力度似乎也不夠。民主黨認為自己站在正義和進步的一邊，佔據了道德制高點，所以它的本能反應是不斷否認特朗普

的合法性和猛烈抨擊特朗普。這種情緒化的反應持續了很久。民主黨內部也出現了分化，有些人變得更「左」。這種情緒在相當一部分年輕人中更為明顯。比如，紐約二十八歲的拉美裔女候選人AOC擊敗了民主黨建制派議員，震驚了所有人。同樣的事情還發生在2018年中期選舉中，AOC和其他幾個州的年輕少數族裔代表成功進入國會。大家認為這代表了一種趨勢，拉美及其他族裔的選民人數在增加，而這部分人會越來越左傾和激進。

對這種左傾激進政治的前景，我是比較擔心的。我本人一直對校園裏的「認同政治」有保留有看法，我不喜歡那種「部落化」、不寬容、黨同伐異、自我封閉、神經過敏、動不動就上綱上線給別人貼標籤的傾向，不論這些傾向發生在右派還是左派當中。雖說一定程度的矯枉過正是很多社會運動都難以避免也可以理解的，但我不認為用激進變革的方式解決經濟和社會問題能行得通，這只會在美國引起更大的分裂。我還沒看到民主黨的中間派提出過甚麼特別好的方案。兩黨的建制派也基本上是按黨派立場站隊，誰都不願意犧牲自己的利益。

加：如今特朗普的第一任期就要結束了，民主黨中間派提出一些積極向上的方案？

查：我的觀察有限，坦白講，我沒有看到太多值得展開談論的民主黨方案。積壓的老問題已經很多很複雜了，新冠疫情又帶來這麼多棘手的新問題。最近美國輿情有所轉向，更多的民眾認為特朗普應對疫情是失敗的，疫情拖延越久，經濟前景越暗淡，美國的國際形象也越受影響。可是，即使拜登勝選，他年事已高，恐怕也就是當一屆過渡性的總統，能穩住大局、緩和特朗普在內政外交上造成的種種緊張關係、平穩過渡就不錯了。

說到這裏，我回想起來2018年6月《大西洋月刊》刊發的一篇長文，標題是「美國新貴是百分之九點九」，這篇文章我認為有比較深刻的反思。多年前，「佔領華爾街」運動中曾經喊出了一個響亮的口號：「我們是百分之九十九，是百分之一的富人剝削了我們！」但是，這篇文章的作者尖銳地指出了這個口號的謬誤，他舉出一系列事例和數據表明，美國上中產階級成員(其中包括大量受過良好教育的左翼精英)並非底層的百分之九十九，而是上層的百分之九點九，他們在美國的現行體制中是既得利益者，在幾十年的全球化過程中，也是受益者，他們與建制派是共謀關係，對美國社會的階層固化和不平等加劇也負有責任。這些人中有很多民主黨的長期擁躉，他們並沒有反省自己。

把特朗普趕下台並不能解決問題。通過再分配，向百分之一的富豪徵更高的稅又能解決多少問題呢？如果需要百分之九點九的上中產階層交更多的稅，通過讓利緩和矛盾，這個階層會支持嗎？像那些他們抨擊的巨富一樣，這些人好像並沒有把自己的利益讓出去的意願。

那麼，窮人的憤怒可以通過把那些傳統產業再弄回美國來解決嗎？少數回流是可能的，但在相當長一段時間內，大多數工廠還是會留在中國或者去像越南這類勞動力成本低的國家。每家企業都有自己的小九九，特朗普再怎麼強硬也不能命令企業回國，財政赤字已經這麼高了，政府還能再給多少減稅、補貼、優惠來鼓勵美企回流呢？再說，美國真的會歡迎和保護那些高污染、低技術含量的落後產業嗎？人工智能、高新技術才是未來，才是中美競爭的關鍵，而這也是美國藍領階層工作難找的一個原因。那麼，如何讓他們再就業？像Andrew Young(楊安澤)提議的那樣給每人每月發一千美元？類似的思路以前也有人提過，被

稱作UBI（universal basic income，普遍基本生活費）。最近又有人提出UBC（universal basic capital）的新概念，即給所有人發放基本投資。這些開腦洞的想法能形成足夠的共識付諸實施嗎？

加：這些政策建議似乎不具有現實意義，也不可能根本解決美國社會貧富分化的問題。據我有限的觀察，無論是哈佛、MIT還是華盛頓智庫，那些知識分子的言論基本上和權力機關是呼應的。特朗普上台後，這一特徵和結構也沒有變化，而並非薩義德所説的知識分子總是代表被壓迫之人的利益，站出來，向權力進行宣告——我在美國幾乎沒有看到這樣的知識分子。

查：這個説得好，也值得討論。我覺得薩義德描述的主要是那種平等意識強烈、站在體制邊緣、敢於挑戰主流、走在社會運動前沿的知識分子，比如歷史上的廢奴主義和女權主義先驅、馬丁路德金、馬克思等等。在今天的美國，那些長期關注報道弱勢群體和窮人的記者、人權律師、人權活動家、保護消費者權益和少數族裔權益的NGO成員、社會企業創辦者等，他們是不是也屬於這類知識分子呢？大學教授裏也有這樣的人，比如語言學家喬姆斯基這樣的公知——你可以認為他的觀點偏激，但不能不佩服他堅持不懈批判西方霸權和大資本的勇氣。我的出版人安德烈·謝弗林（Andre Schiffrin）也是這類公知，他離開大商業出版社，創辦獨立的小出版社，就是為了能堅持一種比較理想主義的出版理念，他出版了很多公共價值遠高於贏利價值的書。同時，我也同意你的觀察，你描述的是美國精英院校和智庫裏的普遍現象，尤其是那些做政策研究、經濟分析的院系和智庫。他們和黨派政治、企業、商會的關係太密切了，其位置就決定了他們已經成為中心的一部分。

加：我沒有資格對美國的知識分子感到失望，但我覺得這種
　　現象很危險。一位大學教授同時又是智庫的研究員，為
　　政府的政策建言獻策。美國有很多這樣的人，都是「旋轉
　　門」，他們不可能提出政府不歡迎的言論。

查：是啊，反之亦然，兩黨都有不少前政府官員一退下來，
　　轉身就去智庫、律所、商務諮詢公司供職，或者去媒體當
　　時事評論員、主持人，甚至自辦媒體。比如班農離開白宮
　　之後先是穿梭於各大媒體，然後乾脆自己籌資拉人辦起了
　　自媒體，他辦的 *War Room* 就具有極其鮮明的黨派色彩，上
　　他們節目的人幾乎都是為特朗普搖旗吶喊的鐵桿右派。這
　　種生態不大可能改變，因為美國政壇兩黨輪換執政，當官
　　既不能發財也不是鐵飯碗。這種流動性也好也不好，一個
　　缺點就是把政商學之間的界限和人脈關係弄複雜了，獨立
　　性和中立性都會打折扣。

加：特朗普上台後，美國撕裂得如此厲害，知識分子必須有
　　所反思，還依靠原有的思維方式是沒辦法解決那些積重難
　　返的問題的。

查：是的。可目前還看不到轉機，兩黨互相指責、互不相
　　讓，撕裂沒有彌合的跡象。

加：我相信這個過程是必要的。美國需要一個過渡期和波動
　　期，無論在此過程中出現多折騰多荒唐的現象，這都是美
　　國要上的必修課。

查：我同意。這是必要的，哪怕不是良藥，也總比不承認有病
　　好。哪怕被激得一時受不了，矯枉過正，美國也需要這樣一
　　個過程。或許，上帝覺得必須派個特朗普來折騰美國幾年。

加：無論如何，我還是堅持那個觀點，特朗普的上台對美國
　　歷史來說是必然的，對美國未來來說是必要的。另外，我

也認為，由誰來「接任」特朗普，是個很重要的問題。特朗普已經打亂了原有的秩序，如果「後特朗普時代」的美國還是原來那個美國，這幾年的動盪就白動盪了。

查：比較悲觀的左派認為最壞的情況是特朗普當了八年總統之後，彭斯再當八年。在有些人看來，特朗普不按常理出牌，他的一些政策並非與民主黨綱領完全相左。而彭斯比特朗普更保守，尤其在墮胎、同性戀等社會文化問題上更為保守。美國最高法院大法官裏的保守派已過半數，一些修正案在某種程度上是在倒退。如果彭斯接任，情況可能更加嚴峻。

在防務方面彭斯也很強硬，他有一次發言說：美國要建立太空軍，因為美國受到了來自中國、俄羅斯的新威脅，他們在研究新的反衛星系統，所以我們要加強軍工。一位南方州共和黨議員立刻站出來表示支持，說如果不建立太空部隊，我們就會變成和瞎子和啞巴。在奧巴馬時期，人們關於軍費開支就有過爭論，最終不僅沒有消減，反而增加了。現在鷹派主政，對抗性思維會從國防軍工推向商業和民間領域，孟晚舟和華為事件只是一個開頭。在高科技方面，美國已有資深中國問題專家建議，聯邦政府應該像二戰期間和列根時代那樣，加大科研撥款，與矽谷攜手一道推動研發，因為這是中美爭奪未來的關鍵領域。

加：嗯，我認為包括高科技和軍事這些最敏感的領域，中美之間爭奪未來的戰略競爭必將繼續下去。對此，日本也要做好相應的準備。

查：在美國目前這個黨爭激烈、充滿動盪和不確定性的時刻，或許惟一可以確定的，就是不論誰在特朗普之後上台，中美關係都不可能再回到奧巴馬時代了。